Die Stuttgarter Straßennamen

Die Stuttgarter Straßennamen

Herausgegeben von
der Landeshauptstadt Stuttgart

Silberburg-Verlag

Bearbeitet von Titus Häussermann

auf der Basis folgender Veröffentlichungen:

- **Herkunft und Bedeutung der Stuttgarter Straßennamen**
  Herausgegeben vom Statistischen Amt [der Stadt Stuttgart] nach amtlichen Unterlagen unter Mitwirkung des Kulturamts – Abt. Stadtarchiv. Stadt Stuttgart, Statistisches Amt, Stuttgart 1973. (Auf dem Umschlag: Stuttgarts Straßennamen. Herkunft + Bedeutung.)

- **Straßennamen in Stuttgart – Herkunft und Bedeutung**
  Herausgegeben vom Nachrichtenamt der Stadt Stuttgart. Text und Redaktion: Statistisches Amt (Hans Hammer) in Zusammenarbeit mit dem Stadtarchiv (Hermann Ziegler und Ernst Schmid), der Rathausbücherei (Dr. Heinz Schmitt) und dem Nachrichtenamt (Thomas Borgmann). Karl Krämer Verlag, Stuttgart 1974; 2., erweiterte Auflage 1975 (Stuttgarter Beiträge, Heft 10).

- **Die Stuttgarter Straßennamen**
  Herausgegeben vom Presse- und Informationsamt der Landeshauptstadt Stuttgart. Bearbeitet von Eva Walter und Thomas Pfündel. Silberburg-Verlag, Stuttgart 1992.

1 2 3 4 5 07 06 05 04 03

Fotos:
Archiv DaimlerChrysler AG: Seite 131. – Archiv Margarete Egger: Seite 495. – Archiv Silberburg-Verlag: Seite 36, 38, 56, 62, 63, 64, 100, 107, 111 oben, 126, 136, 142, 148, 166, 167, 172, 175, 176, 211, 223, 234, 241, 270, 282, 286, 298, 304, 306, 311, 317, 329, 341, 344, 349, 351, 361, 373, 384, 399, 434, 488, 524, 543, 569, 580, 596, 617, 624, 625, 629. – Bosch Pressebild: Seite 493. – F. D. P. Bundesgeschäftsstelle: Seite 577. – Landeshauptstadt Stuttgart, Stadtmessungsamt/Runge: Seite 85, 540, 571. – Landeshauptstadt Stuttgart, Stadtmessungsamt/Schlenker: Seite 39. – Siemens AG: Seite 541. – Verlag im Ziegelhaus/Sammlung Enssle: Seite 164. – Alle anderen Bilder: Landeshauptstadt Stuttgart, Kulturamt/Stadtarchiv.

Umschlag: Frank Butzer, Tübingen,
unter Verwendung einer Luftaufnahme von Manfred Grohe
und eines Stadtplans des Stadtmessungsamts Stuttgart.
Druck: Gulde-Druck, Tübingen.
Printed in Germany.

ISBN 3-87407-549-4

Besuchen Sie uns im Internet
und entdecken Sie die Vielfalt unseres Verlagsprogramms:
www.silberburg.de

Zur Einführung

In Stuttgart gibt es die Breite, die Enge und die Schmale Straße, die Hohe, Kurze, Lange und die Krumme Straße, die Obere, Mittlere und Untere, die Alte und die Neue Straße. Manchmal fühlt man sich beim Blick auf den Stadtplan in eine Operette versetzt – da tummeln sich Markomannen, Langobarden und Wikinger, Kobolde, Zwerge und Feen, die Natter, der Pfau und der Eissturmvogel, Edelweiß und Enzian, Lerchenstieg und Luna ...

Insgesamt 3395 Straßen, Wege, Gassen, Alleen, Plätze, Stege, Brücken, Steigen und Staffeln tragen einen offiziellen Namen (Stand: Mai 2003), hinzu kommen hunderte von bewohnten Gewannen. Die Herkunft und Bedeutung dieser 3395 Straßennamen ist meist nicht so offensichtlich wie bei der Breiten und der Schmalen Straße, bei denen die unterschiedliche Straßenbreite sofort ins Auge fällt. Wer waren zum Beispiel Ludwig Blum oder Käthe Loewenthal, nach denen in Stuttgart Straßen benannt sind? An welchen Kronprinz soll die Kronprinzstraße erinnern, an welchen König die Königstraße? Wer weiß schon, dass die Bernsteinstraße nach dem Schmuckmaterial benannt ist, die Blankensteinstraße nach den Edelfreien dieses Namens, die Breitensteinstraße nach dem Albberg, die Drackensteinstraße jedoch nach der gleichnamigen Gemeinde? Und die Steinstraße weder nach dem Freiherrn vom Stein, dem preußischen Politiker, noch nach Goethes Vertrauter Charlotte von Stein und auch nicht nach der Schriftstellerin Gertrude Stein?

Die Krebsstraße ist nicht nach dem Tier, die Libanonstraße nicht dem Staat, die Ludwigstraße nicht nach dem Vornamen, der Postillonweg nicht nach dem Postkutscher und die Garbenstraße nicht nach dem Getreidebüschel benannt. Vor Ihnen liegt also ein Buch voller Überraschungen.

Die Geschichte der Straßennamen reicht bis in die Antike zurück. Im Jahr 312 v. Chr. ließ der römische Konsul und Zensor Appius Claudius Caecus eine bequeme Straßenverbindung von Rom nach Brindisi errichten; als »Via Appia« erinnert sie bis heute an ihren Erbauer. Und in der Apostelgeschichte (Kapitel 9, Vers 11) wird Ananias mit den Worten zu Saulus geschickt: »Gehe hin in die Gasse, die da heißt die gerade ...«

Im Mittelalter wurden, auch in Stuttgart, die Gassen und Gässchen mit Namen belegt, die sich auf Gewerbe bezogen, die sich dort niedergelassen hatten, auf markante Gebäude, auf bekannte Hausbesitzer, auf die Beschaffenheit oder die Lage der Wege. Die Straßennamen waren nicht bindend und wandelten sich häufig. Nur noch wenige der aus dem Mittelalter stammenden Benennungen sind heute noch in Gebrauch. Der Mittelpunkt der Stadt hieß bereits 1304 Marktplatz und die Schulstraße schon 1425 Schulgasse. Zu den ältesten Straßennamen gehören außerdem Geißstraße (1430), Rosenstraße (1431), Eichstraße (1485) und Kirchstraße (1487), die damals allerdings noch bescheiden »-gasse« genannt wurden.

Die erste amtliche Benennung der Straßen stammt aus dem Jahr 1764. Damals erging eine herzogliche Anordnung an die Stadt, ihre Straßen und Gassen mit Namen zu versehen. Dabei hielt man sich meist an die volkstümlichen Bezeichnungen, die bisher dafür verwendet worden waren.

Einen anderen Weg schlug die Stadtverwaltung 1811 ein. Stuttgart war mittlerweile Haupt- und Residenzstadt des neuen Königreichs Württemberg und versuchte nun, dieser Würde und dem gewandelten Lebensgefühl gerecht zu werden. Alle Gassen wurden in Straßen umgetauft. Viele erhielten völlig neue Namen, die dem Status besser entsprachen. Aus der Kuhgasse wurde die Milchstraße, aus der Bechergasse die Marktstraße, aus der Löfflersgasse die Sonnenstraße. Dazu gehörte auch die Benennung nach Angehörigen und Verwandten des württembergischen Fürstenhauses, wie Marien-, Charlotten-, Dorotheen-, Eberhard- und Karlstraße. In den folgenden Jahrzehnten kamen weitere Namensgebungen in diesem Stil hinzu, wie Sophien-, Paulinen-, Katharinen-, Olga-, Augusten-, Eugen- und Alexanderstraße. Den weiblichen Angehörigen der Königsfamilie wurde dabei der Vorzug gegeben.

Die nächsten Um- und Neubenennungen fanden 1820 und 1832 statt. Eine ganze Reihe von neuen Straßen kam Mitte des 19. Jahrhunderts hinzu. Die Namen des Fürstenhauses reichten dafür bei weitem nicht aus. So einigte man sich darauf, bedeutende Persönlichkeiten mit der Benennung einer Straße zu ehren, etwa Dichter, Künstler und Erfinder sowie verdiente Persönlichkeiten der Stadt. Genannt seien hier nur Schiller (1853), Gutenberg (1858), Senefelder (1861), Kepler und Römer (beide 1862), Uhland (1865) und Cotta (1864). Bürger konnten Vorschläge an den Gemeinderat richten.

Die Vergabe von Straßennamen an bedeutende Persönlichkeiten ist heute noch üblich, doch seit 1945 ist man davon abgekommen, lebende Personen mit einzubeziehen.

Eine andere Quelle der Namensgebung sind seit Mitte des 19. Jahrhunderts die althergebrachten Namen der Flure und Gewanne geworden. Sie sind meist seit dem Mittelalter überliefert. Da sich die Stadt auf zuvor landwirtschaftlich genutztes Gelände ausdehnte, bot sich diese Möglichkeit geradezu an. Der Grundsatz, dieses überlieferte Namensgut der Nachwelt zu erhalten, hat bis heute Vorrang bei der Namensgebung. Auf diese alten Flurnamen geht etwa ein Sechstel der Stuttgarter Straßennamen zurück. Dazu gehören beispielsweise die Hasenstraße (1837), Heusteig-, Hoppenlau- und Seidenstraße (1851), Reinsburgstraße (1854) und Kornbergstraße (1859).

Neue Schwierigkeiten traten auf, nachdem die ersten Vororte nach Stuttgart eingemeindet worden waren. Diese hatten natürlich ihre eigenen Orientierungssysteme. In manchen kleineren Orten gab es gar keine Straßennamen, denn hier hatte es ausgereicht, die Häuser durchzunummerieren. In Gaisburg war sowohl eine Hausnummerierung im ganzen Ort als auch eine Straßenbenennung vorhanden. Der aufstrebende Kurort Bad Cannstatt, bis zur Vereinigung mit Stuttgart die zweitgrößte Stadt in Württemberg, hatte bereits Anfang des 19. Jahrhunderts schrittweise eine amtliche Straßenbenennung eingeführt. Bedingt durch die bauliche Erweiterung erfolgten 1822 und 1846 Neubenennungen. Die durchlaufende Nummerierung der Häuser in der Cannstatter Altstadt wurde erst in den achtziger Jahren des 19. Jahrhunderts abgeschafft.

Als Gaisburg 1901 nach Stuttgart eingemeindet wurde, diskutierte man darüber, ob die Straßennamen, die in gleicher oder ähnlicher Form in beiden Orten vorkamen, in Gaisburg geändert werden sollten. Der damalige Oberbürgermeister und die Mehrheit des Gemeinderats lehnten dies jedoch ab. Doch schon bald protestierte die Oberpostdirektion, die wegen der doppelten Straßennamen Schwierigkeiten bei der Postzustellung bekam. Die Stadtväter gaben nicht nach, denn sie wollten den Neu-Stuttgartern ihre althergebrachten Straßenbezeichnungen nicht streichen. Erst die nationalsozialistische Regierung nahm 1937 auf die Gefühle der Vorortbewohner keine Rücksicht mehr und schaffte fast alle Mehrfachbenennungen ab. Einzelne Straßennamen waren sechsmal vorgekommen. Nach den letzten großen Eingemeindungen 1942 blieben weitere Mehrfachbenennungen erhalten, die 1957 geändert wurden. Mit Ausnahme der Wilhelmsplätze und -straßen sowie der Marktplätze und -straßen in Stuttgart und Bad Cannstatt gibt es heute keine Doppelbenennungen mehr.

Der Stuttgarter Gemeinderat legte immer wieder Prinzipien zur Straßennamensgebung fest. 1922 einigte man sich darauf, in erster Linie alte Orts- und Flurnamen zu verwenden. An zweiter Stelle sollten sich die Benennungen auf bedeutende Persönlichkeiten beziehen. Außerdem sollte drittens die Orientierung in der gewachsenen Stadt erleichtert werden, indem man so genannte Namensgruppen für einzelne Stadtgebiete festsetzte. Diese Namens- und Sachgruppen wurden 1955 vom Gemeinderat neu bestimmt und seither fortgeschrieben (siehe Kasten Seite 9 bis 11).

Bei der Benennung nach Persönlichkeiten wird seit 1986 besonders darauf geachtet, dass möglichst ein örtlicher Bezug zum Stadtquartier oder zur ehemals selbständigen Gemeinde besteht. Seit 1993 sollen vorrangig Frauen berücksichtigt werden, die sich »in irgendeinem Bereich des gesellschaftlichen Lebens besondere Verdienste erworben haben und einen gewissen Ortsbezug aufweisen (Geburt, längerer Wohnsitz, Wirkungsstätte)«. In geeigneten kleineren Neubaugebieten sollen weibliche Persönlichkeiten, die in einem einheitlichen gedanklichen Zusammenhang stehen, als Namensgeberinnen berücksichtigt werden, ohne dass ein Ortsbezug erforderlich ist. Auf diese Weise soll das krasse Missverhältnis von Benennungen nach verdienten Männern und bedeutenden Frauen, das heute 11 : 1 beträgt, allmählich ausgeglichen werden.

Viele Namensgebungen sind dem Zeitgeschmack und den politischen Verhältnissen unterworfen. So wurden in der Zeit des Nationalsozialismus auch die Straßennamen der herrschenden Ideologie unterworfen. Dazu bestand ausgiebig Gelegenheit, denn die Eingemeindungen ab 1933 führten zu vielen gleich lautenden Namen. Einige Straßen wurden nach Größen des Nationalsozialismus benannt; die Planie wurde zum Beispiel gleich im März 1933 in Adolf-Hitler-Straße umbenannt. Im November 1934 wurden auf einen Schlag 45 Straßen nach »Vorkämpfern des Nationalsozialismus« und »Männern aus der älteren deutschen und schwäbischen Geschichte« umbenannt. 1936 folgten die nächsten Umbenennungen nach Nationalsozialisten und »völkischen Vorkämpfern«. 1937 erhielten 234 Straßen neue Namen.

Vom Gemeinderat festgelegt: Namensgruppen für einzelne Stadtgebiete

- *Inneres Stadtgebiet:* Um den Staat, die Stadt, die Wissenschaften oder die Kunst verdiente Persönlichkeiten – Europäische Großstädte – Albberge – Bedeutende Physiker – Deutsche Dichter – Gestalten deutscher Dichtung – Schwäbische Maler – Württembergische Minister – Edelsteine – Stuttgarter Partnerstädte (auf dem Gelände der Internationalen Gartenbauausstellung 1993) – Architektinnen und Architekten (im Bereich der Internationalen Bauausstellung 2002).

- *Bad Cannstatt:* Badeorte – Deutsche Großstädte – Orte aus dem Ostalb- und Rems-Murr-Kreis.

- *Bergheim:* Kriechtiere und Amphibien.

- *Birkach:* Orte aus den Landkreisen Biberach und Ravensburg.

- *Botnang:* Bedeutende Musiker – Musikinstrumente – Orte des Landkreises Calw.

- *Büsnau:* Ortsnamen und verdiente Persönlichkeiten aus der Bukowina (dem Buchenland).

- *Burgholzhof:* Personen, die sich in den Dienst der Völkerverständigung gestellt haben – Bedeutende Medizinerinnen und Mediziner, Heilkundlerinnen und Heilkundler (im Bereich des ehemaligen US-Hospitals).

- *Degerloch:* Bäume und Sträucher – Operntitel – Orte aus den Landkreisen Reutlingen und Tübingen.

- *Dürrlewang:* Himmelskörper – Bedeutende Astronomen.
- *Fasanenhof:* Opfer des Nationalsozialismus.
- *Feuerbach:* Burgen und Schlösser – Deutsche Mittelgebirge – Österreichische Städte und Landschaften – Um die Wirtschaft verdiente Persönlichkeiten – Schriftsteller der Exilliteratur.
- *Freiberg:* Berühmte Deutsche aus Böhmen.
- *Hedelfingen:* Um die Binnenschifffahrt verdiente Persönlichkeiten – Orte des Alb-Donau-Kreises.
- *Heumaden:* Gewürze – Orte aus dem Alb-Donau-Kreis.
- *Hofen:* Orte aus dem Landkreis Schwäbisch Hall.
- *Hohenheim:* Um die Landwirtschaft verdiente Persönlichkeiten.
- *Kaltental:* Schwarzwaldorte und -berge.
- *Luginsland:* Männliche und weibliche Vornamen.
- *Möhringen:* Orte aus dem Zollernalbkreis und dem Landkreis Sigmaringen – Gestalten aus Märchen, Sagen und Fabeln.
- *Mönchfeld:* Fische.
- *Mühlhausen:* Orte aus dem Hohenlohekreis – Baltische Städte.
- *Münster:* Deutsche Ströme und Flüsse.
- *Neugereut:* Wasservögel.
- *Neuwirtshaus:* Nordseeinseln.
- *Obertürkheim:* Schwäbische Seen.
- *Plieningen:* Feld- und Gartenfrüchte – Gräser – Orte aus dem Bodenseekreis.

- *Riedenberg:* Südfrüchte.
- *Rohracker:* Kernobstsorten – Orte des Landkreises Heidenheim.
- *Rot:* Orte aus dem Landkreis Heilbronn.
- *Rotenberg:* Namen aus der altwürttembergischen Geschichte.
- *Schönberg:* Pilze.
- *Sillenbuch:* Beerenobst – Orte des Landkreises Tuttlingen.
- *Sommerrain:* Blumen.
- *Stammheim:* Entdecker und Forschungsreisende – Schmetterlinge und Insekten – Orte aus dem Landkreis Ludwigsburg.
- *Uhlbach:* Tiroler Orte – Reb- und Weinsorten.
- *Untertürkheim:* Alpen-Berge und -Orte.
- *Vaihingen:* Gesteinsarten – Bedeutende Geologen – Mineralien und chemische Elemente – Schauspieler – Orte aus den Landkreisen Böblingen, Freudenstadt und Rottweil – Bundesstaaten der USA (im Bereich der Patch Barracks) – Verdiente Stuttgarter Wissenschaftlerinnen (im Bereich der Universität) – Bildende Künstlerinnen und Künstler.
- *Wangen:* Orte aus den Landkreisen Esslingen und Göppingen – Oberschwäbische Städte.
- *Weilimdorf:* Orte aus den Regierungsbezirken Karlsruhe und Freiburg und aus Rheinland-Pfalz – Technische Begriffe.
- *Wolfbusch:* Waldtiere und Waldvögel.
- *Zuffenhausen:* Bedeutende Erfinder – Volksstämme – Orte aus dem Enz-, Hohenlohe- und Main-Tauber-Kreis.

Am 1. April 1938 besuchte Hitler Stuttgart; zwei Wochen zuvor hatte sich Österreich auf massiven Druck der Nationalsozialisten hin Deutschland »angeschlossen«. Aus diesen beiden Anlässen »verwandelte sich Feuerbach in ein geographisches Lexikon der ›Ostmark‹« (Roland Müller) – und noch heute lesen sich die Straßennamen in Feuerbach wie eine Landkarte von Österreich. Weitere Umbenennungen gab es, als der Reichsinnenminister im Juli 1938 anordnete, dass alle jüdischen Straßennamen geändert werden mussten. Auch 1939 kam es noch einmal zu Um- und Neubenennungen im Sinne des Regimes.

Ab Mai 1945 wurden 73 Straßen rück- oder umbenannt, im Jahr darauf weitere 70. Dies betraf nicht nur die Benennungen nach Nationalsozialisten, sondern zielte auch auf die »Auslöschung des Militarismus« in den Straßennamen. Nun ehrte man Widerstandskämpfer, politisch Verfolgte, ausgewanderte oder ermordete Stuttgarter Juden sowie Politiker der Weimarer Republik mit Straßennamen. Selbst der Kanonenweg wurde in Haußmannstraße umgetauft, obwohl das Kanonenhäusle nie etwas mit Krieg oder dem Militär zu tun gehabt hatte.

Die Nachkriegs-Umbenennungen erfolgten sehr schnell und in einer Zeit, in der die Aufmerksamkeit vorrangig anderen Themen galt. Viele Namen, die man damals übersah oder deren Verankerung in der nationalsozialistischen Weltanschauung nicht auffiel, existieren bis zur Gegenwart.

So sind beispielsweise nach Kriegsschauplätzen benannt: die Antwerpener Straße, Argonnenstraße, Arrasstraße, Champignystraße, Fehrbelliner Straße, Flandernstraße, Großbeerenstraße, Hohenfriedberger Straße, Kemmelbergstraße, Kolberger Straße, Lodzer Straße, Lütticher Straße, Masurenstraße, Namurstraße, Nollendorfstraße, Ortelsburger Straße, Roßbachstraße, Sommestraße, Stralsunder Straße, Tannenbergstraße, Teutoburger Straße, Torgauer Straße, Verdunstraße, Ypernstraße und die Zorndorfer Straße.

Nach Städten, in denen »Auslandsdeutsche« lebten und/oder in Erinnerung an die von den Nazis so genannte »Schmach von Versailles« sind benannt worden: die Annabergstraße, Baltenstraße, Beuthener Straße, Colmarer Straße, Diedenhofer Straße, Dirschauer Straße, Dorpater Straße, Elsässer Straße, Gnesener Straße, Hultschiner Straße, Kattowitzer Straße, Lothringer Straße, Marienburger Straße, Memeler Straße, Oberschlesische Straße, Oppelner Straße, Pillauer Straße, Revaler Straße, Rigaer Straße, Saarlandstraße, Tarnowitzer Straße, Thorner Straße, Tilsiter Straße und die Ukrainestraße.

In Verherrlichung des Germanentums sind benannt: die Alarichstraße, Alemannenstraße, Cheruskerstraße, Dagobertstraße, Frankenstraße, Friesenstraße, Gotenstraße, Langobardenstraße, Markomannenstraße, Sachsenstraße, Suevenstraße, Thingstraße, Vandalenstraße und die Widukindstraße.

Das Nibelungenlied galt in der NS-Zeit als Lobpreis der bedingungslosen Gefolgschaftstreue zu einem Führer; danach sind benannt: der Brunhildenweg, die Gernotstraße, der Gudrunweg, die Gunterstraße, Hildebrandstraße, Nibelungenstraße, Pöchlarner Straße, Rüdigerstraße, der Sigurdweg und die Volkerstraße.

In Verklärung des Bauernkriegs sind benannt: die Bundschuhstraße, Frundsbergstraße, Jörgstraße, Landsknechtstraße, Ratgebstraße, Schertelstraße, der Thomas-Münzer-Weg und die Wendelin-Hippler-Straße.

Nach Militärs sind benannt: der Heinrich-Gontermann-Weg, die Leutweinstraße, Obernitzstraße, der Paul-Bäumer-Weg und der Werner-Voß-Weg.

Nach Unternehmen und Unternehmern der Rüstungsindustrie wurden benannt: Am Boschwerk, Benzstraße, Borsigstraße, Daimlerstraße, Dornierstraße, Hellmuth-Hirth-Straße, Kruppstraße, Magirusstraße, Manzeller Weg, Mauserstraße und Siemensstraße.

Nach ideologisch genehmen Künstlern oder Kunstwerken sind benannt: der Elsaweg, die Felix-Dahn-Straße, Gorch-Fock-Straße, der Hermann-Löns-Weg, die Lohengrinstraße, Meistersingerstraße, Parsifalstraße, Richard-Wagner-Straße, Rienzistraße, Thomastraße und die Walter-Flex-Straße.

Nach Männern, die vom Nazi-Regime ideologisch vereinnahmt wurden, sind benannt: die Alfred-Dehlinger-Straße, Rankestraße, Schenkendorfstraße, der Tassiloweg, die Treitschkestraße und die Wernlinstraße.

Die Narewstraße heißt nach der Verteidigungslinie, die Straßburger Straße in Erinnerung an die Garnison des 8. Württembergischen Infanterie-Regiments, die Dreysestraße nach dem Erfinder des Zündnadelgewehrs ... man könnte die Beispiele fortsetzen. So ist noch heute aus dem Stuttgarter Stadtplan abzulesen, wie systematisch die Nationalsozialisten die Bevölkerung auf Krieg und Tod vorbereitet haben. Das Vorgehen glich einer Gehirnwäsche.

Straßenumbenennungen sind bei der Bevölkerung wie bei der Verwaltung unbeliebt; sie verursachen Aufwand und Kosten. Alle Stadtpläne müssen geändert werden, ebenso Datenbanken, Karteien, Absenderstempel, Briefpapier, Hinweisschilder und vieles andere. Jahrelang müssen die Straßen doppelt geführt werden, weil Fremde nichts von der Umbenennung erfahren haben oder Post noch an die alte Adresse kommt.

In Stuttgart existiert eine ganze Anzahl von »Straßenpaaren«. Das sind Wege oder Plätze, die zwar verschieden heißen, sich aber auf dieselbe Namensgrundlage beziehen. Bei einigen ist dies leicht einsichtig. Wenn etwa die Augsburger Straße einen Platz bildet, liegt es nahe, ihn Augsburger Platz zu nennen. Oder wie im Fall der Straßen Dobelklinge, Am Dobelbach und Dobelstraße, die den Verlauf des Dobelbachs beschreiben. Fragwürdiger wird dies, wenn sich beispielsweise zwei voneinander entfernt liegende Straßen auf denselben Flurnamen beziehen, wie dies etwa bei Dornhalde und Dornhaldenstraße oder bei Allmandstraße und Allmandring der Fall ist. Schwer verständlich ist auch, warum es einen Weißdorn-, einen Rotdorn- und einen Hagdornweg gibt – in allen drei Fällen handelt es sich um denselben Busch. Das Gleiche gilt für den Heckenrosen- und den Wildrosenweg (und seiner Frucht ist mit dem Hagebuttenweg gleich noch eine Straße gewidmet). Auch Rüsternweg und Ulmenstraße weisen auf den gleichen Baum, Windröschenweg und Anemonenweg auf die gleiche Blume, Zikadenweg und Zirpenweg auf dasselbe Insekt, Wildgansweg und Graugansstraße auf den gleichen Wasservogel. Der Lodzer Straße einerseits und dem Lodzweg mit dem Lodzsteg andererseits liegen immerhin ebenso verschiedene Gründe für die Benennungen zugrunde wie der Straßburger Straße, dem Straßburger Weg und dem Straßburger Platz.

Es gibt auch Personen, nach denen mehr als eine Straße benannt ist. Das bekannteste Beispiel sind die Wilhelmsstraßen und Wilhelmsplätze in Stuttgart-Mitte und in Bad Cannstatt. Aber auch die Hermannstraße und die Weimarstraße beziehen sich auf ein und denselben Namensgeber. Dem württembergischen Reformator Johannes Brenz ist seit 1928 die Brenzstraße in Bad Cannstatt gewidmet; zu seinem 500. Geburtstag wurde 1999 zusätzlich der Platz vor der Stiftskirche, in der er beigesetzt ist, Johannes-Brenz-Platz benannt. An den Komponisten Felix Mendelssohn Bartholdy erinnert seit 1946 die Mendelssohnstraße in Sillenbuch; 1998 wurde ihm zusätzlich die Felix-Mendelssohn-Bartholdy-Allee im Unteren Schlossgarten gewidmet. Den Liedkomponisten Julius Wengert ehrt die Wengertstraße in Botnang und die Julius-Wengert-Straße in Zuffenhausen.

Die Vormerkliste verdienter Frauen

- Hofapothekerin *Maria Andreae* (geboren 1550 in Herrenberg, gestorben 1632 in Tübingen),
- *Henriette Arendt* (geboren 1874 in Königsberg, gestorben 1922 in Mainz), die als erste deutsche Polizeiassistentin in Stuttgart gewirkt hat,
- *Charlotte Armbruster* (geboren 1886 in Stuttgart, gestorben 1970 in Stuttgart), die 40 Jahre lang Stadträtin in Stuttgart war und sich mit großem Engagement für vielfältige soziale Aufgaben eingesetzt hat,
- *Carola Blume* (geboren 1897 in Neudenau, gestorben 1987 in Kalifornien), die ab 1924 die Frauenabteilung der Volkshochschule Stuttgart aufgebaut hat und als Jüdin 1935 in die USA emigrieren musste,
- die Schauspielerin am Stuttgarter Hoftheater *Auguste Brede* (geboren 1786, gestorben 1829 in Gmünden, Österreich),
- *Margot Busak* (geboren 1911, gestorben ?), Fabrikantin in Stuttgart, Honorarkonsulin des Königreichs Nepal mit besonderen Verdiensten um die deutsch-nepalesischen Beziehungen,
- *Ella Ehni* (geboren 1875, gestorben 1952), Stuttgarter Stadträtin, württembergische Landtagsabgeordnete von 1920 bis 1924 und Vorsitzende des württembergischen Frauenvereins, musste 1933 in die Schweiz emigrieren,
- die Schriftstellerin *Marianne Ehrmann*, geb. Brentano (geboren 1755, gestorben 1795 in Stuttgart),
- die Stuttgarter Stadträtin *Josefine Giese* (geboren 1869, gestorben 1926),

- die jüdische Malerin *Elli Heimann* (geboren 1883, gestorben ?),
- *Marianne Herthel* (geboren ?, gestorben 1944), ebenfalls eine jüdische Malerin,
- *Magdalena Sybilla von Hessen-Darmstadt, Herzogin von Württemberg* (geboren 1652 in Darmstadt, gestorben 1712 in Kirchheim unter Teck), Dichterin von Kirchenliedern, Verfasserin von Andachtsbüchern, harrte 1688, 1692, 1693 und 1704 bei den Einfällen französischer Truppen in Stuttgart aus und brachte diese durch ihr mutiges Auftreten von einer Zerstörung der Stadt und der Erhebung übermäßiger Kriegskontributionen ab,
- *Therese Huber* (geboren 1764 in Göttingen, gestorben 1829 in Augsburg), Berufsschriftstellerin, von 1816 bis 1823 Redakteurin beim Cottaschen »Morgenblatt für gebildete Stände« in Stuttgart und damit die erste Frau in diesem Beruf,
- *Marie Humbert* (geboren 1819, gestorben 1888 in Neuenburg), Gründerin und erste Präsidentin des Internationalen Vereins der Freundinnen junger Mädchen,
- *Dr. Else Kienle* (geboren 1900 in Heidenheim, gestorben 1970 in den USA), Ärztin, Gründerin einer eigenen Klinik für Harn- und Beinleiden, Leiterin der Beratungsstelle des »Reichsverbands für Geburtenregelung und Sexualhygiene« in Stuttgart und Vorkämpferin für eine Liberalisierung des Abtreibungsrechts,
- *Karla Klotz* (geboren 1878 in Waiblingen, gestorben 1965), 1920 bis 1924 und 1931 bis 1932 Landtagsabgeordnete des Württembergischen Bauernbundes (WBB),
- die Dichterin *Therese Köstlin* (geboren 1877, gestorben 1963),

- die Ärztin *Dr. Rita Leroi* (geboren 1913, gestorben 1988), Krebsforscherin und Leiterin des anthroposophischen Zentrums »Hiscia«, Arlesheim (Schweiz), zur Erforschung und Weiterentwicklung von Mistelextrakten zur Behandlung von Krebserkrankungen,

- die Schriftstellerin *Hedwig Lohß* (geboren 1892 in Stuttgart, gestorben 1986 in Stuttgart),

- die Stuttgarter Opern- und Konzertsängerin *Marianne Pirker* (geboren 1717, gestorben 1782 in Eschenau),

- die Bildhauerin *Emilie Pistorius,* geb. Feuerlein (geboren 1776 in Stuttgart, gestorben 1816 in Stuttgart),

- *Mathilde Planck* (geboren 1861 in Ulm, gestorben 1955 in Ludwigsburg), Lehrerin, Schriftstellerin und Journalistin, Vorsitzende des Württembergischen Lehrerinnen-Vereins, Mitbegründerin des Schwäbischen Frauenvereins, des Nationalen Frauendienstes, des Stuttgarter Frauenclubs und des Verbandes Württembergischer Frauenverein, 1919 bis 1928 Abgeordnete im württembergischen Landtag, 1921 Gründungsmitglied der Bausparkasse Wüstenrot, Erbauerin und Leiterin des nach ihr benannten Altersheims in Ludwigsburg,

- die Politikerin *Maria Raiser* (geboren 1885 in Stuttgart, gestorben 1966 in Stuttgart), 1946 bis 1956 CDU-Abgeordnete im Landtag von Württemberg-Baden beziehungsweise Baden-Württemberg,

- *Hilde Reichert-Sperling* (geboren 1888 in Leipzig, gestorben 1955 in Stuttgart), Kandidatin der ersten Groß-Stuttgarter Frauenliste 1932, Vorsitzende des Verbands württembergischer Frauenvereine, Gründerin des Stuttgarter Frauendienstes und Mitgründerin des Frauenparlaments Baden-Württemberg,

- die Landschaftsmalerin *Emilie Reinbeck* (geboren 1794 in Stuttgart, gestorben 1846 in Stuttgart),
- *Stefanie Restle* (geboren 1901 in Beuron, gestorben 1978 in Stuttgart), 1945 bis 1948 Betriebsratsvorsitzende bei der Firma Auto-Staiger, 1948 bis 1951 Stuttgarter Stadträtin, 1950 bis 1968 SPD-Abgeordnete im württemberg-badischen beziehungsweise baden-württembergischen Landtag,
- die Stuttgarter Hof- und spätere Staatsschauspielerin *Alexandrine Rossi* (geboren 1862 in Schwerin, gestorben 1953 in Stuttgart),
- die Hofapothekerin *Helene Rückher* (geboren 1526, gestorben 1597 in Stuttgart),
- die Malerin *Käte Schaller-Härlin* (geboren 1877, gestorben 1973),
- die Opernsängerin *Agnese Schebest* (geboren 1813, gestorben 1870),
- die Jugendbuchautorin *Tony Schumacher* (geboren 1848 in Ludwigsburg, gestorben 1931),
- die Porträtmalerin *Ludovike Simanoviz* (geboren 1759 in Schorndorf, gestorben 1827 in Ludwigsburg),
- die Stuttgarter Hofschauspielerin *Amalie Stubenrauch* (geboren 1805, gestorben 1876 in Tegernsee), Geliebte König Wilhelms I. von Württemberg,
- die jüdische Malerin *Dorothea Wüsten,* Kunstkeramikerin und Ehrenbürgerin der Stadt Görlitz,
- *Josephina Therese Zürcher* (geboren 1866 in Zürich, gestorben 1933 in Stuttgart), die als Ärztin im Orient gewirkt hat,
- die Stuttgarter Komponistin, Sängerin, Pianistin und Musikpädagogin *Emilie Zumsteeg* (geboren 1796 in Stuttgart, gestorben 1857 in Stuttgart).

Seit langem gibt es feststehende Kriterien für Straßenbenennungen, die unabhängig von der Herkunft des Namens gelten. Ein Straßenname

- sollte leicht auszusprechen und zu schreiben sein,
- sollte möglichst wenig Ähnlichkeit mit vorhandenen Straßennamen aufweisen – wenn es bei einem Notfall Missverständnisse gibt, kann das Leben kosten –
- und für kurze Straßen sollten keine langen Namen gewählt werden, weil sie auf dem Stadtplan nicht unterzubringen sind.

Auch das professionelle Vorgehen in Stuttgart hat nicht verhindern können, dass diese Kriterien nicht von allen Straßennamen erfüllt werden.

Doch wie entsteht eigentlich ein Straßenname? Das Haupt- und Personalamt unterbreitet einen Vorschlag – wenn sich kein Flurname oder Name mit Ortsbezug anbietet, wählt sie ihn aus einer allgemeinen Vormerkliste oder einer speziellen Vormerkliste verdienter Frauen (siehe Kasten Seite 15 bis 18). Der zuständige Bezirksbeirat diskutiert den Vorschlag, empfiehlt seine Annahme oder unterbreitet einen Gegenvorschlag, und der Verwaltungsausschuss des Gemeinderats entscheidet schließlich darüber.

In Stuttgart werden jedes Jahr 20 bis 30 Straßen neu benannt. Eine Steigerung ist nicht zu erwarten, da sich – abgesehen von »Stuttgart 21«, dessen Straßenzüge schon benannt sind – keine großen Neubaugebiete in Planung befinden. So liegt es wohl in der Natur der Sache, dass es immer viel mehr Ideen und Vorschläge für neue Straßen gibt, als tatsächlich umgesetzt werden können (siehe Kasten Seite 20 bis 23).

In den Namen der Straßen, Gassen und Plätze spiegelt sich sowohl die Geschichte der Stadt als auch das allgemeine Zeitgeschehen wider. Doch die Bürger kennen oft die Bedeutung der Flurnamen nicht mehr. Auch die Menschen, die als Namensgeber dienten, sind in Vergessenheit geraten. Zwar gibt es hier seit etwa 1970 erklärende Zusätze bei den Straßenschildern, doch die Angaben darauf sind aus Platzgründen äußerst knapp.

Die immer wiederkehrenden Fragen zu beantworten bemühte sich schon 1887 Julius Hartmann, der Autor der berühmten »Chronik der

Nach wem in Stuttgart keine Straße benannt ist

Eine solche Liste könnte natürlich allein ein Buch füllen – und sie ist niemals vollständig. Die folgenden Namen sollen deshalb nur einen kleinen Denkanstoß geben. Wenn Sie selbst einen Vorschlag für einen neuen Straßennamen unterbreiten möchten, wenden Sie sich bitte ans Haupt- und Personalamt der Landeshauptstadt Stuttgart.

Bedeutende Persönlichkeiten:

- *Sebastian Blau* alias Josef Eberle (1901–1986), Journalist und Schriftsteller, der bekannteste schwäbische Mundartautor, Verfolgter des Naziregimes, gründete 1945 die »Stuttgarter Zeitung«,
- *Michel Buck* (1832–1888), Oberamtsarzt, Volkskundler, oberschwäbischer Mundartdichter,
- *Heinrich Dolmetsch* (1846–1908), »Stararchitekt« seiner Zeit, war Stuttgarter und baute in Stuttgart unter anderem die Markuskirche mit dem ersten Kirchturm der Welt in Eisenbeton,
- *Hans Gasparitsch* (1918–2002), Stuttgarter Widerstandskämpfer, pinselte 1935 »Hitler = Krieg« auf den Sockel der Rossebändigergruppe und verbrachte deshalb zehn Jahre im KZ,
- *Hans Jakob Christoffel von Grimmelshausen* (1622–1676), bedeutendster deutscher Schriftsteller des 17. Jahrhunderts, lebte in Renchen, Baden,
- *Heinrich Hansjakob* (1837–1916), badischer Landtagsabgeordneter, wichtigster badischer Erzähler,

- *Johann Peter Hebel* (1760–1826), Erzähler und alemannischer Mundartautor,
- *Hermann Hesse* (1877–1962), der einzige schwäbische Literaturnobelpreisträger,
- *Elly Heuss-Knapp* (1881–1952), Sozialpolitikerin, Publizistin, als Werbefachfrau Erfinderin des akustischen Warenzeichens, 1946 bis 1949 Abgeordnete der FDP/DVP und Alterspräsidentin des Landtags von Württemberg-Baden, First Lady, gründete 1950 das Deutsche Müttergenesungswerk,
- *Otto Keller* (1874–1931), einer der erfolgreichsten schwäbischen Mundartautoren, waschechter Stuttgarter,
- *Fritz Leonhardt* (1909–1999), Ingenieur, war Stuttgarter, lehrte als Professor an der TH Stuttgart, baute den Stuttgarter Fernsehturm als ersten Turm seiner Art und Vorbild für ähnliche Türme in aller Welt,
- *Herzog Ludolf von Schwaben* (regierte 949–954), gründete um 950 das Gestüt, von dem Stuttgart seinen Namen ableitet,
- *Ludwig Quidde* (1858–1941), deutscher Friedensnobelpreisträger,
- *Sebastian Sailer* (1714–1777), »Vater der schwäbischen Dialektdichtung«,
- *Friedrich Wilhelm (von) Schelling* (1775–1854), Philosoph aus Leonberg, dem mit größter Selbstverständlichkeit in Berlin, München oder Hamburg Straßen gewidmet sind, Freund von Hegel und Hölderlin, wirkte in Stuttgart als Hauslehrer.

Stuttgarter Ehrenbürger, deren Bedeutung auch heute noch übers Geschichtliche hinausgeht:

- *Ludwig (von) Gaab* (1800–1869), Oberbaurat, entwarf das Kronprinzenpalais und die Neue Kirche in Berg, seit 1855 Ehrenbürger,

- *Karl Ludwig Freiherr von Reichenbach* (1788–1869), Chemiker und Industrieller, Naturforscher und -philosoph, erfand das Paraffin und das Antiseptikum Kreosot, seit 1836 Ehrenbürger,
- *Bertel (von) Thorvaldsen* (1770–1844), dänischer Bildhauer, schuf das Stuttgarter Schillerdenkmal, seit 1841 Ehrenbürger,
- *Dominika Freifrau von Wiesenhütten* (1812–1858), bis heute die einzige Stuttgarter Ehrenbürgerin, erhielt 1857 den Ehrenbürgerbrief gemeinsam mit ihrem Mann Ludwig Freiherr von Wiesenhütten (1786–1859) für die »den hiesigen Armen bewiesenen Wohltaten«.

Bedeutende bildende Künstler mit Bezug zu Stuttgart:

- *Max Ackermann* (1887–1975),
- *Eberhard Emminger* (1808–1885),
- *Jakob Grünenwald* (1821–1896),
- *Werner von Houwald* (1901–1974),
- *Louis Mayer* (1791–1843),
- *Otto Meyer-Amden* (1885–1933),
- *Hans Molfenter* (1884–1979),
- *Reinhold Nägele* (1884–1972),
- *Alfred Heinrich Pellegrini* (1881–1958),
- *Pieter Francis Peters* (1818–1903),
- *Hermann Reichert* (1890–1974),
- *Heinrich von Rustige* (1810–1900),
- *Theodor Schüz* (1830–1900),
- *Heinrich Johann von Zügel* (1850–1941).

Berge der Schwäbischen Alb:

- Dreifaltigkeitsberg (983 m),
- Lupfen (977 m),
- Eichberg (896 m),
- Dreifürstenstein (854 m),
- Augstberg (849 m),
- Sternberg (844 m),
- Messelberg (749 m),
- Volkmarsberg (743 m).

Berge im Schwäbisch-Fränkischen Wald:

- Hohe Brach (586 m),
- Ochsenhau (572 m),
- Altenberg (564 m),
- Juxkopf (533 m),
- Steinknickle (525 m).

Berge im Schwarzwald:

- Herzogenhorn (1415 m),
- Schauinsland (1284 m),
- Hochkopf (1263 m),
- Kandel (1242 m),
- Blauen (1165 m),
- Rohrhardsberg (1155 m),
- Badener Höhe (1002 m).

Stadt Stuttgart«. Er verfasste für den Gemeinderat eine »Übersicht über die Herkunft und Bedeutung der Stuttgarter Straßennamen«, die später als Grundlage für entsprechende Teile der Stuttgarter Adressbücher diente.

Das Amtsblatt der Landeshauptstadt Stuttgart beanwortete die Fragen der Bürgerschaft nach der Bedeutung der Straßennamen in einer Artikelserie. Sie wurde von den Mitarbeitern verschiedener Dienststellen der Stadt und des Statistischen Amts, das damals für die Straßenbenennungen zuständig war, erarbeitet. 1951 bis 1966 erschienen unter der Rubrik »Unsere Straßennamen« in alphabetischer Reihenfolge sämtliche Benennungen. Diese Artikelserie wurde in einer Broschüre zusammengefasst und vom Statistischen Amt 1973 herausgegeben. 1974 erschien, herausgegeben vom Nachrichtenamt, dem späteren Presse- und Informationsamt, auf dieser Grundlage das Buch »Straßennamen in Stuttgart. Herkunft und Bedeutung«, das im Jahr darauf in die zweite Auflage ging. Daran arbeiteten das Statistische Amt, das Stadtarchiv und die Rathausbücherei mit. 1992 brachten Eva Walter und Thomas Pfündel das Buch im Auftrag des Presse- und Informationsamts auf den aktuellen Stand. Das bekannte Stuttgarter Autorenduo ergänzte zudem viele Stichworte, insbesondere zu den Biographien von Persönlichkeiten und zu Tier- und Pflanzennamen. Die damalige Neuausgabe war mit dem Wechsel des Buches in den Silberburg-Verlag verbunden.

Das vorliegende Buch, wiederum eine Neuausgabe, stützt sich im Wesentlichen auf diese Vorarbeiten. Es wurden nicht nur alle neuen Straßennamen hinzugefügt – seit 1992 immerhin fast 250! –, sondern auch viele der bisherigen Texte überarbeitet, korrigiert, erweitert und aktualisiert. Bei vielen älteren Straßen wurden zudem Hinweise auf frühere Benennungen und ihre Bedeutung gegeben.

Die Bearbeitung wurde im Silberburg-Verlag durchgeführt, der auf Medien zu Baden-Württemberg spezialisiert ist. Bedingt durch die Finanzkrise der Stadt lag nicht nur die inhaltliche Verantwortung allein beim Verlag, sondern auch die wirtschaftliche. Die Stadtverwaltung sah sich außerstande, einen finanziellen Beitrag zur Aktualisierung des Buches oder seiner preisgünstigen Herausgabe zu leisten. So sieht der Verlag in dieser Neuausgabe ein weiteres Zeichen seiner Verbundenheit mit Stuttgart und seinen Bürgern, wie er sie schon seit vielen Jahren durch zahlreiche Publikationen gezeigt hat. Leider mussten manche Wünsche offen bleiben, die nur durch noch ausgiebigere und damit sehr zeitintensive Archiv- oder Recherchearbeit hätten befriedigt werden können.

Ein Wort noch zur Systematik in diesem Buch.
Das angegebene *Jahr* der Straßenbenennung entspricht den amtlichen Unterlagen. Es bezeichnet in der Regel die Beschlussfassung – in manchen Fällen sind Jahre vergangen, bis die Straße dann tatsächlich gebaut war und die Straßenschilder hingen.

Die Angabe »*Straßenführung geändert*« bedeutet, dass im genannten Jahr der Straßenname erneut Thema im Verwaltungsausschuss des Gemeinderats war. Vielleicht weil die Straße verlängert wurde, vielleicht aber auch, weil eine Seitengasse »abgezwackt« wurde und einen eigenen Namen erhalten hat. Diese Angaben sind vor allem für frühere Zeiten sehr unvollständig.

Die Angabe des *Stadtteils*, in dem die Straße verläuft, hat bei der Bearbeitung des Bandes unerwartete Schwierigkeiten verursacht. Im Jahr 1956 wurde Stuttgart in 23 Stadtbezirke gegliedert, die ihrerseits in insgesamt 56 Stadtteile und drei Wohnplätze aufgeteilt wurden. Im Jahr 2001 hat der Gemeinderat eine neue Einteilung beschlossen. Dabei wurde die Gliederung der Stadtbezirke nicht angetastet, diese ergeben jetzt aber 141 Stadtteile. So hat der Stadtbezirk Bad Cannstatt bis 2001 die vier Stadtteile Bad Cannstatt, Burgholzhof, Sommerrain und Steinhaldenfeld umfasst. Jetzt gehören zum Stadtbezirk Bad Cannstatt 18 Stadtteile, und zwar Muckensturm, Schmidener Vorstadt, Espan, Kurpark, Cannstatt-Mitte, Seelberg, Winterhalde, Wasen, Veielbrunnen, Im Geiger, Neckarvorstadt, Pragstraße, Altenburg, Hallschlag, Birkenäcker, Burgholzhof, Sommerrain und Steinhaldenfeld.

Der Bearbeiter hätte diese durchaus sinnvollen feingegliederteren Stadtteilangaben gern in dieses Buch übernommen. Es hat sich jedoch herausgestellt, dass viele der neuen Stadtteilnamen bei den Bürgern so wenig bekannt sind, dass zusätzlich die Angabe des Stadtbezirks erforderlich gewesen wäre. Bei 3395 Straßen ist dies ebenso eine Platzfrage wie eine Frage der Übersichtlichkeit.

Als viel gravierender hat sich jedoch herausgestellt, dass es zwar einen speziellen Stadtplan mit der neuen Stadtteil-Einteilung gibt, jedoch keine Datenbank, ja nicht einmal ein Verzeichnis, aus dem ersichtlich wäre, in welchem oder welchen der neuen Stadtteile eine Straße verläuft. Sowohl der 2002 vom Statistischen Amt neu herausgegebene »Stuttgart-Wegweiser« als auch der Amtliche Stadtplan 2003 nennen bei den Straßen nur die Stadtbezirke (wenn auch die entsprechende Tabellenspalte im »Wegweiser« mit »Stadtteil« überschrieben ist). 3395 Straßen auf dem Plan zu lokalisieren, in vielen Fällen zusätzlich den exakten Beginn und das genaue Ende der Straße festzustellen (die aus dem Plan meist nicht genau ersichtlich sind) und die neuen Stadtteilangaben dann zu übertragen – das wäre eine Arbeit von Wochen, wenn nicht Monaten gewesen, die im ohnehin weit überzogenen Budget dieses Buches nicht unterzubringen war.

Wir haben uns deshalb entschlossen, auf die herkömmlichen Stadtteilangaben zurückzugreifen, die den Stuttgartern auch bekannt sind.

Dieses Buch ist, wie im Bereich der gedruckten Texte seit Jahren allgemein üblich, in *neuer Rechtschreibung* verfasst. Die Stadtverwaltung hat jedoch beschlossen, bei den Straßennamen die Übergangsfrist bis 31. Juli 2005 voll auszuschöpfen. Der Schloßplatz schreibt sich also erst ab 1. August 2005 mit »ss«. Bei den wenigen Straßennamen, die sich zu diesem Datum ändern, ist dies beim Stichwort separat vermerkt.

Bei der *alphabetischen Ordnung* wurden Wortabstände und Bindestriche ignoriert. Umlaute wurden wie ae, oe und ue behandelt.

Bei der Arbeit an diesem Buch wurden wir von vielerlei Seiten unterstützt. Zu danken haben wir in erster Linie Egon Möhler vom Presse- und Informationsamt und Andrea Schliwowski vom Haupt- und Personalamt der Landeshauptstadt Stuttgart (Abteilung Allgemeiner Service). Ein besonders herzlicher Dank gilt Dr. Jürgen Hagel, dem Autor zahlreicher Veröffentlichungen zu Stuttgart, für ausführliche und wertvolle Hinweise. Für Informationen und Auskünfte, Hilfestellungen, Recherchen und Texte, auf die wir zurückgegriffen haben, danken wir dem Obertürkheimer Bezirksvorsteher Peter Beier und seinem Vaihinger Kollegen Herbert Burkhardt, Gerhard Dickert, Dr. Kuno Drollinger, Margarete Egger, Claudia Freisinger, Michael Gaisser vom Karls-Gymnasium Stuttgart, Ulrich Gohl, Elisabeth Häussermann, Bettina Haller, Hans Hekler, Hedwig Merz, Dr. Hans-Georg Müller, Polizeihauptkommissar Philipp Müller, Stadtarchivar Dr. Roland Müller, Heiner Obermayer, Joachim Oehme, Lothar Reinhard, Maja Riepl-Schmidt, Michael Rosenberg-Pohl, Katrin Scharnowski, Lydia Schneider, Willi Schraffenberger, Harald Schukraft, Hermann Schwämmle, dem Stadtmessungsamt, dem Verlag im Ziegelhaus, Emanuel Vogel, André Wais, Alfred Weber sowie der Weilimdorfer Bezirksvorsteherin Ulrike Zich.

Zahlenzauber

Erstaunliches ergibt sich, wenn man die Verteilung der Straßennamen statistisch analysiert. Das mag auf den ersten Blick trocken klingen – in Wirklichkeit ist es hochinteressant und macht Spaß. Wer möchte, kann sich mit diesen Zahlen oder dem ganzen Buch zum Beispiel leicht Quizfragen ausdenken.

In diesem Buch sind alle **3395** offiziellen Stuttgarter Straßennamen aufgeführt (Stand: Mai 2003). Der Einfachheit halber ist im Folgenden von »Straßen« die Rede, auch wenn es sich manchmal um Wege, Gassen, Alleen, Plätze, Brücken, Stege, Steigen oder Staffeln handelt.

Von den 3395 Stuttgarter Straßen sind **556** nach Städten, Gemeinden und Ortsteilen benannt.

Von diesen 556 Städten, Gemeinden und Ortsteilen liegen **374** in Baden-Württemberg, davon

4 im Alb-Donau-Kreis
0 im Stadtkreis Baden-Baden
9 im Landkreis Biberach
19 im Landkreis Böblingen
5 im Bodenseekreis
1 im Landkreis Breisgau-Hochschwarzwald
6 im Landkreis Calw
0 im Landkreis Emmendingen
7 im Enzkreis
21 im Landkreis Esslingen
1 im Stadtkreis Freiburg
10 im Landkreis Freudenstadt
12 im Landkreis Göppingen
1 im Stadtkreis Heidelberg
0 im Landkreis Heidenheim

30 im Landkreis Heilbronn
3 im Stadtkreis Heilbronn
8 im Hohenlohekreis
1 im Landkreis Karlsruhe
1 im Stadtkreis Karlsruhe
0 im Landkreis Konstanz
2 im Landkreis Lörrach
47 im Landkreis Ludwigsburg
5 im Main-Tauber-Kreis
2 im Stadtkreis Mannheim
0 im Neckar-Odenwald-Kreis
1 im Ortenaukreis
4 im Ostalbkreis
1 im Stadtkreis Pforzheim
6 im Landkreis Rastatt
8 im Landkreis Ravensburg
31 im Rems-Murr-Kreis
7 im Landkreis Reutlingen
0 im Rhein-Neckar-Kreis
5 im Landkreis Rottweil
14 im Landkreis Schwäbisch Hall
3 im Schwarzwald-Baar-Kreis
14 im Landkreis Sigmaringen
52 im Stadtkreis Stuttgart
9 im Landkreis Tübingen
7 im Landkreis Tuttlingen
1 im Stadtkreis Ulm
0 im Landkreis Waldshut
16 im Zollernalbkreis

182 der 556 Städte, Gemeinden und Ortsteile, die Stuttgarter Straßen ihren Namen gegeben haben, liegen außerhalb Baden-Württembergs, davon

68 in Deutschland
110 im europäischen Ausland
4 außerhalb Europas

Von den **68** deutschen Städten, Gemeinden und Ortsteilen außerhalb Baden-Württembergs liegen

11 in Bayern
1 in Berlin
3 in Brandenburg
0 in Bremen
0 in Hamburg
7 in Hessen
2 in Mecklenburg-Vorpommern
1 in Niedersachsen
11 in Nordrhein-Westfalen
24 in Rheinland-Pfalz
0 im Saarland
3 in Sachsen
3 in Sachsen-Anhalt
1 in Schleswig-Holstein
1 in Thüringen

Alle Benennungen nach Orten in den neuen Bundesländern sind übrigens vor 1989/90 erfolgt.

Von den **110** Städten, Gemeinden und Ortsteilen im europäischen Ausland liegen

8 in Belgien
1 in Dänemark
2 in Estland
13 in Frankreich
1 in Griechenland
5 in Großbritannien
3 in Italien
2 in Lettland
2 in Litauen
1 in den Niederlanden
1 in Norwegen
20 in Österreich
21 in Polen
1 in Portugal
4 in Rumänien
6 in Russland
1 in Schweden

7 in der Schweiz
1 in Spanien
9 in der Tschechischen Republik
1 in Ungarn

Die anderen 26 europäischen Staaten sind nicht vertreten.

Bei den **4** Städten im außereuropäischen Ausland handelt es sich um Stuttgarter Partnerstädte:

1 in Ägypten
1 in Indien
1 in Tunesien
1 in den Vereinigten Staaten von Amerika

Von den 3395 Stuttgarter Straßen sind **47** nach Regionen, Ländern, Landschaften, Gegenden und Staaten benannt. Davon liegen

13 in Baden-Württemberg
7 im restlichen Deutschland
20 im europäischen Ausland
7 in den Vereinigten Staaten von Amerika

Von den 3395 Stuttgarter Straßen sind **11** nach Inseln, 7 nach Tälern, 3 nach geologischen Formationen und 1 nach einer Höhle benannt.

Von den 3395 Stuttgarter Straßen sind **83** nach Bergen und Höhenzügen benannt. Von den Bergen liegen

4 in Stuttgart
4 im Neckarland
1 in Hohenlohe
1 im Schwäbisch-Fränkischen Wald
2 im Schurwald
23 auf der Schwäbischen Alb und im Albvorland
1 in Oberschwaben
1 im Hegau
1 in der Oberrheinebene
10 im Schwarzwald
3 sind selbst Mittelgebirge oder Höhenzüge in Baden-Württemberg
32 liegen außerhalb von Baden-Württemberg

Von den 3395 Stuttgarter Straßen sind **91** nach Gewässern benannt, davon

34 nach Flüssen und Strömen
22 nach Bächen
18 nach Seen, Weihern und Wetten
13 nach Brunnen und Quellen
2 nach Kanälen
2 nach Meeren

Von den 91 Gewässern befinden sich

42 in Stuttgart
18 im restlichen Baden-Württemberg
25 in Deutschland außerhalb Baden-Württembergs
6 zumindest teilweise außerhalb Deutschlands

Von den 3395 Stuttgarter Straßen sind **555** nach Flurnamen benannt.

Von den 3395 Stuttgarter Straßen sind **165** nach Pflanzenfamilien, Pflanzengattungen, Pflanzenarten oder Pflanzenteilen und 128 nach Tierfamilien, Tiergattungen oder Tierarten benannt.

Von den 3395 Stuttgarter Straßen sind **993** nach verdienten Persönlichkeiten benannt, davon

910 nach einem oder mehreren Männern
82 nach einer Frau
1 nach einem Geschwisterpaar

Von den 3395 Stuttgarter Straßen sind **76** nach Geschlechtern und Familien, 18 nach Berufen, Berufszweigen und Gewerben und 16 nach Volksgruppen und Stämmen benannt.

Von den 3395 Stuttgarter Straßen sind **41** nach Vornamen benannt, ohne dass damit auf eine konkrete Person Bezug genommen worden wäre, davon

26 nach männlichen und
15 nach weiblichen Vornamen

Von den 3395 Stuttgarter Straßen sind **11** nach Unternehmen, 5 nach Märkten und 1 nach einer Handelsmarke benannt.

Von den 3395 Stuttgarter Straßen sind **185** nach Gebäuden benannt, davon

45 nach Burgen, Schlössern und Ruinen
25 nach Gastwirtschaften
21 nach Kirchen oder kirchlichen Gebäuden
18 nach landwirtschaftlichen Gütern, Höfen und Domänen (außer Pfleghöfen)
7 nach herrschaftlichen, öffentlichen und Verwaltungsgebäuden, soweit sie hier nicht anderweitig aufgeführt sind
7 nach Schulen und Hochschulen
7 nach privaten Wohnhäusern
5 nach Keltern, Fruchtspeichern, Heuscheuern
5 nach Pfleghöfen
5 nach Schützenhäusern
4 nach Rathäusern
4 nach Türmen
4 nach Mühlen
3 nach Ställen und Stallungen
3 nach Tiergärten und Zoos
2 nach Bahnhöfen und Bahnanlagen
2 nach vor- und frühgeschichtlichen Bauwerken
2 nach Badeanlagen
2 nach Kraftwerken
2 nach Industrieanlagen
2 nach Brücken
2 nach Vieh- und Schlachthöfen
1 nach einem Forsthaus
1 nach Siedlungshäusern
1 nach der herrschaftlichen Münze
1 nach einer Posthalterei
2 haben mit der Stadtmauer oder Stadttoren zu tun
2 sind nach Gebäudeteilen benannt.

Von diesen 185 Gebäuden stehen oder standen **161** auf Stuttgarter Markung, 24 im restlichen Baden-Württemberg.

Von den 3395 Stuttgarter Straßen sind **33** nach Kunstwerken benannt, davon

23 nach literarischen Werken
9 nach Opern
1 nach einer Sinfonie

Von den 3395 Stuttgarter Straßen sind **39** nach Sagengestalten und Märchenfiguren benannt. Davon stammen

14 aus Sagen und Legenden
10 aus Märchen
1 aus einem Drama
1 aus einem Gedicht
1 aus einem Lied
1 aus einer Oper
1 aus einem Roman.
4 sind Geister aus dem Volksglauben
3 sind Göttinnen
3 sind Tiere aus der Fabel

Von den 3395 Stuttgarter Straßen sind **192** lagebezogen benannt (typisches Beispiel: »Alte Steige«).

Von den 3395 Stuttgarter Straßen sind **14** nach Schmuck- und Edelsteinen, Mineralien und chemischen Elementen,

7 nach Rebsorten
7 nach Planeten
4 nach Sternen
4 nach Farben
4 nach Maschinen
4 nach politischen Ereignissen und Gruppierungen
2 nach Beschimpfungen und Necknamen
2 nach poetischen Ausdrücken
1 nach einer Sprache
1 nach einem Musikinstrument
1 nach einem Verkehrsmittel benannt.

87 weitere Straßennamen haben sich einer Kategorisierung entzogen.

Die Stuttgarter Straßennamen

Aachener Straße *(benannt 1937, Stadtteil Bad Cannstatt)* Aachen, nordrhein-westfälische Stadt im Dreiländereck Belgien/Niederlande/Deutschland, 248 000 Einwohner. – Von 1831 bis 1937 hieß die Straße Gartenstraße »nach den Gärten, durch welche dieselbe angelegt wurde«, wie es im Cannstatter Adressbuch von 1904 heißt.

Aalstraße *(benannt 1957, Stadtteil Mönchfeld)* Der Europäische Flussaal, *Anguilla anguilla,* schlüpft in der Sargassosee nördlich der Antillen vermutlich in etwa 500 Metern Tiefe. Die etwa einen Zentimeter großen, weidenblattförmigen Larven wandern mit dem Golfstrom nach Nordosten. Nach etwa drei Jahren erreichen sie die europäischen Küstengewässer; sie sind nun sechs bis sieben Zentimeter groß und verwandeln sich in durchsichtige, drehrunde Glasaale. Während die im Salz- oder Brackwasser verbleibenden Aale Männchen werden, steigen die künftigen Weibchen in die Flüsse auf, was zwischen fünf und 20 Jahren dauern kann. Dabei verfärben sie sich zunächst zu Gelbaalen mit dunklem Rücken und gelbem Bauch und schließlich zu Blank- oder Silberaalen mit dunklem Rücken, silbrigweißem Bauch und spitzem Kopf. Sie sind nun gut einen Meter lang, im Extremfall über fünf Meter. Schließlich wandern die Aale zurück in die Sargassosee, um zu laichen und dann zu sterben. Der Drang zum Meer ist so stark, dass die Aale das Gewässer verlassen und kürzere Strecken bis zum nächsten Fluss an Land zurücklegen können. Der Europäische Flussaal steht auf der roten Liste der stark gefährdeten Fischarten; durch den Kraftwerksbau kann die natürliche Zuwanderung in die Flüsse kaum mehr erfolgen.

Abelsbergstraße *(benannt 1911, Stadtteil Stuttgart-Ost)* Der Flurname weist auf einen früheren Besitzer namens Abel.

Aberle-Weg, Emma- siehe →Emma-Aberle-Weg.

Aberlin-Jörg-Straße *(benannt 1945, Stadtteil Bad Cannstatt)* Aberlin Jörg (geboren um 1420, gestorben 1493 oder 1494 in Stuttgart), Baumeister, Sohn des am Stuttgarter Hof tätigen Baumeisters Hänslin Jörg. Aberlin Jörg leitete in Stuttgart den Umbau des Langhauses und

Aberlin Jörg baute die Hospitalkirche (Radierung von Eberhard Emminger, um 1823)

des Chorgewölbes der Leonhardskirche (1463–1466), baute die Hospitalkirche (1471–1493), vollendete das Langhaus der Stiftskirche, das sein Vater 1433 begonnen hatte, und erbaute die Stadtkirche in Cannstatt (1460–1471). – Bis 1945 hieß die Straße Koburger Straße.

Ablacher Weg *(benannt 1958, Stadtteil Möhringen)* Ortsteil Ablach der Gemeinde Krauchenwies, Landkreis Sigmaringen.

Abraham-Wolf-Straße *(benannt 1931, Stadtteil Sonnenberg)* Abraham Wolf (geboren 1715, gestorben 1792), Schulmeister und Schultheiß in Möhringen.

Abstatter Straße *(benannt 1951, Stadtteil Rot)* Gemeinde Abstatt, Landkreis Heilbronn, 4400 Einwohner.

Achalmstraße *(benannt 1897, Stadtteil Stuttgart-Ost)* Zeugenberg (707 m) vor dem Albtrauf bei Reutlingen. Siehe auch →Reutlinger Straße und →HAP-Grieshaber-Weg.

Achardweg *(benannt 1938, Stadtteil Zuffenhausen)* Franz Carl Achard (geboren am 28. April 1753 in Berlin, gestorben am 20. April 1821 in Kunern, Schlesien), Züchter der Zuckerrübe. Für verbesserte Tabaksorten, die er züchtete, wurde Achard schon in jungen Jahren vom Preußenkönig Friedrich II. mit einer lebenslangen Pension bedacht. Ab 1782 widmete er sich als Direktor der Physikalischen Klasse an der Akademie der Wissenschaften in Berlin der Züchtung einer Runkelrübensorte mit besonders hohem Zuckergehalt, was ihm 1799 ge-

Franz Carl Achard

lang. Auf der staatlichen Domäne Kunern in Schlesien errichtete er 1801 die erste Rübenzuckerfabrik (1810 Lehranstalt für Rübenzuckerfabrikation). Der Rübenzucker setzte sich allerdings erst durch, als mit Napoleons Kontinentalsperre der Rohrzucker aus der Karibik von den Tafeln verschwand.

Ackermannstraße *(benannt 1957, Stadtteil Vaihingen)* Sophie Charlotte Ackermann, geb. Biereichel (geboren 1714, gestorben 1792 in Hamburg), berühmte Schauspielerin der Goethezeit. Die Truppe, die seit 1764 in Hamburg spielte, wurde von ihrem Mann, Konrad Ernst Ackermann (1712–1771), geleitet. Die Töchter Dorothea und Charlotte waren ebenfalls bedeutende Schauspielerinnen.

Ackerweg *(benannt um 1907, Stadtteil Wangen)* Flurname.

Adalbert-Stifter-Straße *(benannt 1964, Stadtteile Mönchfeld und Freiberg)* Adalbert Stifter (geboren am 23. Oktober 1805 in Oberplan, Böhmerwald, gestorben am 28. Januar 1868 in Linz, Österreich), Dichter und Maler. Stifter war ein Meister der Naturschilderung; in seinen literarischen Werken versuchte er, eine gültige Ordnung, das Gesetzmäßige herauszuarbeiten. Bekannte Werke sind »Bunte Steine«, eine Sammlung von Erzählungen (1853), der Erziehungsroman »Nachsommer« (1857) und der Geschichtsroman »Witiko« (1865 bis 1867). Siehe auch →Nachsommerweg und →Witikoweg.

Adelheidweg *(benannt 1933, Stadtteil Stuttgart-Ost)* Adelheid Wildermuth (geboren 1848, gestorben 1932), Stuttgarter Wohltäterin und Jugendschriftstellerin, Tochter der Dichterin Ottilie Wildermuth, siehe →Wildermuthweg.

Adenauer-Straße, Konrad- siehe →Konrad-Adenauer-Straße.

Adestraße *(benannt 1953, Stadtteil Zuffenhausen)* Verdiente Familie in Zuffenhausen.

Adler-Staffel, Karl- siehe →Karl-Adler-Staffel.

Adlerstraße *(benannt 1874, Stadtteil Stuttgart-Süd)* Adler sind weltweit verbreitete, mächtige Greifvögel mit großem Hakenschnabel und kraftvollem Flug. In Deutschland am bekanntesten ist der vom Aussterben bedrohte Steinadler. Adler sind seit der Antike beliebte Heeres- und Wappenzeichen. Vor allem im 19. Jahrhundert hat man Gastwirtschaften gern »Adler« genannt.

Admiralweg *(benannt 1957, Stadtteil Stammheim)* Der Admiral, *Vanessa atalanta,* ist ein Fleckenfalter, der im südlichen Europa beheimatet ist. Der Schmetterling wandert jedes Jahr im Frühling über eine Strecke von bis zu 2000 Kilometer in unsere Breitengrade. Die Einwanderer pflanzen sich fort und die Herbst-Generation fliegt dann wieder zurück in den Süden. Sie überwintern kaum nördlich der Alpen. Die Raupe frisst hauptsächlich an Brennnesseln.

Adolf-Engster-Weg *(benannt 1978, Stadtteil Büsnau)* Adolf Engster (geboren in Radautz, gestorben 1969 in Stuttgart-Büsnau), Gründer der Buchenländer Siedlungsgenossenschaft, die in den Jahren 1946 bis 1951 in Büsnau 227 Wohnungen gebaut hat. Viele Umsiedler aus der Bukowina (dem Buchenland) wurden nach dem Zweiten Weltkrieg zunächst in einem Barackenlager an der Magstadter Straße einquartiert, siehe auch →Buchenländer Straße.

Adolf-Fremd-Weg *(benannt 1926, Stadtteil Stuttgart-Nord)* Adolf Fremd (geboren 1853 in Vaihingen auf den Fildern [heute Stuttgart-Vaihingen], gestorben 1924 in Stuttgart), Bildhauer und Professor, schuf zahlreiche Plastiken und Denkmäler, darunter 1900 den Nachtwächterbrunnen.

Adolf-Kröner-Straße *(benannt 1914, Stadtteil Stuttgart-Ost)* Adolf (von) Kröner (geboren 1836 in Stuttgart, gestorben 1911 in Stuttgart), Verlagsbuchhändler, erwarb 1859 die Mäntler'sche Druckerei (die er zur »A. Kröner, Verlagsbuchhandlung« ausbaute), und 1889 den Cotta'schen Verlag (siehe →Cottastraße). Verlegte die Gesamtausgaben von Goethe und Schiller, die vierzigbändige »Jubiläumsausgabe« (1902/07) und die sechzehnbändige »Säkularausgabe« (1904/05).

Adolfstraße *(benannt 1934, Stadtteil Feuerbach)* Männlicher Vorname, nach Adolf Fahrion, siehe →Siegelbergstraße.

Adornostraße *(benannt 1957, Stadtteile Plieningen und Steckfeld)* Oscar Adorno (geboren 1872, gestorben 1937), Präsident der Württembergischen Landwirtschaftskammer, propagierte unter anderem die Eindämmung der Sortenvielfalt im Obstbau.

Äckerlesweg *(benannt um 1895, Stadtteil Uhlbach)* Flurname. Die schwäbische Nachsilbe »-le« bezeichnet in diesem Fall liebevoll den eigenen Besitz, nicht etwa eine Verkleinerung.

Äckerwaldstraße *(benannt um 1940, Stadtteil Sillenbuch)* Der Flurname bezeichnet einen Wald, der zur Schweinemast genutzt wurde. Noch vor hundert Jahren war der Wald um Sillenbuch viel ausgedehnter als heute.

Ährenweg *(benannt 1936, Stadtteil Hedelfingen)* Als Ähre wird der einfache Blüten- beziehungsweise Fruchtstand des Getreides, aber auch anderer Gräser bezeichnet.

Äußeren Graben, Am siehe →Am Äußeren Graben.

Äxtlestraße *(benannt 1965, Stadtteil Birkach)* Der Flurname geht möglicherweise auf einen Personennamen zurück.

Affalterstraße *(benannt 1900, Straßenführung geändert 1986, Stadtteil Feuerbach)* Affalter bezeichnet eine Flur mit Apfelbäumen und geht auf den mittelhochdeutschen Begriff »affalter« zurück, der Apfelbaum bedeutet.

Afternhaldenstraße *(benannt 1895, Stadtteil Stuttgart-Süd)* Der Flurname Afternhalde bezeichnet fast den gesamten Südhang des Hasenbergs. Er wurde schon im 13. Jahrhundert urkundlich erwähnt und bedeutet »hinterer Abhang«. Die Weingärten an dieser Bergseite wurden nicht von Heslach, sondern von Stuttgart aus angelegt – möglicherweise sogar vor der Gründung Heslachs. Man erreichte sie über die Hasenbergsteige. Aus Sicht der Stuttgarter Weingärtner lag die Afternhalde »hinter« dem Reinsburghügel (Karlshöhe). – Bis 1895 hieß die Straße Gaisstraße; dieser Name taucht zuerst im Stadtplan von 1837 auf.

Agnes-Kneher-Platz *(benannt 2000, Stadtteil Degerloch)* Agnes Kneher (geboren am 28. Mai 1887 in Cannstatt [heute Stuttgart-Bad Cannstatt], gestorben am 17. Dezember 1961 in Stuttgart-Degerloch), Gründerin und Vorsitzende des Degerlocher Frauenkreises. Am 8. März 1951 hat Agnes Kneher im Bezirksrathaus Degerloch den Degerlocher Frauenkreis e. V. gegründet. Bereits nach drei Jahren zählte der Bürgerinnenverein 500 Mitglieder. In den Folgejahren stieg die Mitgliederzahl auf über 1500 an, so dass er längere Zeit als größter Bürgerinnenverein im Bundesgebiet galt. Noch heute hat er über tausend Mitglieder. Agnes Kneher verstand es, die Degerlocher Frauen aller Altersklassen und sozialen Schichten unter dem Motto »Nicht kritisieren, sondern mitarbeiten« für das öffentliche Geschehen im Stadtbezirk und darüber hinaus zu interessieren. Ziele waren unter anderem die Förderung des Baus von Schulen und eines Alters-

Agnes Kneher

Der Ailenberg bei Obertürkheim, 1986

heims. Der damalige Oberbürgermeister Dr. Arnulf Klett nannte Agnes Kneher und ihre Frauen »die streitbaren Weiber von Degerloch«. Von 1951 bis 1954 war Agnes Kneher stellvertretendes und von 1954 bis zu ihrem Todestag ordentliches Mitglied im Degerlocher Bezirksbeirat.

Agnesstraße *(benannt 1932, wiederbenannt 1945, Stadtteil Degerloch)* Weiblicher Vorname. – Von 1933 bis 1945 hieß die Straße Isoldestraße.

Ahornstraße *(benannt 1932, Stadtteil Degerloch)* Zur Gattung der Ahorngewächse, Aceraceae, gehören Bäume und Sträucher. In Deutschland sind der Bergahorn, der Spitzahorn und der Feldahorn verbreitet. Das Holz ist hell und wird gern für Ausstattungs- und Drechslerarbeiten verwendet. – Bis 1932 hieß die Straße Panoramastraße.

Aichelestraße *(benannt 1954, Stadtteil Plieningen)* Heinrich Aichele (geboren 1865, gestorben 1952), Oberlehrer, gründete die Spar- und Darlehenskasse Plieningen.

Ailenbergstraße *(benannt 1936, Stadtteil Obertürkheim)* Flurname nach dem auf der Markung Esslingen gelegenen Ailenberg. 1297 wurde er als Ölberg bezeugt, ein Hinweis auf den Ölberg in Jerusalem oder auf die Abgabe von Öl an die Obrigkeit als Pacht für einen Acker. – Bis 1936 hieß die Straße Wilhelmstraße.

Aixheimer Straße *(benannt 1959, Stadtteil Sillenbuch)* Ortsteil Aixheim der Gemeinde Aldingen, Landkreis Tuttlingen. Das bis 1975 selbständige Dorf wurde erstmals 1086 als »Eichisheim« im Rahmen einer Schenkung an das Kloster Sankt Georgen schriftlich erwähnt.

Akazienweg *(benannt 1921, Stadtteil Degerloch)* Die Biologen verstehen unter Akazie *(Acacia)* eine Pflanzengattung der Hülsenfrüchter mit etwa 500 meist in Australien und Afrika vorkommenden, teils baum-, teils strauchförmigen Arten. Der Volksmund hingegen meint mit dem Begriff »Akazie« die Robinie oder Scheinakazie *(Robinia pseudoacacia)*, einen verbreiteten Straßen- und Forstbaum mit gefiederten Blättern und duft- und honigreichen weißen Blüten.

Akeleiweg *(benannt 1979, Stadtteil Sommerrain)* Die Akelei, *Aquilegia*, ist eine Gattung der Hahnenfußgewächse. Die aufrechten Stauden haben blaue oder braunrote Blüten, fünf Hüllblätter und fünf trichterförmige Honigblätter. Alle Arten der Akelei stehen unter Naturschutz.

Aladinweg *(benannt 1965, Stadtteil Möhringen)* Märchengestalt aus »Tausendundeiner Nacht«. Aladin entdeckt das Geheimnis einer Wunderlampe: Wenn er sie reibt, erscheint ein Geist, der jeden Wunsch erfüllt.

Alarichstraße *(benannt 1935, Stadtteil Feuerbach)* Alarich (geboren 370, gestorben 410), König der Westgoten. Er starb bei den Vorbereitungen zur Überfahrt nach Afrika in Cosenza.

Albatrosweg *(benannt 1952, Stadtteil Wolfbusch)* Der Wanderalbatros, *Diomedea exulans,* ist ein gänsegroßer Vogel, der als Segler die südlichen Meere bewohnt. Er nistet auf hohen Klippen. Seine Flügel können über drei Meter Spannweite haben. Die Familie der Albatrosse umfasst 13 Arten.

Albblick *(benannt 1939, Stadtteil Vaihingen)* Ausblick zur Schwäbischen Alb.

Albert-Dulk-Straße *(benannt 2002, Stadtteil Untertürkheim)* Albert Friedrich Benno Dulk (geboren am 17. Juni 1819 in Königsberg, gestorben am 30. Oktober 1884 in Stuttgart), Freigeist und Schriftsteller. Dulk absolvierte bei seinem Vater eine Apothekerlehre, studierte in Königsberg, Berlin, Leipzig und Breslau Medizin und Naturwissenschaften und schloss mit der Promotion ab. Er beteiligte sich an der revolutionären Bewegung 1848/49 und begann zu dieser Zeit, seine ersten Dramen zu verfassen. Als die Revolution blutig niedergeschlagen wurde, floh der Schriftsteller aus Preußen.

Er bereiste nahezu mittellos Österreich, Italien, Ägypten, befuhr den Nil auf Segelbooten der Fellachen und lebte unter den Einheimischen. Nach einer abenteuerlichen Wüstendurchquerung hielt sich Dulk einige Monate auf dem Sinai als Eremit auf. 1850 kehrte er nach Europa zurück, lebte in einem Chalet hoch über dem Genfer See und zog 1858 nach Stuttgart. Trotz des pietistischen Umfelds lebte der Freigeist mit drei Frauen gleichzeitig zusammen. Er verkehrte in literarischen Zirkeln, wurde Mitglied der Stuttgarter Künstlergesellschaft »Das Bergwerk«, schrieb für Cottas »Morgenblatt«, vertrat den Stuttgarter Männerturnverein 1860 beim »Allgemeinen Deutschen Turntag« in Coburg und machte von sich reden, als er 1865 in sechseinhalb Stunden den Bodensee an seiner breitesten Stelle, von Romanshorn nach Friedrichshafen, durchschwamm. Dulks Freund Wilhelm Raabe verewigte ihn 1867 als Titelheld in seinem Roman »Abu Telfan oder Die Heimkehr vom Mondgebirge«. In einer Flugschrift »Patriotismus und Frömmigkeit« sprach sich Dulk 1871 scharf gegen eine Fortsetzung des Deutsch-Französischen Krieges und gegen Franzosenhass aus. Im gleichen Jahr zog er nach Untertürkheim um. 1872 unternahm Albert Dulk eine abenteuerliche Reise durch Norwegen und Lappland. Drei Jahre später schloss er sich als damals einziger Akademiker den Stuttgarter Sozialdemokraten an. Im Alter von 56 Jahren absolvierte er in der Druckerei Kröner noch eine Schriftsetzerlehre. 1878 wurde er als Verfasser eines sozialdemokratischen Flugblatts wegen Volksverhetzung zu einem Jahr Haft verurteilt, kurz danach wegen Gotteslästerung und Kirchenschmähung zu weiteren zwei Monaten Gefängnis. Beide Strafen musste er in Heilbronn in voller Länge absitzen. 1880 gehörte Dulk in Brüssel zu den Gründungsdelegierten des »Internationalen Freidenkerbundes«, 1881 in Frankfurt am Main zu den Gründern des »Allgemeinen Deutschen Freidenkerbundes« und 1882 zu den Gründern der Stuttgarter Freidenkergemeinde, deren erster Sprecher Dulk wurde. Zwei Jahre darauf starb Albert Dulk an einem Schlaganfall, als er den Zug von Stuttgart nach Untertürkheim besteigen wollte. Seine Beerdigung wurde zur größten Demonstration der Stuttgarter Arbeiterbewegung unter dem Sozialistengesetz.

Dulk hielt ein Leben lang konsequent an seiner Gegnerschaft zu Monarchie, Staat, Militär, Krieg, christlicher Religion und Kirche fest. Seine Dramen, seine Oper »König Enzio«, seine Gedichte und seine philosophisch-weltanschaulichen Bücher sind heute vergessen.

Dulks literarischer Nachlass befindet sich im Besitz seiner Urenkelin in Stuttgart. – Eine Straße mit Dulks Namen existierte in Untertürkheim bereits von 1920 bis 1933, von den Nationalsozialisten wurde sie in Türkenstraße umbenannt. Die jetzige Albert-Dulk-Straße schließt unmittelbar an die Türkenstraße an. Beim Dulk-Häusle, der Klausur-Hütte des Schriftstellers beim Esslinger Jägerhaus, erinnert ein Relief an den unbequemen Freigeist.

Albert-Ebert-Staffel *(benannt 1993, Stadtteil Münster)* Albert Ebert (geboren am 2. September 1886 in Philadelphia, USA, gestorben am 6. Januar 1958), Mitgründer und langjähriger Vorsitzender der Baugenossenschaft Münster. Der gemeinnützige und genossenschaftliche Wohnungsbau im heutigen Stuttgarter Stadtbezirk Münster und die Möglichkeit, Kinder in Kindergärten und Tagheimen unterbringen zu können, waren die großen Anliegen von Albert Ebert. 1919 gehörte er zu den Gründern der Baugenossenschaft Münster; von Anfang an fungierte er als »vorsitzender Vorstand«, bis ihn 1933 die Nationalsozialisten entließen. 1945 setzte ihn Oberbürgermeister Arnulf Klett zunächst kommissarisch als ersten Vorsitzenden der Baugenossenschaft wieder ein, noch im selben Jahr wurde Ebert von der Mitgliederversammlung in diese Position gewählt. Unter Eberts Leitung übernahm die Baugenossenschaft Münster in der Wiederaufbauzeit ab 1948 eine wichtige Rolle; in dieser Zeit entstanden beispielsweise die von Richard Döcker entworfenen Wohnblocks an der Moselstraße. 1953 musste Ebert aus gesundheitlichen Gründen alle Ämter niederlegen. – Von 1918 bis zur Eingemeindung 1931 gehörte das SPD-Mitglied dem Gemeinderat von Münster an. In Lagerräumen, die er bei der Baugenossenschaft Münster gemeitete hatte, gründete er 1933 eine Obst- und Südfrüchte-Großhandlung. Sie befindet sich heute noch in Familienbesitz.

Albert-Schäffle-Straße *(benannt 1931, Stadtteil Stuttgart-Ost)* Albert Schäffle (geboren am 24. Februar 1831 in Nürtingen, gestorben am 25. Dezember 1903 in Stuttgart), Volkswirt und Soziologe, studierte in Tübingen und trat 1850 in die Redaktion des »Schwäbischen Merkur« ein. 1860 bis 1868 Professor der Nationalökonomie, 1862 bis 1865 Mitglied des württembergischen Landtags, 1868 des deutschen Zollparlaments, 1868 Universitätsprofessor in Wien, 1871 österreichischer Handelsminister. Schäffle setzte sich wissenschaftlich mit dem Sozialismus auseinander und übte entscheidenden Einfluss auf die bismarcksche Sozialgesetzgebung aus.

Albertstraße *(benannt 1898, Stadtteil Stuttgart-Ost)* Männlicher Vorname.

Albigenserweg *(benannt 1957, Stadtteil Vaihingen)* Nach der Versdichtung »Die Albigenser« von Nikolaus Lenau (1842; siehe auch →Lenaustraße), die den Verzweiflungskampf der Sekte der Albigenser (1209 bis 1229) schildert. Diese hatten sich von Kirche und Papst gelöst und wurden unter Papst Innozenz III. in einem Kreuzzug bekämpft und vernichtend geschlagen.

Albplatz *(benannt 1930, Stadtteil Degerloch)* Nach der Schwäbischen Alb.

Albrecht-Dürer-Weg *(benannt 1928, Stadtteil Stuttgart-Nord)* Albrecht Dürer (geboren am 21. Mai 1471 in Nürnberg, gestorben am 6. April 1528 in Nürnberg), bedeutendster deutscher Maler, Holzschneider, Kupferstecher und Zeichner der Renaissance, außerdem Kunstschriftsteller. Dürers Kunst war so stilbildend, dass seine Ära mit dem Begriff »Dürerzeit« bezeichnet wird.

Albrecht-Goes-Platz *(benannt 2000, Stadtteil Stuttgart-Ost)* Albrecht Goes (geboren am 22. März 1908 in Langenbeutlingen bei Öhringen, gestorben am 23. Februar 2000 in Stuttgart), Pfarrer und Schriftsteller. Goes war evangelischer Pfarrer in siebter Generation. Nach dem Theologiestudium wurde er Vikar in Echterdingen, anschließend übernahm er eine Pfarrei in Oberschwaben, bevor ihm 1938 das Pfarramt in Gebersheim bei Leonberg übertragen wurde. Von 1934 an veröffentlichte Albrecht Goes Gedichte, Laienspiele, Erzählungen, Predigten und Reden, Interpretationen deutscher Lyrik und Essays über deutsche Komponisten, insbesondere über Mozart. Außerdem gab er Werke von Goethe, Mörike und Hebbel heraus. Nach Ausbruch des Zweiten Weltkrieges diente er fünf Jahre lang als Nachrichtensoldat und Wehrmachtshelfer, zuletzt als Geistlicher in einem Kriegslazarett. Bei Kriegsende kehrte Goes nach Gebersheim zurück. 1953 wurde er von der Evangelischen Landeskirche freigestellt, damit er sich ganz seiner schriftstellerischen Tätigkeit widmen konnte; gleichzeitig wurde er mit einem Predigtauftrag versehen. 1955 zog er nach Stuttgart-Rohr. Bis 1973 stand Goes abwechselnd einmal im Monat auf der Kanzel der Paul-Gerhardt-Kirche und der Christuskirche, die nicht weit vom Albrecht-Goes-Platz entfernt ist.

Das gesamte schriftstellerische Werk von Albrecht Goes ist von christlich-humanistischer Weltsicht durchzogen, von grundlegendem Vertrauen auf Gott und das Gute im Menschen geprägt. Zeitlebens war Goes auch um eine Versöhnung mit den Juden bemüht. Albrecht Goes wurde vielfach ausgezeichnet, mit dem Dr. h. c., dem Professor h. c. und unter anderem 1953 mit dem Lessingpreis der Stadt Hamburg, 1962 mit dem Heinrich-Stahl-Preis, 1983 mit der Stuttgarter Bürgermedaille, 1991 mit der Otto-Hirsch-Gedenkmedaille und 1994 mit dem Literaturpreis der Landeshauptstadt Stuttgart. Am bekanntesten wurden seine den Krieg verurteilende Erzählung »Unruhige Nacht« (1949), die verfilmt und in 17 Sprachen übersetzt wurde, und die Erzählung »Das Brandopfer« (1954), in der Goes als einer der ersten Schriftsteller die Judenverfolgung unter dem Nationalsozialismus aufgriff und den Antisemitismus anprangerte.

Albrecht-Leo-Merz-Weg *(benannt 1984, Stadtteil Frauenkopf)* Albrecht Leo Merz (geboren 1884, gestorben 1967), Senator, Begründer der Merzschule Stuttgart. Im Zuge der Jugendbewegung gründete Merz im November 1918 das »Werkhaus Werkschule Merz«, aus dem die private, staatlich anerkannte Merz-Schule (Grundschule und Gymnasium), das Merz-Internat und die Merz-Akademie hervorgegangen sind. Merz' Anliegen war eine ganzheitliche wissenschaftliche, künstlerisch-kreative und handwerkliche Bildung. Die Merz-Akademie ist heute die einzige private Fachhochschule für Gestaltung in Deutschland.

Albrechtstraße *(benannt um 1918, Stadtteil Feuerbach)* Männlicher Vorname.

Albrecht-Weg, Richard- siehe →Richard-Albrecht-Weg.

Albstadtweg *(benannt 1977, Stadtteil Möhringen)* Die Große Kreisstadt Albstadt im Zollernalbkreis (48 500 Einwohner) ist 1975 aus dem Zusammenschluss der Städte Ebingen und Tailfingen sowie der Dörfer Burgfelden, Laufen an der Eyach, Lautlingen, Margrethausen, Onstmettingen, Pfeffingen und Truchtelfingen entstanden. Sie umfasst eine Fläche von 134 Quadratkilometern in besonders reizvoller Lage auf der südwestlichen Schwäbischen Alb; etwa 80 Prozent der Markung sind als Landschafts- oder Naturschutzgebiet ausgewiesen.

Albstraße *(benannt 1936, Stadtteil Degerloch)* Nach der Schwäbischen Alb.

Albuchweg *(benannt 1926, Stadtteil Stuttgart-Ost)* Dicht bewaldeter Teil der nordöstlichen Schwäbischen Alb zwischen dem oberen Rems-, dem Brenz- und dem Lautertal bei Lauterstein. Zum Albuch gehören Orte wie Heubach, Bartholomä, Essingen, Oberkochen, Königsbronn und Steinheim am Albuch.

Aldinger Straße *(benannt 1933, Stadtteil Mühlhausen)* Stadtteil Aldingen der Stadt Remseck am Neckar (insgesamt 21 800 Einwohner), Landkreis Ludwigsburg. Der fruchtbare Lössboden bei Aldingen war schon in der Jungsteinzeit besiedelt.

Alemannenstraße *(benannt 1933, Stadtteil Zuffenhausen)* Der westgermanische Stamm der Alemannen drang im 3. Jahrhundert n. Chr. aus dem unteren Elbegebiet nach Südwestdeutschland ein. Die Alemannen eroberten um 260 das Land zwischen Limes und Rhein, das bis dahin unter römischer Herrschaft gestanden hatte. Im 4. und 5. Jahrhundert kamen das Elsaß und die Ostschweiz hinzu. Um 496 wurden sie vom Frankenkönig Chlodwig unterworfen und blieben unter fränkischer Herrschaft. Das unter dem Frankenkönig Karl Martell erloschene Stammesherzogtum entstand im 10. Jahrhundert als Herzogtum Schwaben neu.

Alexanderstraße *(benannt 1862, Stadtteile Stuttgart-Mitte und Stuttgart-Süd)* Alexander II. Nikolajewitsch (geboren am 29. April 1818 in Moskau, ermordet am 13. März 1881 in Sankt Petersburg), seit 1855 Kaiser von Russland, Bruder der Königin Olga von Württemberg, Sohn des Kaisers Nikolaus I. Unter seiner Regierung wurden 1861 die Leibeigenschaft aufgehoben und Recht und Verwaltung reformiert. Der Zusammenschluss Russlands mit Deutschland und Österreich im Dreikaiserbündnis 1872 hatte wegen des Gegensatzes zwischen Russland und Österreich keinen langen Bestand. 1881 fiel Alexander II. in St. Petersburg dem Bombenattentat einer anarchistischen Gruppe zum Opfer.

Alfdorfer Straße *(benannt 1954, Stadtteil Stuttgart-Ost)* Die Gemeinde Alfdorf, Rems-Murr-Kreis, liegt im Naturpark Schwäbisch-Fränkischer Wald. In ihren 63 Ortsteilen leben 7100 Menschen.

Alfons-Härtel-Weg *(benannt 1980, Stadtteil Möhringen)* Alfons Härtel (Geburtstag unbekannt, gestorben am 18. April 1970) war seit 1531 der erste katholische Pfarrer in Möhringen. Die Sankt-Hedwigs-Kirche, benannt nach Hedwig von Schlesien, der Schutzpatronin der Heimatvertriebenen, wurde am 26. April 1953 geweiht. Anfangs wurden die katholischen Gläubigen von Sonnenberg und dem Fasanenhof von Möhringen aus mit betreut.

Alfred-Dehlinger-Straße *(benannt 1935, Stadtteil Möhringen)* Alfred Dehlinger (geboren am 20. Mai 1874 in Stuttgart, gestorben am 24. Juli 1959 in Stuttgart), württembergischer Finanzminister 1924 bis 1942. Dehlinger entstammte einer Stuttgarter Beamtenfamilie, stu-

dierte in Tübingen Staats- und Rechtswissenschaften und kam 1898 zur württembergischen Finanzverwaltung. 1917 ins Reichsschatzamt nach Berlin berufen, kehrte er kurz vor Kriegsende nach Stuttgart zurück. Acht Jahre war er konservativer, dann bürgerparteilicher Gemeinderat, ab 1924 Finanzminister in der Regierung Bazille. Dies blieb er bis 1942. In seinem anschließenden Ruhestand widmete er sich vor allem dem Studium der staatlichen Entwicklung Württembergs.
Dehlinger veröffentlichte eine Reihe bedeutsamer Publikationen auf dem Gebiet der Verwaltungsgeschichte und des Verwaltungsrechts. Wegen seiner Mitgliedschaft in der württembergischen Regierung während der NS-Zeit ordnete ihn die Spruchkammer VI in Stuttgart 1948 in einem Entnazifizierungsverfahren als Minderbelasteter ein. Er sei zwar nie Mitglied der NSDAP geworden, habe aber seine Fähigkeiten als Finanzminister dem Naziregime zur Verfügung gestellt. Schon vor seinem Tod wurde er wiederholt für seine Verdienste um den Ausbau der Infrastruktur des Landes, vor allem der Bahn, des Neckarkanals und der Elektrizitätsversorgung, geehrt.

Alfred-Lörcher-Weg *(benannt 1984, Stadtteil Stuttgart-Ost)* Alfred Lörcher (geboren am 30. Juli 1875 in Stuttgart, gestorben am 26. März 1962 in Stuttgart), Bildhauer. Lörcher absolvierte eine Lehre in der kunstgewerblichen Werkstätte und Bronzegießerei von Paul Stotz in Stuttgart und studierte dann an den Kunstgewerbeschulen Karlsruhe und Kaiserslautern sowie an der Akademie München bei Rümann. 1904 bis 1908 war er, unterbrochen durch einen längeren Italienaufenthalt, als Bildhauer in Stuttgart tätig, anschließend in Berlin. 1919 übernahm er eine Professur an der Kunstgewerbeschule Stuttgart (ab 1938 Akademie), die er bis zu seinem 70. Lebensjahr 1945 innehatte. Lörcher schuf vor allem vielfigurige Kleinplastiken, Brunnen- und Gartenfiguren sowie Reliefs.

Alfredstraße *(benannt 1902, Stadtteil Stuttgart-Ost)* Männlicher Vorname.

Alfred-Wais-Platz *(benannt 1999, Stadtteil Birkach)* Alfred Wais (geboren 1905 in Birkach [heute Stuttgart-Birkach], gestorben 1988 in Stuttgart), Maler. Wais studierte am Lehrerseminar in Kirchheim unter Teck und Backnang, 1926/27 an der Technischen Hochschule Stuttgart bei Ulfert Janssen, schließlich 1927 bis 1930 an der Stuttgarter Kunstakademie bei Alexander Eckener, Gottfried Graf und Anton Kolig. Anschließend war er als Kunsterzieher tätig. Wais, der später in Stuttgart-Büsnau lebte, malte vor allem Landschaften, Figuren und Stillleben in Öl und Aquarell; er arbeitete auch in graphischen Techniken. Er war Mitglied der »Neuen Stuttgarter Sezession« (1929) und im Künstlerbund Stuttgart, 1950 gehörte er zu den Gründern der »Freien Gruppe schwäbischer Maler und Bildhauer«. Alfred Wais gilt als einer der bekanntesten Vertreter des expressiven Realismus in Süddeutschland.

Alice-Haarburger-Staffel *(benannt 1987, Stadtteil Degerloch)* Alice Haarburger (geboren am 16. November 1891 in Reutlingen, deportiert nach Riga am 1. Dezember 1941), Malerin. Haarburger stammte aus einer angesehenen jüdischen Familie, die ab 1903 in Stuttgart lebte. Ihr Urgroßvater Isaak Hess aus Laupheim gründete 1830 den »Württembergischen Verein zur Versorgung armer israelitischer Waisen« und tat viel für die Emanzipation der jüdischen Bevölkerung Württembergs. Alice Haarburger studierte nach ihrer Schulausbildung Malerei, zunächst in Stuttgart, dann in München. Schon als Zwanzigjährige gehörte sie dem Württembergischen Malerinnenverein in Stuttgart an. 1927 bis 1937 hat sie nicht nur in Stuttgart mehrfach ihre Werke ausgestellt. Ab 1933 war sie gezwungen, ihre Bilder nur noch in geschlossenen jüdischen Ausstellungen zu zeigen, vor allem bei den von Karl Adler eingerichteten Ausstellungen der »Stuttgarter jüdischen Kunstgemeinschaft« (siehe →Klara-Neuburger-Straße und →Karl-Adler-Staffel). Nach ihrer Deportation nach Riga 1941 wurde sie für tot erklärt. Ihre etwa 150 erhaltenen Ölbilder – Stillleben, Landschaften, Interieurs und Bildnisse – befinden sich in Privatbesitz.

Alice Haarburger

Allgäustraße *(benannt 1971, Stadtteil Plieningen)* Landschaft zwischen Bodensee und Lech.

Allmandring *(benannt 1976, Stadtteil Vaihingen)* Der Flurname »Allmand« wird von der Allmende hergeleitet. Damit bezeichnete man im frühen Mittelalter den Teil der Gemeindeflur, der sich im Gemeinbesitz des Dorfes befand (also allen gehörte), zumeist Weide oder Wald. Später ging die Allmende zum Teil in Gemeindebesitz, zum Teil in Gemeindenutzungen über.

Allmandstraße *(benannt um 1936, Straßenführung geändert 1986, Stadtteil Vaihingen)* Flurname, siehe →Allmandring.

Allmersbacher Straße *(benannt 1962, Stadtteil Bad Cannstatt)* Allmersbach im Tal, Rems-Murr-Kreis, eine Wohngemeinde am Südrand der Backnanger Bucht, 4800 Einwohner.

Alois-Rölli-Platz *(benannt 1993, Stadtteil Sommerrain)* Alois Rölli (geboren 1910, gestorben 1969), katholischer Pfarrer und Gründer des Stuttgarter Collegium Ambrosianum. 1935 wurde der damalige Kaplan Rölli mit der seelsorgerlichen Betreuung der Katholiken in der neu entstehenden Sommerrain-Siedlung betreut. Im Windröschenweg 10 richtete er einen Seelsorgeraum ein, wo er Woche für Woche Jugendliche wie Erwachsene unterwies. 1942 wurde die kleine Gemeinde zum Pfarrvikariat erhoben. Gleich nach Kriegsende sorgte Dr. Dr. Alois Rölli dafür, dass eine kleine Notkirche erstellt wurde, die am 15. September 1946 geweiht wurde. Sie erhielt den Namen »Heilig Kreuz«. Gleichzeitig ließ Rölli einen Kindergarten errichten. 1949 rief Rölli die örtliche Kolpingfamilie ins Leben, ein Gemeinschaftsangebot vor allem für Handwerker. 1953 wurde die Pfarrverweserei zur Stadtpfarrei erhoben. Anstelle der zu klein gewordenen Notkirche wurde 1956 die heutige Heilig-Kreuz-Kirche geweiht; im selben Jahr wurde das Gemeindehaus eingeweiht, das der Bevölkerung des gewachsenen Stadtteils einen Kindergarten, eine Kindertagesstätte, eine Krankenpflegestation, ein Jugendheim und eine Nähstube anbot. Der rührige Seelsorger begann schon bald, neben seiner üblichen Arbeit Gymnasiasten aus seiner Gemeinde um sich zu sammeln, ihnen die lateinische und griechische Sprache beizubringen und sie so zum Studium der Theologie hinzuführen. 1961 wurde mit dem Bau eines eigenen »Institutes des zweiten Bildungsweges zur Erlangung der Hochschulreife« begonnen, 1963 der Lehrbetrieb aufgenommen. Da der Heilig-Kreuz-Pfarrer sich ganz dieser schulischen Aufgabe widmen wollte, verzichtete Rölli auf seine Pfarrstelle, um Leiter des Stuttgarter Collegium Ambrosianum zu werden. Einer der Schüler des »Ambros« ist der jetzige Bischof der Diözese Rottenburg-Stuttgart, Gebhard Fürst. – Bis 1993 hieß der Platz Sommerrainplatz.

Alosenweg *(benannt 1927, Stadtteil Hedelfingen)* Der Flurname wurde erstmals 1376 als »Anlose« genannt und befand sich vermutlich im Besitz des Esslinger Spitals. Vielleicht wurde die Flur auch nach einem Besitzer benannt.

Die Birkacher Alte Dorfstraße im Jahr 1948, Holzschnitt von R. Greiß

Alpenrosenstraße *(benannt 1957, Stadtteil Vaihingen)* Die Alpenrose, *Rhododendron*, wächst als Strauch mit ledrigen Blättern in den Wäldern der Alpen nahe der Baumgrenze. Die beiden rot blühenden Arten Rostblättrige Alpenrose *(Rhododendron ferrugineum)* und Bewimperte oder Behaarte Alpenrose *(Rhododendron hirsutum)* stehen unter Naturschutz und sind vom Aussterben bedroht.

Alpirsbacher Weg *(benannt 1981, Stadtteil Kaltental)* Alpirsbach im Schwarzwald, Landkreis Freudenstadt, liegt im oberen Kinzigtal und hat 6900 Einwohner. Es ist durch sein mehr als 900 Jahre altes Benediktinerkloster und sein Bier, das »Alpirsbacher Klosterbräu«, bekannt.

Alpseeweg *(benannt 1977, Stadtteil Hofen)* Der bis zu 23 Meter tiefe Alpsee bei Immenstadt, ein Moränenstausee, ist der zweitgrößte See im Allgäu. Südöstlich von Füssen gibt es übrigens einen weiteren See dieses Namens.

Altäckerweg *(benannt 1933, Stadtteil Hoffeld)* Der Flurname bezeichnet eine ältere Feldflur im Gegensatz zu später erfolgten Rodungen.

Alte Dorfstraße *(benannt 1957, Stadtteil Birkach)* Die Alte Dorfstraße erinnert daran, dass Birkach früher ein Dorf war.

Altenbergstraße *(benannt 1905, Stadtteil Stuttgart-Süd)* Der Flurname wurde 1451 erstmals genannt. Er bezeichnet eine ältere Anlage von Weinbergen als Unterscheidung zu Weinkulturen, die erst später angelegt wurden.

Altenburg, Auf der siehe →Auf der Altenburg.

Altenburger Steige *(benannt 1908, Stadtteil Bad Cannstatt)* Als »Staig zu Altenburg« wurde sie 1461 urkundlich erwähnt. Ihr oberer Teil ist eine alte Römerstraße, die zum Ortsteil Altenburg der im Mittelalter selbständigen Gemeinde »Brye und Altenburg« führte. Hier befand sich Sankt Martin, die Urkirche des Stuttgarter Tals. Sie könnte in den Jahren zwischen 650 und 700 errichtet worden sein. 1506 wurde die Kirche in die Neckarvorstadt verlegt. Zur Altenburg selbst siehe →Auf der Altenburg.

Alten Friedhof, Am siehe →Am Alten Friedhof.

Alten Haus, Platz am siehe →Platz am Alten Haus.

Alten Park, Im siehe →Im Alten Park.

Alte Poststraße *(benannt 1957, Stadtteil Stuttgart-Mitte)* Die 1811 benannte Poststraße führte zum Postplatz, wo sich seit Mitte des 18. Jahrhunderts die Thurn und Taxis'sche Poststation befand – ungefähr dort, wo heute der »Treffpunkt Rotebühlplatz« steht. Als man den Postplatz 1957 bis 1960 zum Rotebühlplatz umgestaltete, benannte man die Straße in Alte Poststraße um. Vor 1811 hieß die Straße »Böhmische Gaßen«, ab 1790 Post-Gasse.

Alte Steige *(benannt um 1887, Stadtteil Feuerbach)* Altüberlieferter Name für die ansteigende Straße.

Alte Straße *(benannt vor 1922, Stadtteil Kaltental)* Benannt nach der alten Landstraße nach Vaihingen.

Alte Stuttgarter Straße *(benannt um 1912, Stadtteil Botnang)* Bezeichnet den alten, von Botnang nach Stuttgart führenden Weg. Die neue Stuttgarter Straße wurde 1938 in Beethovenstraße umbenannt.

Alte Untertürkheimer Straße *(benannt 1896, Straßenführung geändert 1990, Stadtteile Bad Cannstatt und Untertürkheim)* Bezeichnet die alte, von Bad Cannstatt nach Untertürkheim führende Straße, eine einstige Römerstraße. Die nach dem Bau der Umgehungsbahn Untertürkheim–Kornwestheim 1896 angelegte neue Untertürkheimer Straße wurde 1936 in →Augsburger Straße umbenannt.

Alte Weinsteige *(benannt 1904, Stadtteile Stuttgart-Süd und Degerloch)* Die in der ersten Hälfte des 14. Jahrhunderts künstlich angelegte Straße führte vom Inneren Esslinger Tor (an der Marktstraße) etwa im Zuge der Hauptstätter Straße zu den »Vorspannstationen« beim heutigen Marienplatz und dann steil auf die Höhe des »Haigst«. Sie umging Gebiete, die sich in der Hand der Reichsstadt Esslingen befanden (Vaihingen, Möhringen), und diente dem Wein- und Warenverkehr zwischen Oberland und Unterland, ja sie bildete sogar die Scheidelinie zwischen diesen beiden Gebieten: »ob der Steig« und »unter der Steig«. Die Unterhaltung der Steige bereitete der Stadt manche Sorge. Sie wurde 1772 von der herzoglichen Straßenkasse übernommen. Der jahrhundertealte Verkehrsweg verlor nach dem Bau der →Neuen Weinsteige im Jahr 1831 rasch an Bedeutung. Durch den Bau der Zahnradbahn, die im August 1884 dem Verkehr übergeben wurde, kam die Alte Weinsteige jedoch wieder zur Geltung.

Amadeusweg *(benannt um 1957, Stadtteil Vaihingen)* Vorname des Komponisten Wolfgang Amadeus Mozart (1756–1791), nach dem diese Straße früher benannt war.

Am Äußeren Graben *(benannt 1984, Stadtteil Stammheim)* Benannt nach einem nahe gelegenen Gewann.

Am Alten Friedhof *(benannt 1911, Stadtteil Untertürkheim)* Der Name geht auf einen vor 1574 um die Kapelle des heiligen Wendel als »Gottesacker« oder »Leiblege« angelegten Friedhof zurück. Dieser wurde wiederholt vergrößert und schließlich »Alter Friedhof« genannt. Er ist seit 1947 ein öffentlicher Park.

Am Alten Haus, Platz siehe →Platz am Alten Haus.

Am Bergheimer Hof *(benannt 1971, Stadtteil Bergheim)* Nach einem nahe gelegenen landwirtschaftlichen Gut, das ursprünglich zu einem 1304 erstmals urkundlich erwähnten Dorf gehörte. 1940 bis 1955 wurde Bergheim zum Stadtteil ausgebaut.

Am Bergwald *(benannt 1936, Stadtteil Hedelfingen)* Bezieht sich auf die Lage der Straße.

Am Bismarckturm *(benannt 1911, Stadtteil Stuttgart-Nord)* Benannt nach dem 1904 errichteten Bismarckturm auf dem Gähkopf.

Am Bopserweg *(benannt 1940, Stadtteil Stuttgart-Süd)* 1436 wurde der »Bopser« erstmals urkundlich als Waldgebiet erwähnt. Der Flurname ist nicht sicher erklärbar. Möglicherweise ist er aus den mittelhochdeutschen Wörtern »bobe« (oben) und »ser« (schmerzend, auch als Steigerungswort gebraucht) zusammengesetzt; er würde dann so viel wie »sehr weit oben, sehr steil oben« bedeuten.

Am Boschwerk *(benannt 1938, Stadtteil Feuerbach)* Nach den dortigen Werksanlagen der Robert Bosch GmbH.

Am Buberlesbach *(benannt 1981, Stadtteil Botnang)* Nach dem nahe gelegenen Buberlesbach.

Am Dobelbach *(benannt 1925, Stadtteil Stuttgart-Süd)* Der Flurname »Dobel« bezeichnet ein tief eingeschnittenes Tal. Er wurde 1314 erstmals urkundlich erwähnt. Durch die Flur fließt der Dobelbach – heute eingedolt –, der ungefähr am Charlottenplatz in den Nesenbach mündet. Sein durchschnittliches Gefälle beträgt 10,8 Prozent. Als er noch nicht kanalisiert war, führte er sehr viel Schutt mit sich, und es gibt durch die Jahrhunderte zahlreiche Berichte, dass der Dobelbach Mauern eingerissen oder etwa das Äußere Esslinger Tor beim Charlottenplatz so mit Schutt zugeschwemmt habe, dass es unpassierbar war. Siehe auch →Dobelklinge und →Dobelstraße.

Am Eichenhain *(benannt 1936, Stadtteil Sillenbuch)* Die Straße führt zum Naturschutzgebiet »Eichenhain«.

Ameisenbergstraße *(benannt 1903, Stadtteil Stuttgart-Ost)* Ameisenberg, 1285 erstmals genannter Flurname. Heute Uhlandshöhe (siehe →Zur Uhlandshöhe).

Améry-Weg, Jean- siehe →Jean-Améry-Weg.

Am Feldrand *(benannt 1939, Stadtteil Vaihingen)* Die Straße lag dem offenen Feld zu.

Am Föhrenwald *(benannt 1939, Stadtteil Vaihingen)* Die Straße führt den Föhrenwald entlang.

Am Fruchtkasten *(benannt 1967, Stadtteil Stuttgart-Mitte)* Schon 1393 wird an dieser Stelle eine »Herrschaftliche Große Kelter« urkundlich erwähnt. Auf ihrem Fundament wurde 1578 eine neue Kelter errichtet, die Hofbaumeister Heinrich Schickhardt 1596 im Zuge der Neuanlage des »Schlossplatzes« (heute →Schillerplatz) verkürzte und mit einem Renaissance-Ziergiebel versah. Das Gebäude wurde fortan als Kornspeicher (Fruchtkasten) verwendet, worauf auch die großen Ladeluken verweisen.

1944 traf eine Brandbombe das Gebäude, im Jahr darauf stürzte der Giebel ein. 1953 bis 1955 wurde die Fassade restauriert, das Innere jedoch in damals modernen Formen neu aufgebaut. 1989 bis 1992 wurde der Fruchtkasten umgebaut; seit damals beherbergt er das Musikinstrumenten-Museum des Württembergischen Landesmuseums. In der Gasse »Am Fruchtkasten« stand etwa an der Stelle des heutigen Brunnens das im Zweiten Weltkrieg ebenfalls beschädigte, dann jedoch abgetragene »Stuthaus«, bei dem es sich aller Wahrscheinlichkeit nach um die Keimzelle der Stadt gehandelt hat, nämlich um das Verwaltergebäude des Gestüts, aus dem Stuttgart hervorgegangen ist.

Am Gelben Weg *(benannt 1947, Stadtteil Stuttgart-Ost)* Die nach Eigenschaftswörtern benannten Straßen Am Gelben Weg, Am Grünen Weg, Am Kurzen Weg und Am Oberen Weg bilden eine Nachbarschaft und werden von Haußmann- und Talstraße umschlossen.

Am Grünen Weg *(benannt 1926, Stadtteil Stuttgart-Ost)* siehe →Am Gelben Weg.

Am Hauptbahnhof *(benannt 1993, Straßenführung geändert 1998, Stadtteil Stuttgart-Mitte)* Nach dem benachbarten, 1914 bis 1928 von Paul Bonatz und Friedrich E. Scholer errichteten Stuttgarter Hauptbahnhof. Siehe auch →Bonatzweg und →Friedrich-Scholer-Straße.

Am Hohengeren *(benannt 1908, Stadtteil Stuttgart-Ost)* Dieser Flurname bezeichnet ein spitz zulaufendes Grundstück in Höhenlage. »Ger« bedeutet Speerspitze.

Am Hopfenrain *(benannt 1939, Stadtteil Vaihingen)* Der Name weist darauf hin, dass an diesem »Rain« (Abhang) früher Hopfen angebaut wurde.

Am Jakobsbrunnen *(benannt 1984, Stadtteil Bad Cannstatt)* Der Mineralwasser-Trinkbrunnen bezieht sein Wasser von der Kellertiefbrunnenquelle in der Brunnenstraße. Ein lang gestreckter, gusseiserner Trog umschließt eine ebenfalls gusseiserne, neugotische Säule mit zwei Wasserspendern und einer turmartigen Dachhaube. An der Vorderseite des Trogs prangt das Cannstatter Stadtwappen und, in römischen Ziffern, das Jahr der Errichtung des Brunnens: 1834. In den Jahren 1978 und 1984 wurde der Brunnen saniert. Er ist benannt nach den früheren Anwohnern des Platzes Jakob Mehl sen., Jakob Mehl jun., Jakob Zaiss sen., Jakob Zaiss jun. sowie den Gastwirten Jakob Boger sen. und Jakob Boger jun., die hier die Schankwirtschaft »Zu den drei Linden« betrieben. Der Platz selbst entstand im Zuge der Cannstatter Altstadtsanierung durch den Abbruch mehrerer Häuser.

Am Klingenbach *(benannt 1913, Stadtteil Stuttgart-Ost)* Der heute eingedolte Klingenbach hieß im Mittelalter Gablenbach, da er sich aus drei Quellbächen speist, die im Gänswald und Fuchsrain entspringen und die bei ihrem Zusammenfluss kurz hintereinander zweimal eine Gabelung bildeten. Der Name des Stadtteils Gablenberg leitet sich vermutlich vom damaligen Namen des Baches ab. Der Bach floss in der Klinge, also einer steilen Talkerbe, durch Gablenberg, etwa bis zur Wagenburg-/Talstraße, dann entlang des jetzt nach ihm benannten Weges, folgte abermals einer Klinge an Gaisburg vorbei und mündete schließlich in den Neckar. Siehe auch →Klingenstraße.

Am Klosterhof *(benannt 1935, Stadtteil Münster)* Der Klosterhof wurde erstmals 1193 urkundlich genannt und gehörte zum Besitz des Klosters Lorch im Remstal.

Am Kochenhof *(benannt 1911, Stadtteil Stuttgart-Nord)* Geht auf das ehemalige Koch'sche Gut auf der Feuerbacher Heide zurück.

Am Kräherwald *(benannt 1905, Stadtteile Stuttgart-Nord und Stuttgart-West)* Führt am Kräherwald entlang. Dieser wiederum wird als »Kreer« 1432 erstmals urkundlich erwähnt; der Name leitet sich vermutlich von der Krähe her.

Am Kriegsbergturm *(benannt 1932, Stadtteil Stuttgart-Nord)* Den Aussichtsturm auf dem Kriegsberg (353 m) errichtete Baurat Carl Weigle 1894/95 für den Verschönerungsverein Stuttgart. Von hier hat man einen interessanten Blick auf die Stuttgarter Innenstadt. Siehe auch →Kriegsbergstraße.

Am Kurzen Weg *(benannt 1919, Stadtteil Stuttgart-Ost)* Die nach Eigenschaftswörtern benannten Straßen Am Gelben Weg, Am Grünen Weg, Am Kurzen Weg und Am Oberen Weg bilden eine Nachbarschaft und werden von Haußmann- und Talstraße umschlossen.

Am Lehenweg *(benannt 1859, Straßenführung geändert 1972, Stadtteil Stuttgart-Süd)* Der Flurname »Im Lehen« ist schon 1304 zu finden und wohl von dem Rechtsbegriff »das Lehen« hergeleitet. Siehe auch →Lehenstraße.

Am Leuzebad *(benannt 1932, Stadtteile Stuttgart-Ost und Bad Cannstatt)* Nach den ehemaligen Besitzern des Mineralbads Leuze. 1833 wurde auf der Berger Insel, der so genannten Sauerbrunneninsel, eine Mineralquelle erbohrt und 1842 dort ein Bad eröffnet, das 1851 in den Besitz der Familien Leuze und Hofmann kam. 1921 ging es in städtischen Besitz über.

Ammergasse *(benannt 1934, Stadtteil Münster)* Linker Nebenfluss des oberen Neckars. Der Flussname ist keltischen Ursprungs und bedeutet einfach Wasserlauf. Die Ammer bildet die südliche Begrenzung des Schönbuchs; sie entspringt bei Herrenberg aus drei Quelltöpfen mit einer durchschnittlichen Schüttung von 20 Litern pro Sekunde, fließt durch verschiedene Ortsteile von Ammerbuch, schließlich durch Tübingen und mündet, nachdem sie kurz vorher den Goldersbach aufgenommen hat, beim Tübinger Stadtteil Lustnau in den Neckar.

Am Mittelkai *(benannt 1958, Straßenführung geändert 1995, Stadtteile Hedelfingen und Wangen)* Nach der Lage im Neckarhafen.

Ammonitenweg *(benannt um 1935, Stadtteil Vaihingen)* Der Name geht auf Funde versteinerter Ammonitenschalen in diesem Gelände zurück. Unter Ammoniten versteht man eine Gruppe von Tieren, die Kopffüßer waren und in Kammern unterteilte, meist spiralig eingerollte Schalen hatten. Sie sind am Ende der Kreidezeit, vor etwa 70 Millionen Jahren, ausgestorben.

Am Mühlkanal *(benannt 1937, Stadtteil Stuttgart-Ost)* Nach dem zur einstigen Berger Mühle führenden Kanal, der 1929 zugeschüttet wurde.

Am Neckartor *(benannt 1936, Stadtteil Stuttgart-Mitte)* Nach einem ehemaligen Stadttor, dessen Name und dessen Platz in der Neckarstraße einige Male wechselte. Früher hieß es Cannstatter Tor, vorher Akademie-Tor. Mitte des 19. Jahrhunderts nannte man die Straße Poststraße.

Am Oberen Berg *(benannt 1967, Stadtteil Degerloch)* Flurname.

Am Oberen Weg *(benannt 1919, Stadtteil Stuttgart-Ost)* Die nach Eigenschaftswörtern benannten Straßen Am Gelben Weg, Am Grünen Weg, Am Kurzen Weg und Am Oberen Weg bilden eine Nachbarschaft und werden von Haußmann- und Talstraße umschlossen.

Am Ochsenwald *(benannt 1976, Stadtteil Rohr)* Nach dem Waldgewann.

Am Ostkai *(benannt 1958, Stadtteile Hedelfingen und Wangen)* Nach der Lage im Neckarhafen.

Am Reichelenberg *(benannt 1875, Stadtteil Stuttgart-Mitte)* Als Reichelenberg wurde 1304 der Hang am Ende des Bopserwaldes bezeichnet. Die Benennung ist auf den Personennamen Richlin zurückzuführen.

Am Römerkastell *(benannt 1938, Stadtteil Bad Cannstatt)* Am 15. März 1894 stieß der Pädagoge und Archäologe Ernst Kapff (1863–1944) auf der Altenburg auf Reste eines größeren Bauwerks – das Nordost-Tor eines römischen Kastells, wie sich in den folgenden Jahren herausstellte. Es war für 480 Reiter und 544 Pferde ausgelegt, bot einen guten Überblick über das Neckartal und bildete das militärische Zentrum der ganzen Region. Angelegt wurde das Kastell um 90n. Chr.; zehn Jahre später wurde es mit einer steinernen Mauer mit 20 Türmen befestigt. Es maß 220 auf 170 Meter. Als die hier stationierte Truppe um 150 bis 160 n. Chr. in das Kastell bei Welzheim ver-

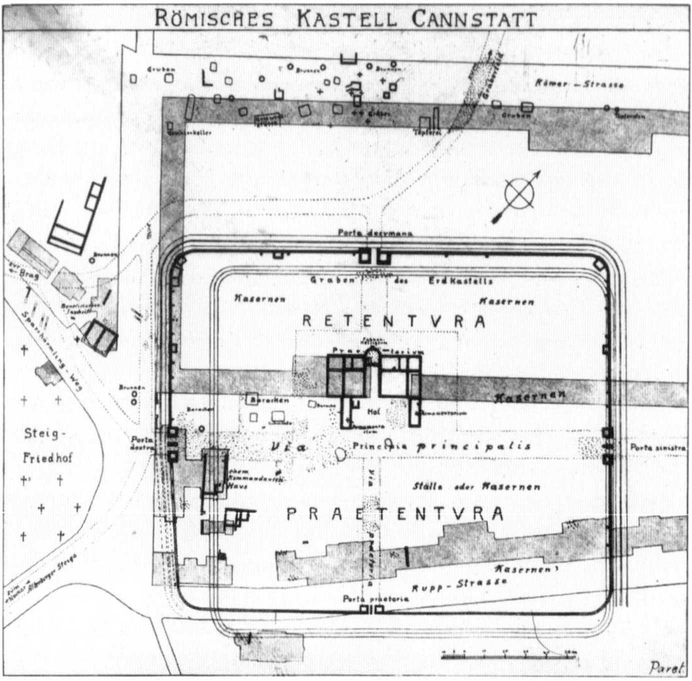

»Am Römerkastell«: Grundriss des römischen Forts auf der Altenburg von Oscar Paret.

legt wurde, nutzte man die Cannstatter Anlage noch als Nachschubplatz. Ab 1908 wurde auf dem Areal die Reiterkaserne errichtet, nachdem die alte Reiterkaserne den Gleisanlagen des neuen Stuttgarter Hauptbahnhofs weichen musste. Damit wurden alle noch vorhandenen Spuren des römischen Kastells zerstört. 1997 wurde das Gelände umgewidmet, um Wohnungen und soziale Einrichtungen zu bauen.

Am Schattwald *(benannt 1948, Stadtteil Büsnau)* Bezieht sich auf die Lage der Straße. Ein Schattwald ist ein an einem Nordhang gelegener Wald.

Am Schloßgarten, ab 1. August 2005: **Am Schlossgarten** *(Benennung beschlossen 1998, Stadtteil Stuttgart-Mitte)* Führt am Mittleren Schloßgarten entlang. Siehe →Mittlerer Schloßgarten sowie →Oberer Schloßgarten und →Unterer Schloßgarten. Die Benennung betrifft den oberen Teil der bisherigen Cannstatter Straße; sie tritt erst nach dem Bau von »Stuttgart 21« in Kraft.

Am Schnarrenberg *(benannt 1981, Stadtteil Münster)* Flurname.

Am Schwanenplatz *(benannt 1978, Stadtteil Stuttgart-Ost)* Das beliebte Lokal »Zum Schwanen« im einstigen Berger Amtshaus war vor allem wegen seiner Gartenwirtschaft weithin bekannt. Es wurde 1941 geschlossen.

Am Seegraben *(benannt um 1937, Stadtteil Zuffenhausen)* Nach einem eingedolten Bach namens »Seegraben«, der in der Gegend der Straße verläuft. Er entspringt im westlichen Teil des »Birkenwaldes« (heute Industriegebiet; ungefähr in der Mitte zwischen den S-Bahn-Stationen Neuwirtshaus und Korntal) und fließt in den Feuerbach.

Am Seelachwald *(benannt 1934, Stadtteil Wolfbusch)* Der Flurname Seelach bezeichnet ein Gebüsch von Salweiden.

Amselweg *(benannt um 1936, Stadtteil Vaihingen)* Amsel, *Turdus merula,* auch Schwarzdrossel genannt, ist ein verbreiteter Singvogel, der sich in Gärten heimisch fühlt.

Am Sonnenweg *(benannt um 1931, Stadtteil Heumaden)* Bezieht sich auf den Verlauf der Straße Richtung Süden.

Am Sportpark *(benannt 1986, Stadtteil Feuerbach)* Bezeichnet die Lage der Straße am Sportpark.

Am Stadtgraben *(benannt 1937, Stadtteil Bad Cannstatt)* Hier verlief früher der Stadtgraben, also der Graben vor der Stadtmauer. – Von 1885 bis 1937 hieß die Straße Grabenstraße, nicht nur, weil sie über den ehemaligen Stadtgraben führte, sondern auch nach dem bereits 1473 urkundlich genannten Flurnamen »Graben«.

Am Stadtpark *(benannt 1938, Stadtteil Zuffenhausen)* Die Straße führt am Stadtpark entlang.

Am Steinbruch *(benannt um 1924, Stadtteil Zuffenhausen)* Nach einem ehemaligen Steinbruch.

Am Steinenberg *(benannt 1978, Stadtteil Hedelfingen)* Nach dem dortigen Gewann Steinenberg.

Am Stellwerk *(benannt 2000, Stadtteil Stuttgart-West)* Bezieht sich auf die frühere Nutzung des Geländes als Bahnhof. Am 1. September 1879 wurde die »Gäubahn« von Stuttgart über Böblingen und Horb nach Freudenstadt in Betrieb genommen, die später vor allem dem Nahverkehr nach Stuttgart-Vaihingen und Böblingen sowie dem Fernverkehr über Singen und Zürich nach Italien diente. Vom Stuttgarter Hauptbahnhof bis zum Westbahnhof ist sie den Nordhängen entlang als Panoramabahn mit meist prächtiger Aussicht ausgebaut. Der Westbahnhof, der zunächst »Station Hasenberg« hieß, war von

Anfang an Bestandteil der Strecke. Der Bahnhof selbst war 626 Meter lang und bis zu 90 Meter breit. Nachdem ab 1985 die S-Bahn den Nahverkehr ins Gäu übernommen hatte, wurde der Bahnhof aufgelöst und das Empfangsgebäude abgebrochen. Nach der für 2008 geplanten Einweihung des Stuttgarter Durchgangsbahnhofs, der im Zuge von »Stuttgart 21« gebaut werden soll, entfällt die Gäubahntrasse ganz. Die Straße »Am Stellwerk« führt direkt auf ein übrig gebliebenes Stellwerkgebäude vor der Einfahrt in den Hasenbergtunnel zu. Von hier aus wurden – zunächst mittels Drahtleitungen – die Weichen und Signale des Bahnhofs gestellt.

Amsterdamer Straße *(benannt 1998, Stadtteil Stuttgart-Mitte)* Amsterdam, Hauptstadt (aber nicht Regierungssitz) und zweitgrößter Hafen der Niederlande, benannt nach dem Fluss Amstel, an dem die Stadt liegt.

Amstetter Straße *(benannt 1957, Stadtteil Hedelfingen)* Gemeinde Amstetten, Alb-Donau-Kreis, Industrieort mit 4000 Einwohnern.

Am Tazzelwurm *(benannt 1924, Stadtteil Stuttgart-Nord)* Der Tazzelwurm ist ein Fabeltier und wird als ein zwei Meter langes, sehr dickes, hinten abgestutztes, graues, giftiges Reptil mit zwei kurzen Vorderbeinen und spitzen Ohren beschrieben. Der Sage nach soll es vor allem bei Wetterwechsel erscheinen. »Zum Tazzelwurm«, vermutlich nach Scheffels »Kufsteinlied«, nannte ein Wirt sein Anwesen, auf dem sich heute das Haus Nr. 17 befindet. Da er keine Schankkonzession erhielt, ließ er gegen ein kleines Entgelt die Besucher die Aussicht bewundern und servierte ihnen auf Wunsch ein Glas »Zibebenmost«.

Amundsenstraße *(benannt 1957, Stadtteil Stammheim)* Roald Amundsen (geboren am 16. Juli 1872 in Borge, Norwegen, gestorben 1928), Polarforscher. Amundsen erreichte als erster Mensch am 15. Dezember 1911 den Südpol. Nachdem er 1923 und 1925 vergeblich Flüge zum Nordpol unternommen hatte, gelang es ihm 1926, den Pol mit dem italienischen Luftschiff »Norge« zu überfliegen. Er veröffentlichte 1929 seine Autobiographie »Mein Leben als Entdecker«. Amundsen ist bei einem Flug nach Spitzbergen im Juni 1928 verschollen, als er auf der Suche nach der verunglückten Mannschaft des Luftschiffs »Italia« war.

Am Vogelherd *(benannt 1935, Stadtteil Wolfbusch)* An dieser Stelle wurden früher Vögel in Netzen gefangen.

Am Waldrain *(benannt 1996, Stadtteil Hausen)* Der Flurname deutet auf einen bewaldeten Abhang.

Am Waldrand *(benannt 1968, Stadtteil Lederberg)* Bezeichnet die Lage der Straße am Waldrand.

Am Wallgraben *(benannt 1927, Stadtteile Möhringen und Vaihingen)* Der Flurname geht auf eine Wehranlage zurück, die durch Erdwall und Graben geschützt war.

Am Wammesknopf *(benannt 1972, Stadtteil Stammheim)* Der Flurname geht wohl auf den Knopf am Wams, dem Männerrock, zurück.

Am Weißen *(benannt 1983, Stadtteil Rohracker)* Nach dem nahe gelegenen Gewann. Ob sich der Flurname von einem Personennamen, der Farbe Weiß oder gar dem Anbau weißer Trauben herleitet, ist unklar.

Am Weißenhof *(benannt 1916, Stadtteil Stuttgart-Nord)* Der Weißenhof wurde 1779 vom Bäckermeister Georg Philipp Weiß (geboren 1741, gestorben 1822 in Stuttgart) auf der Feuerbacher Heide gegründet. Er war ursprünglich ein Gutshof ohne Wirtschaft, erhielt später die Schankgerechtigkeit und wurde ein beliebtes Ausflugslokal der Stuttgarter.

Am Westkai *(benannt 1958, Stadtteile Hedelfingen und Wangen)* Bezeichnet die Lage im Neckarhafen.

Am Wildbädle *(benannt 1986, Stadtteil Hedelfingen)* Nach dem nahe gelegenen Gewann.

Am Wildwechsel *(benannt 1976, Stadtteil Rohr)* Naturgebundener Name.

Am Wolfersberg *(benannt 1994, Stadtteile Bad Cannstatt und Münster)* Der Rebhang zwischen dem Robert-Bosch-Krankenhaus und dem Aussichtsturm auf dem Burgholzhof wird im 14. Jahrhundert mehrfach als »Wolframsberg« erwähnt. Der Flurname erinnert wohl an einen früheren Besitzer namens Wolfram. Das Gewann gehörte früher zur Gemarkung »Brie und Altenburg«, einem Doppel-Ort am linken Neckarufer, der um 1470 in Cannstatt aufging (siehe →Bryestraße). Nicht weit entfernt, südlich des Pragfriedhofs, gab es eine weitere Flur namens Wolframsberg, die allerdings zum Ort Tunzhofen gehörte, der sich bis etwa 1380 bei der heutigen Tunzhofer Straße (Bürgerhospital) befunden hat. Die Kurzform »Wolfersberg« hat also möglicherweise einfach die Unterscheidung zwischen den beiden Fluren erleichtert. (Siehe auch →Wolframstraße.) Der Historiker und Topograph J. D. G. von Memminger vermutet in seinem 1812 erschienenen Buch »Canstatt und seine Umgebung«, Wolfersberg sei (auch) der Name eines Ortes anstelle des heutigen Stadtteils Burgholzhof gewesen. – Bevor die Straße auf Vorschlag der Anwohner neu benannt wurde, gehörte sie als Teilstück zur Straße »Hallschlag«.

Am Wolfsberg *(benannt 1972, Stadtteil Hoffeld)* Der Flurname geht auf den Wolf, *Canis lupus*, zurück.

An der Betteleiche *(benannt 1993, Stadtteil Vaihingen)* Im 16. Jahrhundert gründeten Franziskaner das Bruderhaus im Mahdental, das später als Gestüt Herzog Karl Eugens Bekanntheit erlangte. Der Flurname leitet sich vermutlich davon ab, dass die Bettelmönche an einer auf dem Bergrücken stehenden Eiche gerastet haben, wenn sie, vom »Schatten« kommend, Richtung Vaihingen und Kaltental zogen. Andere Erklärungsmöglichkeiten wären, dass sich auf einem Platz neben der Eiche immer wieder fahrendes Volk niederließ (abschätzig »Bettel« genannt) oder dass Bettel hier, wie öfters, als Bezeichnung für geringwertigen Boden gebraucht wurde. Das Bruderhaus wurde 1943 zerstört.

An der Burg *(benannt 1972, Stadtteil Feuerbach)* Nach der ehemaligen Burg Frauenberg, erbaut in der ersten Hälfte des 13. Jahrhunderts. Die Fundamente des Bergfrieds, des Turms, sind erhalten. Vergleiche auch →Burghaldenweg, →Burgherrenstraße, →Feuerbacher Heide, →Frauenbergweg und →Helmstettstraße.

An der Kelter *(benannt 1937, Stadtteil Rohracker)* Bezeichnet die Lage der Straße an der ehemaligen Kelter von Rohracker.

Andernacher Weg *(benannt 1937, Stadtteil Bad Cannstatt)* Andernach am Rhein, Stadt römischen Ursprungs (30 400 Einwohner) in Rheinland-Pfalz.

An der Ringmauer *(benannt 1933, Stadtteil Mühlhausen)* Nach der Ringmauer, die den Ort Mühlhausen umgab.

Andreästraße *(benannt 1956, Stadtteil Bad Cannstatt)* Johann Valentin Andreä (geboren 1586 in Herrenberg, gestorben 1654 in Stuttgart), Hofprediger, Konsistorialrat, Abt und Generalsuperintendent, der sich während des Dreißigjährigen Krieges besonders um die Wiederaufrichtung der Gemeinden bemüht hat. Von ihm gingen (anonym) die ersten Rosenkreuzer-Schriften aus.

Andreas-Fauser-Straße *(benannt 1980, Stadtteil Möhringen)* Andreas Fauser (geboren 1828, gestorben 1908), Bauer in Möhringen. Sein landwirtschaftliches Anwesen grenzte an das Wohngebiet Kauslerweg; ein Teil dieses neuen Wohngebietes gehörte damals zu seinem Eigentum. In seinem Testament vermachte Fauser dem damaligen Evangelischen Jünglingsverein Möhringen (jetzt CVJM – Evangelisches Jugend- und Familienwerk Stuttgart-Möhringen e.V.) 5000 Mark »zur Erlangung eines Vereinshauses«. Mit diesem Vermächtnis konnte damals der Erwerb des Grundstücks an der jetzigen Leinenweberstraße finanziert werden, auf dem in den Jahren 1910/11 das Vereinshaus (Leinenweberstraße 27) erbaut wurde.

Anemonenweg *(benannt 1936, Stadtteil Stuttgart-Ost)* Gattung der Hahnenfußgewächse mit über hundert Arten, deren bekannteste das Buschwindröschen, *Anemone nemorosa,* und das Gelbe Windröschen, *Anemone ranunculoides,* sind.

Anhöhe, Zur siehe →Zur Anhöhe.

Anisweg *(benannt 1957, Stadtteil Heumaden)* Anis, *Pimpinella anisum,* ist eine aus dem Mittelmeerraum stammende Heil- und Gewürzpflanze. Wird auch zur Herstellung wohlschmeckender Schnäpse verwendet.

Annabergstraße *(benannt 1935, Stadtteil Bad Cannstatt)* Der Annaberg liegt in Oberschlesien bei Gliwice (Gleiwitz) im heutigen Polen. Auf dem Annaberg befindet sich eine der heiligen Anna geweihte Wallfahrtskirche. Oberschlesien gehörte zu den so genannten Abstimmungsgebieten, die der Versailler Vertrag 1919 festgelegt hatte. Die Einwohner sollten selbst entscheiden, ob sie zu Polen oder zum Deutschen Reich gehören wollten. Vor und nach der Abstimmung, die am 20. März 1921 erfolgte, gab es blutige Auseinandersetzungen zwischen Polen und deutschen Selbstschutzverbänden. Der Annaberg ist einer der Orte, an denen es zu Kämpfen kam. Er wurde am 21. Mai 1921 von einem deutschen Freikorps erstürmt. Nach dem Abstimmungsergebnis (60 Prozent für das Deutsche Reich, 40 Prozent für Polen) legte der Völkerbundrat eine Teilung fest, die von beiden Seiten als willkürlich empfunden wurde und neuen Konfliktstoff enthielt. Polen wurde ein Drittel des Gebiets, fast die Hälfte der Bevölkerung und vier Fünftel der Industrie zugesprochen. Im Juni 1921 stellten britische Truppen die Ruhe im Land wieder her. Die Teilung erfolgte ein Jahr später. Siehe auch →Beuthener Straße, →Kattowitzer Straße, →Oberschlesische Straße, →Oppelner Straße, →Tarnowitzer Straße und →Thorner Straße.

Anna-Blos-Weg *(benannt 1993, Stadtteil Stuttgart-Ost)* Anna Blos, geb. Tomasczewska (geboren am 4. August 1866 in Liegnitz, Schlesien [heute Legnica, Polen], gestorben am 27. April 1933 in Stuttgart), Schriftstellerin und Mitglied der Weimarer Nationalversammlung. Die Lehrerin Anna Tomasczewska zog wahrscheinlich 1905 nach Stuttgart, als sie den Sozialdemokraten Wilhelm Blos heiratete, der 1919 zum ersten württembergischen Staatspräsidenten gewählt wurde (siehe →Wilhelm-Blos-Straße). Sie engagierte sich für die Emanzipation der Frauen, als Leiterin des Stuttgarter und des Landes-Hausfrauenbunds, vor allem aber als Schriftstellerin und Politikerin. Ab 1905 schrieb sie für die von Clara Zetkin geleitete Zeitschrift »Gleichheit«. Im »Vorwärts«, der »Schwäbischen Tagwacht« und der »Württembergischen Zeitung« äußerte sich Anna Blos zur Gleichberechtigung der Frauen, zur Frauenbewegung, zum Schulwesen, zur Mitarbeit der Frau im Gemeindewesen. Als erste deutsche Frau überhaupt wählte sie der Stuttgarter Gemeinderat 1910 einstimmig zur Ortsschulrätin. In dieser Funktion hat sie ein Buch über »Kommunale Frauenarbeit im Kriege« herausgegeben. Schreibend beschäftigte sie sich mit Frauen der Revolution 1848/49, mit der »Frauenfrage im Lichte des Sozialismus« und 1929 erschien ihr Buch »Frauen in Schwaben – 15 Lebensbilder«. Anna Blos hat die Arbeiterbewegung geliebt – und hat in ihr dennoch keine Heimat gefunden. Ab 1918 gehörte sie lange Jahre dem SPD-Landesvorstand an; im Januar 1919 wurde sie als einzige Frau aus Württemberg in die Verfassunggebende Nationalversammlung in Weimar gewählt, bis 1920 war sie Reichstagsmitglied der SPD. Allein innerhalb Stuttgarts zog Anna Blos fünfmal um; zuletzt hat sie in der Hackländerstraße 28 gewohnt, vom Anna-Blos-Weg nur ein paar hundert Meter den Berg hinauf.

Anna Blos

Anna-Haag-Platz *(benannt 2001, Stadtteil Hoffeld)* Anna Haag, geb. Schaich (geboren am 10. Juli 1888 in Althütte, gestorben am 20. Januar 1982 in Stuttgart), Schriftstellerin, Journalistin und Politikerin, Vorkämpferin des Rechts auf Kriegsdienstverweigerung. Nach Jahren als Lehrerin in Pommern und Schlesien kam Anna Haag mit ihrem Mann nach Bukarest, wo sie an der Deutschen Schule unterrichtete und im Ersten Weltkrieg ein Flüchtlingsheim leitete. 1919 kehrte sie nach Württemberg zurück und trat der SPD sowie der Internationalen Frauenliga für Frieden und Freiheit bei. In den folgenden Jahren wirkte sie als Schriftstellerin, Pazifistin, engagierte Demokratin, Politikerin und Frauenrechtlerin in der Öffentlichkeit. 1926 erschien ihr erfolgreiches Buch »Die vier Roserkinder. Geschichten aus einem Waldschulhaus«, im selben Jahr zog sie mit ihrer Familie – sie war Mutter von drei Kindern – von Nürtingen nach Stuttgart um. Während der Zeit des Nationalsozialismus, die sie in Stuttgart verbrachte, konnte sie nicht mehr publizieren. Nach Ende des Zweiten Weltkriegs engagierte sich Anna Haag für den Wiederaufbau Stuttgarts, die politische Bewusstseinsbildung von Frauen und für die Anerkennung der Hausfrauentätigkeit als vollgültigem Beruf. Nach der Neugründung der SPD sowie der Internationalen Frauenliga für Frieden und Freiheit trat sie beiden Organisationen wieder bei. Am 12. Oktober 1945 wurde Anna Haag in den ersten städtischen Beirat gewählt, einen »verfassunggebenden« Vorläufer des ersten zu wählenden Gemeinderats. Sie gehörte zu den Gründerinnen der Arbeitsgemeinschaft Stuttgarter Frauen; 1946 wurde sie als eine von nur zwei Frauen in die Verfassunggebende Landesversammlung für Württemberg-Baden berufen. Von 1946 bis 1952 gehörte sie dem ersten Landtag von Württemberg-Baden an. In dieser Eigenschaft brachte sie 1947 den Gesetzentwurf ein, der die Voraussetzung für die Möglichkeit der Kriegsdienstverweigerung schuf. Am 22. April 1948 wurde das Gesetz angenommen; die Verfassung von Württemberg-Baden wurde – als erste Verfasssung der Welt – um den Satz ergänzt: »Niemand kann zum Dienst mit der Waffe gezwungen werden.« Dieses Grundrecht wurde später, leicht modifiziert, als Artikel 4, Absatz 3 ins Grundgesetz der Bundesrepublik Deutschland aufgenommen. 1951 initiierte Anna Haag den Bau eines Hauses für allein stehende Mädchen und Frauen, des Anna-Haag-Hauses in Bad Cannstatt. Später ging es als Stiftung an die Stadt Stuttgart; heute wird es als Mehrgenerationenhaus mit Kindertagesstätte, hauswirtschaftlicher Bildungsstätte für Mädchen mit Lernschwierigkeiten, Gästehaus für pflegebedürftige Senioren in Kurzzeit- und Dauerpflege sowie als Servicezentrum für stadtteilbezogene hauswirtschaftliche Hilfen weitergeführt. Anna Haags kulturelles und soziales Engagement war bis ins hohe Alter ungebrochen. 1967 war sie an der Gründung der psychotherapeutischen Klinik Sonnenberg beteiligt. Sie war 79 Jahre alt, als ihr

Anna Haag

Buch »Zum Mitnehmen – ein bisschen Heiterkeit« erschien (5. Auflage 1970). Im Jahr darauf folgten unter dem Titel »Das Glück zu leben« ihre Erinnerungen, 1969 der Roman »Gesucht: ›Fräulein mit Engelsgeduld‹«, 1970 »Der vergessene Liebesbrief«, 1978 »Zu meiner Zeit«, 1980 »Für einen Nachmittag«. Bei dem Titel »Leben und gelebt werden«, 2003, handelt es sich um autobiographische Aufzeichnungen von Anna Haag, vor allem um ihr Kriegstagebuch. Anna Haag wurde unter anderem 1975 mit der Verdienstmedaille des Landes Baden-Württemberg, 1978 mit der Bürgermedaille der Landeshauptstadt Stuttgart und 1980 mit der Medaille für Verdienste um die Heimat geehrt.

Anna-Haag-Weg *(benannt 2001, Stadtteil Birkach)* Anna Haag verstarb am 20. Januar 1982 in Stuttgart-Hoffeld, wo sie im Lothar-Christmann-Haus ihre letzten Lebensjahre verbracht hatte. Sie wurde auf dem Birkacher Friedhof beigesetzt. Der Anna-Haag-Weg befindet sich in unmittelbarer Nähe ihrer letzten Ruhestätte. Zur Person siehe →Anna-Haag-Platz.

Anna-Peters-Straße *(benannt 1931, Stadtteil Sonnenberg)* Anna Peters (geboren am 28. Februar 1843 in Mannheim, gestorben am 26. Juni 1926 in Stuttgart-Sonnenberg), Blumenmalerin. Tochter des holländischen Malers Pieter Francis Peters (1818–1903) und seiner Frau Heinrika Gertruda geb. Mali (1820/1821–1884). Das Ehepaar lebte ab 1846 in Stuttgart. Peters war geschätzter Hofmaler und bildete seine Töchter Anna und Pietronella (1848–1924) in der Kunst des Malens aus. Anna malte Blumenstillleben, Pietronella Kinder und Tiere. Gemeinsam mit der dritten Schwester Ida (1946 bis 1923), die den Haushalt führte, lebten sie in Sonnenberg, Sonnenbühlstraße 8 (heute Sonnenbergstraße). Vor allem Pietronella hielt

Anna Peters beim Malen im Garten des Anwesens Eugenstraße 17, um 1910

den Garten in Sonnenberg in ihren Szenen fest. Anna Peters, Sally Wiest und Magdalena Schweizer gründeten 1893 den Württembergischen Malerinnenverein.

Anna-Scheufele-Platz *(benannt 1994, Stadtteil Kaltental)* Benannt nach einem populären Lied des schwäbischen Schriftstellers und Schauspielers Werner Veidt und des Komponisten Kurt Rehfeld: »O Anna Scheufele – aus Kaltental, / Tochter vom Bürschtebender. / Du bist mein Schtern, mein Ideal, / Meine Zarah Zylinder! ...« Auf dem Platz feiert die Bürgerinitiative Kaltental seit 1973 ihr Anna-Scheufele-Fest, das sich unter anderem aus einem gemeinnützigen Fonds finanziert.

Anna-Schieber-Weg *(benannt 1977, Stadtteil Degerloch)* Anna Schieber (geboren am 12. Dezember 1867 in Esslingen am Neckar, gestorben am 7. August 1945 in Tübingen), Schriftstellerin. Nach dem Tod des Vaters, der Küfer in Esslingen war, zog sie mit ihrer Familie nach Stuttgart. Sie lernte im Kunsthaus Schaller, wohnte ab 1920 in Degerloch in der Jahnstraße 23. Damals war sie schon durch ihren erfolgreichen Roman »Alle guten Geister« bekannt. Ihre vielen Romane und Erzählungen erreichten hohe Auflagen. Neben »Geschichten von gestern und heute« ist ihr Hauptwerk »Wachstum und Wandlung« ihr ganz persönliches »Lebensbuch«; darin beschreibt sie auch die Jahnstraße. Aus Anna Schiebers Schaffen ist zu ersehen, dass ihr nichts vom Geschehen und den Bewegungen ihrer Zeit entgangen ist. In ihrem Haus trafen sich regelmäßig einmal pro Woche 30 Degerlocherinnen zu einer Art Frauenkreis. – Früher hieß der Pfad Schienenwegle nach den Abstellgleisen der Filderbahn.

Annastraße *(benannt 1920, Stadtteil Luginsland)* Weiblicher Vorname.

Anna-Vaihinger-Weg *(benannt 1989, Stadtteil Sillenbuch)* Anna Vaihinger (geboren 1874, gestorben 1959), Sillenbucher Wohltäterin.

Anne-Frank-Weg *(benannt 1960, Stadtteil Fasanenhof)* Anne Frank (geboren am 12. Juni 1929 in Frankfurt am Main, gestorben im März 1945 im KZ Bergen-Belsen). Die jüdische Familie Frank emigrierte 1933 nach Amsterdam, tauchte 1942 dort unter, wurde am 1. August 1944 entdeckt, verhaftet und in ein Konzentrationslager verbracht. Einziger Überlebender der Familie war Annes Vater, der nach seiner Rückkehr im Hinterhaus-Versteck das ergreifende Tagebuch seiner Tochter fand, dem sie ihre Erlebnisse anvertraut hatte. »Das Tagebuch der Anne Frank« erschien nach Kriegsende zunächst in Holland, dann auch in Deutschland und zahlreichen anderen Ländern.

Anneliese-Niethammer-Weg *(benannt 1993, Stadtteil Vaihingen)* Anne Elise Niethammer (geboren am 11. Mai 1901 in Berlin-Charlottenburg, gestorben am 15. September 1983 in Korntal-Münchingen), Botanikerin, erste Professorin der Universität Stuttgart. Anneliese Niethammer studierte in Prag, wo ihr Vater Rektor der Deutschen Technischen Hochschule war, zunächst Landwirtschaftswissenschaften und anschließend Botanik, jeweils mit der Verleihung der Doktorwürde als Abschluss. Mit einer Schrift über »Stimulationsprobleme an Pflanzen« habilitierte sie sich 1929 in Prag. Ein zusätzliches naturwissenschaftliches Studium für das Lehramt auch in Chemie, Zoologie und Geografie ermöglichte es Dr. rer. tech. et rer. nat. Anneliese Niethammer ab 1935, ihren Lebensunterhalt durch Unterricht zu verdienen und gleichzeitig ihre akademische Karriere an der Deutschen Handelsakademie in Prag, die sie 1940 zur Professorin ernannte, weiterzuverfolgen. Im Jahr 1946 erhielt sie einen Lehrauftrag an der Technischen Hochschule Stuttgart und wurde für das Fach »Angewandte Botanik« umhabilitiert; 1947 erfolgte die Ernennung zur nichtbeamteten außerplanmäßigen Professorin. Ihren Lebensunterhalt musste sie jedoch weiterhin als Lehrerin an der Höheren Handelsschule in Ludwigsburg verdienen. Hier wurde sie verbeamtet und unterrichtete bis zu ihrer Pensionierung 1966 Chemie und Biologie. Bis 1970 hielt sie Lehrveranstaltungen an der Universität Stuttgart. In ihren wissenschaftlichen Arbeiten hat sich Niethammer vor allem mit der Stimulierung von pflanzlichen Entwicklungsprozessen befasst. Diese Arbeitsrichtung wurde später um biochemisch-physiologische Untersuchungen über das Reifen und Altern von Samen und Früchten erweitert. Auch auf dem Gebiet der Mykologie der Bodenpilze hat sie Pionierarbeit geleistet und mehrere Veröffentlichungen vorgelegt; darunter ein für ein breiteres Publikum geschriebenes Buch über mikrobiologische Heilmittel und die Wirkung von Antibiotika.

Anschützweg *(benannt 1957, Stadtteil Zuffenhausen)* Ottomar Anschütz (geboren 1846, gestorben 1907), Erfinder der Momentfotografie.

Antwerpener Straße *(benannt 1936, Stadtteil Bad Cannstatt)* Stadt Antwerpen (französisch: Anvers), Belgien, bedeutender Seehafen an der Schelde, 448 000 Einwohner. Seit 1859 wurde Antwerpen zu einer der stärksten Festungen Europas ausgebaut. Im Ersten Weltkrieg wurde sie am 9. Oktober 1914 von deutschen Truppen eingenommen; daran sollte die Straßenbenennung erinnern.

Anwar-el-Sadat-Straße *(benannt 2002, Stadtteil Burgholzhof)* Mohammed Anwar el-Sadat (geboren am 25. Dezember 1918 in Mit Abul Kom, Ägypten, ermordet am 6. Oktober 1981 in Kairo, Ägypten), ägyptischer Staatspräsident, Friedensnobelpreisträger. Nach der Schulausbildung schlug Sadat die militärische Laufbahn ein. An der Militärakademie freundete er sich mit Gamal Abd el-Nasser an. Zusammen mit ihm gründete er 1938 die Organisation der »freien Offiziere«, die 14 Jahre später die Monarchie in Ägypten stürzte. Bei den Vorbereitungen und der Durchführung des Armeeputsches gegen König Faruk spielte Sadat eine entscheidende Rolle. Nach Ausrufung der Republik war er mehrfach Minister, 1957 bis 1961 Generalsekretär der »Nationalen Union«, 1960 bis 1969 Präsident der Nationalversammlung. Als Vizepräsident Ägyptens wurde er nach dem plötzlichen Tod Nassers 1970 dessen Nachfolger als Staatspräsident und Vorsitzender der Arabischen Sozialistischen Union. 1973/74 übte er gleichzeitig das Amt des Ministerpräsidenten aus. Innenpolitisch duldete Sadat ein von ihm kontrolliertes Mehrparteiensystem; die Wirtschaft öffnete er stärker marktwirtschaftlichen Bedingungen und dem Zufluss ausländischen Kapitals. Außenpolitisch beendete Sadat nach heftigen Auseinandersetzungen innerhalb der ägyptischen Führungsspitze die Zusammenarbeit mit der UdSSR und konzentrierte sich immer stärker auf eine Kooperation mit den USA. Im Oktober 1972 leitete er einen Angriff auf Israel ein. In Abkehr von der bisherigen ägyptischen Nahostpolitik unternahm er jedoch 1977 einen Versöhnungsbesuch in Jerusalem. Zusammen mit dem israelischen Ministerpräsidenten Menachem Begin erhielt Sadat für seine Bemühungen um eine Minderung des Nahostkonflikts 1978 den Friedensnobelpreis; unter Vermittlung des amerikanischen Präsidenten Jimmy Carter schloss er 1979 einen Friedensvertrag mit Israel. Innerhalb der arabischen Welt machte er sich mit der eingeleiteten Versöhnungspolitik besonders unter den radikalen Gegnern Israels viele Feinde. Am 6. Oktober 1981 fiel Anwar el-Sadat in Kairo einem Attentat zum Opfer.

Anweiler Weg *(benannt 1957, Stadtteile Kaltental, Möhringen und Vaihingen)* Nach den Herren von Anweil, die 1593 bis 1623 die Burg Kaltental besaßen.

Anzengruberstraße *(benannt 1933, Stadtteil Stuttgart-Nord)* Ludwig Anzengruber (geboren am 29. November 1839 in Wien, gestorben am 10. Dezember 1889 in Wien), Dramatiker und Erzähler, vor allem durch Bauernkomödien bekannt, in denen er religiöse Engherzigkeit anprangerte.

Apfelblütenweg *(benannt 1928, Stadtteil Vaihingen)* Nach den Blüten des Apfelbaums.

Aprikosenstraße *(benannt 1946, Stadtteil Obertürkheim)* Nach der Frucht Aprikose, *Prunus armeniaca.* – Bis zur Vereinigung Obertürkheims mit Stuttgart im Jahr 1922 hieß die Straße Goethestraße, ab 1937 Deutsch-Ostafrika-Straße nach der ehemaligen Kolonie (heute Namibia).

Archivstraße *(benannt 1851, Stadtteil Stuttgart-Mitte)* Nach dem 1822 bis 1826 an der ehemaligen Neckarstraße erbauten Hauptstaatsarchiv.

Argengasse *(benannt 1934, Stadtteil Münster)* Der oberschwäbische Fluss Argen mündet zwischen Kressbronn und Langenargen in den Bodensee.

Argonnenstraße *(benannt 1936, Stadtteil Bad Cannstatt)* Zum Gedenken an die im Argonnerwald in Frankreich ruhenden Toten des Ersten Weltkrieges. Die Erläuterung des Straßennamens in der NS-Zeit lautete allerdings: »nach dem Kampfgebiet des Weltkriegs«.

Arkansasstraße *(benannt 1982, Stadtteil Vaihingen)* Bundesstaat der USA, kam 1803 als Teil von Louisiana durch Kauf an die Vereinigten Staaten. Die Straße erschließt die »Patch Barracks« der US-amerikanischen Streitkräfte mit dem »United States European Command« (EUCOM), der Kommandozentrale der US-Truppen für ganz Europa, die Türkei, Syrien, Libanon und Israel, einen großen Teil Afrikas sowie für Russland und die ehemaligen Sowjetrepubliken in Zentralasien, insgesamt für 93 Länder.

Arlbergstraße *(benannt 1936, Straßenführung geändert 1984, Stadtteil Untertürkheim)* Bergpass in Österreich auf der Wasserscheide zwischen Donau und Rhein.

Arminstraße *(benannt 1897, Stadtteil Stuttgart-Süd)* Der Cheruskerfürst Arminius (geboren 18 oder 16 v. Chr., ermordet 19 oder 21 n. Chr.), fälschlich Hermann genannt, hatte das römische Bürgerrecht. In der Schlacht im Teutoburger Wald 9 n. Chr. wandte er sich jedoch gegen die Römer unter Varus und machte der römischen Offensive gegen das rechtsrheinische Germanien ein Ende. Arminius wurde von Verwandten ermordet.

Arndtstraße *(benannt 1899, Stadtteil Stuttgart-West)* Ernst Moritz Arndt (geboren am 26. Dezember 1769 in Schoritz auf Rügen, gestorben am 29. Januar 1860 in Bonn), politischer Dichter, Schriftsteller und Publizist. Verhalf als Mitarbeiter des Freiherrn vom Stein mit seinen Flugschriften und Liedern der nationalen Erhebung gegen Napoleon zum Erfolg. Wegen politisch unerwünschter Ansichten wurde er 1820 seiner Stellung als Geschichtsprofessor in Bonn enthoben und 1840 wieder eingesetzt. In der Frankfurter Nationalversammlung 1848/49 trat er für ein preußisches Kaisertum ein und für die politische Freiheit und Einheit der Deutschen.

Arnold-Cahn-Weg *(benannt 1952, Stadtteil Bad Cannstatt)* Arnold Cahn (geboren 1858, gestorben 1927), Geheimrat, war Chefarzt des Cannstatter Krankenhauses.

Arnoldstraße *(benannt 1957, Stadtteil Mühlhausen)* Nach der früheren Baumwollspinnerei Arnold.

Arnulf-Klett-Platz *(benannt 1974, Stadtteil Stuttgart-Mitte)* Arnulf Klett (geboren am 8. April 1905 in Stuttgart, gestorben am 14. August 1974 in Bühl, Baden), Jurist und Kommunalpolitiker, 1945 bis 1974 Oberbürgermeister von Stuttgart. Der Pfarrersohn ging in Nürtingen und Stuttgart zur Schule, studierte in Tübingen und München und promovierte 1928 in Tübingen zum Dr. jur. Zwei Jahre später ließ er sich als Anwalt in Stuttgart nieder. 1933 wurde er von den Nationalsozialisten zwei Monate lang im Konzentrationslager Heuberg festgehalten, weil er die Gleichschaltung der württembergischen Presse verurteilt und aus seiner Abneigung gegen Reichsstatthalter Murr und dessen Mitarbeiter keinen Hehl gemacht hatte. Dennoch konnte Klett seine Anwaltspraxis während der Jahre des Hitler-Regimes erhalten. Erst im November 1944 wurde er notdienstverpflichtet und arbeitete bis Mai 1945 in der Feststellungsbehörde für Kriegsschäden in der Stuttgarter Stadtverwaltung. Von der französischen (23. April 1945) und der amerikanischen Besatzung (8. Oktober 1945) wurde Klett als Oberbürgermeister von Stuttgart eingesetzt. Den Besatzungsbehörden war Klett genehm, denn er hatte als Rechtsanwalt auch Widerständler verteidigt und war nicht nationalsozialistisch belastet. Bei jeder Wahl, zuletzt 1966, wurde er von der Bürgerschaft mit starker Mehrheit in seinem Amt bestätigt. Seine große Beliebtheit gründete sich auf seinen Humor und seine offene Art. Neben seinen Oberbürgermeisterpflichten übte er zahlreiche Ehrenämter aus, unter anderem war er Präsident des Deutschen Städtetages. Nach kurzer Krankheit starb er am 14. August 1974 während eines Kuraufenthalts auf der Bühler Höhe im Schwarzwald. – Früher hieß der Platz Hindenburgplatz nach dem Stuttgarter Ehrenbürger Reichspräsident und

Generalfeldmarschall Paul von Beneckendorff und von Hindenburg (1847–1934) beziehungsweise nach dem Hindenburgbau, der den Platz nach Südwesten begrenzt.

Arnulfstraße *(benannt 1937, Stadtteil Luginsland)* Männlicher Vorname.

Arrasstraße *(benannt 1936, Stadtteil Bad Cannstatt)* Den Opfern der schweren Kämpfe bei Arras (Nordfrankreich) im Ersten Weltkrieg zum Gedächtnis. Die offizielle Erläuterung der 1936 erfolgten Benennung lautete damals allerdings: »nach dem Kampfort des Weltkriegs«.

Arthurstraße *(benannt um 1911, Stadtteil Rohr)* Männlicher Vorname.

Arthurstraße, Obere siehe →Obere Arthurstraße.

Artusweg *(benannt 1938, Stadtteil Feuerbach)* Artus war König der keltischen Briten und kämpfte um 500 n. Chr. gegen die eindringenden Sachsen. Um ihn und die Helden seiner Tafelrunde rankt sich eine Sage, die aus alten keltischen Märchen und Fabeln erwuchs. Ihr wurden die Sagen von Parzival, vom Gral und von Tristan angegliedert.

Asangstraße *(benannt 1937, Stadtteile Obertürkheim und Uhlbach)* Der Flurname wird von Asang hergeleitet, was abgebrannter, abgesengter Wald bedeutet. Siehe auch →Im Asemwald. – Als Obertürkheim noch eine selbständige Gemeinde war, hieß die Straße Bachstraße.

Asemwald, Im siehe →Im Asemwald.

Aspacher Straße *(benannt 1937, Stadtteil Zuffenhausen)* Die Gemeinde Aspach, Rems-Murr-Kreis, wurde 1972 aus den bis dahin selbständigen Gemeinden Allmersbach am Weinberg, Großaspach, Kleinaspach und Rietenau neu gebildet. – Die Straße hieß ursprünglich Sorgengäßle nach einem Anwohner namens Sorg, dann Kriegergasse, dann bis 1937 Bachstraße.

Aspenwaldstraße *(benannt 1925, Stadtteil Botnang)* Flurname, der von der Aspe, *Populus tremula,* der Zitterpappel, hergeleitet wird.

Asperger Straße *(benannt 1905, Stadtteil Stammheim)* Stadt Asperg, Landkreis Ludwigsburg, zu Füßen des Hohenasperg, 12 000 Einwohner.

Aspergstraße *(benannt 1903, Stadtteil Stuttgart-Ost)* Nach dem Berg Hohenasperg (356 m) mit der gleichnamigen Burg. Er galt als höchster Berg Württembergs, auf den so mancher zwar schnell hinauf-, aber erst nach Jahren wieder herunterkam, denn hier war ein berüchtigtes Gefängnis untergebracht. Vor allem Oppositionelle setzten die württembergischen Herzöge und Könige hier hinter Gitter. Bis 1975 befand sich auf dem Hohenasperg ein Justizvollzugskrankenhaus; heute ist hier eine ehemalige Abteilung der Klinik als Sozialtherapeutische Anstalt ausgegliedert. Ihr Ziel ist die Resozialisierung inhaftierter Schwerkrimineller, insbesondere von Aggressions- und Sexualstraftätern.

Asternweg *(benannt 1937, Stadtteil Sommerrain)* Verschiedene Arten der Aster, lateinisch *Aster*, findet man als Zierpflanze in Gärten. Die Korbblütler-Gattung umfasst etwa 500 Arten mit unzähligen Sorten.

Athener Straße *(benannt 1998, Stadtteil Stuttgart-Mitte)* Athen ist die Hauptstadt und mit 770 000 Einwohnern auch die größte Stadt Griechenlands. In der Region Athen/Piräus leben etwa 4,5 Millionen Menschen.

Au, In der siehe →In der Au.

Auberlenweg *(benannt 1928, Stadtteil Botnang)* Samuel Gottlob Auberlen (geboren 1758 in Fellbach, gestorben 1829 in Ulm) war Musiker, Musikdirektor und Organist in der Schweiz, ab 1817 am Münster in Ulm. Er komponierte Lieder und Tänze.

Aubrücke *(benannt vermutlich 1935, Stadtteil Hofen)* Nach der Neckaraue. Die Brücke wurde früher von der →Austraße berührt, die am linken Neckarufer entlangführt.

Auensteiner Straße *(benannt 1937, Stadtteil Zuffenhausen)* Ortsteil Auenstein der Gemeinde Ilsfeld (insgesamt 7900 Einwohner), Landkreis Heilbronn. Das Dorf hieß ursprünglich »Ostheim«; im Lauf der Jahrhunderte hat sich der Name zu »Auenstein« verschliffen. 1974 haben sich Auenstein und Ilsfeld zur neuen Gemeinde Ilsfeld zusammengeschlossen. Im Ortsteil Auenstein leben knapp 2000 Einwohner.

Auerbachstraße *(benannt 1946, Stadtteile Bad Cannstatt, Burgholzhof und Münster)* Berthold Auerbach, eigentlich Moses Baruch Auerbach (geboren 28. Februar 1812 in Nordstetten bei Horb, gestorben am 8. Februar 1882 in Cannes, Frankreich), Dichter, Verfechter der jüdischen Emanzipation. Auerbach besuchte 1830 bis 1832 das Gymnasium in Stuttgart und studierte dann in Tübingen, München und Heidelberg Jura und Philosophie. 1837 saß Auerbach als Liberaler zwei Monate auf dem Hohenasperg in Haft. Mit seinen »Schwarzwälder Dorfgeschichten« (1843–1854) wurde er zu einem der meistgelesenen deutschen Erzähler des 19. Jahrhunderts. – In der NS-Zeit hieß die Straße Von-Seeckt-Straße nach Generaloberst Hans von

Seeckt (1866–1936), der in der Weimarer Republik die Reichswehr aufgebaut hatte.

Auerhahnweg *(benannt 1935, Stadtteil Wolfbusch)* Auerhahn nennt man das Männchen des Auerhuhns, *Tetrao urogallus,* eines seltenen, früher gern gejagten Waldvogels. Er gehört zur Familie der Raufußhühner.

Auf dem Haigst *(benannt 1907, Stadtteil Degerloch)* Der Flurname leitet sich von »höchst« ab, was man im hiesigen Dialekt »haigst« ausspricht. Dieser Bergvorsprung war bis zur Eingemeindung der Fildervororte der höchstgelegene Punkt des Stuttgarter Stadtgebiets.

Auf der Altenburg *(benannt 1920, Stadtteil Bad Cannstatt)* Nach dem abgegangenen Ort und der auf einem Vorsprung beim Steigfriedhof gelegenen Burg der Herren von Altenburg. Möglicherweise gab es hier schon zwischen 300 und 800 n. Chr. eine Wehranlage, die dann im Hochmittelalter als Sitz des Adelsgeschlechts derer von Altenburg ausgebaut wurde. Sie wäre dann die älteste Burg bei Cannstatt gewesen, worauf ja der Name hindeutet. Die Altenburger waren Gefolgsleute der Markgrafen von Baden, denen Stuttgart seine Gründung als Stadt verdankt. 1287 zerstörte König Rudolf von Habsburg im Kampf gegen Graf Eberhard den Erlauchten von Würtemberg alle sechs Cannstatter Burgen, so auch die Altenburg. Die Ansiedlung neben der Burg bestand jedoch bis in die zweite Hälfte des 15. Jahrhunderts weiter. Die Grundmauern der Burg waren im 19 Jahrhundert noch sichtbar. Siehe auch →Altenburger Steige.

Auf der Gans *(benannt 1979, Stadtteil Sommerrain)* Nach dem dortigen Gewann. Vielleicht war vom Lehensnehmer jährlich eine Gans als Naturalabgabe an den Grundherren zu leisten.

Auf der Heide *(benannt um 1937, Stadtteil Rohr)* Der Flurname bezeichnet Ödland, das als Viehweide genutzt wurde.

Auf der Hub *(benannt 1984, Stadtteil Stammheim)* Nach dem nahe gelegenen Gewann.

Auf der Kanzel *(benannt 1925, Stadtteil Stuttgart-Nord)* Der Flurname charakterisiert eine vorspringende Geländeform.

Auf der Steig *(benannt 1908, Stadtteil Bad Cannstatt)* Schon 1461 urkundlich erwähnter Straßenname, siehe →Altenburger Steige.

Augsburger Platz *(benannt 1964, Stadtteil Bad Cannstatt)* Stadt Augsburg, Sitz des bayerischen Regierungsbezirks Schwaben, 260 000 Einwohner. Die Stadt und ihr Name sind aus der römischen Militärkolonie Augusta Vindelicorum (gegründet 15 n. Chr.) hervorgegangen.

Augsburger Straße *(benannt 1936, Stadtteile Bad Cannstatt, Untertürkheim und Obertürkheim)* Stadt Augsburg, siehe →Augsburger Platz. – Die Straße wurde 1896 nach dem Bau der Umgehungsbahn Untertürkheim–Kornwestheim angelegt und hieß zunächst neue Untertürkheimer Straße. Obertürkheim war zu dieser Zeit noch eine selbständige Gemeinde; dort hieß die Straße zunächst einfach Landstraße, später Cannstatter Straße und ab dem »Ochsen« Esslinger Straße.

Augustenstraße *(benannt 1841, Stadtteil Stuttgart-West)* Prinzessin Auguste Wilhelmine Henriette von Sachsen-Weimar-Eisenach, geb. Prinzessin von Württemberg (geboren am 4. Oktober 1826 in Stuttgart, gestorben am 3. Dezember 1898 in Stuttgart), das jüngste Kind König Wilhelms I. und der Königin Pauline, heiratete 1851 Hermann Prinz zu Sachsen-Weimar-Eisenach, genannt »Prinz Weimar« (siehe →Hermannstraße und →Weimarstraße). Das Ehepaar bewohnte in Stuttgart das von Christian Friedrich Leins erbaute Palais Weimar in der Neckarstraße 25. Auguste engagierte sich sehr für wohltätige Zwecke.

Prinzessin Auguste von Sachsen-Weimar-Eisenach

August-Halm-Straße *(benannt 1936, Stadtteil Botnang)* August Halm (geboren 1869 in Großaltdorf bei Schwäbisch Hall, gestorben 1929 in Saalfeld), Komponist, Musikpädagoge und Musikschriftsteller. Halm war einer der Initiatoren der Jugendmusikbewegung. Seine Kompositionen umfassen unter anderem Sinfonien, Orchesterwerke und Klavierstücke. Von seinen Schriften sind »Von zwei Kulturen der Musik« und »Die Symphonie Anton Bruckners« bekannt geworden.

August-Lämmle-Weg *(benannt 1968, Stadtteil Bad Cannstatt)* August Julius Lämmle (geboren am 3. Dezember 1876 in Oßweil [heute Ludwigsburg-Oßweil], gestorben 1962 in Tübingen), volkstümlicher Schriftsteller. In Nürtingen und Esslingen wurde Lämmle 1891 bis 1896 zum Volksschullehrer ausgebildet; diese Tätigkeit versah er dann auf wechselnden Stellen im ganzen Land. Nach dem Ersten Weltkrieg war er Mitarbeiter im Verein zur Förderung der Volksbildung und übernahm die Leitung der Cannstatter Volkshochschule. 1923 wurde er zum Leiter der Abteilung Volkskunde beim Landesamt für Denkmalpflege bestellt, wo er Sagen, Sprichwörter, Redensarten, Flurnamen und Volkslieder sammelte. Im »Dritten Reich« sympathisierte er mit dem Nationalsozialismus. 1944 wurde seine Wohnung in Bad Cannstatt zerstört; die letzten Jahre seines Lebens verbrachte er in Leonberg. August Lämmles Publikationen sind fast unüberschaubar. Sein erstes Buch war 1909 eine Schorndorfer Heimatkunde. 1913 folgte sein erster schwäbischer Gedichtband, »Schwobabluat«. Bekanntere Werke aus den folgenden Jahrzehnten sind »Oiges Brot« (1916), »Sonntich« (1919), »Das Herz der Heimat«, eine Anthologie, die er 1925 zusammen mit Hans Reyhing herausgab, »Bilder aus Württembergs Vergangenheit und Gegenwart – Das Breuninger-Buch« (1931), »Es leiselet im Holderbusch« (1938), »Das ist mein Land« (1950), »Schwäbische Miniaturen« (1957) und »Fünfundachtzigmal um die Sonne gefahren« (1961). Lämmle hat sich um den Schwäbischen Albverein, den Schwäbischen Sängerbund, den Schwäbischen Heimatbund und die Schillergesellschaft verdient gemacht und wurde vielfach geehrt, so mit dem Titel »Professor« und 1956 mit der Ludwigsburger Bürgermedaille. Der erste Bundespräsident, Theodor Heuss, urteilte über ihn: »An der schwäbischen Seelenkunde haben sich viele versucht ... August Lämmle – der hat wohl das Beste und Farbigste darüber gesagt.«

August Lämmle

August-von-Hartmann-Straße *(benannt 1976, Stadtteil Hohenheim)* Johann Georg August von Hartmann (geboren 1764 in Stuttgart, gestorben 1849 in Stuttgart), Kameralist und Förderer der Landwirtschaftlichen Schule in Hohenheim.

Aulendorfer Straße *(benannt 1963, Stadtteil Birkach)* Die Stadt Aulendorf, Landkreis Ravensburg, ein Kneippkurort mit 9500 Einwohnern, liegt an der Oberschwäbischen Barockstraße und an der Schwäbischen Bäderstraße.

Auricher Straße *(benannt 1953, Stadtteil Rot)* Stadtteil Aurich der Stadt Vaihingen an der Enz, Landkreis Ludwigsburg. In dem ehemaligen Bauerndorf im Kreuzbachtal fanden viele Vertriebene aus dem

Sudetenland und aus Bessarabien eine neue Heimat. Aurich hat heute 1600, Vaihingen insgesamt 28 500 Einwohner.

Austraße *(benannt 1935, Stadtteil Münster)* Der Flurname geht auf die Flussaue des Neckars zurück.

Autenriethweg *(benannt 1957, Stadtteil Stuttgart-Süd)* Jakob Friedrich Autenrieth (geboren 1740 in Stuttgart, gestorben 1800 in Stuttgart), Professor an der Hohen Karlsschule, Geheimrat und Direktor der Rentkammer.

Auwärterweg *(benannt 1957, Stadtteil Möhringen)* Alter Möhringer Familienname.

Auwiesenstraße *(benannt um 1937, Stadtteil Rohr)* Mit dem Flurnamen wurde eine wasserreiche Wiese bezeichnet.

Azenbergaufgang *(benannt 1906, Stadtteil Stuttgart-Nord)* Der 1280 erstmals genannte Flurname Azenberg leitet sich vom Personennamen Azzo ab. Um 1050 erhielt Graf Adalbert-Azzo von Calw – wohl durch Tausch – von seinem Vetter Kaiser Heinrich III. das Gebiet um Stuttgart.

Azenbergstraße *(benannt 1873, Stadtteil Stuttgart-Nord)* Flurname, siehe →Azenbergaufgang.

Azuritweg *(benannt 1978, Stadtteil Heumaden)* Azurit oder Kupferlasur, ein Mineral, chemisch wasserhaltiges Kupferkobalt, dient zur Gewinnung von Kupfer und Kupfervitriol sowie von blauer Farbe.

Bachgerstenstraße *(benannt 1962, Straßenführung geändert 1982, Stadtteil Weilimdorf)* Der Flurname geht wohl auf den Anbau von Gerste in der Nähe des Lindenbaches zurück.

Bachhalde *(benannt 1957, Stadtteil Mühlhausen)* Der Flurname bezeichnet das Hanggelände über dem Feuerbach.

Bach-Platz, Johann-Sebastian- siehe →Johann-Sebastian-Bach-Platz.

Bachstelzenstraße *(benannt 1981, Stadtteil Neugereut)* Die Bachstelze, *Motacilla alba,* ist ein verbreiteter Zugvogel, der in Südeuropa und Nordafrika überwintert. Bachstelzen leben in offenem Gelände, meist am Wasser und nisten in Hohlräumen. Charakteristischer Wippflug.

Bachstraße *(benannt 1928, Stadtteil Vaihingen)* Nach dem Nesenbach, der etwas weiter westlich entspringt und unter der Straße verläuft.

Bachwiesenstraße *(benannt 1922, Stadtteil Stuttgart-Süd)* Geht auf die zwischen Nesenbach und Wald gelegenen Wiesen zurück.

Backnanger Straße *(benannt 1937, Stadtteil Bad Cannstatt)* Stadt Backnang, Rems-Murr-Kreis. Die Große Kreisstadt an der Murr hat 34 000 Einwohner.

Badbrunnenstraße *(benannt 1929, Stadtteil Bad Cannstatt)* Nach dem Flurnamen. Siehe auch →Badstraße.

Badergasse *(benannt 1937, Stadtteil Bad Cannstatt)* Benannt nach dem Gewerbe der Bader, die Badmeister und Heilkundige waren. – Von 1846 bis 1937 hieß die Gasse Pfarrgasse, denn hier stand das Pfarrhaus mit angebauter Kirche der Reformierten Gemeinde (E. Strohm'sches Haus, Marktstraße 21 und 21a).

Badstraße *(benannt 1835, Stadtteil Bad Cannstatt)* An der Badstraße (früher Badgraben genannt) befand sich früher zwischen Stadtmauer und Neckarufer das Badhaus. Die Quelle wurde 1833 durch Dr. Johann Ludwig Frösner für Kurzwecke in seinem Badhotel neu erbohrt. Unter dem späteren Besitzer Hermann gelangte das Hotel durch seine illustren Gäste (unter anderem Honoré de Balzac) zu internationalem Ruhm. Von 1887 bis 1972 befand sich hier das »Mineralbad Schiffmann«; Willy Schiffmann ließ die Quelle 1933 neu fassen. Daran erinnert noch heute der Schiffmann-Brunnen hinter dem Gebäude Badstraße 31. Das staatlich anerkannte Mineralwasser findet im Rot-Kreuz-Krankenhaus Anwendung, das heute auf dem Platz des Badhotels steht.

Bächlenweg *(benannt 1933, Stadtteil Hedelfingen)* Der Flurname »Im Bächlein« oder »An den Bächen« wurde 1363 erstmals urkundlich genannt. Die Flur liegt an der Einmündung des Katzenbachs in den Dürrbach.

Bäckergasse *(benannt 1905, Stadtteil Bad Cannstatt)* Der Name geht auf einen Bäcker namens Mattes zurück.

Bälz-Straße, Erwin- siehe →Erwin-Bälz-Straße.

Bärenseestraße *(benannt 1951, Stadtteil Büsnau)* Nach dem See im Rotwildpark.

Bärenstäffele *(benannt 1986, Stadtteil Feuerbach)* So hieß die Staffel im Volksmund, nach einem Zuchteber (schwäbisch: Ber oder Bär), der am Fuß der Staffel gehalten wurde.

Bärenstraße *(benannt 1811, Stadtteil Stuttgart-Mitte)* 1554 erstmals als Bärengasse genannt, nach dem ehemaligen Gasthof zum Bären, der eine Zeit lang auch geistliche Herberge war und 1791 abgebrochen wurde. Der Dichter Nikodemus Frischlin (1547–1590) war Stammgast im »Bären« und der wegen seiner erotischen Abenteuer bekannte Giacomo Casanova (1725–1798) logierte hier, als er im Jahr 1765 Stuttgart besuchte.

Bäumer-Weg, Paul- siehe →Paul-Bäumer-Weg.

Bahnhofstraße *(benannt 1856, Stadtteil Bad Cannstatt)* Die Straße führt am Bahnhof entlang. – Ursprünglich hieß die Straße nur in ihrem unteren Teil so, der vom Stadtzentrum zum Bahnhof führt. Der obere Teil hieß von 1872 bis in die NS-Zeit Theaterstraße nach dem ehemaligen Viktoria-Aktien-Theater. Es befand sich ab 1872 in der Theaterstraße 9, ging jedoch schon 1875 in Konkurs; die Gebäude wurden später von der Post übernommen.

Baienfurter Weg *(benannt 1963, Stadtteil Birkach)* Die Gemeinde Baienfurt, Landkreis Ravensburg, liegt an der Wolfegger Ach. Die Furt durch den hochwandigen Fluss gab dem Ort seinen Namen, den die 1870 gegründete Papierfabrik Baienfurt weit über Oberschwaben hinaus bekannt gemacht hat. Die Gemeinde ist erst seit 150 Jahren selbständig; vorher hat sie zu Baindt gehört.

Baldernstraße *(benannt 1937, Stadtteil Feuerbach)* Schloss Baldern im gleichnamigen Stadtteil der Stadt Bopfingen, Ostalbkreis. Die barocke Residenz der Grafen zu Oettingen-Baldern entstand 1718 bis 1737 auf mittelalterlichen Fundamenten. Ein Rundgang durch die Räume des Schlosses zeigt anschaulich die Wohnkultur einer adeligen Familie des 18. Jahrhunderts. Seit 1930 verwahrt das Schloss auch die Waffensammlung des fürstlichen Hauses Oettingen-Wallerstein, mit 800 Objekten aus fünf Jahrhunderten eine der größten Waffensammlungen Deutschlands.

Balinger Straße *(benannt 1957, Stadtteil Möhringen)* Balingen, Kreisstadt des Zollernalbkreises, 34 000 Einwohner.

Baltenstraße *(benannt 1933, Stadtteil Mühlhausen)* Bewohner der baltischen Staaten Estland, Lettland und Litauen. Stuttgart strebte im »Dritten Reich« schon sehr früh die Zusatzbezeichnung »Stadt der Auslanddeutschen« an, die Hitler am 27. August 1936 dann tatsächlich verlieh. Die Straße wurde 1933 »Zum Gedenken an das jahrhundertealte Deutschtum in den ehemaligen baltischen Provinzen« benannt – so lautete damals die offizielle Begründung.

Balthasar-Neumann-Straße *(benannt 1964, Straßenführung geändert 1972, Stadtteil Freiberg)* Johann Balthasar Neumann (geboren 1687 in Eger, gestorben 1753 in Würzburg), bedeutender Baumeister des Barock, dem unter anderem die Würzburger Residenz, die Kirche in Vierzehnheiligen und die Klosterkirche Neresheim zu verdanken ist. Neumann fertigte 1746 einen Entwurf für das Neue Schloss in Stuttgart, der jedoch nicht ausgeführt wurde.

Banatstraße *(benannt 1927, Stadtteil Bad Cannstatt)* Landschaft in der südlichen ungarischen Tiefebene, 1920 zwischen Rumänien, Jugoslawien und Ungarn aufgeteilt. Nachdem das Banat während der Türkenherrschaft im 16. und 17. Jahrhundert verödet war, siedelten sich nach 1718, als es unter österreichische Herrschaft gekommen war, Deutsche dort an: die Banater Schwaben. Ende des Zweiten Weltkriegs wurden diese verfolgt und zum Teil vertrieben. Nach Ende des Ceaucescu-Regimes in Rumänien 1989 kehrten viele der dort ansässigen Banater Schwaben nach Deutschland zurück. – Vor 1927 hieß die Straße Sickstraße.

Bandkellerstraße *(benannt 1909, Stadtteil Feuerbach)* Alter Keller der Küfer, in dem diese die Eisenbänder für die Fässer aufbewahrten.

Banzhaldenstraße *(benannt 1971, Stadtteil Feuerbach)* Flurname, der auf eine Bannhartshalde zurückgeht, den Abhang einer Waldweide, die unter Bann stand und der allgemeinen Nutzung entzogen war.

Barbarossaplatz *(benannt 1937, Stadtteil Untertürkheim)* Der Stauferherrscher Friedrich I. (geboren 1122 wahrscheinlich in Waiblingen, ertrunken 1190 im Fluss Saleph in Kleinasien) wurde wegen seines roten Bartes Barbarossa genannt. Er wurde 1147 Herzog von Schwaben, 1152 deutscher König und 1155 zum Kaiser gekrönt. Barbarossa kaufte ab 1179 umfangreiche Güter in der Stuttgarter Gegend von Herzog Welf VI. (siehe →Welfenstraße), die bis zum Untergang der Staufer in staufischer Hand blieben. Dazu gehörte auch Cannstatt und wahrscheinlich Untertürkheim. Der Herrscher starb auf dem dritten Kreuzzug.

Barbarossastraße *(benannt 1913, Stadtteile Untertürkheim und Luginsland)* nach Friedrich I. Barbarossa, siehe →Barbarossaplatz.

Barbenweg *(benannt 1957, Stadtteil Mönchfeld)* Die Barben sind eine Unterfamilie der Karpfenfische. In Deutschland ist besonders die Flussbarbe *(Barbus barbus)* verbreitet, der »Fisch des Jahres 2003«. Sie lebt in den Mittelläufen von Flüssen mit starker Strömung, Schotter- oder Sandgrund und relativ klarem Wasser, gesellt sich tagsüber in Gruppen bis zu einigen hundert Tieren, ernährt sich von Bodenorganismen und Wasserpflanzen. Durch Flussverbauung ist sie stark gefährdet. – Zwei Barben waren die Wappentiere der Grafschaft Mömpelgard (Montbéliard, Franche-Comté), die von 1397 bis 1801 als linksrheinische Exklave zu Württemberg gehört hat. Als Württemberg 1495 zum Herzogtum erhoben wurde, fanden die Barben – zusammen mit den traditionellen Hirschstangen, den Rauten der Herrschaft Teck und der mit Markgröningen verbundenen Reichssturmfahne – Eingang ins württembergische Wappen; sie sind deshalb heute noch auf vielen historischen Schlusssteinen, Herrscherporträts und Ähnlichem in Württemberg zu sehen. Das heutige Stadtwappen von Montbéliard zeigt ein silbernes Kreuz auf rotem Grund mit einem fünfzackigen blauen Stern in der Mitte.

Barcelonaplatz *(benannt 1998, Stadtteil Stuttgart-Mitte)* Zur Ehrung der baden-württembergischen Partnerregion Katalonien, deren geistiger und wirtschaftlicher Mittelpunkt die nordspanische Millionenstadt Barcelona ist.

Barchetstraße *(benannt 1969, Stadtteil Vaihingen)* Die Straße hieß früher »Im Barchet«, wohl ein Hinweis auf die einst in Vaihingen ansässige Barchentweberei. Barchent ist ein Stoff aus Baumwolle oder aus Leinen mit Baumwolle.

Bardiliweg *(benannt 1936, Stadtteil Stuttgart-Ost)* Franz Bardili (geboren 1811 in Dornstetten bei Freudenstadt, gestorben 1870 in Stuttgart), Bierbrauereibesitzer. Er ließ sich um 1840 in Stuttgart als Apotheker nieder und übernahm später die Denningersche Bierbrauerei in der Tübinger Straße.

Barlach-Weg, Ernst- siehe →Ernst-Barlach-Weg.

Bartensteiner Straße *(benannt 1937, Stadtteil Zuffenhausen)* Stadtteil Bartenstein der Stadt Schrozberg, Landkreis Schwäbisch Hall. Bartenstein, ein reizvolles ehemaliges Residenzstädtchen über dem Ettetal, hat heute 440 Einwohner. Die Burg aus dem 13. Jahrhundert befand sich ab 1555 in hohenlohischem Besitz und diente ab 1638 der neuen Linie Hohenlohe-Waldenburg-Bartenstein als Residenz. Nach 1700 erfolgte der Neubau des Schlosses und die Anlage des Städtchens nach einheitlichem Plan.

Bartholdy-Allee, Felix-Mendelssohn- siehe →Felix-Mendelssohn-Bartholdy-Allee.

Barth-Straße, Christian-Gottlob- siehe →Christian-Gottlob-Barth-Straße.

Barth-Straße, Gustav- siehe →Gustav-Barth-Straße.

Baseler Straße *(benannt 1981, Stadtteil Riedenberg)* Basel im Dreiländereck Schweiz/Frankreich/Deutschland ist mit 173 000 Einwohnern die zweitgrößte Stadt der Schweiz. Aus dem Römerlager Basilia hervorgegangen, hat Basel die älteste Universität der Schweiz (gegründet 1460) und lebt stark von chemisch-pharmazeutischer Industrie.

Bassermannstraße *(benannt 1957, Stadtteil Vaihingen)* Albert Bassermann (geboren 1867 in Mannheim, gestorben 1952 in Zürich), Schauspieler. War 1890 bis 1895 am Meininger Hoftheater, 1900 bis 1914 am Deutschen und am Lessingtheater in Berlin und später an verschiedenen Bühnen. Er emigrierte 1934 in die USA.

Bastianweg *(benannt 1957, Stadtteil Stammheim)* Adolf Bastian (geboren 1826 in Bremen, gestorben 1905 in Port of Spain, Trinidad), Völkerkundler. Er unternahm große Reisen in alle Teile der Erde und erforschte vor allem Hinterindien. 1886 wurde er Leiter des Museums für Völkerkunde in Berlin. Bastian gilt als Begründer der neuzeitlichen Völkerkunde.

Bauernwaldstraße *(benannt 1922, Stadtteil Botnang)* Der Flurname bezeichnet den von der herzoglichen Rentkammer an die Botnanger 1770 zum Ausstocken verkauften Wald.

Bauernwaldweg, Oberer siehe →Oberer Bauernwaldweg.

Bauerweg *(benannt 1953, Stadtteil Zuffenhausen)* Louis Bauer (geboren 1837 in Großheppach bei Waiblingen, gestorben 1930 in Zuffenhausen), Bäckermeister und Löwenwirt. Er war 49 Jahre lang Gemeinderat und Amtsverweser und wurde 1922 Ehrenbürger von Zuffenhausen.

Bauhüttenweg *(benannt 1932, Stadtteil Stammheim)* Nach der Bauhütte Schwaben, die dort Wohnhäuser erstellt hat.

Baumann-Steg, Heinrich- siehe →Heinrich-Baumann-Steg.

Baumann-Straße, Heinrich- siehe →Heinrich-Baumann-Straße.

Baumannweg *(benannt 1928, Stadtteil Bad Cannstatt)* Eugen Baumann (geboren 1846 in Cannstatt [heute Stuttgart-Bad Cannstatt], gestorben 1896), Chemiker, Entdecker des organisch gebundenen Jods in der Schilddrüse. Baumann lehrte an der Universität Straßburg, war von 1877 bis 1883 Vorsteher der chemischen Abteilung des physiologischen Instituts der Berliner Universität und übernahm dann den Lehrstuhl für Chemie in der Medizinischen Fakultät an der Universität Freiburg, den er bis zu seinem Tod innehatte. Er entdeckte unter anderem biologisch interessante schwefelhaltige Verbindungen wie Cystin und Thioketone, die konjugierten Schwefelsäuren im Urin sowie das Diethylsulfondimethylmethan, das bald danach unter dem Namen »Sulfonal« als Schlafmittel klinisch eingesetzt wurde. Auf Baumann geht auch die Verwendung des Benzoylchlorids zur Charakterisierung von Amino- und Hydroxylgruppen zurück, die sich in der »Schotten-Baumann-Reaktion« zeigt.

Baumeisterweg *(benannt 1960, Stadtteil Feuerbach)* Willi Baumeister (geboren am 22. Januar 1889 in Stuttgart, gestorben am 31. August

1955 in Stuttgart), Maler. Er war einer der wichtigsten Wegbereiter der abstrakten Malerei. Der Schüler Adolf Hölzels wurde 1928 Dozent der Frankfurter Kunstschule und wegen seines avantgardistischen Malstils 1933 von den Nationalsozialisten fristlos entlassen. Er kehrte nach Stuttgart zurück, verdiente seinen Lebensunterhalt mit Gebrauchsgraphik für die Industrie und malte heimlich weiter. Seine zahlreichen Ausstellungen im Ausland konnten vor der deutschen Presse geheim gehalten werden. Seine Werke wurden aus deutschen Museen entfernt und zum Teil vernichtet.

Nach Kriegsende war Baumeister als Vertreter der modernen Kunst am geistigen Wiederaufbau der Bundesrepublik maßgeblich beteiligt. Theodor Heuss berief ihn 1946 als Leiter der Malklasse an die Staatliche Akademie der Bildenden Künste Stuttgart. Baumeisters Werk entwickelte sich in stilistischen Serien, beginnend mit konstruktivistischen Bildern, ab 1930 mit freien Wachstumsformen, ab 1942 mit archaischen und exotischen Motiven, in den letzten Jahren als visionäre Gemälde. Siehe auch →Hölzelweg.

Baumgartenweg *(benannt 1937, Stadtteil Sillenbuch)* Der Weg liegt inmitten einer obstreichen Gegend.

Baumreute *(benannt 1927, Stadtteil Stuttgart-Süd)* Der Flurname bedeutet gerodetes Land, das mit Bäumen bepflanzt wurde.

Baumwiesenweg *(benannt 1938, Stadtteil Vaihingen)* Nach der Lage der Straße.

Bauschweg *(benannt 1957, Stadtteil Stuttgart-Ost)* Alter Stuttgarter Familienname.

Bauser-Weg, Elisabeth- siehe →Elisabeth-Bauser-Weg.

Bazlenstraße *(benannt 1953, Stadtteil Sillenbuch)* Georg Julius Bazlen (geboren 1756, gestorben 1837), Lehrer. Bazlen unterrichtete von 1820 bis 1836 als erster Lehrer überhaupt an der Sillenbucher Schule. Siehe auch →Göllerstraße.

Bebelstraße *(benannt 1946, Stadtteil Stuttgart-West)* August Bebel (geboren am 22. Februar 1840 in Köln-Deutz, gestorben am 13. August 1913 in Passugg, Schweiz), Mitbegründer und Führer der Sozialdemokratischen Partei Deutschlands, einflussreicher Organisator der deutschen Arbeiterbewegung und überragender Politiker der deutschen Sozialdemokratie. – Die Straße wurde um 1866 als Verlängerung der Schloßstraße geplant; bis 1946 hieß sie Moltkestraße (siehe die Erläuterung bei →Moltkeplatz).

Bebenhäuser Hof *(benannt 1957, Stadtteil Stuttgart-Mitte)* Das Kloster Bebenhausen besaß hier im Mittelalter einen Pfleghof. Dabei handelte es sich um einen Komplex von Wohn- und Speichergebäuden sowie Stallungen, der von einer Mauer umgeben war. Er unterstand nicht der Rechtsprechung der Stadt Stuttgart, sondern der Hoheitsgewalt Bebenhausens, weshalb sich hier immer wieder Asylsuchende einfanden. Die Weinberge des Klosters Bebenhausen an den Stuttgarter Hängen wurden schon 1229 urkundlich erwähnt; sie sind damit der älteste nachweisbare Klosterbesitz im Stuttgarter Tal. – Von 1811 bis 1957 hieß die Straße, die abknickend bis zur Neuen Brücke durchging, Bebenhäuser Straße, davor Bebenhäuser Hofgasse.

Bechergasse *(benannt 1937, Stadtteil Uhlbach)* Nach den Besenwirtschaften der Weingärtner, in denen Wein ausgeschenkt und »gebechert« wurde.

Beerstraße *(benannt 1913, Stadtteil Stuttgart-Süd)* Georg Beer (geboren 1527 in Bönnigheim, gestorben 1600 in Stuttgart), Baumeister. In Stuttgart wirkte Beer am Bau des Alten Schlosses mit und errichtete im Auftrag des Herzogs Ludwig von Württemberg das Neue Lusthaus (1583 bis 1593), das sich an der Stelle des heutigen Kunstgebäudes am Schlossplatz befand. Dieses war eines der bedeutendsten Profangebäude der Renaissance in Deutschland. Nach seinem Umbau zum Opernhaus im 18. und zum Hoftheater im 19. Jahrhundert war nur wenig von seiner ursprünglichen Bausubstanz übrig geblieben. Als das Hoftheater 1902 abbrannte, kam die Treppenanlage wieder zum Vorschein, die später in den Mittleren Anlagen aufgestellt wurde.

Beethovenstraße *(benannt 1938, Stadtteil Botnang)* Ludwig van Beethoven (getauft am 17. Dezember 1770 in Bonn, gestorben am 26. März 1827 in Wien), Komponist. Er stammte aus einer Musikerfamilie, die aus dem Flämischen eingewandert war, und nahm in Wien unter anderem bei Joseph Haydn Unterricht in Kontrapunkt. Beethoven baute mit seinem umfangreichen Werk auf der Wiener Klassik auf, durchbrach dann aber die hergebrachten Formen und verdeutlichte so sein Verständnis von Musik als Eigentum der Menschheit statt Privileg des Adels. Ein schweres Gehörleiden, das sich schon vor 1800 bemerkbar machte, führte um 1819 zu völliger Taubheit. Die berühmte 9. Sinfonie (»An die Freude«) oder die Missa Solemnis – Beethoven hat sie nie gehört. Siehe auch →Fideliostraße, →Leonorenstraße, →Pastoraleweg. – Die Straße hieß früher Neue Stuttgarter Straße; siehe auch →Alte Stuttgarter Straße.

Begonienweg *(benannt 1933, Stadtteil Sommerrain)* Die Begonie ist eine Gattung der Schiefblattgewächse mit etwa 800 Arten. Die *Begonia rex* ist die Mutterpflanze vieler buntblättriger Zierformen.

Behlesstraße *(benannt um 1895, Straßenführung geändert 1975 und 1991, Stadtteil Uhlbach)* Christian Gotthilf Behles (geboren 1810, gestorben 1878), Schulmeister, später Schultheiß in Uhlbach.

Behringstraße *(benannt 1946, Stadtteile Rohr und Vaihingen)* Emil (von) Behring (geboren 1854, gestorben 1917), Bakteriologe, Entdecker des Diphtherieheilserums.

Bei den Funktürmen *(benannt 1932, Stadtteil Hoffeld)* Dort standen von 1925 bis 1956 zwei jeweils hundert Meter hohe Funktürme, die erste Sendeanlage des Rundfunks in Württemberg. Vor dem Bau des Fernsehturms dienten sie ab 1950 als einzige UKW-Sender in der Region Stuttgart. Das Sendegebäude an ihrem Fuß diente 1953 als Probestudio des SDR-Fernsehens (heute Südwestrundfunk). 1954 wurden die beiden Türme abgesägt und eingeschmolzen.

Bei den Gärten *(benannt 1996, Stadtteil Hausen)* Nimmt auf die Gärten jenseits der Gerlinger Straße Bezug.

Bei der Eiche *(benannt 1947, Stadtteil Zuffenhausen)* Nach der Lage der Straße.

Bei der Linde *(benannt 1945, Stadtteil Birkach)* Nach der Lage des Platzes. – Vor 1945 hieß der Platz Adolf-Hitler-Platz.

Bei der Meierei *(benannt 1911, Stadtteil Bad Cannstatt)* Die Meierei im Rosensteinpark wurde 1833 bis 1840 erbaut.

Bei der Wette *(benannt 1931, Stadtteil Rotenberg)* Jahrhundertelang diente die 1925 beseitigte Wette dem Dorf Rotenberg als Feuersee und Pferdeschwemme. Wette bedeutet Weiher.

Beihinger Weg *(benannt 1994, Stadtteil Stammheim)* Nach der ehemaligen Gemeinde Beihingen am Neckar, die sich 1972 mit Geisingen und Heutingsheim zur Stadt Freiberg am Neckar (15 500 Einwohner, Landkreis Ludwigsburg) zusammengeschlossen hat. Siehe auch →Geisinger Weg und →Heutingsheimer Straße.

Beilsteiner Straße *(benannt 1937, Stadtteile Zuffenhausen und Rot)* Die Stadt Beilstein, Landkreis Heilbronn, liegt im Bottwartal und hat 6300 Einwohner. Ein bekanntes Ausflugsziel ist die Burgfalknerei Hohenbeilstein über dem Ort. – Ursprünglich hieß die Straße »Auf der Hardt« (Hardt bedeutet Viehtrieb), dann bis 1937 Eberhardstraße.

Beim Esel *(benannt 1978, Stadtteil Weilimdorf)* Nach der schon im 18. Jahrhundert bekannten volkstümlichen Beschimpfung.

Beim Eulenhof *(benannt 1993, Stadtteil Vaihingen)* Der bekannte Architekt Paul Schmitthenner (geboren am 15. Dezember 1884 in Lauterburg im Elsass, gestorben am 11. November 1972 in München), Mitbegründer der »Stuttgarter Schule« und von 1918 bis 1945 Professor an der TH Stuttgart, entwarf und baute als sein letztes Wohnhaus für das Forscherehepaar Irene und Eugen Sänger (siehe →Eugen-Sänger-Weg) die Villa Eulenhof. Seit 29. März 1993 dient der Eulenhof der Universität, der Max-Planck-Gesellschaft, der Fraunhofer-Gesellschaft und dem Deutschen Zentrum für Luft- und Raumfahrt, die alle mit Instituten im Campusbereich Pfaffenwald beziehungsweise in Büsnau vertreten sind, als internationale Begegnungsstätte.

Beim Fasanengarten *(benannt 1996, Stadtteil Hausen)* Nach dem Fasanengarten zwischen den Stadtteilen Weilimdorf, Wolfbusch, Giebel und Hausen, in dessen Mitte sich eine Fasanerie befand. Unterhalb des von ihm erbauten Schlosses Solitude ließ Herzog Karl Eugen von Württemberg zur Aufzucht von Jagdfasanen 1763 eine Fasanerie anlegen – zusätzlich zu der bei Echterdingen bereits bestehenden Fasanerie (siehe →Fasanenhofstraße). Schon zwei Jahre später wurde sie zum Härdtle verlegt. Die Pläne für die Gebäude stammten von Hofbaumeister Reinhard Ferdinand Heinrich Fischer. Reste der Bauwerke, beispielsweise ein Jagdpavillon, sind noch erhalten, ebenso Teile der Alleen, die sich ursprünglich sternförmig durch den (heute bewaldeten) Fasanengarten zogen. Siehe auch →Fasanenplatz und →Fasanenweg.

Beim Härdtle *(benannt 1996, Stadtteil Hausen)* Nach dem Gewann, zu dem 1765 die Fasanerie verlegt wurde, siehe →Beim Fasanengarten.

Beim Herzogenberg *(benannt 1967, Stadtteil Untertürkheim)* Flur im Besitz des württembergischen Herzogshauses.

Beim Höhenfreibad *(benannt 1947, Stadtteil Stuttgart-Nord)* Nach der Lage der Straße beim Höhenfreibad im Höhenpark Killesberg.

Beim Inselkraftwerk *(benannt 1935, Stadtteil Untertürkheim)* Nach der Lage der Straße.

Beim Römerhaus *(benannt 1938, Stadtteil Vaihingen)* Das »Römerhaus« war ein in alten Karten verzeichnetes »römisches Wachhaus«, das in Vaihingen als »Käppele« bezeichnet wurde. Es stammte nicht aus römischer Zeit, sondern wurde als Feldkapelle im 16. Jahrhundert erbaut und 1936 abgebrochen.

Beim Römerhof *(benannt 1984, Straßenführung geändert 1990, Stadtteil Zazenhausen)* Nach dem nahe gelegenen ehemaligen römischen Gutshof.

Beim Schnatzgraben *(benannt 1934, Stadtteil Wolfbusch)* Die gleichnamige Flur wurde wohl nach dem 1397 genannten Bauern Schnatt bezeichnet.

Belaustraße *(benannt 1977, Stadtteil Botnang)* Nach dem dortigen Gewann.

Belchenstraße *(benannt 1936, Stadtteil Kaltental)* Der Belchen (1414 m) ist der dritthöchste Berg des Schwarzwalds.

Bellingweg *(benannt 1937, Stadtteil Bad Cannstatt)* Johannes Andreas Belling, Amtmann, ließ 1739 die Mineralquelle auf der Berger Insel fassen und überbauen.

Belser-Straße, Christian- siehe →Christian-Belser-Straße.

Benckendorffstraße *(benannt 1899, Stadtteil Stuttgart-Süd)* Graf Konstantin von Benckendorff (geboren 1784, gestorben 1828 in Bulgarien), russischer Gesandter in Stuttgart und General. Seine Frau und

Das Benckendorff-Mausoleum in Heslach stammt von Giovanni Salucci.

er sind auf dem Heslacher Friedhof in dem von Giovanni Salucci 1823 gestalteten Mausoleum mit der Aufschrift »NUR SIE« beigesetzt. Im Mausoleum befindet sich ein Doppelbildnis der Verstorbenen, das der Bildhauer Johann Heinrich Dannecker (siehe →Danneckerplatz) geschaffen hat.

Benger-Straße, Luise- siehe →Luise-Benger-Straße.

Benzenäckerstraße *(benannt 1971, Stadtteil Hofen)* Der Flurname leitet sich wohl von einem einstigen Besitzer namens Benz ab.

Benz-Platz, Karl- siehe →Karl-Benz-Platz und Benzstraße.

Benzstraße *(benannt 1936, Stadtteile Bad Cannstatt und Untertürkheim)* Karl Benz (geboren am 25. November 1844 in Karlsruhe, gestorben am 4. April 1929 in Ladenburg), Ingenieur und Automobilbauer. Benz konstruierte im Jahr 1884 den ersten dreirädrigen Motorwagen. Die von ihm ein Jahr zuvor in Mannheim gegründete Firma Benz & Cie. und die Stuttgarter Daimler-Motoren-Gesellschaft schlossen sich 1926 zur Daimler-Benz AG in Stuttgart zusammen.

Berg, Am Oberen siehe →Am Oberen Berg.

Berg, Neuer siehe →Neuer Berg.

Berger Steg *(benannt um 1931, Stadtteile Stuttgart-Ost und Bad Cannstatt)* Führt beim Stadtteil Berg über den Neckar. Der Berger Steg war nach dem Ende des Zweiten Weltkriegs die einzige Verbindung zwischen den beiden Neckarseiten, alle anderen Brücken im Cannstatter Bereich waren von Bomben getroffen oder in den letzten Kriegstagen von deutschen Truppen gesprengt worden.

Berghaustraße *(benannt um 1933, Stadtteil Rohr)* Der Flurname geht auf den Waldschlag auf dem Berg zurück.

Bergheimer Hof, Am siehe →Am Bergheimer Hof.

Bergheimer Steige *(benannt um 1930, Stadtteil Stuttgart-West)* Nach einem nahe gelegenen landwirtschaftlichen Gut, das ursprünglich zu einem 1304 erstmals urkundlich erwähnten Dorf gehörte. 1940 bis 1955 wurde Bergheim zum Stadtteil ausgebaut. Die Steige verbindet Bergheim mit der Hochfläche bei Schloss Solitude.

Bergheimer Straße *(benannt vor 1926, Stadtteil Weilimdorf)* Nach dem Bergheimer Gutshof, siehe →Bergheimer Steige.

Bergiusweg *(benannt 1960, Stadtteil Fasanenhof)* Friedrich Bergius (geboren 1884 in Goldschmieden bei Breslau, Schlesien [heute Wroclaw-Zlotniki, Polen], gestorben 1949 in Buenos Aires, Argentinien), Chemiker, erfand in Zusammenarbeit mit Matthias Pier (1882–1965) das Bergius-Pier-Verfahren zur Herstellung flüssiger Kohlenwasserstoffe aus Kohle sowie ein Verfahren zur Umwandlung von Holz in Zucker. Bergius und Carl Bosch (1874–1940) erhielten 1931 den Nobelpreis für Chemie »für ihre Verdienste um die Entdeckung und Entwicklung der chemischen Hochdruckverfahren«.

Berglenstraße *(benannt 1934, Stadtteil Stuttgart-Ost)* Die Keuperhügellandschaft Berglen bildet den westlichen Ausläufer des Welzheimer Waldes. Im Zuge der Gemeindereform hat sich 1972 auch eine Gemeinde dieses Namens gebildet. Sie gehört zum Rems-Murr-Kreis, hat 6000 Einwohner und umfasst die zuvor selbständigen Orte Bretzenacker, Hößlinswart, Ödernhardt, Öschelbronn, Oppelsbohm, Reichenbach, Rettersburg, Steinach und Vorderweißbuch.

Bergnelkenstraße *(benannt 1957, Stadtteil Vaihingen)* Die Alpennelke, *Dianthus alpinus,* wächst auf steinigen Matten vor allem in den Ostalpen.

Bergstaffelstraße *(benannt 1946, Stadtteil Obertürkheim)* Nach der Lage der Straße, die in eine Staffel, also eine Treppenanlage, übergeht. – Bis zur Vereinigung Obertürkheims mit Stuttgart im Jahr 1922 hieß die Straße Bergstraße, ab 1937 Südseestraße nach den ehemaligen deutschen Kolonien, zu denen Neuguinea, Samoa, die Karolinen, die Marianen und die Marshall-Inseln zählten.

Bergstraße *(benannt 1907, Stadtteil Stuttgart-Ost)* Nach der Lage der Straße.

Bergwald, Am siehe →Am Bergwald.

Berlichingenstraße *(benannt 1933, Straßenführung geändert 1990, Stadtteil Zazenhausen)* Götz von Berlichingen (geboren 1480 in Jagsthausen, gestorben 1562 auf Schloss Hornberg), fränkischer Reichsritter. Er verlor im Landshuter Erbfolgekrieg 1504 die rechte Hand, die durch eine eiserne ersetzt wurde. Seine Lebensbeschreibung diente Goethe als Quelle für das gleichnamige Schauspiel.

Berliner Platz *(benannt 1956, Stadtteil Stuttgart-Mitte)* Nach der deutschen Hauptstadt Berlin.

Berneckstraße *(benannt 1936, Stadtteil Kaltental)* Schwarzwaldtal bei Schramberg (nicht zu verwechseln mit der Burg Berneck in Altensteig-Berneck, etwa 50 Kilometer nördlich!).

Berner Straße *(benannt 1981, Stadtteil Riedenberg)* Bern (126 000 Einwohner) ist seit 1848 die »Bundesstadt« (Hauptstadt) der Schweiz.

Bernhauser Straße *(benannt um 1922, Stadtteil Plieningen)* Stadtteil Bernhausen der Stadt Filderstadt, Landkreis Esslingen. Filderstadt ist am 1. Januar 1975 entstanden, als sich im Zuge der Gemeindereform die vorher selbständigen Orte Bernhausen, Bonlanden, Harthausen, Plattenhardt und Sielmingen zusammenschlossen. Filderstadt hat 42 600 Einwohner, davon leben 13 200 in Bernhausen.

Bernsteinstraße *(benannt 1978, Stadtteil Heumaden)* Der Bernstein, verfestigtes Harz von Nadelhölzern der Tertiärzeit, wird als Schmuckstein verwendet.

Bertastraße *(benannt 1946, Stadtteil Feuerbach)* Weiblicher Vorname, nach der Unternehmerin Berta Fahrion, siehe →Siegelbergstraße.

Bertholdweg *(benannt 1981, Stadtteil Untertürkheim)* Männlicher Vorname.

Bertolt-Brecht-Straße *(benannt 1971, Stadtteil Feuerbach)* Bertolt (Bert) Brecht, eigentlich Berthold Eugen Friedrich Brecht (geboren am 10. Februar 1898 in Augsburg, gestorben am 14. August 1956 in Berlin), Dramatiker, Schriftsteller und Regisseur. Brecht studierte in München zwei Semester lang Medizin und Philosophie, war 1923 Dramaturg an den Münchener Kammerspielen und lebte ab 1924 als freier Schriftsteller in Berlin. Einen Tag nach dem Reichstagsbrand floh er mit seiner Familie über Prag nach Wien, in die Schweiz, über Paris nach Dänemark, 1939 nach Schweden, nach dem deutschen Einmarsch 1940 nach Finnland, schließlich 1941 in die USA. Im Mai 1933 verbrannten die Nationalsozialisten seine Bücher, 1935 wurde ihm die deutsche Staatsbürgerschaft aberkannt. Nach der Uraufführung von »Galileo Galilei« in Beverly Hills 1947 wurde Brecht vor das Komitee für unamerikanische Tätigkeit in Washington geladen; sofort danach zog er in die Schweiz um. Ab 1949 lebte er in Ost-Berlin, wo er mit dem »Berliner Ensemble« ein eigenes Theater gründete und leitete. Sein Werk verbindet die Ästhetik mit marxistischer Gesellschaftskritik, aber auch sozialen Motiven. Brechts Stil, seine Sprache und seine Theatertheorie übten großen Einfluss auf die moderne Dichtung und Inszenierung aus. Lange Jahre war Brecht der meistgespielte Autor auf deutschen Bühnen. Das von ihm begründete »epische Theater« zerstört mit »Verfremdungen« bewusst den realistischen Eindruck der Bühnenhandlung und des Spiels. Zu seinen bekanntesten Stücken gehören die »Dreigroschenoper« (1928), »Leben des Galilei« (1938/39), »Mutter Courage« (1939), »Der gute Mensch von Sezuan« (1942) und »Der kaukasische Kreidekreis« (1945).

Bertramstraße *(benannt 1963, Stadtteil Untertürkheim)* Männlicher Vorname.

Besigheimer Straße *(benannt 1938, Stadtteil Zuffenhausen)* Stadt Besigheim, Landkreis Ludwigsburg, 11 500 Einwohner.

Beskidenstraße *(benannt 1916, Stadtteil Bad Cannstatt)* Westlicher Teil der Karpaten.

Bessemerstraße *(benannt 1938, Stadtteil Zuffenhausen)* Sir Henry Bessemer (geboren 1813, gestorben 1898), englischer Ingenieur, erfand 1855 das nach ihm benannte Bessemer-Verfahren, das die Massenherstellung von Stahlsorten ermöglichte, die aus Schmelzen gewonnen werden. – Bis 1938 hieß die Straße Calwer Straße.

Betteleiche, An der siehe →An der Betteleiche.

Betzengaiern, Im siehe →Im Betzengaiern.

Betzweilerstraße *(benannt 1957, Stadtteil Vaihingen)* Ortsteil Betzweiler der Gemeinde Betzweiler-Wälde (insgesamt 1400 Einwohner), Landkreis Freudenstadt.

Beundweg *(benannt 1936, Stadtteil Hedelfingen)* Der Flurname Beund weist auf ein eingehegtes Grundstück, das von der früher üblichen Flurnutzung, also der Dreifelderwirtschaft, ausgenommen war. Der Zaun schützte gegen das Weidevieh. Die Beunden wurden intensiv bewirtschaftet; meist baute man hier Gemüse, Hanf oder Flachs an.

Beuroner Straße *(benannt 1957, Stadtteil Möhringen)* Die Gemeinde Beuron, Landkreis Sigmaringen, umfasst neben dem Ort Beuron selbst die Ortsteile Langenbrunn, Hausen im Tal, Neidingen und Thiergarten; sie hat insgesamt gut 700 Einwohner. Beuron ist vor allem durch sein 1077 gegründetes Kloster bekannt, das eines der ersten Augustiner-Chorherrenstifte Deutschlands war. 1802 wurde es säkularisiert, 1863 von Benediktinern erneuert. Die Erzabtei Beuron ist Gründungskloster der Beuroner Benediktinerkongregation mit derzeit 16 Klöstern in Deutschland, Österreich und Südtirol.

Beutelsbacher Straße *(benannt 1936, Stadtteil Untertürkheim)* Stadtteil Beutelsbach der Stadt Weinstadt, Rems-Murr-Kreis. Weinstadt ist 1975 entstanden, als sich im Zuge der Gemeindereform die vorher selbständigen Orte Beutelsbach, Endersbach mit Strümpfelbach, Großheppach und Schnait zusammenschlossen. Weinstadt hat 25 700 Einwohner, davon leben 8400 in Beutelsbach. Die Beutelsbacher Stiftskirche mit ihrem imposanten achteckigen Wehrturm diente bis 1311 den Württembergern als Grablege. Von Beutelsbach ging 1514 der Bauernaufstand des »Armen Konrad« aus. Die erste deutsche Freiheitsbewegung wurde zwar niedergeschlagen, führte aber zum Tübinger Vertrag, der die Einheit Württembergs wiederherstellte.

August Beyer baute 1879 den Hasenbergturm. Aus Angst, der 36 Meter hohe Turm könne den anfliegenden Bomberstaffeln eine Orientierungshilfe bieten, wurde das Bauwerk 1943 gesprengt. Der Turmstumpf ist heute noch erhalten.

Das Beutelsbacher Bauernkriegsmuseum erinnert an die erste Revolution auf deutschem Boden.

Beuthener Straße *(benannt 1925, Stadtteil Bad Cannstatt)* Stadt Beuthen (polnisch: Bytom), Oberschlesien, Polen. Die Stadt gehörte nach dem Ersten Weltkrieg zum Abstimmungsgebiet in Oberschlesien und kam auf Grund eines Völkerbundgutachtens 1922 zu Polen (siehe auch →Annabergstraße, →Kattowitzer Straße, →Oberschlesische Straße, →Oppelner Straße, →Tarnowitzer Straße, →Thorner Straße).

Beutterstraße *(benannt 1931, Stadtteil Rotenberg)* Alexander Beutter (geboren 1862 in Herrenalb, gestorben 1952 in Korntal [heute Korntal-Münchingen]), war 1891 bis 1926 der erste ständige Pfarrer des damals noch selbständigen Ortes und heutigen Stuttgarter Stadtteils Rotenberg. Beutter trat außerdem als Kirchenmusiker und Musikgelehrter hervor. Die Gemeinde Rotenberg verlieh ihm 1926 die Ehrenbürgerschaft.

Beyerstraße *(benannt 1902, Stadtteil Stuttgart-Nord)* August (von) Beyer (geboren 1834 in Künzelsau, gestorben 1899 in Ulm), Architekt und Münsterbaumeister. Werke in Stuttgart: bauliche Anlage des Pragfriedhofes, Hotel Marquardt, Olgastift und Hasenbergturm. Außerdem restaurierte er das Kloster Bebenhausen, das Schloss Jagsthausen und die Heilbronner Kilianskirche und vollendete den Turmausbau des Ulmer Münsters.

Biberacher Straße *(benannt 1936, Stadtteil Wangen)* Stadt Biberach an der Riß in Oberschwaben, Kreisstadt des Landkreises Biberach, 31 000 Einwohner. Biberach war bis 1806 Reichsstadt und schon im Mittelalter ein bedeutendes Wirtschaftszentrum.

Biberweg *(benannt 1935, Stadtteil Wolfbusch)* Der Biber, *Castor fiber,* ist das größte europäische Nagetier. Er lebt nachtaktiv, monogam, aber gesellig und bewohnt feste Reviere. Er errichtet entweder unterirdische Baue oder freischwimmende Burgen.

Biegelstraße *(benannt 1895, Stadtteil Stuttgart-Süd)* Flurname nach der Lage der Güter in einem engen Winkel (Biegel). – Bis 1895 hieß die Straße Enge Straße.

Bieler Weg *(benannt 1981, Stadtteil Riedenberg)* Stadt Biel (französisch: Bienne) im schweizerischen Kanton Bern, 50 000 Einwohner, zu zwei Dritteln deutsch- und einem Drittel französischsprachig.

Bienenweg *(benannt 1951, Stadtteil Vaihingen)* Die Honigbiene, *Apis mellifica,* lebt in Völkern mit 10 000 bis 60 000 Arbeitsbienen, einer Königin und im Sommer mehreren tausend Drohnen.

Bientzlestraße *(benannt 1952, Stadtteil Birkach)* Alteingesessene Birkacher Familie.

Bietigheimer Straße *(benannt 1938, Stadtteil Zuffenhausen)* Stadtteil Bietigheim der Stadt Bietigheim-Bissingen, Landkreis Ludwigsburg. Bietigheim liegt an der Mündung der Metter in die Enz kurz vor der Mündung der Enz in den Neckar. Die Gesamtstadt hat 41 400 Einwohner. Die gesamte historische Innenstadt Bietigheims steht unter Denkmalschutz. Besonders sehenswert ist das Hornmoldhaus (Vogthaus aus dem Jahre 1536), das mit seinen prächtigen Innenmalereien und dem Zierfachwerk zu den bedeutendsten Renaissancegebäuden Süddeutschlands zählt.

Bihlplatz *(benannt 1935, Stadtteil Stuttgart-Süd)* Georg Friedrich Bihl (geboren 1847 in Stuttgart, gestorben 1935 in Stuttgart), Architekt und Baurat. Er gründete 1891 das Architekturbüro Bihl und Woltz. Von den Stuttgarter Bauten sind der Sankt-Vinzenz-Bau (1897) und der ursprüngliche Sankt-Pauls-Bau (1902) des Marienhospitals sowie das Wilhelmshospital (1904–1906) hervorzuheben. Bihl gehörte 1885 bis 1887 dem Bürgerausschuss und 1887 bis 1900 dem Gemeinderat an. Für seine großen Verdienste wurden ihm Auszeichnungen verliehen. – Von 1809 bis 1935 hieß der Platz Kirchplatz, davor einfach nur Platz.

Biklenstraße *(benannt 1930, Stadtteil Untertürkheim)* Ludwig Jakob Biklen (geboren 1753, gestorben 1834), Untertürkheimer Schultheiß, erschloss die dortigen Gipsbrüche.

Bildäckerstraße *(benannt 1957, Stadtteil Heumaden)* Flurname nach einem früher vorhandenen Bildstock aus vorreformatorischer Zeit.

Bildstöckle *(benannt 1955, Stadtteil Möhringen)* Nach einem früher vorhandenen Bildstock aus vorreformatorischer Zeit.

Bilfingerstraße *(benannt 1921, Stadtteil Bad Cannstatt)* Georg Bernhard Bilfinger (geboren 1693 in Cannstatt [heute Stuttgart-Bad Cannstatt], gestorben 1750 in Stuttgart), Philosoph, Staatsmann und evangelischer Theologe, Präsident des Konsistoriums.

Bilihildstraße *(benannt 1933, Stadtteil Zazenhausen)* Bilihild stiftete mit ihrem Mann Helmulf dem 774 geweihten Kloster Lorsch an der Bergstraße im Jahr 788 mehrere Grundstücke. In der Schenkungsurkunde wurde Zazenhausen erstmals erwähnt. Siehe auch →Emhildstraße, →Helmulfstraße, →Nazariusweg und →Richbodstraße.

Billertstraße *(benannt um 1954, Stadtteil Kaltental)* Der Flurname könnte sich von Billhart, einer Zusammensetzung aus Bild und Hart, herleiten. Hart bedeutet Weidewald.Vermutlich stand hier in vorreformatorischer Zeit ein Bildstock.

Binderstraße *(benannt 1958, Stadtteil Hedelfingen)* Altes Hedelfinger Geschlecht.

Bingener Weg *(benannt 1958, Stadtteil Möhringen)* Die Gemeinde Bingen, Landkreis Sigmaringen, liegt zwischen dem Südrand der Schwäbischen Alb und dem Donautal am Flüsschen Lauchert.

Binsdorfer Straße *(benannt 1957, Stadtteil Möhringen)* Stadtteil Binsdorf der Stadt Geislingen (6200 Einwohner), Zollernalbkreis. Binsdorf wird im Jahr 834 erstmals urkundlich erwähnt; es befand sich damals im Besitz des Klosters Reichenau. 1315 erhob König Friedrich das Dorf, das zu dieser Zeit dem Grafen Rudolf von Hohenberg gehörte, zur Stadt.

Binsenstraße *(benannt um 1930, Stadtteil Feuerbach)* Die hauptsächlich feuchte Standorte besiedelnde Binse, *Juncus*, kommt in Mitteleuropa in rund 30 Arten vor.

Birkacher Straße *(benannt um 1915, Stadtteil Riedenberg)* Führt nach Birkach.

Birken, Unter den siehe →Unter den Birken.

Birkendörfle *(benannt 1957, Stadtteil Stuttgart-Nord)* Nach der dortigen, im Volksmund so benannten Siedlung.

Birkenhofstraße *(benannt 1952, Straßenführung geändert 1983, Stadtteil Birkach)* Nach dem alten Gasthaus Birkenhof in Birkach.

Birkenkopf, Unter dem siehe →Unter dem Birkenkopf.

Birkenpilzstraße *(benannt 1970, Stadtteil Schönberg)* Der Birkenpilz, *Leccinum scabrum,* gehört zu den Ständerpilzen. Er ist essbar; Pilzsammler finden ihn von Juni bis Oktober unter Birken in Wäldern und Parks.

Birkenwaldstraße *(benannt 1936, Stadtteil Stuttgart-Nord)* Der Flurname Birkenwald taucht 1466 erstmals in einem Lagerbuch auf. Er leitet sich vom Baum Birke ab. 1596 wurde das Gebiet am Nordosthang des Kriegsbergs unter die Bürger verteilt und von 1606 an gerodet.

Birkheckenstraße *(benannt 1957, Stadtteile Birkach und Schönberg)* Der Flurname bezieht sich auf die Hecken, die sich früher entlang der Straße zogen.

Birkhof, Im siehe →Im Birkhof.

Birkhuhnweg *(benannt 1935, Stadtteil Wolfbusch)* Das Birkhuhn, *Lyrurus tetrix,* kommt nur noch sehr selten in Moor und Heide vor, nachdem sein Lebensraum immer mehr zerstört wird. Es zählt zu den Raufußhühnern.

Birnblütenweg *(benannt 1938, Stadtteil Vaihingen)* Bezieht sich auf die Blüten des Birnbaums.

Bischoffstraße *(benannt 1957, Stadtteil Vaihingen)* Otto Bischoff (geboren 1882, gestorben 1950), Gewerbeschulrat, der sich um das Berufsschulwesen in Vaihingen verdient gemacht hat.

Bismarckplatz *(benannt 1884, Stadtteil Stuttgart-West)* Otto Eduard Leopold von Bismarck (1865 Graf von Bismarck-Schönhausen, 1871 Fürst von Bismarck, 1890 Herzog von Lauenburg) (geboren am 1. April 1815 in Schönhausen, gestorben am 30. Juli 1898 in Friedrichsruh), ab 1862 preußischer Ministerpräsident, 1871 bis 1890 Reichskanzler, Gründer des Deutschen Reiches. Für seine »unvergänglichen Verdienste um des geliebten deutschen Vaterlands lang ersehnte Einigung und Festigung« wurde ihm 1890 der Stuttgarter Ehrenbürgerbrief verliehen.

Bismarckstraße *(benannt 1884, Straßenführung geändert 1990, Stadtteil Stuttgart-West)* nach Otto von Bismarck, siehe →Bismarckplatz. – Die Grünanlage zwischen Bismarck-, Elisabethen- und Hasenbergstraße hieß 1937 bis 1945 Herbert-Norkus-Platz nach dem Hitlerjungen Herbert Norkus (1916–1932), einem Opfer der von Goebbels entfesselten Straßenkämpfe der Nationalsozialisten mit Kommunisten in Berlin. Bei einer Schlägerei wurde er erstochen; die nationalsozialistische Propaganda stilisierte ihn zum »Blutzeugen der Bewegung« hoch; sein Schicksal gab den Stoff zum Buch und Film »Hitlerjunge Quex« (1933).

Bismarckstraße, Obere siehe →Obere Bismarckstraße.

Bismarckturm, Am siehe →Am Bismarckturm.

Bissinger Straße *(benannt 1938, Stadtteil Zuffenhausen)* Stadtteil Bissingen der Stadt Bietigheim-Bissingen (41 400 Einwohner), Landkreis Ludwigsburg.

Bittingerweg *(benannt 1927, Stadtteil Kaltental)* Dietrich Bittinger (geboren 1869, gestorben 1926), 1911 bis 1914 Polizeidirektor in Stuttgart.

Bitzer Weg *(benannt 1957, Stadtteil Möhringen)* Die Gemeinde Bitz, Zollernalbkreis, hat 3700 Einwohner. Ihr ungewöhnlicher Name leitet sich wahrscheinlich vom mittelhochdeutschen Wort »biziune« ab, was beides so viel wie »umzäuntes Land« bedeutet. Da Bitz an einer alten Römerstraße liegt, gibt es auch die Theorie, die bis 1900 existierende Dorfhülbe habe bereits zur Römerzeit bestanden oder sei damals als Wasserstelle zwischen Laiz an der Donau und Burladingen an der Fehla angelegt worden. Das lateinische Wort für Zisterne lautet »pucio« (wovon sich auch das deutsche Wort »Pfütze« ableitet), dies habe sich in Jahrhunderten zu »Bütze« und schließlich »Bitz« abgeschliffen.

Bläulingweg *(benannt 1957, Stadtteil Stammheim)* Die Bläulinge, *Lycaenidae*, sind Tagfalter. Sie verdanken ihren deutschen Namen dem blauen Farbglanz der Flügel vieler Arten. Allerdings sind bei weitem nicht alle blau gefärbt. Bei zahlreichen Arten bestehen ausgefallene Wechselbeziehungen zwischen den Raupen und Ameisen.

Blankensteinstraße *(benannt 1957, Stadtteil Zazenhausen)* Nach den Edelfreien von Blankenstein, 1321 genannte Besitzer der Neuen Burg Mühlhausen, der Engelburg.

Blarerstraße *(benannt 1934, Stadtteil Bad Cannstatt)* Ambrosius Blarer (geboren 1492 in Konstanz, gestorben 1564 in Winterthur), Reformator, führte 1534 bis 1538 mit Erhard Schnepf die Reformation in Württemberg ein.

Blasiusweg *(benannt 1957, Stadtteil Rotenberg)* Blasius, genannt 1607, war Burgvogt der Burg Württemberg.

Blauer Weg *(benannt 1932, Stadtteile Stuttgart-Süd und Stuttgart-West)* Auf die blaue Wanderweg-Markierung des Schwäbischen Albvereins bezogene Volksmundbezeichnung.

Blaufelder Weg *(benannt 1937, Stadtteil Zuffenhausen)* Die Gemeinde Blaufelden, Landkreis Schwäbisch Hall, hat 5450 Einwohner und liegt im Herzen von Hohenlohe, an der Landesgrenze zu Bayern.

Blautopfstraße *(benannt 1946, Stadtteil Obertürkheim)* Nach dem Quelltopf des Flusses Blau in Blaubeuren, einem Nebenfluss der Donau. Mit 21 Metern Tiefe und 41 Metern Durchmesser ist er eine der tiefsten und größten Quellen in Deutschland. Seine Schüttung reicht von 310 bis zu 32 000 Litern Wasser pro Sekunde. Das Wasser entströmt einem unterirdischen Höhlensystem. Gut hundert Jahre nach den ersten Tauchversuchen im Blautopf entdeckte der Pforzheimer Höhlenforscher Jochen Hasenmayer 1985 bei einem Tauchgang, der ihn 1250 Meter weit führte, eine gigantische, luftgefüllte Halle mit meterhohen Tropfsteinen über und unter Wasser. In Erinnerung an Eduard Mörikes »Historie von der schönen Lau«, die im Blautopf spielt, taufte er diese Halle »Mörike-Dom« (siehe auch →Laustraße). 1996 entdeckte Hasenmayer in der Blautopf-Höhle eine Struktur, die er als »Bachbett« deutete; daraus leitete er ab, dass wegen der geringen Kalkabtragungen unter Wasser keine Höhlen entstehen können, dass alle Unterwasserhöhlen also überflutete Flusshöhlen seien, was seine Theorie bestätige, dass zwischen Donau und Alpen ein riesiges Höhlensystem mit einem 35 000 Quadratkilometer großen Thermalwasserspeicher existiere. Seit 1997 nimmt ein Wissenschaftlerteam, die so genannte »Arge Blautopf«, im vorderen Bereich der Blautopfhöhle wissenschaftliche Forschungen vor und vermisst die Höhle bis in eine Entfernung von 400 Meter vom »Eingang« exakt. – Als Obertürkheim noch eine selbständige Gemeinde war, hieß die Straße Hermannstraße. 1937 wurde sie in Otavistraße umgetauft nach einem Ort in der ehemaligen Kolonie Deutsch-Südwestafrika (heute Namibia), bei dem Kupfer abgebaut wurde und zu dem eine Bahn führte, mit der deutsche Siedler ins Hereroland einfielen. Ein Aufstand der eingeborenen Bevölkerung endete 1904 mit dem Massenmord der Deutschen an den Hereros.

Bleicher-Straße, Willi- siehe →Willi-Bleicher-Straße.

Bleßhuhnweg, ab 1. August 2005: **Blesshuhnweg** *(benannt 1997, Stadtteil Neugereut)* Das Blesshuhn, *Fulica atra,* ein schwarzer Wasservogel mit weißem Stirnschild aus der Familie der Rallen, ist auf schilfumstandenen, stehenden Gewässern häufig anzutreffen. Im Bodenseegebiet nennt man Blesshühner »Belchen«.

Blessingstraße *(benannt 1933, Stadtteil Zuffenhausen)* Gottl. August Blessing (geboren 1830, gestorben 1897), Fabrikant und langjähriger Gemeinderat in Zuffenhausen.

Blindschleichenweg *(benannt 1955, Stadtteil Bergheim)* Die Blindschleiche, *Anguis fragilis,* sieht aus wie eine Schlange, gehört jedoch zur Familie der Schleichen. Sie ist harmlos und kann bis zu 50 Jahre alt werden. Sie ernährt sich vorwiegend von kleinen Schnecken.

Bloch-Weg, Ernst- siehe →Ernst-Bloch-Weg.

Blos-Straße, Wilhelm- siehe →Wilhelm-Blos-Straße.

Blos-Weg, Anna- siehe →Anna-Blos-Weg.

Bludenzer Straße *(benannt 1938, Stadtteil Feuerbach)* Stadt Bludenz in Vorarlberg, Österreich. – Bis 1938 hieß die Straße Metzstraße.

Blümleweg *(benannt 1957, Stadtteil Vaihingen)* Alter Vaihinger Familienname.

Blütenstraße *(benannt 1952, Stadtteil Birkach)* Nach den Blüten.

Blumenstraße *(benannt 1851, Stadtteil Stuttgart-Mitte)* Nach den Blumen.

Blumhardtstraße *(benannt 1946, Stadtteil Steckfeld)* Erinnert an Johann Christoph Blumhardt den Älteren (geboren 1805 in Stuttgart, gestorben 1880 in Bad Boll), pietistischer Pfarrer, und seinen Sohn Christoph Blumhardt (geboren 1842 in Möttlingen bei Calw, gestorben 1919 in Bad Boll), Pfarrer und religiöser Sozialist. Durch Krankenheilungen löste Vater Blumhardt eine Erweckungs- und Bußbewegung aus. Ab 1852 war er in Bad Boll Hausvater einer Gemeinde aus vielen Ländern. Christoph Blumhardt d. J. war zunächst Mitarbeiter seines Vaters in Bad Boll und nach dessen Tod Leiter des »Erholungsheimes«. Als Sozialdemokrat war er sechs Jahre Abgeordneter im Württembergischen Landtag.

Blum-Straße, Ludwig- siehe →Ludwig-Blum-Straße.

Bochumer Straße *(benannt 1925, Stadtteil Bad Cannstatt)* Die Stadt Bochum, Nordrhein-Westfalen, entwickelte sich im 19. Jahrhundert durch den Steinkohlenbergbau zur Großstadt. Derzeit hat sie 394 000 Einwohner.

Bockelstraße *(benannt 1957, Stadtteil Heumaden)* Schultheiß Hans Bockel erbaute 1683 das Rathaus in Heumaden.

Bodelschwinghstraße *(benannt 1946, Stadtteil Degerloch)* Friedrich von Bodelschwingh (geboren 1831, gestorben 1910), Pfarrer und Begründer der Inneren Mission in Bethel bei Bielefeld. – Ab 1935 hieß die Straße Von-Spee-Straße nach Vizeadmiral Maximilian Reichsgraf von Spee (1861–1914).

Bodoweg *(benannt 1981, Stadtteil Luginsland)* Männlicher Vorname.

Böblinger Straße *(benannt 1864, erweitert 1890, Stadtteile Stuttgart-Süd und Kaltental, ab 1936 auch in Vaihingen)* Böblingen ist Kreisstadt des gleichnamigen Stuttgarter Nachbarkreises, eine Einkaufs- und Industriestadt mit 47 000 Einwohnern. Weltfirmen wie Hewlett Packard, IBM, Philips Semiconductors oder Smart haben hier ihren Sitz oder ihre Deutschland-Zentrale. – Der Abschnitt zwischen Marienplatz und Schreiberstraße hieß zuvor Heslacher Straße, der Abschnitt zwischen Schreiberstraße und Benckendorffstraße hieß Hauptstraße.

Böckinger Straße *(benannt 1951, Stadtteil Rot)* Stadtteil von Heilbronn.

Böcklerstraße *(benannt 1957, Stadtteil Stuttgart-Süd)* Hans Böckler (geboren 1875, gestorben 1951), 1949 bis 1951 erster Vorsitzender des Deutschen Gewerkschaftsbundes, ab 1947 Mitglied des nordrhein-westfälischen Landtags. – Von 1895 bis 1957 hieß die Straße Vaihinger Straße, davor im Abschnitt zwischen Benckendorffstraße und Bihlplatz Gartenstraße, zwischen Bihlplatz und Kelterstraße Kirchstraße.

Böheimstraße *(benannt 1870, Stadtteil Stuttgart-Süd)* Nach dem schon im 14. Jahrhundert vorkommenden Bürgernamen Behaim, siehe auch →Böhmisreuteweg.

Böhmerwaldstraße *(benannt 1939, Stadtteil Feuerbach)* Böhmisch-bayerisches Grenzgebirge.

Böhme-Weg, Jakob- siehe →Jakob-Böhme-Weg.

Böhmisreuteweg *(benannt 1810, Stadtteil Stuttgart-Süd)* Die Bezeichnung ist auf das einstige Dorf »Behaimsruti« zurückzuführen. Es wurde im Jahr 1304 erstmals urkundlich erwähnt und umfasste mit seinen Äckern und Wiesen einen großen Teil des Heslacher Tals. Der Name leitet sich vom Personennamen Beheim (dem Gründer oder Besitzer der Siedlung) und dem Wort »Reute« ab, das einen gerodeten Platz bezeichnet. Tatsächlich ist in einer Urkunde aus dem Jahr 1301 von einer »Mechthild Beheim, Witwe des Beheim, Bürgers zu Stuttgart« die Rede.

Böhmstraße *(benannt 1950, Stadtteil Degerloch)* Alter Degerlocher Familienname. Das Weingärtnergeschlecht ließ sich im 18. Jahrhundert in Degerloch nieder.

Böhringerstraße *(benannt 1892, Stadtteil Zuffenhausen)* Der Flurname leitet sich vom Namen eines einstigen Besitzers ab.

Bönnigheimer Straße *(benannt 1938, Stadtteil Zuffenhausen)* Stadt Bönnigheim, Landkreis Ludwigsburg, 7400 Einwohner.

Bofistweg *(benannt 1957, Stadtteil Schönberg)* Bofist oder Bovist ist eine Pilzart. Der Flaschenbovist, *Lycoperdon perlatum*, ist der häufigste Vertreter der Stäublinge. Sein erst weißes Äußeres wird schließlich hellbraun. Dann öffnet sich am Scheitel ein Loch, durch das die Sporen wie eine Rauchwolke ins Freie gelangen.

Bogenstraße *(benannt 1957, Stadtteil Vaihingen)* Nach der bogenförmigen Führung der Straße, siehe auch →Pfeilstraße.

Bogert, Im siehe →Im Bogert.

Bolzstraße *(benannt 1945, Stadtteil Stuttgart-Mitte)* Eugen Bolz (geboren am 15. Dezember 1881 in Rottenburg am Neckar, hingerichtet am 23. Januar 1945 in Berlin-Plötzensee). Bolz war 1912 bis 1933 Abgeordneter der Zentrumspartei im Reichstag und Landtag, ab 1919 württembergischer Justizminister, ab 1923 Innenminister von Württemberg. Am 8. Juni 1928 wurde Eugen Bolz zum württembergischen Staatspräsidenten gewählt. Bolz kämpfte gegen die aufkommende Hitlerbewegung und verfocht mutig die Demokratie. Nach der »Machtergreifung« der Nationalsozialisten wurde Bolz am 15. März 1933 zum Rücktritt gezwungen, im April verhaftet und von einer Menschenmenge beschimpft, die von der SA aufgeputscht worden war. Zunächst in das Gefängnis auf dem Hohenasperg gebracht, wurde er später wieder freigelassen. Er lebte dann in Stuttgart und schloss sich der Widerstandsbewegung um Beck, Goerdeler und Graf Moltke an. Nach dem Attentat auf Hitler wurde Bolz am 12. August 1944 verhaftet und nach Berlin gebracht. Der Volksgerichtshof verurteilte ihn am 21. Dezember 1944 zum Tod; im Januar 1945 wurde Bolz hingerichtet. – Ursprünglich bildete die Bolzstraße den Anfang der Schloßstraße. In der NS-Zeit hieß sie Ludendorffstraße nach dem preußischen General Erich Ludendorff (1865–1937), dem Gründer des antisemitischen Tannenbergbundes, Teilnehmer am Hitlerputsch 1923.

Bombaystege *(benannt 1993, Stadtteil Stuttgart-Nord)* Stadt Bombay (heute Mumbai), Indien, Partnerstadt von Stuttgart. Mumbai ist mit rund 15 Millionen Einwohnern die größte Stadt Indiens. Die Hauptstadt des Staates Maharashtra glänzt als Finanz-, Industrie- und Kulturmetropole sowie als der bedeutendste Hafen Indiens. Nach Los Angeles (Hollywood) ist Mumbai die Stadt, in der weltweit am meisten Filme produziert werden; es zählt allerdings auch zu den Städten mit den höchsten Lebenshaltungskosten der Welt. 1992/93 starben in Bombay bei Krawallen zwischen Moslems und Hindus 11 400 Menschen. Den Namen »Bombay« hat die konservative Stadtregierung 1995 in »Mumbai« geändert, nach der Hindu-Göttin Mumba Devi, die von den Ureinwohnern der Gegend, den Kolis, verehrt wird. – 1966 wollte Bombay eine Partnerschaft mit einer deutschen Stadt schließen. Die Wahl fiel auf Stuttgart als dem Sitz der Deutsch-Indischen Gesellschaft und der Deutsch-Indischen Handelskammer. Die Urkunden wurden am 11. März 1968 in Bombay und am 21. März 1968 in Stuttgart unterzeichnet.

Bonatzweg *(benannt 1957, Stadtteil Stuttgart-Nord)* Paul Bonatz (geboren am 6. Dezember 1877 in Solgne bei Metz, gestorben am 20. Dezember 1956 in Stuttgart), Architekt und Professor an der Technischen Hochschule Stuttgart. Der Stuttgarter Hauptbahnhof, 1914 bis 1922 von Bonatz und seinem Partner Friedrich E. Scholer erbaut, eröffnete eine neue Epoche der Baukunst, die im Zeichen der »Stuttgarter Schule« stand. Bonatz ließ hier die technischen Funktionen des 20. Jahrhunderts in der Architektur zur Geltung kommen. Der Verzicht auf stilisierendes Beiwerk hob die Qualitäten des Natursteins besonders hervor und sicherte so der Stadtlandschaft einen monumentalen Aspekt. Mit dieser Arbeit folgte Bonatz seinem Lehrmeister, dem Architekten Theodor Fischer, bei dem er in München studiert hatte, in dessen Büro er 1900 eingetreten und dem er 1902 nach Stuttgart gefolgt war. 1906 machten sich Bonatz und Scholer in Stuttgart selbständig; 1908 wurde Bonatz Fischers Nachfolger als Professor an der TH Stuttgart; den Lehrstuhl hatte er bis 1943 inne. Ab 1910 entfaltete das Büro Bonatz & Scholer eine umfangreiche Planungstätigkeit; es entstanden die Universitätsbibliothek Tübingen, die Stadthalle Hannover, das Staatsministerium und das Landtagsgebäude in Oldenburg, Schulen in Rottweil, Aalen, Göppingen, Heslach, Feuerbach sowie 1911 der Bebauungsplan für die Siedlung Ostenau in Stuttgart. 1912 errang das Büro den ersten Preis im Wettbewerb für den Stuttgarter Hauptbahnhof und somit den Bauauftrag. 1917/18 entwarf Bonatz Gefallenendenkmäler im Elsass, 1920 folgten Planungen für die Stadterweiterung Köln, 1922 bis 1927 entstanden Einfamilienhäuser in Stuttgart, Köln, Göppingen und anderen Orten. Ebenfalls 1922 baute Bonatz sein eigenes Haus am Bismarckturm in Stuttgart und entwarf das Ehrenmal auf dem Stuttgarter Waldfriedhof. Es folgten Großbauten wie das Juwelierhaus am Dom und der Entwurf zur Gestaltung der Domterrasse in Köln, der Zeppelinbau in Stuttgart, das Kunstmuseum Basel, das Freibad Untertürkheim, der Wasserturm und das Rathaus in Kornwestheim. Neue Aufgabenstellungen brachte für ihn 1926 bis 1928 die Mitarbeit am Neckarkanal, für den er Staustufen in Ladenburg, Rockenau, Heidelberg, Hirschhorn, Bad Cannstatt und Oberesslingen, das Kraftwerk Oberesslingen sowie die Neckarbrücken in Heidelberg und Heilbronn entwarf. Hier wie in acht weiteren Brücken, die er ab 1936 baute, machte er die technischen Funktionen zu Ausdrucksformen der Architektur, die sich harmonisch in die Landschaft einfügen sollten. 1938 bis 1941 fungierte Bonatz als Berater beim Bau der Reichsautobahnen. Schwierigkeiten mit dem NS-Regime entging er durch seine Berufung als Berater des türkischen Staatsarchitekten in Ankara 1943. In den Jahren 1944 bis 1946 baute er eine Wohnstadt in Ankara mit 450 Beamtenwohnungen, anschließend die Staatsoper in Ankara und eine Hängebrücke über den Bosporus. 1946 wurde er zum Professor für Entwerfen an der Technischen Universität in Istanbul berufen. 1948 kehrte Bonatz nach Stuttgart zurück; er begann mit dem Wiederaufbau des Stuttgarter Kunstgebäudes und erlebte noch den Wiederaufbau des Hauptbahnhofs. Siehe auch →Friedrch-Scholer-Straße.

Paul Bonatz

Bondorfer Weg *(benannt 1957, Stadtteil Vaihingen)* Gemeinde Bondorf, Landkreis Böblingen, 5200 Einwohner.

Bonhoefferweg *(benannt 1960, Stadtteil Fasanenhof)* Nach den in Breslau geborenen Brüdern Dietrich Bonhoeffer (geboren 1906, gestorben 1945), evangelischer Theologe, Direktor des Predigerseminars der Bekennenden Kirche, und Klaus Bonhoeffer (geboren 1901, gestorben 1945), Rechtsanwalt, die beide als Widerstandskämpfer von den Nationalsozialisten hingerichtet wurden.

Bonlandener Straße *(benannt 1939, Stadtteil Degerloch)* Stadtteil Bonlanden der Stadt Filderstadt, Landkreis Esslingen. Filderstadt ist am 1. Januar 1975 entstanden, als sich im Zuge der Gemeindereform die vorher selbständigen Orte Bernhausen, Bonlanden, Harthausen, Plattenhardt und Sielmingen zusammengeschlossen haben. Filderstadt hat 42 600 Einwohner, davon leben 9500 in Bonlanden.

Boockmann-Weg, Ruth- siehe → Ruth-Boockmann-Weg.

Bopfinger Weg *(benannt 1938, Stadtteil Bad Cannstatt)* Die Stadt Bopfingen, Ostalbkreis, 12 600 Einwohner, liegt am Fuße des Ipf.

Bopserklinge *(benannt 1924, Stadtteil Stuttgart-Süd)* Flurname, steiler Taleinschnitt am Bopser, siehe →Bopserstraße.

Bopserstraße *(benannt 1872, Stadtteile Stuttgart-Mitte und Stuttgart-Süd)* Schon 1436 wurde der Flurname »Bopzer« erwähnt. Auch der heute unbewaldete Teil an der Bopserwaldstraße war früher Waldgebiet. Der Flurname ist nicht sicher erklärbar. Möglicherweise ist er aus den mittelhochdeutschen Wörtern »bobe« (oben) und »ser« (schmerzend, auch als Steigerungswort gebraucht) zusammengesetzt; er würde dann so viel wie »sehr weit oben, sehr steil oben« bedeuten. Alte Gewanne mit dem Namen Bopser gibt es auch an anderen Stellen, beispielsweise in Heslach, Rohracker und Gerlingen.

Bopserwaldstraße *(benannt 1899, Stadtteil Stuttgart-Süd)* Die Straße führt in den Wald, der den Bopser überzieht, siehe auch →Bopserstraße.

Bopserweg, Am siehe →Am Bopserweg.

Borkumstraße *(benannt 1934, Stadtteil Neuwirtshaus)* Die westlichste und mit 36 Quadratkilometer größte der sieben ostfriesischen Inseln in der südlichen Nordsee hat breite Sandstrände und ist als Heilbad anerkannt.

Borsigstraße *(benannt 1936, Stadtteil Feuerbach)* Johann Carl Friedrich August Borsig (geboren am 23. Juni 1804 in Breslau, gestorben am 6. Juli 1854 in Berlin), Großindustrieller. Borsig war gelernter Zimmermann und Maschinenbauer. 1837 gründete er eine Maschinenfabrik mit Eisengießerei in Berlin, die Dampfmaschinen und ab 1841 Lokomotiven baute. Sie entwickelte sich zum größten Lokomotivhersteller Europas. Ende 1935 wurde die Borsig Lokomotiv-Werke GmbH mit der Rheinischen Metallwaren- und Maschinenfabrik AG zur Rheinmetall-Borsig AG verschmolzen. Nach schweren Luftangriffen im September 1943 kam die Lokproduktion zum Erliegen. Die 1950 neu entstandene Borsig AG wurde 1970 von der Deutschen Babcock & Wilcox AG übernommen. 2002 musste der Maschinenbaukonzern Insolvenz anmelden, die Auffanggesellschaft wurde 2003 an den japanischen Babcock-Hitachi-Konzern verkauft.

Bosch-Platz, Robert- siehe →Robert-Bosch-Platz.

Bosch-Straße, Robert- siehe →Robert-Bosch-Straße.

Boschwerk, Am siehe →Am Boschwerk.

Boskopweg *(benannt 1983, Stadtteil Rohracker)* Nach der Apfelsorte Boskoop, einem säuerlichen, sehr guten Mus- und Kochapfel. Die Sorte soll 1856 von K.-J. Ottolander in Boskoop bei Gouda (Niederlande) als fruchtender Trieb eines Wildlings entdeckt worden sein.

Boslerstraße *(benannt 1936, Stadtteil Stuttgart-Ost)* Boßler (794 m), Berg der Schwäbischen Alb bei Weilheim an der Teck.

Botnanger Steige *(benannt 1901, Stadtteil Stuttgart-West)* Führt zum Stadtteil Botnang.

Botnanger Straße *(benannt 1920, Stadtteil Stuttgart-West)* Führt zum Stadtteil Botnang.

Bottroper Straße *(benannt 1957, Stadtteil Bad Cannstatt)* Stadt Bottrop, Nordrhein-Westfalen, eine Industriestadt am Rhein-Herne-Kanal, 121 000 Einwohner.

Bottwarstraße *(benannt 1937, Stadtteil Zuffenhausen)* Nach zwei im landschaftlich reizvollen, weinreichen Bottwartal gelegenen Orten, nämlich der Stadt Großbottwar (8200 Einwohner) und nach Kleinbottwar (1700 Einwohner), einem Stadtteil von Steinheim an der Murr (insgesamt 11 300 Einwohner, siehe →Steinheimer Straße), Landkreis Ludwigsburg. – Ein Teil der heutigen Bottwarstraße hieß zunächst »Oben im Dorf«, dann Kirchstraße, ein anderer Teil Lange Gasse oder Gemeine Gasse, dann Lange Straße.

Brabandtgasse *(benannt 1957, Stadtteil Plieningen)* Alter Plieninger Familienname.

Brachetweg *(benannt 1937, Stadtteil Heumaden)* Der Flurname Brachet bedeutet unbebautes, brachliegendes Feld.

Brachvogelweg *(benannt 1972, Stadtteil Neugereut)* Der Große Brachvogel, *Numenius arquata,* lebt auf ausgedehnten feuchten Wiesen. Charakteristisch ist der lange, abwärts gebogene Schnabel. Er gehört zur Familie der Schnepfenvögel.

Brackenheimer Straße *(benannt 1938, Stadtteil Zuffenhausen)* Stadt Brackenheim, Landkreis Heilbronn, 14 700 Einwohner.

Brählesgasse *(benannt 1937, Stadtteil Bad Cannstatt)* Nach dem alten Stadtfischer- und Schiffmeistergeschlecht Brähle. – Von 1846 bis 1937 hieß die Gasse Fischergasse nach dem Fischer- oder Badtörle in der Stadtmauer und nach den Neckarfischern.

Brändle-Weg, Reinhold siehe →Reinhold-Brändle-Weg.

Brändströmweg *(benannt 1935, Stadtteil Steinhaldenfeld)* Elsa Brändström (geboren 1888 Sankt Petersburg, gestorben 1948 Cambridge, Massachusetts, USA), schwedische Philanthropin, linderte als Abgeordnete des schwedischen Roten Kreuzes 1914 bis 1920 das Los der deutschen Kriegsgefangenen in Sibirien und wurde daraufhin »Engel von Sibirien« genannt.

Brahmsweg *(benannt 1928, Stadtteil Botnang)* Johannes Brahms (geboren am 7. Mai 1833 in Hamburg, gestorben am 3. April 1897 in Wien), Komponist. Mit zehn Jahren galt Brahms als pianistisches Wunderkind. 1862 übersiedelte er nach Wien und lebte dort als freischaffender Komponist. Seine Symphonien, seine Kammer- und Klaviermusik und seine Lieder sind klassizistisch-romantisch geprägt, formvollendet und oft sehr lyrisch.

Brandenkopfweg *(benannt 1957, Stadtteile Kaltental und Vaihingen)* Schwarzwaldhöhe im Ortenaukreis.

Brandgasse *(benannt um 1908, Stadtteil Feuerbach)* Die Bezeichnung geht auf einen großen Brand im Jahr 1800 in Feuerbach zurück.

Brandstraße, Obere siehe →Obere Brandstraße.

Brandstraße, Untere siehe →Untere Brandstraße.

Brandt-Straße, Willy- siehe →Willy-Brandt-Straße

Brauhofstraße *(benannt 1936, Stadtteil Hedelfingen)* Ortsbezogener Name.

Braunjörgweg *(benannt 1947, Stadtteil Möhringen)* Der Flurname geht wohl auf den Spitznamen des Besitzers zurück.

Braunweg *(benannt 1927, Stadtteil Stuttgart-Ost)* Friedrich (von) Braun (geboren 1850, gestorben 1904), Oberkonsistorialrat, Stadtdekan an der Hospitalkirche.

Brecht-Straße, Bertolt- siehe →Bertolt-Brecht-Straße.

Bregenzer Straße *(benannt 1938, Stadtteil Feuerbach)* Hauptstadt des österreichischen Bundeslandes Vorarlberg, am Ostufer des Bodensees und am Fuße des Pfänders gelegen, 27 100 Einwohner. – Bis 1938 hieß die Straße Breite Straße.

Breitensteinstraße *(benannt 1968, Stadtteil Plieningen)* Berg der Schwäbischen Alb bei Weilheim an der Teck.

Breite Straße *(benannt 1811, Stadtteil Stuttgart-Mitte)* Durch die einstige Obere Gasse, später Stadtschreibereigasse, floss schon im 13. Jahrhundert der Verkehr von der Innenstadt zum »Oberen Tor« und weiter in Richtung Schwarzwald. Den Graben vor der Stadtmauer (im Zuge der heutigen Königstraße) überspannte hier die Stadtschreibereibrücke. Im 14. und 15. Jahrhundert standen zu beiden Seiten der Straße die Gebäude des Katharinenspitals, eines Altersheims und Krankenhauses. Zum Abstellen von Wagen und Gerät vor dem Spital wurde die Straße verbreitert – daher der Name. Die Stadtschreiberei, nach der die Gasse zuvor benannt war, erledigte die Korrespondenz der Stadtverwaltung – früher konnte nicht jeder lesen und schreiben –, hatte aber auch Aufgaben des heutigen Haupt- und Personalamts, der Stadtkämmerei und des Stadtarchivs.

Breitlingstraße *(benannt 1906, Stadtteil Stuttgart-Ost)* Wilhelm (von) Breitling (geboren 1835 in Gaildorf, gestorben 1914 in Stuttgart), 1896 bis 1906 württembergischer Justizminister, 1901 bis 1906 zugleich württembergischer Ministerpräsident.

Breitscheidstraße *(benannt 1946, Stadtteile Stuttgart-Mitte und Stuttgart-West)* Rudolf Breitscheid (geboren am 2. November 1874 in Köln, gestorben am 24. August 1944 im KZ Buchenwald), Politiker. Breitscheid, ein promovierter Volkswirtschaftler, gründete 1908 zusammen mit Th. Barth und H. von Gerlach die Demokratische Vereinigung, schloss sich 1912 der SPD an, wurde nach der Parteispaltung 1915 Mitglied der USPD. 1915 bis 1923 war er Herausgeber des Wochenblatts »Der Sozialist«, 1918/19 preußischer Innenminister, ab 1920 zunächst für die USPD, nach deren Wiedervereinigung mit der SPD für diese Reichstagsabgeordneter und Fraktionsvorsitzender. Außenpolitisch arbeitete er für die Verständigung, unterstützte die Locarno-Politik Stresemanns und wurde in die deutsche Völkerbundkommission berufen. 1933 musste er in die Schweiz, dann nach Frankreich emigrieren, wo er 1940 von der Vichy-Regierung an die deutsche Gestapo ausgeliefert wurde. 1944 kam er bei einem Luftangriff auf das KZ Buchenwald, wo er inhaftiert war, um. – Im 19. Jahrhundert hieß die Straße Militairstraße, bis 1946 dann in der eingedeutschten Schreibweise Militärstraße. Siehe auch →Gutbrodstraße.

Breitschwertstraße *(benannt 1933, Stadtteil Mühlhausen)* Franz (von) Breitschwert (geboren 1804, gestorben 1858), 1837 bis 1858 Pfarrer in Mühlhausen, als Verfasser einer Chronik bekannt geworden.

Breitwiesenstraße *(benannt 1959, Stadtteil Möhringen)* Der Name der erstmals 1310 genannten Flur Breitwiese deutet auf ein ausgedehntes Wiesengelände hin. Es befand sich ursprünglich im Besitz des Möhringer Ortsherrn. Der Rohrer Weg (in Fortsetzung der heutigen Rohrer Straße) teilte das Grundstück in die obere und die untere Breitwiese. So ist es aus dem Jahr 1701 belegt.

Brennerstraße *(benannt 1894, Stadtteil Stuttgart-Mitte)* Benannt nach einer früher dort ansässigen Familie Brenner. Von 1350 bis 1811 hieß die Straße Judengasse, danach Judenstraße, da hier besonders viele Mitglieder der zweiten, vom 14. Jahrhundert an neu sich bildenden Stuttgarter Judengemeinde wohnten.

Brenner-Straße, Rudolf- siehe →Rudolf-Brenner-Straße.

Brenntenhau *(benannt 1957, Stadtteil Rohr)* Der Flurname bezeichnet ein Waldstück, das nach der Brandrodung zeitweise ackerbaulich genutzt wurde.

Brentenwaldstraße *(benannt 1952, Stadtteil Steckfeld)* Plieninger Waldteil, siehe →Brenntenhau.

Brenz-Platz, Johannes- siehe →Johannes-Brenz-Platz.

Brenzstraße *(benannt 1928, Stadtteil Bad Cannstatt)* Johannes Brenz (geboren am 24. Juni 1499 in Weil der Stadt, gestorben am 11. September 1570 in Stuttgart), Theologe und Reformator. Als Student in Heidelberg hörte Brenz zusammen mit seinem Kommilitonen Martin Bucer 1518 Luthers Disputation vor dem Generalkapitel der Augustinerkongregation; Brenz wie Bucer setzten sich seitdem für die Reformation ein. 1522 wurde Brenz Prediger in Schwäbisch Hall, wo er nach und nach Messe, Heiligendienst und Klosterwesen abschaffte. Den Streit um die Abendmahlslehre gewann er 1525 mit der »Schwäbischen Vereinbarung«, die 14 Theologen unterzeichnet hatten. Nach dem Ende des Bauernkriegs setzte er sich sehr für die Bauern ein. 1527/28 schuf Brenz den ältesten Katechismus der evangelischen Kirche, der 1536 in die erste württembergische Kirchenordnung überging. 1534 bestimmte ihn Herzog Ulrich von Württemberg zu seinem Berater bei der Einführung der Reformation; Brenz bearbeitete die württembergische Kirchenverfassung und ordnete die Universität Tübingen nach den Richtlinien Melanchthons. Nach dem Sieg der katholischen Seite verlangte der spanische Kanzler Granvella seine Auslieferung. Brenz verließ daraufhin bei Nacht und Nebel die Stadt und war vier Jahre auf der Flucht – auf Burg Hohenwittlingen bei Urach, Burg Hornberg bei Calw, in Mömpelgard, Straßburg und Basel. In dieser Zeit starb seine zurückgelassene Frau, mit der er vier Kinder hatte. Schließlich konnte er in die Öffentlichkeit zurückkehren, und 1550 ernannte ihn Herzog Christoph von Württemberg zu seinem Berater in kirchlichen Fragen. 1551 arbeitete Brenz an der »Confessio Wirtembergica« für das Konzil in Trient mit. 1553 wurde er zum Propst an der Stuttgarter Stiftskirche ernannt. Damit war er der höchste Geistliche der Landeskirche, deren Wiederaufbau nach dem Interim sein Verdienst ist. Brenz schuf die Große Kirchenordnung von 1559, in der er das Kirchen- und Schulwesen neu ordnete und die für andere Landeskirchen vorbildlich wurde. Die Klöster wandelte er in theologische Seminare um. Brenz verband eine wissenschaftlich fundierte, auf der Bibel fußende Theologie mit einer milden, auf Ausgleich gerichteten Kirchenpraxis und prägte so die württembergische Landeskirche. Neben Hegel ist Brenz der bedeutendste Theologe, dessen Name mit der Geschichte Stuttgarts eng verknüpft ist. Brenz' Leichnam bettete man unter der Kanzel der Stiftskirche zur letzten Ruhe. Siehe auch →Johannes-Brenz-Platz.

Brestlingweg *(benannt 1957, Stadtteil Sillenbuch)* Mundartliche Bezeichnung für Gartenerdbeere. In Sillenbuch gab es früher ausgedehnte Obstgärten und Beerenfelder.

Brettacher Straße *(benannt 1951, Stadtteil Rot)* Ortsteil Brettach der Gemeinde Langenbrettach (insgesamt 3400 Einwohner), Landkreis Heilbronn. Brettach liegt am Südhang des Baches gleichen Namens und ist auch durch den Brettacher Apfel bekannt. Er entstand 1911 aus einem Zufallssämling. Im Brettachtal wird noch heute viel Obstbau betrieben.

Brettheimer Weg *(benannt 1964, Stadtteil Zuffenhausen)* Ortsteil Brettheim der Gemeinde Rot am See (insgesamt 5100 Einwohner), Kreis Schwäbisch Hall. Hier trug sich 1945 die »Tragödie von Brettheim« zu: Am 7. April 1945 wurden vier Hitlerjungen durch Mitbewohner entwaffnet, als sie das Dorf in einem letzten sinnlosen Kampf gegen die einrückenden Amerikaner verteidigen wollten. Bauer Hanselmann, einer der Beteiligten, wurde noch in der gleichen Nacht wegen »Wehrkraftzersetzung« zum Tod verurteilt. Der Bürgermeister und der Ortsgruppenleiter weigerten sich, das Urteil zu unterschreiben und wurden zusammen mit Hanselmann am 10. April 1945 durch die SS erhängt. In der Folge dieses Ereignisses erklärte die SS Brettheim zu einem »Eckpfeiler der deutschen Verteidigung« und verhinderte so eine friedliche Übergabe des Ortes. Durch Fliegerangriffe und Artilleriebeschuss der Amerikaner wurde das Dorf zum brennenden Inferno, weitere 17 Menschen fanden den Tod. Im einstigen Rathaus von Brettheim informiert eine privat unterhaltene Gedenkstätte über »die Männer von Brettheim«.

Bretzfelder Straße *(benannt 1952, Stadtteil Rot)* Die Gemeinde Bretzfeld, Hohenlohekreis, sieht sich als »Tor zum Hohenloher Land«. Der Ort hat 11 500 Einwohner und liegt im Tal der Brettach, eines Nebenflusses des Kochers.

Johann Michael Breuning

Breuningstraße *(benannt 1931, Stadtteil Sonnenberg)* Johann Michael Breuning (geboren 1801, gestorben 1863), Möhringer Schultheiß.

Brigachstraße *(benannt 1934, Stadtteil Münster)* Einer der beiden Quellflüsse der Donau.

Brockenweg *(benannt 1936, Stadtteil Feuerbach)* Berg im Harz.

Brodbeckweg *(benannt 1936, Stadtteil Untertürkheim)* Georg Wilhelm Brodbeck (geboren 1782, gestorben 1859), Untertürkheimer Amtmann.

Brod-Weg, Max- siehe →Max-Brod-Weg.

Brombeerweg *(benannt 1936, Stadtteil Sillenbuch)* Die Brombeere, *Rubus fructiosus*, ist eine der bekanntesten Beerenarten. Sie gehört zur Gattung der Rosengewächse. In Sillenbuch gab es früher ausgedehnte Obstgärten und Beerenfelder.

Bromberger Straße *(benannt 1928, Stadtteil Bad Cannstatt)* Die polnische Stadt Bydgoszcz (deutscher Name: Bromberg) ist die Hauptstadt der gleichnamigen Woiwodschaft, eine Industriemetropole an der Mündung der Brahe in die Weichsel. Unter preußischer Herrschaft (1772 bis 1807 und 1814 bis 1919) nahm die Stadt einen großen Aufschwung.

Brommerstraße *(benannt 1957, Stadtteil Vaihingen)* Nach dem Vaihinger Schultheißen Stoffel Brommer (erwähnt um 1570).

Bronnäcker *(benannt 1911, Stadtteil Stuttgart-Ost)* Der Flurname bezeichnet ein nasses Gebiet mit unterirdischen Quellen.

Bruchsaler Straße *(benannt 1930, Stadtteil Bad Cannstatt)* Stadt Bruchsal, Landkreis Karlsruhe, zwischen Kraichgau und Oberrheinischer Tiefebene gelegen, bekannt für Wein und Spargel, 40 400 Einwohner. Sehr sehenswert ist das Bruchsaler Schloss.

Bruckenäcker *(benannt 1953, Stadtteil Vaihingen)* Der Flurname bezeichnet in der Nähe einer Brücke gelegene Äcker.

Bruckenschlegel, Im siehe →Im Bruckenschlegel.

Bruckmannweg *(benannt 1927, Stadtteil Stuttgart-Nord)* Peter Bruckmann (geboren 1865, gestorben 1937), Geheimer Hofrat in Heilbronn, Fabrikant, erster Vorsitzender des Deutschen Werkbundes, Förderer des Neckarkanals.

Brucknerstraße *(benannt 1928, Stadtteil Botnang)* Anton Bruckner (geboren am 4. September 1824 in Ansfelden, Oberösterreich, gestorben am 11. Oktober 1896 in Wien), Komponist. Bruckner war ab 1868 Professor für Generalbass, Kontrapunkt und Orgel am Wiener Konservatorium; als Orgelvirtuose und Improvisator unternahm er Konzertreisen nach Frankreich und England. Bruckner komponierte, stark von Richard Wagner beeinflusst, monumentale Symphonien und Kirchenmusik.

Bruckwiesenweg *(benannt 1935, Straßenführung geändert 1988, Stadtteil Untertürkheim)* Der Flurname bezeichnet die Wiesen bei der früheren Neckarbrücke.

Brückenstraße *(benannt 1846, Stadtteil Bad Cannstatt)* Nach der Wilhelmsbrücke. Bis 1835 führte nur eine 375 Fuß lange Brücke mit einer hölzernen Fahrbahn auf zwei hölzernen und sieben steinernen Pfeilern bei Cannstatt über den Neckar. 1835 bis 1838 ist dann nach Plänen von Eberhard Etzel (siehe →Etzelstraße) die 133 Meter lange, aus fünf Steinbögen gebildete Wilhelmsbrücke gebaut worden, die 1929 erneuert, 1945 gesprengt und 1949 wieder aufgebaut wurde. – Vor 1846 wurde die Straße einfach »Neckarvorstadt« oder »Weg nach Zazenhausen« genannt.

Brühl, Im siehe →Im Brühl.

Brühl, Unterer siehe →Unterer Brühl.

Brühlbachweg *(benannt 1936, Stadtteil Rohr)* Nach dem durch die Flur Brühl fließenden Bach, siehe →Brühlstraße. Vergleiche auch →Heßbrühlstraße, →Im Brühl, →Unterer Brühl.

Brühlstraße *(benannt 1928, Stadtteil Vaihingen)* Nach der Flur Brühl, die ein wasserreiches Wiesengelände in Ortsnähe bezeichnet, das meistens im Besitz der Ortsherrschaft war.

Brünner Steg *(benannt 1993, Stadtteil Stuttgart-Nord)* Die tschechische Stadt Brno (deutscher Name: Brünn) ist seit 1989 Partnerstadt von Stuttgart. Brünn ist mit 390 000 Einwohnern die zweitgrößte Stadt der Tschechischen Republik. Ihre bewegte Vergangenheit reicht bis ins 11. Jahrhundert zurück. Schon früh entwickelte sich Brünn dank seiner geographischen Lage zu einem Handelsknotenpunkt. Die große Zahl ihrer Textilfabriken brachte der einstigen Hauptstadt Mährens im 19. Jahrhundert den Namen »österreichisches Manchester« ein. Schwerpunkte der Wirtschaft sind heute Maschinenbau, Textilindustrie, elektronische Industrie und Baugewerbe. Ein modernes und in seiner Avantgarde-Architektur einzigartiges Messegelände aus den Zwanzigerjahren hat Brünn zu einer international anerkannten Messestadt werden lassen. Persönlichkeiten wie Gregor Mendel, der Entdecker der Vererbungsgesetze, der Komponist Leoš Janáček, die Architekten Adolf Loos und Ludwig Mies van der Rohe oder der Schriftsteller Milan Kundera stehen für die Bedeutung Brünns auf den Gebieten von Kunst und Wissenschaft. Brünn ist Bezirkshauptstadt und Sitz des Verfassungsgerichtshofs, des Obersten Gerichts sowie Universitätsstadt. Die Städtepartnerschaft zwischen Brünn und Stuttgart kam auf Anregung des tschechischen Außenministers Dusan Spácil zustande. Die Partnerschaftsurkunden wurden am 4. Dezember 1989 in Brünn unterzeichnet. Nach Brünn ist auch der →Brünner Weg benannt.

Brünner Weg *(benannt 1993, Stadtteil Stuttgart-Nord)* nach der tschechischen Stadt Brno (deutsch: Brünn); siehe →Brünner Steg.

Brüsseler Platz *(benannt 1998, Stadtteil Stuttgart-Mitte)* Nach der »europäischen Hauptstadt« Brüssel in Belgien (flämisch Brussel, französisch Bruxelles). Der Rat der Europäischen Union (EU) und die EU-Kommission haben in Brüssel ihren Sitz, außerdem Organe der EU wie der Wirtschafts- und Sozialausschuss oder der Ausschuss der Regionen. Neben Straßburg ist Brüssel zweiter Tagungsort des Europaparlaments. Außerdem fungiert es als Hauptstadt des Königreichs Belgien, als Sitz der Französischen und Flämischen Gemeinschaften Belgiens und – neben der Flämischen und der Wallonischen Region – als eine der drei Regionen des belgischen Föderalstaats. Mehr als 120 internationale Regierungsorganisationen und ungefähr 1400 internationale Nicht-Regierungsorganisationen sind hier angesiedelt. Das NATO-Hauptquartier befindet sich in Brüssel, die Westeuropäische Union hat hier ihren Sitz, das Generalsekretariat der Wirtschaftsunion Benelux ebenso wie die Flugsicherungsbehörde Eurocontrol. Auch der Weltverband der Arbeitnehmer, der Europäische Gewerkschaftsbund, der Internationale Bund Freier Gewerkschaften, die Union der Industrie- und Arbeitgeberverbände von Europa sowie der Europäische Verband der Führungskräfte sitzen in der belgischen Hauptstadt. Mit 159 Botschaften und 2500 Diplomaten ist Brüssel zudem das zweitwichtigste diplomatische Zentrum der Welt. Fast jeder dritte Einwohner der Region Brüssel ist Ausländer oder ausländischer Abstammung – die Stadt hat wahrlich internationalen Charakter. Über 2000 ausländische Unternehmen und mehr als 1000 internationale Verbände und Gesellschaften haben sich hier niedergelassen. Die Präsenz 60 ausländischer Banken macht Brüssel zum siebtgrößten Finanzmarkt der Welt. Brüssel ist internationaler Messestandort und zweitgrößter Kongressveranstaltungsort der Welt. Jedes Jahr finden hier etwa 16 000 große geschäftliche Konferenzen statt. Die Stadt selbst wurde im Jahr 695 erstmals urkundlich erwähnt und weist zahlreiche historische Sehenswürdigkeiten auf, so die Grand' Place, einen der schönsten alten Plätze Europas, und die Galeries Saint-Hubert von 1847, die ältesten glasüberdeckten Kaufhallen des Kontinents. Bekannt ist auch das Atomium, ein Überbleibsel der Weltausstellung von 1958. Im selben Jahr wurde Brüssel zum Sitz der Europäischen Wirtschaftsgemeinschaft, der heutigen Europäischen Union, gewählt.

Brunhildenweg *(benannt 1930, Stadtteil Degerloch)* In der Nibelungensage genannte Frau des Burgunderkönigs Gunter, siehe auch →Nibelungenstraße.

Brunnenrain *(benannt 1933, Stadtteil Zazenhausen)* Der Flurname deutet auf eine Quelle hin.

Brunnenstraße *(benannt 1846, Stadtteil Bad Cannstatt)* Führt zum Wilhelms- und Daimlerbrunnen am Sulzerrain. – Bis 1846 hieß die Straße Schmidener Gasse und teilweise Holzmarkt.

Brunnenwiesen *(benannt 1967, Stadtteil Riedenberg)* Der Flurname weist auf Wiesen bei einer Quelle hin.

Bruno-Frank-Straße *(benannt 1945, Stadtteil Heumaden)* Bruno Frank (geboren am 13. Juni 1887 in Stuttgart, gestorben am 20. Juni 1945 in Beverly Hills, Kalifornien, USA), Schriftsteller. Nach seiner Jugendzeit in Stuttgart – er entstammte einer wohlhabenden Bankiersfamilie – studierte er in Heidelberg, Tübingen, München und Straßburg Jura und promovierte zum Dr. phil. In München heiratete Frank die Tochter der Schauspielerin Fritzi Massary und wohnte benachbart zu Thomas Mann, dessen Freund er wurde. Er schrieb Lustspiele, historische Novellen und Romane, deren bekanntester »Trenck« (1926) wurde. Seine 1928 erschienene »Politische Novelle«

Bruno Frank

war ein Plädoyer für Völkerverständigung und eine Warnung vor dem aufziehenden Faschismus. Am Tag nach dem Reichstagsbrand 1933 emigrierte Bruno Frank zuerst in die Schweiz, nach Österreich, dann nach London, 1937 schließlich nach Kalifornien. Seit den Zwanzigerjahren waren englische Übersetzungen seiner Werke erschienen, so dass Frank in den USA schon einen gewissen Bekanntheitsgrad hatte. In seinem Haus in Beverly Hills, 513 North Camden Drive, schrieb er »Cervantes«, »Die Monduhr« und »Der Reisepaß«, für Hollywood verfasste er Filmdialoge. Auch hier war er wieder der Nachbar des ebenfalls emigrierten Thomas Mann, der nach Franks Tod schrieb: »Er wuchs, er stieg, der glücklich Begabte, arbeitete mit unnachlässigem Ernst an sich und griff mit reinstem Ehrgeiz nach immer höheren Kränzen.« Literaturfreunde schätzen seine »unschwäbischen«, phantasievollen psychologischen Erzählungen, die Spannungsbögen der historischen Sujets und die auch literarisch spürbare Wärme seiner Menschenfreundlichkeit. – Von 1933 bis 1945 hieß die Straße Bergerstraße nach einem SA-Oberführer.

Bruno-Jacoby-Weg *(benannt 1982, Stadtteil Degerloch)* Bruno Jacoby (geboren am 29. Mai 1853 in Magdeburg, gestorben am 28. Oktober 1918 in Stuttgart), Gründer der Stuttgarter Berufsfeuerwehr. Zunächst Brandmeister in Stendal, wurde er 1891 nach Stuttgart berufen, um die erste Stuttgarter Berufsfeuerwehr aufzubauen. Er gewann wegen seines großen persönlichen Einsatzes, seiner ungewöhnlichen Tatkraft und seines Organisationstalents bei den Stuttgartern große Popularität. Jacoby wird als »überragend an Gestalt und ge-

Bruno Jacoby

waltig an Stimme« geschildert. Obwohl er bei einem Dienstunfall ein Bein verloren hatte, das durch ein Holzbein ersetzt worden war, begleitete er jeden Einsatz persönlich. – Die Straße bildet die Zufahrt zur Degerlocher Feuerwache.

Bryestraße *(benannt 1874, Stadtteil Bad Cannstatt)* Nach der auf der linken Neckarseite gelegenen, im Mittelalter selbständigen Gemeinde Brye (Brie) und Altenburg, die im 15./16. Jahrhundert nach Cannstatt eingegliedert wurde. Burg Brie war vom 13. bis 15. Jahrhundert im Besitz der Ritter von Brie. Die Gemeinde wurde 1554 noch »Vorstadt zu Bry vor dem Brückenthor« genannt. Siehe auch →Altenburger Steige und →Auf der Altenburg.

Bubenhaldenstraße *(benannt 1918, Stadtteil Feuerbach)* Der Flurname könnte entweder nach den Buben in der Bedeutung von Knappen benannt worden sein oder nach einem Spielplatz der Dorfjugend.

Buberlesbach, Am siehe →Am Buberlesbach.

Buchauer Straße *(benannt 1936, Stadtteil Wangen)* Stadt Bad Buchau, Landkreis Biberach, 4100 Einwohner. Bad Buchau ist ein Thermalbadeort und liegt am Federsee, einem der größten Naturschutzgebiete Baden-Württembergs, zugleich Europa-Vogelreservat und EU-Schutzgebiet »Natura 2000«.

Buchenhofstaffel *(benannt 1979, Stadtteil Stuttgart-West)* Der »Buchenhof« war ein Luftkur-Hotel in der oberen Hasenbergsteige. Als Hotel garni bestand er bis 1982. Das ursprüngliche Haus im Schweizer Stil, das im Zweiten Weltkrieg zerstört wurde, umfasste auch eine Galerie mit großer Aussichtsterrasse. Der Warmbronner Dichter Christian Wagner pries sie im Gästebuch mit den Hexametern: »Willst du retten dich, Freund, aus Stuttgarts Straßengetriebe, suchen ein stilles Asyl, so flücht' zu der schattigen Höh' des Hasenberges hinan, wo dir winket ein Weinhaus, vornehm, edel, zumal als rebenumsponnene Villa. Oben der heil'ge Wald und unten das schwäb'sche Firenze, göttlich schwelgst du so in Wein und herrlichem Ausblick.«

Buchenländer Straße *(benannt 1951, Stadtteil Büsnau)* Die Anwohner der Straße waren vielfach Umsiedler aus dem Buchenland (Bukowina). Der Nordteil der seit 1918/19 rumänischen, vorher österreichischen Bukowina fiel 1940 an die Sowjetunion, woraufhin etwa 96 000 Deutsche nach Deutschland umgesiedelt wurden. Siehe auch →Adolf-Engster-Weg, →Eisenauer Weg, →Franztaler Weg, →Karlsberger Weg, →Kipperweg, →Neubauerweg, →Radautzer Straße und →Sonntagweg.

Buchenstraße *(benannt 1895, Stadtteil Stuttgart-Süd)* Die Rotbuche, *Fagus silvatica,* ist ein verbreiteter Waldbaum. – Bis 1895 hieß die Straße Bachstraße nach dem Nesenbach.

Buchfinkenweg *(benannt 1957, Stadtteil Vaihingen)* Der Buchfink, *Fringilla coelebs,* ist einer der häufigsten heimischen Singvögel.

Buchrain, Im siehe →Im Buchrain.

Buchwald, Im siehe →Im Buchwald.

Buchwaldstaffel *(benannt 1948, Stadtteil Stuttgart-Ost)* Der Flurname bezeichnet einen Buchenwald.

Budapester Platz *(benannt 1998, Stadtteil Stuttgart-Mitte)* Budapest, die Hauptstadt Ungarns, hat 1,8 Millionen Einwohner und ist der Verwaltungs-, Wirtschafts-, Verkehrs- und kulturelle Mittelpunkt des Landes. Schon in römischer Zeit lebten hier 30 000 Menschen. Die Donaumetropole beheimatet über die Hälfte der ungarischen Industrieunternehmen und mehr als 20 Hochschulen. – Das ungarische Kulturinstitut in Stuttgart ergriff 1995 die Initiative zur Begründung einer Städtepartnerschaft mit Stuttgart. Da der Gemeinderat jedoch neue Städtepartnerschaften generell ablehnte, wurde im Mai 1996 nur eine partnerschaftliche Zusammenarbeit zwischen dem XI. Bezirk Budapests (das in insgesamt 23 Bezirke aufgeteilt ist) und dem Stadtbezirk Bad Cannstatt besiegelt. Zwischen den Bezirken gab es zuvor schon Arbeitsbeziehungen, denn die Quellen in Budapest XI weisen die stärkste, die in Bad Cannstatt die zweitstärkste Mineralwasserschüttung Europas auf. Auch historische Parallelen existieren: Buda und Pest waren die beiden größten ungarischen Städte, als sie 1872 vereinigt wurden; Stuttgart und Cannstatt zum Zeitpunkt ihrer Vereinigung 1905 die größten Städte in Württemberg. Seit dem Bestehen der Partnerschaft findet ein reger kultureller Austausch statt, vor allem durch gegenseitige Besuche von Vereinen.

Büchlerstraße *(benannt 1929, Stadtteil Hofen)* Michael Büchler (geboren 1532, gestorben 1568), erster Pfarrkaplan in Hofen.

Büchsenstraße *(benannt 1811, Stadtteil Stuttgart-Mitte)* Nach dem 1515 erbauten und 1569 erneuerten Büchsenhaus (Schützenhaus) der Büchsenschützengesellschaft benannt, die 1500 gegründet wurde. – Die Straße wurde schon 1520 »besetzter Weg« (gepflasterter Weg) genannt, im 18. Jahrhundert im unteren Teil »Besezte-Weeg-Gaß« oder Stockgasse nach dem Stockgebäude, im oberen »Büchsen-Thor-Gaß«, da an ihrem Ende das Büchsentor einen Ausgang durch die Stadtmauer bot, die hier im Zuge der heutigen Schlossstraße verlief.

Büsnauer Platz *(benannt 1951, Stadtteil Büsnau)* Nach dem ehemaligen Büsnauer Hof, der 1109 als Besitz der Pfalzgrafen von Tübingen urkundlich genannt wurde.

Büsnauer Straße *(benannt 1892, Stadtteile Vaihingen und Büsnau)* nach dem Büsnauer Hof, siehe →Büsnauer Platz.

Bundschuhstraße *(benannt 1937, Stadtteil Weilimdorf)* Der »Bundschuh« war das Symbol der Bauern im Bauernkrieg 1525. Ein Bundschuh war ein Stück Leder, das mit einem Riemen um den Knöchel gebunden wurde und als Fußbekleidung diente. – Als »Weil im Dorf« noch eine selbständige Gemeinde war, hieß die Straße Mittelstraße.

Bunsenweg *(benannt 1927, Stadtteil Stuttgart-Nord)* Robert Wilhelm Bunsen (geboren am 30. März 1811 in Göttingen, gestorben am 16. August 1899 in Heidelberg), Chemiker und Naturforscher. Bunsen arbeitete ab 1836 als Lehrer für Chemie an der Polytechnischen Schule Kassel, 1839 ging er als außerordentlicher Professor für Chemie an die Universität Marburg, 1851 war er in Breslau tätig und von 1852 bis 1889 als Ordinarius für Chemie in Heidelberg. Bunsen arbeitete über Kakodylverbindungen, Gasanalyse und die elektrolytische Gewinnung von Magnesium, Calcium, Lithium und Aluminium mit Hilfe des von ihm erfundenen und nach ihm benannten Kohle-Zink-Elements, des galvanischen Bunsenelements. Er erfand die Wasserstrahlpumpe, das Fettfleck-Photometer, das Verfahren der Titration mittels Kaliumjodid, das Eiskalorimeter, das Bunsenventil und den Bunsenbrenner. Zu seinen wichtigsten Entdeckungen gehört die Ausarbeitung der Spektralanalyse mit Gustav Kirchhoff im Jahr 1859, mit deren Hilfe Bunsen in der Dürkheimer Sole Spuren der neuen Elemente Cäsium und Rubidium entdeckte.

Buowaldstraße *(benannt 1937, Stadtteil Sillenbuch)* Der Flurname bezeichnet einen Buchenwald. Noch um 1900 war ein Drittel des heutigen Sillenbuchs mit Wald bestanden. Die Buowaldstraße führte früher vom alten Sillenbucher Dorfkern nach Stuttgart; sie hieß deshalb vor 1937 Stuttgarter Straße.

Burckhardtstraße *(benannt 1920, Stadtteil Bad Cannstatt)* Karl (von) Burckhardt (geboren am 4. Januar 1818 in Cannstatt [heute Stuttgart-Bad Cannstatt], gestorben am 13. September 1888 in Wildbad [heute Bad Wildbad im Schwarzwald]), Arzt. Studierte Medizin und Chirurgie in Tübingen und Paris, wirkte lange Jahre als Badearzt in Wildbad. Durch seine Studien, so schrieb die »Schwäbische Chronik« nach seinem Tod, gewann er »die gründliche akademische Vorbereitung für seinen Beruf, dem er in den nächsten zehn Jahren als praktischer Arzt in seiner Vaterstadt Cannstatt mit Treue und Gewissenhaftigkeit und stets wachsendem Vertrauen oblag«. Als großer Musikliebhaber verband ihn mit dem Komponisten und Dirigenten Friedrich Silcher eine herzliche Freundschaft. 1855 wurde er zum königlichen Badearzt in Wildbad ernannt, von 1887 an durfte er sich auch Hofrat nennen. Bei seinen kaiserlichen und fürstlichen Patienten gewann er höchstes Ansehen. Er entwickelte ein freies, nicht von Schulmeinungen abhängiges Urteil. 1868 nahm er seine Entlassung, wohl wegen der ablehnenden Haltung der Finanzverwaltung gegenüber seinen Vorschlägen und Wünschen. Als Witwer wohnte er bei seinem Schwiegersohn, dem Esslinger Fabrikanten R. Merkel. 1888, kurz vor seinem Tod, wurde er zum Ehrenbürger von Cannstatt ernannt.

Burenstraße *(benannt um 1907, Stadtteil Zuffenhausen)* Südafrikanische Siedler holländischer Abkunft.

Burg, An der siehe →An der Burg.

Burgäckerstraße *(benannt 1929, Stadtteil Hofen)* Der Flurname bezeichnet ein ehemals zur Hofener Burg gehörendes Feld.

Burgauer Straße *(benannt 1957, Stadtteil Möhringen)* Ortsteil Burgau der Gemeinde Dürmentingen, Landkreis Biberach. Die bäuerliche Siedlung am rechten Ufer der Kanzach, unweit des Bussens, gehörte im 13. Jahrhundert Johann und Ludwig von Hornstein. Während Johann seinen Teil 1256 an das Kloster Salem verkaufte, wurden die Güter Ludwig von Hornsteins 1303 an die Kirche von Neufra gestiftet. Dies führte dazu, dass der Weiler mehr als 700 Jahre lang geteilt war. Nach der Auflösung des Klosters Salem kam der klösterliche Teil an die Fürsten von Thurn und Taxis, nach der napoleonischen Neuordnung des deutschen Südwestens gehörte er zum Staat Hohenzollern-Sigmaringen, ab 1849 als Teil der Rheinprovinz zu Preußen. Für den anderen Teil war die Stadtpfarrei Riedlingen und Neufra Standesherr, die Grundherrschaft ging jedoch an die Fürsten von Fürstenberg über und damit 1806 die Oberherrschaft an Württemberg. Während der preußische Teil selbständig blieb, wurde der württembergische nach Heudorf und dieses 1934 nach Dürmentingen eingemeindet. Bis zur Kreisreform 1968 gehörten die beiden Gemeindeteile zu verschiedenen Landkreisen. Die Gemeinde hatte zwar eine gemeinsame Markung und auch nur einen Bürgermeister, jedoch keinen Gemeinderat. Wenn es etwas zu beraten oder zu beschließen gab, lud der Schultheiß alle Einwohner in den »Preußischen Hof« zur Bürgerversammlung.

Die Lasten der Gemeinde wurden, so weit möglich, nach den tatsächlichen Anteilen aufgeteilt, wo dies nicht ging, durch Los dem einen oder anderen Teil zugeschlagen. Kirchlich wurde schon 1810 der ganze Weiler, der katholisch war, der Pfarrei Dürmentingen zugeteilt. So kam es, dass die gesamte preußische Provinz Hohenzollern zum Bistum Freiburg gehörte – außer der Gemeinde Burgau, die dem Bistum Rottenburg unterstellt war. Erst 1969 wurde auch der hohenzollerische Teil Burgaus nach Dürmentingen eingemeindet, das Kondominat hatte ein Ende.

Um die Teilung der Gemeinde ranken sich allerlei Anekdoten. So verlief die preußisch-württembergische Grenze mitten durch den einzigen Gasthof des Weilers, den »Preußischen Hof«. Wenn in Württemberg um 23 Uhr die Polizeistunde gekommen war, konnte man einfach ins Nebenzimmer gehen, denn in Preußen durfte bis 24 Uhr ausgeschenkt werden. Auch durchs Armenhaus verlief die Staatsgrenze. Dort wurde einmal ein Bub geboren. Als er zum Militär eingezogen werden sollte, konnte nicht mehr festgestellt werden, ob er im preußischen oder im württembergischen Teil des Hauses zur Welt gekommen war. Man erklärte ihn deshalb für staatenlos. Burgau hat heute 53 (in Worten: dreiundfünfzig) Einwohner, Dürmentingen insgesamt 2550. Auch im Laufe seiner wechselhaften Geschichte lebten in Burgau wohl nie mehr als 75 Seelen.

Burgenlandstraße *(benannt 1938, Stadtteil Feuerbach)* Österreichisches Bundesland. – Bis 1938 hieß die Straße Eychstraße.

Burgfelder Straße *(benannt 1957, Stadtteil Möhringen)* Stadtteil Burgfelden der Stadt Albstadt, Zollernalbkreis. Burgfelden liegt auf dem Gipfel des Böllat (912 m) und ist mit 340 Einwohnern der kleinste Stadtteil Albstadts, das insgesamt 48 500 Einwohner hat.

Burggrafenweg *(benannt 1957, Stadtteil Kaltental)* Nach den Burggrafen von Kaltental. Der Weg hieß zuvor Brandsteig nach dem im Jahr 1470 erstmals urkundlich erwähnten Gewann »Der hintere Brand«, das teilweise auf Kaltentaler, teilweise auf Möhringer Markung lag. Sein Name verwies darauf, dass hier Wald durch Brandrodung in Ackerland umgewandelt worden war. Der Weg war Teil des alten Pfades von Kaltental nach Möhringen.

Burghaldenstaffel *(benannt 1938, Stadtteil Feuerbach)* Die Staffel führt in den →Burghaldenweg.

Burghaldenweg *(benannt 1939, Stadtteil Feuerbach)* Der Flurname geht auf die nahe gelegene ehemalige Burg Frauenberg zurück, siehe

Burggrafenweg: Burg »Kaltenstall by stukart 1515«, Silberstiftzeichnung aus dem Skizzenbuch von Hans Baldung Grien (Original im Kupferstichkabinett Berlin)

→An der Burg, vergleiche auch →Burgherrenstraße, →Feuerbacher Heide, →Frauenbergweg und →Helmstettstraße).

Burgherrenstraße *(benannt 1938, Stadtteil Feuerbach)* Führt am Hang der ehemaligen Burg Frauenberg entlang, siehe →An der Burg, vergleiche auch →Burghaldenweg, →Feuerbacher Heide, →Frauenbergweg und →Helmstettstraße. – Bis 1938 hieß die Straße Schloßbergstraße.

Burgholzstraße *(benannt 1951, Stadtteile Bad Cannstatt und Münster)* Der Flurname könnte auf einen ehemals zur Altenburg gehörenden Wald zurückgehen.

Burgstallstraße *(benannt 1891, Stadtteil Stuttgart-Süd)* Einstiger herrschaftlicher Wald, der seinen Namen von einer abgegangenen mittelalterlichen Burg hat. Diese wurde bereits 1312 als »Burgstall« erwähnt.

Burgstraße *(benannt um 1936, Stadtteil Kaltental)* Nach der Burg der Herren von Kaltental, die 1796 bis 1837 abgetragen wurde.

Burgunderstraße *(benannt 1938, Straßenführung geändert 1982, Stadtteil Zuffenhausen)* Ostgermanischer Volksstamm.

Burtenbachstraße *(benannt 1957, Stadtteil Stammheim)* Nach der Familie Schertlin von Burtenbach, die 1588 bis 1737 Besitzer von Stammheim, Zazenhausen und Neuwirtshaus war. Siehe auch →Schertelstraße und →Ursulastraße.

Buschlestraße *(benannt 1957, Stadtteil Stuttgart-West)* Eugen Buschle (geboren 1849, gestorben 1906), Möbelfabrikant in Stuttgart. Die von Eugen Buschles Vater Benjamin Buschle 1847 eröffnete Bau- und

Möbelschreinerei befand sich zunächst in der Rosenstraße. Schon 1854 musste Benjamin Buschle seine Räumlichkeiten erweitern. In der Weberstraße 102, Ecke Rosenstraße, sollte ein neues Werkstattgebäude und ein Lagerhaus errichtet werden. Doch das Baugesuch wurde abgelehnt. In der unteren Augustenstraße, auf dem Areal der heutigen Buschlestraße, fand sich das geeignete Baugelände für die Möbelfabrik.

Busch-Weg, Wilhelm- siehe →Wilhelm-Busch-Weg.

Bußallee *(benannt um 1928, Stadtteil Zuffenhausen)* Waldallee, die in die Flur Buß führt. Buß bedeutet Geländeerhebung oder Berg. Von der großen Eiche auf der Schlotwiese führten einst sieben Alleen nach allen Richtungen; die Bußallee war eine davon.

Bussardweg *(benannt 1936, Stadtteil Wolfbusch)* Der Mäusebussard, *Buteo buteo,* ist der häufigste einheimische Greifvogel. Er schlägt vor allem Feldmäuse.

Bußbachstraße *(benannt 1937, Stadtteil Sillenbuch)* Der Flurname bezeichnet einen am Fuß einer Geländeerhebung (Buß) entspringenden Bach. – Vor 1937 hieß die Straße Brunnengasse. Im alten Dorf Sillenbuch gab es nämlich früher nur einen Brunnen; hier mussten alle Bewohner ihr Wasser holen. Nur wenige Bauern besaßen eigene Pumpbrunnen. In den Jahren 1901 bis 1903 wurde schließlich eine Wasserleitung gebaut, die den Wassermangel beseitigte. Siehe auch →Tuttlinger Straße.

Bussenstraße *(benannt 1938, Stadtteil Stuttgart-Ost)* Der Bussen (767 m) ist der höchste Berg Oberschwabens. Zum Kirchlein auf dem »heiligen Berg« werden noch immer viele Wallfahrten unternommen. Bei klarem Wetter überblickt man von hier aus ganz Oberschwaben bis zu den Alpen.

Cäsar Flaischlen

Byrnes-Straße, James-F.- siehe →James-F.-Byrnes-Straße.

Cäsar-Flaischlen-Straße *(benannt 1924, Stadtteile Stuttgart-Nord und Stuttgart-West)* Cäsar Flaischlen (geboren 1864 in Stuttgart, gestorben 1920 in Gundelsheim), Lyriker, Dramatiker und Erzähler. Flaischlen war das Pseudonym von Cäsar Friedrich Stuart. Flaischlen leitete 1895 bis 1900 in Berlin die Kunstzeitschrift Pan. Seine bekanntesten Werke sind »Jost Seyfried«, 1905, ein autobiographischer Roman, die Romane »Lehr- und Wanderjahre« (1899) und »Im Schloss der Zeit« (1904) sowie der Gedichtband »Von Alltag und Sonne« (1908). Sein bekanntestes Gedicht ist »Hab Sonne im Herzen«. Flaischlen war einer der meistgelesenen Autoren seiner Zeit.

Cahn-Weg, Arnold- siehe →Arnold-Cahn-Weg.

Calwer Platz *(benannt 1994, Stadtteil Stuttgart-Mitte)* Platz am Ende der →Calwer Straße.

Calwer Straße *(benannt 1811, Stadtteil Stuttgart-Mitte)* Die Calwer Straße ist aus der Heigelinschen Gasse (nach einem dort ansässigen Bäcker Heigelin) und der Stallmeistereygasse (auch Stallmeisters Gasse, Volle Gasse oder Gelbe Gasse genannt) hervorgegangen. Ihre jetzige Bezeichnung verdankt sie dem Calwer Tor, dem Stadttor an der Straße nach Calw. Es wurde im 16. Jahrhundert zusammen mit der Ummauerung der Oberen Vorstadt errichtet und stand etwa dort, wo heute die Paulinenstraße auf die Rotebühlstraße trifft. Zunächst hieß das Tor Reinsburger Tor, dann Rotebildtor nach einem roten Bildstock, der dort stand (siehe →Rotebühlplatz), ab 1811 schließlich Calwer Tor. Im Jahr 1836 wurde das Torgebäude abgebrochen, nachdem schon Jahrzehnte vorher der Schlagbaum einige hundert Meter stadtauswärts verlegt worden war. Der Fernhandelsweg nach Calw existierte schon im 13. Jahrhundert; er verlief ungefähr im Zuge der Rotebühlstraße und dann über den Hasenbergrücken Richtung Weil der Stadt und in den Schwarzwald. – Abgeleitet von der Calwer Straße ist der →Calwer Platz benannt.

Camerer-Straße, Wilhelm- siehe →Wilhelm-Camerer-Straße.

Cannstatter Straße *(benannt 1936, Stadtteile Stuttgart-Mitte und Stuttgart-Ost)* Führt nach Bad Cannstatt. Vor 1936 hieß die Straße Ludwigsburger Straße; siehe auch →Königstraße.

Cardiffer Steg *(benannt 1993, Stadtteil Stuttgart-Nord)* Cardiff, die Hauptstadt von Wales, Großbritannien, ist seit 1955 Partnerstadt von Stuttgart. Cardiff, Sitz des Parlaments von Wales und Verwaltungssitz der Grafschaft Glamorgan, blickt auf 2000 Jahre Geschichte zurück: Schon im Jahr 75 errichteten die Römer dort eine Festung. Im 19. Jahrhundert war die Stadt am Bristolkanal der bedeutendste Kohle-Exporthafen der Welt. Heute sind die wichtigsten Exportgüter Eisen, Stahl und Zement, hinzu kommen Chemie- und Agrarprodukte. Durch nachhaltige Wirtschaftsförderung, die Umgestaltung der ehemaligen Dock- und Hafenanlagen und die Ansiedlung von Elektronik-, Datenverarbeitungs- und Dienstleistungsbetrieben hat die Stadt um die Wende vom 20. zum 21. Jahrhundert einen starken wirtschaftlichen Aufschwung erlebt. 80 Prozent der rund 1,1 Millionen Arbeitsplätze in der Region von Cardiff finden sich im Dienstleistungssektor. Die Stadt hat 330 000 Einwohner. – Der britische Generalkonsul in Stuttgart überreichte im Februar 1955 Oberbürgermeister Arnulf Klett ein Schreiben des britischen Außenministeriums. Darin wurde der Wunsch nach engeren Beziehungen zwischen Wales und dem Land Baden-Württemberg zum Ausdruck gebracht. Zugleich wurde die Städtepartnerschaft zwischen Stuttgart und Cardiff vorgeschlagen. Die Partnerschaftsurkunden wurden noch im selben Jahr unterzeichnet. Im Jahr 1990 bekräftigten Baden-Württemberg und Wales nochmals ihre Regionalpartnerschaft.

Cardiffer Weg *(benannt 1993, Stadtteil Stuttgart-Nord)* Nach der Stadt Cardiff, siehe →Cardiffer Steg.

Carl-Etzel-Straße *(benannt 1995, Straßenführung geändert 1998, Stadtteil Stuttgart-Mitte)* Carl Etzel (geboren am 6. Januar 1812 in Heilbronn, gestorben am 2. Mai 1865 in Kemmelbach bei Linz), Oberbaurat, Architekt und Eisenbahningenieur. Carl Etzel war der Sohn von Eberhard Etzel, dem Erbauer der Neuen Weinsteige (siehe →Etzelstraße). Er trat zunächst in das Büro seines Vaters ein, ging dann nach Paris, wo er am Bau der Bahn von Paris nach Saint-Germain beteiligt war, anschließend nach Wien, wo er neben einigen Privathäusern das Dianabad und die Wien-Gloggnitzer Bahn baute. 1843 wurde er nach Stuttgart berufen, wo er die Bahnbauten fürs Herzstück der ersten württembergischen Eisenbahn entwarf – den ersten Stuttgarter Hauptbahnhof in der heutigen Bolzstraße, die Untertunnelung des Rosensteins, den Viadukt bei Bietigheim und die Geislinger Steige mit ihrem Gefälle von 1 : 40. Im Jahr 1853 folgte Etzel einem Ruf in die Schweiz, wo er unter anderem die Bauten der Schweizerischen Zentralbahn leitete. 1857 nahm er einen Posten als Baudirektor der österreichischen Kaiser-Franz-Josephs-Orientbahn an, zwei Jahre darauf berief man ihn zum Baudirektor der Österreichischen Südbahngesellschaft. In dieser Eigenschaft projektierte er die Trasse der Brennerbahn, die die höchste Wasserscheide ohne kostspieligen Tunnel überquerte und als bahnbrechendes Meisterwerk gefeiert wurde.

Carlos-Grethe-Weg *(benannt 1933, Stadtteil Stuttgart-Nord)* Professor Carlos Grethe (geboren 1864 in Montevideo, Uruguay, gestorben

1913 in Nieuport, Belgien), Kunstmaler. Grethe ist in Hamburg aufgewachsen, und so blieb die Nordseeküste mit ihren Krabbenfischern lebenslang sein bevorzugtes Motiv. Studiert hat er in Karlsruhe und Paris; 1899 wurde er an die Stuttgarter Akademie der bildenden Künste berufen. 1905 gründete Grethe den Verein der Württembergischen Kunstfreunde.

Carlos-Straße, Don- siehe →Don-Carlos-Straße.

Chagall-Weg, Marc- siehe →Marc-Chagall-Weg.

Chamissostraße *(benannt 1934, Stadtteil Stuttgart-West)* Adelbert von Chamisso, eigentlich Louis Charles Adélaïde de Chamisso de Boncourt (geboren am 30. Januar 1781 auf Schloss Boncourt, Champagne, Frankreich, gestorben am 21. August 1838 in Berlin), Dichter und Naturforscher. Chamissos Familie emigrierte während der Französischen Revolution nach Deutschland. Chamisso selbst war preußischer Leutnant, beteiligte sich 1815 bis 1818 als Botaniker an einer russischen Weltumsegelung, die er in »Bemerkungen und Ansichten auf einer Entdeckungsreise« (1821) schilderte. Nach seiner Rückkehr wurde er Kustos im Botanischen Garten zu Berlin, später Vorsteher des Herbariums. Chamisso entdeckte den Generationswechsel der Manteltiere. Seinen Liederkreis »Frauenliebe und -leben« hat Robert Schumann vertont. Chamissos soziale Balladen wie »Die alte Waschfrau« beschreiben den Berliner Alltag und weisen auf die spätere Entwicklung der Dichtung im 19. Jahrhundert – etwa bei Gerhart Hauptmann – hin. Berühmt wurde Chamisso durch seine symbolisch-romantische Novelle vom verkauften Schatten, die seine eigene Vaterlandslosigkeit widerspiegelt, »Peter Schlemihls wundersame Geschichte« (1813).

Champignystraße *(benannt 1927, Stadtteil Vaihingen)* Nach den Kämpfen der Württemberger in Champigny bei Paris im Deutsch-französischen Krieg 1870.

Charlottenplatz *(benannt 1811, Stadtteil Stuttgart-Mitte)* Entstand durch die Abtragung des Äußeren Esslinger Tors und den Abbruch der umliegenden Gebäude, siehe →Charlottenstraße. Das Äußere Esslinger Tor war 1748 anstelle eines älteren Vorgängerbaus errichtet worden; es stand an der Ecke Esslinger Straße/Kanalstraße. 1807 wurde es an die untere Königstraße versetzt. – Von 1934 bis 1945 hieß der Platz »Danziger Freiheit« – ein propagandistisches Wortspiel. Der Versailler Vertrag nach dem Ersten Weltkrieg hatte die einstige Hauptstadt der Provinz Westpreußen, deren 384 000 Einwohner zu

96 Prozent deutscher Nationalität waren, als »Freie Stadt Danzig«, also als autonomen Staat, aus dem Deutschen Reich ausgegliedert. Mit »Freiheit« meinten die Nationalsozialisten aber nicht den Freistaat, sondern die von ihnen angestrebte »Befreiung« Danzigs aus der »polnischen Umklammerung« und die »Heimholung« der Stadt ins Deutsche Reich. Der Zweite Weltkrieg begann am 1. September 1939 um 4.45 Uhr in der Danziger Bucht, als das deutsche Schulschiff »Schleswig-Holstein« das Feuer auf ein polnisches Munitionsdepot auf der Danziger Halbinsel Westerplatte eröffnete.

Charlottenstraße *(benannt 1811, Stadtteil Stuttgart-Mitte)* Charlotte Auguste Prinzessin von Württemberg, geb. Prinzessin von Bayern (geboren am 8. Februar 1792 in Mannheim, gestorben am 9. Februar 1873 in Wien), erste Frau des damaligen Kronprinzen und späteren Königs Wilhelm I., Tochter des Königs Maximilian I. von Bayern. Für den Kronprinzen war die Ehe, die er 1808 einging, eine Zweckheirat, um der Heiratspolitik Napoleons zu entgehen. 1814 erbat das Paar die Auflösung seiner Ehe wegen gegenseitiger unüberwindlicher Abneigung und wegen Nichtvollzugs. Wenige Monate später wurde die Ehe säkular und 1815 vom Papst geschieden. Im Januar 1816 heiratete Prinz Wilhelm seine Kusine, Prinzessin Katharina von Rußland (→Katharinenplatz). Charlotte nahm als Zeichen des Neubeginns den Namen Caroline an und ging ebenfalls eine zweite Ehe ein – mit dem mehr als doppelt so alten, bereits dreimal verwitweten Kaiser Franz I. von Österreich. – Anders als sein Sohn schätzte König Friedrich seine Schwiegertochter sehr. Den nach ihr benannten Straßenzug ließ er errichten, nachdem Württemberg 1806 zum Königreich erhoben worden war und der König Stuttgart zu einer großzügigen Residenzstadt aus- und umbauen wollte. In dieser Zeit entstanden auch die Friedrichsvorstadt im Norden, die Gerbervorstadt im Süden sowie die →Neckarstraße. Die Charlottenstraße führte vom →Charlottenplatz zum Neuen Esslinger oder Charlottentor, das an der heutigen Kreuzung Olgastraße/Charlottenstraße errichtet wurde. Ihre Fortsetzung bis zur Alexanderstraße hieß »Vor dem Charlotten Thor«.

Chausseefeld, Im siehe →Im Chausseefeld.

Chemnitzer Straße *(benannt 1967, Straßenführung geändert 1982, Stadtteil Degerloch)* Die Stadt Chemnitz in Sachsen galt mit seiner Textil- und Maschinenbauindustrie einst als das Sächsische Manchester. Heute ist die viertgrößte Stadt Ostdeutschlands einer der führenden Industrie- und Technologiestandorte Deutschlands und bildet gleichzeitig das »grüne Tor zum Erzgebirge«. Von 1953 bis zur Wende 1990 – also auch in der Zeit, als die Chemnitzer Straße benannt wurde – hieß Chemnitz Karl-Marx-Stadt.

Cheruskerstraße *(benannt 1938, Stadtteil Zuffenhausen)* Germanischer Volksstamm.

Chiemseeweg *(benannt 1971, Stadtteil Hofen)* See in Oberbayern.

Chopinstraße *(benannt 1950, Stadtteil Botnang)* Frédéric François Chopin, ursprünglich Fryderyk Franciszek Chopin (geboren am 22. Februar 1809 in Zelazowa-Wola, Polen, gestorben am 17. Oktober 1849 in Paris), Komponist und Pianist. Ab 1832 lebte Chopin als gefeierter Konzertpianist in Paris. In seinen zahlreichen Klavierwerken entwickelte er einen lyrischen, sensiblen Stil mit romantisch-melancholischer Grundhaltung, großer Eleganz und Virtuosität. 1831 stieg Chopin auf seiner Reise von Wien über München nach Paris in Stuttgart im Gasthof »König von England« gegenüber der Stiftskirche ab. Hier komponierte er zwei Préludes und ein Scherzo. Hier erfuhr er auch, dass in Warschau, wo seine Angehörigen lebten, der polnische Aufstand von russischen Truppen niedergeschlagen worden war. Unter dem Eindruck der Nachricht phantasierte er nachts »wie wild« auf dem Flügel. So entstand seine berühmte »Revolutionsetüde« (Opus 10 Nr. 12), die er später seinem Freund Franz Liszt gewidmet hat.

Christian-Belser-Straße *(benannt 1969, Stadtteile Kaltental und Sonnenberg)* Christian Belser (geboren 1802, gestorben 1885), Verleger in Stuttgart. Am 12. September 1835 zeigte der Buchbinder des Königlichen Consortiums, Christian Jakob Belser, die Errichtung einer Buchhandlung an. Er tat kund, »für die Verbreitung religiöser und pädagogischer Schriften thätig zu seyn und von Zeit zu Zeit gute Schriften in eigenem Verlage herauszugeben«. 1856 erschien »Die Tierwelt Deutschlands und der Schweiz« mit zwölf Farbdrucktafeln. Der Erfolg des Werkes stellte, neben theologisch-didaktischem Schrifttum, die Zukunft der Firma sicher. Belser wurde zum renommierten Zeitungs- und Illustrierten-Verlag, der unter anderem den »Volksfreund aus Schwaben«, die »Württembergische Landeszeitung«, ab 1913 die »Süddeutsche Zeitung«, später dann das »Stuttgarter Evangelische Wochenblatt« herausgab. Heute gehört der Verlag zum Kosmos-Verlag und ist auf Kunstbände spezialisiert.

Christian-Gottlob-Barth-Weg *(benannt 1999, Stadtteil Riedenberg)* Christian Gottlob Barth (geboren am 31. Juli 1799 in Stuttgart, gestorben am 12. November 1862 in Calw), Pfarrer, Publizist, Verleger und

Naturforscher, einer der Köpfe der pietistischen Erweckungsbewegung. 1819 gründete Barth in Tübingen den ersten Studentenmissionsverein. Ab 1824 war er evangelischer Gemeindepfarrer in Möttlingen bei Calw und entfaltete bald eine rastlose »Reich-Gottes-Arbeit«: 1826 errichtete er in Stammheim bei Calw eine Kinderrettungsanstalt, in der bis 1860 über 400 Kinder aufgenommen wurden, 1828 gründete er das »Calwer Missionsblatt« und in der Folge acht weitere Zeitschriften. 1833 rief er den »Calwer Verlagsverein« ins Leben, aus dem der heute in Stuttgart ansässige Calwer Verlag hervorging. Wie nur wenige neben ihm hat Barth im 19. Jahrhundert in Württemberg den Werdegang der Erweckungsbewegung, deren einflussreiche pietistische Volksfrömmigkeit und die im Zeichen der Restauration stehende pietistische Kultur geprägt. Als Publizist ist Barth nach Auflagen und Zahl der Übersetzungen der erfolgreichste Autor des Protestantismus. Insgesamt hat er über 600 Schriften verfasst. Seine »Geschichte von Württemberg neu erzählt für den Bürger und Landmann« beginnt mit dem schönen Satz: »Der geneigte Leser muss vor allem wissen, dass es zwei gelobte Länder in der Welt gibt, das eine ist das Land Kanaan oder Palästina, das andere ist Württemberg.« Barths 1832 erschienenes Buch »Zweymal zwey und fünfzig biblische Geschichten für Schulen und Familien« wurde in mindestens 87 Sprachen übersetzt und war mit fünf Millionen verkauften Exemplaren nach der Bibel und dem Koran das weltweit meistgelesene Buch des 19. Jahrhunderts. Seine »Christliche Kirchengeschichte für Schulen und Familien« (1835) erlebte 24 Auflagen und 37 Übersetzungen. Auf dem Gebiet der Kinder- und Jugendliteratur hat Barth eine Ära begründet. Bereits seine erste Erzählung vom »Armen Heinrich« (1828) machte ihn über Deutschland hinaus bekannt; seine »Erzählungen für Christenkinder« sind allesamt stark pietistisch geprägt. Schließlich hat Barth die Gattung des Missionsliedes mitbegründet. Noch heute ist er im Evangelischen Gesangbuch mit dem eschatologischen Hymnus »Der du in Todesnächten erkämpft das Heil der Welt« (EG 257) vertreten. Erst 1838 gab Barth sein Pfarramt ab; sein Nachfolger in Möttlingen wurde Johann Christoph Blumhardt. Barth ist auch als Naturforscher hervorgetreten. Er hat zahlreiche hohe internationale Auszeichnungen erhalten. Der Weg wurde aus Anlass seines 200. Geburtstages nach Christian Gottlob Barth benannt.

Christophstraße *(benannt 1817, Stadtteil Stuttgart-Mitte)* Herzog Christoph von Württemberg (geboren am 12. Mai 1515 in Urach [heute Bad Urach], gestorben am 28. Dezember 1568 in Stuttgart), Sohn von Herzog Ulrich, regierte ab 1550, führte im streng lutherischen Geist die Reformation in Württemberg durch, legte die Basis für das vorbildliche Schulwesen des Landes, stärkte die Stellung der Landstände und gab der Regierung eine neue Organisationsform. Siehe auch →Gerberstraße.

Claire-Waldoff-Weg *(benannt 1991, Stadtteil Botnang)* Clara Wortmann, Künstlername: Claire Waldoff (geboren am 21. Oktober 1884 in Gelsenkirchen, gestorben am 22. Januar 1957 in Bad Reichenhall), Schauspielerin, Kabarettistin, Chansonnette. Sie wollte eigentlich Ärztin werden; aus finanziellen Gründen entschied sie sich dann aber für den Schauspiel-Beruf und nahm den Künstlernamen Claire Waldoff an. Ab 1907 hatte sie Engagements an Berliner Kabaretts und Varietés. Claire Waldoff spielte die »Berliner Göre«; mit ihrer einfachen, derb-witzigen Art, ihrem männlichen Auftreten mit Hemdbluse, Schlips und kurzen Haaren, mit ihrer einzigartigen Stimme und ihren eingängigen Schlagern und Chansons eroberte sie schnell die Herzen des verwöhnten Berliner Publikums. »Sie singt, wie der Berliner Spatz singt, unbekümmert, frech«, urteilte Kurt Tucholsky, der auch Texte für sie schrieb. Mit Beginn des Schallplattenvertriebs, vor allem aber mit dem neuen Medium Rundfunk wurde Claire Waldoff in ganz Deutschland bekannt. In den Zwanzigerjahren spielte sie auch in Operetten und Ausstattungsrevuen mit. 1933 erhielt sie zunächst Berufsverbot, dann wurden Bühnenvorstellungen von ihr jedoch geduldet, obwohl weder ihr Programm noch ihr Auftreten oder ihr Privatleben der nationalsozialistischen Ideologie entsprach. So war sie 1937 und 1938 auch im Stuttgarter Friedrichsbau-Theater zu sehen. Noch 1942 stand sie im besetzten Paris auf der Bühne. Versuche eines Comebacks nach Kriegsende scheiterten. Claire Waldoff hat auf dem Stuttgarter Pragfriedhof ihre letzte Ruhe gefunden.

Clara-Zetkin-Straße *(benannt 1946, Stadtteil Sillenbuch)* Clara Eißner (geboren am 5. Juli 1857 in Wiederau, Sachsen, gestorben am 20. Juni 1933 in Archangelskoje bei Moskau) war zunächst Lehrerin. Als 1878 die Sozialistengesetze in Kraft traten, wurde sie Mitglied der SPD. Sie lernte den russischen Revolutionär Ossip Zetkin (1850–1889) kennen, folgte ihm in die Emigration nach Paris und lebte unverheiratet bis zu seinem Tod mit ihm zusammen. Zetkins Namen (den nach französischem Recht auch ihre beiden Söhne trugen) führte sie als Schriftsteller-Pseudonym. Nach Zetkins Tod zog sie nach Stuttgart und übernahm beim J. H. W. Dietz Verlag die Leitung des SPD-Frauenblattes »Die Arbeiterin«. Das Nachfolgeblatt »Die Gleichheit« gab sie von 1892 bis 1917 heraus. In dieser Zeit war sie Mitglied des SPD-Parteivorstands, 1907 bis 1917 auch Sekretärin der Internationalen sozialistischen Frauenbewegung. Zeitlebens setzte sie sich für die Frauenemanzipation ein. 1899 hatte Clara Zetkin den Kunstmaler Georg Friedrich Zundel geheiratet; 1903 waren sie zusammen nach Sillenbuch gezogen, wo Rosa Luxemburg, August Bebel und selbst Lenin bei ihnen zu Gast waren (siehe auch →Friedrich-Zundel-Straße). 1917 trat Clara Zetkin von der SPD zur USPD über. Nach Kriegsende wurde sie in die württembergische verfassunggebende Landesversammlung gewählt, wo sie als erste Frau in einem deutschen Parlament das Wort ergriff. 1919 wurde Clara Zetkin Mitglied der KPD, für die sie von 1920 bis 1933 Reichstagsabgeordnete war. Seit 1920 lebte sie mit größeren Unterbrechungen in Moskau. Im Alter von 71 Jahren ließ sie sich von Georg Friedrich Zundel scheiden. Erblindet, geschwächt und wegen der »Machtübernahme« der Nationalsozialisten verzweifelt, starb sie 1933 in Archangelskoje bei Moskau. 400 000 Menschen gaben ihr die letzte Ehre; Stalin und Molotow trugen die Urne zur Kremlmauer, wo sie eingebettet wurde. – Die von der Gemeinderatsfraktion der Grünen beantragte Umbenennung des Karlsplatzes in Clara-Zetkin-Platz wurde vom Verwaltungsausschuss des Gemeinderats am 20. März 1991 abgelehnt. Zwei Jahre später liest man in einer Gemeinderatsdrucksache (Nr. 263/1993): »Das Bürgermeisteramt hat die Frage der Benennung einer anderen geeigneten Verkehrsfläche, wie in der Sitzung des Verwaltungsausschusses am 31. März 1993 zugesagt, geprüft, kann derzeit aber keinen der Bedeutung von Clara Zetkin angemessenen Vorschlag unterbreiten.« – Von 1937 bis 1946 hieß die Straße Böhmestraße nach dem im Ersten Weltkrieg gefallenen Militärpiloten Erwin Böhme.

Clara Zetkin

Claudiusstraße *(benannt 1899, Stadtteil Stuttgart-West)* Matthias Claudius (geboren 1740, gestorben 1815 Hamburg), Dichter. Von ihm stammt das Gedicht »Der Mond ist aufgegangen«.

Cleebronner Straße *(benannt 1938, Stadtteil Zuffenhausen)* Weinbaugemeinde Cleebronn, Landkreis Heilbronn, 2700 Einwohner.

Colmarer Straße *(benannt 1938, Stadtteil Zuffenhausen)* Stadt Colmar im Elsaß, 63 500 Einwohner. Bekannt sind die Kirche Saint-Martin mit Martin Schongauers »Madonna im Rosenhag« und das Museum Unterlinden, in dem Matthias Grünewalds Isenheimer Altar zu sehen ist. – Bis 1938 hieß die Straße Brunnenstraße, im alten Zuffenhausen einfach Gäßle.

Comburgstraße *(benannt 1936, Stadtteil Stuttgart-Ost)* Comburg bei Schwäbisch Hall. Graf Burkhard von Comburg-Rothenburg wandelte 1078 seine Burg in ein Benediktinerkloster um und wurde Mönch in seiner eigenen Stiftung. Der dritte Abt des Klosters, Hartwig, stiftete im 12. Jahrhundert ein wertvolles Antependium, also einen Altarvorsatz, und einen reich gestalteten Radleuchter, die beide noch erhalten sind. 1488 wurde das Kloster in ein adeliges Chorherrenstift umgewandelt. Um 1570 entsteht die 460 Meter lange Ringmauer, die fast völlig erhalten ist, und 1706 bis 1715 eine neue, barocke Hallenkirche. Nach der Säkularisation 1803 diente die Großcomburg als Sitz des Königlich-Württembergischen Ehreninvalidencorps, das alten, kriegsverletzten Soldaten eine Heimstatt bot. 1926 wurde schließlich in der Comburg die erste württembergische Heimvolkshochschule eingerichtet; seit 1947 ist hier die Staatliche Akademie für Lehrerfortbildung in Baden-Württemberg untergebracht. Auf einem Bergrücken gegenüber der Großcomburg liegt die 1108 gestiftete Kleincomburg; sie war für kurze Zeit Frauenkloster, dann Sitz der Verwaltung für die Großcomburg, ab 1673 Spital für arme Frauen, ab 1684 eine Kapuzinerniederlassung, von 1713 bis 1802 Kapuzinerkloster. Nach verschiedenen Nutzungen richtete der Staat hier eine Strafanstalt ein, bis heute dient die Kleincomburg der Vollzugsanstalt Schwäbisch Hall als Außenstelle.

Corelliweg *(benannt 1961, Stadtteil Botnang)* Arcangelo Corelli (geboren am 17. Februar 1653 in Fusignano bei Ravenna, Italien, gestorben am 8. Januar 1713 in Rom), Geiger und Komponist, Schöpfer des Concerto grosso.

Corneliusstraße *(benannt 1946, Stadtteil Sillenbuch)* Peter Cornelius (geboren am 24. Dezember 1824 in Mainz, gestorben am 26. Oktober 1874 in Mainz), Dichter und Komponist. – Von 1937 bis 1946 hieß die Straße Roonstraße nach dem Generalfeldmarschall und preußischen Kriegsminister Albrecht Graf von Roon (1803–1879).

Cottastraße *(benannt 1864, Stadtteil Stuttgart-Süd)* Johann Friedrich Freiherr Cotta von Cottendorf (geboren am 27. April 1764 in Stuttgart, gestorben am 29. Dezember 1832 in Stuttgart), Buchhändler, Verleger und Politiker. Wurde durch persönliche Beziehungen zu Schiller und Goethe der bedeutendste Verleger seiner Zeit. Er begründete den Ruf Stuttgarts als Verlagsstadt. Cotta verlegte unter anderem Goethes und Schillers Werke, die Werke Schlegels, Hölderlins und vieler Wissenschaftler und Technologen. Cotta gründete die für Jahrzehnte maßgebende »Allgemeine Zeitung«. Das »Morgenblatt für gebildete Stände« und zahlreiche Zeitschriften sorgten dafür, dass im Verlag die Fäden des deutschen Geisteslebens zusammenliefen. Cotta war 1826 bis 1830 Vizepräsident der Ständeversammlung, eines Vorläufers des Landtags. Die Straße verläuft in unmittelbarer Nähe der ehemaligen Cottaschen Druckerei. Siehe auch →Adolf-Kröner-Straße und →Melittastraße.

Crailsheimer Straße *(benannt 1937, Stadtteil Zuffenhausen)* Stadt Crailsheim, Landkreis Schwäbisch Hall, 32 000 Einwohner. Crailsheim ist die Stadt der Horaffen, das sind Hörnchen in Form einer liegenden 3. Sie gehen auf die Belagerung Crailsheims durch Schwäbisch Hall, Rothenburg und Dinkelsbühl 1379/80 zurück. Nachdem die drei Reichsstädte ein Vierteljahr lang versucht hatten, die Crailsheimer auszuhungern, wollten sie zum Sturm auf die Stadtmauer ansetzen. Vom letzten Mehl backten die Frauen jedoch Horaffen und warfen sie den Feinden zu. Die Frau des Bürgermeisters bestieg zudem die Mauer und zeigte ihren üppigen Hintern. Wer noch so viel Speck hat und genug Brot, um es an die Gegner zu verschenken, der ist nicht so leicht auszuhungern – dachten die reichsstädtischen Belagerer und zogen entmutigt ab. Zur Erinnerung an diesen unblutigen Sieg wird alljährlich am Mittwoch vor Fastnacht ein Stadtfeiertag gehalten, an dem die traditionellen Horaffen an Kinder verteilt werden. Jeweils Mitte September findet in Crailsheim außerdem das 1841 von König Wilhelm I. von Württemberg gestiftete Fränkische Volksfest statt.

Cranko-Weg, John- siehe →John-Cranko-Weg.

Creglinger Straße *(benannt 1937, Stadtteil Zuffenhausen)* Stadt Creglingen, Main-Tauber-Kreis, 5150 Einwohner. In der Herrgottskirche in Creglingen befindet sich der weltberühmte Marienaltar von Tilman Riemenschneider. Die Kirche liegt in der Stille des Herrgottstales, etwa einen Kilometer südlich von Creglingen. Äußerlich stellt das Bauwerk eine einmalige Leistung fränkischer Gotik dar. Neben anderen wertvollen gotischen Kunstwerken befindet sich inmitten der Kirche ein bedeutender Schnitzaltar von Tilman Riemenschneider, der Creglingen und die Herrgottskirche in der internationalen Kunstwelt zu einem festen Begriff gemacht hat. Die Betrachtung dieses Altars wird für jeden Besucher zu einem unvergesslichen Erlebnis. Sehenswert ist auch eine keltische Wohn- und Verteidigungsanlage mit Wall, Graben und Palisaden, die etwa 399 bis 250 v. Chr. errichtet wurde. Sie befindet sich im Stadtteil Finsterlohr, Wohnplatz Burgstall, und erstreckte sich ursprünglich über eine Länge von fünf Kilometern.

Curiestraße *(benannt 1999, Stadtteil Vaihingen)* Marie Curie, geb. Marya Sklodowska (geboren am 7. November 1867 in Warschau, gestorben am 4. Juli 1934 in Sancellemoz, Savoyen, Frankreich), Chemikerin und Physikerin. Im Alter von 24 Jahren folgte Marie Curie ihrer Schwester nach Paris, wo sie an der Sorbonne Mathematik und Physik studierte. Nach bravourös gemeisterter Abschlussprüfung wurde sie Doktorandin des Physikprofessors Antoine Henri Becquerel; die Promotion schloss sie allerdings erst zehn Jahre später, im Juni 1903, ab. Nachdem Becquerel 1896 die Strahlung des Elements Uranium entdeckt hatte, gelang es Marie Curie gemeinsam mit ihrem Mann, dem Physiker Pierre Curie, zwei bisher unbekannte Elemente zu isolieren: Radium und Polonium, das Marie Curie nach ihrer Heimat auf diesen Namen taufte. Die Strahlung nannte sie »radioaktiv«. Im Jahr 1900 nahm sie eine Stelle als Physiklehrerin an einer Mädchenschule in Sèvres an. Gemeinsam mit Becquerel erhielten Marie und Pierre Curie den Nobelpreis für Physik 1903 »für die Entwicklung und Pionierleistung auf dem Gebiet der spontanen Radioaktivität und der Strahlungsphänomene«. Als ihr Mann 1906 bei einem Straßenbahnunfall ums Leben kam, übernahm sie seinen Lehrstuhl an der Universität. Damit war Marie Curie die erste Frau, die an der Sorbonne lehrte. 1911 erhielt sie für die Isolierung des Elements Radium den Nobelpreis für Chemie. Sie ist bislang der einzige Mensch, der mit zwei Nobelpreisen ausgezeichnet wurde. Mit einer mobilen Röntgenstation, die sie zusammen mit ihrer Tochter Irène entwickelt hatte, verbrachte Marie Curie den Ersten Weltkrieg an der Front, um verletzte Soldaten vor Ort zu untersuchen. In den Zwanzigerjahren baute sie das Radium-Institut in Paris zu einem Zentrum der Nuklearphysik aus. Hoch geehrt und mit 19 Ehrendoktortiteln ausgezeichnet starb Marie Curie 1934 an Leukämie, einer Folge ihrer hochdosierten und langjährigen Kontakte mit radioaktiven Elementen. Im Jahr darauf erhielten auch ihre Tochter Irène und ihr Schwiegersohn Frédéric Joliot-Curie den Nobelpreis für Chemie.

Czaja-Weg, Doktor-Herbert- siehe → Doktor-Herbert-Czaja-Weg.

Dachswaldweg *(benannt 1930, Stadtteile Vaihingen und Kaltental)* Der Flurname bezeichnet ein nach dem Dachs benanntes Waldstück.

Dachsweg *(benannt 1935, Stadtteil Wolfbusch)* Der Dachs, *Meles meles,* gehört zur Familie der Marder. Er lebt in Wäldern und Parks.

Dachtlerstraße *(benannt 1937, Stadtteil Weilimdorf)* Nach der alteingesessenen Weilimdorfer Familie Dachtler, deren Mitglieder sich um das Wohl der früher selbständigen Gemeinde verdient gemacht haben. So waren Hans Dachtler 1674 bis 1679, Michael Dachtler 1796 bis 1810, Michel Dachtler um 1816 und Johannes Dachtler 1904 bis 1905 Bürgermeister beziehungsweise Gemeindepfleger von »Weil im Dorf«; Wilhelm Dachtler war um 1669 Heiligenpfleger. Katharine Dachtler ist in den Jahren 1789 bis 1831 als Weilimdorfer Hebamme genannt. – Als »Weil im Dorf« noch selbständig war, hieß die Straße im südlicheren Teil Kurze Straße, im nördlicheren Schmale Straße.

Däumlingweg *(benannt 1961, Stadtteil Möhringen)* Der Däumling ist der daumengroße Held aus den Kinder- und Hausmärchen der Brüder Grimm.

Dagobertstraße *(benannt 1937, Stadtteil Untertürkheim)* Erinnert an den 638 verstorbenen Frankenkönig Dagobert.

Dahlienweg *(benannt 1933, Stadtteil Sommerrain)* Die Dahlie, lateinisch *Dahlia,* ist eine verbreitete Gartenblume.

Dahn-Straße, Felix- siehe →Felix-Dahn-Straße.

Daiberweg *(benannt 1958, Stadtteil Bad Cannstatt)* Carl Heinrich Daiber (geboren 1815 in Encre, Frankreich, gestorben 1881 in Cannstatt [heute Stuttgart-Bad Cannstatt]). Rektor und Verfasser der »Beschreibung und Geschichte der Stadt Cannstatt«.

Daimlerbrücke *(benannt vor 1977, Stadtteil Untertürkheim)* Verbindet die Werksanlagen Bad Cannstatt/Untertürkheim der DaimlerChrysler AG mit dem linken Neckarufer. Siehe auch →Daimlerplatz.

Daimlerplatz *(benannt 1957, Stadtteil Bad Cannstatt)* Gottlieb Daimler, eigentlich Gottlieb Däumler (geboren am 17. März 1834 in Schorndorf, gestorben am 6. März 1900 in Cannstatt [heute Stuttgart-Bad Cannstatt]), Ingenieur, Erfinder und Unternehmer. Nach einer Lehre als Büchsenmacher arbeitete Daimler 1853 bis 1857 als Arbeiter in der auf Lokomotiven spezialisierten Maschinenbaufirma Rollé & Schwilgué in Grafenstaden (französisch: Graffenstade) im

Elsaß, anschließend studierte er an der Polytechnischen Schule in Stuttgart Maschinenbau. In den Jahren 1860 bis 1862 unternahm er Studienreisen nach Paris sowie in die damaligen Zentren des Maschinenbaus, nach Leeds, Manchester und Coventry. Anschließend ging er als Konstrukteur zur Metallwarenfabrik Straub & Schweizer in Geislingen, der späteren WMF, bis er 1865 eine Stelle als Leiter der Maschinenfabrik des Reutlinger »Bruderhauses« übernahm, wo er Wilhelm Maybach (siehe →Maybachstraße) als verlässlichen Mitarbeiter kennen lernte. 1869 wurde ihm der Vorstand sämtlicher Werkstätten der Karlsruher Maschinenbaugesellschaft übertragen; Daimler holte Maybach als Technischen Zeichner in das Unternehmen.

Gottlieb Daimler

Drei Jahre darauf übernahm er die Leitung der Konstruktionsabteilung der Gasmotorenfabrik Deutz bei Köln. Unter Daimlers Leitung brachte Maybach, der dem Freund wiederum gefolgt war, den vom Firmeninhaber Nikolaus Otto (1832–1891) konstruierten Otto-Motor zur Serienreife. Nach Meinungsverschiedenheiten mit Otto verließ Daimler 1882 das Unternehmen; als Abfindung erhielt er ein Deutz-Aktienpaket von nominell 112 000 Reichsmark, das bereits im folgenden Jahr 96 Prozent Dividende abwarf. In Cannstatt gründete Daimler mit diesem Kapital eine Versuchswerkstatt; 1883 wurde der von ihm gemeinsam mit Maybach entwickelte kleine, leichte Einzylinder-Viertaktmotor mit Glührohrzündung patentiert. Er funktionierte mit Benzin statt Gas. Bis 1885 wurde er zur so genannten »Standuhr« weiterentwickelt. Dieser schnelllaufende Verbrennungsmotor konnte in Fahrzeuge aller Art eingebaut werden. So konstruierte Maybach unter Daimlers Leitung 1885 das erste Motorrad der Welt, den »Reitwagen«. Daimlers Sohn Paul (1869–1945), der später an der Entwicklung der Flugzeugmotoren beteiligt war, unternahm die ersten Probefahrten. Im Jahr darauf fuhr auf dem Neckar in Cannstatt das erste Motorboot der Welt – und auf Cannstatts Straßen die erste »Motorkutsche«. Zusätzlich zur Versuchswerkstatt wollte Daimler nun eine Fabrik gründen. Am 5. Juli 1887 kaufte er für 30 200 Mark die ehemalige Vernickelungsanstalt Zeitler & Missel in

der Ludwigstraße 67 (heute Kreuznacher Straße) mit einem Gelände von 2903 Quadratmetern. Mit 23 Arbeitern, die er nach dem Motto »Das Beste oder nichts« ausgesucht hatte, nahm Daimler die industrielle Fertigung seiner Motoren auf. Hier entstanden motorisierte Draisinen, Lokomobile, Feuerwehrspritzen, Triebwagen und die erste selbstfahrende Straßenbahn der Welt.
Gleichzeitig mit Carl Friedrich Benz in Mannheim konstruierte Maybach in den Jahren 1886 bis 1889 einen Motorwagen; 1888 wurde der 2-Zylinder-V-Motor entwickelt. Ebenfalls 1888 rüstete Daimler – zwölf Jahre vor den Konstruktionen des Grafen Zeppelin – die Gondel eines Luftschiffes mit einem Motor aus. Der jahrtausendealte Traum vom gesteuerten Fliegen wurde Wirklichkeit, als sich am 10. August 1888 ein Daimler-Mechaniker namens Wirsum auf dem Cannstatter Seelberg mit dem motorisierten Ballon in die Lüfte erhob und nach Kornwestheim flog. 1890 folgte der 4-Zylinder-Reihenmotor, 1894 der »Phönix-Motor«, der vor allem in der Landwirtschaft und in der Industrie eingesetzt wurde. Im selben Jahr gewannen Fahrzeuge mit Daimler-Motoren das erste Autorennen der Welt auf der Strecke Paris–Rouen und der tausendste Daimler-Motor wurde hergestellt.
Um mehr Kapital zur Verfügung zu haben und den Absatz anzukurbeln, hatte Daimler schon 1888 die Daimler Motor Co. und 1890 die Daimler-Motoren-Gesellschaft AG gegründet; ein Drittel der Aktien hielt er selbst. Doch es kam zum Streit mit den anderen Anteilseignern. Zusammen mit Maybach richtete Daimler beim Cannstatter Hotel Hermann ein unabhängiges »Entwicklungszentrum« ein. Der britische Industrielle Frederick R. Simms initiierte 1892 die »Daimler Motor Syndicate, Ltd.« in London. 1893 verkaufte Daimler seine Aktien und verließ – zusammen mit Maybach – die Daimler-Motoren-Gesellschaft. Doch schon 1895 wurde er auf Druck von Simms wieder in seine alten Funktionen eingesetzt. Ebenfalls 1895 entstand der erste Daimlersche »Leichtmotor« speziell für Luftschiffe, 1896 der erste Lastwagen der Welt.
1897 gründete Daimler die »Daimler-Motorwagen-Kutscherei« in Stuttgart und erfand so auch den motorisierten Taxiverkehr. 1898 verkehrte zwischen Künzelsau und (Bad) Mergentheim der erste Motor-Omnibus der Welt – natürlich stammte er von Daimler. 1899 konstruierte Maybach schließlich auf Anregung des Kaufmanns Emil Jellinek (1853–1918) einen Rennwagen mit Bosch-Abreißzündung, den er nach Jellineks Tochter »Mercedes« nannte. Daimler hatte nun

schon 300 Beschäftigte, die in diesem Jahr 108 Automobile bauten. Am 6. März 1900 starb Daimler, der schon lange herzkrank war, in Cannstatt, nachdem er einige Monate zuvor bei einer Testfahrt vom Wagen gestürzt war. Nach einem Großbrand im Jahr 1903 wurde das Betriebsgelände nach Untertürkheim verlagert; 1926 fusionierte die Daimler-Motoren-Gesellschaft mit der Firma Benz & Cie. zur Daimler-Benz AG. 1998 vereinigten sich Daimler-Benz und Chrysler schließlich zur DaimlerChrysler AG.

Daimlerstraße *(benannt 1937, Stadtteil Bad Cannstatt)* nach Gottlieb Daimler, siehe →Daimlerplatz. – Von 1865 beziehungsweise 1871 bis 1937 hieß die Straße Karlstraße nach König Karl von Württemberg.

Damaschkestraße *(benannt 1933, Stadtteil Steinhaldenfeld)* Adolf Damaschke (geboren 1865 in Berlin, gestorben 1935 in Berlin), Sozialreformer, Gründer des Bundes Deutscher Bodenreformer.

Daniel-Stocker-Weg *(benannt 1984, Stadtteil Stuttgart-Ost)* Daniel Stocker (geboren am 9. Juli 1865 in Stuttgart, gestorben am 19. April 1957 in Stuttgart), Bildhauer. Wie sein jüngerer Bruder Rudolf studierte er an der Stuttgarter Kunstakademie bei Adolf von Donndorf. Bei einem längeren Italienaufenthalt vertiefte er seine Studien. Als freier Künstler ließ er sich in Stuttgart nieder; 1915 wurde er hier zum Professor ernannt. Seine Vorliebe galt größeren Plastiken, sein Stil siedelte zwischen Klassizismus und Naturnähe. Er schuf ein umfangreiches Werk an Kleinplastiken, Büsten, Gedenktafeln, Grab- und Denkmälern. Hervorzuheben ist die Bronzeplastik des Bocksprung-Brunnens am Stöckach (1912), die Brunnennymphe an der Alexanderstraße, die List-Büste in den Bopseranlagen und die Figur »Die Musik« auf der Attika des Großen Hauses. Für die Stadt Stuttgart schuf er 1938 die Plastik »Baldur und Erde«, die vor dem Leichenhaus im Pragfriedhof aufgestellt ist.

Danielweg *(benannt 1926, Stadtteil Luginsland)* Männlicher Vorname.

Danneckerplatz *(benannt 1997, Stadtteil Stuttgart-Mitte)* Johann Heinrich (von) Dannecker (geboren 1758 in Stuttgart, gestorben 1841 in Stuttgart), Bildhauer und Professor der bildenden Künste an der Karlsakademie. Auf der Hohen Karlsschule in Stuttgart erhielt Dannecker seine Bildhauerausbildung, dort gehörte er zum engeren Kreis um Schiller, mit dem ihn eine lebenslange Freundschaft verband. Dannecker war der bedeutendste Bildhauer Württembergs seiner Zeit und um 1800 neben Gottfried Schadow führender Vertreter des Klassizismus in Europa. Von ihm stammen unter anderem die Nymphengruppe, die sich früher im Oberen Schlossgarten befand, im Krieg zerstört und in einer Nachbildung im Rosensteinpark wieder aufgestellt wurde, die Brunnennymphe (früher am Neckartor, jetzt im städtischen Lapidarium) und eine Porträtbüste Schillers. Wegen seiner Gastfreundlichkeit berühmt war Danneckers Haus am Schlossplatz, das Atelier, Wohnhaus, Museum und Kunstschule zugleich war. Künstler, Gelehrte und Kaufleute, die nach Stuttgart kamen, machten Dannecker seine Aufwartung. Die »Danneckerei«, wie man sie nannte, wurde 1895 abgerissen. Ihre Nachfolger sind der Olga-Bau, der im Krieg zerstört wurde, und ein Neubau der Dresdner Bank. – An der Kreuzung Dannecker-/Stitzenburg-/Schickstraße entstand im Zuge von Baumaßnahmen ein kleiner Platz, auf dem am 11. November 1997 eine Dannecker-Büste enthüllt wurde. Dies wurde zum Anlass genommen, dem Platz als zusätzliche Ehrung den Namen Danneckers zu geben. Vergleiche auch →Rappweg.

Johann Heinrich Dannecker: Selbstbildnis

Danneckerstraße *(benannt 1884, Stadtteil Stuttgart-Mitte)* nach Johann Heinrich (von) Dannecker, siehe →Danneckerplatz.

Dantestraße *(benannt 2000, Stadtteil Stuttgart-West)* Dante Aleghieri (geboren im Mai 1265 in Florenz, gestorben am 14. September 1321 in Ravenna), italienischer Dichter. Dante widmete sich philosophischen und theologischen Studien und beteiligte sich am politischen Leben von Florenz, dessen bedeutendsten Künstlern er nahe stand. 1300 wurde er Prior des Stadtstaats von Florenz, zwei Jahre später von der päpstlichen Partei bei Todesstrafe aus Florenz verbannt; die letzten Jahrzehnte seines Lebens verbrachte er in Paris, Bologna, Padua, Verona und Ravenna. Dante ist der Schöpfer der italienischen Literatursprache. In seiner Schrift »Das Gastmahl«, dem ersten italienischen Sachbuch, erfasste er enzyklopädisch das gesamte philosophische Wissen seiner Zeit. Sein Hauptwerk »Commedia« (1307 bis 1321, ab 1555 »Divina Commedia« genannt) ist das größte christliche Weltgedicht. Das nach dem Vorbild der »Äneis« Vergils geschaffene Epos umfasst 14 230 Verse in toskanischer Mundart. Es beschreibt den Weg, der die sündige Seele zum ewigen Heil führt, und umfasst alle geistigen Themen des Mittelalters. Die »göttliche Komödie« ist in fast alle lebenden Sprachen, ins Lateinische, Griechische und Esperanto übersetzt worden.

Danziger Straße *(benannt um 1935, Stadtteil Sonnenberg)* Stadt Danzig (polnisch: Gdansk) in Polen, 460 000 Einwohner, eine Industriestadt an der Ostsee. Vergleiche auch die Bemerkungen zum NS-Namen »Danziger Freiheit« des →Charlottenplatzes.

Darmstädter Straße *(benannt 1957, Stadtteil Bad Cannstatt)* Stadt Darmstadt, Hessen, 139 000 Einwohner, bekannt als Wissenschaftsstadt mit Technischer Universität, zwei Fachhochschulen, vier Fraunhofer-Instituten und zahlreichen weiteren öffentlichen und privaten Forschungseinrichtungen. Ende des 19. Jahrhunderts bildete sich die Darmstädter Künstlerkolonie, die zu einem Zentrum des Jugendstils in Deutschland wurde (Mathildenhöhe, Hochzeitsturm).

Darwinstraße *(benannt 1946, Stadtteil Rohr)* Charles Darwin (geboren am 12. Februar 1809 in Shrewsbury, Großbritannien, gestorben am 19. April 1882 in Down, Kent, Großbritannien), Naturforscher. 1831 reiste er auf der »Beagle« nach Südamerika und zu den Galápagosinseln. Von dort brachte er eine Fülle an Beobachtungsmaterial mit, das die Grundlage für seine unfangreichen Arbeiten bildete, deren Hauptwerk »Die Entstehung der Arten durch natürliche Zuchtwahl« er 1859 veröffentlichte. Darin begründete Darwin – etwa gleichzeitig mit A. R. Wallace – die Selektionstheorie über die Entstehung der Arten (»Darwinismus«): Durch zufällige geringfügige Änderungen im Erbgut von Lebewesen entstehen unterschiedliche neue Eigenschaften (Variation). Die jeweiligen Umweltbedingungen, unter denen ein Organismus lebt, entscheiden darüber, ob diese neuen Eigenschaften von Vorteil sind (natürliche Auslese, Selektion). Vorteilhafte neue Eigenschaften können dann an die Nachkommen weitergegeben werden und sich so im »Kampf ums Dasein« durchsetzen.

Dattelweg *(benannt 1957, Stadtteil Riedenberg)* Dattel, Frucht der Dattelpalme, *Phoelix dactylifera.*

Die Maschinenfabrik Gebrüder Decker, Cannstatt, 1868

Davoser Weg *(benannt 1981, Stadtteil Riedenberg)* Stadt Davos in der Schweiz, 10 500 Einwohner, bekannt als internationaler Wintersportort.

Deckerstraße *(benannt 1869, Stadtteil Bad Cannstatt)* Ferdinand Decker (geboren 1835 in Cannstatt [heute Stuttgart-Bad Cannstatt], gestorben 1884 in Nürnberg), Ingenieur, Fabrikant und Gemeinderat, förderte die Erbauung des Druckwasserwerks. Decker gründete die Maschinenfabrik Gebrüder Decker & Co., die 1881 von der Maschinenfabrik Esslingen und 1929 von der AEG (Transformatoren-Union) übernommen wurde. Ab 1986 lag das Grundstück der Trafo-Union brach, verseuchtes Erdreich musste abgetragen werden. Bis Ende 2004 entsteht hier das Einkaufs- und Erlebniszentrum »Cannstatter Carré«.

Degen, Im siehe →Im Degen.

Degenfelder Straße *(benannt 1936, Stadtteil Wangen)* Stadtteil Degenfeld der Stadt Schwäbisch Gmünd, Ostalbkreis. Degenfeld liegt im Tal der Degenfelder Lauter zwischen dem Eierberg (756 m), dem Bernhardusberg (774 m), dem Hornberg (683 m) mit seiner international bekannten Segelflugschule, dem Kalten Feld (781 m) und dem Galgenberg (717 m) und hat knapp 500 Einwohner. 1971 wurde es nach Schwäbisch Gmünd (insgesamt 62 000 Einwohner) eingemeindet.

Degerlocher Straße *(benannt 1931, Stadtteil Sonnenberg)* Führt nach Degerloch.

Dehlinger-Straße, Alfred- siehe →Alfred-Dehlinger-Straße.

Dehmelweg *(benannt 1969, Stadtteil Sillenbuch)* Richard Dehmel (geboren am 18. November 1863 in Wendisch-Hermsdorf, gestorben am 8. Februar 1920 in Blankenese), Dichter in der Nachfolge von Nietzsche.

Deidesheimer Straße *(benannt 1937, Straßenführung geändert 1977, Stadtteil Weilimdorf)* Weinbau-Stadt Deidesheim an der Weinstraße, Rheinland-Pfalz, 3750 Einwohner.

Delpweg *(benannt 1960, Stadtteil Fasanenhof)* Alfred Delp (geboren am 15. September 1907 in Mannheim, hingerichtet am 2. Februar 1945 in Berlin), Jesuit, katholischer Theologe und Soziologe, arbeitete seit 1942 in der Widerstandbewegung des Kreisauer Kreises mit am Entwurf einer christlichen Sozialordnung. Wurde als Gegner des Nationalsozialismus im Juli 1944 verhaftet, vom Volksgerichtshof zum Tode verurteilt und hingerichtet.

Demetriusweg *(benannt 1967, Stadtteil Vaihingen)* Drama von Friedrich Schiller.

Dennerstraße *(benannt 1896, Stadtteil Bad Cannstatt)* Karl Denner (geboren 1813 in Cannstatt [heute Stuttgart-Bad Cannstatt], gestorben 1890 daselbst), Schuhmachermeister und Gemeinderat. Sein gleichnamiger Sohn, der in Cannstatt geboren wurde, aber in Zürich lebte, stiftete einen namhaften Betrag für die Erweiterung der Kursaalanlagen.

Dessauer Straße *(benannt 1943, Stadtteil Bad Cannstatt)* Stadt Dessau, Sachsen-Anhalt, 90 100 Einwohner, bekannt als Sitz des Bauhauses 1925 bis 1932.

Dettenhäuser Straße *(benannt 1939, Stadtteil Degerloch)* Gemeinde Dettenhausen im Naturpark Schönbuch, Landkreis Tübingen, 5300 Einwohner.

Deutschen Einheit, Platz der siehe →Platz der Deutschen Einheit.

Deyhleweg *(benannt um 1958, Stadtteil Stuttgart-Ost)* Altes Gablenberger Weingärtnergeschlecht.

Diakonissenplatz *(benannt 1900, Stadtteil Stuttgart-West)* Nach dem nahe gelegenen Diakonissenmutterhaus.

Diamantenweg *(benannt 1951, Stadtteil Stuttgart-Nord)* Der Diamant besteht aus reinem Kohlenstoff; er ist der härteste natürliche Stoff und einer der wertvollsten Edelsteine.

Dianaweg *(benannt 1951, Stadtteil Wolfbusch)* Diana, römische Göttin der Jagd.

Diedenhofer Straße *(benannt 1938, Stadtteil Zuffenhausen)* Stadt Diedenhofen (französisch: Thionville), Lothringen, Frankreich. Thionville ist eine Industriestadt (vor allem Schwerindustrie), liegt an der Mosel im Département Moselle und hat zusammen mit den Vororten 132 000 Einwohner.

Diemershaldenstraße *(benannt 1895, Stadtteile Stuttgart-Mitte und Stuttgart-Ost)* Der 1334 genannte Flurname geht auf den Personennamen Dietmar zurück.

Diepoldweg *(benannt 1957, Stadtteil Hedelfingen)* Nach dem mutmaßlichen Besitzer der früheren Burg über Hedelfingen, Diepold von Bernhausen, der 1286 bei Hedelfingen fiel.

Dieselstraße *(benannt 1937, Stadtteil Feuerbach)* Rudolf Diesel (geboren am 18. März 1858 in Paris, ertrunken am 29. September 1913 im Ärmelkanal), Ingenieur und Erfinder des Dieselmotors. Im Dieselmotor wird Luft durch den Kolben bis auf 55 bar verdichtet und damit bis auf 900° C erhitzt, so dass sich der eingespritzte Kraftstoff selbst entzündet. Der Motor hat einen hohen Wirkungsgrad. Diesel, der zunächst in England, dann in München studierte und sich später in der bayerischen Hauptstadt niederließ, erhielt 1892 das Patent auf seine Erfindung. Allerdings kam es zu jahrelangen Patentprozessen, die Diesels Gesundheit zerrütteten. Am 29. September 1913 stürzte er auf einer Schiffsreise nach England in den Ärmelkanal und ertrank. Vermutlich handelte es sich um Selbstmord.

Dietbachstraße *(benannt 1907, Stadtteile Untertürkheim und Luginsland)* Nach dem Dietbach und der Flur, in der er entspringt. »Diet« leitet sich vom althochdeutschen »diot« ab, das »Volk« bedeutet. Das würde auf eine frühe Besiedelung entlang des Baches hindeuten. Sicher ist, dass hier im Mittelalter ein Weiler bestanden hat. Auch nachdem das Dorf aufgegeben worden war, blieb die von Weinbergen umgebene Kelter weiter genutzt. Um 1840 wurde sie nach Fellbach an die Untertürkheimer Straße versetzt; als 1954 an dieser Stelle das Fellbacher Freibad gebaut wurde, hat man sie abgebrochen.

Dieterlestraße *(benannt 1938, Stadtteil Feuerbach)* Christian Friedrich Dieterle (geboren 1860, gestorben 1900), Schultheiß in Feuerbach. – Bis 1938 hieß die Straße Bachstraße.

Dietrich-von-Plieningen-Weg *(benannt 1997, Stadtteil Plieningen)* Dietrich von Plieningen (geboren 1453, gestorben 1520), Humanist.

Er machte die Heidelberger Universität zu einem Mittelpunkt des Humanismus und brachte sie zu großer Blüte. Ende des 15. Jahrhunderts war er Assessor beim Reichskammergericht und danach in bayerischen Diensten. Kaiser Maximilian I. schlug ihn zum Ritter.

Diezstraße *(benannt 1957, Stadtteil Rohr)* Diez von Rohr, Angehöriger des Ortsadels, genannt 1392 bis 1406.

Dilleniusstraße *(benannt 1912, Stadtteil Bad Cannstatt)* Friedrich (von) Dillenius (geboren 1819 in Stuttgart, gestorben 1884 in Bad Cannstatt), Geheimrat und Generaldirektor der württembergischen Staatseisenbahnen. Der Ausbau des württembergischen Eisenbahnnetzes und der Bodenseedampfschifffahrt ist auf ihn zurückzuführen.

Dillmannstraße *(benannt 1900, Stadtteile Stuttgart-Nord und Stuttgart-West)* Christian (von) Dillmann (geboren 1829 in Illingen, gestorben 1899 in Stuttgart), Oberstudienrat. 1872 wurde ihm die Leitung des Stuttgarter Realgymnasiums übertragen, dessen Errichtung im Wesentlichen auf seine Initiative zurückzuführen ist und das heute seinen Namen trägt.

Dillweg *(benannt 1957, Stadtteil Heumaden)* Der Dill, *Anethum graveolens,* ist eine Gewürzpflanze. Der Doldenblütler wird bis zu 1,30 Meter hoch und enthält ein ätherisches Öl.

Dinghofstraße *(benannt um 1902, Stadtteil Möhringen)* In den Möhringer Lagerbüchern wurde früh ein Dinghof (Fronhof) erwähnt, ein grundherrlicher Hof, wo Gericht (Ding oder Thing) gehalten wurde, Abgaben eingezogen und die Güter verteilt wurden. Siehe auch →Märzenbaumstraße.

Dinkelacker, Im siehe →Im Dinkelacker.

Dinkelsbühler Straße *(benannt 1928, Stadtteil Bad Cannstatt)* Stadt Dinkelsbühl, Bayern, 11 600 Einwohner. Dinkelsbühl liegt in Bayerisch-Schwaben an der Wörnitz, es ist vor allem wegen seines sehr gut erhaltenen mittelalterlichen Stadtbilds bekannt.

Dinkelstraße *(benannt 1957, Stadtteile Steckfeld, Birkach, Plieningen und Asemwald)* Der Dinkel, *Triticum spelta*, ging aus den Ur-Weizenformen Einkorn und Emmer hervor. Da die Hülsen (Spelzen) fest am Korn sitzen, reicht normales Dreschen nicht aus. Er ist im ökologisch orientierten Landbau sehr beliebt, da er für die Ernährung mehr bietet als der heutige Weizen. Die unreif geernteten Körner heißen Grünkern.

Dirschauer Straße *(benannt 1935, Stadtteil Bad Cannstatt)* Stadt Dirschau (polnisch: Tczew), Polen, liegt an der Weichsel und hat etwa

60 000 Einwohner. Die Benennung in der NS-Zeit erfolgte, weil es sich um eine »durch das Versailler Diktat dem Reich entrissene deutsche Stadt« handelte.

Dischinger Weg *(benannt 1935, Stadtteil Wolfbusch)* Nach der ehemaligen Burg Dischingen, von der Reste des Turms, eines Kellers und der Schildmauer erhalten sind. Der Weg hieß 1573 Burgweg, 1788 Tischinger Weg.

Distlerstraße *(benannt 1937, Stadtteil Frauenkopf)* Hans Distler (geboren 1864, gestorben 1935), Geheimer Hofrat, Augenarzt und Chefarzt des Marienhospitals. Er baute 1902 das erste Haus, ein Jagdhaus, im heutigen Stadtteil Frauenkopf.

Ditterich-Weg, Von- siehe →Von-Ditterich-Weg.

Ditzinger Straße *(benannt 1926, Straßenführung geändert 1990, Stadtteil Weilimdorf)* Führte früher nach Ditzingen. Die Stadt Ditzingen, Kreis Ludwigsburg, liegt im Strohgäu vor den Toren Stuttgarts und hat 23 500 Einwohner. – Als »Weil im Dorf« noch eine selbständige Gemeinde war, hieß die innere Ditzinger Straße (ab dem Knick) Leonberger Straße.

Dix-Weg, Otto- siehe →Otto-Dix-Weg.

Dobelbach, Am siehe →Am Dobelbach.

Dobelklinge *(benannt 1934, Stadtteil Stuttgart-Süd)* Die Begriffe Dobel (Tobel) und Klinge bezeichnen ein tief eingeschnittenes Tal. Hier fließt – heute unterirdisch – der Dobelbach (siehe →Am Dobelbach und →Dobelstraße).

Dobelstraße *(benannt 1876, Stadtteil Stuttgart-Mitte)* 1350 erstmals urkundlich erwähnte Flur am Dobelbach, siehe auch →Dobelklinge und →Am Dobelbach.

Döffinger Weg *(benannt 1957, Stadtteil Vaihingen)* Ortsteil Döffingen der Gemeinde Grafenau (insgesamt 6600 Einwohner), Landkreis Böblingen. Döffingen wird erstmals im Jahr 1075 als »Toffingen« urkundlich erwähnt.

Döhring-Straße, Sophie- siehe →Sophie-Döhring-Straße.

Döringstraße *(benannt 1957, Stadtteil Vaihingen)* Theodor Döring (geboren 1803 in Warschau, gestorben 1878 in Berlin), Schauspieler, 1838 bis 1843 in Stuttgart.

Doggenburgstraße *(benannt 1911, Stadtteile Stuttgart-Nord und Stuttgart-West)* Nach der in der zweiten Hälfte des 19. Jahrhunderts auf der Feuerbacher Heide errichteten Züchterei württembergischer Hatzrüden (Jagdhunde).

Doggerstraße *(benannt 1957, Stadtteil Vaihingen)* Dogger, die mittlere Schichtfolge der Jura-Formation, auch Brauner Jura genannt.

Doktor-Gotthilf-Schenkel-Weg *(benannt 2002, Stadtteil Zuffenhausen)* Gotthilf Schenkel (geboren am 19. Juli 1889 in Ostindien, gestorben am 10. Dezember 1960 in Esslingen am Neckar), Pfarrer und Kultusminister. Schenkel wurde als Sohn eines Missionars in Ostindien geboren; aufgewachsen ist er jedoch in Deutschland. Nach dem Theologiestudium in Tübingen, nach der Teilnahme am Ersten Weltkrieg und einer Tätigkeit als Vikar in Freudenstadt, Wildbad und Zuffenhausen übernahm er die Leitung der Stadtpfarrei in Zuffenhausen. Er wurde Mitglied der SPD und des »Bundes der religiösen Sozialisten Deutschlands«. 1933 war Schenkel der erste Pfarrer Württembergs, der vom NS-Regime aus seinem Amt vertrieben wurde – denn in Wort und Schrift hat er lange Jahre seine Einstellung gegen den rechten wie linken Radikalismus und besonders auch gegen den Nationalsozialismus geäußert.

Nach Ende des Zweiten Weltkriegs wirkte er als Stadtpfarrer in Oberesslingen. Außerdem erhielt er einen Lehrauftrag für Ethik und allgemeine Religionswissenschaften an der Technischen Hochschule in Stuttgart. Von Januar 1951 bis April 1952 war er Kultusminister des Landes Württemberg-Baden und nach der Gründung des Bundeslandes Baden-Württemberg bis September 1953 Kultusminister im Kabinett Reinhold Maier. Gegen den Widerstand der CDU setzte er durch, dass als Artikel 11 ein weitreichender Satz in die baden-württembergische Verfassung aufgenommen wurde: »Jeder junge Mensch hat ohne Rücksicht auf Herkunft oder wirtschaftliche Lage das Recht auf eine seiner Begabung entsprechende Erziehung und Ausbildung.« Neben dem Landtag gehörte Schenkel auch dem Esslinger Gemeinderat an. Schenkel veröffentlichte unter seinem Namen wie unter dem Pseudonym »Erasmus« einige Bücher, so 1949 eine große Gandhi-Biographie.

Doktor-Herbert-Czaja-Weg *(benannt 2002, Stadtteil Zuffenhausen)* Herbert Czaja (geboren am 5. November 1914 in Teschen, Schlesien, Österreich-Ungarn [heute Cieszyn, Polen], gestorben am 18. April 1997 in Stuttgart), Bundestagsabgeordneter, Präsident des Bundes der Vertriebenen. Nach dem Studium der Germanistik, Philosophie und Geschichte, das er mit der Promotion zum Dr. phil. abschloss, übte Czaja Lehrtätigkeiten an verschiedenen Schulen und der Universität Krakau aus. Er war Mitglied der anti-nationalsozialistischen Christlichen Deutschen Volkspartei in Ostoberschlesien. Von 1943 bis 1945 nahm er als Soldat der deutschen Wehrmacht am Zweiten Weltkrieg teil. Nach der Vertreibung aus seiner Heimat 1946 übte er seine Lehrtätigkeit in Stuttgart aus. 1946 schloss sich Czaja der CDU an, war in der Jungen Union tätig und Mitbegründer der Union der Heimatvertriebenen der CDU. Daneben wirkte er bei der Gründung landsmannschaftlicher Organisationen sowie des Hilfsverbands der Heimatvertriebenen in Stuttgart mit. Als Stadtrat engagierte er sich von 1947 bis 1953 vor allem in der Flüchtlingsfürsorge, im sozialen Wohnungsbau sowie in der Stadtplanung. Von 1953 bis 1990 gehörte Czaja als Abgeordneter für den Wahlkreis Stuttgart-Nord dem Bundestag an, wo er sich vor allem als Experte für Jugend- und Vertriebenenfragen einen Namen machte. Von 1970 bis 1994 leitete er den Bund der Vertriebenen. Im Privatleben galt Czaja als hilfsbereiter, verträglicher und auf Verständigung gerichteter Mensch, während er sonst für seine unbeugsame politische Haltung bekannt war.

Herbert Czaja

Doktor-Steinheil-Weg *(benannt 1997, Stadtteil Plieningen)* Sigmund Steinheil (geboren 1871, gestorben 1927). Steinheil war bis in die Zwanzigerjahre des 20. Jahrhunderts als Arzt in Plieningen tätig. Der Weg war schon vor seiner offiziellen Benennung im Volksmund unter diesem Namen geläufig.

Dolmetsch-Straße, Eugen- siehe →Eugen-Dolmetsch-Straße.

Don-Carlos-Straße *(benannt 1967, Stadtteile Kaltental und Vaihingen)* Drama von Friedrich Schiller.

Donizettistraße *(benannt 1961, Stadtteil Botnang)* Gaetano Donizetti (geboren am 29. November 1797 in Bergamo, Italien, gestorben am 8. April 1848 ebenda), Komponist, lebte in Paris und ab 1842 in Wien, schrieb Kirchenmusik und 74 Opern.

Donndorf-Weg, Karl- siehe →Karl-Donndorf-Weg.

Donnersbergstraße *(benannt 1936, Stadtteil Feuerbach)* Berg im Pfälzer Bergland.

Donzdorfer Straße *(benannt 1934, Stadtteil Wangen)* Stadt Donzdorf, Landkreis Göppingen, 11 200 Einwohner. Donzdorf liegt am Fuß des

Rehgebirges im Tal der Lauter, des größten Nebenflusses der Fils. Der Ort geht auf eine alamannische Siedlung aus dem 7. Jahrhundert zurück; nach der Schlacht im nahe gelegenen Christental – die Franken besiegten dabei die Alamannen – wurde er von Franken wiedergegründet. Jahrhundertelang war das Dorf zweigeteilt, weil sich die Eigentümer der Bergfesten Scharfenberg und Ramsberg die Herrschaft über den Ort teilten. Auf Schloss Scharfenstein hatten bis zum Beginn des 16. Jahrhunderts die Grafen von Rechberg ihren Stammsitz, das 1568 bezogene Neue Schloss, ein hübscher Renaissancebau, war bis 1991 Sitz der Gräflich von Rechberg'schen Standesherrschaft.

Dornbirner Straße *(benannt 1938, Stadtteil Feuerbach)* Dornbirn ist mit 40 700 Einwohnern die größte Stadt des österreichischen Bundeslandes Vorarlberg. – Bis 1938 hieß die Straße Gutenbergstraße nach dem Erfinder des Buchdrucks mit beweglichen Lettern (siehe →Gutenbergstraße).

Dornbusch, Unterer siehe →Unterer Dornbusch.

Dornbuschweg *(benannt 1934, Stadtteil Stuttgart-Nord)* Sammelbezeichnung des Volksmunds für Büsche mit Dornen oder Stacheln.

Dornhalde *(benannt 1996, Stadtteil Sonnenberg)* Der Flurname bezeichnet einen mit Dorngesträuch bewachsenen Hang. Obwohl sich die Heslacher →Dornhaldenstraße auf dasselbe Gewann bezieht und die Namensähnlichkeit zu Verwechslungen führen kann, hat der Verwaltungsausschuss des Stuttgarter Gemeinderats auf Vorschlag eines Möhringer Bezirksbeirats diesen Straßennamen beschlossen: Das Gewann Dornhalde in Sonnenberg war zu diesem Zeitpunkt schon bebaut; die offizielle Straßenbenennung folgte nur dem bereits eingebürgerten Namen.

Dornhaldenstraße *(benannt 1902, Stadtteil Stuttgart-Süd)* Nach dem Flurnamen Dornhalde, siehe →Dornhalde.

Dornierstraße *(benannt 1935, Stadtteil Feuerbach)* Claude Dornier (geboren 1884 in Kempten, gestorben 1969 in Zug, Schweiz), Flugzeugkonstrukteur, gründete 1913 eine Flugzeugwerft in Friedrichshafen.

Dornröschenweg *(benannt 1954, Stadtteil Möhringen)* Märchengestalt.

Dornstraße *(benannt 1957, Stadtteil Stuttgart-Mitte)* Karl Dorn (geboren 1815 in Stuttgart, gestorben 1891 in Betzingen [heute Reutlingen-Betzingen]), Hüttendirektor und Dozent in Tübingen. – Im 18. Jahrhundert hieß die Straße Ochsenwirthsgäßle.

Dorotheenstraße *(benannt 1811, Stadtteil Stuttgart-Mitte)* Herzogin Friederike Dorothee Sophie von Württemberg, geb. Prinzessin von Brandenburg-Schwedt (geboren am 18. Dezember 1736 in Schwedt, gestorben am 9. März 1798 in Stuttgart), Gattin von Herzog Friedrich Eugen von Württemberg, der von 1795 bis 1797 regierte. Die Heirat mit dem drittgeborenen Sohn von Herzog Carl Alexander war nicht besonders vorteilhaft für die vornehme »Dorothee, née de Prusse«, wie sie zeitlebens die meisten Briefe ihrer umfangreichen politischen Korrespondenz unterzeichnete. Sie war eine starke Frau, kümmerte sich persönlich um die Erziehung ihrer Kinder und setzte durch, dass diese im evangelischen Glauben aufwuchsen, obwohl der Vater Katholik war. Die bekanntesten ihrer zwölf Söhne und Töchter waren Friedrich, der 1797 seinem Vater in der Herrschaft nachfolgte, Württembergs einziger Kurfürst und erster König, und Sophie Dorothea, die spätere russische Zarin Maria Feodorowna. Dorothee hatte 34 Enkel, darunter König Wilhelm I. Sie ist die Urururgroßmutter der englischen Königin Elizabeth II. – 1938 bis 1945 hieß die Straße Wilhelm-Murr-Straße nach dem damaligen Gauleiter der NSDAP und Reichsstatthalter in Württemberg, Wilhelm Murr (1888–1945). Umbenannt wurde sie »zum zehnjährigen Gauleiterjubiläum des Reichsstatthalters Murr ... Die Dorotheenstraße wurde gewählt, weil hier das geplante Parteigebäude gebaut werden soll«, berichtet die »Chronik der Stadt Stuttgart 1933–1945«. Im Gebäude Nummer 2 (»Hotel Silber«) befand sich das Polizeipräsidium, in dem Oppositionelle verhört, gefoltert und teilweise ermordet wurden, im Haus Nummer 10 die Staatspolizeileitstelle Stuttgart der Gestapo. Das erwähnte Partei-

Friederike Dorothee Sophie v. Württemberg

gebäude wurde nie realisiert. – Der Anfang der Straße beim Gasthaus »König von England« hieß bis 1811 Kaffeehausgasse.

Dorpater Straße *(benannt 1933, Stadtteil Mühlhausen)* Universitätsstadt Dorpat (estnisch: Tartu) in Estland, 114 000 Einwohner.

Dorschweg *(benannt 1957, Stadtteil Mönchfeld)* Der Dorsch, *Gadus morhua,* ist einer der wichtigsten Speisefische. In seiner großen Form heißt er Kabeljau und kann bis zu 50 Kilogramm schwer werden.

Dortmunder Straße *(benannt 1925, Stadtteil Bad Cannstatt)* Stadt Dortmund, Nordrhein-Westfalen, 597 000 Einwohner.

Drackensteinstraße *(benannt 1937, Stadtteil Stuttgart-Ost)* Gemeinde Drackenstein, Landkreis Göppingen, 435 Einwohner, liegt am Autobahn-Albaufstieg, dem »Drackensteiner Hang«.

Dreher-Straße, Gotthilf- siehe →Gotthilf-Dreher-Straße.

Dreibrunnenweg *(benannt 1967, Stadtteil Rohr)* Der Flurname weist auf drei ehemals vorhandene Brunnen (Quellen) hin.

Dreifelderstraße *(benannt 1967, Stadtteil Plieningen)* Die Dreifelderwirtschaft war hier die früher übliche Form der landwirtschaftlichen Nutzung.

Dreispitzweg *(benannt 1993, Stadtteil Hofen)* Flurname, vermutlich nicht nach dem Männerhut des 18. Jahrhunderts benannt, sondern nach einem dreieckigen Stück Land.

Dreizlerstraße *(benannt 1937, Stadtteil Heumaden)* Alteingesessenes Heumadener Geschlecht.

Dreysestraße *(benannt 1938, Straßenführung geändert 1984, Stadtteil Zuffenhausen)* Johann Nikolaus von Dreyse (geboren 1787, gestorben 1867), Erfinder des Zündnadelgewehrs. – Bis 1938 hieß die Straße Baumgartenstraße.

Dr.-Gotthilf-Schenkel-Weg siehe →Doktor-Gotthilf-Schenkel-Weg.

Dr.-Herbert-Czaja-Weg siehe →Doktor-Herbert-Czaja-Weg.

Drosselweg *(benannt um 1936, Stadtteil Vaihingen)* Die Drosseln, Turdinae, sind Singvögel. Die bekannteste Drossel ist die Amsel, *Turdus merula.* Weit verbreitet ist die Singdrossel, *Turdus philomelos.*

Drostestraße *(benannt 1938, Stadtteil Weilimdorf)* Annette (Anna Elisabeth) Freiin von Droste-Hülshoff (geboren am 10. Januar 1797 in Hülshoff, Westfalen, gestorben am 24. Mai 1848 in Meersburg), Dichterin, schrieb Heidebilder, Balladen, Vers-Epen und die bekannte Ballade »Die Judenbuche« (1842). Ihr Werk zeichnet sich durch scharfe Naturbeobachtung und die Einbeziehung des Dämonischen und Mythischen ins Naturerlebnis aus.

Dr.-Steinheil-Weg siehe → Doktor-Steinheil-Weg.

Dürer-Weg, Albrecht- siehe →Albrecht-Dürer-Weg.

Dürnauer Weg *(benannt 1963, Stadtteil Birkach)* Gemeinde Dürnau bei Bad Buchau, Landkreis Biberach, 400 Einwohner.

Dürrbachstraße *(benannt 1927, Stadtteil Rohracker)* Der Flurname geht auf ein wasserarmes Bächlein zurück.

Dürrbeinstaffel *(benannt 1957, Stadtteil Schönberg)* Im Volksmund wird der Nelkenschwindling, *Marasmius oereades,* Dürrbein genannt. Er schrumpft bei trockenem Wetter im Sommer zusammen, quillt beim nächsten Regen aber wieder auf. Obwohl der fünf bis acht Zentimeter hohe Pilz einen dünnen Hut und einen dünnen Stiel hat, ist er ein geschätzter Speisepilz. Man findet ihn auf ungedüngten Wiesen und an Wegrändern.

Dürrheimer Straße *(benannt 1937, Stadtteil Bad Cannstatt)* Stadt Bad Dürrheim, Schwarzwald-Baar-Kreis, 12 400 Einwohner. Bad Dürrheim ist sowohl Soleheilbad als auch Heilklimatischer Kurort. – 1872 bis 1937 hieß die Straße (zusammen mit der heutigen Sodener Straße und später mit der heutigen Rippoldsauer Straße) Moltkestraße nach dem preußischen Generalfeldmarschall Helmuth Graf von Moltke (1800–1891), siehe auch →Moltkeplatz.

Dürrlewangstraße *(benannt um 1936, Stadtteile Dürrlewang und Rohr)* Der Flurname wurde 1306 als Durnwank, später als Durlinwang erwähnt und leitet sich von Wang, einer Wiese, und wohl vom Namen eines Besitzers ab.

Dürrstraße *(benannt 1929, Stadtteil Stuttgart-West)* Ludwig Dürr (geboren 1878 in Stuttgart, gestorben 1956 in Friedrichshafen), Dr.- Ing., Luftschiffbauer, Mitarbeiter von Graf Zeppelin.

Dürr-Straße, Otto- siehe →Otto-Dürr-Straße.

Düsseldorfer Straße *(benannt 1925, Stadtteil Bad Cannstatt)* Düsseldorf ist die Hauptstadt des Landes Nordrhein-Westfalen und hat 571 000 Einwohner.

Duisburger Straße *(benannt 1937, Stadtteil Bad Cannstatt)* Die Stadt Duisburg, Nordrhein-Westfalen, 533 000 Einwohner, liegt an den Mündungen von Emscher und Ruhr in den Rhein. – 1846 bis 1937 hieß die Straße Burgstraße nach der ehemals in der Neckarvorstadt gelegenen Burg der Ritter von Brie (siehe →Bryestraße), zuvor wurde sie Lange Gasse genannt.

Dullensberg *(benannt 1933, Stadtteil Mühlhausen)* Der Flurname geht wohl auf den Personennamen Dull zurück.

Dumontweg *(benannt 1957, Stadtteil Vaihingen)* Louise Dumont (geboren 1862 in Köln, gestorben 1932 in Düsseldorf), Schauspielerin, 1889 bis 1895 am Hoftheater in Stuttgart.

Dunantsteg *(benannt 1989, Stadtteil Stuttgart-Mitte)* Henri Dunant (geboren 1828 in Genf, gestorben 1910 in Heiden), Gründer des Roten Kreuzes. Er war Kaufmann und wurde 1859 auf einer Geschäftsreise Augenzeuge der blutigen Schlacht von Solferino, bei der 40 000 Soldaten verwundet wurden (siehe →Solferinoweg). Gemeinsam mit Gleichgesinnten rief er in Genf 1863 eine Organisation zur Versorgung und Pflege von Verwundeten ins Leben, deren Personal den Status der Unverletzlichkeit erhielt und durch ein besonderes Zeichen, das rote Kreuz auf weißem Feld, geschützt wurde. Vier Jahre später machte Dunant Konkurs und fügte so Verwandten und Freunden schwere Verluste zu. In Genf wurde er wegen betrügerischen Bankrotts verurteilt und gesellschaftlich geächtet; seine Kontakte mit dem Gründer des Württembergischen Sanitätsvereins, Dr. Hahn, und dessen Freund Dr. Ernst Rudolf Wagner blieben jedoch bestehen. 1868 wurde Dunant Ehrenpräsident des Württembergischen Sanitätsvereins; von 1876 bis 1887 lebte er in Stuttgart in Wagners Haus in der Hasenbergsteige. Der zwischenzeitlich verarmte Dunant fand schließlich im Appenzeller Luftkurort Heiden Zuflucht. Durch einen Artikel in der Stuttgarter Zeitschrift »Über Land und Meer« wurde die Weltöffentlichkeit auf sein Schicksal aufmerksam. Eine Spendensammlung, zu der der Stuttgarter Oberbürgermeister Dr. Emil Rümelin aufrief, erbrachte 25 000 Goldmark. Dunant lehnte es jedoch ab, das Geld für sich selbst zu verwenden. Ein Buch über die Entstehungsgeschichte des Roten Kreuzes, das der Stuttgarter Lehrer Rudolf Müller verfasste, brachte 1897 die gesellschaftliche Rehabilitation Dunants, der 1901 den Friedensnobelpreis erhielt.

Henri Dunant

Durlehaustraße *(benannt um 1920, Stadtteil Weilimdorf)* Nach der gleichnamigen Flur. Unter Hau verstand man einen durchgeforsteten Wald. »Durle« kommt wohl vom schwäbischen »dure«, was so viel wie »durch« bedeutet. Siehe auch →Dürrlewangstraße.

Dusestraße *(benannt 1957, Stadtteil Vaihingen)* Eleonora Duse (geboren am 3. Oktober 1858 in Vigevano, Italien, gestorben am 21. April 1924 in Pittsburgh, Pennsylvania, USA), Schauspielerin, glänzte mit ihren Menschendarstellungen in Dramen von Dumas, Ibsen und Maeterlinck. Mit wachsendem Erfolg spielte sie in Italien und seit 1892 auch im Ausland.

Duttenhoferstraße *(benannt 1936, Stadtteil Untertürkheim)* Max Duttenhofer (geboren 1843 in Rottweil, gestorben 1903 in Tübingen), Teilhaber und Leiter der Pulverfabrik Rottweil, erster kaufmännischer Direktor der Daimler-Motoren-Gesellschaft.

Duttenhofer-Straße, Luise- siehe →Luise-Duttenhofer-Straße.

Eberdinger Weg *(benannt 1996, Stadtteil Hausen)* Gemeinde Eberdingen, Landkreis Ludwigsburg, 6500 Einwohner. Neben sehenswerten Kirchen und zwei Schlössern in den Eberdinger Ortsteilen Hochdorf an der Enz und Nussdorf wurde vor allem der rekonstruierte Fürstengrabhügel in Hochdorf mit dem Nachbau eines keltischen Gehöfts im Außenbereich und einem Keltenmuseum bekannt. Die späte Entdeckung des frühkeltischen Grabmonuments erlaubte den Einsatz modernster Forschungsmethoden; 1978/79 war es erstmals möglich, einen Hügel samt einem unversehrten Grab vollständig zu untersuchen – ein Glücksfall für die archäologische Forschung.

Eberhardstraße *(benannt 1811, Stadtteil Stuttgart-Mitte)* Graf Eberhard im Bart (geboren am 11. Dezember 1445 in Urach, gestorben am 24. oder 25. Februar 1496 in Tübingen), 1450 bis 1495 Graf Eberhard V., 1495/1496 Herzog Eberhard I. von Württemberg. Er gründete im Jahr 1477 die Universität Tübingen. Eberhards Zeichen, die Palme, dient der Universität bis heute als Logo. 1482 vereinigte er durch den Münsinger Vertrag den Stuttgarter und den Uracher Teil der württembergischen Grafschaft wieder zu einem Land, sicherte dessen Un-

Graf Eberhard im Bart mit der Palme

teilbarkeit und bestimmte Stuttgart zur alleinigen Residenz. Sein Wahlspruch lautete: »Attempto«, ich wag's. – Vor 1811 hieß die Straße »Auf dem Graben«, auch »Langer, kleiner Graben« oder einfach »Graben«, denn sie verlief auf dem zugeschütteten Stadtgraben im Zuge der alten Stadtmauer. Ein Teil der Straße hieß bis 1811 »Bei den Schlosserläden« und von 1811 bis 1832 Schlosserstraße, ein weiterer Teil Färbergäßlein und ein wiederum anderer Teil »Im Bad bei der Wette«.

Ebersbacher Straße *(benannt 1936, Stadtteil Wangen)* Gemeinde Ebersbach an der Fils, Landkreis Göppingen, 16 000 Einwohner.

Ebert-Staffel, Albert- siehe →Albert-Ebert-Staffel.

Ebert-Straße, Friedrich- siehe →Friedrich-Ebert-Straße.

Ebinger Weg *(benannt 1971, Stadtteil Möhringen)* Stadtteil Ebingen der Stadt Albstadt (insgesamt 48 500 Einwohner), Zollernalbkreis. Ebingen wurde bereits 1260 zur Stadt erhoben. Nach dem Dreißigjährigen Krieg wurde es zu einem Zentrum der Textilindustrie in Württemberg. Im Jahr 1788 waren hier 30 Weber, 53 Strumpfwirker, 77 Zeugmacher und 20 Bortenwirker ansässig. Im Jahr 1836 wurde der erste Rundwirkstuhl aufgestellt. Nach dem Anschluss Ebingens ans Eisenbahnnetz 1878 blühten die Produktion von Trikotwaren, Samt und Manchesterstoffen, aber auch die Herstellung von Textilmaschinen und Nadeln sowie der Waagenbau auf.

Ebitzweg *(benannt 1822, Stadtteil Bad Cannstatt)* Nach dem Flurnamen Ebitzäcker.

Ebner-Straße, Heinrich- siehe →Heinrich-Ebner-Straße.

Ebniseestraße *(benannt 1946, Stadtteil Obertürkheim)* Der Ebnisee im Naturpark Schwäbisch-Fränkischer Wald ist ein beliebter Bade- und Ausflugssee. – Als Obertürkheim noch eine selbständige Gemeinde war, hieß die Straße Uhlandstraße, ab 1937 Kameruner Straße nach der ehemaligen deutschen Kolonie in Afrika.

Echazstraße *(benannt 1934, Stadtteil Münster)* Das Flüsschen Echaz entspringt unterhalb von Schloss Lichtenstein in einer romantischen Schlucht; es fließt durch Pfullingen und Reutlingen und mündet bei Kirchentellinsfurt in den Neckar.

Echterdinger Straße *(benannt 1922, Stadtteil Plieningen)* Der Stadtteil Echterdingen der Stadt Leinfelden-Echterdingen, Landkreis Esslingen, hat 12 000 Einwohner, die Gesamtstadt 36 000. Echterdingen wurde vor allem als Stadt des Stuttgarter Flughafens bekannt.

Eckartshaldenweg *(benannt 1906, Straßenführung geändert 2001,*

Stadtteil Stuttgart-Nord) Der Flurname wurde 1279 erstmals urkundlich genannt und geht auf den Personennamen Eckart zurück.

Eckartstraße *(benannt 1897, Stadtteil Stuttgart-Nord)* siehe →Eckartshaldenweg.

Eckener-Straße, Hugo- siehe →Hugo-Eckener-Straße.

Ecklenstraße *(benannt 1902, Stadtteil Stuttgart-Ost)* Der Flurname wurde 1350 in einer Urkunde als Bezeichnung eines Vorsprungs des Ameisenberges erwähnt.

Ecksteinstraße *(benannt 1952, Stadtteil Birkach)* Friedrich G. J. Eckstein (geboren 1857 in Birkach, gestorben um 1930), Sohn eines Birkacher Pfarrers, Wohltäter von Birkach, Großkaufmann in Johannesburg und London.

Edelweißweg *(benannt 1937, Stadtteile Bad Cannstatt und Sommerrain)* Das Edelweiß, *Leontopodium alpinum*, ist eine seltene alpine Pflanze, die unter strengem Naturschutz steht.

Edenbergstraße *(benannt vor 1937, Stadtteil Rohracker)* Der Flurname leitet sich vielleicht von öde ab.

Edenhallstraße *(benannt 1957, Stadtteil Sonnenberg)* Nach dem Gedicht von Ludwig Uhland »Das Glück von Edenhall«.

Edenkobener Straße *(benannt 1938, Stadtteil Weilimdorf)* Stadt und Luftkurort Edenkoben an der Weinstraße, Rheinland-Pfalz, 6500 Einwohner.

Edisonstraße *(benannt 1931, Stadtteil Zuffenhausen)* Thomas Alva Edison (geboren am 11. Februar 1847 in Milan, Ohio, USA, gestorben am 18. Oktober 1931 in West Orange, New Jersey, USA), Elektrotechniker. Edison erfand unter anderem die Dynamomaschine, das Kohlekörnermikrophon, den Phonographen, das Grammophon, den Kinematographen, den Eisen-Nickel-Akkumulator sowie ein Betongießverfahren. Die Glühlampe hat, entgegen der landläufigen Meinung, allerdings nicht Edison erfunden, sondern 1854 der deutsch-amerikanische Mechaniker Heinrich Goebel. Das von Goebel entwickelte Prinzip hat Edison dann technisch umgesetzt. 1882 nahm Edison in New York das erste öffentliche Elektrizitätswerk der Welt in Betrieb. Insgesamt hat er mehr als tausend Patente angemeldet.

Edouard-Manet-Weg *(benannt 1996, Stadtteil Vaihingen)* Edouard Manet (geboren am 23. Januar 1832 in Paris, gestorben am 30. April 1883 in Paris), Maler und Graphiker. Manets Schaffen war von entscheidender Bedeutung für die Entwicklung des impressionistischen

Stils. Sein Gemälde »Frühstück im Freien« (1863) leitete die Freilichtmalerei ein.

Eduard-Pfeiffer-Straße *(benannt 1910, wiederbenannt 1948, Stadtteil Stuttgart-Nord)* Eduard (von) Pfeiffer (geboren am 24. November 1835 in Stuttgart, gestorben am 21. Mai 1921 in Stuttgart), Schriftsteller, Geheimer Hofrat, Mäzen. Pfeiffer war ein Sohn des wohlhabenden Hofbankdirektors Marx von Pfeiffer, eines der ersten Juden, die im 19. Jahrhundert in Stuttgart Wohnrecht erhalten hatten. Bereits mit 15 Jahren begann er ein kaufmännisches und ingenieurtechnisches Studium an der Polytechnischen Hochschule Stuttgart, in Paris studierte er Chemie (und schloss mit einem Diplom ab), an den Universitäten Leipzig, Heidelberg und Berlin hörte er Wirtschafts- und Finanzwissenschaften. 1862 beendete er das Studium mit der Promotion zum Dr. jur. und ließ sich in Stuttgart als freier Schriftsteller nieder.

Pfeiffer beschäftigte sich mit der Verarmung des Proletariats im Industriezeitalter und der aufkommenden Gründerzeit, sah die Lösung jedoch nicht in einer Revolution, sondern in sozialen Reformen, die die Arbeiter zu Mittelstand hin lenken sollten. Auf Reisen hatte er in England das Genossenschaftswesen kennen gelernt, dessen Propagierung und Entwicklung er sich nun vornahm. 1865 erschien seine Schrift »Die Consumvereine, ihr Wesen und Wirken. Nebst einer practischen Anleitung zu deren Gründung und Einrichtung.« Darin stellte Pfeiffer ein System vor, das er für den Stuttgarter Consum- und Ersparnisverein entwickelt hatte, den er 1863 im Auftrag des Arbeiterbildungsvereins gegründet hatte und dessen Vorsitzender er seit 1864 war: Durch eigene Lieferanten und teilweise eigene Läden sowie Rabattmarken sollen Lebensmittel billiger werden. Das »Pfeiffersche System« wurde später im ganzen Deutschen Reich aufgegriffen. Ebenfalls 1865 wurde Pfeiffer zum Hauptkassier des Stuttgarter Arbeiterbildungs- und Gewerbevereins gewählt, ein Amt, das er bis 1902 innehatte. Auf seine Anregung hin gründete der Verein die erste nichtkommerzielle Arbeitsvermittlung. 1870 baute der Verein unter Pfeiffers Regie die »Stuttgarter Waschanstalt« zur »Förderung der Volkshygiene«, 1881 mit Pfeiffers finanzieller Unterstützung eine Badeanstalt mit Schwimmhalle, 1887, wiederum hauptsächlich von Pfeiffers Geld, ein Arbeiter- und Ledigenwohnheim mit Saal und Theater in der Heusteigstraße 45, das heutige Eduard-Pfeiffer-Haus. (Nach dem Zweiten Weltkrieg tagte hier 14 Jahre lang der Landtag.)

1866 verwirklichte Pfeiffer mit der Gründung des »Vereins für das Wohl der arbeitenden Klassen« eine weitere seiner Ideen. Dieser Verein kümmerte sich um die Verbesserung der Wohnverhältnisse und baute ganze Stadtviertel neu. Die Schaffung von preiswerten Wohnungen für Arbeiter war das vorrangige Ziel. Gleichzeitig entstand der »Verein zur Fürsorge für Fabrikarbeiterinnen«, der Unterkünfte für Arbeiterinnen zur Verfügung stellte. Mit Pfeiffers Unterstützung wurde der »Verein für das Wohl der arbeitenden Klassen« der größte und einflussreichste seiner Art in Deutschland. 1877 wurde Pfeiffer zum Vorsitzenden gewählt. Er und der Verein arbeiteten die Pläne einer »Musterkolonie« in Ostheim aus, die 1891/92 gebaut wurde. Durch allmähliche Abzahlung konnten die Mieter Hauseigentümer werden – dieses »Mietkaufsystem« war damals völlig neu. Es folgten die Siedlungen Westheim, Südheim und Ostenau. Auch die Lukaskirche genoss die Unterstützung des Vereins. Pfeiffer und der »Verein zum Wohl der arbeitenden Klassen« machten sich zudem um die Sanierung der Altstadt verdient. 87 baufällige Häuser im Viertel zwischen Eberhard-, Stein- und Nadlerstraße wurden 1906 abgebrochen und an ihrer Stelle 36 neue, mehrstöckige Häuser errichtet, darunter der Eberhardsbau. Bis heute führt der Bau- und Wohlfahrtsverein als Nachfolger des »Vereins für das Wohl der arbeitenden Klassen« die Gedanken Pfeiffers fort. Auf diese Weise können gegenwärtig 5000 Wohnungen in Stuttgart günstig vermietet werden.

Eduard Pfeiffer

In den letzten Tagen des Österreichisch-Preußischen Krieges 1866 gründete Pfeiffer die nationalliberale »Deutsche Partei«. Das Ziel der politischen Arbeit sollte die Entstehung eines von Preußen geführten Nationalstaats sein. Als erster Jude überhaupt wurde Pfeiffer 1868 im Wahlkreis Ulm für seine Partei in den württembergischen Landtag gewählt, wo er bis 1876 Abgeordneter blieb. 1869 gehörte Pfeiffer zu den Gründern der Württembergischen Vereinsbank; noch im gleichen Jahr war die Vereinsbank an der Gründung der Deutschen Bank beteiligt. Außerdem war Pfeiffer in verschiedenen Aufsichtsräten tätig. 1872 heiratete er die vermögende junge Witwe eines Pariser Bankiers, Julie Benary. 1874 gründete Pfeiffer die »Stuttgarter Volksküche

che«, die in der Folgezeit 43 Jahre lang warme Mahlzeiten ausgab; Pfeiffer übernahm den Vorsitz des Trägervereins. 1911 ließ Pfeiffer aus eigenen Mitteln das »Stuttgarter Säuglingsheim« errichten und schenkte es dem Arbeiterbildungsverein. – Eduard und Julie Pfeiffer gehörten zu den reichsten Bürgern Württembergs und zu seinen größten Wohltätern. Bis zuletzt setzten sie ihr Vermögen zum Wohl der Allgemeinheit ein: 1917 rief das kinderlose Ehepaar die Eduard-Pfeiffer-Stiftung ins Leben und setzte sie zum Alleinerben ein. Die Stiftung ist heute landesweit vor allem in der Jugend- und Altenhilfe tätig.

Eduard Pfeiffer wurde vielfach ausgezeichnet. 1883 verlieh ihm König Karl den Titel »Hofrat«, 1894 wurde er zum »Geheimen Hofrat« ernannt, 1900 wurde ihm das Ehrenkreuz des Ordens des Württembergischen Königshauses angeheftet, das mit dem persönlichen Adel verbunden war. 1909 verlieh ihm die Stadt Stuttgart – als erstem Juden – das Ehrenbürgerrecht. 1917 zeichnete ihn König Wilhelm II. mit dem selten vergebenen Titel »Exzellenz« aus. In Erinnerung an die Gründung der Volksbibliothek in Stuttgart-Ost durch Eduard Pfeiffer (im Zusammenhang mit der Erbauung von Ostheim) benannte sich 2001 die Stadtteilbücherei Ost der Stadtbücherei Stuttgart in »Eduard-Pfeiffer-Bücherei« um. – 1938 wurde die Eduard-Pfeiffer-Straße aufgeteilt und im südlichen Teil in Adalbert-Stifter-Straße, im nördlichen in Parlerstraße umbenannt. Die Wiederbenennung des südlichen Teils erfolgte 1948.

Eduard-Steinle-Straße *(benannt 1945, Stadtteil Sillenbuch)* Eduard Steinle (geboren 1875, gestorben 1941), verdienter Sillenbucher Bürger, Mitglied des Sillenbucher Gemeinderats. Steinle setzte sich als SPD-Gemeinderat stark für den Bau der Straßenbahn von Stuttgart-Mitte nach Sillenbuch ein. Die Linie 10 schuf schließlich im Jahr 1930 eine bequeme Verbindung in die Landeshauptstadt. Dies führte dazu, dass viele Familien nach Sillenbuch zogen und der Ort rapide wuchs. Sillenbuch wurde erst 1937 nach Stuttgart eingemeindet. – 1937 bis 1945 hieß die Straße Braunauer Straße nach dem »Geburtsort des Führers«, so die offizielle Begründung.

Efeu, Im siehe →Im Efeu.

Egelhaafstraße *(benannt 1945, Stadtteil Rohr)* Gottlob Egelhaaf (geboren 1848 in Gerabronn, gestorben 1934 in Stuttgart), Geschichtsforscher und langjähriger Rektor des Karlsgymnasiums in Stuttgart.

Egerer Straße *(benannt 1947, Stadtteil Möhringen)* Stadt Eger (tschechisch: Cheb), Tschechische Republik, am gleichnamigen Fluss gelegen, 32 000 Einwohner.

Egerweg *(benannt 1983, Stadtteil Rohracker)* Nach der Bezeichnung im Volksmund, vermutlich von Egert, dem mundartlichen Ausdruck für ein Stück Ödland.

Egilolfstraße *(benannt 1957, Stadtteil Birkach)* Egilolf von Hohenheim beschenkte um 1100 das Kloster Hirsau mit Gütern. In der entsprechenden Urkunde wurde Hohenheim erstmals urkundlich erwähnt.

Egle-Weg, Joseph-von- siehe →Joseph-von-Egle-Weg.

Eglosheimer Straße *(benannt 1958, Stadtteil Stammheim)* Ältester und größter Stadtteil von Ludwigsburg.

Egmontweg *(benannt 1967, Stadtteil Vaihingen)* Trauerspiel von Johann Wolfgang von Goethe.

Ehmannstraße *(benannt 1915, Straßenführung geändert 1978, Stadtteile Stuttgart-Nord und Bad Cannstatt)* Karl (von) Ehmann (geboren 1827 in Stuttgart, gestorben 1889 in Stuttgart), Baudirektor, verdient um die Wasserversorgung der Schwäbischen Alb und zahlreicher Städte, auch Stuttgarts.

Ehniweg *(benannt 1957, Stadtteil Stammheim)* Nach dem 1683 bis 1693 in Stammheim wirkenden Pfarrer Ehni.

Ehrenhalde *(benannt 1904, Stadtteil Stuttgart-Nord)* Der 1350 erstmals urkundlich genannte Flurname leitet sich von »Herrenhalde« her. In dieser Form liest man den Namen in zahlreichen mittelalterlichen Dokumenten. Erst im 16./17. Jahrhundert änderte er sich in »Aihrnhalden« und schließlich »Ehrenhalde«. Die Weinberge in diesem Gewann gehörten ursprünglich geistlichen Herren, nämlich dem Zisterzienserkloster Kaisheim bei Donauwörth.

Ehrenhaldenstaffel *(benannt 1934, Stadtteil Stuttgart-Nord)* Flurname, siehe →Ehrenhalde.

Ehrlichweg *(benannt 1960, Stadtteil Fasanenhof)* Paul Ehrlich (geboren am 14. März 1854 in Effelter, Oberfranken, gestorben am 20. August 1915 in Bad Homburg vor der Höhe, Hessen), ab 1899 Direktor des von ihm gegründeten Instituts für experimentelle Therapie in Frankfurt am Main, Serumforscher und Begründer der Chemotherapie, erhielt 1908 zusammen mit Elias Metschnikow den Nobelpreis für Medizin.

Eibenweg *(benannt 1935, Stadtteil Degerloch)* Die Eibe, *Taxus baccata,* ist ein Nadelbaum, der einst in den deutschen Wäldern verbreitet war. Heute dient die Eibe vor allem als Heckenpflanze. Giftig!

Eibseeweg *(benannt 1976, Stadtteil Hofen)* Alpensee am Nordfuß der Zugspitze.

Eichäcker *(benannt 1960, Stadtteil Fasanenhof)* Der Flurname bezeichnet Äcker am Eichenwald.

Eiche, Bei der siehe →Bei der Eiche.

Eichendorffweg *(benannt 1932, Stadtteil Stuttgart-West)* Joseph Freiherr von Eichendorff (geboren am 10. März 1788 auf Schloss Lubowitz, Oberschlesien, gestorben am 26. November 1857 in Neisse, Oberschlesien), Dichter. Seine Novelle »Aus dem Leben eines Taugenichts« (1826) ist eines der meistgelesenen Werke der Romantik. Seine schlichten, innigen Gedichte gelten als Höhepunkt der literarischen Romantik. Bekannt sind auch seine Lieder »Wer hat dich, du schöner Wald« und »Wem Gott will rechte Gunst erweisen«.

Eichenhain, Am siehe →Am Eichenhain.

Eichenparkstraße *(benannt 1957, Stadtteil Riedenberg)* Nach dem dortigen Eichenhain.

Eichenweg *(benannt 1996, Stadtteil Hausen)* Nach der Baum-Gattung. Die Eichen gehören zur Familie der Buchengewächse. In Deutschland sind vor allem die Stieleiche, *Quercus robur,* und die Traubeneiche, *Quercus petraea,* verbreitet. Eichenholz ist hart, reich an Gerbstoffen und daher äußerst wasserbeständig; man verwendet es im Schiffbau, für Fässer und Furniere.

Eichgehrenweg *(benannt um 1937, Stadtteil Rohr)* Der Flurname bezeichnet ein keilförmiges Waldstück. »Ger« oder »Gehr« bedeutete Speerspitze.

Eichhörnlesweg *(benannt 1935, Stadtteil Wolfbusch)* Das Eichhörnchen, *Sciurus vulgaris,* lebt in Wäldern und Parks. Es baut mehrere Nester, so genannte Kobel. In üppigen Zeiten legt es Vorräte in Verstecken an.

Eichstraße *(benannt 1811, Stadtteil Stuttgart-Mitte)* Wurde als Eichgasse erstmals 1485 genannt. Stuttgarter Bürger ließen dort ihre Fässer eichen. – Die heutige Eichstraße zeichnet etwa den Verlauf der einstigen Ilgenstraße, Sonnenstraße und Eichstraße nach. Ein Teil hieß 1691 bis 1811 Nägelinsgäßlein.

Eichwiesenring *(benannt 1974, Stadtteil Möhringen)* Flurname.

Eidechsenweg *(benannt um 1935, Stadtteil Vaihingen)* Die Eidechse, *Lacerta,* bevorzugt trockene und warme Stellen mit Unterschlupfmöglichkeiten. Am verbreitesten ist hier die Zauneidechse *(Lacerta agilis).*

Eierstraße *(benannt 1887, Stadtteil Stuttgart-Süd)* Wird vom Flurnamen Eiernest abgeleitet, der ursprünglich Arnest (Adlernest) hieß.

Eifelstraße *(benannt 1936, Stadtteil Feuerbach)* Die Eifel bildet einen Teil des Rheinischen Schiefergebirges.

Eilfingerweg *(benannt 1938, Stadtteil Uhlbach)* Nach dem bekannten Eilfinger Wein, der bei Maulbronn angebaut wird. Der Elfinger Hof, der schon 784/785 urkundlich erwähnt wurde, gelangte 1159 in den Besitz des Klosters Maulbronn. Ebenfalls im 12. Jahrhundert bepflanzten die Mönche den Eilfingerberg mit Reben. Heute gehört die Lage zum Weingut des Hauses Württemberg; in exponierter, steiler Südlage wachsen auf Schilfsandsteinböden Riesling, Traminer und Lemberger. Als die Unesco 1993 die Klosteranlage in Maulbronn zum Weltkulturerbe erklärte, gab das gut erhaltene Ensemble den Ausschlag – damit waren auch die Weinberge des Eilfingerberges gemeint. Der ungewöhnliche Name leitet sich einer netten Legende nach davon ab, dass die Mönche täglich nach dem Essen einmal ihre Finger in eine Rinne mit Wein tauchen durften. Der Rebensaft schmeckte so gut, dass sich die Mönche wünschten, elf Finger zu haben. Aus den »elf Fingern« soll dann »Eilfinger« geworden sein.

Einheit, Platz der Deutschen siehe →Platz der Deutschen Einheit.

Einkornstraße *(benannt 1916, Stadtteil Stuttgart-Ost)* Berg bei Schwäbisch Hall.

Einsiedelweg *(benannt 1953, Stadtteil Feuerbach)* Das ehemalige Jagdschlösschen Einsiedel bei Kirchentellinsfurt im Schönbuch ließ Herzog Eberhard im Bart von Württemberg 1482 erbauen; vorher bestand hier schon ein Gestüt. In der Nähe befand sich das Stift Sankt Peter der »Brüder vom gemeinsamen Leben«, das Graf Eberhard eingerichtet hatte und dem er das Schloss stiftete. Als der beliebte Herrscher 1496 starb, wurde er in der Kirche des Stifts beigesetzt. Nach der Reformation wurden seine Gebeine in die Tübinger Stiftskirche umgebettet, das Stift wurde aufgelöst und später abgebrochen. Das Schloss brannte 1619 aus, danach wurde es von Heinrich Schickhardt wiederauf- und im 18. Jahrhundert von Herzog Karl Eugen umgebaut. Im 19. Jahrhundert war hier die Forstbehörde untergebracht. Nach ihrem Umzug 1877 riss man den baufälligen Nordflügel ein, da seine Instandhaltung zu teuer war. So existiert heute nur noch der ehemalige Westflügel; er wird seit 1964 als Jugendhaus der katholischen Dekanate Rottenburg und Reutlingen genutzt. Auf der großen Wiese im Innenhof steht ein alter Weißdorn, er soll von einem Busch abstammen, den Graf Eberhard aus Palästina mitbrachte. Siehe auch →Eberhardstraße.

Einsteinstraße *(benannt 1968, Straßenführung geändert 1972, Stadtteil Bad Cannstatt)* Albert Einstein (geboren am 14. März 1879 in Ulm, gestorben am 18. April 1955 in Princeton, New Jersey, USA), Physiker. Einstein begründete ein neues physikalisches Weltbild und ein tiefgreifend naturwissenschaftliches Denken. Seine Mutter stammte aus Cannstatt; er selbst wuchs in Ulm auf. Einstein war von 1902 bis 1909 am Patentamt in Bern tätig, dann Professor für theoretische Physik in Zürich und Prag. 1914 wurde er an die Preußische Akademie der Wissenschaften und als Direktor des Kaiser-Wilhelm-Instituts für Physik nach Berlin berufen. 1933 emigrierte er in die USA, weil er sich wegen seiner jüdischen Abstammung dauernder Angriffe ausgesetzt sah, und forschte am Institute for Advanced Study in Princeton weiter. Aus Sorge vor einer atomaren Aufrüstung Deutschlands gab er 1939 den Anstoß zum Bau der Atombombe, ohne selbst daran beteiligt gewesen zu sein. – Im Alter von 26 Jahren entwickelte Einstein die Spezielle Relativitätstheorie; 1916 folgte die Allgemeine Relativitätstheorie. Die Formeln beschreiben die Struktur von Raum und Zeit in bewegten Bezugssystemen und in Abhängigkeit von der Schwerkraft: Masse wächst mit der Geschwindigkeit; Lichtgeschwindigkeit kann grundsätzlich nicht überschritten werden; Zeit führt als vierte Koordinate zum vierdimensionalen Raum-Zeit-Kontinuum. Außerdem stellte Einstein das Gesetz von der Trägheit der Energie, das Gesetz der allgemeinen Äquivalenz von Masse und Energie und die Theorie der Brownschen Molekularbewegung auf. Aus seiner Lichtquantenhypothese folgerte Einstein, dass auch elektromagnetische Strahlung aus Teilchen besteht. Seine Vermutung eines Welle-Teilchen-Dualismus der Strahlung führte zum fotochemischen Quantenäquivalenzgesetz. 1921 erhielt Albert Einstein den Nobelpreis für Physik. 1952 wurde ein neu entdecktes chemisches Element aus der Reihe der Transurane auf den Namen Einsteinium getauft. – Bis 1933 hieß die →Fichtestraße Einsteinstraße.

Eisbärenstraße *(benannt 1957, Stadtteil Vaihingen)* Der Eisbär, *Thalarctos maritimus*, lebt in der Arktis.

Eisenauer Weg *(benannt 1954, Stadtteil Büsnau)* Nach dem Ort Eisenau (rumänisch: Prisaca Dornei) im Buchenland (Bukowina). 1807 ließ der Industrielle Karl Manz Ritter von Mariensee an der Moldau bei Wama einen »Eisenhammer« errichten; im Jahr darauf entstand einen Kilometer entfernt die »Werk-Colonie Eisenau«, wo sich vor allem Zipser Sachsen ansiedelten. Später wurde das Dorf zum Kurort. 1918/19 wurde das Buchenland, das bis dahin zu Österreich-Ungarn gehörte, rumänisch, 1940 fiel es an die Sowjetunion; die deutschen Einwohner wurden umgesiedelt (siehe →Buchenländer Straße). An die Deutschen, die hier gelebt haben, erinnern heute in Prisaca Dornei noch eine kleine Kirche, die Bauweise einiger alter Häuser und die verbliebenen Grabsteine auf dem deutschen Friedhof.

Eisenbahnstraße *(benannt 1894, Stadtteil Bad Cannstatt)* Lagebezogener Name.

Eisenhutweg *(benannt 1987, Stadtteil Bad Cannstatt)* Der Blaue Eisenhut, *Aconitum napellus*, ist eine stark giftige, geschützte Heilpflanze.

Eisenstädter Straße *(benannt 1938, Stadtteil Feuerbach)* Hauptstadt des österreichischen Bundeslandes Burgenland, 10 300 Einwohner. – Bis 1938 hieß die Straße Marienstraße.

Eisestraße *(benannt 1946, Stadtteil Möhringen)* Albert Eise (geboren 1896 in Oeffingen [heute Fellbach-Oeffingen], gestorben 1942 im KZ Dachau), katholischer Ordensgeistlicher, Gegner des Nationalsozialismus, starb im Konzentrationslager Dachau.

Eisvogelweg *(benannt 1972, Stadtteil Neugereut)* Der Eisvogel, *Alcedo atthis*, ist ein selten gewordener, farbenprächtiger Vogel. Er nistet in Uferwänden von Bächen und Flüssen, wo er sich von kleinen Fischen und Wasserinsekten ernährt.

Elbestraße *(benannt 1935, Stadtteil Münster)* Einer der Hauptströme Europas, der bei Cuxhaven in die Nordsee mündet. – Bis 1935 hieß die Straße Pfadstraße.

Elchweg *(benannt 1935, Stadtteil Wolfbusch)* Der Elch, *Alces alces*, ist die größte Hirsch-Art. Er lebt im Norden Amerikas, Asiens und Europas.

Elfenstraße *(benannt 1952, Stadtteil Möhringen)* Elfen sind Figuren aus Sagen und Märchen, Lichtgestalten, Mittelwesen zwischen Menschen und Göttern in Erde, Wasser und Luft.

Elisabeth-Bauser-Weg *(benannt 1997, Stadtteil Büsnau)* Elisabeth Bauser, geb. Grobe (geboren am 19. April 1934, gestorben am 29. September 1996), Physikerin. Bauser war eine Spezialistin auf dem Gebiet der Herstellung von Kristallen für die moderne Elektronik. Sie leitete im Stuttgarter Max-Planck-Institut für Festkörperforschung eine entsprechende Forschungsgruppe, die sich schwerpunktmäßig mit hochreinem Galliumarsenid beschäftigte. Elisabeth Bauser erhielt viele Auszeichnungen, unter anderem den Großen Forschungspreis der IBM Europe.

Elisabethenstraße *(benannt 1900, Stadtteil Stuttgart-West)* Nach der dortigen Kirche Sankt Elisabeth. Wurde um 1866 unter dem Namen »Bothnanger Straße« geplant, da sie etwa den Verlauf des alten Wegs nach Botnang beschreibt. Siehe auch →Gutbrodstraße und →Bismarckstraße.

el-Sadat-Straße, Anwar- siehe →Anwar-el-Sadat-Straße.

Elsässer Straße *(benannt 1938, Straßenführung geändert 1982, Stadtteil Zuffenhausen)* Elsaß (französisch: Alsace), Landschaft am Oberrhein in Frankreich mit vielen natürlichen und kulturellen Sehenswürdigkeiten. Das Elsaß hat eine wechselhafte Geschichte. Ab 925 gehörte es zum Herzogtum Schwaben; im Dreißigjährigen Krieg fielen die habsburgischen Besitzungen an Frankreich, im Verlauf der Französischen Revolution kam es ganz zu Frankreich, im Deutsch-Französischen Krieg wurde es von Deutschland erobert, durch den Versailler Vertrag nach dem Ersten Weltkrieg kam es wieder an Frankreich – die Straßenbenennung sollte in revanchistischer Absicht daran erinnern –, 1940 bis Februar 1945 war es von deutschen Truppen besetzt, seit 1945 gehört es endgültig zu Frankreich.

Elsas-Straße, Fritz- siehe →Fritz-Elsas-Straße.

Elsaweg *(benannt 1927, Stadtteil Degerloch)* Gestalt aus der Oper Lohengrin von Richard Wagner (siehe →Richard-Wagner-Straße).

Else-Himmelheber-Staffel *(benannt 1996, Stadtteil Stuttgart-Süd)* Else Himmelheber (geboren am 30. Januar 1905, hingerichtet am 30. November 1944 im KZ Dachau), Widerstandskämpferin gegen den Nationalsozialismus. Als Braut von Friedrich Schlotterbeck gehörte Else Himmelheber, die in der Adlerstraße 24 in Heslach wohnte und von Beruf Kontoristin war, zum Widerstandskreis um die Untertürkheimer Familie Schlotterbeck. Bereits ab 1933 arbeitete dieser Kreis aktiv im Widerstand, indem er Informationen über die Rüstungsindustrie sammelte. Friedrich Schlotterbeck gelang im Juni 1944 die Flucht über die Schweizer Grenze. Als Else Himmelheber ebenfalls in die Schweiz flüchten wollte, wurde sie verhaftet und am 30. November 1944 im Konzentrationslager Dachau wegen »Vorbereitung zum Hochverrat« hingerichtet. Siehe auch →Emil-Gärttner-Straße und →Schlotterbeckstraße.

Elsenhansstraße *(benannt 1938, Straßenführung geändert 1986, Stadtteil Feuerbach)* Nach einer alten Feuerbacher Familie. Johannes Elsenhans (geboren 1777, gestorben 1841) war Amtsverweser und Schultheiß in Feuerbach. Von seinen Söhnen beteiligte sich Johannes, der Pfarrer war, an der Revolution von 1848 und kam 18 Monate auf den Asperg, während dessen Bruder Ernst, der sich dem Badischen Aufstand 1849 angeschlossen hatte, von preußischen Soldaten 1849 in Rastatt standrechtlich erschossen wurde. – Bis 1938 hieß die Straße Schreinerstraße.

Elsental, Im siehe →Im Elsental.

Elsterstaffel *(benannt 1931, Stadtteil Stuttgart-Süd)* Die Elster, *Pica pica,* ist ein Rabenvogel mit schwarz-weißem Gefieder und langen Schwanzfedern. Wie andere Rabenvögel auch, frisst sie Eier anderer Vögel. Sie hat Freude an glänzenden Dingen, weshalb man auch im übertragenen Sinn von einer »diebischen Elster« spricht.

Elsterweg *(benannt 1927, Stadtteil Stuttgart-Süd)* nach dem Vogel, siehe →Elsterstaffel.

Eltinger Steige *(benannt 1976, Stadtteil Botnang)* Eltingen ist seit 1938 ein Stadtteil von Leonberg. Die Steige und ihre Fortsetzung, der Obere Kirchhaldenweg, gehörten 1938 bis 1976 zur →Eltinger Straße.

Eltinger Straße *(benannt 1938, Stadtteil Botnang)* nach dem Leonberger Stadtteil, siehe →Eltinger Steige.

Elwertstraße *(benannt 1937, Stadtteil Bad Cannstatt)* Immanuel Gottlieb Elwert (geboren 1759 in Cannstatt [heute Stuttgart-Bad Cannstatt], gestorben 1811 ebenda), Arzt, Studienfreund von Friedrich Schiller. – Von 1894 bis 1937 hieß die Straße Lazarettstraße: In den Häusern Nummer 25 und 27 – Beamtenwohnungen der Eisenbahnverwaltung, zuvor eine Wachstuchfabrik – hatte man im Deutsch-Französischen Krieg 1870/71 verwundete Soldaten untergebracht.

Emerholzweg *(benannt 1972, Straßenführung geändert 1978, Stadtteil Stammheim)* Der Flurname geht auf ein Gehölz bei einem Emerfeld zurück. Emer ist ein anderer Name für die Weizenart Sommerdinkel, siehe →Dinkelstraße.

Emhildstraße *(benannt 1933, Stadtteil Zazenhausen)* Nach der Stifterin Emehild, die in der ältesten Zazenhäuser Urkunde von 788 genannt wird. Siehe auch →Bilihildstraße, →Helmulfstraße, →Nazariusweg und →Richbodstraße.

Emil-Gärttner-Straße *(benannt 1946, Stadtteil Obertürkheim)* Emil Gärttner (geboren 1896, hingerichtet am 30. November 1944 im KZ Dachau), Arbeiter, der unter den Nationalsozialisten in der kommu-

Emil-Kiemlen-Weg: Ein vornehmes Fest war die Einweihung des von Emil Kiemlen geschaffenen Juno-Brunnens im Cannstatter Kurpark im Jahr 1910.

nistischen Gruppe um die Brüder Friedrich und Hermann Schlotterbeck illegal tätig war. Er wurde zusammen mit der Familie Schlotterbeck von der Gestapo verhaftet und im Konzentrationslager Dachau hingerichtet. Die Aktivitäten der Gruppe bestanden aus dem Sammeln von Informationen über die Rüstungsindustrie, über mögliche Quartiere und über Wege zur Schweizer Grenze. Siehe auch →Schlotterbeckstraße und →Else-Himmelheber-Staffel. – Als Obertürkheim noch eine selbständige Gemeinde war, hieß die Straße Ludwigstraße, ab 1937 Windhuker Straße nach dem Verwaltungszentrum der ehemaligen Kolonie Deutsch-Südwestafrika, der heutigen Hauptstadt Namibias.

Emilienstraße *(benannt 1937, Stadtteil Vaihingen)* Nach Emilie Vollmoeller, geb. Behr (geboren 1852, gestorben 1894), Frau des Fabrikanten Robert Vollmoeller; siehe auch →Vollmoellerstraße.

Emil-Kiemlen-Weg *(benannt 1986, Stadtteil Bad Cannstatt)* Emil Kiemlen (geboren 1869 in Cannstatt [heute Stuttgart-Bad Cannstatt], gestorben 1956 in Stuttgart), Bildhauer und Maler. Studierte an der Stuttgarter Kunstakademie bei Professor Adolf von Donndorf. Er gehörte zu den angesehensten Bildhauern seiner Zeit. Viele Denkmale in und um Stuttgart stammen von ihm: der Juno-Brunnen im Cannstatter Kurpark, das Porträt am Daimler-Denkmal in Cannstatt, etliche Kriegerdenkmale, zwei überlebensgroße Standbilder der Könige Karl und Wilhelm II. für die alte König-Karls-Brücke, die im Zweiten Weltkrieg eingeschmolzen wurden, und, als sein »Schmuckstück«, der Postmichel-Brunnen in Esslingen.

Emil-Schuler-Platz *(benannt 1967, Stadtteil Zuffenhausen)* Emil Schuler (geboren 1888, gestorben 1955), langjähriger Stadtrat und 1945 bis 1953 Bezirksvorsteher von Zuffenhausen.

Emil-Wolff-Straße *(benannt 1954, Stadtteil Hohenheim)* Emil Wolff (geboren 1818 in Flensburg, gestorben 1896 in Stuttgart), Professor und bekannter Agrikulturchemiker der ehemaligen Landwirtschaftlichen Hochschule Hohenheim.

Emma-Aberle-Weg *(benannt 1980, Stadtteil Botnang)* Emma Aberle (geboren 1886, gestorben 1949), Heimatdichterin. Sie wuchs in der Alten Stuttgarter Straße 25 auf und lebte dort mit ihrer Schwester bis zu ihrem Tod. Ihr Vater starb früh, ihre beiden Brüder zogen in die Fremde. Nach der Schule arbeitete sie sich in der Papierfabrik Eugen Lemppenau in Stuttgart von der ungelernten Arbeiterin bis zur Directrice empor. Mit dem ersten selbst verdienten Geld kaufte sie sich Bücher und vertiefte sich in die deutschen Klassiker. »Allmählich fing ich an, in meiner Freizeit Gedanken und Gestalten, die in mir sich formten und herausdrängten, zu Papier zu bringen.« Unter dem Titel »Lazarett« erschien ihre erste Veröffentlichung in einer Stuttgarter

Tageszeitung. Es war eine ernsthafte Auseinandersetzung mit den Folgen des Ersten Weltkrieges. Zu dem Dichter Christian Wagner (1835–1918) fühlte sie sich geistig hingezogen und stand ihm freundschaftlich nahe. Sein Denken und Werk hatten großen Einfluss auf sie. 1920 erschienen von Emma Aberle »Sinnsprüche«, von denen sie die meisten in ihrem Gartenhaus, ihrem Zufluchtsort in der heutigen Gustav-Mahler-Straße im Botnanger Himmerreich, verfasste. Ihre Gedichtsammlungen sind noch heute in Botnang bekannt. Weitere Arbeiten: »Aus meiner Seele – Phantasien und Bilder« (1924); Kindheitserinnerungen wie »Ein Gang durch die Botnanger Kirbe vor 50 Jahren«, »Alt-Botnang«, »Sonntagstanz bei der Geißeiche vor 80 Jahren«; der Reisebericht »Von Nord nach Süd«. Nach der Begegnung mit Hebbel versuchte sie, biblische Stoffe zu Dramen zu gestalten. Ihr literarischer Nachlass fand Aufnahme im Deutschen Literaturarchiv in Marbach am Neckar.

Emser Straße *(benannt 1937, Stadtteil Bad Cannstatt)* Badeort an der Lahn, Rheinland-Pfalz, 10 000 Einwohner.

Endelbangstraße *(benannt 1993, Stadtteil Vaihingen)* Der Name des Vaihinger Wohngebiets leitet sich von einem Flurnamen ab. Er bedeutet: die am entferntesten Ende der Markung gelegene Ebene (»bang« oder »wang«).

Endersbacher Straße *(benannt 1957, Stadtteil Bad Cannstatt)* Stadtteil Endersbach der Stadt Weinstadt, Rems-Murr-Kreis. Weinstadt ist 1975 entstanden, als sich im Zuge der Gemeindereform die vorher selbständigen Orte Beutelsbach, Endersbach mit Strümpfelbach, Großheppach und Schnait zusammenschlossen. Weinstadt hat 25 700 Einwohner, davon leben 7000 in Endersbach.

Engelbergstraße *(benannt 1953, Stadtteile Bergheim und Giebel)* Berg bei Leonberg, bekannt durch den 1928 errichteten markanten Wasser- und Aussichtsturm. In den Jahren 1935 bis 1938 wurde der Engelbergtunnel gebaut, der erste Autobahntunnel Deutschlands. In den letzten Monaten des Zweiten Weltkriegs mussten hier Insassen des KZ-Außenkommandos Leonberg unter katastrophalen Arbeits- und Lebensbedingungen Rüstungsgüter herstellen. Nachdem die Motorisierung stark zugenommen hatte, bildeten sich in den Siebziger- und Achtzigerjahren immer häufiger auf den sechsprozentigen Steigungen zum Tunnel lange Staus. Deshalb wurde der Engelbergtunnel ungefähr auf der Basislinie des Berges neu gebaut und im August 1999 dem Verkehr übergeben. Mit 2530 Metern ist er derzeit Deutschlands längster und

Ensslestraße: Die Belegschaft der Weißgerberei Daniel Enssle am Klingenbach, 1910

größter Autobahntunnel. Die Baukosten in Höhe von 1,434 Milliarden Mark (733 Millionen Euro) wurden privat vorfinanziert; der Bund stottert die Summe zuzüglich Zinsen in 15 Jahresraten ab.

Engelboldstraße *(benannt 1936, Stadtteil Kaltental)* Engelbold von Kaltental, 1125 in einer Urkunde erwähnt.

Engelhornweg *(benannt 1927, Stadtteil Stuttgart-Ost)* Carl Engelhorn (geboren 1849 in Stuttgart, gestorben 1925 in Stuttgart), Verleger. »Engelhorn's Allgemeine Romanbibliothek« erreichte mit 1042 Bänden eine Auflage von fast 20 Millionen Exemplaren. Aber auch wichtige geographische und philosophische Arbeiten erschienen bei Engelhorn. Der Verleger übte zahlreiche Ehrenämter aus, so war er Vorsitzender des Süddeutschen Buchhändlervereins, Erster Vorsteher des Börsenvereins des deutschen Buchhandels, Gründungsmitglied des Berliner Goethebunds sowie Vorsitzender, später Ehrenvorsitzender des Deutschen Verlegervereins. Er schenkte der Stadt die von ihm 1901 erbaute Stuttgarter Volksbibliothek, die in der Stadtbücherei aufging und deren Haus heute vom Stadtarchiv genutzt wird.

Enge Straße *(benannt um 1906, Stadtteil Vaihingen)* Lagebezogener Name.

Engster-Weg, Adolf- siehe →Adolf-Engster-Weg.

Engstlatter Weg *(benannt 1967, Stadtteil Möhringen)* Stadtteil Engstlatt der Stadt Balingen, Zollernalbkreis, 1850 Einwohner.

Ensslestraße *(benannt 1997, Stadtteil Stuttgart-Ost)* Daniel Enssle (geboren 1809 in Stuttgart-Heslach, gestorben 1877 in Gaisburg [heute Stuttgart-Ost]) und Johannes Enssle (Lebensdaten nicht zu ermitteln), Gerber und Kürschner. Die Brüder kamen 1830 nach Gaisburg; am Klingenbach gründete Daniel Enssle eine Weißgerberei und Johannes Enssle eine Handschuhfabrik. Aus der Kürschnerei entstand das heute noch in Gaisburg ansässige Pelzhaus Enssle. – Die Straße auf dem Gelände des ehemaligen Gaisburger Schlachthofs sollte zunächst Maria-Mittler-Straße heißen nach der Wirtin, die 1743 das Ausflugslokal im Gaisburger »Schlössle« übernommen hatte, in dem auch Friedrich Schiller verkehrte.

Entenäckern, In den siehe →In den Entenäckern.

Entenweg *(benannt 1933, Stadtteil Zazenhausen)* Die Enten sind eine Untergruppe der Gänsevögel; es existieren über hundert verschiedene Arten, davon etwa 20 in Mitteleuropa. Die Stockente, *Anas platyrhynchos,* ist die häufigste einheimische Wildente und die Stammart der Hausente.

Entringer Straße *(benannt 1957, Stadtteil Degerloch)* Ortsteil Entringen der Gemeinde Ammerbuch, Landkreis Tübingen, 3500 Einwohner. Die Entringer werden seit über hundert Jahren als »Storchenschindler« bespöttelt, weil sie einmal das gebrochene Bein eines vom Kirchendach abgestürzten Jungstorchs mit einer Schindel geschient haben.

Enzianweg *(benannt 1936, Stadtteil Stuttgart-Ost)* Der Gelbe Enzian, *Gentiana lutea,* ist eine alte Heilpflanze, deren Wurzel vielfach zu Schnaps angesetzt wird. Sie steht ebenso unter Naturschutz wie der Frühlingsenzian, *Gentiana verna,* der im Frühjahr blüht.

Enzstraße *(benannt 1934, Stadtteil Münster)* Die Enz, ein linker Nebenfluss des Neckars, ist 112 Kilometer lang; sie entspringt als Große Enz im Nordschwarzwald und mündet bei Besigheim.

Epplestraße *(benannt 1957, Stadtteile Degerloch und Möhringen)* Gustav Epple (geboren 1883 in Botnang, gestorben 1955 in Stuttgart), Bauwerkmeister und Bauunternehmer. Epple und sein Schwager Dietrich Schnaidt haben 1909 die Dietrichsche Zimmerei in Degerloch übernommen. Bald löste sich Epple von seinem Kompagnon und spezialisierte sich auf Holzrahmenbau, vor allem den Bau großer

Hallen. Daneben entwickelte Epple als zweiten Unternehmenszweig eine Bauunternehmung, mit der er beispielsweise an der Errichtung der Hoffeldsiedlung beteiligt war. Nach 1945 konzentrierte sich Epple auf den traditionellen Massivbau, vor allem den Stahlbetonbau. Einer von Epples größten Aufträgen war die Errichtung des Stuttgarter Fernsehturms. Die mittlerweile stark gewachsene Unternehmensgruppe Gustav Epple hat noch heute ihren Sitz in Degerloch; sie verfügt über Niederlassungen in Dresden und Berlin sowie Beteiligungsgesellschaften im In- und Ausland und tritt schwerpunktmäßig als Generalunternehmer für schlüsselfertige Bauprojekte aller Größenordnungen auf. Gustav Epple machte sich auch als Mäzen verdient, so stiftete er 1949 vier neue Glocken für die Degerlocher Michaelskirche. – Früher hieß die Straße Tübinger Straße und war Teil eines alten Fernhandelsweges, der »Schweizer Straße«.

Gustav Epple

Erbenolweg *(benannt 1915, Stadtteil Stuttgart-Nord)* »Erbenol« wird schon im Jahr 1281 als Flurname urkundlich genannt. Unter dem Grundwort »nol« verstand man eine rundliche Bergform. Der Bestandteil »Erbe« ist ein Personenname.

Erbsenbrunnengasse *(benannt 1846, Stadtteil Bad Cannstatt)* Nach dem Erbsenbrunnen an der Ecke Marktstraße/Erbsenbrunnengasse. Den heutigen Brunnen hat der Verschönerungsverein Cannstatt gestiftet, er wurde 1929 von Bildhauer Fritz von Graevenitz aus Cannstatter Travertin geschaffen. Als Modell für das Büble auf der Erbse wählte der Künstler seinen Neffen, den heutigen Alt-Bundespräsidenten Richard von Weizsäcker. Die Figur wurde nach dem Krieg von einem Soldaten beschädigt und 1948 von Fritz von Graevenitz restauriert. Aus dem Brunnen fließt Mineralwasser der Kellerbrunnenquelle in der Brunnenstraße. Der Vorgängerbrunnen, der schon 1822 genannt wird, war aus Gusseisen. Die einstige Erbsenbrunnen-Quelle an diesem Platz war das einzige »Süßwasser« der Stadt, es war daher zum Einweichen getrockneter Erbsen geeignet. Siehe auch →Kühlbrunnengasse.

Erbstetter Straße *(benannt 1962, Stadtteil Bad Cannstatt)* Ortsteil

Erbstetten der Gemeinde Burgstetten (insgesamt 3400 Einwohner), Rems-Murr-Kreis.

Erdbeerweg *(benannt 1969, Stadtteil Sillenbuch)* Die Gartenerdbeere, *Fragaria ananassa*, gehört wie die Walderdbeere *(Fragaria vesca)* zur Familie der Rosengewächse. Ihre essbaren, wohlschmeckenden Früchte sind Scheinfrüchte, zur vegetativen Vermehrung dienen Ausläufer. In Sillenbuch gab es früher große Beerenfelder.

Erdmannhäuser Straße *(benannt 1958, Stadtteil Stammheim)* Gemeinde Erdmannhausen, Landkreis Ludwigsburg, 4900 Einwohner.

Erfurter Straße *(benannt 1926, Stadtteil Bad Cannstatt)* Erfurt, die Hauptstadt des Bundeslandes Thüringen, hat 196 000 Einwohner. Prägnant erheben sich dicht nebeneinander der Dom und die Severikirche aus dem Dächermeer. Erfurt ist traditionell eine Stadt des Gartenbaus; eine Spezialität ist die Puffbohne, einst ein wichtiges und beliebtes Nahrungsmittel. Echte Erfurter, so sagt man, zogen früher ihren Hut, wenn sie an einem Puffbohnenfeld vorübergingen. Dies brachte den Bewohnern der Stadt an der Gera den Spitznamen »Erfurter Puffbohne« ein.

Erich-Hermann-Weg *(benannt 1998, Stadtteil Feuerbach)* Erich Hermann (geboren am 5. Februar 1911 in Feuerbach [heute Stuttgart-Feuerbach], gestorben am 18. Juli 1984), Sänger, Humorist und Stimmen-Imitator, bekannt geworden als »Rundfunk-Fritzle«. Hermann war in den Fünfziger- und Sechzigerjahren fester Bestandteil der Samstagnachmittags-Radiosendungen. 1946 hatte der Südfunk den gelernten Werkzeugmacher engagiert; im Jahr darauf entwickelte Hermann die Figur des »Rundfunk-Fritzles«. 1954 erschienen seine bekanntesten Evergreens auf Schallplatte: »Dr Killesberg, mein Paradies« und »Ja, bei ons wird g'schafft«. Neben Willy Reichert, Oscar Heiler, Max Strecker, Werner Veidt, Oscar Müller und Walter Schultheiß zählte Hermann zu den großen »Sieben Schwaben« der Bühne. Mit mehreren Tourneen erlangte er in ganz Deutschland Bekanntheit; ab 1967 trat er auch im Fernsehen auf. Hermann war Ehrenmitglied des Dramatischen Vereins Feuerbach. Zwei CDs zeugen davon, dass seine Lieder, Sketche und Witze auch heute noch populär sind.

Erich Hermann

Erich-Ponto-Weg *(benannt 1961, Stadtteil Vaihingen)* Erich Ponto (geboren am 14. Dezember 1884 in Lübeck, gestorben am 4. Februar 1957 in Stuttgart), Charakterdarsteller, Komiker und Filmschauspieler. Ponto wirkte 1914 bis 1947 in Dresden, zuletzt als Generalintendant am Staatstheater, ab 1947 gehörte er zum Ensemble der Württembergischen Staatstheater Stuttgart.

Erichstraße *(benannt 1952, Stadtteil Stammheim)* Männlicher Vorname.

Erikastraße *(benannt 1967, Stadtteil Luginsland)* Weiblicher Vorname.

Erisdorfer Straße *(benannt 1957, Stadtteil Birkach)* Ortsteil Erisdorf der Gemeinde Ertingen, Landkreis Biberach, 400 Einwohner.

Erlacher Straße *(benannt 1951, Stadtteil Rot)* Die Gemeinde Großerlach, Rems-Murr-Kreis, liegt im Naturpark Schwäbisch-Fränkischer Wald und hat 2600 Einwohner in 26 Teilorten und Gehöften, darunter Erlach, Großerlach und Kleinerlach. Der Hohenbrach (586 m), die höchste Erhebung des Schwäbischen Waldes, liegt auf Großerlacher Gemarkung. Mitten durch die Gemeinde führt der römische Limes. 1772/73 kam es hier zu einem »Silberrausch«; der Silberstollen »Gabe Gottes« kann heute noch teilweise begangen werden.

Erlenweg *(benannt 1920, Stadtteil Degerloch)* Die Schwarzerle, *Alnus glutinosa,* ein Laubbaum, wächst vor allem in Auen- und Bruchwäldern oder am Ufer von Süßgewässern.

Erligheimer Straße *(benannt 1951, Stadtteil Rot)* Gemeinde Erligheim, Landkreis Ludwigsburg, 2700 Einwohner.

Erlkönigstraße *(benannt 1957, Stadtteil Vaihingen)* Nach Goethes 1782 verfasster Ballade »Erlkönig«, die 1815 vom damals achtzehnjährigen Franz Schubert (als Opus 1) vertont wurde: »Wer reitet so spät durch Nacht und Wind? / Es ist der Vater mit seinem Kind ...«

Ernst-Barlach-Weg *(benannt 1996, Stadtteil Vaihingen)* Ernst Barlach (geboren am 2. Januar 1870 in Wedel, Holstein, gestorben am 24. Oktober 1938 in Rostock), Bildhauer, Graphiker und Dichter. Barlach studierte in Dresden und Paris und empfing 1906 auf einer Russlandreise prägende Eindrücke. Bekannt wurde er vor allem mit seinen eigenwilligen Bildwerken in Holz. In streng geschlossener Form bringen sie die Erdgebundenheit alles Menschlichen zum Ausdruck. Auch Barlachs expressionistische Dramen fanden in ihrer Zeit Beachtung. Von den Machthabern des Nationalsozialismus wurde Barlach als Vertreter »entarteter Kunst« verfemt.

Ernst-Bloch-Weg *(benannt 1978, Stadtteil Feuerbach)* Ernst Bloch (geboren am 8. Juli 1885 in Ludwigshafen, gestorben am 4. August 1977 in Tübingen), Philosoph. Bloch studierte Philosophie und Physik und ließ sich anschließend als freier Schriftsteller nieder. Aus einer jüdischen Familie stammend, emigrierte er 1933 in die USA; 1948 kehrte er nach Deutschland zurück. Zunächst lebte er in Leipzig, hatte dort einen Lehrstuhl für Philosophie und erhielt 1955 den Nationalpreis der DDR. Wegen zunehmender politischer Divergenzen zum SED-Regime siedelte er 1961 nach Tübingen über. Dort erhielt er eine Gastprofessur. 1967 wurde er mit dem Friedenspreis des Deutschen Buchhandels ausgezeichnet. Bloch verstand sich als Sozialist, der die Vorstellungen insbesondere des jungen Marx mit den naturrechtlichen Postulaten der Aufklärung und der christlich-jüdischen Heilserwartung verbinden wollte. Seine gesamte Philosophie stellte er unter das universale »Prinzip Hoffnung«.

Ernsthaldenstraße *(benannt 1945, Stadtteil Vaihingen)* In Möhringen gelegene Flur Ernsthalde, nach einem Möhringer Bürger benannt. – 1940 bis 1945 hieß die Straße Joseph-Goebbels-Straße nach Joseph Goebbels (1897–1945), dem Reichspropagandaminister, Vorsitzenden der Reichskulturkammer und »Generalbevollmächtigten für den totalen Krieg«, einem aufwieglerischen Hetzer, der die gleichgeschaltete Presse für den rücksichtslosen, systematischen Kampf gegen Juden einsetzte. Goebbels war zweifellos einer der Hauptverantwortlichen für die Verbrechen des nationalsozialistischen Deutschlands.

Ernst-Kachel-Straße *(benannt 1957, Stadtteil Vaihingen)* Ernst Kachel (geboren 1865 in Lauffen am Neckar, gestorben 1931 in Vaihingen auf den Fildern [heute Stuttgart-Vaihingen]), Schultheiß und Ehrenbürger von Vaihingen.

Ernst-Reuter-Platz *(benannt 1967, Stadtteil Giebel)* Ernst Reuter (geboren am 29. Juli 1889 in Apenrade, gestorben am 29. September 1953 in Berlin), Politiker. Als Kriegsgefangener in Russland schloss er sich Lenin an und war Volkskommissar in der Wolgadeutschen Republik. 1918 kehrte Reuter nach Deutschland zurück und trat von der KPD in die SPD über, in der er zuvor schon Mitglied gewesen war. 1931 wurde er Oberbürgermeister von Magdeburg, 1932 erhielt er ein Reichstagsmandat. Von den Nationalsozialisten seit 1933 verfolgt, emigrierte er 1935 in die Türkei, war in Ankara 1939 bis 1945 Professor für Kommunalwissenschaften. Nach Kriegsende 1945 war er am Aufbau der Bundesrepublik Deutschland maßgeblich beteiligt. 1947 wurde er zum Oberbürgermeister von Berlin gewählt; die sowjetischen Besatzer verhinderten jedoch seinen Amtsantritt. Nach der

Spaltung der Stadt 1949 konnte er sein Amt antreten, das ab 1951 »Regierender Bürgermeister« hieß. 1951 wurde er Präsident des Deutschen Städtetages.

Ernst-Schädle-Staffel *(benannt 1951, Stadtteil Vaihingen)* Ernst Schädle (geboren 1864, gestorben 1929), Förderer des kulturellen Lebens der damals noch selbständigen Gemeinde Vaihingen und Förderer der Bestrebungen des Schwäbischen Albvereins.

Ernst-Sieglin-Platz *(benannt 1925, Stadtteil Stuttgart-Süd)* Ernst (von) Sieglin (geboren 1848 Stuttgart, gestorben 1927 Stuttgart), Geheimrat, Stuttgarter Industrieller und Ägyptenforscher. Seine erste große Expedition unternahm Ernst Sieglin nach Alexandrien. Seine Privatsammlung alexandrinischer Denkmäler schenkte er 1907 König Wilhelm II. von Württemberg, der sie dem Museum vaterländischer Altertümer übergab. Vom König bekam Sieglin Titel und Rang eines Geheimen Hofrats; von der Tübinger Universität wurde er zum Ehrendoktor ernannt. Da er die Universität auch mit namhaften Beiträgen förderte, verlieh sie ihm die Würde eines Ehrensenators.

Ernst Sieglin

Erntedankweg *(benannt 1937, Stadtteil Heumaden)* Dankbarkeit für die Ernte gegenüber Gott oder den Göttern findet sich in fast allen Kulturen. Das christliche Erntedankfest wird am ersten Sonntag im Oktober gefeiert.

Erwin-Bälz-Straße *(benannt 1938, Stadtteil Degerloch)* Erwin (von) Baelz (geboren am 18. Januar 1849 in Bietigheim, gestorben am 31. August 1913 in Stuttgart), verdienter Arzt, Fachschriftsteller, Kunstsammler. Baelz war fast drei Jahrzehnte lang als Arzt in Japan tätig, wo er die moderne westliche Medizin einführte und Leibarzt des Tenno wurde. 1876 bis 1903 lehrte er als Professor an der Kaiserlichen Universität in Tokio. Er wirkte bei der Wiederpopularisierung des Jiu-Jitsu-Sports in Japan mit; auf seine Anregung hin entwickelte sein Student Jigoro Kano die neue Sportart Judo. Baelz erkannte auch die heilende Wirkung der Schwefelquellen in Kusatsu und begründete damit den Aufstieg des Städtchens zu einem der führenden japanischen Kurorte. Mit höchsten Ehren ausgezeichnet kehrte Baelz 1905 zurück und verbrachte seine letzten Lebensjahre in Stuttgart. Im Bietigheimer Stadtmuseum Hornmoldhaus ist ihm eine Dauerausstellung gewidmet. – Bis 1938 hieß die Straße Olgastraße nach Königin Olga von Württemberg.

Erwin-Hageloh-Straße *(benannt 1986, Stadtteil Bad Cannstatt)* Erwin Hageloh (geboren am 24. Dezember 1876 in Cannstatt [heute Stuttgart-Bad Cannstatt], gestorben am 31. Januar 1965), Buchhändler und Heimatforscher. Schon jung begann Hageloh, sich mit Heimatgeschichte zu beschäftigen. Im Laufe seines Lebens schrieb er unzählige Aufsätze über Cannstatts Geschichte.

Erwin-Schoettle-Platz *(benannt 1987, Stadtteil Stuttgart-Süd)* Erwin Schoettle (geboren am 18. Oktober 1899 in Leonberg, gestorben am 25. Januar 1976 auf der Bühlerhöhe), Politiker, Journalist und Verleger. Nach einer Lehre als Schriftsetzer studierte er an der Kunstgewerbeschule in Stuttgart. 1921 bis 1928 war er im Druckereigewerbe tätig. Er trat 1919 der SPD bei und wurde 1931 deren Parteisekretär im Landesvorstand. 1933 emigrierte Erwin Schoettle zunächst in die Schweiz, dann nach England. Dort arbeitete er für das deutsche Programm der BBC. Nach dem Krieg baute er maßgeblich den SPD-Landesverband neu auf, wurde Stuttgarter Kreisvorsitzender (bis 1962) und Abgeordneter im Landtag von Württemberg-Baden. 23 Jahre lang, 1949 bis 1972, gehörte Schoettle dem Bundestag an. Er profilierte sich unter anderem als Vorsitzender des Haushaltsausschusses, stellvertretender SPD-Fraktionsvorsitzender und als Bundestags-Vizepräsident. Einen Namen hat sich Schoettle auch als Mitgründer, Mitherausgeber und -verleger der »Stuttgarter Nachrichten« gemacht. 1975 wurde er zum Ehrenbürger von Stuttgart ernannt. Siehe auch →Helene-Schoettle-Staffel.

Erwin Schoettle

Erzbergerstraße *(benannt 1946, Stadtteil Stuttgart-Nord)* Matthias Erzberger (geboren am 20. September 1875 in Buttenhausen [heute Münsingen-Buttenhausen], ermordet am 26. August 1921 bei Bad Griesbach [heute Bad Peterstal-Griesbach]), Politiker und Reichsfinanzminister. Bis 1896 Lehrer in Feuerbach, bis 1903 Redakteur in Stuttgart. 1899 gehörte er zu den Gründern der christlichen Gewerkschaft. Von 1903 bis zu seinem Tod war er Abgeordneter des Zentrums im Reichstag. Im Ersten Weltkrieg trat er für eine Verfassungsreform und für einen Verständigungsfrieden ein. Er unterzeichnete den Waffenstillstand von Compiègne am 11. November 1918. Als erster Finanzminister nach dem Ersten Weltkrieg (Juni 1919 bis März 1920) führte Erzberger die nach ihm benannte Finanz- und Steuerreform durch. Er wurde Opfer eines politischen Attentats: Zwei rechtsradikale Offiziere erschossen ihn, den Vertreter der verhassten Weimarer Republik, bei einem Spaziergang im Nordschwarzwald. – 1933 bis 1946 hieß die Straße Gneisenaustraße nach dem preußischen Heerführer August Wilhelm Anton Graf Gneisenau (1760–1813).

Matthias Erzberger

Eschenauer Straße *(benannt 1952, Stadtteil Rot)* Ortsteil Eschenau der Gemeinde Obersulm (insgesamt 13 600 Einwohner), Landkreis Heilbronn.

Eschenweg *(benannt 1922, Stadtteil Degerloch)* Die Gewöhnliche Esche, *Fraxinus excelsior,* gehört zur Familie der Ölbaumgewächse.

Esel, Beim siehe →Beim Esel.

Eselweg *(benannt vor 1937, Stadtteile Frauenkopf und Rohracker)* Der Esel, *Equus asinus,* gehört zur Familie der Pferde. Er war vor allem in Südeuropa und Nordafrika ein wichtiges Haustier.

Espachweg *(benannt 1957, Stadtteil Rohr)* Der Flurname entstand aus Espan, der Bezeichnung für ein dorfnahes, als Viehweide und Festplatz benutztes Gelände.

Esperantostraße *(benannt 1982, Stadtteil Stuttgart-West)* Welthilfssprache Esperanto. Siehe auch →Zamenhofstraße.

Essener Straße *(benannt 1925, Stadtteil Bad Cannstatt)* Essen ist mit 600 000 Einwohnern die größte Stadt im Ruhrgebiet, Nordrhein-Westfalen. Im 20. Jahrhundert konzentrierte sich hier die größte Montanindustrie des europäischen Kontinents.

Essigweg *(benannt 1945, Stadtteil Rohr)* Johann Georg Essig (geboren 1645, gestorben 1705), Prälat. Nachdem er verschiedene Pfarrstellen im Lande bekleidet hatte, wurde er zum ersten Rektor des neuen Gymnasiums in Stuttgart ernannt.

Esslinger Hof *(benannt 1846, Stadtteil Bad Cannstatt)* Nach dem ehemaligen Hof des in Cannstatt reich begüterten Spitals zu Esslingen.

Esslinger Straße *(benannt 1698 und 1811, Stadtteil Stuttgart-Mitte)* Die schon 1472 urkundlich genannte Straße in der Esslinger Vorstadt führte zum Äußeren Tor beim heutigen Charlottenplatz. Ihre Fortsetzung bildete ein Feldweg zu der am Neckar gelegenen Reichs- und heutigen Kreisstadt Esslingen am Neckar, 90 900 Einwohner.

Etzelstraße *(benannt 1898, Stadtteil Stuttgart-Süd)* Eberhard (von) Etzel (geboren am 15. Dezember 1784 in Stuttgart, gestorben am 30. November 1840 in Stuttgart), Oberbaurat. Etzel war zunächst Wegebaumeister, ab 1808 Oberweginspektor und baute in dieser Eigenschaft die Straße von Münsingen nach Ehingen (Donau) und eine hölzerne Neckarbrücke in Heilbronn. 1810 aus dem Staatsdienst entlassen, war er anschließend als Architekt sehr erfolgreich. 1817 trat er jedoch ins Oberbaukollegium und 1819 als technischer Rat ins Bauministerium ein. Hier reorganisierte er das Straßen- und Brückenwesen Württembergs. 1822 bis 1830 baute er die →Neue Weinsteige, in der Folgezeit die Wilhelmsbrücke in Cannstatt (siehe →Brückenstraße), die Ludwig-Wilhelms-Brücke in Ulm und die Enzbrücke bei Besigheim. Ihm ist auch der Erweiterungsplan von Stuttgart zu verdanken. An der Neuen Weinsteige erinnert ein Denkmal an Eberhard Etzel, dessen Sohn Carl Etzel ebenfalls Oberbaurat war (→Carl-Etzel-Straße).

Eugen-Dolmetsch-Straße *(benannt 1945, Stadtteil Degerloch)* Eugen Dolmetsch (geboren 1859 in Stuttgart, gestorben 1944 in Calw), Stadtgeschichtsforscher, veröffentlichte zahlreiche Beiträge zur Heimat- und Personengeschichte Stuttgarts. Besonders sind seine beiden Bücher »Bilder aus Alt-Stuttgart« (1930) und »Aus Stuttgarts vergangenen Tagen« (1931) hervorzuheben. Dolmetsch, der im Hauptberuf Direktor beim Allgemeinen Deutschen Versicherungsverein in Stuttgart war, wohnte von 1930 bis 1944 im Degerlocher →Hainbuchenweg. – 1933 bis 1945 hieß die Straße Langemarckallee nach einer im Ersten Weltkrieg heftig umkämpften Gemeinde in Westflandern (Belgien). Hier fielen 1914 mindestens 45 000 deutsche Soldaten.

Eugen Dolmetsch

Zynisch wurde dies in der offiziellen Erklärung der Straßenbenennung zum »Symbol opferbereiter Vaterlandliebe« verbrämt.

Eugen-Kucher-Weg *(benannt 2000, Stadtteile Degerloch, Hoffeld und Schönberg)* Eugen Kucher (geboren 1889 in Enzweihingen, gestorben 1945 in Stuttgart-Degerloch), Degerlocher Maler. Kucher war Kulissenmaler am Stuttgarter Landestheater (heute Staatstheater), doch in jeder freien Minute brachte er Degerlocher Motive in Öl auf die Leinwand und in Aquarelltechnik aufs Papier. So ist in seinen Werken das Bild des Bauern- und Weingärtnerdorfes Degerloch erhalten geblieben. Auch Motive aus dem Ramsbachtal haben Kucher, der in Degerloch im Haus der »Vaihinger Bierhalle« wohnte, inspiriert. Der »Chronist Degerlochs mit dem Pinsel« starb 1945 bei einem Tieffliegerangriff.

Eugen-Sänger-Weg *(benannt 1993, Stadtteil Vaihingen)* Eugen Sänger (geboren am 22. September 1905 in Preßnitz, Böhmen [heute vom Prisecnice-Stausee überflutet, Tschechische Republik], gestorben am 10. Februar 1964 in West-Berlin), Raumfahrtpionier. Sänger studierte ab 1923 an der Technischen Hochschule Graz allgemeines Bauingenieurwesen, änderte jedoch nach der Lektüre von Hermann Oberths Buch »Die Rakete zu den Planetenräumen« seinen Studienschwerpunkt und schloss 1927 sein Studium in Flugzeugbau, Statik und Konstruktion ab. 1929 lehnte die Technische Hochschule Wien seine Dissertationsarbeit »Raketenflugtechnik« ab; so promovierte er 1930 über ein Konstruktionsthema im Flugzeugbau.

Schon früh beschäftigte sich Sänger mit Flüssigkeitstriebwerken, möglichen Raketentreibstoffen, Düsenströmungen, mit Flügelprofilen zur Erreichung hoher Überschallgeschwindigkeiten und Raketenfernflugzeugen mit kurzer Antriebsperiode. 1933 fasste er seine Überlegungen und Untersuchungen in dem Standardwerk »Raketenflugtechnik« zusammen. An der Technischen Hochschule Wien versuchte er bis 1935, seine Theorien durch Prüfstandversuche zu belegen. Die Experimente zur Optimierung der Brennkammern, die er dabei unternahm, waren der Ursprung der modernen Raketentriebwerke. 1936 wechselte Sänger an die Deutsche Versuchsanstalt für Luftfahrt in Berlin-Adlershof. Unter dem Tarnnamen »Flugzeugprüfstelle Trauen« baute er mit 80 Mitarbeitern ab 1937 im Auftrag des Reichsluftfahrtministeriums in der Lüneburger Heide ein Institut für raketenflugtechnische Grundlagenforschung auf. Sänger entwickelte dort die Strahlschubtriebwerke für die ersten deutschen Düsenflugzeuge, die ersten Flüssigbrennstoff-Hochdruck-Brennkammern mit Schüben bis zu 1000 Kilopond sowie einen bemannten Raketenfernbomber nach dem Prinzip eines Raumgleiters, der dazu dienen sollte, Städte an der Ostküste der USA zu bombardieren. Doch die Entwicklung ging den Nazis nicht schnell genug. So wurde Sänger nach Ainring im Berchtesgadener Land versetzt, wo er von 1942 bis zum Ende des Zweiten Weltkriegs die Deutsche Forschungsanstalt für Segelflug leitete. Von 1946 bis 1954 war Sänger als Berater für das Arsénal Aéronautique, die »Société MTR« und die »Nord Aviation« in Frankreich tätig. 1951 gehörte er zu den Gründern der Internationalen Astronautischen Förderation (IAF) und wurde zu deren erstem Präsidenten gewählt.

Eugen Sänger

1954 übernahm er den Aufbau und die Leitung des Forschungsinstituts für Physik der Strahlantriebe (FPS) in Stuttgart. Neben Versuchen mit Kleinststaustrahltriebwerken für Hubschrauberrotoren forschte er über Heißwasserraketen als Antrieb eines Starthilfsschlittens für einen Raumtransporter. 1956 wurde er zum Vorsitzenden der deutschen Gesellschaft für Raketentechnik und Raumfahrt mit Sitz in Stuttgart gewählt, 1957 berief man ihn zum Honorarprofessor für Raumfahrttechnik an die Technische Hochschule Stuttgart. In dieser Zeit wohnte Sänger in Stuttgart-Vaihingen. Von 1961 bis 1964 erarbeitete er zudem Raumtransporterentwürfe bei der Firma Junkers. 1962 wurde er schließlich auf den neuen Lehrstuhl für »Elemente der Raumfahrttechnik« der TU Berlin berufen, den ersten reinen Raumfahrtlehrstuhl an einer europäischen Hochschule. Zwei Jahre darauf erlag er während einer Vorlesung einem Herzinfarkt.

Eugen Sänger war einer der namhaftesten Pioniere der Raketen- und Raumfahrttechnik. Sowohl seine theoretisch-physikalischen Forschungen – etwa zum erdnahen Raumflug mit geringstmöglichem Energieaufwand, zur Mechanik bei Flügen nahe der Lichtgeschwindigkeit oder zum Photonenstrahlantrieb – als auch seine praktischen Versuche und nicht zuletzt seine philosophischen Überlegungen zum Sinn und Ziel der Erforschung des Alls sind aus der Geschichte der Raumfahrt nicht wegzudenken. Er war vom aeronautischen Weg zur

Herzog Wilhelm Eugen (IV.) von Württemberg

Weltraumfahrt überzeugt, also von der Weiterentwicklung von Flugzeugen zu Raumflugzeugen anstatt der Verwendung ballistischer Raketen – einem Weg, wie ihn die NASA mit der Entwicklung der Raumfähren Jahrzehnte später dann tatsächlich gegangen ist. Eugen Sänger setzte sich nach 1945 intensiv für eine internationale Zusammenarbeit in der Raumfahrt ein. Siehe auch →Beim Eulenhof.

Eugensplatz *(benannt 1877, Stadtteil Stuttgart-Mitte)* Herzog Wilhelm Eugen (IV.) von Württemberg (geboren am 20. August 1846 in Bückeburg, gestorben am 27. Januar 1877 in Düsseldorf), Stabsoffizier, Enkel des Herzogs Eugen von Württemberg, nach dem die Eugenstraße benannt ist. Er heiratete 1874 Großfürstin Wera von Rußland, siehe →Werastraße. Zum Zeitpunkt seines frühen Todes war er nach Prinz Wilhelm, dem späteren König, der Nächste in der Thronfolge.

Eugenstraße *(benannt 1857, Stadtteil Stuttgart-Mitte)* Herzog Eugen (II.) von Württemberg (geboren am 8. Januar 1788 in Oels, Schlesien, gestorben am 16. September 1857 in Carlsruhe, Schlesien). Der Neffe von König Friedrich I. von Württemberg und der Zarin Maria Feodorowna war General in russischen Diensten; er nahm 1810 am Krieg gegen die Türken und 1812 am Feldzug gegen Napoleon teil. Zar Paul I. plante kurz vor seiner Ermordung 1801, Eugen mit seiner Tochter Katharina zu verheiraten und ihn zu seinem Nachfolger auf dem Thron zu machen. Auf Schloss Carlsruhe, wohin er 1822 zurückgekehrt war, komponierte Eugen etliche Musikstücke, darunter zwei Opern.

Eugen-Weg, Karl- siehe →Karl-Eugen-Weg.

Eulenbühlweg *(benannt 1984, Stadtteil Freiberg)* Flurname. »Bühl« ist eine Bezeichnung für einen mittelgroßen Hügel.

Eulenhof, Beim siehe →Beim Eulenhof.

Eulenrain, Im siehe →Im Eulenrain.

Eulerstraße *(benannt 1958, Stadtteil Dürrlewang)* Leonhard Euler (geboren am 15. April 1707 in Basel, gestorben am 18. September 1783 in

Sankt Petersburg), Mathematiker, Physiker und Astronom. Euler war ab 1727 – mit 20 Jahren! – Professor für Physik, später für Mathematik an der Petersburger Akademie, baute ab 1741 die Berliner Akademie mit auf und wurde Direktor der mathematischen Klasse, nach einem Zerwürfnis mit Friedrich II. kehrte er 1766 nach Petersburg zurück. Euler stellte die nach ihm benannten Gleichungen für die Flüssigkeits- und die Kreiselbewegung sowie 1739 eine Musiktheorie, 1744 eine Theorie der Planetenbewegung, 1746 eine Wellentheorie des Lichts und 1749 eine Theorie des Schiffbaus auf und schuf die moderne Zahlentheorie. Die Entwicklung der Variationsrechnung führte ihn zur Entdeckung der »Eulerschen Knickformel«, die in der Statik eine wichtige Rolle spielt. Über 50 Begriffe, Sätze und Verfahren in der Mathematik und Mechanik sind nach Euler benannt, etwa die Eulersche Zahl (e = 2,71828...) oder der Eulersche Polyedersatz. Viele Bezeichnungen, die Euler eingeführt hat, haben sich durchgesetzt, beispielsweise Sinus, Cosinus, Tangens oder das Funktionssymbol f(x).

Eupener Straße *(benannt 1925, Stadtteil Bad Cannstatt)* Stadt Eupen in Belgien, 17 100 Einwohner. Nach Artikel 34 des Versailler Vertrags von 1919 verzichtete Deutschland nach dem Ersten Weltkrieg zugunsten Belgiens auf den Kreis Eupen. Belgische und deutsche Pläne zur Rückgabe des mehrheitlich deutschsprachigen Gebiets an Deutschland in den Jahren 1924 bis 1926 – die Straße wurde 1925 benannt – scheiterten am Widerstand Frankreichs. Siehe auch →Malmedystraße.

Europaplatz *(benannt 1960, Stadtteil Fasanenhof)* Zur Förderung der europäischen Einheitsidee.

Eybacher Straße *(benannt 1934, Stadtteil Wangen)* Stadtteil Eybach der Stadt Geislingen an der Steige (insgesamt 28 100 Einwohner), Landkreis Göppingen.

Eybgasse *(benannt 1933, Stadtteil Mühlhausen)* Trägt den Namen des früher in Mühlhausen begüterten Geschlechts. Maria Magdalena von Eyb, verheiratete von Closen (geboren 1600, gestorben 1663), wurde durch ihre aufopferungsvolle Tätigkeit während des Dreißigjährigen Krieges die »Mutter« der Gemeinde.

Eyth-Steg, Max- siehe →Max-Eyth-Steg.

Faberstraße *(benannt 1913, Stadtteil Stuttgart-Ost)* J. H. Faber (geboren 1682, gestorben 1755) wurde 1712 Pfarrer in Gaisburg. Sein Sohn Johann Gottfried (geboren 1725, gestorben 1808) löste ihn nach seinem Tode ab.

Färberstraße *(benannt 1811, Stadtteil Stuttgart-Mitte)* Leitet ihren Namen von der Schönfarbgasse ab, die erstmals 1698 genannt wurde und in der »Kunst-, Waid- und Schönfärber« wohnten. Die Stammväter der bekannten schwäbischen Färberfamilie Ploucquet hatten sich 1692 dort angesiedelt. 1715 wird die Straße unter dem Namen »Bei der Schönfarb«, 1780 als »Färberbiegel« aufgeführt.

Fahrionstaffel *(benannt 1938, Stadtteil Feuerbach)* Ludwig Fahrion (geboren 1860, gestorben 1921) und Adolf Fahrion (geboren 1865, gestorben 1937) waren langjährige Feuerwehrkommandanten und Werkmeister.

Fahrionstraße *(benannt 1938, Stadtteil Feuerbach)* siehe →Fahrionstaffel. – Bis 1938 hieß die Straße Uhlandstraße.

Faißtweg *(benannt 1928, Stadtteil Botnang)* Immanuel Faißt (geboren 1823 in Esslingen, gestorben 1894 in Stuttgart), Direktor des Stuttgarter Konservatoriums, ließ sich 1846 als Orgelvirtuose in Stuttgart nieder. Der Künstler wurde 1847 Dirigent des Vereins für klassische Kirchenmusik. 1849 war er unter den Gründern des Schwäbischen Sängerbundes und von 1859 an neben Lebert Vorstand des Konservatoriums (heute Musikhochschule), an dem er Orgelspiel und Komposition lehrte. An der Tübinger Universität hatte sich Faißt mit »Beiträgen zur Geschichte der Klaviersonate« den Doktorgrad erworben.

Falbenhennenstraße *(benannt 1897, Stadtteil Stuttgart-Süd)* Der Flurname »Falwen hennen« wurde 1350 erstmals urkundlich genannt, vermutlich nach Personen- oder Übernamen.

Falchstraße *(benannt 1953, Stadtteil Steinhaldenfeld)* Eberhard (von) Falch (geboren 1851 in Esslingen, gestorben 1919 in Stuttgart), Regierungsdirektor, Vorstand der Zentralleitung für Wohltätigkeit, auch auf dem Gebiet der Volksgesundheit und Jugendfürsorge tätig.

Falkenrain, Im siehe →Im Falkenrain.

Falkenstraße *(benannt 1931, Stadtteil Sonnenberg)* Der Wanderfalke, *Falco peregrinus,* wurde in den letzten Jahrzehnten immer seltener. Die Ursachen sind Umweltverschmutzung, Störungen der Horste in den Felsen durch Kletterer und Entnahme von Jungvögeln durch Geschäftemacher. Dort, wo Schutzbemühungen greifen, erholen sich die Bestände langsam. Bei der Jagd erreicht der Falke im Sturzflug Geschwindigkeiten von mehr als 300 Stundenkilometern.

Falkertstraße *(benannt 1873, Stadtteile Stuttgart-Nord und Stuttgart-West)* Die Flur Falkhart wurde um das Jahr 1300 erstmals urkundlich erwähnt. Das Grundwort »hart« deutet darauf hin, dass dort einmal Weidewald war. »Falk« bedeutet Falke, siehe →Falkenstraße. – Vor 1946 hieß die Straße (zusammen mit der heutigen Fritz-Elsas-Straße) Gartenstraße.

Fall-Weg, Leo- siehe →Leo-Fall-Weg.

Falterau, In der siehe →In der Falterau.

Falterstraße, Große siehe →Große Falterstraße.

Fangelsbachstraße *(benannt 1862, Stadtteil Stuttgart-Süd)* Der Name ist auf den Wasserlauf zurückzuführen, der von der Wernhalde kommt und in den Nesenbach fließt. 1286 wird er als »Famelspach« erstmals urkundlich genannt, 1472 nennt man ihn Fangelspach. Famel ist wahrscheinlich ein Personenname. Heute ist der Bach vollständig eingedolt.

Fanny Leicht

Fanny-Leicht-Straße *(benannt 1957, Stadtteil Vaihingen)* Fanny Leicht (geboren 1854 in Möhringen auf den Fildern [heute Stuttgart-Möhringen], gestorben 1939 in Vaihingen auf den Fildern [heute Stuttgart-Vaihingen]), Ehefrau von Kommerzienrat Robert Leicht und Ehrenbürgerin der früheren Gemeinde Vaihingen. Siehe auch →Robert-Leicht-Straße.

Farrenstraße *(benannt um 1848/49, Stadtteil Stuttgart-Ost)* Hier stand früher der Farrenstall, also der Stall des örtlichen Zuchtstiers.

Fasanengarten, Beim siehe →Beim Fasanengarten.

Fasanenhofstraße *(benannt 1960, Stadtteil Fasanenhof)* Herzog Eberhard Ludwig von Württemberg errichtete 1730 auf der vormaligen Gemarkung Kleinaichen eine Fasanerie zur Aufzucht von Jagdfasanen. 1783 ließ Herzog Karl Eugen in unmittelbarer Nähe ein Lustschlösschen bauen. 1799 wurde das ganze Areal an Privatleute verkauft; 1854 erwarb es die Hofkammer zurück. Die heutige Fasanenhofsiedlung wurde 1960 bis 1965 erstellt. Siehe auch →Beim Fasanengarten, →Fasanenplatz, →Fasanenweg und →Heigelinstraße.

Fasanenplatz *(benannt 1996, Stadtteil Hausen)* Der Fasan, *Phasianus colchicus,* gehört zur Familie der Glattfußhühner. Er stammt ursprünglich aus Asien und wurde schon vor vielen Jahrhunderten als Jagdwild ausgesetzt. Auch heute noch werden die meisten Fasanen künstlich erbrütet und dann für die Jagd freigelassen. – Der Platz ist nach dem Fasanengarten zwischen den Stadtteilen Weilimdorf,

Wolfbusch, Giebel und Hausen benannt, siehe →Beim Fasanengarten.

Fasanenweg *(benannt 1935, Stadtteil Wolfbusch)* Nach dem Fasanengarten zwischen den Stadtteilen Weilimdorf, Wolfbusch, Giebel und Hausen, siehe →Beim Fasanengarten.

Faßnachtstraße *(benannt 1929, Stadtteil Hofen)* Theophil Faßnacht (geboren 1832, gestorben 1909), 1878 bis 1889 Pfarrer in Hofen. Er verfasste die dortige Ortsgeschichte und setzte sich für die Erhaltung der alten Denkmäler ein.

Faullederstraße *(benannt 1926, Stadtteil Stuttgart-Ost)* Einer Sage nach sollen die Soldaten der Reichsstädte, die 1286 Stuttgart belagerten, in der gleichnamigen Flur auf dem »faulen Leder« gelegen haben, ein Ausdruck für Untätigkeit.

Fauser-Straße, Andreas- siehe →Andreas-Fauser-Straße.

Faustraße *(benannt 1957, Stadtteil Vaihingen)* Doktor Faust, Titel und Hauptfigur des Schauspiels in zwei Teilen von Johann Wolfgang von Goethe. Goethe bezog den Stoff, den auch andere Dichter gestaltet haben, aus einem Volksbuch, das Berichte über den tatsächlichen Faust (geboren um 1480 in Knittlingen, gestorben um 1538 in Staufen im Breisgau) mit alten Zaubergeschichten vermischte. Im zweiten Teil, der erst nach Goethes Tod veröffentlicht wurde, klingen zahlreiche gesellschaftliche Entwicklungen an, die in der Goethezeit noch kaum begonnen hatten. Siehe auch →Knittlinger Straße.

Federseestraße *(benannt 1936, Straßenführung geändert 1979, Stadtteil Wangen)* Der Federsee bei Bad Buchau in Oberschwaben, ein allmählich verlandender Moränenstausee, ist ein Vogelparadies.

Fehmarnstraße *(benannt 1957, Stadtteil Zuffenhausen)* Ostseeinsel.

Fehrbelliner Straße *(benannt 1937, Stadtteil Weilimdorf)* Stadt Fehrbellin in der Mark Brandenburg, heute zum Kreis Ostpriegnitz-Ruppin gehörend, im Norden des Belliner Ländchens gelegen, 3050 Einwohner. Bei Fehrbellin siegte der »Große Kurfürst« Friedrich Wilhelm von Brandenburg am 18. Juni 1675 über die Schweden.

Fehrleinweg *(benannt 1959, Stadtteil Weilimdorf)* Gall Fehrlein (genannt um 1624), Schultheiß in Weilimdorf.

Feigenweg *(benannt 1957, Stadtteil Riedenberg)* Feige, Frucht des Feigenbaums, *Ficus carica*, der vor allem im Mittelmeerraum verbreitet ist.

Feinstraße *(benannt 1957, Stadtteil Stuttgart-Süd)* Wilhelm Emil Fein (geboren 1842 in Ludwigsburg, gestorben 1898 in Stuttgart) zählte zu

Wilhelm Emil Fein

den führenden Männern der Elektrotechnik in Stuttgart. Zahlreiche Erfindungen und Verbesserungen auf dem Gebiet des Instrumentenbaus sind auf seine überragenden fachlichen Kenntnisse zurückzuführen, beispielsweise der elektrische »Feuerwehrapparat«, aus dem die Feuermeldeanlagen entstanden, ein Beleuchtungsapparat für Bühnenzwecke, das tragbare Feldtelefon und die elektrische Handbohrmaschine. 1892 gelang Fein die telegrafische Übertragung einer Oper aus dem Stuttgarter Hoftheater in das Palais der Herzogin Wera; dabei handelte es sich um eine Art erste Rundfunkübertragung. – Im 19. Jahrhundert hieß die Straße Promenadestraße, dann Kurze Straße.

Fein-Straße, Hermann- siehe →Hermann-Fein-Straße.

Feldbergstraße *(benannt 1936, Stadtteil Kaltental)* Höchster Berg des Schwarzwaldes (1493 m).

Feldhauser Straße *(benannt 1957, Stadtteil Möhringen)* Ortsteil Feldhausen der Gemeinde Gammertingen (insgesamt 6900 Einnwohner), Landkreis Sigmaringen.

Feldle, Im siehe →Im Feldle.

Feldrand, Am siehe →Am Feldrand.

Felgergasse *(benannt 1846, Stadtteil Bad Cannstatt)* Nach dem Hofeigentümer Felger, der 1822 als Besitzer des Gebäudes Felgergasse 12 genannt wurde. Siehe auch →Felgerhof.

Felgerhof *(benannt 2001, Stadtteil Bad Cannstatt)* Name eines Hauseigentümers, der 1822 dort wohnte. Siehe auch →Felgergasse. Mit der Entstehung des Felgerhofs wurde die Bad Cannstatter Stadtsanierung abgeschlossen.

Felix-Dahn-Straße *(benannt 1938, Stadtteil Degerloch)* Julius Sophus Felix Dahn (geboren am 9. Februar 1834 in Hamburg, gestorben am 3. Januar 1912 in Breslau), Jurist, Historiker und Schriftsteller, lehrte als Professor an den Universitäten München, Würzburg, Königsberg und Breslau deutsches Recht. Daneben entfaltete er eine umfangreiche literarische Tätigkeit auf dem Gebiet des deutschen Rechts, der Geschichte und des historischen Romans. Als völkischer Schriftsteller huldigte er der »nationalen Germanenromantik« (so der Stuttgarter Germanist Fritz Martini) und verherrlichte altdeutsche Vergangenheit. Von seinem umfangreichen Werk sind am bekanntesten sein 1876 erschienener Roman »Ein Kampf um Rom« (1876) und sein über 7000 Seiten umfassendes rechtsgeschichtliches Werk »Die Könige der Germanen« (1861–1907). – Bis 1938 hieß die Straße Wilhelmstraße, und zwar im Gegensatz zur Stuttgarter und zur Cannstatter Wilhelmstraße nicht nach König Wilhelm I., sondern nach König Wilhelm II. von Württemberg.

Felix-Mendelssohn-Bartholdy-Allee *(benannt 1998, Stadtteil Stuttgart-Ost)* Nach dem Komponisten Felix Mendelssohn Bartholdy, siehe →Mendelssohnstraße.

Fellbacher Straße *(benannt um 1906, Stadtteil Untertürkheim und Luginsland)* Fellbach im Rems-Murr-Kreis, »das Tor zum Remstal«, 42 000 Einwohner, ist als Wein- und Kongressstadt bekannt.

Felldorfer Straße *(benannt 1957, Stadtteil Vaihingen)* Ortsteil Felldorf der Gemeinde Starzach (insgesamt 4100 Einwohner), Landkreis Tübingen. Felldorf gehörte bis 1805 zum Obervogteiamt der Freiherren von Ow-Felldorf.

Fellnerstraße *(benannt 1927, Stadtteil Wangen)* Ferdinand Fellner (geboren 1799 in Frankfurt am Main, gestorben 1859 in Stuttgart), Zeichner und Maler. Nach seiner Ausbildung in München ließ er sich in Stuttgart nieder, malte Madonnenbilder und Familienporträts, befasste sich mit Kostümstudien aufgrund alter Bücher und entwickelte als Illustrator ein glänzendes Talent.

Fenchelstraße *(benannt 1959, Stadtteil Heumaden)* Der Fenchel, *Foeniculum vulgare,* ist eine Gewürz- und Gemüsepflanze.

Ferdinand-Hanauer-Straße *(benannt 1968, Stadtteil Bad Cannstatt)* Ferdinand Hanauer (geboren 1868, gestorben 1955), Fabrikant in Bad Cannstatt.

Ferdinand-Leitner-Steg *(benannt 1997, Stadtteil Stuttgart-Mitte)* Ferdinand Leitner (geboren am 4. März 1912 in Berlin, gestorben am 3. Juni 1996 in Forch, Schweiz), Generalmusikdirektor. Leitner war zunächst Liedbegleiter; von 1947 bis 1969 war er Operndirektor, dann Generalmusikdirektor bei den damaligen Württembergischen Staatstheatern. Dann ging er als musikalischer Oberleiter ans Züricher Opernhaus, wo er bis 1983 blieb. Zum Abschied von Stuttgart blickte der »Gentleman-Dirigent« zurück: »Wir hatten hier das Glück, ein Team, eine Familie zu bilden, ich meine damit alle am Gelingen Beteiligten. Wir hatten die Zeit und die Möglichkeit, Neues zu versuchen. Inzwischen hat sich die Zeit geändert.« Leitner hat sich während seiner Tätigkeit in Stuttgart um den Wiederaufbau der Kultur verdient gemacht und für deren künstlerische Ausstrahlung im In- und Ausland Großes geleistet. – Der nach Ferdinand Leitner benannte Steg über die Schillerstraße wurde von Fritz Leonhardt und Wolfhart Andrä zur Bundesgartenschau 1961 entworfen, bis 1997 war er namenlos.

Ferté-Steg, La- siehe →La-Ferté-Steg.

Festwaldstraße *(benannt 1957, Stadtteil Rohr)* Nach dem Festplatz des Rohrer Musikvereins.

Fetzerstraße *(benannt 1957, Stadtteil Stuttgart-Süd)* Karl August Fetzer (geboren am 5. August 1809 in Stuttgart, gestorben am 14. September 1885 in Stuttgart), Rechtsanwalt in Stuttgart, Abgeordneter im Frankfurter Parlament, Dichter. Fetzer unterzeichnete als Schriftführer die erste »Verfassung des Deutschen Reiches« vom 28. März 1849, die so genannte »Paulskirchen-Verfassung«. – Von 1895 bis 1957 hieß die Straße Breiningstraße.

Feucht-Weg, Forstmeister- siehe →Forstmeister-Feucht-Weg.

Feuerbacher Heide *(benannt 1911, Stadtteil Stuttgart-Nord)* Der zwischen Stuttgart und Feuerbach gelegene Bergrücken wurde 1476 mit »Frowemberger haid« bezeichnet, nach den Frauenbergern, deren Burg damals auf einem Ausläufer des Bergrückens auf der Gemarkung Feuerbach stand (siehe →An der Burg, vergleiche auch →Burghaldenweg, →Burgherrenstraße, →Frauenbergweg und →Helmstettstraße). Ab 1575 wurde die Heide teilweise landwirtschaftlich genutzt. Im 17. Jahrhundert liest man nur noch von der Feuerbacher Heide, nach dem im Tal liegenden Dorf Feuerbach, das erstmals 1229 in einer datierten Urkunde genannt wird.

Feuerbacher Talstraße *(benannt 1945, Stadtteil Feuerbach)* Die Straße führt im Tal des Feuerbachs entlang und verbindet die Stadtteile Botnang und Feuerbach. Da es in Stuttgart-Ost bereits eine →Talstraße gab, versah man den Straßennamen mit dem Zusatz des Stadtteils. Im Volksmund heißt das Feuerbachtal »Feuerbacher Tal«, deshalb ist auch die gekuppelte Schreibweise Feuerbacher-Tal-Straße nicht falsch. – Bis 1938 hieß die Straße Botnanger Straße, 1938 bis 1945 Ostmarkstraße.

Feuerbacher Weg *(benannt 1935, Stadtteil Stuttgart-Nord und Feuerbach)* Verbindet den Stadtteil Feuerbach mit der Feuerbacher Heide beim Killesberg.

Feuerleinstraße *(benannt 1925, Stadtteil Stuttgart-West)* August Willibald Feuerlein (geboren 1781 in Stuttgart, gestorben 1850 in Stuttgart), Stadtschultheiß. Auf Vorschlag der bürgerlichen Kollegien von Stuttgart ernannte ihn König Wilhelm I. am 6. Oktober 1820 zum ersten Oberbürgermeister von Stuttgart. 1833 legte er sein Amt als Oberbürgermeister nieder und wurde 1836 zum Obertribunalrat ernannt. Sein Amt als Mitglied des obersten Richterkollegiums übte er fast bis zu seinem Tode aus.

August Feuerlein

Feuerreiterweg *(benannt 1957, Stadtteil Sonnenberg)* Nach dem Gedicht »Der Feuerreiter« von Eduard Mörike (siehe →Mörikestraße): »Sehet ihr am Fensterlein / Dort die rote Mütze wieder? ...« Es handelt sich dabei um eines der ersten Gedichte Mörikes, das dieser im Alter von 19 oder 20 Jahren als Student in Tübingen verfasste.

Feuerseeplatz *(benannt 1861, Stadtteil Stuttgart-West)* Nach dem 1701 dort angelegten See.

Fichtelbergstraße *(benannt 1936, Stadtteil Feuerbach)* Zweithöchster Berg des Erzgebirges (1214 m).

Fichtestraße *(benannt 1933, Stadtteil Stuttgart-West)* Johann Gottlieb Fichte (geboren am 19. Mai 1762 in Rammenau, Lausitz, gestorben am 2. Januar 1814 in Berlin), Philosoph, führender Denker des deutschen Idealismus. Wurde 1794 Professor an der Universität Jena, 1799 wegen eines Begleitaufsatzes zu einer Abhandlung Forbergs der Gottlosigkeit angeklagt und entlassen, 1805 Professor in Erlangen, 1810 erster gewählter Rektor der Universität Berlin. Sein Sohn Immanuel Hermann Fichte (1796–1879), Philosoph, Begründer des christlich-theistischen Spätidealismus und Professor in Bonn und Tübingen, verbrachte seine letzten 16 Lebensjahre in Stuttgart. – Bis 1933 hieß die Fichtestraße Einsteinstraße nach Albert Einstein (siehe die heutige →Einsteinstraße).

Fideliostraße *(benannt 1936, Stadtteil Degerloch)* Oper von Ludwig van Beethoven. Siehe auch →Beethovenstraße und →Leonorenstraße. – Bis 1936 hieß die Straße Seestraße nach dem »Staigeloch«, einem Tümpel auf dem Haigst.

Fiechtnerstraße *(benannt 1925, Stadtteil Untertürkheim)* Eduard

Fiechtner (geboren 1843 in Hürbel bei Biberach, gestorben 1922 in Stuttgart-Untertürkheim), 1879 bis 1905 letzter Schultheiß in Untertürkheim. Aus Anlass seines fünfundzwanzigjährigen Dienstjubiläums wurde er 1904 zum Ehrenbürger von Untertürkheim ernannt.

Figarostraße *(benannt 1936, Stadtteil Degerloch)* Oper »Figaros Hochzeit« von Wolfgang Amadeus Mozart.

Filchnerweg *(benannt 1984, Stadtteil Stammheim)* Wilhelm Filchner (geboren am 13. September 1877 in München, gestorben am 7. Mai 1957 in Zürich), Forschungsreisender, Geodät und Geograph. Unternahm 1903 bis 1906 mit Albert Tafel, einem aus Stuttgart gebürtigen Geographen, eine Forschungsreise nach Nordost-Tibet und China. Darüber entstand das elfbändige Werk »Wissenschaftliche Ergebnisse der Expedition Filchner nach China und Tibet 1903 bis 1906«. 1911 bis 1912 leitete er die zweite deutsche Antarktis-Expedition. Bei drei weiteren Expeditionen nach China, Tibet und Nepal erforschte er den Erdmagnetismus. Neben seinen wissenschaftlichen Werken veröffentlichte er zahlreiche populär gewordene Erlebnisberichte, etwa »Tschung-Kue« (1925), »Quer durch Ost-Tibet« (1925), »Om mani padme hum« (1929), »Bismillah« (1938), »Ein Forscherleben« (1950) oder »In der Fieberhölle Nepals« (1951).

Filderbahnplatz *(benannt 1957, Stadtteil Möhringen)* Liegt vor dem Bahnhof Möhringen der Filderbahn.

Filderbahnstraße *(benannt 1957, Stadtteil Möhringen)* Führt zum Bahnhof Möhringen der Filderbahn.

Filderblickweg *(benannt 1937, Stadtteil Frauenkopf)* Aussicht auf die östlichen Filder.

Filderhauptstraße *(benannt 1957, Stadtteile Plieningen und Steckfeld)* Hauptstraßenverbindung zwischen den früheren Fildergemeinden Plieningen und Möhringen.

Filderhofstraße *(benannt 1957, Stadtteil Vaihingen)* Nach der früheren Gaststätte Filderhof.

Filderstraße *(benannt 1875, Stadtteil Stuttgart-Süd)* Südlich von Stuttgart gelegene, fruchtbare Hochebene.

Filsstraße *(benannt 1934, Stadtteil Münster)* Das Flüsschen Fils entspringt in einem idyllischen Tal bei Wiesensteig und mündet bei Plochingen als rechter Nebenfluss in den Neckar. An seinem Oberlauf liegen die Heilbäder Bad Ditzenbach und Bad Überkingen, der Unterlauf ab Geislingen an der Steige ist stark industrialisiert. Der Name »Fils« geht auf keltische Ursprünge zurück.

Finkenschlag, Im siehe →Im Finkenschlag.

Finkenstraße *(benannt 1895, Stadtteil Stuttgart-Süd)* Der Buchfink, *Fringilla coelebs,* ist einer der häufigsten einheimischen Singvögel. – Bis 1895 hieß die Straße Hirschstraße, vermutlich nach einem Gasthaus namens »Hirsch«.

Finstermünzgasse *(benannt 1846, Stadtteil Bad Cannstatt)* Unter »Finsterer Münz« – so wird die Gasse schon 1822 genannt – verstand man früher vermutlich ein dunkles, trübes Gewässer. Vielleicht war der bis um 1900 durch die Spreuergasse fließende Sulzbach gemeint.

Firnhaberstraße *(benannt 1938, Stadtteil Stuttgart-Mitte)* Johann Heinrich Firnhaber (geboren 1680, gestorben 1754), Visitationssekretär und Tutelarrat (Vormundschaftsrat). Die Straße nannte man schon im 18. Jahrhundert Firnhaberische Gasse, da Johann Heinrich Firnhaber an der südöstlichen Seite der Straße Grundstücke besaß; zuvor war ihr Name Spital-Gaß. 1780 taucht sie als »Wassersuppengasse« auf – vermutlich wohnten hier arme Leute. Von 1811 bis 1938 hieß sie Bergstraße.

Heinrich Fischbach

Fischbachweg *(benannt 1936, Stadtteil Stuttgart-Süd)* Heinrich (von) Fischbach (geboren 1827 in Hohenheim, gestorben 1900 in Stuttgart), Professor an der Akademie Hohenheim und Forstdirektor, war an der Einführung des Forstpolizeigesetzes in Württemberg maßgeblich beteiligt. Viele Jahre war er Vorstand des Stuttgarter Verschönerungsvereins, der sich um den Bau von Anlagen sowie aussichtsreicher Plätze und Spazierwege bemühte.

Fischer-Platz, Theodor- siehe →Theodor-Fischer-Platz.

Fischreiherweg *(benannt 1972, Stadtteil Neugereut)* Der Fischreiher, *Ardea cinerea,* frisst hauptsächlich Fische und wurde deshalb so stark verfolgt, dass er selten geworden ist und jetzt nicht mehr bejagt werden darf. Er nistet in Kolonien in Baumkronen.

Flachsweg *(benannt 2002, Stadtteil Plieningen)* Der Flachs oder Lein, *Linum usitatissimum,* ist eine anspruchslose Öl- und Faserpflanze, die früher in fast jedem bäuerlichen Betrieb in Deutschland angebaut wurde. Die Gewinnung der Fasern, aus denen Leinen gewoben wurde, ist jedoch sehr aufwändig, sodass man heute kaum mehr Flachs auf den Feldern findet. Leinöl wird im medizinischen Bereich als Abführmittel, im technischen Bereich für Firnisse verwendet.

Flachter Straße *(benannt 1953, Straßenführung geändert 1975 und 1989, Stadtteil Weilimdorf)* Nach dem im Studelbachtal gelegenen Ortsteil Flacht der Gemeinde Weissach (insgesamt 7700 Einwohner), Kreis Böblingen. Ob sich der Ortsname von »flach« oder von »flechten« herleitet, ist ungewiss. Siehe auch →Weissacher Straße.

Flaischlen-Straße, Cäsar- siehe →Cäsar-Flaischlen-Straße.

Flamingoweg *(benannt 1957, Straßenführung geändert 1978 und 1981, Stadtteil Neugereut)* Der Flamingo, *Phoenicopterus ruber*, ein großer Vogel mit rosaschimmerndem Gefieder, ist in Südeuropa heimisch. Er nistet in großen Kolonien an Brackwasserlagunen. Charakteristisch ist der abwärts gebogene Schnabel, mit dem er Kleinstorganismen filtriert.

Flandernstraße *(benannt 1936, Stadtteil Bad Cannstatt)* Benannt nach einem der Hauptkampfgebiete im Ersten Weltkrieg. Flandern (französisch: Flandre, flämisch: Vlaanderen) liegt zwischen der Scheldemündung und Calais und umfasst die belgischen Provinzen West-Flandern mit der Hauptstadt Brügge und Ost-Flandern mit Gent sowie die französischen Départements Nord und Pas-de-Calais und den südlichen Teil der niederländischen Provinz Seeland.

Flattich-Weg, Pfarrer- siehe →Pfarrer-Flattich-Weg.

Fleckenäckerstraße *(benannt 1931, Stadtteil Sonnenberg)* Der Flurname »Fleckenäcker« taucht 1701 erstmals in einer Urkunde auf. »Flecken« ist der schwäbische Ausdruck für Dorf. Die Fleckenäcker waren Allmend; sie gehörten nicht einer einzelnen Person, sondern der Dorfgemeinschaft. Im 19. Jahrhundert wurden dort Obstbäume gepflanzt.

Fleckenwaldweg *(benannt 1928, Stadtteil Botnang)* Nach dem Weg, der zum »Fleckenwäldle«, einem nahe beim Dorf (Flecken) gelegenen Gehölz, führte.

Fleckenweinberg *(benannt 1958, Stadtteil Feuerbach)* Der Flurname bezeichnet einen nahe beim Dorf (Flecken) gelegenen Weinberg.

Fleiner Straße *(benannt 1950, Stadtteil Rot)* Gemeinde Flein, Landkreis Heilbronn, 6400 Einwohner.

Fleischhauerstraße *(benannt 1945, Stadtteil Möhringen)* Karl (von) Fleischhauer (geboren 1852 in Stuttgart, gestorben 1921 in Stuttgart), württembergischer Staatsminister. 1906 bis 1912 leitete er das Ministerium für das Kirchen- und Schulwesen, 1912 bis 1918 das Ministerium des Inneren und von März bis November 1918 wieder das Kultusministerium.

Flex-Straße, Walter- siehe →Walter-Flex-Straße.

Flieder, Im siehe →Im Flieder.

Fliegenweg *(benannt 1955, Stadtteil Stammheim)* Die Fliegen *(Brachycera)* bilden eine artenreiche Unterordnung der Zweiflügler *(Diptera)*. Sie unterscheiden sich von den Mücken *(Nematocera)* durch kurze, dreigliedrige Fühler und einen meist gedrungenen Körper. Zu den Fliegen gehören beispielsweise Bremsen, Schwebfliegen, Wollschweber, Taufliegen und Schmeißfliegen. Die Große Stubenfliege, *Musca domestica*, zählt zu den Echten Fliegen und lebt fast überall, wo Menschen leben.

Flohbergstraße *(benannt 1967, Stadtteil Luginsland)* In diesem Flurnamen steht vermutlich der Floh für die schlechten Böden des Gebiets.

Florathweg *(benannt 1961, Stadtteil Vaihingen)* Albert Florath (geboren 1888 in Bielefeld, gestorben 1957), Schauspieler und Regisseur, 1945 bis 1949 am Neuen Theater in Stuttgart.

Florentiner Straße *(benannt 1957, Stadtteil Riedenberg)* In Anlehnung an den Aufenthalt der Dichterin Isolde Kurz 1877 bis 1914 in Florenz und die dort von ihr verfassten »Florentiner Novellen«, siehe →Isolde-Kurz-Straße.

Florian-Geyer-Straße *(benannt 1934, Stadtteil Weilimdorf)* Florian Geyer (geboren um 1490, gestorben 1525 bei Rimpar, Würzburg), fränkischer Ritter und Bauernführer. 1519 Landsknechtsführer gegen Herzog Ulrich, 1519 bis 1523 als Truppenführer und Diplomat im Dienste des Hochmeisters Albrecht von Preußen, für den er die europäischen Höfe besuchte. Wurde Anhänger Luthers und übernahm 1525 nach Ausbruch des Bauernkriegs die Führung eines Teils der aufständischen Bauern, des Tauberhaufens. Sein Ziel im Kampf gegen das Landesfürstentum war ein auf Bauern- und Bürgertum gegründetes neues Reich ohne Vorrechte für Adel und Geistlichkeit. Das Evangelium sollte Grundlage der neuen Gesetze sein. Geyer konnte sich bei den aufständischen Bauern nicht durchsetzen und wurde nach der verlorenen Entscheidungsschlacht erschlagen.

Florianstraße *(benannt 1897, Stadtteil Stuttgart-Ost)* Der Florian (522 m) ist ein Vorberg der Schwäbischen Alb bei Metzingen.

Floridastraße *(benannt 1957, Stadtteil Vaihingen)* Bundesstaat im Südosten der USA. Die Straße erschließt die »Patch Barracks« der

US-amerikanischen Streitkräfte mit dem »United States European Command« (EUCOM), der Kommandozentrale der US-Truppen für ganz Europa, die Türkei, Syrien, Libanon und Israel, einen großen Teil Afrikas sowie für Russland und die ehemaligen Sowjetrepubliken in Zentralasien, insgesamt für 93 Länder.

Flotowstraße *(benannt 1938, Stadtteil Botnang)* Friedrich Freiherr von Flotow (geboren am 27. April 1812 auf dem Rittergut Teutendorf, Mecklenburg, gestorben am 24. Januar 1883 in Darmstadt), Komponist. Flotow war 1855 bis 1863 Hoftheaterintendant in Schwerin; er schrieb Biedermeier-Opern, Ballett- und Kammermusik.

Flundernweg *(benannt 1959, Stadtteil Mönchfeld)* Die Flunder *(Pleuronectes flesus)* gehört zu den Plattfischen und ist ein schmackhafter Speisefisch, der einst an deutschen Küsten häufig war. Bei der Entwicklung der Larve zum erwachsenen Fisch wandert meist das linke Auge auf die andere Körperseite. Die blinde Seite wird dann dem Meeresgrund zugewandt und wird hell.

Flurstraße *(benannt 1872, Stadtteil Bad Cannstatt)* Nach dem Gewann »Flur«. Flur bedeutet ursprünglich einfach Saatfeld. Dann bezeichnete man damit die landwirtschaftlich genutzten Flächen einer Dorfgemeinde. In der Dreifelderwirtschaft unterschied man zwischen Sommerflur und Winterflur; »Flur« war der Überbegriff für beides. Oft wurde »Flur« auch gleichbedeutend mit »Gewann« benutzt, also für einen bestimmten Teil eines bebauten Feldes.

Fock-Straße, Gorch- siehe →Gorch-Fock-Straße.

Föhrenwald, Am siehe →Am Föhrenwald.

Föhrichhof *(benannt 1938, Stadtteil Feuerbach)* Nach der Flur Föhrich, die 1356 urkundlich als Vorach und 1446 als Ferach erwähnt wurde. Ihr Name bezieht sich auf ein ehemaliges Kieferngehölz, denn die Kiefer, *Pinus sylvestris*, heißt auch Forche.

Föhrichstraße *(benannt um 1919, Stadtteil Feuerbach)* nach dem Flurnamen Föhrich, siehe →Föhrichhof.

Föhrstraße *(benannt 1934, Stadtteil Neuwirtshaus)* Nordseeinsel mit dem Hauptort Wyk.

Förstlerstraße *(benannt 1928, Stadtteil Botnang)* Wilhelm Förstler (geboren 1851, gestorben 1915), Professor, ab 1877 zweiter Musikdirektor, ab 1885 Musikdirektor des Stuttgarter Liederkranzes, wurde nach seinem Rücktritt 1912 zum Ehrenmusikdirektor ernannt. In seiner Zeit »zeichneten sich das Gesangs- sowie das Konzertleben des Liederkranzes durch eine Fülle bisher nicht für möglich gehaltener interner und öffentlicher Veranstaltungen aus«, wie es in der Chronik »125 Jahre Stuttgarter Liederkranz« heißt.

Fohrenbühlstraße *(benannt 1936, Stadtteil Kaltental)* Fohrenbühl (887 m), Berg im mittleren Schwarzwald.

Forbachstraße *(benannt 1934, Stadtteil Münster)* Gemeinde Forbach an der Murg, Landkreis Rastatt, 5400 Einwohner. Das Wahrzeichen des Ortes ist die überdachte historische Holzbrücke über die Murg, die größte ihrer Art in Europa.

Forellenweg *(benannt 1959, Stadtteil Mönchfeld)* Die Bachforelle, *Salmo trutta* ssp. *fario,* lebt in kalten, klaren und schnell fließenden Gewässern und ist ein beliebter Speisefisch. Seit mehreren hundert Jahren werden in Europa Forellen gezüchtet.

Forsthausstraße *(benannt um 1938, Stadtteil Feuerbach)* Hier stand früher das Feuerbacher Forsthaus.

Forstmeister-Feucht-Weg *(benannt 1975, Stadtteil Stuttgart-West)* Friedrich Albert Otto Feucht, (geboren 1879, gestorben 1971), Forstmeister, Mitbegründer und Ehrenmitglied des Schwäbischen Heimatbundes, ab 1944 Ehrenmitglied der Gesellschaft für Naturkunde in Württemberg, Dr. h. c., Verfasser zahlreicher Veröffentlichungen, unter anderem des Buches »Der Wald um Stuttgart« (1951).

Forststraße *(benannt 1851, Stadtteile Stuttgart-Mitte und Stuttgart-West)* Früherer Forstweg, 1350 erstmals urkundlich genannt, der zum »Forst« führte, dem Wald am Westhang des Vogelsangtals.

Fraasstraße *(benannt 1901, Stadtteil Stuttgart-Ost)* Oskar Fraas (geboren 1824 in Lorch, gestorben 1897 in Stuttgart), Direktor des Naturalienkabinetts. Wurde 1854 Konservator. Seine Reisen führten ihn auch in den Orient. Durch verschiedene Entdeckungen auf dem Gebiet der Geologie und Anthropologie (1866 erster Nachweis des eiszeitlichen Menschen in Deutschland) und durch Höhlenausgrabungen wurde er bekannt. Er befasste sich auch mit der Aufnahme geologischer Karten und der Trinkwasserversorgung der Stadt Stuttgart. Siehe auch →Libanonstraße.

Oskar Fraas

Frachtstraße *(benannt 1978, Stadtteil Bad Cannstatt)* Funktionsbezogene Bezeichnung; die Straße verläuft längs des Cannstatter Güterbahnhofs.

Francis-Byrnes-Straße, James- siehe →James-F.-Byrnes-Straße.

Franckeweg *(benannt 1945, Stadtteil Rot)* August Hermann Francke (geboren am 22. März 1663 in Lübeck, gestorben am 8. Juni 1727 in Halle an der Saale), Professor für Griechisch und Hebräisch, später für Theologie, an der Universität Halle, Vertreter des Pietismus, Gründer des Halle'schen Waisenhauses, der Franckeschen Stiftungen in Halle, die etliche Schulen betreiben, und der Cansteinschen Bibelanstalt. – Vor 1945 hieß die Straße Adolf-Kling-Weg nach dem um den »Aufbau der NSV [Nationalsozialistische Volkswohlfahrt] in Württemberg verdienten Gauleiter der NSV Adolf Kling«, so die damalige offizielle Erläuterung der Benennung. In der Rotwegsiedlung, zu der diese Straße gehört, wohnten anfangs zu einem erheblichen Teil Angehörige der SS und anderer NS-Parteigliederungen sowie der Gestapo.

Frankenstraße *(benannt 1934, Stadtteil Zuffenhausen)* Westgermanischer Stamm.

Frankenthaler Straße *(benannt 1957, Stadtteil Weilimdorf)* Stadt Frankenthal (Pfalz), Rheinland-Pfalz, 48 600 Einwohner. Die 1755 bis 1800 bestehende Porzellanmanufaktur machte den Namen Frankenthals über die Pfalz hinaus bekannt.

Frankfurter Straße *(benannt 1928, Stadtteil Bad Cannstatt)* Frankfurt am Main ist mit 650 000 Einwohnern die größte Stadt Hessens, Bankenzentrum, internationale Verkehrsdrehscheibe, bedeutendes Messegelände.

Franklinstraße *(benannt 1938, Straßenführung geändert 1984, Stadtteil Zuffenhausen)* Benjamin Franklin (geboren am 17. Januar 1706 in Boston, gestorben am 17. April 1790 in Philadelphia), nordamerikanischer Staatsmann, Schriftsteller, Erfinder des Blitzableiters und des Franklinofens. Franklin war einer der Führer der amerikanischen Unabhängigkeitsbewegung, Mitunterzeichner der amerikanischen Unabhängigkeitserklärung von 1776; dreimal war er Gouverneur des Staates Pennsylvania. – Bis 1938 hieß die Straße Jägerstraße.

Frank-Straße, Bruno- siehe →Bruno-Frank-Straße.

Frank-Weg, Anne- siehe →Anne-Frank-Weg.

Franziskaweg *(benannt 1935, Stadtteil Birkach)* Franziska von Leutrum, geb. von Bernederdin, ab 1774 Reichsgräfin von Hohenheim, ab 1785 Herzogin von Württemberg (geboren am 10. Januar 1748 in Adelmannsfelden, gestorben am 1. Januar 1811 in Kirchheim unter Teck), Mätresse und ab 1785 zweite Frau des Herzogs Karl Eugen von

Württemberg; sie war sehr fromm und wirkte mäßigend auf Karl Eugen ein.

Franz-Schubert-Straße *(benannt 1938, Stadtteil Botnang)* Franz Schubert (geboren am 31. Januar 1797 in Lichtenthal bei Wien, gestorben am 19. November 1828 in Wien), Komponist. In nur 15 Jahren schuf Schubert ein umfangreiches Werk im Übergang von der Wiener Klassik zur Romantik. Er hinterließ acht Sinfonien, zahlreiche Werke der Kammer- und Kirchenmusik, Opern, Singspiele und Ouvertüren, gemischte Chöre sowie viele Klavierwerke (darunter 23 Sonaten). Am bekanntesten aber sind Schuberts Lieder, von denen er über 600 komponierte, etwa »Heidenröslein«, »Erlkönig«, »Die Forelle« oder die Liedzyklen »Die schöne Müllerin« (1823) und »Winterreise« (1827).

Franztaler Weg *(benannt 1978, Stadtteil Büsnau)* Franzthal (rumänisch: Codrul Cosminului), Ort in der Bukowina, siehe auch →Buchenländer Straße.

Franz-Wachter-Straße *(benannt 1997, Stadtteil Stuttgart-Ost)* Franz Wachter (geboren 1917, gestorben 1993), Bauunternehmer und Stadtrat. Nach dem Zweiten Weltkrieg richtete Wachter 1945 in der Nordbahnhofstraße einen Bauhof ein, um erste Wohnungen für die ausgebombte Bürgerschaft zu errichten. In den Jahren des Wiederaufbaus führte er seine Firma, die bis zu 400 Mitarbeiter hatte, in die vordere Reihe der mittelständischen Bauunternehmungen in der Region Stuttgart. Von 1979 bis 1985 war er Kreishandwerksmeister, von 1965 bis 1971 Mitglied des Gemeinderats. Sein vielfältiges Engagement ist unter anderem mit der Ernennung zum Ehrenobermeister der Bauinnung und mit der Verdienstmedaille des Landes gewürdigt worden.

Fraubronnstraße *(benannt 1957, Stadtteil Plieningen)* Der 1524 genannte Flurname bezieht sich auf eine Quelle.

Frauenbergweg *(benannt 1929, Stadtteil Stuttgart-Nord)* Nach der einst in der Nähe gelegenen Burg, siehe →An der Burg, vergleiche auch →Burghaldenweg, →Burgherrenstraße, →Feuerbacher Heide und →Helmstettstraße.

Frauenholz, Im siehe →Im Frauenholz.

Frauenkopfstraße *(benannt vor 1937, Stadtteil Frauenkopf)* Der Flurname geht auf eine ehemals im Wald gelegene Liebfrauenkapelle zurück.

Frauenstegstraße *(benannt 1927, Stadtteil Zuffenhausen)* Flurname.

Frauenstraße *(benannt 1895, Stadtteil Stuttgart-Süd)* In der zweiten

Hälfte des 15. Jahrhunderts wurde in dem kleinen Weiler Heslach eine Marienkapelle errichtet, die »Capelle unserer Frauen zu Heslach«. Ab 1497 entwickelte sich aus unbekannten Gründen eine Wallfahrt zu dieser Kapelle, die so stark wurde, dass man begann, eine große Wallfahrtskirche zu bauen. Sie wurde 1503 geweiht. Doch wenig später führte Herzog Ulrich in Württemberg die Reformation ein; die Kirche wurde 1535 geschlossen, Monstranzen und Kelche eingeschmolzen, die Bilder zerstört, das Gebäude selbst in den folgenden Jahren abgetragen. Die Steine wurden zum Bau der Alten Kanzlei verwendet. – Bis 1895 hieß die Straße Neue Straße.

Fraunhoferstraße *(benannt 1937, Stadtteil Stuttgart-Nord)* Joseph (von) Fraunhofer (geboren am 6. März 1787 in Straubing, gestorben am 7. Juni 1826 in München), Physiker und Glastechniker. Arbeitete sich vom Glasschleifer zum Professor empor. Ihm gelang es erstmals, optisches Glas in größeren Stücken zu erschmelzen. Daraus schliff er Linsen für hervorragende astronomische Fernrohre, womit er die dunklen »fraunhoferschen Linien« im Sonnenspektrum entdeckte. Es gelang ihm auch, die Wellenlänge dieser Linien genau zu messen. Seine Arbeiten gelten als Grundlage für die optische Industrie. Die Fraunhofer-Gesellschaft zur Förderung der angewandten Forschung mit ihren zahlreichen Fraunhofer-Instituten erinnert mit ihrem Namen an den großen Physiker.

Frechstraße *(benannt 1936, Stadtteil Kaltental)* Johann Georg Frech (geboren 1790 in Kaltental [heute Stuttgart-Kaltental], gestorben 1864 in Esslingen am Neckar), Musikdirektor. Er widmete sich vor allem der geistlichen Musik.

Fred-Uhlman-Straße *(benannt 1991, Stadtteil Riedenberg)* Fred Uhlman (geboren am 19. Januar 1901 in Stuttgart, gestorben am 11. April 1985), Maler, Schriftsteller, Verfolgter des Naziregimes. Fred Uhlmans Großvater Simon Uhlmann stammte aus Freudental und gründete 1868 in Stuttgart eine Textilfabrik und einen Großhandel für Baumwollwaren. Fred Uhlman selbst wuchs in Stuttgart in der Johannesstraße 26 und in der Hölderlinstraße 57 auf. Zusammen mit dem Sohn von Hitlers erstem Außenminister Konstantin von Neurath und den Grafen Stauffenberg besuchte er das Eberhard-Ludwigs-Gymnasium, anschließend studierte er in Tübingen, Freiburg und München Jura und ließ sich in Stuttgart in der Archivstraße als Rechtsanwalt nieder. In dieser Funktion war er ein enger Mitarbeiter des späteren SPD-Vorsitzenden Kurt Schumacher. Am 4. März 1933 –

dem Abend vor der Reichstagswahl, die Hitler endgültig die Macht sichern sollte – schlug die Stuttgarter SPD ihr Hauptquartier in seiner Anwaltskanzlei auf. Als Jude und Sozialdemokrat von den Nationalsozialisten verfolgt, floh Fred Uhlman Ende März 1933 nach Paris, wo er bei dem Maler Paul Elsas unterkam, der mit ihm verwandt war. Als seine Versuche scheiterten, durch die Gründung einer Nachrichtenagentur und eines Kinderkinos Geld zu verdienen, begann er im Stil naiver Malerei kleinformatige Pariser Szenen auf die Leinwand zu bannen. Der Mal-Autodidakt hatte Erfolg; seine Bilder wurden in der Pariser Kunstszene zu einer kleinen Sensation. 1936 lernte Uhlman im spanischen Badeort Tossa de Mar seine spätere Frau kennen, Diana Croft, die Tochter des Tory-Abgeordneten Sir Henry Page Croft. Uhlman folgte ihr nach London. Auch dort gelang es ihm, in Künstlerkreisen Fuß zu fassen. Er engagierte sich für bedrohte Juden in Prag und für andere Exilanten, er beschaffte dem ebenfalls geflohenen Maler Oskar Kokoschka Aufträge und ließ den Graphiker John Heartfield vier Jahre lang in seinem Haus wohnen. Im Dezember 1938 gehörte er zu den Gründern des Freien Deutschen Kulturbundes; die Gründung fand in seinem Haus statt. Im Juli 1940 wurde er verhaftet und musste fast ein halbes Jahr im zentralen Internierungslager Douglas auf der Isle of Man verbringen, wo er sich der Künstlergruppe um Kurt Schwitters anschloss. Seine beiden Eltern und seine Schwester kamen im Holocaust um. Nach Kriegsende waren Uhlmans Arbeiten in allen wichtigen Galerien Englands zu sehen. 1975 zwang ihn ein Augenleiden, den Pinsel für immer aus der Hand zu legen. Bereits 1971 war Uhlmans Erzählung »Reunion« erschienen. Als sie von Arthur Koestler im Vorwort zur zweiten Auflage als »kleines Meisterwerk« gelobt wurde, fand sie international Beachtung. Die Geschichte, die in elf Sprachen übersetzt wurde und 1989 nach einem Drehbuch des Dramatikers Harold Pinter von Jerry Schatzberg verfilmt wurde, spielt in Stuttgart. Sie handelt von der Freundschaft zwischen einem jüdischen und einem nicht-jüdischen Jungen, Hans Schwarz und Konradin Graf von Hohenfels, die im Nationalsozialismus zerbricht; Hans emigriert nach Amerika und erfährt erst Jahrzehnte später, dass Konradin mit einem Attentat versucht hat, Hitler zu stürzen. Das Buch erschien 1978 auf Deutsch (»Reunion«), 1979 unter dem Titel »Versöhnt« in zweiter Auflage, 1985 zusammen mit der Erzählung »No coward soul is mine« unter dem Titel »Mit neuem Namen« und schließlich 1988 unter dem wiederum neuen Titel »Der wiedergefundene Freund«. Uhlmans Autobiographie wurde 1992 unter dem Titel »Erinnerungen eines Stuttgarter Juden« auf Deutsch veröffentlicht und 1998 unter dem Titel »The making of an Englishman – Erinnerungen eines deutschen Juden« neu aufgelegt. Uhlmans bildkünstlerisches Werk ist in Deutschland immer noch unbekannt.

Freibadstraße *(benannt 1957, Stadtteil Vaihingen)* Nach dem nahe gelegenen Freibad Rosental.

Freibergstraße *(benannt 1932, Stadtteil Münster)* Der Flurname bezeichnet ein Gebiet, das vermutlich von gewissen Abgaben befreit war.

Freiburger Weg *(benannt 1928, Stadtteil Bad Cannstatt)* Universitätsstadt Freiburg im Breisgau, 208 300 Einwohner.

Freihofplatz *(benannt 1979, Stadtteil Stammheim)* Altes Gehöft in Stammheim.

Freihofstraße *(benannt 1957, Stadtteil Stammheim)* siehe →Freihofplatz.

Freiligrathstraße *(benannt 1895, Stadtteil Bad Cannstatt)* Ferdinand Freiligrath (geboren am 17. Juni 1810 in Detmold, gestorben am 18. März 1876 in Cannstatt [heute Stuttgart-Bad Cannstatt]), Dichter. Freiligrath wurde zunächst, wie sein Vater, Kaufmann. Seine erste Gedichtsammlung 1838 war jedoch so erfolgreich, dass er sich ganz der Dichtung widmete. 1842 bis 1844 bezog er von König Friedrich Wilhelm IV. eine Pension. Im »Vormärz« 1843/1844 wandelte sich Freiligrath zum politischen Dichter. Nach der Veröffentlichung von »Ein Glaubensbekenntnis« 1844 flüchtete er ins Ausland. Im Revolutionsjahr 1848 kehrte er zurück, wurde wegen eines Gedichts »Die Toten an die Lebenden« verhaftet, jedoch freigesprochen, und übernahm mit Karl Marx die Redaktion der Neuen Rheinischen Zeitung in Köln. 1851 floh Freiligrath abermals nach London, kehrte 1868 wieder zurück und wohnte zunächst in Stuttgart, ab 1874 in Cannstatt. Freiligrath übersetzte auch französische Romane und englische Lyrik ins Deutsche.

F. Freiligrath (Büste)

Freischützstraße *(benannt 1936, Stadtteil Degerloch)* Oper von Carl Maria von Weber. – Bis 1936 hieß die Straße Blumenstraße.

Fremdstraße *(benannt 1927, Stadtteil Vaihingen)* Alte Vaihinger Familie. Aus ihr stammt der Bildhauer Adolf Fremd (1853–1924), siehe →Adolf-Fremd-Weg.

Fremd-Weg, Adolf- siehe →Adolf-Fremd-Weg.

Freudenstädter Straße *(benannt 1938, Stadtteil Kaltental)* Luftkurort und Kreisstadt im Schwarzwald, 23 700 Einwohner. Freudenstadt wurde 1599 von Herzog Friedrich I. nach Plänen von Heinrich Schickhardt angelegt. Der Stadtgrundriss ähnelt einem Mühlebrett, in der Mitte der quadratische Marktplatz mit Laubengängen und der Stadtkirche in Form eines Winkelhakens. Die 1945 völlig zerstörte Innenstadt wurde 1949 bis 1954 nach dem Plan des Stadtbaumeisters Ludwig Schweizer wieder aufgebaut.

Freudentaler Straße *(benannt 1957, Stadtteil Stammheim)* Gemeinde Freudental, Landkreis Ludwigsburg, 2400 Einwohner.

Frey-Straße, Karl- siehe →Karl-Frey-Straße.

Freytagweg *(benannt 1960, Stadtteil Fasanenhof)* Gustav Freytag (geboren am 13. Juli 1816 in Kreuzburg, Schlesien, gestorben am 30. April 1895 in Wiesbaden), Kulturhistoriker und Schriftsteller. Am bekanntesten sind seine Romane »Soll und Haben« und »Die Ahnen«.

Fridinger Straße *(benannt 1969, Stadtteil Sillenbuch)* Stadt Fridingen an der Donau, Landkreis Tuttlingen, 3300 Einwohner.

Friedemannweg *(benannt 1932, Stadtteil Vaihingen)* Der Weg führt auf den 1908 von Kaufmann Paul Friedemann (1874–1931) in seinem 128 Ar großen Grundstück angelegten »Park«, den der Volksmund »Friedemannscher Park« nannte.

Friedenaustraße *(benannt 1936, Stadtteil Stuttgart-Ost)* Leitet ihren Namen von der Baugenossenschaft der Straßenbahner »Friedenau« ab.

Friedensplatz *(benannt 1893, Stadtteil Stuttgart-Mitte)* Nach der dortigen Friedenskirche.

Friedenstraße *(benannt 1891, Stadtteil Stuttgart-Mitte)* nach der Friedenskirche, siehe →Friedensplatz.

Friedhof, Am alten siehe →Am alten Friedhof.

Friedhofstaffel *(benannt 1910, Stadtteil Untertürkheim)* Lagebezogener Name.

Friedhofstraße *(benannt 1878, Stadtteil Stuttgart-Nord)* Die Straße erschließt den Haupteingang des Pragfriedhofs.

Friedrich-Ebert-Straße *(benannt 1925, wiederbenannt 1945, Straßen-*

führung geändert 1996, Stadtteil Stuttgart-Nord) Friedrich Ebert (geboren am 4. Februar 1871 in Heidelberg, gestorben am 28. Februar 1925 in Berlin), erster Reichspräsident der Weimarer Republik, 1913 bis 1919 Parteivorsitzender der SPD. Am 11. Februar 1919 wählte ihn die Nationalversammlung zum Reichspräsidenten. Dieses Amt hatte er bis zu seinem Tod inne. – 1936 wurde die Straße in Freiherr-vom-Stein-Straße umbenannt nach dem preußischen Reformer und antinapoleonischen Kämpfer Heinrich Friedrich Karl Reichsfreiherr vom und zum Stein (1757–1831). Seit 1945 führt die Straße wieder ihren früheren Namen.

Friedrich-E.-Vogt-Stäffele *(benannt 1997, Stadtteil Stuttgart-Süd)* Friedrich E. Vogt (geboren 1905 in Stuttgart, gestorben 1995 in Stuttgart), Stuttgarter Mundartdichter. Vogt war ein Stuttgarter Lokalpoet, dessen umfangreiches Werk der schwäbischen Mundartliteratur ihn weit über die Grenzen der Landeshauptstadt hinaus bekannt und beliebt gemacht hat. Er war 1905 in der Hauptstätter Straße zur Welt gekommen und wuchs im Stuttgarter Süden unter einfachen Verhältnissen auf. Sein Berufsleben begann Vogt vor dem Zweiten Weltkrieg als Lehrer an verschiedenen Gymnasien. Nach dem Militär- und Kriegsdienst wurde er Chefdolmetscher bei den Amerikanern in Sindelfingen, bevor er wieder in den Schuldienst eintrat. 1962 begann er schließlich seine »vierte Karriere«: als Schriftsteller. Sie führte zu 22 Buchveröffentlichungen. »Die Schwabenfibel«, seine Grammatik »Schwäbisch in Laut und Schrift«, sein Herkunftswörterbuch »Schwäbisch auf deutsch«, »Täätschzeit«, seine Killesberg-, Fernsehturm- und Nesenbachlieder sowie »Übers Älterwerda« gehören zur heimatlichen Standardliteratur von hohem Rang. Schon den Autoren der »neuen Mundartwelle« in den Siebzigerjahren galt Vogt als Vorbild und Klassiker. Auch im hohen Alter hat Friedrich E. Vogt nie aufgehört, den Leuten »aufs Maul zu schauen«. Sein letztes Buch, »I sag mei' Sach! – Schwäbisch-bissige Kommentare zu gängigen Aussagen« ist 1995, kurz vor seinem Tod, erschienen und ging noch im selben Jahr in die zweite Auflage.

Friedrich-Keller-Staffel *(benannt 1988, Straßenführung geändert 1993, Stadtteil Stuttgart-Nord)* Friedrich von Keller (geboren am 18. Februar 1840 in Neckarweihingen, gestorben am 26. August 1914 in Abtsgmünd), Maler. Studierte Malerei bei Häberlin in Stuttgart und bei Lindenschmit in München. Er malte vor allem im Freien, in Steinbrüchen und in großen Gießereien. Außerdem schuf er zahlreiche Bilder zu religiösen Themen. Er gilt für seine Zeit als bahnbrechender Künstler; zu seinen Schülern gehörte auch Oskar Schlemmer. Theodor Heuss schrieb über Keller: »Kellers eigentliche geschichtliche Leistung in der schwäbischen Kunst bleibt für uns neben der weitgehenden und erfolgreichen Tätigkeit in jenen großen Arbeitsbildern, die völlig selbständige Zeugnisse einer eigenwilligen Natur sind.« 1883 wurde Keller Professor an der Stuttgarter Kunstakademie.

Friedrich von Keller

Friedrich-List-Straße *(benannt um 1934, Stadtteil Vaihingen)* Friedrich List (geboren am 6. August 1789 in Reutlingen, gestorben am 30. November 1846 in Kufstein, Tirol), Volkswirt. List lenkte als junger, gegen Bürokratie und überaltertes Ständewesen leidenschaftlich ankämpfender Ministerialbeamter die Aufmerksamkeit des reformfreundlichen Ministers von Wangenheim auf sich, der ihm 1817 den neu errichteten Lehrstuhl für Staatswissenschaften in Tübingen verschaffte. 1819 gründete List den Deutschen Handels- und Gewerbeverein, den Vorläufer des deutschen Zollvereins, der sich für die Abschaffung der Binnenzölle einsetzte. Damit geriet er in Gegensatz zur Regierung und wurde deshalb aus dem württembergischen Staatsdienst entlassen. Als Abgeordneter der Stadt Reutlingen in der württembergischen Kammer setzte er sich für eine demokratische Verfassungsreform ein, wurde 1822 wegen angeblicher »staatsfeindlicher Aufreizung« zu Festungshaft verurteilt und kam gegen das Versprechen, nach Amerika auszuwandern, wieder frei. Als amerikanischer Konsul kehrte er 1830 zurück und setzte sich in Leipzig für die Errichtung eines deutschen Eisenbahnnetzes ein. Dies führte zur Gründung der Leipzig-Dresdner Eisenbahn. List lebte schließlich als freier Schriftsteller in Paris, dann in Augsburg, wo er an Cottas »Allgemeiner Zeitung« mitarbeitete. Mehrmals wohnte List in Stuttgart: 1815 bis 1817 (noch ledig), 1819 bis 1822 und 1824 bis 1825. Er schied durch Selbstmord aus dem Leben.

Friedrichsberg *(benannt 1965, Straßenführung geändert 1978, Stadtteil Möhringen)* Gewannname. Der Flurnamenforscher Lothar Reinhard vermutet: »Wahrscheinlich benannt nach dem Besitzer Ritter Friedrich, genannt der Stöffler von Echterdingen, der 1293 die Körschmühle und den abgegangenen Hof Hagenbuch, an der Grenze von Echterdingen gelegen, an das Kloster Bebenhausen verkaufte.«

Friedrich-Scholer-Straße *(benannt 1999, Stadtteil Feuerbach)* Friedrich Eugen Scholer (geboren 1874 in Sydney, Australien, gestorben 1949), Architekt. Scholer studierte an der School of Arts in Sydney und an der Technischen Hochschule München Architektur, wo er 1897 Paul Bonatz kennen lernte. 1906 machte er sich zusammen mit Bonatz in Stuttgart selbständig. Ihr Stil wandelte sich im Lauf der Jahre vom volkstümlichen Neoklassizismus und vom Heimatstil, der stark von der »Stuttgarter Schule« Theodor Fischers geprägt war, hin zur Neuen Sachlichkeit und zum Bauhausstil. In Stuttgart errichteten Bonatz und Scholer unter anderem die Turn- und Festhalle Feuerbach (1910–12), das Gymnasium und die Realschule in Feuerbach (1911/12), den Hauptbahnhof (1914–1927), das Werksgebäude der Lederfabrik C. F. Roser am Roserplatz (1922, erweitert 1936), das Inselbad Untertürkheim (1927–1929), den Zeppelinbau (1929–1931) und das Neckarstadion (1931–33, als »Adolf-Hitler-Kampfbahn« eingeweiht, heute Gottlieb-Daimler-Stadion). »Mit seiner überlegenen praktischen Bauerfahrung war er der letzte meiner Lehrer«, sagte Bonatz über Scholer. »Auf ihm lag immer der schwerere und verantwortungsvollere Teil der Arbeit, mir ließ er das dankbare Spiel. Seine Treue und Gewissenhaftigkeit gaben mir die Freiheit für den Lehrberuf und die vielen Reisen. Unsere Freundschaft hat sich mehr als ein Menschenalter lang bewährt bis zum Ausklang.« Siehe auch →Bonatzweg.

Friedrichshafener Straße *(benannt 1939, Stadtteil Hedelfingen)* Stadt Friedrichshafen am Bodensee, Bodenseekreis, 57 500 Einwohner, bekannt als Stadt des Zeppelins. König Friedrich von Württemberg baute im Jahr 1811 das etwa 1085 gegründete Kloster Hofen zu einem Schloss um und vereinigte es mit dem 838 erstmals urkundlich erwähnten Ort Buchhorn zu »Stadt und Schloß Friedrichshafen«. Siehe auch →Manzeller Weg und →Seemoosweg.

Friedrichshaller Straße *(benannt 1935, Stadtteil Zuffenhausen)* Stadt Bad Friedrichshall, Landkreis Heilbronn, 18 200 Einwohner.

Friedrichsplatz *(benannt 1888, Stadtteil Stuttgart-Mitte)* Friedrich von Württemberg (geboren 1754 in Treptow, Pommern, gestorben 1816 in Stuttgart), König von Württemberg. Friedrich war der Neffe Herzog Karl Eugens. Er erhielt seine militärische und politische Ausbildung durch König Friedrich den Großen von Preußen (den »alten Fritz«) und Zarin Katharina die Große von Rußland, in deren Dienste er lange Zeit stand. 1797 übernahm er als Herzog die Regierung; 1803 wurde er zum Kurfürst erhoben. 1805 wurde Friedrich zu einem Bündnis mit Napoleon gezwungen, das das Land politisch und militärisch dem Kaiser der Franzosen auslieferte, Württemberg jedoch eine beträchtliche Vermehrung seines Gebietes und Friedrich die Königskrone einbrachte. Napoleons Bruder Jérôme heiratete 1807 Friedrichs Tochter Katharina. Im Herbst 1813 konnte Friedrich sich von Napoleon lösen. Der absolutistische Herrscher mit der mächtigen Leibesfülle und der herrischen Art war beim Volk, das er bespitzeln ließ, nicht beliebt. Dennoch muss man seine Leistungen beim Aufbau des Königreichs anerkennen. Er war der Schöpfer des modernen württembergischen Staates und betrieb den Ausbau Stuttgarts zu einer repräsentativen Residenz und Landeshauptstadt. 1811 ließ er alle Gassen in Straßen umtaufen und viele davon mit völlig neuen, repräsentativen Namen versehen. Mit seinem Hofbaumeister Thouret trieb er den Bau eines neuen Viertels an der unteren Königstraße und westlich davon voran. Zu Ehren des Königs erhielt dieses Gebiet den Namen Friedrichsvorstadt. Seine Hauptachse wurde »Friedrichstraße«, die Kreuzung mit der Kronenstraße »Friedrichsplatz« genannt. Nach dem Ausbau der Friedrichstraße zum sechsspurigen Teilstück des Innenstadtrings nach dem Zweiten Weltkrieg ging der Charakter der Kreuzung als Platz verloren.

König Friedrich von Württemberg

Friedrichstraße *(benannt 1821, Stadtteil Stuttgart-Mitte)* nach König Friedrich, siehe →Friedrichsplatz. – Das Ende der Friedrichstraße hieß zuvor (seit etwa 1500) Seegasse.

Friedrich-Strobel-Weg *(benannt 1971, Stadtteil Degerloch)* Friedrich Strobel (geboren 1893, gestorben am 6. Februar 1957), Stadtrat und Sportfunktionär. Nach dem Ersten Weltkrieg wurde Strobel Reporter bei der »Grünen Sportzeitung«, ab 1925 Sportsprecher beim Süddeutschen Rundfunk; im Hauptberuf blieb er jedoch kaufmännischer Angestellter. 1946 zog er für die SPD in den Stuttgarter Gemeinderat ein; bis zu seinem Tod blieb er Mitglied dieses Gremiums. 1951 arbeitete er als Fußball-Trainer und wurde zum Ersten Vorsitzenden des neu gegründeten Württembergischen Fußballverbandes gewählt. Im selben Jahr zeichnete ihn die Stadt Stuttgart mit einer Plakette für seine langjährigen Verdienste auf dem Gebiet des Sportwesens aus. Nach der Gründung des Landes Baden-Württemberg berief ihn das Kultusministerium zum Landessportbeauftragten.

Friedrich-Wacker-Brücke *(benannt 1974, Stadtteil Sonnenberg)* Friedrich Wacker (geboren 1895, gestorben 1968), langjähriger Vorsitzender des Sonnenbergvereins.

Friedrich-Wolf-Staffel *(benannt 1983, Stadtteil Feuerbach)* Friedrich Wolf (geboren am 23. Dezember 1888 in Neuwied, gestorben am 5. Oktober 1953 in Lehnitz, Brandenburg), Arzt und Schriftsteller. Wolf war eine der populärsten, meistübersetzten und umtriebigsten Figuren des Kulturlebens der Weimarer Republik. 1927 zog er von Hechingen nach Stuttgart und eröffnete in der Zeppelinstraße eine Praxis für Naturheilkunde und Homöopathie. 1928 veröffentlichte er das Buch »Die Natur als Arzt und Helfer«. Er hielt Rundfunkvorträge und Dichterlesungen, schrieb Schauspiele wie »Der arme Konrad« und »Koritke« und schließlich das aufrüttelnde Abtreibungsdrama »Cyankali – § 218«. Ein Strafverfahren gegen ihn wegen des Verdachts der »gewerbsmäßigen gemeinschaftlichen Abtreibung« machte 1931 den undogmatischen Kommunisten in ganz Deutschland berühmt. Nach gewaltigen Protesten wurde er aus der Haft entlassen und das Verfahren eingestellt. 1931 wählten die Stuttgarter Wolf in den Gemeinderat. Da seine Stücke an den etablierten Theatern nicht mehr gespielt wurden, gründete er die Agitprop-Kompagnie »Spieltrupp Südwest«. Als Kommunist und Jude gefährdet, musste er 1933 emigrieren. In der Schweiz entstand »Professor Mamlock«, ein Stück gegen den Antisemitismus. Seine Flucht ging weiter über Frankreich und die USA nach Moskau. Nach 1945 wurde er der erste DDR-Botschafter in Warschau, 1951 zog er nach Ost-Berlin. 1946 hielt er im Furtbachsaal eine große Rede mit dem Titel »Mut zum Leben!« In ihr bekannte Wolf, dass es ihn »mit magischer Kraft wieder nach Stuttgart« ziehe; und: »Hier in Schwaben kann der Staat vom Menschen her aufgebaut werden«, eine Liebeserklärung an Württemberg.

Friedrich-Zundel-Straße *(benannt 1932, Stadtteil Sillenbuch)* Friedrich Zundel (geboren 1875 in Wiernsheim bei Pforzheim, gestorben 1948 in Stuttgart-Bad Cannstatt), Kunstmaler. Zundel war der Mann von Clara Zetkin (siehe →Clara-Zetkin-Straße); 1903 bezogen die beiden ihr Haus in der Kirchheimer Straße 14. In zweiter Ehe war Zundel mit Robert Boschs Tochter Paula verheiratet, das Paar lebte in einer Villa und einem Atelierhaus, die sie unmittelbar neben dem alten Haus errichten ließen. Zundels bekannteste Bilder entstanden auf dem von ihm bewirtschafteten Gut Berghof bei Lustnau (heute Tübingen-Lustnau). Die Friedrich-Zundel-Straße bildet eine seltene Ausnahme: Sie wurde schon zu Lebzeiten des Namensgebers nach ihm benannt.

Friesenstraße *(benannt 1938, Stadtteil Zuffenhausen)* Germanischer Volksstamm.

Friolzheimer Straße *(benannt 1989, Stadtteil Weilimdorf)* Gemeinde Friolzheim im Enzkreis, 3550 Einwohner.

Fritz-Elsas-Straße *(benannt 1946, Stadtteile Stuttgart-Mitte und Stuttgart-West)* Fritz Elsas (geboren am 11. Juli 1890 in Cannstatt [heute Stuttgart-Bad Cannstatt], ermordet am 4. Januar 1945 im KZ Sachsenhausen), entstammte einer seit Generationen in Cannstatt ansässigen, angesehenen jüdischen Familie. Sein Vater war Kommerzienrat. Nach dem Jurastudium in Tübingen, das er mit der Promotion abschloss, trat Fritz Elsas in den Dienst der Stadt. Ihm oblag, im Ersten Weltkrieg die Lebensmittelversorgung der Stuttgarter zu organisieren. Seine Arbeit war so erfolgreich, dass er nach dem Krieg von der Stadt als Rechtsrat übernommen und mit dem Wirtschaftsreferat in der Hauptverwaltung betraut wurde. 1926 wurde er Geschäftsführer des Deutschen Städtetages, dessen Vizepräsident er bis 1929 wurde. 1931 wurde er zum Ersten Bürgermeister von Berlin gewählt, 1933 von den Nazis entlassen. Nun wurde er zum Helfer und Rechtsberater von Auswanderungs-

Fritz Elsas

willigen und schloss sich der Widerstandsgruppe um Goerdeler an. Nach dem gescheiterten Hitler-Attentat am 20. Juli 1944 wurde er verhaftet und gefoltert. Aus der Haft schrieb er an seine Familie: »Hölderlins Briefe an Diotima zeigen, wie im Leben und im Leid der Mensch trotz allem an Kraft und Stärke zu gewinnen vermag. Auch leidende Liebe ist solcher Kraftquell.« Fritz Elsas wurde am 4. Januar 1945 im Konzentrationslager Sachsenhausen ermordet. – Vor 1946 hieß die Straße (zusammen mit der heutigen Falkertstraße) Gartenstraße beziehungsweise Garten-Gaß, da Gärten ihre südwestliche Begrenzung bildeten.

Fritz-Münch-Staffel *(benannt 1991, Stadtteil Stuttgart-Süd)* Fritz Münch (geboren 1906, gestorben 1990), Schneidermeister aus Stuttgart. Münch wohnte Zeit seines arbeitsreichen Lebens an dieser Staffel. Seine Herrenschneiderei in der Marienstraße wird heute von seinem Sohn Hannes geleitet.

Fritz-Reuter-Straße *(benannt 1957, Stadtteil Stuttgart-West)* Fritz Reuter (geboren am 7. November 1810 in Stavenhagen, Mecklenburg, gestorben am 12. Juli 1874 in Eisenach), mecklenburgischer Mundartdichter, Schöpfer des plattdeutschen Romans. Aus politischen Gründen wurde Reuter 1833 verhaftet, drei Jahre in Untersuchungshaft gehalten, 1836 erst zum Tod, dann zu 30-jähriger Festungshaft verurteilt, die er bis 1840 absitzen musste und in seinem Buch »Ut mine Festungstid« (1862) beschrieb.

Fritz-Ulrich-Weg *(benannt 1972, Stadtteil Möhringen)* Fritz Ulrich (geboren 1888 in Schwaikheim, gestorben 1969 in Stuttgart), 1919 bis 1930 Landtagsabgeordneter, 1930 bis 1933 Reichstagsabgeordneter, 1945 bis 1956 Innenminister von Württemberg-Baden und Baden-Württemberg, 1946 bis 1968 Landtagsabgeordneter.

Fritz-Walter-Weg *(benannt 1984, Stadtteil Bad Cannstatt)* Fritz Walter (geboren 1900, gestorben 1981), langjähriger Erster Vorsitzender des VfB Stuttgart.

Frobeniusstraße *(benannt 1957, Stadtteil Stammheim)* Leo Frobenius (geboren am 29. Juni 1873 in Berlin, gestorben am 9. August 1938 in Biganzolo, Italien), Völkerkundler und Kulturphilosoph, Schöpfer der Kulturkreislehre und Gründer des Frobenius-Instituts für Kulturmorphologie in Frankfurt am Main.

Frobergerstraße *(benannt 1938, Stadtteil Botnang)* Nach der Stuttgarter Musikerfamilie Froberger. Der Vater Basilius Froberger (geboren 1575 in Halle an der Saale, gestorben 1637 in Stuttgart) trat als Hofkapellmeister hervor, sein Sohn Johann Jakob Froberger (geboren 1616 in Stuttgart, gestorben 1667 in Héricourt bei Mömpelgard/Montbéliard) wurde als Orgel- und Klavierkomponist bekannt.

Fröbelweg *(benannt 1926, Stadtteil Stuttgart-Nord)* Friedrich Wilhelm August Fröbel (geboren am 21. April 1782 in Oberweißbach, Thüringer Wald, gestorben am 21. Juni 1852 in Marienthal bei Liebenstein, Thüringen), Jugenderzieher. 1837 schuf er in Bad Blankenburg mit der »Anstalt zur Pflege des schaffenden Tätigkeitstriebes« den ersten Kindergarten der Welt.

Frösnerstraße *(benannt 1937, Stadtteil Bad Cannstatt)* Johann Ludwig Frösner (geboren 1769 in Cannstatt [heute Stuttgart-Bad Cannstatt], gestorben 1841 ebenda), Badbesitzer, der das schon im Mittelalter genannte Sulzbad erneuerte und zu einem für die damaligen Verhältnisse bedeutenden Badebetrieb erweiterte. – 1873 bis 1937 hieß die Straße Werderstraße »zu Ehren des tapferen Generals v. Werder«, wie es im Cannstatter Adressbuch von 1904 heißt.

Fronhof *(benannt 1933, Stadtteil Mühlhausen)* Der Fronhof ist hier der Hof der Ortsherrschaft, dem die Bauern Abgaben und Dienste (Fronen) zu leisten hatten.

Froschweg *(benannt 1953, Stadtteil Bergheim)* Der Frosch gehört zu den Amphibien, genauer gesagt zu den Froschlurchen, die weltweit mit zirka 3000 Arten vertreten sind. Der bei uns am häufigsten anzutreffende Frosch ist der braune Grasfrosch, *Rana temporaria.* Er kann nur leise knurren, während der männliche grüne Wasserfrosch, *Rana esculenta,* an warmen Sommerabenden laut quakt. Verschiedene Grün- beziehungsweise Braunfroscharten kreuzen sich über scheinbare Artgrenzen hinweg (Bastardbildung).

Fruchtkasten, Am siehe →Am Fruchtkasten.

Fruchtstraße *(benannt 1936, Stadtteil Hedelfingen)* Landwirtschaftlicher Begriff.

Frühlingshalde *(benannt 1922, Stadtteil Stuttgart-Nord)* Lagebezeichnung.

Frundsbergstraße *(benannt 1933, Stadtteil Zazenhausen)* Ritter Georg von Frundsberg (geboren 1473 in Mindelheim, Schwaben, gestorben 1528 in Mindelheim, Schwaben), kaiserlicher Feldhauptmann und »Vater« der deutschen Landsknechte, die er zu einer schlagkräftigen Truppe ausbildete.

Fruwirthstraße *(benannt 1954, Stadtteil Hohenheim)* Karl Fruwirth (geboren 1862 in Wien, gestorben 1930 in Baden bei Wien), 1898 bis

1907 Professor der Landwirtschaftlichen Hochschule Hohenheim und Gründer der württembergischen Saatzuchtanstalt.

Fuchsbau, Im siehe →Im Fuchsbau.

Fuchseckstraße *(benannt 1913, Stadtteil Stuttgart-Ost)* Fuchseck (762 m), Berg der Schwäbischen Alb im Kreis Göppingen.

Fuchsienweg *(benannt 1979, Stadtteil Sommerrain)* Die Fuchsie, *Fuchsia*, wurde nach dem Tübinger Botaniker Leonhart Fuchs (1501–1566) benannt. Ursprünglich in Süd- und Mittelamerika sowie Neuseeland zu Hause, gedeiht sie hierzulande als Zierpflanze.

Fuchsrain, Im siehe →Im Fuchsrain.

Fuchsstraße *(benannt 1931, Stadtteil Sonnenberg)* Ein »Acker, genannt der Fuchs« wird hier im Jahr 1601 urkundlich erwähnt. Der Flurname leitet sich vermutlich vom Familiennamen des Besitzers ab. Ein Konrad Fuchs wird schon 1494 als Vaihinger Bürger genannt.

Fuchswaldstraße *(benannt 1936, Stadtteil Kaltental)* Nach den Füchsen, die früher im nahe gelegenen Wald zahlreich waren.

Fürfelder Straße *(benannt 1953, Stadtteil Rot)* Stadtteil Fürfeld der Stadt Bad Rappenau (insgesamt 20 400 Einwohner), Landkreis Heilbronn.

Fürstenstraße *(benannt 1811, Stadtteil Stuttgart-Mitte)* Nach dem ehemaligen Fürstenhaus Ecke Königstraße und Fürstenstraße. Es wurde 1505 Marschallenhaus, 1756 Fürstenhaus genannt und 1846 abgebrochen. Bis 1850 wurde an dieser Stelle der Kronprinzenpalast errichtet; heute steht hier die neue Galerie der Stadt Stuttgart. – Bis 1811 hieß die Straße Neue Straße.

Fuggerstraße *(benannt 1957, Stadtteil Vaihingen)* Augsburger Kaufmannsgeschlecht, bekannt durch seine karitativen Stiftungen.

Fuldastraße *(benannt 1934, Stadtteil Münster)* Quellfluss der Weser.

Funktürmen, Bei den siehe →Bei den Funktürmen.

Furtäcker *(benannt 1957, Straßenführung geändert 1983, Stadtteil Riedenberg)* Der Flurname bezeichnet Äcker in der Nähe eines Bachüberganges.

Furtbachstraße *(benannt 1800, Stadtteil Stuttgart-Süd)* Flurname. Ein Teil des Nesenbaches wurde wegen eines dort befindlichen Überganges (Furt) Furtbach genannt.

Furtwänglerstraße *(benannt 1957, Stadtteile Botnang und Feuerbach)* Wilhelm Furtwängler (geboren am 25. Januar 1886 in Berlin, gestorben am 30. November 1954 in Baden-Baden-Ebersteinburg), Dirigent und Komponist. Er leitete 1922 bis 1928 das Gewandhausorchester Leipzig und 1922 bis 1945 sowie 1947 bis 1954 die Berliner Philharmoniker.

Gablenberger Hauptstraße *(benannt 1936, Stadtteil Stuttgart-Ost)* Hauptstraße des im Mittelalter von Berg aus auf gerodetem Land gegründeten Weilers, der schon früh zu Stuttgart kam. Die daraus entstandene Vorstadt Gablenberg gehört heute zum Stadtteil Stuttgart-Ost. Der Name Gablenberg leitet sich entweder von zwei Höhenrücken ab, die den Ort wie eine Art zweizinkiger Gabel umschließen, oder vom Klingenbach, der im Mittelalter Gablenbach hieß und dessen drei Quellbäche zwei Gabelungen bilden (siehe →Am Klingenbach).

Gablenberger Weg *(benannt 1932, Stadtteil Stuttgart-Ost)* führt von der Geroksruhe hinunter nach Gablenberg, siehe →Gablenberger Hauptstraße.

Gaedertzstraße *(benannt 1934, Stadtteil Feuerbach)* Georg Walter Gaedertz (geboren 1858, gestorben 1892), Besitzer des Gutes Siegelberg, unterhielt in Feuerbach große Baumschulen, siehe auch →Siegelbergstraße.

Gähkopf *(benannt 1911, Stadtteil Stuttgart-Nord)* 1393 genannter Flurname, hergeleitet von »Gägenkopf«, nach dem Personennamen Gäg.

Gänsebergstraße *(benannt 1933, Stadtteil Rot)* Der Flurname bezeichnet wohl ein als Gänseweide benutztes Gelände.

Gänsheidestraße *(benannt 1897, Stadtteil Stuttgart-Ost)* Der Flurname Gänsheide kommt schon 1530 vor. Auch hier geht der Name auf eine Gänseweide zurück.

Gänßleweg *(benannt 1964, Stadtteil Botnang)* Paul Gänßle (geboren 1878, gestorben 1962), Botnanger Ortschronist und Heimatdichter.

Gänswaldweg *(benannt 1925, Stadtteil Stuttgart-Ost)* Nach dem im 15. Jahrhundert genannten Flurnamen »Gänswald«, der auf eine ehemalige Gänseweide hinweist.

Gärten, Bei den siehe →Bei den Gärten.

Gärten, Hinter den siehe →Hinter den Gärten.

Gärtnerstraße *(benannt 1946, Stadtteil Hedelfingen)* Nach der schwäbischen Familie Gärtner, aus der verschiedene namhafte Gelehrte hervorgingen, unter anderem der königliche Leibarzt und Staatsrat Otto (von) Gärtner (geboren 1822 in Tübingen, gestorben 1891 in Stuttgart). – 1933 bis 1946 hieß die Straße Paul-Scholpp-Straße. Der SA-Mann Paul Scholpp, der in dieser Straße wohnte, hatte sich 1932 bei der Verfolgung von angeblich kommunistischen Störern eine Schussverletzung zugezogen, an der er im August 1933 starb. Über die Herkunft des Schusses gab es verschiedene Vermutungen. Scholpps Begräbnis gestaltete die NSDAP zu einer großen Propagandaveranstaltung; Scholpp wurde zum Märtyrer hochstilisiert. Bis 1933 hieß die Straße Gartenstraße.

Gärttner-Straße, Emil- siehe →Emil-Gärttner-Straße.

Gäßle, Im siehe →Im Gäßle.

Gäubahnstraße *(benannt 1915, Stadtteil Stuttgart-Nord)* Nach der 1879 eröffneten Gäubahn, der Eisenbahnlinie Stuttgart – Böblingen – Herrenberg – Horb – Rottweil – Tuttlingen.

Gäublick *(benannt 1946, Stadtteil Weilimdorf)* Ausblick auf das Strohgäu. – 1937 bis 1946 hieß die Straße Seydlitzstraße nach dem Kavalleriegeneral Friedrichs des Großen, Friedrich Wilhelm von Seydlitz (1721–1773).

Gäuweg *(benannt 1938, Stadtteil Zuffenhausen)* Nach der Landschaft.

Gaggenauer Straße *(benannt 1936, Stadtteil Untertürkheim)* Die Stadt Gaggenau, Landkreis Rastatt, liegt idyllisch an der Murg und hat 29 600 Einwohner. 1895 entstand hier in den »Bergmann Industriewerken« der erste marktfähige Benzinkraftwagen namens »Orient Express«. 1923 wurden hier die ersten Autos mit Dieselmotor gebaut. Nach wie vor ist das örtliche Produktionswerk der DaimlerChrysler AG größter Arbeitgeber des Murgtals; heute liegt der Schwerpunkt des Werkes Gaggenau neben der Unimog-Herstellung in der Aggregate-Produktion, wobei Getriebe-, Achsen- und Wandlerfertigung dominieren.

Gaildorfer Straße *(benannt 1962, Stadtteil Bad Cannstatt)* Stadt Gaildorf, Landkreis Schwäbisch Hall, 12 400 Einwohner.

Gairenweg *(benannt 1959, Stadtteil Heumaden)* Der Flurname bezeichnet ein lang gestrecktes, keilförmiges Flurstück. Der Name leitet sich von »Ger«, »in der Form einer Speerspitze«, ab.

Gaisburger Brücke *(benannt 1929, wiederbenannt 1953, Stadtteil Bad Cannstatt)* Die Gaisburger Brücke wurde im Zusammenhang mit der Neckarregulierung 1929 erbaut. Als am 21. April 1945 französische Truppen Stuttgart besetzten, wurde die Gaisburger Brücke – wie alle anderen Stuttgarter Neckarbrücken außer dem Berger Steg und dem Voltasteg – von der Wehrmacht gesprengt. Erst am 26. September 1953 konnte die wieder aufgebaute Brücke dem Verkehr übergeben werden.

Gaisburgstraße *(benannt 1862, Stadtteil Stuttgart-Mitte)* Nach der bis 1901 selbständigen Gemeinde und Stuttgarter Vorstadt Gaisburg; die Straße führt zur →Wagenburgstraße, auf der man (vor dem Bau des Wagenburgtunnels) über den Bergsattel zwischen Gänsheide und Uhlandshöhe Gaisburg erreichte.
Besitzungen in »Gaispurc« werden um 1140 erstmals urkundlich erwähnt. Der Name leitet sich von einer Burg ab, die auf dem Bergsporn zwischen Neckar und Klingenbach stand. Sie wiederum wurde nach dem Hügel benannt, auf dem zuvor vermutlich Geißen, also weibliche Ziegen, geweidet haben. Gaisburg lag an zwei wichtigen Straßen, der Reichsstraße und alten Römerstraße im Neckartal sowie der Esslinger Steige (im Verlauf der heutigen →Schurwaldstraße und →Wagenburgstraße), der kürzesten Verbindung zwischen der Reichsstadt Esslingen und Stuttgart. Der Ort konnte daraus keinen Nutzen ableiten, wurde jedoch von durchziehenden Truppen des Öfteren angegriffen.
Vom Mittelalter bis ins 19. Jahrhundert lebten die Gaisburger vom Wein- und Obstbau; ihr Ort war ein beliebtes Ausflugsziel der Stuttgarter. Dann wandelte sich Gaisburg zum Wohnort der Arbeiter, die in Berg und Cannstatt beschäftigt waren. Gaisburg selbst lag im Schatten der Industrialisierung. 1875 wurde die private Stuttgarter Gasfabrik von der →Seidenstraße nach Gaisburg verlegt, wo im Gewann Teilwiesen ein riesiger Gaskessel errichtet wurde, dem später zwei kleinere Kessel und 1930 der 107 Meter hohe Kessel folgten. 1899 ging die Gasfabrik in den Besitz der Stadt Stuttgart über.
1901 wurde Gaisburg nach Stuttgart eingemeindet; gleichzeitig wurde der Klingenbach eingedolt. Als Auffüllmaterial diente der Schutt des 1901 abgebrannten Hoftheaters und des alten Stuttgarter Rathauses, das gleichzeitig abgebrochen wurde. 1909 wurde der Schlachthof vom →Hegelplatz ins Gewann →Schlüsselwiesen nach Gaisburg verlegt. Der 1988 privatisierte Vieh- und Schlachthof mit Fettschmelze wurde 1992 geschlossen; auf dem Gelände entstand bis 2000 ein Gewerbegebiet. – Auf dem Stadtplan von 1866 ist der untere Abschnitt der Straße (zwischen Charlottenstraße und Uhlandstraße) »Gaisburger Straße«, der folgende Abschnitt »Esslinger Steige« benannt.

Gaisgasse *(benannt um 1938, Stadtteil Feuerbach)* Hieß schon 1904 Gaisgasse, ab 1911 Geißstraße. Eine Geiß ist eine ausgewachsene weibliche Ziege.

Gaishämmerstraße *(benannt 1902, Stadtteil Stuttgart-Ost)* Nach der Flur Gaishämmer, in der das Kloster Kaisheim in Bayern Güter besaß, siehe auch →Im Kaisemer.

Gaizen, Im siehe →Im Gaizen.

Galen-Straße, Graf-von- siehe →Graf-von-Galen-Straße.

Galileistraße *(benannt 1957, Stadtteile Dürrlewang und Vaihingen)* Galileo Galilei (geboren am 15. Februar 1564 in Pisa, Italien, gestorben am 8. Januar 1642 in Arcetri bei Florenz), Mathematiker, Astronom und Philosoph. Galilei stellte die Fallgesetze auf, er entdeckte die Phasen der Venus, die vier größten Jupitermonde und die Sonnenflecken. Wegen seines Eintretens für das kopernikanische System kam es 1633 zu einem Prozess, der mit seiner Abschwörung und Verurteilung zu unbefristeter Haft endete. »Und sie bewegt sich doch«, soll Galilei im Anschluss gesagt haben.

Gallenklingenstraße *(benannt um 1910, Stadtteil Botnang)* 1356 erstmals urkundlich erwähnter Flurname, der entweder auf einen früheren Besitz des Klosters Sankt Gallen oder eine »Galluskapelle« zurückgeht, die man im oberen Feuerbachtal vermutet. Unter einer Klinge versteht man eine steile Talkerbe.

Gallusstraße *(benannt 1937, Stadtteil Kaltental)* Gallus (geboren um 560 in Irland, gestorben 650 in Arbon, Bodensee), schottischer Missionar und Heiliger, gründete 612 eine Klause, aus der das Kloster Sankt Gallen erstand.

Galvanistraße *(benannt 1938, Stadtteil Zuffenhausen)* Luigi Galvani (geboren am 9. September 1737 in Bologna, Italien, gestorben am 4. Dezember 1798 ebenda), Arzt und Naturforscher, Entdecker der galvanischen Elektrizität. – Bis 1938 hieß die Straße Kernerstraße nach dem Dichter Justinus Kerner (siehe →Kernerplatz).

Gammertinger Straße *(benannt 1957, Stadtteil Möhringen)* Stadt Gammertingen, Landkreis Sigmaringen, 7000 Einwohner.

Gandhi-Straße, Mahatma- siehe →Mahatma-Gandhi-Straße.

Ganghoferstraße *(benannt 1922, Stadtteil Stuttgart-Nord)* Ludwig Ganghofer (geboren am 7. Juli 1855 in Kaufbeuren, gestorben am 24. Juli 1920 in Tegernsee), Schriftsteller, Verfasser bayerischer Heimatromane wie »Edelweiß-König« (1886) oder »Das Schweigen im Walde« (1899), die alle mehrfach verfilmt wurden.

Gans, Auf der siehe →Auf der Gans.

Ganzenstraße *(benannt um 1936, Stadtteil Möhringen)* Nach dem Flurnamen »Ganze Platz« und den davon abgeleiteten Benennungen

»Ganze Gass«, »Ganzenbrücke« und »Ganzenbrunnen«. »Ganz« ist ein in sich geschlossenes, ungeteiltes Gebiet.

Garbenstraße *(benannt um 1932, Stadtteile Hohenheim und Plieningen)* Immanuel von Garb (Geburtsdaten unbekannt, gestorben 1684 in Klein-Erla, Oberösterreich), kaiserlicher Oberproviantkommissär aus Augsburg, erwarb 1676 das ganze Hofgut Hohenheim von dem Esslinger Spital, in dessen Besitz es sich seit 1432 befand. Durch großzügige Neubauten, zu denen auch die nach ihm benannte »Garbe« gehörte, gab er dem Gut ein neues Gesicht. Nach dem Tod der letzten Enkelin Garbs ließ Herzog Karl Eugen 1769 das Gut (rechtswidrig) als »erledigtes Lehen« einziehen.

Gartenstraße *(benannt 1899, Stadtteil Vaihingen)* Naturverbundener Name.

Gasteiner Straße *(benannt 1937, Stadtteil Bad Cannstatt)* In Österreich gelegenes Tal mit den Kur- und Badeorten Badgastein und Bad Hofgastein. – 1896 bis 1937 hieß die Straße Kasernenstraße nach der 1895 erbauten Artilleriekaserne, an der sie vorbeiführte. Das Areal gehört noch immer dem Land Baden-Württemberg; heute sind hier das Landeskriminalamt und die Staatliche Münze untergebracht.

Gaswerk *(benannt 1986, Stadtteil Stuttgart-Ost)* Lagebezogener Name. Die Stuttgarter Gaskokerei wurde 1875 von der →Seidenstraße, wo sie 1845 gegründet worden war, nach Gaisburg verlegt. 1899 ging sie von einer Genfer Privatfirma in den Besitz der Stadt Stuttgart über. Zwischen 1906 und 1910 wurden die beiden kleinen Gaskessel an der Hackstraße, 1930 der 107 Meter hohe große Gaskessel fertig gestellt. Während des Zweiten Weltkriegs versetzte er wegen der befürchteten Explosionsgefahr die Bewohner des Stuttgarter Ostens in stete Angst.

Heinrich Gauß

Gaucherstraße *(benannt 1894, Stadtteil Stuttgart-Nord)* Nikolaus Gaucher (geboren 1846 in Sarcicourt, Frankreich, gestorben 1911 in Stuttgart-Cannstatt), Baumschulenbesitzer und Direktor der Obst- und Gartenbauschule in Stuttgart. Siehe auch →Obstgartenweg.

Gaußstraße *(benannt 1912, Stadtteil Stuttgart-West)* Heinrich (von) Gauß (geboren 1858 in Stuttgart, gestorben 1921 in Stuttgart), 1899 bis 1911 Stuttgarter Oberbürgermeister. In seine Amtsperiode fielen die Vereinigung Stuttgarts mit Cannstatt sowie die Eingemeindungen von Degerloch, Gaisburg, Wangen und Untertürkheim.

Gebelsbergstraße *(benannt 1908, Stadtteil Stuttgart-Süd)* Der 1304 genannte Flurname geht wahrscheinlich auf den Personennamen Geblin zurück. – Bis 1908 hieß die Straße Obere Straße.

Gebersheimer Weg *(benannt 1996, Stadtteil Hausen)* Gebersheim ist mit 2300 Einwohnern der kleinste Stadtteil von Leonberg, Kreis Böblingen. Im Gebersheimer Pfarrhaus lebte viele Jahre lang der Pfarrer und Schriftsteller Albrecht Goes (siehe →Albrecht-Goes-Platz).

Gebhard-Müller-Platz *(benannt 1990, Stadtteil Stuttgart-Mitte)* Gebhard Müller (geboren am 17. April 1900 in Füramoos, Landkreis Biberach, gestorben am 7. August 1990 in Stuttgart), Ministerpräsident von Baden-Württemberg, Präsident des Bundesverfassungsgerichts. Müller war 1929 bis 1938 Amtsrichter in Tübingen, Waiblingen und Göppingen, dann bis 1945 Amts- und Landgerichtsrat in Stuttgart, nach dem Ende des Zweiten Weltkriegs Oberstaatsanwalt in Stuttgart, Mitgründer der CDU in Stuttgart und 1946 bis 1948 Ministerialdirektor beziehungsweise Ministerialdirigent im Justizministerium Württemberg-Hohenzollern. 1947 wurde Müller in den Landtag von Württemberg-Hohenzollern gewählt, 1947/48 fungierte er dort als CDU-Fraktionsvorsitzender, 1947 bis 1955 war er zudem Vorsitzender der CDU Württemberg-Hohenzollern. 1948 wurde Gebhard Müller zum Staatspräsidenten von Württemberg-Hohenzollern gewählt; gleichzeitig übernahm er das Amt des Finanz- und Justizministers. 1952 gehörte er der Verfassunggebenden Landesversammlung Baden-Württemberg an. Der überwältigende

Gebhard Müller

Wahlsieg der CDU bei der Bundestagswahl 1953 brachte Gebhard Müller nicht nur ein Bundestagsmandat, sondern ließ auch Reinhold Maier seinen Dienstsitz in der Villa Reitzenstein räumen. So wurde Gebhard Müller Ministerpräsident von Baden-Württemberg, bis er 1958 das Amt aus gesundheitlichen Gründen aufgeben musste. Doch er zog sich keineswegs aufs Altenteil zurück, sondern stand 1959 bis 1971 dem Bundesverfassungsgericht als Präsident vor. 1972 übernahm Müller dann noch eine Honorarprofessur an der Universität Tübingen. Als Ministerpräsident machte sich Müller besonders um das Zusammenwachsen der Landesteile verdient; er war für Badener wie Württemberger eine Integrationsfigur. Seine Regierungszeit nutzte er zum beständigen Aufbau der staatsrechtlichen, wirtschaftlichen und kulturellen Grundlagen des Landes. 1975 verlieh ihm der Stuttgarter Gemeinderat die Ehrenbürgerwürde.

Gebrüder-Schmid-Weg *(benannt 2002, Stadtteil Stuttgart-Süd)* Rudolf Schmid (geboren 1897, gestorben 1994) und Hermann Schmid (geboren 1904, gestorben 1992), Unternehmer und Stiftungsgründer. Von 1891 bis 2002 hieß der Verbindungspfad »Unterer Wannenweg« nach der Flur Wanne, die oberhalb des Weges am Südhang des Hasenberges liegt (siehe auch →Wannenstraße), bis 1891 zählte er zur Böblinger Straße. Der Nachlass der Unternehmer Rudolf und Hermann Schmid ermöglichte es der Stadt, dort ein Mehrgenerationen-Zentrum zu bauen, das am 2. März 2002 eingeweiht wurde. Aus diesem Anlass wurde der Untere Wannenweg in Gebrüder-Schmid-Weg umbenannt. Mit Geldern der »Rudolf Schmid und Hermann Schmid Stiftung«, die über ein Stiftungsvermögen von mehr als 33 Millionen Euro verfügt, wurden außerdem die Seniorenwohnanlage Rohrer Höhe, die Kindertagesstätte Pfennigäcker und das Mehrgenerationenhaus in der Ludwigstraße 41 errichtet.

Gebrüder-Schwab-Weg *(benannt 1997, Stadtteil Plieningen)* Karl Schwab (geboren 1877, gestorben 1946) und Otto Schwab (geboren 1876, gestorben 1957), Inhaber einer Holz verarbeitenden Fabrik in Plieningen.

Geckoweg *(benannt 1953, Stadtteil Bergheim)* Die Geckos, *Gekkonidae,* sind eine Familie der Echsen mit etwa 670 Arten. An den Zehen und Fingern besitzen sie Haftlamellen, die es ihnen ermöglichen, an senkrechten Wänden zu laufen. In Europa kommen sechs verschiedene Arten vor.

Geck-Weg, Tell- siehe →Tell-Geck-Weg.

Gehenbühlstraße *(benannt um 1923, Stadtteil Weilimdorf)* Die Flur wurde 1573 »Gähbühl« genannt, was auf einen steilen Geländeabfall hindeutet. »Bühl« ist eine Bezeichnung für einen mittelgroßen Hügel oder Abhang.

Gehrenwaldstraße *(benannt 1936, Straßenführung geändert 1981, Stadtteil Untertürkheim)* Die Flur »Gehrenwald« war ehemals ein spitz zulaufendes Waldstück. »Ger« bedeutete »in der Form einer Speerspitze«.

Gehring-Platz, Rudolf- siehe →Rudolf-Gehring-Platz.

Geibelstraße *(benannt 1909, Stadtteil Stuttgart-West)* Emanuel Geibel (geboren am 17. Oktober 1815 in Lübeck, gestorben am 6. April 1884 in Lübeck), klassizistisch-konservativer Lyriker, 1852 bis 1868 Professor der Ästhetik an der Universität München. Bekannt ist sein Lied »Der Mai ist gekommen ...«.

Geiger, Im siehe →Im Geiger.

Geiger-Platz, Wilhelm- siehe →Wilhelm-Geiger-Platz.

Geinitzstraße siehe →Geiwitzstraße.

Geisinger Weg *(benannt 1994, Stadtteil Stammheim)* Nach der ehemaligen Gemeinde Geisingen am Neckar, die sich 1972 mit Beihingen am Neckar und Heutingsheim zur Stadt Freiberg am Neckar (15 500 Einwohner, Landkreis Ludwigsburg) zusammengeschlossen hat. Siehe auch →Beihinger Weg und →Heutingsheimer Straße.

Geislinger Straße *(benannt 1936, Stadtteil Wangen)* Stadt Geislingen an der Steige, Landkreis Göppingen, 28 100 Einwohner. Die Geislinger Steige wurde 1847 bis 1850 als Teil der Eisenbahnlinie Stuttgart–Ulm errichtet. Infolge des Bahnanschlusses begann die Industrialisierung Geislingens. 1853 wurde die Plaquéfabrik Straub & Schweizer gegründet, die 1880 in der »Württembergischen Metallwarenfabrik – WMF« aufging.

Geißeichstraße *(benannt 1919, Stadtteil Stuttgart-West)* Nach der jahrhundertealten »Geißeiche« an der Verbindungsstraße zwischen Botnanger Straße und Charlottenbuche. Das Alter der Eiche wurde auf 400 Jahre geschätzt. Früher war dort eine Weide für Ziegen (Geißen).

Geißhirtlesweg *(benannt 1937, Stadtteil Rohracker)* »Stuttgarter Geißhirtle«, eine kleine, schmackhafte Birnensorte.

Geißlerstraße *(benannt 1938, Stadtteil Zuffenhausen)* Heinrich Geißler (geboren 1815, gestorben 1879 in Bonn), Mechaniker, Erfinder der Geißlerschen Röhre (Niederdruckvakuumröhre), die zur Gasentladung diente. – Bis 1938 hieß die Straße Gerberstraße.

Geißstraße *(benannt 1811, Stadtteil Stuttgart-Mitte)* Vermutlich wurden hier früher Ziegen (Geißen) gehalten. Die Straße wird 1430 erstmals als Geißgasse genannt, ein Teil 1764 als Häringsgäßlein und 1811 in Gaisstraße umbenannt.

Geiwitzstraße *(benannt 1957, Stadtteil Vaihingen)* Sie müsste eigentlich Geinitzstraße heißen, denn sie ist nach dem Geologen und Paläontologen Hanns Geinitz benannt. Eine Berichtigung lehnten die Anwohnern jedoch ab, die fehlerhafte Schreibweise wurde daher beibehalten. – Der Geognost Dr. Hanns Bruno Geinitz (geboren am 16. Oktober 1814 in Altenburg, gestorben am 28. Januar 1900 in Dresden) war gelernter Apotheker. 1834 bis 1838 studierte er – unter anderem bei F. A. Quenstedt – in Berlin und Jena Naturwissenschaften und arbeitete danach zunächst als Lehrer in Dresden. 1846 wurde er zum Inspektor des dortigen königlichen Mineralienkabinetts ernannt, ab 1850 lehrte er als Professor der Mineralogie und Geognosie an der polytechnischen Schule (der späteren Technischen Hochschule) Dresden und 1857 bis 1894 war er Direktor des mineralogischen Museums in Dresden. Er veröffentlichte zahlreiche Fachbücher, vor allem über die Geologie des sächsisch-böhmischen Raums und Amerikas. Geinitz zählt zu den großen Geologen und Paläontologen aus der Frühzeit der deutschen Geologie; seine Hauptwerke gehören zu den Klassikern des Fachgebiets.

Gelben Weg, Am siehe →Am Gelben Weg.

Gelbrandstraße *(benannt 1957, Stadtteil Stammheim)* Der Gelbrandkäfer, *Dytiscus marginalis,* gehört zur Familie der Schwimmkäfer. Er lebt in pflanzenreichen Teichen und Tümpeln, ist aber auch ein guter Flieger.

Gellertstraße *(benannt 1897, Stadtteil Stuttgart-Ost)* Christian Fürchtegott Gellert (geboren am 4. Juli 1715 in Hainichen, Erzgebirge, gestorben am 13. Dezember 1769 in Leipzig), Dichter. Seine Lustspiele führten das Rührstück aus dem Französischen ein, aus dem sich das bürgerliche Trauerspiel entwickelte.

Gemmrigheimer Straße *(benannt 1945, Stadtteil Rot)* Gemeinde Gemmrigheim, Landkreis Ludwigsburg, 3900 Einwohner. – 1939 bis 1945 hieß die Straße Otto-Planetta-Weg nach dem österreichischen Nationalsozialisten Otto Planetta (1899–1934). Als einer der Hauptverantwortlichen für den Mord an dem österreichischen Bundeskanzler Engelbert Dollfuß während des nationalsozialistischen Putschversuches vom 25. Juli 1934 wurde Planetta standrechtlich zum Tode verurteilt und im Wiener Zentralgefängnis gehenkt. An dem Mord war auch Franz Holzweber beteiligt, siehe →Völterweg. In der Rotwegsiedlung, zu der diese Straße gehört, wohnten anfangs zu einem erheblichen Teil Angehörige der SS und anderer NS-Parteigliederungen sowie der Gestapo.

Gemsenweg, ab 1. August 2005: **Gämsenweg** *(benannt 1953, Stadtteil Wolfbusch)* Die Gämse, *Rupicapra rupicapra,* ist in Europa von den Pyrenäen bis zum Kaukasus zu finden. Sie klettert selbst in steilem Gelände sehr flink.

Generatorstraße *(benannt 1969, Stadtteil Weilimdorf)* Maschine zur Umwandlung mechanischer in elektrische Energie.

Genfer Weg *(benannt 1960, Stadtteil Fasanenhof)* Stadt Genf (französisch: Genève) in der Schweiz, liegt am Ausfluss der Rhône aus dem Genfer See, 170 000 Einwohner.

Georg-Elser-Staffel *(benannt 1999, Stadtteil Stuttgart-Ost)* Georg Elser (geboren am 4. Januar 1903 in Hermaringen bei Heidenheim, erschossen am 9. April 1945 im KZ Dachau), Widerstandskämpfer. Elser, von Beruf Tischler, fasste schon im Herbst 1938 den Entschluss zu einem Attentat auf Adolf Hitler und die nationalsozialistische Führung. Als der Zweite Weltkrieg begonnen hatte, legte er im Münchner Bürgerbräukeller eine Zeitbombe; am Vorabend des 9. November feierte Hitler hier traditionell mit einer Rede den Jahrestag des Putsches von 1923. Obwohl penibel vorbereitet, misslang der Tyrannenmord. Hitler verließ den Münchner Bürgerbräukeller zehn Minuten, bevor die Bombe hochging. Elser wurde verhaftet, als er versuchte, über die »grüne Grenze« in die Schweiz zu gelangen. Ab 1939 im Konzentrationslager Sachsenhausen als »Sonderhäftling des Führers« inhaftiert, wurde er Anfang 1945 ins KZ Dachau verlegt. Es war geplant, ihn nach dem Krieg in einem großen Schauprozess zum Kronzeugen zu machen. Wenige Tage vor der Befreiung durch die Alliierten wurde Elser ermordet.

Georgii-Straße, Pfarrer- siehe →Pfarrer-Georgii-Straße.

Georgiiweg *(benannt 1928, Stadtteil Degerloch)* Theodor Georgii (geboren 1826 in Esslingen, gestorben 1892 in Wilhelmsdorf), Rechtsanwalt, Begründer der Turngemeinden von Esslingen und Tübingen, erster Sprecher des Schwäbischen Turnerbundes 1848, Vorsitzender der Deutschen Turnerschaft von 1860 bis 1887, danach Ehrenvorsitzender. Georgii vertrat das Ideal eines pädagogischen, freiheitlichen, bürgerschaftlichen, demokratischen und vaterländisch-nationalen

Turnens in Vereinen. Er betrieb den Zusammenschluss der in den Vierzigerjahren des 19. Jahrhunderts entstandenen Turnvereine zu regionalen Verbänden und einem nationalen Verband. Als die Gründung eines nationalen Turnverbandes im Zuge der Revolution von 1848 scheiterte, rief er 1860 die Turner in Deutschland zum »ersten deutschen Turn- und Jugendfest« nach Coburg. Dort wurden unter seiner Leitung die Grundlagen für den Aufbau der Deutschen Turnerschaft gelegt, des im 19. Jahrhundert weltgrößten Verbandes für Leibesübungen. 1850 gründete Georgii das »Turnblatt für und aus Schwaben«, die erste deutsche Turnzeitung, der er auch als erster Redakteur diente und aus der 1856 die »Deutsche Turn-Zeitung« hervorging, das Organ der Deutschen Turnerschaft. Von 1860 bis 1863 war Georgii Mitglied im Vorstand des Deutschen Nationalvereins, außerdem betätigte er sich maßgebend am Aufbau nationaler Verbände der Schützen und der Feuerwehren. Die Deutsche Turnerschaft stiftete ihm 1895 ein Denkmal in seiner Heimatstadt Esslingen.

Georg-Kiesinger-Platz, Kurt- siehe →Kurt-Georg-Kiesinger-Platz.

Gerabronner Straße *(benannt 1937, Stadtteil Zuffenhausen)* Stadt Gerabronn, Landkreis Schwäbisch Hall, 4500 Einwohner.

Geranienweg *(benannt 1979, Stadtteil Sommerrain)* Geranie ist die volkstümliche Bezeichnung für Pelargonie, eine ursprünglich aus Südafrika stammende Zierpflanze. Es gibt aber auch einheimische »Geranien« wie zum Beispiel den Wiesen-Storchschnabel *(Geranium pratense).*

Gerberstraße *(benannt 1817, Stadtteil Stuttgart-Mitte)* Schon König Friedrich hatte 1810 angeordnet, vor dem Hauptstätter und dem Seeltor eine neue Vorstadt anzulegen. Das Hauptstätter Tor stand beim heutigen Wilhelmsplatz, das Seeltor beim Zusammentreffen des Großen Grabens (Königstraße) und des Kleinen Grabens (Eberhardstraße). Die Aussiedlung sollte den Namen Herrenberger oder Tübinger Vorstadt tragen, und es sollten sich hier vor allem belästigende und gefährliche Gewerbe niederlassen. In der Tat siedelten sich Gerber und Schmiede vor den beiden Toren an. Als König Wilhelm I. dann 1817 das Hauptstätter Tor (das seit 1811 Herrenberger Tor hieß) abbrechen und das Seeltor (das seit 1811 Tübinger Tor hieß) zum »Lindle« an die Hauptstätter Straße versetzen ließ (ungefähr beim heutigen Österreichischen Platz), war der Raum für eine geordnete Entwicklung dieser Vorstadt geschaffen. Sofort entwarf Hofbaumeister Nikolaus von Thouret einen städtebaulichen Plan, der vor allem die →Tübinger Straße, →Sophienstraße, →Christophstraße und die Gerberstraße umfasste. In späteren Jahrzehnten litten die Bewohner der Stadt sehr darunter, dass sich die Gerber südwestlich der Stadt hatten ansiedeln müssen, denn ihre Abwässer verschmutzten den Nesenbach, bevor er in die Stadt eintrat.

Gerhardt-Platz, Paul- siehe →Paul-Gerhardt-Platz.

Gerhard-Winkler-Weg *(benannt 1990, Stadtteil Feuerbach)* Gerhard Winkler (geboren am 12. September 1906 in Rixdorf bei Berlin [heute Berlin-Tempelhof], gestorben am 25. September 1977 in Kempten im Allgäu), Komponist. Der gelernte Musikalienhändler studierte am Englerschen Konservatorium in Berlin Klavier, Violine, Musiktheorie und Komposition und arbeitete als Pianist, Dirigent und Arrangeur, bevor er ab den Dreißigerjahren mit Kompositionen von Schlagern und konzertanter Unterhaltungsmusik bekannt wurde. Winkler hatte eine besondere Begabung für folkloristische Wirkungen, besonders für das italienische Kolorit. Er arbeitete eng mit dem Textdichter Ralph Maria Siegel und mit zahlreichen populären Sängerinnen und Sängern zusammen, etwa mit Rudi Schuricke, Tino Rossi, Peter Igelhoff, Ilse Werner, Lale Andersen, Magda Hain, Vico Torriani, Rudolf Schock, Sacha Distel und Peter Alexander. Seiner Feder entstammen mehr als tausend Werke, darunter Evergreens wie »Capri-Fischer«, »O mia bella Napoli (Straßensänger von Neapel)«, »Chianti-Lied«, »So wird's nie wieder sein«, »Skandal im Harem«, »Möwe, du fliegst in die Heimat«, »O Heideröslein«, »Glaube mir«, »Bella, bella Donna«, »Zwei Spuren im Schnee«, »Schwarzwälder Schlittenfahrt« oder »Alt-Heidelberg«. Winkler, der 1956 auch einen eigenen Musikverlag gründete und lange Jahre Funktionen im Aufsichtsrat der »Gesellschaft für musikalische Aufführungs- und mechanische Vervielfältigungsrechte« (GEMA) wahrnahm, komponierte auch Operetten, Musik zu über 300 Werbefilmen sowie Filmmusik, beispielsweise zu »Schwarzwaldmelodie«, »Die Rosel vom Schwarzwald«, »Schwarzwälder Kirsch«, »Die Stimme der Sehnsucht«, »Die schöne Meisterin« und »Klein Erna auf dem Jungfernstieg«. 1957 wurde er mit dem Paul-Lincke-Ring ausgezeichnet, 1976 mit der Silbermedaille der Kulturabteilung des Italienischen Außenministeriums. Die Dahlien-Sorte »Gerhard Winkler« ist nach ihm benannt.

Gerhart-Hauptmann-Weg *(benannt 1984, Stadtteil Freiberg)* Gerhart Hauptmann (geboren am 15. November 1862 in Obersalzbrunn, gestorben am 6. Juni 1946 in Agnetendorf), Bühnendichter und Erzähler. Seine sozialkritischen Dramen, etwa »Die Weber« (1892), verhalfen dem Naturalismus auf deutschen Bühnen zum Durchbruch. 1912 erhielt Hauptmann den Nobelpreis für Literatur.

Gerlinger Straße *(benannt 1953, Stadtteil Hausen)* Stadt Gerlingen, Landkreis Ludwigsburg, 18 700 Einwohner.

Germanenstraße *(benannt um 1929, Stadtteil Vaihingen)* Völkergruppe.

Germersheimer Straße *(benannt 1937, Stadtteil Weilimdorf)* Die Stadt Germersheim am Rhein, Rheinland-Pfalz, 20 000 Einwohner, ist auf dem Boden eines römischen Kastells angelegt.

Gernotstraße *(benannt 1938, Stadtteil Feuerbach)* Gestalt aus der Nibelungensage, siehe auch →Nibelungenstraße.

Gernsbacher Straße *(benannt 1965, Stadtteil Weilimdorf)* Stadt Gernsbach, Landkreis Rastatt, 14 600 Einwohner.

Gerokstaffel *(benannt 1909, Stadtteil Stuttgart-Mitte)* Karl Gerok (geboren am 30. Januar 1815 in Vaihingen/Enz, gestorben am 14. Januar 1890 in Stuttgart), Prediger und Dichter. Gerok besuchte das Gymnasium in Stuttgart, wo Gustav Schwab sein Lehrer war. Ab 1849 wirkte Gerok als Diakon und Stadtpfarrer an der Hospital- und Stiftskirche in Stuttgart, 1862 wurde er Dekan der Stadtdiözese Stuttgart, 1868 Oberhofprediger und Oberkonsistorialrat mit dem Rang eines Prälaten. 1866 erhielt er die Stuttgarter Ehrenbürgerwürde für sein Wirken als geistlicher Stadtvorstand und Seelsorger. Gerok war der meistgelesene religiöse Lyriker der zweiten Hälfte des 19. Jahrhunderts. Seine Gedichtsammlung »Palmblätter« erreichte eine Auflage von mehreren hunderttausend Exemplaren. Er

Prälat und Dichter: Karl Gerok

schrieb auch das wohl bekannteste Stuttgart-Gedicht: »Da liegst du nun im Sonnenglanz, / schön, wie ich je dich sah, / in deiner Berge grünem Kranz, / mein Stuttgart, wieder da. / Liegst da, vom Abendrot umflammt, / im Tale angeschmiegt, / gleichwie gefasst in grünem Samt / ein güldnes Kleinod liegt.«

Gerokstraße *(benannt 1927, Stadtteile Stuttgart-Mitte und Stuttgart-Ost)* nach Karl Gerok, siehe →Gerokstaffel.

Gerstenhalde *(benannt 1954, Stadtteil Bergheim)* Der Flurname geht auf die dort angebaute Getreideart zurück.

Gerstenstraße *(benannt 1959, Stadtteil Plieningen)* Die Gerste, *Hordeum vulgare*, ist eine Getreideart. Es wird zwischen zwei- und mehrzeiligen Formen unterschieden. Als Nahrungsquelle diente sie bereits in der Jungsteinzeit. Heute findet sie hauptsächlich beim Bierbrauen Verwendung.

Gertrudstraße *(benannt 1913, Stadtteil Luginsland)* Weiblicher Vorname.

Geschwister-Scholl-Straße *(benannt 1946, Stadtteil Stuttgart-Mitte)* Zur Erinnerung an die Geschwister Hans (geboren am 22. September 1918 in Ingersheim/Jagst) und Sofie Scholl (geboren am 9. Mai 1921 in Forchtenberg) aus Ulm, die als Mitglieder der Widerstandsgruppe »die Weiße Rose« verhaftet wurden, als sie an der Münchner Universität Flugblätter gegen den Krieg und das nationalsozialistische Regime verteilten. Die Geschwister wurden am 22. Februar 1943 zum Tode verurteilt und am gleichen Tag hingerichtet. – Bis 1946 hieß die Straße Alleenstraße.

Gewerbestraße *(benannt 1959, Stadtteil Möhringen)* Lagebezogener Name.

Geyer-Weg, Wilhelm- siehe →Wilhelm-Geyer-Weg.

Geyer-Straße, Florian- siehe →Florian-Geyer-Straße.

Giebelstraße *(benannt 1954, Stadtteil Giebel)* Der Flurname bezeichnet eine hervortretende Geländeform und ist seit 1962 auch Name des Stadtteils.

Giescheweg *(benannt 1960, Stadtteil Fasanenhof)* Georg von Giesche (geboren 1653, gestorben 1716), Gründer der schlesischen Bergwerksgesellschaft, wurde 1712 in den böhmischen Ritterstand aufgenommen.

Giesekingstraße *(benannt 1957, Stadtteil Vaihingen)* Walter Gieseking (geboren am 5. November 1895 in Lyon, Frankreich, gestorben 26. Oktober 1956 in London, England), Klaviervirtuose, Schüler von

Karl Leimer, unternahm große Konzertreisen und lehrte ab 1948 in Saarbrücken.

Gietmannstraße *(benannt 1957, Stadtteile Rohr und Dürrlewang)* Flurname.

Gilbertweg *(benannt 1989, Stadtteil Botnang)* Jean Gilbert, Pseudonym von Max Winterfeld (geboren 1879 in Hamburg, gestorben 1942 in Buenos Aires), Operettenkomponist. Sein Sohn Robert Gilbert, eigentlich Robert Winterfeld (geboren 1899 in Berlin, gestorben 1978 in Locarno), Librettist und Schriftsteller, verfasste Gesangstexte zu über 60 Operetten, unter anderem »Im weißen Rößl« für R. Benatzky und »Feuerwerk« für P. Burkhard, und zu über 100 Tonfilmen, unter anderem »Die Drei von der Tankstelle« und »Der Kongreß tanzt«. Er übersetzte auch Texte aus amerikanischen Musicals, darunter »My fair Lady«, für die deutsche Bühnenfassung. Während des Nationalsozialismus 1933 bis 1945 lebte er in den USA im Exil.

Gingener Straße *(benannt 1936, Stadtteil Wangen)* Gemeinde Gingen an der Fils, Landkreis Göppingen, 4350 Einwohner.

Ginsterstaffel *(benannt 1991, Stadtteil Stuttgart-Ost)* Die Ginsterarten, zu denen der Färberginster, *Genista tinctoria,* und der Deutsche Ginster, *Genista germanica,* zählen, gehören zur Familie der Schmetterlingsblütler. Aus den Blüten des Färberginster gewann man früher eine gelbe Farbe, mit der Wolle und Leinwand gefärbt wurden.

Ginsterweg *(benannt 1935, Stadtteil Stuttgart-Ost)* nach dem Ginster, siehe →Ginsterstaffel.

Gladiolenweg *(benannt 1933, Stadtteil Sommerrain)* Die Gladiolen, lateinisch *Gladiolus*, sind eine Gattung der Schwertliliengewächse mit etwa 250 Arten, die fast alle in Afrika zu Hause sind. Die in Deutschland verbreiteten Gartengladiolen wurden im Lauf von 200 Jahren aus Arten der südafrikanischen Savanne gezüchtet. Heimisch, aber sehr selten, ist die Sumpf-Siegwurz *(Gladiolus palustris).*

Glaserweg *(benannt 1957, Stadtteil Weilimdorf)* Erasmus Glaser (Amtszeit 1703 bis 1722) und Johann Jakob Glaser (Amtszeit 1770 bis 1784), Schultheißen in Weilimdorf.

Glashütter Weg *(benannt 1957, Stadtteil Möhringen)* Ortsteil Glashütte der Gemeinde Stetten am Kalten Markt, Landkreis Sigmaringen, 350 Einwohner.

Glaunerweg *(benannt 1957, Stadtteil Heumaden)* Alter Heumadener Familienname.

Gleißbergstraße *(benannt 1925, Stadtteil Bad Cannstatt)* Johann Ernst

Gleißberg (geboren 1798 in Langensalza, gestorben 1861 in Cannstatt [heute Stuttgart-Bad Cannstatt]), Cannstatter Dekan.

Glemsgaustraße *(benannt 1957, Stadtteil Weilimdorf)* Landschaft an der Glems, siehe auch →Glemsstraße. – Als »Weil im Dorf« noch eine selbständige Gemeinde war, hieß die Straße im inneren Abschnitt (bis zur Kirche) Hauptstraße, im äußeren Abschnitt Korntaler Straße.

Glemsstraße *(benannt 1951, Stadtteil Feuerbach)* Nebenfluss der Enz, entspringt im Glemswald, der zu Stuttgart-West gehört.

Glockenblumenstraße *(benannt 1957, Stadtteil Vaihingen)* Die zierlichen, hellblauen Blütenglocken der Rundblättrigen Glockenblume, *Campanula rotundifolia,* kann man auf mageren Wiesen und an Waldrändern finden.

Glockenstraße *(benannt 1885, Stadtteil Bad Cannstatt)* Nach der ehemaligen Glockengießerei Knittel im Haus Glockenstraße 26. – Der untere Abschnitt der Glockenstraße hieß früher Brauerstraße nach der dort ansässigen, 1867 gegründeten Bierbrauerei.

Gluckstraße *(benannt 1928, Stadtteil Botnang)* Christoph Willibald Ritter von Gluck (geboren 2. Juli 1714 in Erasbach, Oberpfalz, gestorben am 15. November 1787 in Wien), Komponist. Gluck lernte vier Jahre lang Komposition bei G. B. Sammartini in Mailand, wurde dann an die Haymarket-Opera nach London berufen, ließ sich 1750 in Wien nieder, zog 1772 nach Paris um und kehrte 1779 nach Wien zurück. Er strebte Natürlichkeit und Einfachheit in der Oper an sowie sinnvolle Texte, deren Aussage von der Musik unterstrichen werden sollten. Seine bekanntesten Opern sind »Alceste« (1767), »Orfeo ed Euridice« (1772) und »Iphigénie en Tauride« (1779 uraufgeführt, im gleichen Jahr, in dem Goethe seine erste Fassung der »Iphigenie« fertig gestellt hat). Einen Theaterkrieg in Paris gegen Niccoló Piccini, der die spätbarocke italienische Oper repräsentierte, konnte Gluck für sich entscheiden, womit er zum Vorreiter von Wagner und Berlioz wurde. Gluck starb, als er trotz striktem Alkoholverbot nach einem Schlaganfall ein Glas Cognac leerte.

Glühwürmchenweg *(benannt 1971, Stadtteil Stammheim)* Die Glühwürmchen, auch als Johanniswürmchen bekannt, gehören zur Familie der Leuchtkäfer (Lampyridae) und leuchten an warmen Abenden im Juni und Juli an Gebüschen und Waldrändern gelbgrün. Das Licht wird im Hinterleib des Käfers durch eine chemische Reaktion erzeugt. Durch artspezifische Leuchtmuster werden meist Geschlechtspartner angelockt.

Gmünder Straße *(benannt 1930, Stadtteil Bad Cannstatt)* Schwäbisch Gmünd im Ostalbkreis, 62 000 Einwohner, ist die älteste Stauferstadt. Bis 1803 war es Reichsstadt. Gmünd wurde durch seine Silberwarenindustrie bekannt. Siehe auch →Rechbergstraße.

Gnesener Straße *(benannt 1933, Straßenführung geändert 1964, Stadtteil Bad Cannstatt)* Stadt Gnesen (polnisch: Gniezno) in Polen, gehörte von 1793 bis 1806 und von 1815 bis 1918 zu Preußen.

Gögelbachstraße *(benannt 1981, Stadtteil Untertürkheim)* Nach dem nahe gelegenen Bach.

Göllerstraße *(benannt 1953, Stadtteil Sillenbuch)* Ernst Karl Göller (geboren 1811, gestorben 1882), Lehrer. Göller war nach Georg Julius Bazlen (siehe →Bazlenstraße) und Lehrer Schüssler der dritte Lehrer in Sillenbuch.

Göppinger Straße *(benannt 1928, Stadtteil Obertürkheim)* Die Kreisstadt Göppingen, 57 500 Einwohner, liegt am Fuß des »Kaiserbergs« Hohenstaufen. Bei einem Stadtbrand 1782 fiel der ganze Ort in Schutt und Asche. Herzog Karl Eugen verordnete den sofortigen Wiederaufbau nach einem klassizistischen Idealplan, den Landbauinspektor Johann Adam Groß im Schachbrettgrundriss erstellte. Bereits 1786 wurde als letztes Gebäude das Rathaus fertig gestellt. Weltbekannt ist Göppingen als Stammsitz des Herstellers elektrischer Modelleisenbahnen Gebr. Märklin & Cie. GmbH.

Goerdelerstraße *(benannt 1945, Stadtteil Stuttgart-Mitte)* Carl-Friedrich Goerdeler (geboren am 31. Juli 1884 in Schneidemühl, gestorben am 2. Februar 1945 in Berlin), ab 1930 Oberbürgermeister von Leipzig, 1934 bis 1935 Reichskommissar für Preisüberwachung. Als Gegner des Nationalsozialismus trat er 1937 von seinem Amt zurück. Nach 1939 war er führend in der Widerstandsbewegung und für den Fall von Hitlers Sturz als Reichskanzler vorgesehen; er hatte enge Verbindungen zu Freunden um Robert Bosch. Nach dem misslungenen Attentat auf Hitler am 20. Juli 1944 wurde er auf eine Denunziation hin verhaftet, vom Volksgerichtshof zum Tode verurteilt und in Berlin-Plötzensee hingerichtet. – Von 1936 bis 1945 hieß die Straße Gustloffstraße nach dem in Davos ermordeten Landesgruppenleiter der NSDAP in der Schweiz, Wilhelm Gustloff (1895–1936). In seinem Buch »Im Krebsgang« hat Günter Grass den Untergang des nach Gustloff benannten, am 30. Januar 1945 durch ein sowjetisches U-Boot in der Danziger Buch torpedierten Flüchtlingsschiffes beschrieben.

Goes-Platz, Albrecht- siehe →Albrecht-Goes-Platz.

»Göthe in Stuttgart 1797«, nämlich im Hause Rapp, Stiftstraße 7. Scherenschnitt von Luise Duttenhofer (1776–1829, siehe →Luise-Duttenhofer-Straße)

Goethestraße *(benannt 1874, Stadtteil Stuttgart-Mitte)* Johann Wolfgang (von) Goethe (geboren am 28. August 1749 in Frankfurt am Main, gestorben am 22. März 1832 in Weimar), Dichter, Politiker, Naturforscher. Hier ist nicht der Ort, all die Verdienste, Werke und Wirkungen Goethes zu würdigen. Aber zwei Besuche Goethes in Stuttgart können Erwähnung finden.

Auf der Rückreise von Bern, wo sie in Geldangelegenheiten zu tun hatten, trafen Herzog Carl August von Sachsen-Weimar und Eisenach und sein Freund, der Geheime Rat Goethe, am 10. Dezember 1779 in Stuttgart ein. Obwohl sie inkognito reisten, erfuhr Herzog Karl Eugen von Württemberg, wer in der Herberge »Zum Ritter« abgestiegen war, und lud die beiden zum elften Stiftungsfest der Karlsakademie ein. Goethe begegnete dabei zum ersten Mal Friedrich Schiller, der zum medizinischen Zwangsstudium in der gefängnisartigen Schule und Hochschule verdammt war. Schiller hatte damals freilich noch nichts veröffentlicht, war mithin völlig unbekannt und unternahm gar nicht den Versuch, Goethes Aufmerksamkeit auf sich zu lenken. Nach acht Tagen brachen Carl August und Goethe zur Weiterreise auf; Goethe schilderte den Aufenthalt am Nesenbach in einem Brief als »sehr merkwürdig und instruktiv«.

18 Jahre später pausierte der Dichter erneut, als er auf der Durchreise durch die württembergische Residenz kam. Von Heilbronn kommend und wieder mit dem Ziel Schweiz, traf er am 29. August 1797 hier ein und stieg im Gasthof »Römischer Kaiser« Ecke Löwengasse und Leimengrube ab (siehe →Marienstraße und →Rotebühlplatz), quartierte sich aber am nächsten Tag im Haus des Kaufmanns Gottlob Heinrich Rapp (siehe →Rappweg) in der Stiftstraße 7 ein, denn das Bett im »Römischen Kaiser« war voller Wanzen. Auch sonst war nicht alles zum Besten. Das Alte Schloss fand Goethe »kaum zu einer Theaterdekoration gut«, einer Aufführung von Schillers »Don Carlos« im Theater bescheinigte er Steifheit, Kälte und Geschmacklosigkeit, und als er Hohenheim besuchte, empfand er das Englische Dörfle als eine »mit unzähligen Ausgeburten einer unruhigen und kleinlichen Phantasie übersäten Garten« und das Schloss, an dem noch und wieder gebaut wurde, gewährte ihm »den gleichgültigsten Anblick von der Welt«.

Am 3. September besuchte Goethe die kaiserlich-österreichische Armee, die sich mitten im Ersten Koalitionskrieg gegen Frankreich befand. Unter der Führung von Erzherzog Carl hatten etwa 25 000 Mann zwischen (Stuttgart-)Mühlhausen und (Remseck-)Hochberg ein Lager aufgeschlagen. Der Erzherzog empfing den Geheimen Rat in Remseck. Goethe blieb bis 7. September in Stuttgart, er las bei Rapp aus seinem Werk »Hermann und Dorothea«, besuchte Rapps Schwager, den Bildhauer Johann Heinrich Dannecker (siehe →Danneckerplatz), und dessen Kollegen, den Bildhauer Philipp Jacob Scheffauer, den Maler Philipp Friedrich Hetsch, den Kupferstecher Johann Gotthard Müller, den Landschaftsmaler Adolph Friedrich Harper und den Maler und Architekten Nikolaus Thouret (siehe →Thouretstraße), außerdem den Komponisten Johann Rudolf Zumsteeg (siehe →Zumsteegstraße), den Legationsrat Conrad Abel mit seiner großen Bildersammlung und die Landesbibliothek, die sich, gerade erst gegründet, im Herrenhaus am Marktplatz befand. Zum Abschied machte er Rapp und Dannecker ein Kompliment: »Nun habe ich Tage hier verlebt, wie ich sie in Rom lebte.« Am 7. September, »früh 5 ½«, fuhr der Dichter weiter, über Hohenheim, Echterdingen und Dettenhausen nach Tübingen, wo ihn der Verleger Johann Friedrich Cotta erwartete.

Götzen, Im siehe →Im Götzen.

Götzenbergstraße *(benannt 1957, Straßenführung geändert 1975, Stadtteil Uhlbach)* Der Flurname geht auf den Personennamen Götz zurück.

Goezstraße *(benannt 1957, Stadtteil Plieningen)* Christian Gottlieb Goez (geboren 1746, gestorben 1803), 1784 bis 1803 evangelischer Pfarrer in Plieningen. Goez ist auch als Liederdichter hervorgetreten und hat sich um die Landwirtschaft verdient gemacht. Herzog Karl Eugen war jede Woche bei Goez im Pfarrhaus zu Besuch und besuchte von Hohenheim aus, obwohl er Katholik war, gern Goez' Gottesdienste in Plieningen.

Gohlstraße *(benannt 1950, Stadtteil Degerloch)* Weist auf die alte Degerlocher Weingärtner-Familie Gohl hin. Einzelne Familienmitglieder hatten als Gemeinderäte und Ratsherren eine angesehene Stellung in der früheren Gemeinde Degerloch. Die Familie hat allein sieben Degerlocher Schultheißen gestellt.

Goldbacher Weg *(benannt 1957, Stadtteil Zuffenhausen)* Stadtteil Goldbach der Stadt Crailsheim (insgesamt 32 000 Einwohner), Landkreis Schwäbisch Hall.

Goldbergstraße *(benannt 1913, Stadtteil Luginsland)* Der Flurname könnte entweder auf die Bodenfärbung zurückgehen oder mit dem im Mittelalter abgegangenen Ort Immenrode zu tun haben.

Goldkäferweg *(benannt 1957, Stadtteil Stammheim)* Der Gemeine Rosenkäfer, *Cetonia aurata,* auch Goldkäfer genannt, hat eine grünlich goldglänzende Farbe. Die Käfer sind vor allem auf Blüten zu finden. Besonderheit: Beim Flug sind die Flügeldecken geschlossen.

Goldrautenweg *(benannt 1937, Stadtteil Sommerrain)* Die Goldrute, auch Goldraute genannt, gehört zu den Korbblütengewächsen. Die Echte oder Gemeine Goldrute, *Soldago virgaurea,* ist in trockenen Wäldern und Dünen heimisch.

Goldregenweg *(benannt 1945, Stadtteil Rohr)* Der Goldregen, *Cytisus laburnum,* gehört zu den Schmetterlingsblütengewächsen. Die hängenden, gelben Blüten des Strauchs sind giftig.

Goldtäleweg *(benannt 1981, Stadtteil Untertürkheim)* Lagebezeichnung.

Gomaringer Straße *(benannt 1957, Stadtteil Degerloch)* Gemeinde Gomaringen, Landkreis Tübingen, 8200 Einwohner. – Bis 1957 hieß die Straße Möhringer Straße.

Gontermann-Weg, Heinrich- siehe →Heinrich-Gontermann-Weg.

Goppeltstraße *(benannt 1957, Stadtteil Stuttgart-Nord)* Adolf Goppelt (geboren 1800 in Heilbronn, gestorben 1875 in Heilbronn), 1848 bis 1849 württembergischer Finanzminister.

Gorch-Fock-Straße *(benannt 1937, Stadtteil Sillenbuch)* Gorch Fock, Pseudonym für Johann Kinau (geboren am 22. August 1880 in Finkenwerder bei Hamburg, gefallen am 31. Mai 1916 in der Skagerrak-Seeschlacht), Schriftsteller, gemütvoller Erzähler, zum Teil in Hamburger Platt: »Schullengrieper un Tungenknieper« (1910), »Hein Godenwind« (1912). Im bürgerlichen Beruf Buchhalter bei der Hamburg-Amerika-Linie. – Ursprünglich hieß die Straße Waldheimstraße. 1933 wurde sie in Wilhelm-Murr-Straße umbenannt nach dem damaligen Gauleiter der NSDAP und Reichsstatthalter in Württemberg, Wilhelm Murr (1888–1945). Als zu Murrs »zehnjährigem Gauleiterjubiläum« die →Dorotheenstraße nach ihm benannt wurde, erhielt die Straße in Sillenbuch zum 1. Februar 1938 den Namen Gorch-Fock-Straße.

Gosheimer Weg *(benannt 1968, Stadtteil Sillenbuch)* Gemeinde Gosheim, Landkreis Tuttlingen, 3900 Einwohner. Die Industriegemeinde Gosheim liegt auf einem Hochplateau der Schwäbischen Alb am Fuß des Lembergs (1015 m) mit weitem Ausblick auf den Schwarzwald und die Baar.

Goslarer Straße *(benannt 1937, Stadtteile Feuerbach und Weilimdorf)* Stadt Goslar, Niedersachsen, liegt vor dem nördlichen Steilabfall des Harzes, 45 700 Einwohner. – Als »Weil im Dorf« noch eine selbständige Gemeinde war, hieß die Straße Friedhofstraße.

Gotenstraße *(benannt 1938, Stadtteil Zuffenhausen)* Hauptvolk der Ostgermanen.

Gottfried-Keller-Straße *(benannt 1935, Stadtteil Zuffenhausen)* Gottfried Keller (geboren am 19. Juli 1819 in Zürich, gestorben am 15. Juli 1890 in Zürich), Dichter. Keller studierte 1848 bis 1850 in Heidelberg und lebte bis 1855 in Berlin, wo er seinen autobiographischen Roman »Der grüne Heinrich« verfasste. Ab 1855 war er wieder in Zürich, 1861 bis 1876 als Staatsschreiber. Bekannt ist seine Novelle »Die Leute von Seldwyla« (1856).

Gotthilf-Dreher-Straße *(benannt 1951, Stadtteil Weilimdorf)* Gotthilf

Dreher (geboren 1873, gestorben 1946), letzter Bürgermeister von Weilimdorf.

Gotthilf-Schenkel-Weg, Doktor- siehe →Doktor-Gotthilf-Schenkel-Weg.

Gottliebstraße *(benannt 1898, Stadtteil Stuttgart-Ost)* Gottlieb Müller (geboren 1837, gestorben 1900), Bauunternehmer und Geschworener.

Gottlob-Barth-Straße, Christian- siehe →Christian-Gottlob-Barth-Straße.

Graben, Am Äußeren siehe →Am Äußeren Graben.

Graben, Im siehe →Im Graben.

Gräfin-von-Linden-Weg *(benannt 1993, Stadtteil Vaihingen)* Maria Gräfin von Linden (geboren am 18. Juli 1869 auf Schloss Burgberg bei Heidenheim, gestorben am 26. August 1936 im Fürstentum Liechtenstein), Professorin der Zoologie. »In allen, namentlich weiblichen Zweigen der Gutsverwaltung« sollte sie sich betätigen, so wollten es ihre Eltern, Graf Edmund von Linden und Eugenie von Linden, eine geborene Freiin Hiller von Gärtringen. Doch Maria von Linden drängte es zum Wissenserwerb und dann zur Weitergabe ihres Wissens. 1891 legte sie am Stuttgarter Realgymnasium als erste Württembergerin überhaupt die Reifeprüfung ab. Ihr Großonkel, der ehemalige württembergische Staatsminister Joseph Freiherr von Linden, hatte das Einverständnis des Ministers für Kirchen- und Schulwesen erwirkt. Mit Genehmigung des Königs konnte sie 1892 als erste Frau überhaupt ein Studium an der Universität Tübingen aufnehmen. Sie besuchte Vorlesungen in Mathematik, Chemie, Physik, Botanik, Zoologie, vergleichender Anatomie und Histologie, später auch in Medizin und beendete ihr Studium im August 1895 mit der Promotion. Maria von Linden nahm nun eine Stelle als Vertretung des Assistenten am Zoologischen Institut der Universität Halle, von 1897 bis 1899 die zweite Assistentenstelle am Zoologischen Institut der Universität Tübingen an. Dann wechselte sie nach Bonn und übernahm die zweite Assistentenstelle am Zoologischen und Vergleichend-Anatomischen Institut. Sie war damit die erste Frau, die eine Assistentenstelle an der Bonner Universität erhielt – Jahre, bevor eine Frau an der Universität Bonn einen Abschluss machen konnte. 1906 stellte sie einen Antrag auf Habilitation, der dazu führte, dass der preußische Kultusminister nach zwei Jahren Bedenkzeit Frauen allgemein das Recht absprach, die Venia Legendi zu erwerben. 1910 wurde Maria von Linden jedoch in Anerkennung ihrer wissenschaftlichen Leistungen vom Kultusminister mit dem Titel Professor geehrt. Als »Vorsteher des Parasitologischen Laboratoriums« mit Oberassistentenstelle am Hygienischen Institut wurde sie, die schon 1923 den Nationalsozialismus als große Gefahr erkannt hatte, 1933 auf Grund des »Gesetzes zur Wiederherstellung des Berufsbeamtentums« in den Ruhestand versetzt. Noch im selben Jahr wanderte sie nach Schaan im Fürstentum Liechtenstein aus und setzte dort ihre Krebsforschungen fort. Zu parasitologischen und onkologischen Themen hat sie mehrere Bücher und an die hundert Aufsätze in Fachzeitschriften publiziert. Das Vordringen in Bereiche, in denen es für Frauen keinen institutionalisierten Platz gab, bestimmte den Werdegang Maria Gräfin von Lindens. Sie erreichte im universitären Bereich mehr, als den Frauen ihrer Zeit im Rahmen der institutionellen Regelungen zugebilligt wurde, blieb aber im Verhältnis zum Wirkungsbereich der Männer deutlich eingeschränkt.

Grafeneckstraße *(benannt 1913, Stadtteil Stuttgart-Ost)* Schloss Grafeneck bei Münsingen auf der Schwäbischen Alb. Herzog Christoph von Württemberg ließ 1556 bis 1559 auf den Grundfesten einer mittelalterlichen Wehranlage über dem Dolderbach in Gomadingen-Marbach ein Jagdschloss erbauen; Herzog Karl Eugen erweiterte es Mitte des 18. Jahrhunderts zu einer prachtvollen barocken Schlossanlage. 1904 verkaufte es der Staat an Max Freiherr von Tessin; 1923 ging es in den Besitz des Reichsministers Graf von Kanitz über, 1925 erwarb es der Stuttgarter Kurhausbesitzer Eugen Wörwag, 1928 kaufte es schließlich die Samariterstiftung, eine Einrichtung der Inneren Mission, und richtete darin ein Behindertenheim ein. In dieser Funktion befindet es sich noch heute im Besitz der evangelischen Samariterstiftung. 1939 wurde Grafeneck von den NS-Machthabern beschlagnahmt und als »Landes-Pflegeanstalt« ausgewiesen. Hier begannen die Nationalsozialisten, ihr »Euthanasie«-Programm durchzuführen. Im Jahr 1940 wurden Behinderte und psychisch Kranke aus Württemberg und Hohenzollern, Baden, Bayern, Hessen und vom Niederrhein in grauen Bussen, die bald berüchtigt waren, nach Grafeneck deportiert. Mindestens 10 654 Menschen fanden hier in einer stationären Gaskammer den Tod. Grafeneck ist der Ort, an dem am 18. Januar 1940 die systematische Tötung von Menschen im nationalsozialistischen Deutschland begann – ein Weg, der in Auschwitz endete.

Grefstraße: Die Markthalle mit den Wandbildern von Franz Heinrich Gref, 1938

Graf-von-Galen-Straße *(benannt 1960, Stadtteil Fasanenhof)* Clemens August Graf von Galen (geboren am 16. März 1878 in Dinklage, gestorben am 22. März 1946 in Münster, Westfalen), ab 1933 Bischof von Münster, trat entschieden gegen die Rassen- und Kirchenpolitik der Nationalsozialisten auf. 1946 wurde er zum Kardinal erhoben.

Graphitweg *(benannt 1978, Stadtteil Heumaden)* Elementarer Kohlenstoff, dient zur Herstellung unter anderem von Bleistiften und Elektroden.

Grasgarten, Im siehe →Im Grasgarten.

Graugansstraße *(benannt 1997, Stadtteil Neugereut)* Die Graugans, *Anser anser*, ist die Stammform der Hausgans und die größte europäische Wildgans. Sie brütet bevorzugt in Nord- und im nördlichen Mitteleuropa und überwintert gern im Mittelmeerraum, tritt jedoch auch als heimische Wildart auf. Bekannt wurden die Graugänse durch die Arbeiten des Verhaltensforschers Konrad Lorenz, der sie als ausgesprochen lernfähige Tiere mit ausgeprägtem Gruppenverhalten und als treue Partner beschrieben hat. Siehe auch →Wildgansweg.

Gravensteinerweg *(benannt 1937, Stadtteil Rohracker)* Apfelsorte, mittelgroß bis groß, oft kantig geformt; die Schale ist bei Reife gelb, zur Sonnenseite rot geflammt, leicht fettig; duftet stark. Der Gravensteiner ist sehr gut geeignet für Kuchen, Bratäpfel und Saft.

Grazer Straße *(benannt 1938, Stadtteil Feuerbach)* Graz ist die Hauptstadt des österreichischen Bundeslandes Steiermark und hat 238 000 Einwohner. – Bis 1938 hieß die Straße Karlstraße.

Grefstraße *(benannt 1962, Stadtteil Weilimdorf)* Professor Franz Heinrich Gref (geboren am 14. Dezember 1872 in Stühlingen, gestorben 1957 in Stuttgart-Weilimdorf), Maler. Gref studierte an den Kunstschulen in Karlsruhe, Stuttgart und München und ließ sich 1904 in Stuttgart nieder, wo er mit den Architekten Theodor Fischer und Martin Elsäßer zusammenarbeitete. Bekannt wurde er durch seine überlebensgroßen Wandbilder an der Stuttgarter Markthalle. Nach dem Ersten Weltkrieg illustrierte er – zusammen mit dem Hölzel-Schüler Alfred Heinrich Pellegrini – die Württembergische Schulfibel. In den Zwanzigerjahren zog er ins damals noch selbständige Weil im Dorf (heute Stuttgart-Weilimdorf), wo er bis zu seinem Tod 1957 lebte.

Grenzstraße *(benannt 1984, Stadtteil Zuffenhausen)* Nach der Markungsgrenze zwischen Feuerbach und Zuffenhausen.

Grethe-Weg, Carlos- siehe →Carlos-Grethe-Weg.

Greutäckerstraße *(benannt um 1937, Stadtteil Rohr)* Der Flurname geht auf Gereutäcker zurück. Reuten bedeutet roden.

Greutterstraße *(benannt um 1955, Stadtteil Weilimdorf)* Der Flurname bedeutet Gereut, das gerodete Gelände.

Greutterwaldstraße *(benannt 1954, Stadtteil Weilimdorf)* Der Flurname bezeichnet ein ehemaliges, gerodetes Waldgelände.

Griegstraße *(benannt 1938, Stadtteil Botnang)* Edvard Hagerup Grieg (geboren am 15. Juni 1843 in Bergen, Norwegen, gestorben am 4. September 1907 ebenda), Komponist, Schüler des Leipziger Konservatoriums, komponierte schwermütig-lyrische Klaverstücke und Orchesterwerke.

Grieshaber-Weg, HAP- siehe →HAP-Grieshaber-Weg.

Griesingerweg *(benannt 1926, Stadtteil Stuttgart-Ost)* Wilhelm Griesinger (geboren am 29. Juli 1817 in Stuttgart, gestorben am 26. Oktober 1868 in Berlin), Psychiater, gehörte neben Wilhelm Roser (1817–1888, siehe →Roserweg) zu den Begründern der neuen Medizin. Sein Vater war Stiftungsverwalter des Stuttgarter Hospitals. Griesinger studierte in Tübingen und Zürich Medizin und promovierte über »Diphteritis«. Bei einem anschließenden Aufenthalt in Paris lernte er François Magendie (1783–1855) kennen, den Begründer der experimentellen Physiologie und Verfasser des ersten modernen Lehrbuchs der Physiologie, der ihn stark beeinflusste. 1839 ließ sich

Griesinger als praktischer Arzt in Friedrichshafen am Bodensee nieder, nahm aber im Jahr darauf das Angebot an, als Sekundärarzt an der Heil- und Pflegeanstalt Schloss Winnenthal (heute Zentrum für Psychiatrie Winnenden) zu arbeiten. Mit den Erfahrungen, die er dort sammelte, verfasste er sein 1845 veröffentlichtes Hauptwerk »Die Pathologie und Therapie der psychischen Krankheiten«. Darin begründete er die Psychiatrie aus der medizinischen Physiologie und Pathologie. Sein moderner naturwissenschaftlicher Ansatz, psychische Krankheiten als Erkrankungen des Gehirns zu erkennen, machte den Weg für eine neue, rein rational orientierte Medizin frei. 1842 unternahm Griesinger weitere Studienreisen nach Paris und Wien, ließ sich dann für kurze Zeit als Arzt in Stuttgart nieder und nahm 1843 einen Ruf auf die Stelle eines Assistenzarztes an die Medizinische Klinik in Tübingen an, wo er im selben Jahr habilitierte und als Privatdozent für Pathologie, Materia medica und Medizingeschichte unterrichtete. 1847 wurde er zum außerordentlichen Professor berufen, 1849 folgte ein Ruf als Direktor der Universitätsklinik Kiel. 1850 verließ er Deutschland aus politischen Gründen, um eine Stelle als Leibarzt des Ägyptischen Vizekönigs Abbas Pascha (1813–1854) anzutreten, womit sich die Aufgaben des Direktors der medizinischen Schule in Kairo sowie des Präsidenten für das gesamte Medizinalwesen Ägyptens verbanden. 1852 kehrte er nach Stuttgart zurück; 1854 wurde er Ordinarius für klinische Medizin in Tübingen und Direktor der Medizinischen Klinik; 1859 übernahm er die Leitung der Heil- und Erziehungsanstalt Mariaberg bei Gammertingen, einer der ersten Einrichtungen für geistig behinderte Kinder und Jugendliche in Deutschland. 1860 übernahm Griesinger schließlich die Leitung der Klinik für Innere Medizin in Zürich und 1864 folgte er einem Ruf auf eine Professur an der Charité Berlin, wo er zugleich Direktor der psychiatrischen Klinik wurde. 1867 gründete er die »Berliner Medicinisch-Psychologische Gesellschaft«, deren Vorsitz er auch übernahm. Im Jahr darauf starb er an Diphterie, jener Infektionskrankheit, über die er seine Dissertation geschrieben hatte.

Grillparzerweg *(benannt 1930, Stadtteil Stuttgart-Nord)* Franz Grillparzer (geboren am 15. Januar 1791 in Wien, gestorben am 21. Januar 1872 in Wien), Dichter und Dramatiker, der vor allem die Konflikte zwischen Gewissen und Handeln sowie zwischen Kunst und Leben thematisierte. Im bürgerlichen Beruf war Grillparzer Jurist, Archivdirektor der Finanzverwaltung und Hofrat. Am bekanntesten dürften seine Bühnenwerke »Die Ahnfrau« (1817) und »Ein treuer Diener seines Herrn« (1828) sein.

Grimbartweg *(benannt 1939, Stadtteil Heumaden)* Name des Dachses in der Tierfabel.

Grimmstraße *(benannt 1920, Stadtteil Stuttgart-West)* Wilhelm Grimm (geboren 1786 in Hanau, gestorben 1859 in Berlin), Sprachforscher, gab zusammen mit seinem Bruder Jacob Grimm (geboren 1785 in Hanau, gestorben 1863 in Berlin), dem Schöpfer der germanistischen Sprachwissenschaft, Sammlungen von deutschen Sagen, Kinder- und Hausmärchen heraus. Die Gebrüder Grimm begannen die Arbeit am »Deutschen Wörterbuch«, einer Sammlung und Erläuterung aller deutschen Wörter, dessen erster Band 1854 erschien und das 1960 abgeschlossen wurde. Beide Brüder waren ab 1830 Professoren in Göttingen; sie gehörten zu den »Göttinger Sieben«, die König Ernst August von Hannover wegen der Aufhebung des Staatsgrundgesetzes 1833 des Verfassungsbruchs beschuldigten und deshalb 1837 aus dem Staatsdienst entlassen wurden. Jacob Grimm war 1848 Abgeordneter im Frankfurter Paulskirchen-Parlament.

Gröberstraße *(benannt 1945, Stadtteil Stuttgart-Ost)* Adolf Gröber (geboren 1854 in Riedlingen, gestorben 1919 in Berlin), Führer der Zentrumspartei in der Weimarer Republik, Reichs- und Landtagsabgeordneter mit Wahlkreis in Heilbronn. 1918 wurde Gröber zum Staatssekretär (das hieß: Minister) ohne Geschäftsbereich im »Kriegskabinett« der Oktoberregierung des Prinzen Max von Baden in Berlin ernannt. – Von 1936 bis 1945 hieß die Straße Julius-Schreck-Straße nach SS-Brigadeführer Julius Schreck (1898–1936), einem, wie es in der offiziellen Erläuterung des Straßennamens heißt, »Kampfgenossen und Fahrer des Führers«.

Gronauer Straße *(benannt 1951, Stadtteil Rot)* Gronau, Gemeinde Oberstenfeld (insgesamt 8000 Einwohner), Kreis Ludwigsburg.

Gropiusplatz *(benannt 2001, Stadtteil Vaihingen)* Walter Gropius (geboren am 18. Mai 1883 in Berlin, gestorben am 5. Juli 1969 in Boston, USA), Architekt. Gropius studierte an den Technischen Hochschulen München und Berlin und war nach dreijähriger Assistentenzeit als freier Architekt tätig. Bereits in jungen Jahren setzte er mit seinen viel beachteten Bauten einen entscheidenden Wendepunkt in der Geschichte der Architektur. 1918 wurde er zum Leiter der Hochschule für Bildende Kunst in Weimar berufen. Dort verwirklichte er 1919 mit der Gründung des »Bauhauses« seine Idee von der Wiedervereinigung aller werkkünstlerischen Disziplinen zu einer »totalen« Architektur. Den Höhepunkt seines architektonischen Schaffens in Deutschland bildeten 1925 das neue Bauhausgebäude und die »Meisterhäuser« in Dessau. 1934 wanderte Gropius nach England aus. Neben seiner Lehrtätigkeit an der Harvard-Universität (Boston, USA) bis 1952 betätigte er sich in herausragenden Positionen an einer Reihe internationaler Kongresse, war Ehrendoktor zahlreicher Hochschulen und Mitglied vieler Kunst- und Architekturakademien in aller Welt. Er erhielt vielfache, bedeutende Auszeichnungen. Wesentliche Arbeiten waren das »Back Ray Center« in Boston (1953), das McCormick-Estate-Bürohaus in Chicago und die Universität in Bagdad. Weiterhin war er Anreger und geistiger Mentor der größten und aufwändigsten West-Berliner Stadtrandsiedlung »Gropiusstadt«.

Großbeerenstraße *(benannt 1937, Stadtteil Weilimdorf)* Nach der Schlacht bei Großbeeren in der Mark Brandenburg. Am 23. August 1813 besiegten dort die Preußen unter General F. W. Graf Bülow von Dennewitz die Franzosen, die gegen Berlin vorrückten.

Große Falterstraße *(benannt um 1899, Stadtteil Degerloch)* Der Flurname leitet sich von einem Falltor ab, dem Zugang zu einem umzäunten Gelände. Vermutlich handelte es sich hier um das Gebiet des aufgegebenen Örtchens Ittingshausen (heute Hoffeld, siehe auch →Itinghäuser Straße) und das Ramsbachtal, die beide noch heute über die Große Falterstraße zu erreichen sind. Darauf weist auch der Name des Tränkebachs am unteren Ende der Straße. Anderer Meinung ist der Heimatforscher Karl Hölder, der den Namen vom mittelhochdeutschen Wort »affalter« (apfalter, affolter) herleitet, das »Apfelbaum« bedeutet. Im Volksmund hieß die Große Falterstraße früher einfach »dr Falter«. Die namenlose Kreuzung von Großer und Kleiner Falterstraße wird von alteingesessenen Degerlochern noch heute Bettelplatz genannt; hier stand im 19. Jahrhundert das Armenhaus.

Großglocknerstraße *(benannt 1938, Stadtteil Untertürkheim)* Höchster Gipfel des österreichischen Alpengebiets (3797 m).

Grubenäcker *(benannt 1954, Stadtteil Bergheim)* Der Flurname bezeichnet Äcker in der Nähe einer Grube.

Grünblickstraße *(benannt 1926, Stadtteil Stuttgart-Ost)* Naturverbundener Name.

Gründgensstraße *(benannt 1968, Stadtteil Vaihingen)* Gustav Gründgens (geboren am 22. Dezember 1899 in Düsseldorf, gestorben am 7. Oktober 1963 auf einer Reise in Manila), Bühnen- und Filmschauspieler, Regisseur, Theaterleiter. Gründgens war 1934 bis 1945 Intendant des Staatlichen Schauspielhauses Berlin, 1947 bis 1955 des Düsseldorfer, dann bis 1963 des Hamburger Schauspielhauses. Als Schauspieler verkörperte Gründgens vor allem zwielichtige und dämonische Charaktere, etwa Hamlet, Mephisto oder Franz Moor.

Grüne Brücke *(keine offizielle Benennung, Stadtteil Stuttgart-Ost)* Die Brücke ist zu beiden Seiten mit Hängepflanzen eingegrünt. Sie wurde zur Internationalen Gartenbauausstellung 1993 errichtet und verbindet den Mittleren mit dem Unteren Schlossgarten.

Grüneisenstraße *(benannt 1922, Stadtteil Stuttgart-Ost)* Karl (von) Grüneisen (geboren 1802 in Stuttgart, gestorben 1878 in Stuttgart), Oberhofprediger und Prälat. Er wurde 1825 Hofkaplan, 1835 Hofprediger und Oberkonsistorialrat.

Grünen Weg, Am siehe →Am Grünen Weg.

Grünewaldstraße *(benannt 1939, Stadtteil Feuerbach)* Matthias Grünewald, eigentlich Mathis Gothardt (geboren um 1470, gestorben 1528 in Halle an der Saale), Maler, Schöpfer des Isenheimer Altars in Colmar und der »Maria mit Kind« in Stuppach.

Grüninger Straße *(benannt 1957, Stadtteil Birkach)* Stadtteil Grüningen der Stadt Riedlingen, Landkreis Biberach, 400 Einwohner. Mittelpunkt des im Jahr 805 erstmals urkundlich erwähnten Ortes ist das Schloss der Herren von Hornstein, die seit etwas 750 Jahren ununterbrochen in Grüningen ansässig sind.

Grüninger-Weg, Paul- siehe →Paul-Grüninger-Weg.

Grünlingweg *(benannt 1957, Stadtteil Schönberg)* Der Pilz Grünling, *Tricholoma auratum*, gehört zu den Ritterlingen und sollte nicht verzehrt werden.

Grüntaler Weg *(benannt 1957, Stadtteil Vaihingen)* Stadtteil Grüntal der Stadt Freudenstadt im Schwarzwald, 950 Einwohner.

Grunbacher Straße *(benannt 1936, Stadtteil Untertürkheim)* Grunbach, der älteste und mit 5700 Einwohnern größte Ortsteil der Gemeinde Remshalden, Rems-Murr-Kreis.

Grund, Unterer siehe →Unterer Grund.

Grundlerstraße *(benannt 1931, Stadtteil Sonnenberg)* Ludwig Grundler (geboren 1821, gestorben 1892), früherer Schultheiß von Möhringen.

Ludwig Grundler

Grundstraße *(benannt um 1927, Stadtteil Weilimdorf)* Der Flurname bedeutet Talgrund.

Grundweg *(benannt 1998, Stadtteil Mühlhausen)* Der Weg führt zum Gewann Grund, das schon zur Markung des Ortsteils Aldingen der Gemeinde Remseck am Neckar gehört. Der Weg hatte in der Bevölkerung seinen Namen schon lange vor der offiziellen Benennung.

Grundweg, Oberer siehe →Oberer Grundweg.

Gudrunweg *(benannt 1936, Stadtteil Stuttgart-Nord)* Hauptfigur der Gudrunsage (Kudrun).

Güglinger Straße *(benannt 1938, Stadtteil Zuffenhausen)* Stadt Güglingen, Landkreis Heilbronn, 6200 Einwohner.

Güglingweg *(benannt 1938, Stadtteil Stammheim)* Die Bedeutung des bereits 1366 urkundlich erwähnten, wahrscheinlich noch aus der Alamannenzeit stammenden Flurnamens ist nicht bekannt.

Gültsteiner Straße *(benannt 1957, Stadtteil Vaihingen)* Stadtteil Gültstein der Stadt Herrenberg, Landkreis Böblingen, 3350 Einwohner.

Güntherstraße *(benannt 1931, Stadtteil Sonnenberg)* Altes Möhringer Geschlecht, seit dem 16. Jahrhundert bekannt.

Günzelburgweg *(benannt 1965, Stadtteil Feuerbach)* Die Burgruine Günzelburg bei Blaubeuren ist wegen der guten Aussicht ins Blautal bekannt, die man von hier aus hat.

Güterstraße *(benannt 1978, Stadtteil Bad Cannstatt)* Funktionsbezogene Bezeichnung der Straße beim Cannstatter Güterbahnhof.

Gütle, Im siehe →Im Gütle.

Guibalstraße *(benannt 1929, Stadtteil Hofen)* Nicolas Guibal (geboren am 29. November 1725 in Lunéville, gestorben am 3. November 1784 in Stuttgart), Maler. Guibal erhielt seine Ausbildung bei Claude Charles in Nancy und bei Charles Natoire an der Académie des Beaux Arts Paris. Ab 1749 war er am württembergischen Hof tätig, zunächst als Theatermaler und Organisator der herzoglichen Feste. 1751 bis 1755 unternahm er eine ausgedehnte Studienreise nach Italien. 1760 ernannte ihn Herzog Karl Eugen zum Direktor der Ludwigsburger Gemäldegalerie (heute Staatsgalerie Stuttgart). Im Jahr darauf veranlasste Guibal die Gründung einer Zeichenschule (Académie des Arts) in Stuttgart. Ab 1770 unterrichtete er an der herzoglichen Pflanzschule auf der Solitude (später als Professor an der Hohen Karlsschule); 1775 erhielt er den Titel »Premier Peintre du Duc de Wurtemberg« (Erster Hofmaler). Zu Guibals zahlreichen Schülern in

Württemberg zählen Johann Heinrich Dannecker (siehe →Danneckerplatz), Friedrich Heinrich Füger, Victor Wilhelm Peter Heideloff, Philipp Friedrich Hetsch, Jakob Scheffauer, Valentin Sonnenschein und Nikolaus Friedrich von Thouret (siehe →Thouretstraße). Guibal hat zahlreiche Deckengemälde ausgeführt, die im Zweiten Weltkrieg zerstört wurden. Erhalten sind die Deckengemälde im Palmenzimmer, im Weißen Saal und in der ehemaligen Hofkapelle des Schlosses Solitude; zwei der fünf Deckengemälde, die im Speisesaal der Akademie eingelassen waren, befinden sich heute in Repräsentationsräumen des Neuen Schlosses in Stuttgart. Guibals umfangreiches zeichnerisches Œuvre befindet sich zum größten Teil in der Graphischen Sammlung der Staatsgalerie Stuttgart. 1999 wurde auf dem Alten Friedhof in Stuttgart-Hofen, wo der katholische Künstler am 5. November 1784 beerdigt wurde, ein Denkmal für Guibal enthüllt.

Gundelsheimer Straße *(benannt 1951, Stadtteil Rot)* Stadt Gundelsheim, Landkreis Heilbronn, 7600 Einwohner.

Gunterstraße *(benannt 1936, Straßenführung geändert 1985, Stadtteil Stuttgart-Nord)* Nach dem König der Burgunder, Gundahar (gestorben 436), aus der Nibelungensage, siehe auch →Nibelungenstraße.

Gustaf-Stotz-Weg *(benannt 1997, Stadtteil Stuttgart-Nord)* Gustaf Stotz (geboren 1884, gestorben 1940), Geschäftsführer der Württembergischen Arbeitsgemeinschaft des Deutschen Werkbundes. Stotz kann als die »Schlüsselfigur« der Weißenhofsiedlung gelten. Ohne seine Bemühungen und seine Standhaftigkeit wäre sie nicht zustande gekommen. In seiner Eigenschaft als Geschäftsführer der Württembergischen Arbeitsgemeinschaft des Deutschen Werkbundes organisierte er außer der Werkbund-Ausstellung »Die Wohnung« 1927, zu der die Weißenhofsiedlung gehörte, auch die Ausstellungen »Die Form« 1924 und »Film und Foto« 1929. Die Benennung der Straße erfolgte im Rahmen einer Feier zum siebzigjährigen Bestehen der Weißenhofsiedlung.

Gustav-Barth-Straße *(benannt 1945, Stadtteil Heumaden)* Gustav Barth (geboren 1843 in Stuttgart, gestorben 1928 in Stuttgart), Kaufmann und Stuttgarter Stadtgeschichtsforscher, verfasste die Bücher »Stuttgarts Wirtshäuser und Wirtshausleben in alter Zeit« (1891) und »Stuttgarter Handel und Handlungshäuser in vergangener Zeit« (1896). – Von 1933 bis 1945 hieß die Straße Von-Jagow-Straße nach dem Reichs- und Polizeikommissar in Württemberg und SA-Obergruppenführer Dietrich von Jagow (1892–1945).

Gustav-Heinemann-Platz *(benannt 1997, Stadtteil Stuttgart-Mitte)* Gustav Heinemann (geboren am 23. Juli 1899 in Schwelm, gestorben am 7. Juli 1976 in Essen), Bundespräsident. Der Nationalökonom und Jurist Gustav Heinemann war Bergwerksdirektor, gehörte in der Zeit des Nationalsozialismus zu den Organisatoren der Bekennenden Kirche und schlug nach 1945 die politische Laufbahn ein. 1946 wurde er zum Oberbürgermeister von Essen gewählt, 1947 zusätzlich (!) zum Justizminister des Landes Nordrhein-Westfalen. 1949 bis 1955 war er Präsident der Synode der Evangelischen Kirche in Deutschland. 1949 gab Heinemann sein Amt als Oberbürgermeister auf und wurde der erste Bundesinnenminister. Doch schon 1950 trat er zurück, da er die von Konrad Adenauer eingeleitete Wiederbewaffnung der Bundesrepublik nicht mitverantworten wollte. 1952 verließ er auch die CDU und wurde Mitbegründer und Vorsitzender der Gesamtdeutschen Volkspartei, die jedoch keine Erfolge erringen konnte. 1957 wurde Heinemann Mitglied der SPD, im selben Jahr auch Mitglied des Bundestages. Als Bundesjustizminister (1966 bis 1969) arbeitete er an der »großen Strafrechtsreform«. 1969 wählte die Bundesversammlung Gustav Heinemann zum Bundespräsidenten. In seiner Amtszeit, die von 1969 bis 1974 dauerte, setzte sich Heinemann für die gesellschaftliche Eingliederung von Randgruppen und für die Friedens- und Konfliktforschung ein. Außenpolitisch suchte er durch Staatsbesuche die Versöhnung der Deutschen mit ihren Nachbarn zu vertiefen. Er verstand sich als »Bürgerpräsident«. Heinemann konnte gut zuhören, war »uneitel, zäh und klug«, wie sich Erhard Eppler erinnerte, und mochte die Schwaben ganz besonders. »Er schätzte Menschen, die nichts zu sagen haben und es doch nicht sagen« – so charakterisierte ihn seine Tochter Professor Uta Ranke-Heinemann bei der Einweihung des Gustav-Heinemann-Platzes.

Gustav-Klein-Straße *(benannt 1924, Stadtteil Feuerbach)* Gustav Klein (geboren 1874 in Sulzbach, gestorben 1917 in Berlin-Staaken), Direktor und Oberingenieur der Firma Robert Bosch, Flugzeugkonstrukteur.

Gustav-Mahler-Straße *(benannt 1980, Stadtteil Botnang)* Gustav Mahler (geboren am 7. Juli 1860 in Kalischt, Böhmen, gestorben am 18. Mai 1911 in Wien), Komponist und Dirigent. Nach dem Studium in Wien wurde Mahler Opernkapellmeister in Prag, dann in Leipzig, 1888 Operndirektor in Budapest, dann in Hamburg, 1897 Kapellmeister, dann Hofoperndirektor in Wien, 1907 bis 1909 Dirigent der

Metropolitan Opera und des Philharmonic Orchestra New York. Mahler komponierte zehn Sinfonien im Übergang von der Romantik zu freien melodisch-harmonischen Gestaltungen.

Gustav-Siegle-Straße *(benannt 1918, Stadtteil Stuttgart-West)* Gustav (von) Siegle (geboren 1840 in Nürtingen, gestorben 1905 in Stuttgart), Großindustrieller und Geheimer Kommerzienrat. Der promovierte Chemiker Gustav Siegle übernahm 1863 eine von seinem Vater gegründete Stuttgarter Farbenfabrik. Er und sein Konkurrent Rudolf Knosp (siehe →Knospstraße) vereinigten 1873 ihre Unternehmen mit der Badischen Anilin- und Sodafabrik (BASF). Siegle wurde Verkaufsdirektor der BASF, deren Büros sich in Stuttgart befanden, während die Produktionsstätten in Ludwigshafen waren. Auf die Dauer ließ sich die Trennung von Produktion und kaufmännischer Leitung jedoch nicht aufrechterhalten. Mit aus diesem Grunde machte Siegle 1889 die Fusion seines Unternehmens mit der BASF rückgängig und gründete in Stuttgart ein neues Werk, das auf die Herstellung von Mineral- und Lackfarben spezialisiert war. Später verlagerte er einen Teil der Produktionsstätten nach Feuerbach, wo er 1893 auf eigene Kosten das erste Krankenhaus errichten ließ. Gustav Siegle gehörte von 1868 bis 1870 dem Stuttgarter Bürgerausschuss an; 1887 wurde er in Stuttgart für die Nationalliberalen in den Reichstag gewählt und behielt dieses Mandat bis 1898. Eine schwere Krankheit zwang Siegle, sich mehr und mehr aus dem politischen und wirtschaftlichen Leben zurückzuziehen. Einen großen Teil seines Vermögens stellte er für wohltätige Zwecke zur Verfügung. Nach seinem Tod gründete seine Witwe Julie gemeinsam mit ihren Töchtern und Schwiegersöhnen eine Stiftung, die der Volksbildung zugute kommen sollte. Sie finanzierte u. a. das am 6. Oktober 1912 eröffnete Gustav-Siegle-Haus und bestand bis 1949.

Gustav Siegle

Gutaweg *(benannt 1957, Stadtteil Stammheim)* Nach der Frau des Ortsadligen Konrad von Stammheim.

Gutbrodstraße *(benannt 1888, Stadtteil Stuttgart-West)* Georg Gottlob Gutbrod (geboren 1791 in Stuttgart, gestorben 1861 in Stuttgart), 1833 bis 1861 Stadtschultheiß in Stuttgart. Der Abschnitt zwischen

Vogelsang- und Forststraße wurde 1866 unter dem Namen »Bogen Straße« geplant, da die Elisabethen- und die Breitscheidstraße ab hier in einem Bogen aufeinander zulaufen sollten.

Gutenbergstraße *(benannt 1858, Stadtteil Stuttgart-West)* Johannes Gutenberg (geboren um 1397, gestorben 1468 in Mainz), Erfinder des Buchdrucks mit beweglichen Lettern.

Guts-Muths-Weg *(benannt 1928, Stadtteil Degerloch)* Johann Christoph Friedrich Guts Muths (geboren 1759, gestorben 1839), Vorkämpfer der Leibeserziehung und Mitarbeiter des »Turnvaters« Jahn. Guts Muths war Lehrer an einer privaten Reformschule und verfasste 1817 das »Turnbuch für die Söhne des Vaterlands«.

Gymnasiumstraße *(benannt 1811, Stadtteil Stuttgart-Mitte)* Nach dem unter Herzog Eberhard Ludwig erbauten »Gymnasium Illustre«, dem späteren Eberhard-Ludwigs-Gymnasium. Hieß im 18. Jahrhundert nur im unteren Teil »Gymnasii-Strass«, im oberen »Spital-Gaß«, teilweise auch Heilandengasse.

Haag-Platz, Anna- siehe →Anna-Haag-Platz.

Haag-Weg, Anna- siehe →Anna-Haag-Weg.

Haarburger-Staffel, Alice- siehe →Alice-Haarburger-Staffel.

Haas-Weg, Werner- siehe →Werner-Haas-Weg.

Habichtweg *(benannt 1933, Stadtteil Stuttgart-Süd)* Der Habicht, *Accipiter gentilis,* wurde fast ausgerottet, weil er auch Hausgeflügel erbeutet. Er kann eine Spannweite von 1,20 Metern erreichen.

Hackländerstraße *(benannt 1898, Stadtteil Stuttgart-Ost)* Friedrich Wilhelm (von) Hackländer (geboren am 1. November 1816 in Burtscheid bei Aachen, gestorben am 6. Juli 1877 in Berg am Starnberger See), Schriftsteller, Sekretär des Kronprinzen, Direktor der königlichen Bauten und Gärten. Hackländer war gelernter Kaufmann und bis zu einer Verletzung Soldat in preußischen Diensten; 1840/41 begleitete er Wilhelm von Taubenheim (siehe →Taubenheimstraße) auf einer Reise in den Orient. Anschließend arbeitete er auf der Hofkammer in Stuttgart und 1843 bis 1849 als Sekretär von Kronprinz Karl. Nach zehn Jahren vorwiegend schriftstellerischer Tätigkeit wurde er 1859 von König Wilhelm I. zum Direktor der königlichen Bauten und Gärten ernannt, was er bis zum Regierungsantritt von König Karl 1865 blieb. Die letzten Jahren seines Lebens verbrachte er abwechselnd in Stuttgart und in seiner Villa »Leoni« am Starnberger See. Hackländer gründete 1855 mit Edmund Hoefer die Zeitschrift »Hausblätter« und vor allem 1859 mit Edmund Zoller die illustrierte

Wochenschrift »Über Land und Meer«, die zur bedeutendsten Zeitschrift des 19. Jahrhunderts wurde – im Jahr 1870 hatte sie eine Auflage von 170 000 Exemplaren – und deren Herausgeber Hackländer bis zu seinem Tod blieb. Sein literarisches Werk – 20 Romane, zudem zahlreiche Erzählungen, Novellen, Reiseberichte, Soldatengeschichten, Theaterstücke, eine Oper und eine Autobiographie – füllt etliche Regale, so dass schon zu seiner Zeit von »einer gewissen Vielproduktion« die Rede war, »die zuletzt in manieristische Flüchtigkeit auslief«. Beachtung fanden vor allem seine Romane »Namenlose Geschichten« (1851), »Eugen Stillfried« (1852) und »Europäisches Sklavenleben« (1854). Sein Lustspiel »Der geheime Agent« (1850) wurde auf allen deutschen Bühnen aufgeführt. Hackländer gehörte zu den beliebtesten und erfolgreichsten Autoren seiner Zeit; große Welt- und Menschenkenntnis verband er mit Humor und lebendiger Erzählweise. 1861 wurde Hackländer in den österreichischen Ritterstand erhoben; er wurde mit insgesamt acht Orden ausgezeichnet, darunter dem Württembergischen Friedrichsorden. Heute sind Hackländer und sein Werk nahezu vergessen. Siehe auch →Heidehofstraße.

Friedrich Hack

Hackstraße *(benannt 1893, Stadtteil Stuttgart-Ost)* Friedrich (von) Hack (geboren 1843 in Meimsheim, gestorben 1911 in Urach), Professor für Nationalökonomie in Tübingen, 1872 bis 1892 Stuttgarter Oberbürgermeister, 1875 bis 1879 Mitglied der Evangelischen Landessynode, 1882 bis 1884 Landtagsabgeordneter, ab 1885 Mitglied des Staatsgerichtshofs. Während seiner Amtszeit als Oberbürgermeister begann der wirtschaftliche Aufstieg der Stadt, den er in jeder Hinsicht förderte. Auch die Armenfürsorge lag ihm besonders am Herzen.

Hadäckerstraße *(benannt 1911, Stadtteil Degerloch)* Flurname. Unter »Had« verstand man früher das fahrende Volk. Die Hadäcker waren demnach Lager- und Rastplatz.

Haeberlinstraße *(benannt 1957, Stadtteil Vaihingen)* Hermann Haeberlin (geboren 1865, gestorben 1954), Oberlehrer in Vaihingen.

Haeckerstraße *(benannt 1946, Stadtteil Rohr)* Theodor Haecker (geboren am 4. Juni 1879 in Eberbach [heute Mulfingen-Eberbach], ge-

Häusleweg: Das Käshäusle, letzter Rest von Ittingshausen, wurde 1934 abgebrochen.

storben 1945 in Ustersbach bei Augsburg), Religionsphilosoph, Kulturkritiker und Schriftsteller. – Von 1936 bis 1946 hieß die Straße Admiral-Scheer-Straße nach dem Führer der Deutschen Hochseeflotte im Ersten Weltkrieg, Reinhard Scheer (1863–1935).

Häfnerstraße *(benannt 1938, Stadtteil Vaihingen)* Töpfer und Ofensetzer hießen hierzulande Häfner.

Häldle, Im siehe →Im Häldle.

Händelstraße *(benannt 1935, Stadtteil Botnang)* Georg Friedrich Händel (geboren am 23. Februar 1685 in Halle an der Saale, gestorben am 14. April 1759 in London), Komponist, neben Johann Sebastian Bach der bedeutendste Tonsetzer des musikalischen Hochbarocks. Ab 1714 lebte er fast ausschließlich in London.

Hänflingweg *(benannt 1954, Stadtteil Bergheim)* Der Hänfling, *Carduelis cannabina,* gehört zur Familie der Finken. Hänflinge sind meistens dort zu finden, wo Getreide angebaut wird. Sie ernähren sich von Samen und bauen ihre Nester in Büschen und Hecken.

Härdtle, Beim siehe →Beim Härdtle.

Härtel-Weg, Alfons- siehe →Alfons-Härtel-Weg.

Härtsfeldweg *(benannt 1950, Stadtteil Stuttgart-Ost)* Hochfläche der Schwäbischen Alb zwischen Aalen und Nördlingen.

Häusleweg *(benannt 1950, Stadtteil Hoffeld)* Ist vom »Käshäusle« abgeleitet, das zum Ittingshäuser Hof gehörte (siehe →Ittinghäuser Straße). Anders als der Hof wurde es 1746 nicht abgebrochen; den

Bauern diente es deshalb noch bis zum Bau der Hoffeldsiedlung 1934 als Unterschlupf bei Unwetter.

Hafenbahnstraße *(benannt 1972, Straßenführung geändert 1988 und 1995, Stadtteil Hedelfingen)* Lagebezogener Name.

Haffnerstraße *(benannt 1938, Stadtteil Feuerbach)* Nach der alteingesessenen Familie Haffner, deren männliche Mitglieder häufig öffentliche Ämter in Feuerbach bekleideten. – Bis 1938 hieß die Straße Kelterstraße.

Hag, Im siehe →Im Hag.

Hagbergstraße *(benannt 1954, Stadtteil Stuttgart-Ost)* Der Hagberg (585 m) liegt im Schwäbisch-Fränkischen Wald am Nordabfall zum Rot- und Kochertal. Vom Aussichtsturm auf dem Gipfel sieht man bei klarem Wetter bis zum Zoller.

Hagdornweg *(benannt 1936, Stadtteil Degerloch)* Der Weißdorn, *Crataegus oxyacantha,* wird oft als Hagdorn, Hagedorn oder Rotdorn bezeichnet. Er gehört zur Familie der Rosengewächse. In seinen Blättern, Blüten und Früchten sind Flavonoide und Procyanidine enthalten. Sie steigern die Sauerstoffversorgung des Herzens und fördern die Durchblutung des Herzmuskels, deshalb werden sie in der Pharmazeutik und der Naturheilkunde eingesetzt.

Hagebuttenweg *(benannt 1983, Stadtteil Plieningen)* Die Hagebutte ist die rote Scheinfrucht der Hundsrose, *Rosa canina.* Siehe auch →Heckenrosenweg.

Hageloh-Straße, Erwin- siehe →Erwin-Hageloh-Straße.

Hagelsbrunnen *(benannt 1958, Stadtteil Dürrlewang)* Nach dem in der Nähe gelegenen, bereits 1594 urkundlich erwähnten Hagelsbrunnen, dessen Name auf »Hag« (Zaun, Hecke) zurückgeht.

Hagelschieß *(benannt 1885, Stadtteil Bad Cannstatt)* Führte entlang der einstigen Stadtmauer. Die Herkunft des Namens ist ungewiss. Vielleicht bezieht er sich auf einen umzäunten (mit einem Hag versehenen) Schießplatz. Cannstatter Schützen sind 1501 urkundlich erwähnt sowie in weiteren Urkunden aus dem 16. und 17. Jahrhundert.

Hagenwiesenstraße *(benannt um 1922, Stadtteil Plieningen)* Nach der gleichnamigen Flur. Die Wiese lieferte das Heu für den Hagen, den Zuchtstier.

Hagstraße, Obere siehe →Obere Hagstraße.

Hagstraße, Untere siehe →Untere Hagstraße.

Hahnemannstraße *(benannt 1940, Stadtteil Bad Cannstatt)* Christian Friedrich Samuel Hahnemann (geboren am 10. April 1755 in Meißen, gestorben am 2. Juli 1843 in Paris), Arzt, Psychiater und Pharmazeut, begründete 1810 mit seinem »Organon der rationellen Heilkunde« die Homöopathie.

Hahnenfußweg *(benannt 1993, Stadtteil Plieningen)* Benannt nach der Wiesen- und Ackerrandpflanze Scharfer Hahnenfuß *(Ranunculus acris)*. Die ganze Pflanze, vor allem die Wurzel, ist giftig. Die Familie der Hahnenfußgewächse umfasst annähernd 2000 verschiedene Arten von Blütenpflanzen.

Hahnenweg *(benannt 1928, Stadtteil Vaihingen)* Männliches Huhn, *Gallus domesticus.*

Hahnstraße *(benannt 1889, Stadtteil Stuttgart-Süd)* Die Bedeutung des schon 1503 urkundlich erwähnten Flurnamens ist unklar. Er könnte ebenso von dem Familiennamen Hahn abgeleitet sein wie auf das Vorkommen von Wildhühnern hindeuten.

Hahnweilerstraße *(benannt 1929, Stadtteil Hofen)* Flurname, der auch als Hanweileräcker gelesen wird. Vielleicht befanden sich einst Grundstücke im Besitz von Bürgern des Ortes Hanweiler bei Winnenden. Als Bestandteil eines Ortsnamens leitet sich »Weiler« von dem lateinischen Wort »villa« (Landhaus) ab; es deutet oft darauf hin, dass eine Siedlung auf oder bei Ruinen aus der Römerzeit errichtet worden ist.

Haidlenstraße *(benannt 1938, Stadtteil Degerloch)* Julius Haidlen (geboren 1818 in Stuttgart, gestorben 1883 in Stuttgart), Medizinalrat. Als Gemeinderat erwarb er sich große Verdienste um die Stadt. Mit Hingabe arbeitete er im Verschönerungsverein Stuttgart, den er 1861 mitgegründet hat und dessen Vorsitzender er von 1862 bis zu seinem Tode war. Der »Verein zur Verschönerung der Stadt Stuttgart und ihrer Umgebung«, die erste Stuttgarter Bürgerinitiative, erwarb Grundstücke und errichtete darauf Aussichtstürme, Brunnen, Denkmäler, Grünanlagen und Aussichtsplatten mit Kinderspielplätzen. All dies hatte es vorher in Stuttgart nicht gegeben. Auch Spazierwege mit Ruhebänken und Schutzhütten in den Wäldern rund um Stuttgart legte der noch heute bestehende Verschönerungsverein an. An Straßen und Plätzen ließ der Verein Tausende von Bäume aus eigenen Baumschulen pflanzen; für die Pflege der neu geschaffenen Anlagen war ursprünglich eine vereinseigene Gärtnerei verantwortlich. Seinem langjährigen Vorsitzenden Julius Haidlen hat der Verein in der Seidenanlage an der Silcherstraße beim Berliner Platz ein Denkmal gewidmet, dessen Sockel 1885 Christian Friedrich Leins schuf; die Büste stammt von Bildhauer Rösch. – Bis 1938 hieß die Straße Werderstraße.

Haigerlocher Weg *(benannt 1957, Stadtteil Möhringen)* Stadt Haigerloch, Zollernalbkreis, 11 000 Einwohner. Haigerloch liegt romantisch im Eyachtal. Ab dem 13. Jahrhundert diente der Ort immer wieder als Residenz, zunächst der Grafen von Hohenberg, ab dem 16. Jahrhundert der Grafen von Hohenzollern-Haigerloch, ab 1737 von Fürst Josef Friedrich von Hohenzollern-Sigmaringen. Die hoch auf einem Umlaufberg thronende Burg, im 13. Jahrhundert errichtet, wurde 1580 bis 1588 zum Renaissanceschloss umgebaut und befindet sich heute in privater Hand. Von hier stammte der Minnesänger Graf Albrecht II. von Hohenberg-Haigerloch (1258–1298) – eine seiner Dichtungen ist in der berühmten Heidelberger Manessischen Liederhandschrift überliefert. 1723 wurde die Haigerlocher Schlossbrauerei gegründet; seit März 2003 existiert sie nicht mehr, die Biere unter diesem Namen werden nun in Stuttgart bei Dinkelacker-Schwaben Bräu hergestellt. 1944 mietete das Berliner Kaiser-Wilhelm-Institut für Physik, das schon 1943 nach Hechingen verlegt worden war, einen Bierkeller in Haigerloch an; unter der Leitung von Werner Heisenberg (siehe →Heisenbergstraße) wurden hier die letzten Atomversuche während des Zweiten Weltkriegs durchgeführt. Der Name Haigerloch bedeutet so viel wie »Reiherwald«.

Haigner, Im siehe →Im Haigner.

Haigst, Auf dem siehe →Auf dem Haigst.

Haigststaffel *(benannt 1911, Stadtteil Degerloch)* Flurname, Staffel zum Haigst, zur höchsten Stelle, siehe →Auf dem Haigst.

Hainbuchenweg *(benannt 1935, Stadtteil Degerloch)* Die Hainbuche, *Carpinus betulus,* gehört zur Familie der Birkengewächse. Das Holz dieses Baumes ist sehr hart und hat den höchsten Heizwert unter den einheimischen Gehölzen. – Bis 1935 hieß der Weg Werastraße.

Haldenäckerstraße *(benannt 1945, Stadtteil Rohr)* Flurname. Halde bedeutet Abhang. – 1936 bis 1945 hieß die Straße Litzmannstraße nach dem General der Infanterie Karl Litzmann (1850–1936), der im Herbst 1914 im Feldzug in Polen bei Łódź-Brzeziny den Durchbruch seiner Division aus einer russischen Umklammerung erzwang und dafür als Held gefeiert wurde. Litzmann war ab 1932 Reichstagsabgeordneter der NSDAP. Nach ihm hieß die heutige Stuttgarter Partnerstadt Łódź von 1939 bis 1945 Litzmannstadt.

Haldenhau, Im siehe →Im Haldenhau.

Haldenrainstraße *(benannt 1951, Straßenführung geändert 1974, Stadtteil Rot)* Flurname. Sowohl »Halde« als auch »Rain« bedeuten Abhang; »Halde« wird oft für Weinberge benützt.

Haldenstraße *(benannt 1876, Stadtteil Bad Cannstatt)* Flurname, nach den Haldenweinbergen oberhalb der Straße. – Der nordöstliche Teil der Straße wurde noch um die Wende vom 19. zum 20. Jahrhundert »oberer Au-Feldweg« genannt.

Haldenwaldstraße *(benannt um 1936, Stadtteil Sonnenberg)* Nach der 1701 erstmals urkundlich genannten Flur Haldenwald.

Halfgarten *(benannt 1957, Stadtteil Plieningen)* Frühere Flur.

Hallbergerstraße *(benannt 1885, Stadtteil Stuttgart-Mitte)* Eduard (von) Hallberger (geboren 1822 in Stuttgart, gestorben 1880 in Tutzing am Starnberger See), Verleger. 1848 gründete Hallberger in Stuttgart eine Verlagsbuchhandlung, aus der sich die heutige Deutsche Verlags-Anstalt (DVA) entwickelte. Hallberger gilt als Schöpfer der äußeren Form der illustrierten Zeitschriften. Besonders erfolgreich war seine Zeitschrift »Über Land und Meer« (siehe auch →Hackländerstraße).

Halleiner Straße *(benannt 1938, Stadtteil Feuerbach)* Stadt Hallein im Land Salzburg, Österreich, liegt an der Salzach und hat 17 000 Einwohner. – Bis 1938 hieß die Straße Alexanderstraße.

Halligenstraße *(benannt 1934, Stadtteil Neuwirtshaus)* Deutsche Nordseeinseln.

Hallimaschweg *(benannt 1957, Stadtteil Schönberg)* Der Hallimasch, *Armillariella mellea,* ist ein Pilz, der lebende Bäume angreift und sie zum Absterben bringt.

Hallschlag *(benannt 1908, Straßenführung geändert 1995, Stadtteil Bad Cannstatt)* Nach der gleichnamigen Flur, die 1473 Halschlatterweg hieß. Dies lässt sich vermutlich von Hal und Schlatt herleiten, was ausgetrockneter Sumpfboden bedeutet.

Hallstraße *(benannt 1829, Stadtteil Bad Cannstatt)* Nach dem 1828/29 an der Pragstraße erbauten neuen Hallamt (Zollgebäude und öffentliches Lagerhaus; der Name leitet sich von der Lagerhalle ab).

Halm-Straße, August- siehe →August-Halm-Straße.

Hambacher Straße *(benannt 1990, Stadtteil Weilimdorf)* Nach dem Weindorf Hambach, einem Stadtteil von Neustadt an der Weinstraße, Rheinland-Pfalz. Auf der Hambacher Kästenburg (heute Maxburg) fand am 27. Mai 1832 das »Hambacher Fest« statt. 20 000 bis 30 000 Menschen zogen vom Marktplatz zu dem wenige Kilometer entfernten Schloss, um für eine demokratische Verfassung und eine deutsche Republik zu demonstrieren. Das Hambacher Schloss wurde so zur »Wiege der deutschen Demokratie« (Theodor Heuss). Die Folge des Demonstrationszuges war die Unterdrückung der Presse- und Versammlungsfreiheit durch den Deutschen Bund.

Hamburger-Weg, Käte- siehe →Käte-Hamburger-Weg.

Hamletstraße *(benannt 1967, Stadtteil Vaihingen)* Trauerspiel von William Shakespeare (1564–1616).

Hanauer-Straße, Ferdinand- siehe →Ferdinand-Hanauer-Straße.

Handwerkstraße *(benannt 1970, Stadtteil Möhringen)* Nach dem Gewerbe.

Hanfländerstraße *(benannt um 1924, Stadtteil Kaltental)* Der Flurname ist auf den früheren Anbau von Hanf auf den dortigen Äckern zurückzuführen.

Hangleiterstraße *(benannt 1907, Stadtteil Stuttgart-Nord)* Albert Hangleiter (geboren 1848 in Göppingen, gestorben 1916 in Stuttgart), Hofwerkmeister. Der Wilhelmsbau, das Kleine Haus des früheren Hoftheaters, das Kunstgebäude, Geschäftshäuser und Fabrikbauten (Breuninger, Bosch und andere) wurden von seiner Firma unter seiner Leitung errichtet. Auch im öffentlichen Leben war er engagiert: 1890 bis 1895 als Bürgerausschussmitglied und 1896 bis 1902 als Gemeinderat.

Hangstraße *(benannt 1914, Stadtteil Untertürkheim)* Lagebezogener Name.

Hanne-Schorp-Pflumm-Weg *(benannt 1996, Stadtteil Vaihingen)* Hanne Schorp-Pflumm (geboren 1921 in Stuttgart, gestorben 1990), Stuttgarter Bildhauerin. Schorp-Pflumm studierte 1938 bis 1944 an der Stuttgarter Kunstgewerbeschule bei Alfred Lörcher und Peter Otto Heim sowie an der Kunstakademie Stuttgart bei Hans Spiegel und Hermann Mayrhofer. Sie etablierte sich vor allem ab den Siebzigerjahren mit zahlreichen, oft humorvollen figürlichen Plastiken in Stein und Bronze, die sie für öffentliche Räume schuf. Allein in Stuttgart-Vaihingen sind von ihr zu sehen: das Hopfenbrünnele und die Bronze »Marktplatzhocker« auf dem Vaihinger Markt, die »Steinbrecher« auf dem Bachplätzle, die Figurengruppe »Reigen, tanzende Kinder« auf dem Spielplatz Kaindlstraße und das Ehren- und Mahnmal zum Gedenken an die Opfer der beiden Weltkriege auf dem Buchrainfriedhof. Auch der Entwurf zum Standbild »Häberle und Pfleiderer« vor der L-Bank in der Friedrichstraße stammt von Hanne

Schorp-Pflumm. Zu ihren Schülerinnen zählte neben vielen anderen auch Herzogin Diane von Württemberg.

Hans-Neuffer-Weg *(benannt 1970, Stadtteil Degerloch)* Hans Neuffer (geboren 1892 in Ludwigsburg, gestorben 1968 in Stuttgart-Möhringen), Präsident der Bundesärztekammer. Neuffer war zunächst Missions-, dann Polizeiarzt; 1936 ließ er sich in Degerloch nieder. Auch seine sieben Kinder wuchsen hier auf. »Lachen ist die beste Medizin«, lautete Neuffers Devise. Nur wenige Meter vom Hans-Neuffer-Weg entfernt, in der Jahnstraße 32, hat die Bezirksärztekammer Nordwürttemberg ihren Sitz.

Hans-Sachs-Straße *(benannt 1933, Stadtteil Zuffenhausen)* Hans Sachs (geboren 1494, gestorben 1576), Schuhmachermeister und Poet aus Nürnberg.

Hans-Vaut-Straße *(benannt 1938, Straßenführung geändert 1985, Stadtteil Zuffenhausen)* Hans Vaut (geboren um 1420, gestorben um 1490), um 1450 Schultheiß von Zuffenhausen, Ahnherr von Schiller, Uhland, Mörike, Hölderlin und anderen bedeutenden Württembergern.

HAP-Grieshaber-Weg *(benannt 1996, Stadtteil Vaihingen)* Helmut Andreas Paul (HAP) Grieshaber (geboren am 15. Februar 1909 in Rot an der Rot, gestorben am 12. Mai 1981 in Reutlingen), Maler und Graphiker. Grieshaber wuchs in Nagold und in Reutlingen auf. Nach einer Schriftsetzerlehre studierte er 1926 bis 1928 an der Staatlichen Buchgewerbeschule in Stuttgart Gebrauchsgrafik, Buchdruck und Kalligrafie. Ab 1928 hielt er sich zu Studien in England, Frankreich, Ägypten und Griechenland auf; 1933 wurde er wegen der Herausgabe der antifaschistischen »Deutschen Zeitung« aus Griechenland ausgewiesen. Zurück in Reutlingen, baute er sich ein Künstlerdomizil auf der Achalm (siehe →Achalmstraße). Doch die Nationalsozialisten verweigerten ihm die Aufnahme in die Reichskulturkammer, was einem Berufsverbot gleichkam, und diffamierten seine Kunst als »entartet«. 1933 bis 1940 musste sich Grieshaber deshalb als Hilfsarbeiter durchschlagen. Nach der Rückkehr aus belgischer Kriegsgefangenschaft, wo er im Bergwerk arbeiten musste, wirkte Grieshaber 1950 bei der Neugründung des Deutschen Künstlerbundes mit; 1951 bis 1953 unterrichtete er an der Bernsteinschule im ehemaligen Kloster Bernstein bei Sulz am Neckar; 1954 bis 1958 war er Vorstandsmitglied der »Sezession Oberschwaben-Bodensee«. 1955 wurde Grieshaber als Nachfolger Erich Heckels an die Kunstakademie Karlsruhe berufen, 1956 auch an die Akademie der Künste Berlin. Zu seinen Schülern zählen Horst Antes, Walter Stöhrer und Dieter Krieg. – Grieshaber hat gezeichnet, gemalt und zahlreiche Glasfenster geschaffen. Mit seinen Farbholzschnitten wurde er populär wie kaum ein zweiter Künstler seiner Epoche. Häufig mythologischen, religiösen oder politischen Inhalts, zeigen sie Menschen, Tiere und Pflanzen, Landschaften und Stillleben in großflächigen, kräftigen Formen. Das trifft auch auf seine großen Bild-Erzählungen zu, beispielsweise den »Osterritt« von 1964, den »Totentanz von Basel« (1966), die »Josefslegende«, die er 1970 für die evangelische Pfarrkirche Sankt Germanus in Stuttgart-Untertürkheim geschaffen hat, oder den »Bauernkrieg im Taubergrund« (1975). Grieshaber hat das Gegenständliche nur so weit abstrahiert, dass es noch erkennbar blieb. In seinen Bildern griff er oft die Bedrängnisse und Nöte der Zeit auf, ja mehr noch: Es gelang ihm, eine gemeinsame Empfindung auszusprechen. 1976 stiftete Grieshaber bei der Einweihung der Thomas-Müntzer-Scheuer in Stuttgart-Hohenheim den Jerg-Ratgeb-Preis »für Freiheit der Kunst und für Gewaltlosigkeit im Kampf um mehr Menschlichkeit«, der heute von einer Stiftung verwaltet wird. Grieshabers Werk wurde vielfach ausgezeichnet und in Hunderten von Einzelausstellungen in ganz Europa gezeigt. In Erinnerung an den Künstler verleiht die Stiftung Kunstfonds jährlich den »HAP-Grieshaber-Preis der VG Bild-Kunst«.

Happoldstaffel *(benannt 1938, Stadtteil Feuerbach)* August Happold (geboren 1846 in Schwäbisch Hall, gestorben 1922 in Stuttgart), Fabrikant und 1908 Ehrenbürger von Feuerbach, ließ der Gemeinde namhafte Zuwendungen für soziale und kulturelle Zwecke zukommen.

Happoldstraße *(benannt 1938, Stadtteil Feuerbach)* nach August Happold, siehe →Happoldstaffel. – Bis 1938 hieß die Straße Haldenstraße.

Hardtstraße *(benannt um 1950, Stadtteil Weilimdorf)* Nach dem nahen Hartwald. »Hart« wurde früher ein als Viehweide benutztes Waldgebiet genannt.

Harmstraße *(benannt 1931, Stadtteil Sonnenberg)* Friedrich Harm (geboren 1857, gestorben 1933), Landwirt und Mitglied des Möhringer Gemeinderats.

Hartensteinstraße *(benannt 1909, Stadtteil Bad Cannstatt)* Karl Hartenstein (geboren 1825 in Cannstatt [heute Stuttgart-Bad Cannstatt], gestorben 1887 in Stuttgart), Kaufmann, Kommerzienrat. Seiner Vaterstadt Cannstatt leistete er durch seine Mitwirkung im Gemeinderat, Bürgerausschuss, Brunnenverein und in der Feuerwehr große Dienste. 1882 bis 1887 gehörte er dem württembergischen Landtag an.

Hartmannstraße *(benannt 1938, Stadtteil Feuerbach)* Johann Friedrich Hartmann (geboren 1715, gestorben 1785), Schultheiß in Feuerbach, bemühte sich um die Vermehrung des Ackerlandes. – Bis 1938 hieß die Straße Schmale Straße.

Hartmannstraße, August-von- siehe →August-von-Hartmann-Straße.

Hartmutweg *(benannt 1937, Stadtteil Untertürkheim)* Männlicher Vorname.

Hartwaldstraße *(benannt 1929, Stadtteil Hofen)* Flurname, siehe →Hardtstraße.

Hartwiese *(benannt 1955, Stadtteil Giebel)* Nach der benachbarten Flur, siehe →Hardtstraße.

Harzstraße *(benannt 1936, Stadtteil Feuerbach)* Norddeutsches Mittelgebirge.

Haselbusch, Im siehe →Im Haselbusch.

Haselnußweg, ab 1. August 2005: **Haselnussweg** *(benannt 1983, Stadtteil Plieningen)* Die Haselnuss, *Corylus avellana,* wächst in Gebüschen und Wäldern Europas.

Hasenbergstaffel *(benannt 1907, Stadtteil Stuttgart-West)* Nach dem schon im 14. Jahrhundert genannten Hasenberg, dessen Name entweder vom Tier oder von einem Personennamen abgeleitet ist.

Hasenbergsteige *(benannt 1855, Stadtteile Stuttgart-Süd und Stuttgart-West)* nach dem Hasenberg, siehe →Hasenbergstaffel.

Hasenbergstraße *(benannt 1863, Stadtteil Stuttgart-West)* nach dem Hasenberg, siehe →Hasenbergstaffel. Siehe auch →Bismarckstraße.

Hasenohrweg *(benannt 1957, Stadtteil Schönberg)* Das Hasenohr, *Otidea leporina,* ist ein ohrförmiger Pilz, der in Nadelwäldern vorkommt.

Hasenrain, Im siehe →Im Hasenrain.

Hasenstraße *(benannt um 1837, Stadtteil Stuttgart-Süd)* Schon 1451 urkundlich erwähnter Flurname, siehe auch →Hasenbergstaffel.

Hasenwedel, Im siehe →Im Hasenwedel.

Hattenbachweg *(benannt 1955, Stadtteil Steckfeld)* Plieninger Waldteil, vielleicht vom Personennamen Hatto herzuleiten.

Hattenbühl *(benannt 1958, Stadtteil Feuerbach)* Flurname, vielleicht vom Personennamen Hatto herzuleiten. »Bühl« ist eine Bezeichnung für einen mittelgroßen Hügel.

Hattenlohweg *(benannt 1981, Stadtteil Untertürkheim)* Flurname, vielleicht vom Personennamen Hatto herzuleiten. »Loh« ist eine Bezeichnung für einen lichten Wald.

Hattinger Platz *(benannt 1988, Stadtteil Bad Cannstatt)* Stadt Hattingen, Nordrhein-Westfalen, 58 500 Einwohner.

Hau, Im Langen siehe →Im Langen Hau.

Haubentaucherstraße *(benannt 1981, Stadtteil Neugereut)* Der Haubentaucher, *Podiceps cristatus,* bewohnt hauptsächlich stehende Gewässer, ernährt sich von kleinen Fischen und Insektenlarven. Die Jungen sind hell-dunkel-gestreift und werden von den Eltern im Rückengefieder getragen.

Hauffstraße *(benannt 1873, Stadtteil Stuttgart-Mitte)* Wilhelm Hauff (geboren am 29. November 1802 in Stuttgart, gestorben am 18. November 1827 in Stuttgart), Schriftsteller und Journalist. 1827 übernahm er die Redaktion des Cottaschen »Morgenblatts für gebildete Stände«, die er nur wenige Monate führen konnte. Hauff ist durch seine Märchen (»Das kalte Herz«, »Zwerg Nase«, »Kalif Storch«), seinen Roman »Lichtenstein«, Erzählungen wie die »Phantasien im Bremer Ratskeller«, »Jud Süß« oder »Die Bettlerin vom Pont des Arts« und seine Lyrik bekannt geworden. Siehe auch →Haydnstraße, →Hirschguldenweg, →Joseph-Süß-Oppenheimer-Platz, →Kalifenweg, →Lichtensteinstraße und →Sturmfederstraße.

Wilhelm Hauff

Haugstraße *(benannt 1957, Stadtteil Vaihingen)* Karl Friedrich Haug (geboren 1872, gestorben 1945), Viehgroßhändler, hat sich um die frühere Gemeinde Vaihingen verdient gemacht.

Haug-Weg, Robert- siehe →Robert-Haug-Weg.

Hauptbahnhof, Am siehe →Am Hauptbahnhof.

Hauptmannsreute *(benannt 1904, Stadtteile Stuttgart-Nord und Stuttgart-West)* Flurname, nachgewiesen seit 1291 als Hartuncsruti, seit 1558 in der heutigen Form. Er deutet auf die Rodung (reute) eines Mannes namens Hartung hin.

Hauptmann-Weg, Gerhart- siehe →Gerhart-Hauptmann-Weg.

Die Hauptstätter Straße auf einer Ansichtskarte, um 1900. Der Blick geht von Nordosten nach Südwesten, also in Richtung Heslach. Von der linken Häuserzeile stehen noch einige Gebäude; die rechte Straßenseite musste dem Verkehr weichen. Um 30 Meter zurückgesetzt steht heute das Schwabenzentrum.

Hauptstätter Straße *(benannt vor 1764, Stadtteile Stuttgart-Mitte und Stuttgart-Süd)* Nach der schon 1451 urkundlich genannten Hauptstatt, der Richtstätte vor den Toren der Stadt beim heutigen Wilhelmsplatz. Auf dem »Käs« genannten Richtblock – er hatte die Form eines Käselaibs – wurden jahrhundertelang die Todesurteile durch Enthauptung mit dem Schwert vollstreckt. Erst 1811 wurde die Richtstätte abgebrochen und auf die Feuerbacher Heide verlegt. Die Hauptstätter Straße wurde im 15. Jahrhundert nach dem Vorbild des Prager Wenzelsplatzes als Großhandelszentrum angelegt. Sie begann früher wie heute beim Leonhardsplatz, endete jedoch bis 1817 bereits auf Höhe der Einmündung der Torstraße in die Hauptstätter Straße. Hier stand das Herrenberger Tor, das bis 1811 Hauptstätter Tor hieß. Auf Befehl König Wilhelms I. wurde es 1817 abgebrochen. Im gleichen Jahr wurden die Stadtgrenzen nach außen versetzt; beim heutigen Österreichischen Platz wurde das »Lindle« neu geschaffen, ein mit Lindenbäumen umrahmtes Straßenoval. Von der Ecke Tübinger Straße/Königstraße wurde das Tübinger Tor hierher versetzt, das bis 1811 Seeltor hieß. Die äußere Hauptstätter Straße (bis zum Marienplatz) wurde erst Mitte des 19. Jahrhunderts bebaut. – 1811 wurde die

Straße von König Friedrich von »Hauptstätter Straße« in »Hauptstätterstraße« umbenannt. Diese Schreibweise, die auch heute noch korrekt wäre, da der Name nicht von einem geographischen Begriff abgeleitet ist, hat sich nicht durchgesetzt.

Hauptstraße *(benannt 1945, Straßenführung geändert 1982, Stadtteil Vaihingen)* Lagebezogener Name.

Haus, Platz am Alten siehe →Platz am Alten Haus.

Hausenring *(benannt 1955, Straßenführung geändert 1991, Stadtteil Hausen)* Nach der um 1100 urkundlich erwähnten Siedlung Hausen, die wohl im Dreißigjährigen Krieg aufgegeben wurde, heute Stadtteil Hausen.

Haußmannstraße *(benannt 1946, Stadtteile Stuttgart-Mitte und Stuttgart-Ost)* Nach den Zwillingsbrüdern Friedrich Haußmann (geboren 1857 in Stuttgart, gestorben 1907 in Stuttgart) und Conrad Haußmann (geboren 1857 in Stuttgart, gestorben 1922 in Stuttgart). Sie setzten den erfolgreichen Kampf ihres Vaters Julius Haußmann für die Freiheit und die Rechte des Volkes fort. Beide ließen sich als Rechtsanwälte in Stuttgart nieder und hatten entscheidenden Anteil an der demokratischen Umgestaltung des öffentlichen Lebens. Conrad, der seit 1890 dem Reichstag angehörte, wandte sich entschieden gegen den preußischen Militarismus und das persönliche Regiment des Kaisers Wilhelm II. 1919 wurde er zum Vizepräsidenten der Weimarer verfassunggebenden Nationalversammlung gewählt. Die Straße erhielt 1946 ihren jetzigen Namen. Vorher hieß sie »Kanonenweg« nach zwei Signalkanonen, die hier im »Stuck-«, »Lärmen-« oder »Kanonenhäusle« standen und mit denen der Ausbruch eines Feuers gemeldet wurde. Auf diese Weise wurde auch Hilfe aus den benachbarten Ortschaften gerufen. Die Straße sollte schon 1925 umbenannt werden.

Conrad Haußmann

Havelweg *(benannt 1951, Stadtteil Münster)* Bedeutendster rechter Nebenfluss der Elbe.

Haydnstraße *(benannt 1928, Stadtteil Botnang)* Joseph Haydn (geboren am 31. März 1732 in Rohrau, Niederösterreich, gestorben am 31. Mai 1809 in Wien), Komponist, ältester der Wiener Klassiker. Er komponierte 107 Sinfonien, 68 Streichquartette, über 20 Streichtrios, mehr als 60 Klaviersonaten und andere Klavierstücke, drei Klavierkonzerte, 126 Trios und andere Kammermusiken für Baryton (ein Streichinstrument, das Fürst Nikolaus Joseph Esterházy spielte, in dessen Diensten Haydn lange stand), 13 italienische Opern, mehrere Oratorien, 14 Messen und viele andere kirchenmusikalische Werke sowie viele weltliche Kanons und Bearbeitungen von Volksliedern. – Bis 1928 hieß die Straße Hauffstraße.

Hebbelstraße *(benannt 1912, Stadtteil Stuttgart-West)* Friedrich Hebbel (geboren am 18. März 1813 in Wesselburen in Dithmarschen, gestorben am 13. Dezember 1863 in Wien), Dichter und Dramatiker, Schöpfer der »realistischen Tragödie«.

Heberweg *(benannt 1957, Stadtteil Möhringen)* Nach dem Möhringer Pfarrer Paul Heber, der 1506 bis 1527 amtierte.

Hebsacker Straße *(benannt 1955, Stadtteil Burgholzhof)* Der Ortsteil Hebsack der Gemeinde Remshalden, Rems-Murr-Kreis, hat 1600 Einwohner. In der Hebsacker Hemdenfabrik wurden um 1820 jährlich rund 10 000 blaue Fuhrmannshemden gefertigt.

Hechinger Straße *(benannt 1957, Straßenführung geändert 1995, Stadtteil Möhringen)* Die Stadt Hechingen, Zollernalbkreis, liegt am Fuße des Zoller mit der Burg Hohenzollern. Sie hat 19 500 Einwohner. Ab 1423 war sie Residenzstadt der Grafen (später Fürsten) von Hohenzollern-Hechingen.

Hechtstraße *(benannt 1957, Stadtteil Mönchfeld)* Der Hecht, *Esox lucius,* frisst Fische, aber auch andere Wirbeltiere. Er kann eine Länge von 150 Zentimetern und ein Gewicht von 35 Kilogramm erreichen. Verbreitung: Mittel- und Nordeuropa.

Heckenrosenweg *(benannt 1937, Straßenführung geändert 1957, Stadtteil Heumaden)* Die Hundsrose, *Rosa canina,* wird auch Hecken- und Wildrose genannt. Siehe auch →Hagebuttenweg und →Wildrosenweg.

Heckenstraße, Obere siehe →Obere Heckenstraße.

Heckenstraße, Untere siehe →Untere Heckenstraße.

Heck-Weg, Robert- siehe →Robert-Heck-Weg.

Heckwiesenweg *(benannt 1991, Stadtteil Hausen)* Flurname.

Hedelfinger Brücken *(benannt 1981, Stadtteil Hedelfingen)* Lagebezogener Name.

Hedelfinger Filderauffahrt *(benannt 1968, Stadtteil Heumaden)* Lagebezogener Name.

Hedelfinger Platz *(benannt 1927, Stadtteil Hedelfingen)* Lagebezogener Name.

Hedelfinger Straße *(benannt 1924, Stadtteile Wangen und Hedelfingen)* Führt Richtung Hedelfingen.

Hedin-Weg, Sven- siehe →Sven-Hedin-Weg.

Hedwigweg *(benannt 1925, Stadtteil Luginsland)* Weiblicher Vorname.

Heerstraße *(benannt 1957, Stadtteil Vaihingen)* Durch die Vaihinger Gemarkung führende ehemalige römische Heerstraße.

Hegaustraße *(benannt 1958, Stadtteil Feuerbach)* Landschaft nordwestlich des Bodensees, mit vielen Vulkankegeln durchsetzt, etwa dem Hohentwiel, Hohenstoffeln und Hohenhewen.

Hegelplatz *(benannt 1910, Stadtteil Stuttgart-Mitte)* Georg Wilhelm Friedrich Hegel (geboren am 27. August 1770 in Stuttgart, gestorben am 14. November 1831 in Berlin), Philosoph. Sein Geburtshaus (das Hegelhaus, Eberhardstraße 53), der Hegelplatz und die Hegelstraße erinnern an den bedeutenden Philosophen. Er besuchte das Stuttgarter Gymnasium und studierte in Tübingen Philosophie und Theologie. Mit Hölderlin und Schelling war Hegel eng befreundet. Nach verschiedenen Hauslehrerstellen wurde er 1801 Privatdozent in Jena, wo sein Freund Schelling lehrte. 1808 bis 1816 wurde er Rektor des Nürnberger Gymnasiums, 1816 Professor in Heidelberg und 1818 in Berlin, wo ab 1820 auch Schopenhauer lehrte. Dort wirkte er als Haupt einer einflussreichen Schule bis zu seinem Tod. Seine Philosophie ist gekennzeichnet durch den absoluten Idealismus, der die Vernunft als absolutes System dem Gegensatz von Subjekt und Objekt gegenüberstellt, und durch die dialektische Methode, nach der Gegensätze sich nicht nur ergänzen, sondern auch einander und ihre Vereinigung hervorbrin-

Das Hegelhaus in der Eberhardstraße, um 1925 – bevor es durch den Abriss des rechten Nebengebäudes zum Eckhaus wurde.

gen. Durch Feuerbach, Marx und Engels wurde der Hegelianismus zu einem Grundelement des historischen Materialismus. Zum 200. Geburtstag Hegels stiftete die Stadt Stuttgart 1970 den Hegelpreis, der alle drei Jahre an Persönlichkeiten verliehen wird, die sich um die Geisteswissenschaften verdient gemacht haben. Im Geburtshaus Hegels ist ein Museum untergebracht, das über Stuttgart zur Zeit Hegels und über Leben und Werk des Philosophen informiert.

Hegelstraße *(benannt 1873, Stadtteile Stuttgart-Mitte, Stuttgart-Nord und Stuttgart-West)* nach Georg Wilhelm Friedrich Hegel, siehe →Hegelplatz. – Bis 1873 hieß die 1866 gebaute Straße Schlachthausstraße.

Hegnachstraße *(benannt 1945, Stadtteil Uhlbach)* Stadtteil Hegnach der Stadt Waiblingen, Rems-Murr-Kreis, 4500 Einwohner.

Heide, Auf der siehe →Auf der Heide.

Heidehofstraße *(benannt 1827, Stadtteil Stuttgart-Ost)* Die Benennung ist auf die frühere Wirtschaft »Heidehof« und auf das »Heidehaus« des Dichters Hackländer (siehe →Hackländerstraße) zurückzuführen.

Heidelbeerstraße *(benannt 1946, Stadtteil Obertürkheim)* Die Heidelbeere, *Vaccinium myrtillus*, ist ein Beerenstrauch, der als Wildform in lichten Wäldern wächst; die Arten *Vaccinium corymbosum* und *Vaccinium angustifolium* werden in Kulturen angebaut. – Als Obertürkheim noch eine selbständige Gemeinde war, hieß die Straße Rathausstraße, ab 1937 Lüderitzstraße nach der Hafenstadt an der Küste der ehemaligen Kolonie Deutsch-Südwestafrika (heute Luderitz Town in Namibia), die ihrerseits nach Adolf Lüderitz (1834–1886) benannt war. Er hat 1883 das Gebiet um den später nach ihm benannten Hafen gekauft; dies bildete die Grundlage des »Schutzgebietes« Deutsch-Südwestafrika.

Heidelberger Straße *(benannt 1935, Stadtteil Bad Cannstatt)* Die kreisfreie Stadt Heidelberg, 141 500 Einwohner, gilt mit ihrer landschaftlichen Schönheit und dem harmonischen Ensemble von Schloss, Altstadt und Fluss inmitten der Berge als eine der schönsten Städte Deutschlands. Jahr für Jahr reisen Millionen von Touristen an, um sich vom »Mythos Heidelberg« bezaubern zu lassen. Die Heidelberger Altstadt wurde in die vorläufige deutsche Liste zur Aufnahme in die Weltkulturerbe-Liste der Unesco aufgenommen. Als Stadt seit dem 12. Jahrhundert genannt und jahrhundertelang Residenz der Pfalzgrafen, erhebt sich Heidelberg heute noch über mittelalterlichem Straßen-Grundriss, während das Stadtbild durch den barocken Wiederaufbau nach den Zerstörungen von 1689 und 1693 geprägt ist. Heidelberg besitzt die älteste Universität Deutschlands (seit 1386) und besticht heute durch zukunftsweisende Wissenschaft und Forschung, ist entwicklungsstarker Wirtschaftsstandort und lebendiger Mittelpunkt des Rhein-Neckar-Dreiecks.

Heidenburgstraße *(benannt 1958, Stadtteil Mühlhausen)* Nach der alten Mühlhäuser Burg, die auch Heidenburg hieß und an deren Stelle heute die Walpurgiskirche steht.

Heidenklingenstraße *(benannt 1918, Stadtteil Stuttgart-Süd)* Der 1350 erstmals urkundlich genannte Flurname könnte sich auf Hinterlassenschaften einer vor- oder frühgeschichtlichen Bevölkerung beziehen oder aber auf den Personennamen Heid. Eine Klinge ist eine steile Talkerbe.

Heidestraße *(benannt 1900, Stadtteil Feuerbach)* Nach dem Flurnamen Feuerbacher Heide, siehe →Feuerbacher Heide.

Heidewinkel *(benannt 1931, Stadtteil Stuttgart-Nord)* Nach der oberhalb der Straße gelegenen →Feuerbacher Heide.

Heidlesäcker *(benannt 1926, Stadtteil Stuttgart-Ost)* Der Flurname geht wahrscheinlich auf ein kleines, unbebautes Flurstück, »Heidle«, zurück.

Heidlochstraße *(benannt 1951, Stadtteile Burgholzhof und Münster)* Nach der nahe gelegenen ehemaligen Wassermulde Heidloch auf der einstigen Cannstatter Heide (Burgholzhof).

Heigelinstraße *(benannt 1975, Stadtteil Fasanenhof)* Karl Ludwig Heigelin (geboren 1776, gestorben 1804), Kanzleiadvokat, 1799 bis 1804 erster bürgerlicher Eigentümer des Fasanenhofs, siehe auch →Fasanenhofstraße.

Heilbronner Straße *(benannt 1936, Stadtteile Stuttgart-Mitte, Stuttgart-Nord, Feuerbach und Zuffenhausen)* Die kreisfreie Stadt Heilbronn, 120 000 Einwohner, ist das Industrie- und Bildungszentrum des württembergischen Unterlands.

Heilbrunnenstraße *(benannt 1996, Stadtteil Möhringen)* Nach dem Flurnamen Heilbrunnen. Auf dem Gelände, das seit 1927 vom Möhringer Freibad eingenommen wird, stand früher eine Marienkapelle. Eine Legende berichtet, im Jahr 1480 sei hier der Sohn eines Möhringer Bürgers vom Wagen gefallen und überfahren worden. Der Vater habe daraufhin an der Unglücksstelle einen steinernen Bildstock errichten lassen. Bald darauf seien an diesem Bild wundersame Heilungen geschehen; deshalb habe man hier die Kapelle errichtet und sie der heiligen Jungfrau gewidmet. Nur wenig später, nach der Reformation, verfiel das Gotteshaus; seine Steine verwendete man zum Hausbau. Was blieb, war der steinerne »Heilbrunnen« unweit des Steinbachs. In den Überlieferungen ist auch von einem zweiten Möhringer Badehaus (zusätzlich zum Römerbad, siehe →Pezoldstraße) an dieser Stelle die Rede. Im Jahr 1899 eröffnete der Möhringer Schneidermeister Friedrich Wagner hier ein Ausflugslokal mit Wannenbädern.

Heiler-Staffel, Oscar- siehe →Oscar-Heiler-Staffel.

Heiligenbergstraße *(benannt 1918, Straßenführung geändert 1958, Stadtteil Feuerbach)* Der Flurname geht vermutlich auf ein Gelände zurück, das der Kirchenpflege, also dem Kirchenheiligen, gehörte.

Heiligenwiesen *(benannt 1960, Stadtteil Wangen)* Flurname, siehe →Heiligenbergstraße.

Heilmannstraße *(benannt 1946, Stadtteile Stuttgart-Ost und Stuttgart-Mitte)* Ernst Heilmann (geboren 1881 in Berlin, gestorben 1943 im KZ Buchenwald), sozialdemokratischer Landtagsabgeordneter (ab 1919) und Reichtagsabgeordneter (1928 bis 1933), der nach siebenjähriger Haft im Konzentrationslager ums Leben kam.

Heimbergstraße *(benannt 1900, Stadtteil Feuerbach)* Flurname. Die Flur wurde 1354 Heideberg genannt.

Heimerdinger Weg *(benannt 1996, Stadtteil Hausen)* Stadtteil Heimerdingen der Stadt Ditzingen, Landkreis Ludwigsburg, 3500 Einwohner.

Heimgartenstraße *(benannt 1936, Stadtteil Hedelfingen)* Flurname. Heimgarten nannte man die Stätten abendlicher Zusammenkünfte junger Leute und Nachbarn.

Heimsche Gasse *(benannt 1846, Stadtteil Bad Cannstatt)* Nach dem ehemaligen Heimschen Haus (Heimsche Gasse Nr. 7).

Heimsheimer Straße *(benannt 1955, Straßenführung geändert 1975 und 1988, Stadtteil Weilimdorf)* Stadt Heimsheim, Enzkreis, 5200 Einwohner.

Heimstättenstraße *(benannt 1920, Stadtteil Zuffenhausen)* Leitet ihren Namen von den dort erstellten Siedlungshäusern ab, die nach dem Reichsheimstättengesetz von 1920 errichtet wurden.

Heinemann-Platz, Gustav- siehe →Gustav-Heinemann-Platz.

Heine-Platz, Jakob- siehe →Jakob-Heine-Platz.

Heinestraße *(benannt 1946, Stadtteile Degerloch und Sonnenberg)* Heinrich Heine (geboren am 13. Dezember 1797 in Düsseldorf, gestorben am 17. Februar 1856 in Paris), Dichter. Nach kaufmännischer Lehrzeit und Studium promovierte Heine 1825 zum Dr. jur. und trat vom jüdischen zum christlichen Glauben über. Durch den Erfolg seiner »Reisebilder« (1826/27) konnte er als freier Schriftsteller leben, ab 1831 in Paris. Heine versuchte literarisch zwischen Deutschland und Frankreich zu vermitteln. Seine politischen und satirischen Schriften, etwa »Deutschland, ein Wintermärchen« (1844), sind voll beißendem Spott; in Deutschland wurden sie immer wieder verboten. Mit seinem geistreichen Prosastil gilt er als Wegbereiter des modernen Feuilletons. Die letzten acht Jahre seines Lebens litt Heine unter großen Schmerzen an Rückenmarkschwindsucht. – Bis 1946 hieß die Straße Dornhaldenstraße.

Heinlesberg *(benannt 1936, Stadtteil Sillenbuch)* Der Flurname geht möglicherweise auf einen Familiennamen zurück.

Heinrich-Baumann-Steg *(benannt 1977, Stadtteile Stuttgart-Ost und Stuttgart-Mitte)* Heinrich Baumann (geboren 1883 in Marktlustenau, gestorben 1945 im KZ Dachau), Gemeinderat. Als Mitglied der KPD wurde er im Frühjahr 1932 in den Stuttgarter Gemeinderat gewählt. Er arbeitete als Transportarbeiter bei der Spedition Gustav von Maur. Bis zu dessen Auflösung durch die Nazis fungierte er als letzter Vorsitzender des Waldheim-Vereins im Sillenbucher Clara-Zetkin-Haus. Weil er Mitglied der KPD war, wurde er am 11. März 1933 verhaftet und bis zum 24. Juli 1933 im KZ auf dem Heuberg inhaftiert. Erst 1936 fand er wieder eine Anstellung. Am 22. August 1944 wurde er erneut verhaftet und nun in das KZ Dachau verschleppt. Dort kam er am 23. Februar 1945 ums Leben.

Heinrich-Baumann-Straße *(benannt 1946, Stadtteil Stuttgart-Ost)* nach Heinrich Baumann, siehe →Heinrich-Baumann-Steg.

Heinrich-Ebner-Straße *(benannt 1937, Stadtteil Bad Cannstatt)* Heinrich Ebner (geboren 1829, gestorben 1878), Arzt, der an der Entwicklung Cannstatts zum Kur- und Heilbad großen Anteil hatte.

Heinrich-Gontermann-Weg *(benannt 1939, Stadtteil Sillenbuch)* Heinrich Gontermann (geboren am 25. Februar 1896 in Siegen, gestorben am 30. Oktober 1917 in La Neuville, Nordfrankreich), Militärpilot. Zu Beginn des Ersten Weltkrieges kam Gontermann nach Hanau zum 6. Thüringischen Ulanenregiment. Er wurde bereits am 13. September 1914 an die Front geschickt. Nach einer Erkrankung kam er im Frühjahr 1915 zur Maschinengewehrausbildung nach Döberitz und wurde danach als Zugführer an die Vogesenfront kommandiert. Am 19. November 1915 wurde Gontermann zum Leutnant befördert. Er absolvierte in Döberitz eine Fliegerausbildung und legte in Johannisthal seine Pilotenprüfung ab. Später absolvierte er noch das Feldpilotenexamen. Im Frühjahr 1917 übernahm er die Führung der Jagdfliegerstaffel 5, am 5. Mai 1917 kam er als Kommandeur zur Jagdstaffel 15. Ebenfalls 1917 erhielt er das Eiserne Kreuz, wenig später für insgesamt 21 Abschüsse den Orden Pour le Mérite. Als er am 28. Oktober 1917 eine neue Fokker erprobte, brachen in 700 Metern Höhe über dem Flugfeld von La Neuville Teile des Oberflügels ab; das Flugzeug stürzte ab, Gontermann erlag am darauf folgenden Tag seinen Verletzungen.

Heinrich-Hertz-Straße *(benannt 2000, Stadtteil Wangen)* Heinrich Hertz (geboren am 22. Februar 1857 in Hamburg, gestorben am 1. Januar 1894 in Bonn), deutscher Physiker. Hertz fiel schon als Kind durch vielerlei Begabungen und ein phänomenales Gedächtnis auf. Er studierte zunächst am Polytechnikum in Dresden Ingenieurwissenschaften, dann in München und Berlin Mathematik, Physik, Zoologie und Astronomie. 1880 schloss er das Studium mit der Promotion ab; in den Folgejahren legte er vielbeachtete Untersuchungen zur Elastizität, zur Verdunstung sowie zur Maxwellschen Elektrodynamik vor. 1883 habilitierte er sich an der Universität Kiel. Im Sommer 1885 wurde er auf den Lehrstuhl für Experimentalphysik an die Technische Hochschule in Karlsruhe berufen. 1886 gelang ihm der Nachweis elektromagnetischer Wellen sowie deren Übertragung von einem Schwingkreis auf einen anderen. Er wies ihre Reflexion, Brechung, Transversalität und Polarisation nach und bestimmte ihre Geschwindigkeit. Damit legte er den Grundstein für das heute weltumspannende Funk- und Nachrichtensystem und bahnte den Weg zum Rundfunk und Fernsehen und zum Radar. Er stellte auch fest, dass Licht eine besondere Form der elektromagnetischen Wellen ist. Seine Erkenntnis, dass Kathodenstrahlen dünne Metallschichten durchdringen können und sich dennoch weiter geradlinig ausbreiten, führte mit zur Entdeckung der Röntgenstrahlen. Seine Entdeckung des äußeren Photoeffekts – bei Bestrahlung mit ultraviolettem Licht werden Elektronen aus dem Inneren eines Festkörpers gelöst – schuf die Grundlage der Halbleitertechnik. 1889 wurde Hertz an die Universität Bonn berufen. Nun widmete er sich einer Neuformulierung der Mechanik. Sein Ziel war dabei, die gesamte Physik auf die Mechanik zurückzuführen. Weltberühmt starb er im Alter von nicht einmal

37 Jahren an einer verschleppten Infektionskrankheit. Sein 1894 postum veröffentlichtes Buch »Prinzipien der Metaphysik« wurde zu einem Klassiker der Naturphilosophie und der Erkenntnistheorie. Nach Heinrich Hertz wird die Maßeinheit der Frequenz bezeichnet (Hz).

Heinrich-Pabst-Straße *(benannt 1968, Stadtteil Hohenheim)* Heinrich Wilhelm (von) Pabst (geboren 1798 in Maar, Hessen, gestorben 1868 in Hütteldorf bei Wien), 1846 bis 1850 Direktor der landwirtschaftlichen Akademie Hohenheim.

Heisenbergstraße *(benannt 1977, Stadtteil Büsnau)* Werner Heisenberg (geboren 1901 in Würzburg, gestorben 1976 in München), Physiker. Heisenberg lehrte als Professor in Leipzig und im Ausland, war von 1941 bis 1945 Direktor des Kaiser-Wilhelm-Instituts für Physik, Berlin, von 1946 bis 1958 leitete er das Max-Planck-Institut für Physik und Astrophysik in Göttingen, danach lehrte er bis 1970 an der Universität München. Ihm sind grundlegende Erkenntnisse in der Kernphysik zu verdanken. Für seine »Heisenbergsche Unschärferelation« (1927) erhielt er 1932 den Nobelpreis für Physik. Heisenberg leitete die deutsche Atomforschung und entwarf 1940 den ersten Kernreaktor (siehe auch →Haigerlocher Weg). In späteren Jahren beschäftigte er sich mit einer einheitlichen Feldtheorie, der so genannten Weltformel. 1957 wurde ihm der Orden Pour le Mérite verliehen.

Helblingstraße *(benannt 1957, Stadtteil Rohr)* Herbord Helbling (geboren 1877, gestorben 1938), Pfarrer in Rohr.

Helene-Pfleiderer-Straße *(benannt 2002, Stadtteil Degerloch)* Helene Pfleiderer (geboren am 30. August 1911, gestorben am 23. Mai 1994), Gründerin der gleichnamigen Stiftung der Alten- und Jugendhilfe. Helene Pfleiderer ist eine Tochter des Degerlocher Bauunternehmers Gustav Epple (siehe →Epplestraße). Ebenso wie ihr Vater unterstützte sie den Stadtbezirk, in dem sie ihr ganzes Leben verbrachte. Besonders hingezogen fühlte sie sich zu den Aktivitäten des Degerlocher Frauenkreises, der mit derzeit 950 Mitgliedern und nahezu 100 überwiegend ehrenamtlichen Mitarbeiterinnen und Mitarbeitern zu den größten deutschen Frauenvereinen zählt. In ihrem Testament hat Helene Pfleiderer die Gründung der nach ihr benannten Förderstiftung verfügt, die ihre Stiftungsgaben für mildtätige Zwecke sowie zur Förderung der Alten- und Jugendhilfe, überwiegend in Stuttgart, verwendet. Das größte bisher durchgeführte Einzelprojekt war die Schaffung des Helene-Pfleiderer-Hauses in Degerloch. Dieses Gebäude ermöglicht der Sozial- und Diakoniestation Degerloch sowie dem Degerlocher Frauenkreis mit seinen Abteilungen Nachbarschaftshilfe und Begegnungsstätte ein Wirken unter einem Dach. Daneben wurden auch das Hospiz Stuttgart, die neurologische Kinderstation des Olgahospitals und die Schwäbische Tafel (Vesperkirche) gefördert.

Helene-Schoettle-Staffel *(benannt 1997, Stadtteil Stuttgart-Süd)* Helene Schoettle, geb. Osswald (geboren am 19. April 1903 in Münster am Neckar [heute Stuttgart-Münster], gestorben 1994), Stadträtin. Helene Schoettle war schon früh politisch engagiert, bei der Sozialistischen Arbeiter-Jugend, der SPD und der Arbeiterwohlfahrt. 1925 heiratete sie den damaligen Verlagssekretär bei der Schwäbischen Tagwacht Erwin Schoettle, der als Parteisekretär des SPD-Kreisverbandes Stuttgart von den Nationalsozialisten ab 5. März 1933 steckbrieflich gesucht wurde. Im Mai 1933 konnte er in die Schweiz fliehen; obwohl Emigranten politische Betätigung verboten war, gründete er eine Zeitung – und Helene Schoettle half, den »Roten Kurier« nach Stuttgart zu schmuggeln. Dauernde Schikanen der Gestapo zwangen schließlich 1934 auch Helene Schoettle zur Auswanderung. Ab 1939 lebten die Schoettles in London, 1940 wurden sie auf der Isle of Man interniert, Helene Schoettle acht Monate lang. Nach ihrer Freilassung verdiente sie mit Arbeiten in der Taschenlampenherstellung Geld, um die Familie finanziell über Wasser zu halten. 1946 kehrten die Schoettles nach Stuttgart zurück; Erwin Schoettle wurde SPD-Kreisvorsitzender, Landtags- und Bundestagsabgeordneter und gehörte zu den Gründern der »Stuttgarter Nachrichten«. Helene Schoettle kandidierte 1950 zum ersten Mal für den Stuttgarter Gemeinderat; sie wurde gewählt und blieb fast 25 Jahre lang dieser kommunalpolitischen Aufgabe treu. Aus drei Wahlen ging sie mit der höchsten Stimmenzahl hervor. 30 Jahre lang gehörte sie dem Vorstand der Stiftung Olgaheim an, 26 Jahre lang dem Vorstand der Arbeiterwohlfahrt Stuttgart, im Schwäbischen Frauenverein hat sie fast 20 Jahre lang im Vorstand mitgearbeitet. 1960 gehörte sie zu den Gründern des Vereins »Lebenshilfe für geistig Behinderte«, dessen Vorstand sie 15 Jahre angehörte. Sie wurde mit dem Bundesverdienstkreuz am Bande und dem Verdienstkreuz Erster Klasse ausgezeichnet. 1965 bis zu ihrem Tod war sie Vorsitzende des Altenclubs »Die Blaustrümpfler« in Heslach – auch ihn hat sie mitgegründet.

Helens-Steg, Saint- siehe →Saint-Helens-Steg.

Helens-Weg, Saint- siehe →Saint-Helens-Weg.

Helfensteinstraße *(benannt 1936, Stadtteil Wangen)* Burg Helfenstein bei Geislingen an der Steige.

Helfergasse *(benannt 1885, Stadtteil Bad Cannstatt)* Nach dem früheren Helfer- oder Diakonushaus (Helfergasse Nr. 27). – Vor 1885 hieß die Gasse Kögelgasse.

Helfferichstraße *(benannt 1904, Stadtteil Stuttgart-Nord)* Max Helfferich (geboren 1828 in Hülen bei Neresheim, gestorben 1901 in Charkow), Maschinenfabrikant in Charkow, Kommerzienrat. Hinterließ der Stadt eine Stiftung, aus deren Erträgen Stipendien an Studenten sowie Gaben für wohltätige Zwecke gewährt werden konnten.

Helgolandstraße *(benannt 1934, Stadtteil Neuwirtshaus)* Nordseeinsel. Helgoland gehörte ab 1714 zu Dänemark, ab 1814 zu Großbritannien, ab 1890 zum Deutschen Reich, wurde zur Festung ausgebaut und diente nach dem Zweiten Weltkrieg der britischen Luftwaffe als Übungsziel für Bombenabwürfe, bis es 1952 an die Bundesrepublik zurückgegeben wurde.

Helleräckerstraße *(benannt 1998, Stadtteil Möhringen)* Der bereits im Jahr 1434 belegte Flurname »Helleräcker« bezeichnet vermutlich Lehensgüter, deren geringe Pacht nicht in Naturalien, sondern in Form von Geld beglichen werden musste. Der Heller war eine vom 13. bis ins 19. Jahrhundert gebräuchliche kleine Münze, die ursprünglich in Schwäbisch Hall geprägt wurde. Denkbar ist auch, dass sich der Flurname von einem Besitzer namens Heller (dessen Familie ursprünglich aus Schwäbisch Hall stammte) oder von einem Münzfund ableitet.

Heller-Straße, Walter- siehe →Walter-Heller-Straße.

Hellmuth-Hirth-Straße *(benannt 1938, Stadtteil Zuffenhausen)* Hellmuth Hirth (geboren 1886 in Heilbronn, gestorben 1938 in Karlsbad), Flugmotorenkonstrukteur und Pionier der deutschen Luftfahrt, gründete 1931 die Hirth-Motoren-GmbH in Zuffenhausen. Hirth gehörte auch zu den Gründern der Cannstatter Firma Mahle, siehe →Mahlestraße. – Bis 1938 hieß die Straße Parkstraße.

Helmholtzweg *(benannt 1927, Stadtteil Stuttgart-Nord)* Hermann Ludwig Ferdinand (von) Helmholtz (geboren 1821 in Potsdam, gestorben 1894 in Berlin-Charlottenburg), Naturforscher und Erfinder des Augenspiegels.

Helmlingweg *(benannt 1957, Stadtteil Schönberg)* Die Pilzgattung der Helmlinge, lateinisch *Mycena*, umfasst circa 100 Arten. Die Helmlinge sind kleine, zierliche Pilze, die entweder für den menschlichen Verzehr wertlos oder giftig sind.

Helmstettstraße *(benannt 1938, Straßenführung geändert 1961, Stadtteil Feuerbach)* Zur Erinnerung an Peter und Wilhelm von Helmstatt, genannt 1392 bis 1408, Burgherren auf der ehemaligen Burg Frauenberg bei Feuerbach. Vergleiche auch →An der Burg, →Burghaldenweg, →Burgherrenstraße, →Feuerbacher Heide und →Frauenbergweg. – Bis 1938 hieß die Straße Adlerstraße.

Helmulfstraße *(benannt 1933, Stadtteil Zazenhausen)* Nach dem in einer Zazenhäuser Urkunde vom Jahr 788 genannten Stifter Helmulf, der mit seiner Frau Bilihild dem 774 geweihten Kloster Lorsch an der Bergstraße mehrere in Zazenhausen gelegene Grundstücke schenkte, siehe auch →Bilihildstraße, →Emhildstraße, →Nazariusweg und →Richbodstraße.

Hemminger Straße *(benannt 1988, Stadtteil Weilimdorf)* Gemeinde Hemmingen, Landkreis Ludwigsburg, 7700 Einwohner.

Heppacher Straße *(benannt 1936, Stadtteil Untertürkheim)* Stadtteil Großheppach der Stadt Weinstadt, Rems-Murr-Kreis. Weinstadt ist 1975 entstanden, als sich im Zuge der Gemeindereform die vorher selbständigen Orte Beutelsbach, Endersbach mit Strümpfelbach, Großheppach und Schnait zusammenschlossen. Weinstadt hat 25 700 Einwohner, davon leben 4500 in Großheppach.

Herbert-Czaja-Weg, Doktor- siehe →Doktor-Herbert-Czaja-Weg.

Herbertstraße *(benannt 1952, Stadtteil Stammheim)* Männlicher Vorname.

Herbsthalde *(benannt 1927, Stadtteil Stuttgart-West)* Der Flurname verweist auf die Weinberge, die sich noch in der zweiten Hälfte des 19. Jahrhunderts dort befunden haben.

Herderstaffel *(benannt 1927, Stadtteil Stuttgart-West)* Johann Gottfried (von) Herder (geboren am 25. August 1744 in Mohrungen, Ostpreußen, gestorben am 18. Dezember 1803 in Weimar), Theologe, Dichter, Übersetzer und Philosoph, Wegbereiter und Theoretiker des Sturm und Drang. Natur und Geschichte sah er als Zusammenhang und im Fortschritt zu immer größerer Harmonie.

Herderstraße *(benannt 1896, Stadtteil Stuttgart-West)* nach Johann Gottfried Herder, siehe →Herderstaffel.

Herdweg *(benannt 1890, Stadtteile Stuttgart-Mitte, Stuttgart-Nord und Stuttgart-West)* Der 1350 genannte Weg diente einst dem Auftrieb der Viehherden zur Feuerbacher Heide.

Hermann-Fein-Straße *(benannt 1997, Stadtteil Plieningen)* Her[r]mann Fein (geboren 1847, gestorben 1930), Erster Sauerkrautfabrikant auf den Fildern. Seine Sauerkrautfabrik lieferte »echtes Plieninger Kraut« bis nach Paris.

Hermann-Kopp-Weg *(benannt 1977, Stadtteil Plieningen)* Hermann Kopp (geboren 1887 in Odumase, Westafrika, gestorben 1976 in Stuttgart), Dekan, Vorsitzender des Verwaltungsrats des evangelischen Kinder- und Schulheims Wilhelmspflege.

Hermann-Kurz-Straße *(benannt 1922, Stadtteil Stuttgart-Nord)* Hermann Kurz (geboren am 30. November 1813 in Reutlingen, gestorben am 10. Oktober 1873 in Tübingen), Schriftsteller und Journalist. 1848 bis 1854 Redakteur des demokratischen »Beobachters« in Stuttgart, 1863 Universitätsbibliothekar in Tübingen. Sein bekanntester Roman ist »Der Sonnenwirt« (1854), eine realistisch-psychologische Schilderung der Lebensgeschichte des Räubers Johann Fr. Schwan. Er war mit Marie von Brunnow (1826–1911) verheiratet, einer glühenden Demokratin, die ihren Adelstitel ablegte und sich aktiv an der Revolution 1848 beteiligte. Die ganze Familie war bekannt für ihr Engagement für demokratisch-revolutionäre Ideen. Tochter Isolde wurde privat unterrichtet und war später selbst erfolgreiche Schriftstellerin, siehe →Isolde-Kurz-Straße. Hermann Kurz verbüßte wegen seiner Veröffentlichungen acht Wochen Haft auf dem Hohenasperg und zog sich 1854 aus der Politik zurück. Er führte ein Gelehrtenleben. Auch seine Bücher waren damals nicht erfolgreich. Seine Tochter schrieb über ihn: »Wenn es ohnehin die Art der schöpferischen Naturen ist, sich unter dem Eindruck ihrer inneren Geschichte schwerer in der Welt zurechtzufinden als der gewöhnliche Menschenschlag, so hat Alt-Württemberg seinen genialen Männern noch geflissentlich Ketten an die Füße gelegt.«

Hermann-Lenz-Höhe *(benannt 2001, Stadtteil Stuttgart-Nord)* Hermann Lenz (geboren am 26. Februar 1913 in Stuttgart, gestorben am 12. Mai 1998 in München), Schriftsteller. Nach dem Abitur auf dem Reformrealgymnasium am Stöckach studierte Hermann Lenz von 1933 bis 1939 in Heidelberg und München Kunstgeschichte, Germanistik und Archäologie. 1946 kehrte er aus amerikanischer Kriegsgefangenschaft nach Stuttgart zurück. Die Nachkriegsjahre waren für Lenz sehr mühevoll; seine Bücher wurden fast unter Ausschluss der Öffentlichkeit publiziert und von der Kritik kaum beachtet. Neben seiner literarischen Betätigung arbeitete er deshalb zunächst als Sekretär eines Kulturvereins und 1951 bis 1971 als Sekretär des Süddeutschen Schriftstellerverbandes. In der Zeitschrift »Stuttgarter Leben« hat Lenz zwölf Jahre lang Stuttgarter Straßen, »Sterne der Bürgerschaft« und Spezialitäten der Landeshauptstadt beschrieben; diese Beiträge wurden später in zwei Büchern zusammengefasst. Erst 1973 wurde Hermann Lenz durch einen Artikel von Peter Handke, »Einladung, Hermann Lenz zu lesen«, fast über Nacht bekannt. Von diesem Zeitpunkt an erhielt er auch verschiedene Literaturpreise, unter anderem den Georg-Büchner-Preis, den Wilhelm-Raabe-Preis sowie den Münchner Literaturpreis. Seine neun Eugen-Rapp-Romane galten der »Süddeutschen Zeitung« seinerzeit als »größtes lebensgeschichtliches Romanunternehmen der Gegenwart«. 1975 zog er aus familiären Gründen von Stuttgart nach München um. 1998 sollte Lenz die Bürgermedaille der Landeshauptstadt Stuttgart erhalten, er verstarb jedoch kurz zuvor. Die Hermann-Lenz-Höhe befindet sich in unmittelbarer Nähe der Birkenwaldstraße 203 – in diesem Haus, das der Vater von Hermann Lenz nach dem Ersten Weltkrieg erworben hatte, lebte der Schriftsteller von 1946 bis 1975. »Vor deiner Haut beginnt die Fremde«, diesen Satz aus dem Roman »Die Augen eines Dieners« von Hermann Lenz liest man auf einer Gedenktafel bei der Grünanlage, die nach dem Dichter benannt ist und einen eindrucksvollen Blick ins Tal schenkt.

Hermann-Löns-Weg *(benannt 1937, Stadtteil Sillenbuch)* Hermann Löns (geboren am 29. August 1866 in Culm, Westpreußen, gefallen am 26. September 1914 bei Reims), Redakteur und Dichter, schrieb Heide-, Tier- und Jagdgeschichten. Im Werk von Hermann Löns finden sich manche Ansätze einer germanisch-deutschen »Blut-und-Boden«-Ideologie, sodass sein Werk wie selbstverständlich von den Nationalsozialisten vereinnahmt wurde. Seine Texte gehörten im »Dritten Reich« zum Lehrstoff, seine Lieder waren bei der Hitlerjugend beliebt, sein Roman »Grün ist die Heide« wurde 1934 erstmals verfilmt. Im August 1914 ging Löns als Kriegsfreiwilliger zur Infanterie; er gelangte noch zum Fronteinsatz und fiel bereits am 26. September 1914. So stilisierte ihn die nationalsozialistische Propaganda auch noch zur »Symbolfigur des deutschen Soldaten«.

Hermann Metzger

Hermann-Metzger-Platz *(benannt 1991, Stadtteil Bad Cannstatt)* Hermann Metzger (geboren am 9. Juli 1896 in Cannstatt [heute Stuttgart-Bad Cannstatt], gestorben am 28. Juni 1971 in Stuttgart-Bad Cannstatt), Maler. Studierte an der Stuttgarter Kunstakademie Malerei. Wichtigster Inhalt seines malerischen Schaffens war die Darstellung seiner Heimatstadt Cannstatt, ein Schatz historischer Bilddokumentation und lebendiger Erinnerung. In seinen Stillleben und Landschaften kommt eine fast expressionistische Vielfalt von Farben und Formen zum Ausdruck. Neben seiner Malerei war er ein vielseitiger Kulturorganisator: unter anderem Mitbegründer und Leiter des »Cannstatter Künsthöfles«, einer Freiluftgalerie, und Schatzmeister im Verband Bildender Künstler Baden-Württembergs. Der Hermann-Metzger-Platz hieß zuvor Kirchplatz nach der Bad Cannstatter Martinskirche.

Hermann-Pleuer-Straße *(benannt 1925, Stadtteil Stuttgart-Nord)* Professor Hermann Pleuer (geboren 1863 in Schwäbisch Gmünd, gestorben 1911 in Stuttgart), Kunstmaler, der sich erst nach Jahren der Entbehrung und Verkennung als Landschaftsmaler und Porträtist durchsetzen konnte.

Hermannstraße *(benannt 1855, Stadtteil Stuttgart-West)* Hermann Prinz von Sachsen-Weimar-Eisenach (geboren 1825 auf Schloss Altenstein bei Meiningen, gestorben 1901 in Berchtesgaden), General der Kavallerie, bekannt als »Prinz Weimar«, Gatte von Auguste Prinzessin von Sachsen-Weimar-Eisenach, einer Tochter von König Wilhelm I. und Königin Pauline (siehe →Augustenstraße, →Wilhelmsplatz in Stuttgart-Mitte und →Paulinenstraße), lebte ab 1851 in Stuttgart. Er war Ehrenpräsident der früheren Stuttgarter Pferde-Eisenbahngesellschaft seit ihrer Gründung 1868. Daneben widmete er sich in Stuttgart der Förderung gemeinnütziger und wohltätiger Unternehmungen. Das Ehepaar bewohnte das Palais Weimar an der →Neckarstraße, das 1944 zerstört wurde. Siehe auch →Johannesstraße und →Weimarstraße.

Hermann Prinz von Sachsen-Weimar-Eisenach, genannt »Prinz Weimar«

Hermann-Weg, Erich- siehe →Erich-Hermann-Weg.

Hermann-Weg, Otto- siehe →Otto-Hermann-Weg.

Hermelinweg *(benannt 1953, Stadtteil Wolfbusch)* Der Hermelin, *Mustela erminea,* gehört zur Familie der Marder und trägt im Sommer rotbraunes, im Winter weißes Fell. Ursprünglich war er auf der ganzen Nordhalbkugel verbreitet.

Herrenberger Straße *(benannt 1957, Stadtteil Vaihingen)* Stadt Herrenberg im Gäu, Landkreis Böblingen, 30 600 Einwohner.

Herrengasse *(benannt 1895, Stadtteil Uhlbach)* Hier wohnten früher mehrere reiche Weingärtner, die als so genannte »Richter« und Gemeinderäte Mitglieder der Ehrbarkeit waren und im Ort mit »Herr« angesprochen wurden.

Herrmann-Weg, Lilo- siehe →Lilo-Herrmann-Weg.

Herschelstraße *(benannt 1958, Stadtteil Dürrlewang)* Friedrich Wilhelm Herschel (geboren am am 15. November 1738 in Hannover, gestorben am 25. August 1822 in Slough, England), Astronom. Herschel war ursprünglich Organist; die Musiktheorie führte ihn zur Mathematik, diese zur Optik und diese zur Astronomie. 1781 entdeckte er den Planeten Uranus.

Hertz-Straße, Heinrich- siehe →Heinrich-Hertz-Straße.

Hertz-Straße, Wilhelm- siehe →Wilhelm-Hertz-Straße.

Herweghstraße *(benannt 1904, Stadtteil Stuttgart-West)* Georg Herwegh (geboren am 31. Mai 1817 in Stuttgart, gestorben am 7. April 1875 in Baden-Baden), Dichter und Freiheitssänger. Nach Landexamen und Seminar in Maulbronn begann Herwegh 1835 in Tübingen ein Theologiestudium, wurde jedoch im Jahr darauf wegen Beleidigung eines Repetenten vom Stift gewiesen. 1839 floh er vor dem Militär in die Schweiz. Seine »Gedichte eines Lebendigen« (1841) wurden verboten und gerieten dennoch zum großen Erfolg. Herwegh kehrte nach Deutschland zurück, traf sich mit Marx und Bakunin, wohnte in Berlin, wurde jedoch aus Preußen ausgewiesen, nachdem eine Audienz beim preußischen König mit einem Eklat endete. Ab 1843 lebte Herwegh in Paris. Im März 1848 stellte er sich an die Spitze der deutschen demokratischen Legion und schloss sich dem Hecker'schen Aufstand an. Seine Freischärlerlegion wurde von württembergischen Truppen zerschlagen. 1863 bestimmte ihn Ferdinand Lasalle

Georg Herwegh

zum Bevollmächtigten des Allgemeinen Deutschen Arbeitervereins in der Schweiz und Herwegh schrieb das »Bundeslied«.

Herzogenberg, Beim siehe →Beim Herzogenberg.

Herzogstraße *(benannt 1877, Stadtteile Stuttgart-Mitte und Stuttgart-West)* Nach dem ehemaligen Gasthaus der Vereinsbrauereigesellschaft »Zum Herzog Karl«. – Der Platz Ecke Herzogstraße/Rotebühlstraße, an dem das Kriegerdenkmal steht, wurde 1936 Freiherr-von-Soden-Platz benannt nach dem in Stuttgart geborenen General Franz Freiherr von Soden.

Heslacher Tunnel *(benannt 1990, Stadtteile Stuttgart-Süd und Degerloch)* Der Tunnel der Bundesstraße 14 umgeht den Stadtteil Heslach.

Heslacher Wand *(benannt 1911, Stadtteil Stuttgart-Süd)* Nach einer Felswand eines im Wald gelegenen, verlassenen Steinbruchs.

Heßbrühlstraße *(benannt 1850, Stadtteil Vaihingen)* Der bereits 1434 bezeugte Flurname leitet sich von einem wasserreichen Wiesengelände (Brühl) und dem Personennamen Heß, Hesse oder Hesser her. Nachgewiesenermaßen hat im benachbarten Möhringen, zu dessen Gemarkung das Gewann Heßbrühl früher gehört hat, im Jahr 1327 ein Heinrich Hesse gelebt.

Hessenlaustaffel *(benannt 1975, Stadtteil Vaihingen)* Der Flurname »Hessenlau« ist zusammengesetzt aus dem Personennamen Heß, Hesse oder Hesser und der Bezeichnung »Lau« für einen Wald (gleichbedeutend mit »Lauch«, »Loch« oder »Loh«, wie man sie etwa im Namen des Wohngebiets Lauchhau oder des Stadtteils Degerloch findet).

Hessenlauweg *(benannt 1930, Stadtteil Vaihingen)* Flurname, siehe →Hessenlaustaffel.

Hessenwiesenstraße *(benannt um 1935, Stadtteil Rohr)* Der Flurname bezeichnet den Wiesenbesitzer, der Heß hieß.

Hesserweg *(benannt 1968, Stadtteil Bad Cannstatt)* Friedrich Hesser (geboren 1831 in Heidenheim an der Brenz, gestorben 1906 in Stuttgart-Cannstatt), Gründer der Maschinenfabrik Hesser in Cannstatt.

Hesse-Straße, Oswald- siehe →Oswald-Hesse-Straße.

Hessigheimer Straße *(benannt 1951, Stadtteil Rot)* Gemeinde Hessigheim, Landkreis Ludwigsburg, 2200 Einwohner.

Hettichstraße *(benannt 1939, Stadtteil Untertürkheim)* Alteingesessenes Untertürkheimer Weingärtnergeschlecht.

Heubergstraße *(benannt 1922, Stadtteil Stuttgart-Ost)* Der Große Heuberg (bis 1015 m) nimmt den südwestlichen Teil der Schwäbischen Alb ein.

Heuglinweg *(benannt 1938, Stadtteil Degerloch)* Theodor (von) Heuglin (geboren am 20. März 1824 in Hirschlanden bei Leonberg [heute Ditzingen], gestorben am 5. November 1876 in Stuttgart), Vogelkundler und Afrikaforscher. Heuglin besuchte das Gymnasium in Stuttgart und begann mit 15 Jahren ein »Studium der Metallurgie« an der Wissenschaftlichen Bildungsanstalt der Gebrüder Paulus in Ludwigsburg. 1842/43 besuchte er das Polytechnikum in Stuttgart, danach arbeitete er als Hüttenbeamter. Zwischen 1850 und 1876 unternahm Heuglin zahlreiche Expeditionen nach Ostafrika. Dabei zog er sich mehrere schwere Krankheiten zu; 1858 wurde er vom Speerwurf eines Afrikaners am Hals getroffen und schwer verletzt. Heuglin sprach arabisch, war mit dem berühmten Zoologen Alfred Brehm befreundet und lernte 1864 in einer Kairoer Gaststätte den schwäbischen Ingenieur und Erfinder Max Eyth kennen, der in Ägypten Versuche mit einem Dampfpflug leitete. 1853 bis 1858 fungierte Heuglin als österreichischer Konsul in Chartum, der heutigen Hauptstadt des Sudan. In seinem wissenschaftlichen Hauptwerk »Ornithologie Nordost-Afrikas« hat er die Vogelwelt dieser Region systematisch beschrieben. Die Sammlung des Stuttgarter Naturalienkabinetts bereicherte er durch zahlreiche präparierte Tiere. Auch Münzen und Antiquitäten, Gerätschaften, Waffen und Kunstgegenstände brachte Heuglin von seinen Reisen mit nach Stuttgart. 1870 und 1871 beteiligte er sich an Expeditionen zur Inselgruppe um Spitzbergen und zur Nordmeerküste vor Sibirien. Heuglin, der in Obertürkheim wohnte, wurde 1858 zum Hofrat ernannt, erhielt viele akademische Auszeichnungen und Orden sowie den württembergischen Kronen-Orden 1. Klasse, mit dem der persönliche Adel verbunden war. 1870 wurde ihm die Ehrendoktorwürde der Universität Tübingen verliehen. Seit 1879 erinnert auf dem Stuttgarter Pragfriedhof ein Denkmal an ihn. – Bis 1938 hieß der Weg Hirschstraße.

Heumadener Straße *(benannt 1937, Stadtteile Hedelfingen und Lederberg)* Führt zum Stadtteil Heumaden.

Heuss-Passage, Theodor- siehe →Theodor-Heuss-Passage.

Heuss-Straße, Theodor- siehe →Theodor-Heuss-Straße.

Heusteigstraße *(benannt 1851, Stadtteile Stuttgart-Mitte und Stuttgart-Süd)* Der 1280 urkundlich erwähnte Flurname bedeutet vermutlich »Steige in die Häue«, also dorthin, wo Holz gehauen wurde. Die »Häusteige« diente dann dem Abtransport der Baumstämme.

Heustraße *(benannt 1811, Stadtteil Stuttgart-Mitte)* Vermutlich nach der Heuscheuer des ehemaligen Spitals bei der Hospitalkirche, die sich dort befand. Bis 1811 hieß die Straße Biegelgasse, hergeleitet von Biegel, einem engen Winkel.

Heutingsheimer Straße *(benannt 1957, Stadtteil Stammheim)* Nach der ehemaligen Gemeinde Heutingsheim, die sich 1972 mit Geisingen am Neckar und Beihingen am Neckar zur Stadt Freiberg am Neckar (15 500 Einwohner, Landkreis Ludwigsburg) zusammengeschlossen hat. Siehe auch →Beihinger Weg und →Geisinger Weg.

Johannes von Hieber

Hieberstraße *(benannt 1945, Stadtteil Möhringen)* Johannes Hieber (geboren 1862 in Waldhausen/Rems [heute Lorch-Waldhausen], gestorben 1951 in Uhingen/Fils), 1920 bis 1924 württembergischer Staatspräsident. 1918 war Hieber am Aufbau des demokratischen Volksstaates Württemberg führend beteiligt. – 1935 bis 1945 hieß die Straße Wilhelm-Murr-Straße nach dem damaligen Gauleiter der NSDAP und Reichsstatthalter in Württemberg, Wilhelm Murr (1888–1945).

Hildebrandstraße *(benannt 1934, Stadtteil Stuttgart-Nord)* Hildebrand, in der deutschen Heldensage der Waffenmeister des Dietrich von Bern.

Hillerstraße *(benannt 1913, Stadtteil Stuttgart-Ost)* Philipp Friedrich Hiller (geboren 1699 in Mühlhausen an der Enz, gestorben 1769 in Steinheim am Albuch), evangelischer Pfarrer und geistlicher Liederdichter.

Himbeerweg *(benannt 1969, Stadtteil Sillenbuch)* Die Himbeere, *Rubus idaeus,* wächst in Wäldern und Gebüschen. In Sillenbuch gab es früher ausgedehnte Beerenfelder.

Himmel, Im siehe →Im Himmel.

Himmelheber-Staffel, Else- siehe →Else-Himmelheber-Staffel.

Himmelsberg, Im siehe →Im Himmelsberg.

Himmelsleiter *(benannt 1933, Stadtteile Zazenhausen und Freiberg)* Ursprünglich scherzhafte Bezeichnung für den steilen Zugang zum ehemaligen Haltepunkt Zazenhausen.

Himmelstaffel *(benannt 1975, Stadtteil Vaihingen)* Lagebezeichnung, siehe →Im Himmel.

Himmerreichstraße *(benannt um 1913, Stadtteil Botnang)* Der Flurname hieß ursprünglich Himmelreich und bezeichnet hochgelegene, gute Weinberge.

Hindelanger Straße *(benannt 1956, Stadtteil Untertürkheim)* Gemeinde Hindelang im Allgäu, Bayern, heilklimatischer Kneippkurort, Schwefelmoorbad, Wintersportort, 4900 Einwohner.

Hinter den Gärten *(benannt 1983, Stadtteil Birkach)* Flurname.

Hinter der Kelter *(benannt 1937, Stadtteil Uhlbach)* Lagebezogener Name.

Hintere Schafstraße *(benannt um 1922, Stadtteil Plieningen)* Nach dem dortigen alten Schafhaus.

Hippler-Straße, Wendelin- siehe →Wendelin-Hippler-Straße.

Hirn-Platz, Josef- siehe →Josef-Hirn-Platz.

Hirsauer Straße *(benannt 1936, Stadtteil Kaltental)* Der Stadtteil Hirsau der Kreisstadt Calw liegt im Nagoldtal an der Schwarzwald-Bäderstraße und hat mit seinem Ortsteil Ernstmühl 2400 Einwohner. Bischof Notingus von Vercelli brachte im Jahr 830 die Reliquien des heiligen Aurelius von Riditio nach Hirsau. Die von Benediktinermönchen um 1050 rechts der Nagold als Teil einer Klosteranlage errichtete Aureliuskirche ersetzte schon einen karolingischen Vorgängerbau. Seit 1956 wird Aurelius in dieser katholischen Kirche wieder verehrt; 1970/71 gestaltete der Stuttgarter Bildhauer Otto Herbert Hajek die Chorwand und den Reliquienschrein. Das Aureliuskloster gedieh im 11. Jahrhundert sehr gut. Es wurde unter anderem von den mächtigen Grafen von Calw unterstützt. Sie waren um 1050 die bedeutendsten Grundherren im Stuttgarter Tal und schenken dem Kloster um 1075 das gesamte Dorf Botnang und Güter bei Feuerbach. Bald wurde das Kloster zu klein. Abt Wilhelm begann 1082 auf der linken Nagoldseite den Bau einer wesentlich größeren Anlage, deren Kirche – eine der größten des 11. Jahrhunderts – 1091 den Aposteln Peter und Paul geweiht wurde. Hirsau wurde zum Hauptkloster der clunyazensischen Reformbewegung in Deutschland. Doch ab der Mitte des 13. Jahrhunderts verarmte das Kloster. Im 14. Jahrhundert verkauften die Mönche große Teile ihres Besitzes an die Württemberger und beeinflussten so nicht unwesentlich den Aufstieg des Grafenhauses. 1525 wurde das Kloster, das im 15. Jahrhundert eine neue Blüte erlebt hatte, von aufständischen Bauern geplündert, 1534 führte Herzog Ulrich von Württemberg die Reformation ein. Hirsau wurde zum Sommersitz der Württemberger, die 1586 bis 1592 von Hofbau-

Blick von der Breiten Straße in die Hirschstraße, 1899

meister Georg Beer (siehe →Beerstraße) innerhalb der Klostermauern ein Jagdschloss im Stil der Renaissance errichten ließen. Es war wegen seines »hängenden Saales« berühmt, der beim Tanzen mitfederte. 1692 wurden die Klostergebäude und das Schloss im Pfälzischen Erbfolgekrieg von den Truppen des französischen Generals Mélac zerstört; Anfang des 19. Jahrhunderts wurden die Reste sogar zum Abbruch freigegeben. Ein Teil ist zum Glück erhalten. Die romantischen Ruinen erwachen jeden Sommer zu neuem Leben, wenn vor der historischen Kulisse die Klosterspiele Hirsau stattfinden.

Hirsch-Brücken, Otto- siehe →Otto-Hirsch-Brücken.

Hirschgrund, Im siehe →Im Hirschgrund.

Hirschguldenweg *(benannt 1955, Stadtteil Möhringen)* Nach der gleichnamigen Sage. Wilhelm Hauff hat sie 1828 in seinem Buch »Das Wirtshaus im Spessart« erzählt. Siehe auch →Hauffstraße.

Hirschsprung *(benannt 1937, Straßenführung geändert 1978, Stadtteil Rohr)* Der Flurname bezieht sich vermutlich auf das hier früher häufige Wild.

Hirschsprungallee *(benannt um 1928, Stadtteil Zuffenhausen)* Von der großen Eiche auf der Schlotwiese führten einst sieben Alleen nach allen Richtungen; die Hirschsprungallee war eine davon. Sie führt zu einem früheren Jagdgebiet der württembergischen Herzöge.

Hirschstraße *(benannt 1832, Stadtteil Stuttgart-Mitte)* Die erstmals 1740 nach dem Gasthaus »Zum güldenen Hirsch« benannte Hirschgasse wurde durch königliche Entschließung 1811 in Wilhelmstraße umbenannt; seit 1832 trägt sie wieder ihren jetzigen Namen. 1715 wird sie unter dem Namen »Stadtstraße« erwähnt. Ein Teil hieß im 18. Jahrhundert Hofdrehersgäßlein.

Hirseweg *(benannt 1957, Stadtteil Plieningen)* Die Echte Hirse oder Rispenhirse, *Panicum miliaceum*, wurde seit der Steinzeit in Mitteleuropa angebaut und ist heute fast verdrängt. Früher war sie ein geschätztes Nahrungsmittel.

Hirth-Straße, Hellmuth- siehe →Hellmuth-Hirth-Straße.

Hochbruckstraße *(benannt 1945, Stadtteil Plieningen)* Flurname für das oberhalb der Körschbrücke gelegene Gelände.

Hochdorfer Straße *(benannt 1957, Stadtteil Stammheim)* Ortsteil Hochdorf der Gemeinde Remseck am Neckar (insgesamt 21 400 Einwohner), Landkreis Ludwigsburg.

Hochfirststraße *(benannt 1938, Stadtteil Kaltental)* Nach dem Berg Hochfirst (1198 m) bei Lenzkirch im Schwarzwald.

Hochflur *(benannt 1958, Stadtteil Bad Cannstatt)* Der Flurname bezeichnet ein hochgelegenes Ackergelände.

Hochholzweg *(benannt 1969, Stadtteil Heumaden)* Der Flurname bezieht sich auf ein hochgelegenes Waldstück.

Hochstattstraße *(benannt um 1922, Stadtteil Plieningen)* Die Hochstatt war im Mittelalter die Stätte, wo die Verurteilten vom Scharfrichter enthauptet wurden.

Hochwiesen, In den siehe →In den Hochwiesen.

Höfinger Straße *(benannt 1989, Stadtteil Weilimdorf)* Stadtteil Höfingen der Stadt Leonberg, Landkreis Böblingen, 6500 Einwohner.

Höhbergstraße *(benannt vor 1905, erweitert 1936, Stadtteil Wangen)* Nach der auf einem Berg liegenden Flur Höhberg. – Der südliche Teil der Straße hieß bis 1936 Seestraße.

Höhenfreibad, Beim siehe →Beim Höhenfreibad.

Höhenrandstraße *(benannt 1957, Stadtteil Vaihingen)* Lagebezogener Name.

Höhenringweg *(benannt um 1933, Stadtteil Sillenbuch)* Lagebezogener Name.

Hölderlinplatz *(benannt 1884, Stadtteil Stuttgart-West)* Friedrich Hölderlin (geboren am 20. März 1770 in Lauffen am Neckar, gestorben am 7. Juni 1843 in Tübingen), Dichter und Lyriker. Hölderlin studierte mit Hegel (siehe →Hegelplatz) und Friedrich Wilhelm Schelling am Tübinger Stift und verdiente danach seinen Lebensunterhalt als

Hauslehrer. Er verfiel in geistige Umnachtung und lebte ab 1807 bei Tischler Zimmer in Tübingen. Hölderlin verfasste den Briefroman »Hyperion« (1797/99) und schrieb vor allem Lyrik, eine einzigartige Sprachleistung, in der Dichtung, Theologie, Mythos und Philosophie verschmelzen.

Hölderlinstraße *(benannt 1884, Stadtteile Stuttgart-Nord und Stuttgart-West)* nach Friedrich Hölderlin, siehe →Hölderlinplatz.

Hölder-Straße, Julius- siehe →Julius-Hölder-Straße.

Hölzelweg *(benannt 1927, Stadtteil Stuttgart-Nord)* Adolf Hölzel (geboren am 13. Mai 1853 in Olmütz, Mähren [heute Olomouc, Tschechische Republik], gestorben 1934 in Stuttgart-Degerloch), Maler und Kunsthistoriker. Hölzel trat zuerst als Impressionist (Neudachauer Schule) hervor, später Mitbegründer und Theoretiker der gegenstandslosen Malerei, 1906 bis 1919 Professor der Akademie in Stuttgart auf dem Lehrstuhl Leopold von Kalkreuths als Leiter der »Komponierklasse«. Hölzel entwickelte seine eigene Farblehre, in der er Gesetzmäßigkeiten der musikalischen Harmonielehre auf die Farben übertrug. Nach seiner Emeritierung lebte und arbeitete er in Degerloch in der Ahornstraße 22. Hölzel gilt als einer der wichtigsten Wegbereiter der modernen Malerei, als Pionier der Abstraktion. In seiner Zeit als Professor der Stuttgarter Kunstakademie wurde er zur zentralen Figur der Stuttgarter Avantgarde. Unter dem Namen »Hölzel-Kreis« versammelten sich zahlreiche prominente Schüler um ihn, darunter Max Ackermann, Willi Baumeister, Adolf Fleischmann, Johannes Itten, Ida Kerkovius, Alfred Heinrich Pellegrini und Oskar Schlemmer. Hölzels kunsttheoretischer Nachlass befindet sich in der Staatsgalerie Stuttgart. Siehe auch →Baumeisterweg, →Ida-Kerkovius-Weg,

Adolf Hölzel in seinem Atelier

→Käthe-Loewenthal-Straße, →Klara-Neuburger-Straße, →Maria-Lemmé-Staffel, →Mia-Seeger-Straße und →Oskar-Schlemmer-Straße.

Hölzleswiesen *(benannt 1971, Stadtteil Heumaden)* Der Flurname bezieht sich auf Wiesen bei einem Gehölz.

Hördtstraße *(benannt 1897, Stadtteil Zuffenhausen)* Der 1334 erstmals urkundlich genannte Flurname geht auf die hiesige mundartliche Aussprache von »hart« zurück und weist auf den harten, steinigen Boden hin.

Hörnleweg *(benannt 1957, Stadtteil Weilimdorf)* Alter Weilimdorfer Familienname.

Höscheleweg *(benannt 1957, Stadtteil Stuttgart-Ost)* Alter Stuttgarter Familienname.

Hofäckerstraße *(benannt 1905, Straßenführung geändert 1983, Stadtteil Zuffenhausen)* Nach den Äckern, die zum einstigen Hof des Klosters Bebenhausen gehörten. Auch das Chorherrenstift Stuttgart hatte dort Besitz. – Bis 1905 hieß die Straße Stuttgarter Gäßle.

Hofener Brücke *(benannt 1929, Stadtteil Hofen)* Verbindet Hofen und Mühlhausen.

Hofener Straße *(benannt 1822, Straßenführung geändert 1929 und 1976, Stadtteil Bad Cannstatt)* Führt zum Stadtteil Hofen.

Hofer-Straße, Ludwig- siehe →Ludwig-Hofer-Straße.

Hoffeldstraße *(benannt 1932, Straßenführung geändert 1972, Stadtteile Degerloch und Hoffeld)* Flurname, nach dem 1746 abgebrochenen Ittingshäuser Hof, dem letzten Gebäude eines um das Jahr 1100 erstmals urkundlich erwähnten Ortes namens Ittingshausen. Der Stadtteil Hoffeld entstand aus einer »vorstädtischen Kleinsiedlung«, deren Bau aufgrund der dritten Brüning'schen Notverordnung staatlich gefördert wurde. Hundert Familien von Arbeitslosen errichteten für sich selbst weitgehend in Eigenleistung hundert Häuser. Der erste Spatenstich erfolgte am 21. März 1932, im Oktober 1932 waren diese hundert ersten Siedlerhäuser fertig gestellt. – Zuvor hieß die Straße »Hofstraße« (nach dem Ittingshäuser Hof). Siehe auch →Häusleweg und →Ittinghäuser Straße.

Hoffmann-Steg, Wilhelm- siehe →Wilhelm-Hoffmann-Steg.

Hoffmannweg *(benannt 1933, Stadtteil Stuttgart-Ost)* Carl Heinrich August Hoffmann (geboren 1802 in Bernburg, gestorben 1883 in Stuttgart), Verleger und Schriftsteller. Im Alter von 24 Jahren kaufte Hoffmann den Verlagsteil der J. D. Sattlerschen Buchhandlung in

Stuttgart, im Jahr darauf die Sortimentsbuchhandlung und Leihbibliothek der Gebrüder Franckh, zwei Jahre später gründete der agile Unternehmer eine Buchdruckerei. 1837 trennte er sich von der Sortimentsbuchhandlung und Leihbücherei; Hoffmanns bisheriger Teilhaber entwickelte daraus »Julius Weises Hofbuchhandlung«. Seinen Verlag aber betrieb Hoffmann 47 Jahre lang, bis er ihn 1873 an seinen Sohn Julius Hoffmann übergab, der bereits seit 1862 Inhaber von K. Thienemanns Verlag war und den Hoffmann Verlag in den folgenden Jahren in mehreren Teilen verkaufte. An der führenden Rolle, die Stuttgart im 19. Jahrhundert im Verlagswesen einnahm, war Hoffmann maßgeblich beteiligt. Er gründete die erste deutsche Modezeitschrift, die er 1844 an Engelhorn & Hochdanz verkaufte und die von da an unter dem Titel »Allgemeine Musterzeitung, Album für weibliche Arbeiten und Moden« erschien. Als erster Stuttgarter Verleger pflegte er auch das Verlagsgebiet Kinder- und Jugendbücher. 1838 »erfand« der vielseitige und ideenreiche Verleger das moderne Antiquariat. Schließlich gründete Carl Hoffmann um 1845 die erste deutsche Illustrierte, »Das Buch der Welt, ein Inbegriff des Wissenswürdigsten und Unterhaltendsten aus den Gebieten der Naturgeschichte, Naturlehre, Länder- und Völkerkunde, Weltgeschichte, Götterlehre u. s. w.«. Sie enthielt zahlreiche, zum Teil handkolorierte Stahlstiche und Lithographien.

Hofgärten *(benannt 1955, Stadtteil Hoffeld)* Flurname. Etwa an dieser Stelle dürften sich die Kraut- und Gemüsegärten der Gutshöfe des ehemaligen Weilers Ittingshausen befunden haben, siehe →Ittinghäuser Straße.

Hofmeisterstraße *(benannt 1945, Stadtteil Vaihingen)* Franz (von) Hofmeister (geboren 1867 in Rottenburg am Neckar, gestorben 1926 in Friedrichshafen), Chirurg und Chefarzt am Karl-Olga-Krankenhaus in Stuttgart.

Hofrat-Mayer-Weg *(benannt 1997, Stadtteil Bad Cannstatt)* Hofrat Virgil Mayer (geboren 1834, gestorben 1889), Apotheker, gründete die Homöopathische Centralapotheke in Cannstatt.

Hofsträßle *(benannt 1958, Stadtteil Mühlhausen)* Nach der volkstümlichen Bezeichnung dieser Straße, der Zufahrt zum Viesenhäuser Hof.

Hohenfriedberger Straße *(benannt 1937, Stadtteil Weilimdorf)* Dorf Hohenfried(e)berg bei Striegau (Strzegom), Schlesien, Polen. Benannt nach der Entscheidungsschlacht des Zweiten Schlesischen Krieges bei Hohenfriedeberg am 4. Juni 1745 zwischen den Heeren

Die Hohenheimer Straße nach den Luftangriffen des Zweiten Weltkriegs

Friedrichs des Großen und des Prinzen Karl von Lothringen, die zur endgültigen Abtretung Schlesiens von Österreich an Preußen führte. Die Schlacht dauerte nur vier Stunden und kostete 14 000 Soldaten das Leben.

Hohengeren, Am siehe →Am Hohengeren.

Hohenhaslacher Straße *(benannt 1938, Stadtteil Zuffenhausen)* Stadtteil Hohenhaslach der Stadt Sachsenheim (insgesamt 17 000 Einwohner), Landkreis Ludwigsburg.

Hohenheim, Schloß siehe →Schloß Hohenheim.

Hohenheimer Straße *(benannt 1875, Stadtteile Stuttgart-Mitte und Stuttgart-Süd)* Der 1100 erstmals erwähnte und seit dem 13. Jahrhundert unter württembergischer Lehensherrschaft stehende Besitz Hohenheim, der Burg und Gut umfasste, kam 1432 an das Esslinger Spital. Dieses verkaufte 1676 den Hof an den kaiserlichen Oberproviantkommissär von Garb. Nachdem der letzte Nachkomme Garbs 1768 gestorben war, zog Herzog Karl Eugen den Besitz als erledigtes Lehen ein und schenkte das Gut 1773 Franziska von Leutrum. Anstelle der Burg baute der Herzog das heutige Schloss Hohenheim. König Wilhelm I. verlegte die 1817 in Denkendorf gegründete landwirtschaftliche Unterrichts-, Verbrauchs- und Musteranstalt nach Hohenheim. Sie wurde 1847 zur Land- und Forstwirtschaftlichen Akademie, 1904 zur Landwirtschaftlichen Hochschule und 1967 zur Universität erhoben. Siehe →Franziskaweg, →Garbenstraße, →Karl-Eugen-Weg, →Schloß Hohenheim.

Hohenloher Straße *(benannt 1937, Stadtteil Zuffenhausen)* Landschaft Hohenlohe.

Hohenstaufenstraße *(benannt 1888, Stadtteil Stuttgart-Süd)* Berg der Schwäbischen Alb (684 m) bei Göppingen, einer der drei »Kaiserberge«, zu denen auch der Rechberg und der Stuifen gehören (siehe →Rechbergstraße und →Stuifenstraße). Auf dem Berg befindet sich die Ruine der Stammburg der Staufer, die um 1070 erbaut und im Bauernkrieg 1525 zerstört wurde.

Hohensteinplatz *(benannt um 1952, Stadtteil Zuffenhausen)* Der Flurname bezieht sich wahrscheinlich auf einen auffallenden Grenzstein. 1785 wird die Flur mit der Bezeichnung »bei der Kapelle oder im Hohenstein« im Zuffenhauser Güterbuch erwähnt. Vermutlich hat sich hier eine alamannische Siedlung befunden.

Hohensteinstraße *(benannt 1910, Stadtteil Zuffenhausen)* Flurname, siehe →Hohensteinplatz.

Hohentwielstraße *(benannt 1904, Stadtteil Stuttgart-Süd)* Der Hohentwiel bei Singen ist der bekannteste Berg des Hegaus (686 m). Er ist vulkanischen Ursprungs, und zwar als so genannte Stoßkuppe, die sich bildet, wenn Magma aus dem Erdinneren empordrängt, nicht zum Ausbruch kommt und dann erkaltet. Der Berg besteht aus Phonolith, einem durch die hohe Temperatur und den großen Druck des Magmas sehr harten Gestein, und erhebt sich 250 Meter über das Tal der Hegauer Aach. Im Jahr 912 wurde auf dem Berg erstmals eine Festung erwähnt; im Lauf der Jahrhunderte wurde sie immer weiter ausgebaut und vielfach belagert, 1538 ging sie durch Kauf an Württemberg über, 1800 ließ Napoleon sie schleifen.

Hohenzollernstraße *(benannt 1893, Stadtteil Stuttgart-Süd)* Weithin sichtbare Burg bei Hechingen auf dem Berg Zoller (855 m), einem Zeugenberg der Schwäbischen Alb. Sie geht auf die Stammburg des Zollern-Geschlechts zurück, von dem sich im 12. Jahrhundert die Grafen von Hohenberg abspalteten und das sich um 1200 in eine schwäbische und eine fränkische Linie teilte. Aus der schwäbischen Linie entstanden 1576 die Zweige Hohenzollern-Hechingen und Hohenzollern-Sigmaringen; die fränkische Linie gelangte vom Burggrafenamt in Nürnberg über die Markgrafenwürde von Brandenburg auf den preußischen Königs- und deutschen Kaiserthron. Die Burg wurde 1423 nach einjähriger Belagerung durch die schwäbischen Reichsstädte zerstört. 1454 bis 1461 wurde eine zweite Burg erbaut; Ende des 18. Jahrhunderts verfiel sie. Der preußische König

Friedrich Wilhelm IV. ließ zunächst ab 1819, dann vor allem 1850 bis 1867 auf den alten Grundmauern die romantischen neogotischen Burgbauten erstellen, die heute mehr als 300 000 Besucher aus aller Welt anziehen. Die Burg befindet sich im Besitz des vormals regierenden Preußischen Königshauses und des Fürstlichen Hauses Hohenzollern.

Hohe Straße *(benannt 1811, Stadtteil Stuttgart-Mitte)* Höchstgelegene Straße der »Oberen Vorstadt« um die Hospitalkirche. – 1715 hieß die Straße »Auf dem Bollwerk« (nach einer ursprünglich hier zum Schutz der Vorstadt angelegten Verschanzung), im Stadtplan von 1764 ist sie als »Mittlere Kirchhof-Gasse« aufgeführt (nach dem 1604 auf dem Bollwerk errichteten, 1808 aufgehobenen und 1834 beseitigten Spitalfriedhof »Mittlerer Kirchhof«).

Hohewartstraße *(benannt 1937, Stadtteil Feuerbach)* Flurname nach dem Aussichtspunkt, über den eine Römerstraße führte.

Hohlgraben *(benannt 2002, Stadtteil Zazenhausen)* Flurname.

Hohlohweg *(benannt 1957, Stadtteil Kaltental)* Im Schwarzwald bei Kaltenbronn gelegene Höhe (984 m). Der Name bedeutet so viel wie lichter Hochwald.

Hohnerstraße *(benannt 1935, Stadtteil Feuerbach)* Matthias Hohner (geboren 1833, gestorben 1902), Begründer der Trossinger Mund- und Ziehharmonikaindustrie. Bereits 1827 stellte Christian Meßner die erste Trossinger Mundharmonika her – sie war 1821 erfunden worden – und ergriff den Beruf des »Bläslemachers«. Dreißig Jahre später gründete Matthias Hohner in Trossingen die »Erste Harmonikafabrik Matth. Hohner«, die zunächst als Manufaktur arbeitete, ab 1880 in industrieller Massenproduktion und die ab 1903 auch Akkordeons herstellte. Um 1930 war sie – nach dem Zukauf einiger Konkurrenzunternehmen –Weltmarktführer. Siehe auch →Trossinger Straße.

Holbeinweg *(benannt 1939, Stadtteile Feuerbach, Nord)* Hans Holbein der Ältere (geboren um 1465 in Augsburg, gestorben 1524 in Isenheim, Elsass) und dessen Sohn Hans Holbein der Jüngere (geboren 1497 in Augsburg, gestorben 1543 in London), bedeutende Maler des ausgehenden Mittelalters.

Holder, Im siehe →Im Holder.

Holderäckerstraße *(benannt 1979, Stadtteil Weilimdorf)* Nach dem Gewann. Die dort gelegenen Äcker waren vermutlich von Holunderhecken umsäumt.

Holderbuschweg *(benannt 1957, Stadtteil Vaihingen)* Der Schwarze

Holunder, auch Holderbusch genannt, *sambucus nigra*, ist eine alte Heilpflanze.

Holdermannstraße *(benannt 1957, Stadtteil Möhringen)* Eberhard Holdermann, Spitalvogt, genannt 1414.

Holteiweg *(benannt 1960, Stadtteil Fasanenhof)* Karl von Holtei (geboren am 24. Januar 1798 in Breslau, gestorben am 12. Februar 1880 in Breslau), Schriftsteller und Schauspieler. Holtei war 1837 bis 1839 Theaterdirektor in Riga und schrieb neben zahlreichen Theaterstücken schlesische Gedichte, Romane ums Theater und eine achtbändige Autobiographie.

Holunderweg *(benannt 1939, Stadtteil Vaihingen)* siehe →Holderbuschweg.

Holzgartenstraße *(benannt 1902, Stadtteil Stuttgart-Mitte)* Nach dem beim ehemaligen herrschaftlichen Zimmerplatz gelegenen, 1900 aufgehobenen Holzgarten, wo das für die herrschaftlichen und staatlichen Gebäude notwendige Brennholz aufgearbeitet wurde.

Holzhauser Straße *(benannt 1957, Stadtteil Vaihingen)* Stadtteil Holzhausen der Stadt Sulz am Neckar, Landkreis Rottweil, 1000 Einwohner.

Holzinger-Gasse, Jakob- siehe →Jakob-Holzinger-Gasse.

Holzstraße *(benannt 1811, Stadtteil Stuttgart-Mitte)* Die Straße führte vom »Holzgarten«, einem Holzlagerplatz auf dem Gelände des Waisenhauses im 16. und 17. Jahrhundert, zum Holzmarkt zwischen dem heutigen Breuninger-Hochhaus und der Leonhardskirche. Ging aus der »Römischkönigsgasse« oder »Römischen Königwirths-Gasse« hervor, die ihren Namen von der Wirtschaft zum »Römischen König« ableitete. 1764 ist sie als »Drey-Königs-Wirths-Gaß« im Stadtplan aufgeführt. Siehe auch →Holzgartenstraße.

Honauer Straße *(benannt 1935, Stadtteil Degerloch)* Der Ortsteil Honau der Gemeinde Lichtenstein, Landkreis Reutlingen, liegt am Ursprung der Echaz, hat 1000 Einwohner und ist durch seine Forellenzucht bekannt.

Honigwiesenstraße *(benannt 1928, Stadtteil Vaihingen)* Der Flurname geht auf die Honigblume, den Löwenzahn, zurück.

Honoldweg *(benannt 1926, Stadtteil Stuttgart-West)* Gottlob Honold (geboren 1876 in Langenau, gestorben 1923 in Stuttgart), Fabrikdirektor. Mit der Konstruktion der Bosch-Hochspannungs-Magnetzündung hat er den Grundstein für die Entwicklung der Firma Bosch

Der 1626 angelegte Hoppenlaufriedhof dient als Park (Foto von 1957).

gelegt und darüber hinaus bedeutende Pionierarbeit auf dem Gebiet des elektrischen Kraftfahrzeugzubehörs geleistet.

Hopfauer Straße *(benannt 1957, Stadtteil Vaihingen)* Stadtteil Hopfau der Stadt Sulz am Neckar, Landkreis Rottweil, 700 Einwohner.

Hopfengarten, Im siehe →Im Hopfengarten.

Hopfenrain, Am siehe →Am Hopfenrain.

Hopfenseeweg *(benannt 1971, Stadtteil Hofen)* See bei Füssen.

Hoppenlaustraße *(benannt 1851, Stadtteil Stuttgart-Mitte)* Seit 1286 bekannter Flurname, der ein Wäldchen (»Lau«) nach seinem Besitzer Huopo bezeichnet. Die 1851 benannte »Hoppenlaustraße« verlief damals im Zuge der unteren Büchsenstraße (zwischen Schloß- und

Die Hornbergstraße 1913, als sie noch Hauptstraße hieß

Breitscheidstraße) und weiter als Verbindung zur Forststraße. Die heutige Hoppenlaustraße hieß damals »Verlängerte Büchsen Straße«.

Hoppenlauweg, Oberer siehe →Oberer Hoppenlauweg.

Hopplaweg *(benannt 1993, Stadtteil Weilimdorf)* Nach der Bezeichnung »Hopplawegle« im Volksmund. In der Kurve des Weges wohnte eine Frau, die den Necknamen »Hoppla-Thekla« trug. Wenn sie ging, dann setzte sie nicht einen Schritt vor den anderen, sondern tänzelte und hüpfte. Auf diese Weise kam sie öfters ins Stolpern, worauf sie immer »Hoppla« sagte. In Weilimdorf war sie eine bekannte Erscheinung, da sie keine Beerdigung versäumte und ihre Art der Fortbewegung in einem Leichenzug natürlich besonders skurril wirkte.

Horkheimer-Platz, Max- siehe →Max-Horkheimer-Platz.

Horkheimer-Straße, Moritz- siehe →Moritz-Horkheimer-Straße.

Hornbergstraße *(benannt 1935, Stadtteil Stuttgart-Ost)* Berg (683 m) der Schwäbischen Alb bei Schwäbisch Gmünd. – Bis 1935 hieß die Straße Hauptstraße, was noch aus der Zeit herrührte, als Gaisburg eine selbständige Gemeinde war.

Hornemannweg *(benannt 1984, Stadtteil Stammheim)* Friedrich Konrad Hornemann (geboren 1772 in Hildesheim, gestorben 1801 in Nigeria), Forschungsreisender. Er durchquerte als erster Europäer der Neuzeit die Sahara von Kairo aus über die Oasen Siwa und Audschila sowie über Mursuk nach Tripolis (1798/99). Sein während dieser Reise verfasstes Tagebuch erschien 1802. Auf seiner zweiten Reise, von Mursuk aus, gelangte Hornemann wahrscheinlich bis zum Niger.

Hornisgrindenweg *(benannt 1938, Stadtteil Kaltental)* Die Hornisgrinde (1164 m) ist der höchste Berg im Nordschwarzwald; er liegt zwischen Freudenstadt und Baden-Baden.

Hornissenweg *(benannt 1957, Stadtteil Stammheim)* Die Hornisse, *Vespa crabro,* ist die größte europäische Wespe.

Horrheimer Straße *(benannt 1951, Stadtteil Rot)* Der Stadtteil Horrheim der Stadt Vaihingen an der Enz, Landkreis Ludwigsburg, liegt am Rand des Strombergs und hat 2700 Einwohner.

Hortensienweg *(benannt 1971, Stadtteil Sommerrain)* Die Hortensie, *Hydrangea*, ist eine Gartenstaude.

Hospitalplatz *(benannt 1958, Stadtteil Stuttgart-Mitte)* Wurde nach der Hospitalkirche und dem 1944 völlig zerstörten Spitalgebäude, dem einstigen Bürgerhospital, benannt.

Hospitalstraße *(benannt 1811, Stadtteil Stuttgart-Mitte)* Nach der Hospitalkirche und dem Bürgerhospital, siehe →Hospitalplatz. – Vor 1811 hieß der südwestliche Teil der Straße Engel-Gaß, der nordöstliche Bauhof-Gaß nach dem angrenzenden Bauhof.

Hub, Auf der siehe →Auf der Hub.

Huberstraße *(benannt 1954, Stadtteil Stuttgart-Mitte)* Kurt Huber (geboren am 24. Oktober 1893 in Chur, hingerichtet am 13. Juli 1943 in München), in Stuttgart aufgewachsen, Professor für Tonpsychologie und Philosophie und geistiger Führer der studentischen Widerstandsbewegung »Weiße Rose« gegen den Nationalsozialismus in München, wurde nach der Entdeckung der Gruppe vom Volksgerichtshof zum Tod verurteilt.

Hubertusplatz *(benannt 1935, Stadtteil Wolfbusch)* Hubert von Maastricht-Tongern-Lüttich (geboren um 655 in Aquitanien, Frankreich, gestorben am 30. Mai 727 in Tervueren, Belgien), Bischof und Heiliger. Hubert wurde um 705 Bischof von Maastricht und verlegte 717/18 den Bischofssitz nach Lüttich. Schon im 11. Jahrhundert wurde der Missionar der Ardennen als Schutzpatron der Jäger verehrt. Die Legende des heiligen Eustachius, ihm sei ein Hirsch mit einem Kreuz im Geweih erschienen, als er an einem Feiertag jagte, wurde im Spätmittelalter auf Hubertus übertragen. Zu Ehren des heiligen Hubert finden um den 3. November, seinem Namenstag, Hubertus-Jagden statt. Hubertus ist aber nicht nur der Patron der Jäger, sondern auch der Schützen, Metzger, Kürschner, Drechsler, Optiker, Metallarbeiter, Gießer, Fabrikanten mathematischer Geräte, Mathematiker und Schellenmacher, der Jagdhunde, gegen Hundebiss, gegen Tollwut bei Hunden, gegen Schlangenbiss, ja sogar bei Wasserscheu und außerdem der Ardennen und des Bistums Lüttich.

Hubertusweg *(benannt 1935, Stadtteil Wolfbusch)* siehe →Hubertusplatz.

Huckebeinweg *(benannt 1957, Stadtteil Vaihingen)* Nach dem Gedicht mit Zeichnungen »Hans Huckebein, der Unglücksrabe«, das Wilhelm Busch 1867 schuf.

Huflattichweg *(benannt 1993, Stadtteil Plieningen)* Der Huflattich, *Tussilago farfara,* wächst an Acker- und Wegrändern; seine herzförmigen Blätter werden wegen ihres Gerbstoffgehalts gegen Husten und Bronchialkatarrh verwendet.

Hugo-Eckener-Straße *(benannt 1929, Stadtteil Stuttgart-Ost)* Hugo Eckener (geboren am 10. August 1868 in Flensburg, gestorben am 14. August 1954 in Friedrichshafen), Luftschiffpionier. Eckener schloss das Studium der Volkswirtschaftslehre, Psychologie, Geschichte und Philosophie in München, Berlin und Leipzig mit der Promotion ab und war zunächst als Journalist in Flensburg tätig. Um 1890 zog er wegen seines Rheumas nach Friedrichshafen. 1908 kam er als Öffentlichkeitsreferent zu den Luftschiffwerken des Grafen Zeppelin, ab 1911 war er dort als Direktor für die Ausbildung der Luftschiffführer verantwortlich. Nach dem Tod Graf Zeppelins 1919 trieb Eckener die Weiterentwicklung des Luftschiffbaus voran. Im Oktober 1924 gelang ihm in 80 Stunden der erste Non-Stop-Flug über den Atlantik, als er das für die Vereinigten Staaten gebaute Luftschiff LZ 126 – es gehörte zu den Kriegsreparationen – überführte. Die Ankunft wurde zum Triumph; New York verlieh Eckener das Ehrenbürgerrecht, Präsident Coolidge empfing ihn im Weißen Haus in Washington und »Time« kürte ihn zum »Mann des Jahres«. In den Folgejahren unternahm Eckener zahlreiche spektakuläre Fahrten mit dem Luftschiff »Graf Zeppelin« rund um die Welt; 1936 führte er fahrplanmäßige Fahrten zwischen Europa und Nordamerika mit dem LZ 129 »Hindenburg« ein, bis das Luftschiff im Jahr darauf bei der Landung in Lakehurst, New Jersey, explodierte.

Hultschiner Straße *(benannt 1937, Stadtteil Bad Cannstatt)* Nach dem Hultschiner Ländchen in der Tschechoslowakei, dem ehemals mährischsprachigen Südteil des Kreises Ratibor, benannt nach der Stadt

Hultschin, tschechisch Hlučín. Artikel 83 des Friedensvertrages von Versailles vom 28. Juni 1919 bestimmte, dass Deutschland zugunsten der Tschechoslowakei auf das Hultschiner Ländchen verzichtete, das bis dahin zur preußischen Provinz Schlesien gehört hatte. Die Straßenbenennung 1937 sollte dazu beitragen, die Erinnerung an die »Schmach von Versailles«, wie es die NS-Propaganda nannte, wach zu halten. Durch das Münchener Abkommen von 1938 kam das Hultschiner Ländchen wieder an Deutschland, 1945 wurde es endgültig der Tschechoslowakei (heute Tschechische Republik) zugeschlagen.

Humboldtstraße *(benannt 1896, Stadtteil Stuttgart-Süd)* Alexander Freiherr von Humboldt (geboren am 14. September 1769 in Berlin, gestorben am 6. Mai 1859 in Berlin), Naturforscher und Geograph. Alexander von Humboldt, der Bruder des Gelehrten und Politikers Wilhelm von Humboldt, war Bergassessor im preußischen Staatsdienst, forschte 1799 bis 1804 in Mittel- und Südamerika und lebte dann in Paris, wo er seine Forschungen auswertete und im größten privaten Reisewerk der Geschichte publizierte (»Voyage aux régions équinoxiales du nouveau continent«, 36 Bände, erschienen 1805 bis 1834). 1827/28 hielt Humboldt die berühmten »Kosmos-Vorlesungen« über physikalische Erdbeschreibung an der Berliner Universität; sie eröffneten eine neue Blütezeit der Naturwissenschaften in Deutschland. 1829 unternahm Humboldt eine Forschungsreise durch Russland bis zur chinesischen Grenze. Sein Hauptwerk »Kosmos« (fünf Bände, 1845 bis 1862) gibt einen tiefen Einblick in das naturwissenschaftliche Wissen seiner Zeit.

Hummelbergstraße *(benannt um 1899, Stadtteil Botnang)* Der Flurname »Hummelberg« bezieht sich wohl auf den Zuchtstier, der mundartlich Hummel genannt wird. Das Gelände diente vermutlich dem Bullen als Weide.

Hummelgasse *(benannt 1933, Stadtteil Mühlhausen)* Nach dem früher an dieser Gasse gelegenen Farrenstall. Ein Farren, mundartlich Hummel genannt, ist ein zuchtreifer Stier.

Hummelwiesenweg *(benannt 1932, Stadtteil Kaltental)* Flurname. Die Wiesen standen dem Zuchtviehhalter zur Verfügung, siehe →Hummelbergstraße.

Hundersinger Straße *(benannt 1965, Stadtteil Birkach)* Ortsteil Hundersingen der Gemeinde Herbertingen, Landkreis Sigmaringen, 950 Einwohner.

Hunklinge *(benannt 1900, Stadtteil Bad Cannstatt)* Flurname. Mit »Klinge« bezeichnet man eine steile Talkerbe.

Hunsrückstraße *(benannt 1936, Stadtteil Feuerbach)* Teil des Rheinischen Schiefergebirges.

Hurtweg, Unterer siehe →Unterer Hurtweg.

Husumer Straße *(benannt 1935, Stadtteil Neuwirtshaus)* Die Stadt Husum, Schleswig-Holstein, liegt in Nordfriesland, 21 500 Einwohner.

Hutteneichenweg *(benannt 1977, Stadtteil Rohr)* In der Nähe dieses Wegs ermordete 1515 Herzog Ulrich von Württemberg seinen Stallmeister Hans von Hutten, siehe →Ulrichstraße.

Huttenstraße *(benannt 1934, Stadtteil Weilimdorf)* Ulrich von Hutten (geboren 1488 bei Fulda, gestorben 1523 auf der Insel Ufenau, Zürichsee), Reichsritter, Vorkämpfer des Humanismus und der Reformation.

Hutzlenstraße *(benannt 1957, Stadtteil Rohr)* Neckname für die Einwohner Rohrs. Hutzlen sind ungeschnittene gedörrte Früchte, vor allem Birnen.

Ibisweg *(benannt 1973, Stadtteil Neugereut)* Die Ibisse, lateinisch Threskiornithidae, gehören zur Familie der Schreitvögel. In Deutschland kommen nur der grünlich schimmernde Sichler *(Plegadis falcinellus)* und vereinzelt der Löffler *(Platalea leucorodia)* vor. Im Ägypten der Pharaonen galt der Ibis als heiliger Vogel.

Ida Kerkovius, 1969

Ida-Kerkovius-Weg *(benannt 1996, Stadtteil Vaihingen)* Ida Kerkovius (geboren am 31. August 1879 in Riga, gestorben am 7. Juni 1970 in Stuttgart), Malerin. Ab 1899 besuchte Ida Kerkovius eine Privat-Malschule im baltischen Riga, wo sie mit neun Geschwistern aufwuchs. Nach einer Italienreise nahm sie Unterricht bei Adolf Hölzel in Dachau, dem sie 1906 an die Stuttgarter Kunstakademie folgte, wo sie seine Meisterschülerin wurde. 1920 bis 1923 lehrte sie am Staatlichen Bauhaus in Weimar, wo sie mit Wassily Kandinsky, Paul Klee und Johannes Itten zusammenarbeitete. Ab 1923 lebte und arbeitete Kerkovius fast ausnahmslos in Stuttgart. In der Zeit des Nationalsozialismus erhielt sie Ausstellungsverbot; ihre Werke wurden als »entartete Kunst« verfemt. Zurückgezogen arbeitete sie dennoch als Malerin und Bildteppichweberin weiter, ab 1945 in der Nägelestraße 5 in Degerloch. Zwischen 1950 und 1965 unternahm sie häufig Reisen mit Studienaufenthalten in Italien, Frankreich, der Schweiz, Norwegen, Schweden und Bulgarien. Ausstellungen mit ihren Werken waren auf der ganzen Welt zu sehen. Ida Kerkovius wurde vielfach geehrt, so mit dem Baden-Württembergischen Staatspreis und 1953 mit der Verleihung des Professorentitels. Zusammen mit Oskar Schlemmer, Willi Baumeister, Max Ackermann und Adolf Fleischmann zählt sie zu den Vertretern der Stuttgarter Avantgarde und zu den renommiertesten Künstlerinnen Deutschlands nach dem Zweiten Weltkrieg. Ihre Wandteppiche und ihre farbkräftigen und phantasiereichen Pastelle, meist abstrahiert mit figürlichen Anklängen, strahlen Harmonie und oft eine lyrische Stimmung aus. Siehe auch →Baumeisterweg und →Hölzelweg.

Idarwaldstraße *(benannt 1936, Stadtteil Feuerbach)* Teil des Hunsrück-Gebirges.

Ifenstraße *(benannt 1936, Stadtteil Untertürkheim)* Hoher Ifen (2232 m), Berg in den Allgäuer Alpen.

Iffezheimer Straße *(benannt 1965, Stadtteil Weilimdorf)* Die Gemeinde Iffezheim, Landkreis Rastatt, 4800 Einwohner, ist vor allem durch ihre Galopprennbahn bekannt. Sie wurde 1858 vom damaligen Pächter der Baden-Badener Spielbank, Edouard Bénazet, gegründet. Zum »Frühjahrs-Meeting« und zur »Großen Woche« besuchen zusammengenommen 180 000 Gäste die Stadt.

Ifflandstraße *(benannt 1957, Stadtteil Vaihingen)* August Wilhelm Iffland (geboren 1759 in Hannover, gestorben 1814 in Berlin), Schauspieler, 1779 bis 1796 in Mannheim. Erster Darsteller Franz Moors in Schillers Drama »Die Räuber«.

Igelhecke *(benannt 1933, Stadtteil Steinhaldenfeld)* Flurname, bezieht sich wohl auf den Igel, *Erinaceus europaeus*, der sich zur Nahrungssuche gerne in Hecken geräuschvoll herumtreibt.

Ihmlingstraße *(benannt 1906, Stadtteil Bad Cannstatt)* Flurname.

Illerstraße *(benannt 1934, Stadtteil Münster)* Rechter Nebenfluss der Donau und Grenzfluss zwischen Bayern und Baden-Württemberg, entspringt als Zusammenfluss der drei Quellbäche Stillach, Breitach und Trettach bei Oberstdorf und mündet mit einem breiten Schwemmfächer bei Ulm.

Illinger Straße *(benannt 1938, Stadtteil Zuffenhausen)* Gemeinde Illingen, Enzkreis, 7300 Einwohner.

Ilse-Beate-Jäkel-Weg *(benannt 1986, Stadtteil Sillenbuch)* Ilse Beate Jäkel (geboren am 2. Februar 1907 in Zwickau, gestorben am 13. Dezember 1982 in Stuttgart), Malerin. Ihr Kunststudium begann sie an der Dresdner Akademie 1925 bis 1928, danach kam sie an die Stuttgarter Akademie, wo sie bei Robert Breyer und Alexander Eckener studierte. Anschließend wurde sie freischaffende Künstlerin, reiste viel ins Ausland und stellte dort und in Deutschland aus. Sie war Vorstands- und Ehrenmitglied des Bundes Bildender Künstlerinnen in Stuttgart. Ilse Beate Jäkel gehörte zu den Gründern der Stuttgarter Freien Kunstschule. Zur Meisterschaft brachte sie es vor allem im Aquarell, in knappen, pointierten Naturstudien. Ihre Motive holte sie sich jedoch aus allen Lebensbereichen. 49 Jahre lang lebte sie in ihrem Haus in der Trossinger Straße in Stuttgart-Sillenbuch.

Ilse Beate Jäkel

Ilsfelder Straße *(benannt 1937, Stadtteil Zuffenhausen)* Gemeinde Ilsfeld, Landkreis Heilbronn, 7900 Einwohner. – Bis 1937 hieß die Straße Schulstraße, im 19. Jahrhundert wurde sie mal Schulgäßle, mal Pfarrgasse genannt.

Iltisweg *(benannt 1938, Stadtteil Wolfbusch)* Der Iltis, *Mustela putorius*, gehört zur Familie der Marder.

Im Alten Park *(benannt 1945, Stadtteil Möhringen)* Nach der Parksiedlung.

Im Asemwald *(benannt 1970, Stadtteil Asemwald)* Der Flurname wurde 1568 auf der Gemarkung Birkach erstmals genannt und leitet sich von Asang, einem abgebrannten, abgesengten Wald, ab.

Imberger Weg *(benannt 1957, Stadtteil Kaltental)* Der Ortsteil Imberg der Gemeinde Bühlerzell (insgesamt 2000 Einwohner), Landkreis Schwäbisch Hall, besteht aus neun (!) Haushalten.

Im Betzengaiern *(benannt um 1936, Stadtteil Sonnenberg)* Der Flurname bedeutet ein keilförmiges Grundstück, das als Baumgarten (mittelhochdeutsch »bitze«) genutzt wurde. »Ger«, der germanische Ausdruck für Wurfspieß, verweist auf die Form der Speerspitze. Bis zum Zweiten Weltkrieg bestanden hier Weinberge.

Im Birkhof *(benannt 1993, Stadtteil Vaihingen)* Flurname.

Im Bogert *(benannt 1994, Stadtteil Plieningen)* Flurname, vermutlich weil der Abhang zur Körsch hier einen Bogen beschreibt.

Im Bruckenschlegel *(benannt 1932, Stadtteil Stuttgart-Ost)* Der Flurname leitet sich wahrscheinlich von einem früheren Besitzer namens Bruckenschlegel her. Im Schwäbischen wird mit dem Wort »Schlegel« aber auch ein Pflock oder Balken bezeichnet, durch den der Abzug eines Teichs geschlossen wird. Ein solcher Schieber wurde oft mit einer Brücke verbunden.

Im Brühl *(benannt um 1929, Stadtteil Weilimdorf)* Der Flurname bezeichnet ein wasserreiches Wiesengelände im Besitz der Ortsherrschaft.

Im Buchrain *(benannt 1932, Stadtteil Stuttgart-Süd)* Der Flurname bezeichnet einen mit Buchen bewachsenen, steilen Abhang.

Im Buchwald *(benannt 1928, Stadtteil Stuttgart-Ost)* Der Flurname geht auf ein mit Buchen bestandenes Gelände zurück.

Im Chausseefeld *(benannt 1993, Stadtteil Plieningen)* Nach dem Gewann, das direkt an der Landstraße (französisch: Chaussee) von und nach Stuttgart lag, die im Zuge der heutigen Großen Falterstraße/Dinkelstraße/Filderhauptstraße/Paracelsusstraße verlief.

Im Degen *(benannt 1932, Straßenführung geändert 1974, Stadtteil Wangen)* Flurname. Die Namen der Waffen dienten im Mittelalter auch zur Bezeichnung der Fluren.

Im Dinkelacker *(benannt 1946, Stadtteil Obertürkheim)* Der Flurname ist auf den Dinkel, das Getreide, zurückzuführen, siehe →Dinkelstraße. – Als Obertürkheim noch eine selbständige Gemeinde war, hieß die Straße Kernerstraße nach dem Dichter Justinus Kerner (siehe →Kernerplatz), ab 1937 Togostraße nach der ehemaligen deutschen Kolonie in Westafrika.

Im Efeu *(benannt 1922, Stadtteil Stuttgart-Ost)* Der Efeu, *Hedera helix*, ist eine Kletterpflanze, die möglicherweise tausend Jahre alt werden kann.

Im Elsental *(benannt 1983, Stadtteil Kaltental)* Flurname.

Im Eulenrain *(benannt 1916, Stadtteil Stuttgart-Süd)* Der Flurname

Im Gässle: Um die Jahrhundertwende lag Möhringen in idyllischer Abgeschiedenheit.

hängt wohl mit dem im 15. Jahrhundert bekannten »Eulenberg« zusammen; nach dem Vogel Eule.

Im Falkenrain *(benannt 1939, Stadtteil Stuttgart-Nord)* Der Flurname geht entweder auf den Falken, den Greifvogel, zurück oder auf den Feuerbacher Familiennamen Falk. »Rain« bezeichnet einen Abhang.

Im Feldle *(benannt 1932, Stadtteil Steinhaldenfeld)* Der Name »Feld« diente früher häufig als Flurname. Das »Feldle« war in der Regel eine kleinere Flur.

Im Finkenschlag *(benannt 1939, Stadtteil Vaihingen)* Nach einem Waldteil, in dem viele Finken leben. Den melodischen Gesang von Singvögeln nennt man »Schlag«.

Im Flieder *(benannt 1922, Stadtteil Stuttgart-Ost)* Unter »Flieder« versteht man im Schwäbischen sowohl den zu den Ölbaumgewächsen (Oleaceae) zählenden Zierstrauch Flieder, *Syringa vulgaris*, als auch den einheimischen Holunder, *Sambucus*.

Im Frauenholz *(benannt 1934, Stadtteil Wolfbusch)* Benachbarter Wald, gehörte vielleicht einem Frauenkloster.

Im Fuchsbau *(benannt 1935, Stadtteil Wolfbusch)* Nach den Bauten des Rotfuchses, *Vulpes vulpes*.

Im Fuchsrain *(benannt 1927, Stadtteil Stuttgart-Ost)* 1555 genannte Flur, nach dem Rotfuchs, dem Raubtier. »Rain« bezeichnet einen Abhang.

Im Gäßle, ab 1. August 2005: **Im Gässle** *(benannt um 1877, Stadtteil Möhringen)* Mundartliche Bezeichnung für einen kurzen und schmalen Weg.

Im Gaizen *(benannt 1998, Stadtteil Feuerbach)* Der Flurname leitet sich vermutlich von der Geize ab, dem schwäbischen Ausdruck für den Pflugsterz, also das gegabelte Holzstück, mit dem der Bauer den Pflug führt. Dieses wiederum leitet seinen Namen von der Form der Geißenhörner ab. Möglicherweise hatte das Flurstück eine gegabelte Form.

Im Geiger *(benannt 1927, Stadtteil Bad Cannstatt)* Flur, deren Name mit einem Musikanten in Verbindung gebracht werden kann.

Im Götzen *(benannt 1909, Stadtteil Stuttgart-Nord)* Der Flurname »Götz« war früher die Kurzform für den Vornamen Gottfried. Die Flur dürfte daher einem Mann dieses Namens gehört haben.

Im Graben *(benannt 1931, Stadtteil Rotenberg)* Die Straße führt den Namen nach dem einstigen Befestigungsgraben des Dorfes (Burgfleckens).

Im Grasgarten *(benannt 1932, Stadtteil Stammheim)* Flurname, nach dem Bewuchs.

Im Gütle *(benannt 1937, Stadtteil Stammheim)* Der Flurname »Gut« bezeichnete im Mittelalter zumeist den Kirchenbesitz.

Im Häldle *(benannt 1910, Stadtteil Untertürkheim)* Mit diesem Namen wurde eine kleinere Flur an einem Hang (Halde) bezeichnet.

Im Hag *(benannt 1932, Stadtteil Untertürkheim)* Flurname für ein zumeist mit Dornhecken umfriedetes Grundstück.

Im Haigner *(benannt 1932, Stadtteil Steinhaldenfeld)* Flurname.

Im Haldenhau *(benannt 1939, Stadtteil Rohr)* Der Flurname deutet auf ein früher bewaldetes Hanggelände hin, auf dem Reben gepflanzt wurden. Das Wort »Halde« bedeutet Weinberg.

Im Haselbusch *(benannt 1922, Stadtteil Stuttgart-Ost)* Nach einem Wäldchen aus Haselsträuchern.

Im Hasenrain *(benannt 1938, Stadtteil Stammheim)* Der Flurname ist darauf zurückzuführen, dass es dort viele Feldhasen, *Lepus europaeus*, gab. »Rain« bezeichnet einen Abhang.

Im Hasenwedel *(benannt 1991, Stadtteil Riedenberg)* Flurname. Das Grundstück hatte vermutlich die Form eines Hasenschwanzes, auch »Blume« genannt.

Im Heidenschloß, ab 1. August 2005: **Im Heidenschloss** *(benannt 1929, Stadtteil Hofen)* Der Flurname bezieht sich auf römische Mauerreste.

Im Himmel *(benannt 1930, Stadtteil Vaihingen)* Die Straße verdankt ihre Bezeichnung dem landschaftlich schön gelegenen Gelände.

Im Himmelsberg *(benannt 1914, Stadtteil Stuttgart-Nord)* Der Flurname geht auf einen früheren Besitzer Himmel oder Hummel zurück.

Im Hirschgrund *(benannt 1935, Stadtteil Wolfbusch)* Flurname.

Im Holder *(benannt 1922, Stadtteil Stuttgart-Ost)* Flurname, nach dem Holunderbusch, *Sambucus nigra*.

Im Hopfengarten *(benannt 1916, Stadtteil Untertürkheim)* Flurname; hier wurde früher Hopfen, *Humulus lupus*, gepflanzt. Hopfen gehört zu den Hanfgewächsen. Die Dolden der weiblichen Pflanzen werden zur Würze und Haltbarmachung von Bier verwendet.

Im Johannesgraben *(benannt 1938, Stadtteil Vaihingen)* 1827 erwähnter Flurname, nach einem früheren Bächlein (Graben). Nach Vaihinger Überlieferung soll ein Schultheiß mit dem Vornamen Johannes diesen Graben zur Entwässerung der feuchten Äcker angelegt haben.

Im Jungen *(benannt 1981, Stadtteil Untertürkheim)* Flurname.

Im Kaisemer *(benannt 1912, Stadtteil Stuttgart-Nord)* Flur, in der das Zisterzienser-Kloster Kaisheim bei Donauwörth Grundstücke besaß, die laut einer Urkunde 1372 verkauft wurden. Die Straße hieß ab 1888 Kaisemerstraße.

Im Kappelfeld *(benannt um 1930, Stadtteil Feuerbach)* Flur bei einer früheren Kapelle, ursprünglich Kapellenfeld.

Imkerstraße *(benannt 1957, Stadtteil Stammheim)* Bienenzüchter.

Im Kornhasen *(benannt 1913, Stadtteil Wangen)* Flurname.

Im Langen Hau *(benannt 1937, Stadtteil Rohr)* Flurname. Mit »Hau« wurde früher ein Waldstück bezeichnet.

Im Lauch *(benannt um 1935, Stadtteil Sillenbuch)* Der Flurname leitet sich vom mittelhochdeutschen Wort »loh« ab, was »Wäldchen« oder »Hain« bedeutete. Den gleichen Wortstamm findet man im Namen des Wohngebiets Lauchhau und des Stadtteils Degerloch. Die Sillenbucher Gemarkung war früher noch weit stärker bewaldet, woran Namen wie →Äckerwaldstraße, →Buowaldstraße, →Silberwaldstraße oder →Zinsholzstraße erinnern.

Im Lauchhau *(benannt 1967, Stadtteil Vaihingen)* Flurname, siehe →Im Lauch. Mit »Hau« wurde früher ein Waldstück bezeichnet.

Im Lerchenrain *(benannt 1906, Stadtteil Stuttgart-Süd)* Der Flurname hieß ursprünglich Lorcher Rain nach dem Kloster Lorch, in dessen Besitz die Flur war. »Rain« bezeichnet einen Abhang.

Im Mäder *(benannt 1936, Stadtteil Obertürkheim)* Der Flurname »Mäder« ist die Mehrzahlform zu Mahd. Damit wurde eine nur einmal im

Jahr zu mähende Wiese bezeichnet. – Bis 1936 hieß die Straße Brunnenstraße.

Immenhofer Straße *(benannt 1870, Stadtteil Stuttgart-Süd)* Die erstmals 1334 genannte Flur weist auf den damals schon nicht mehr existierenden Weiler Immenhofen hin, der wohl zwischen dem 6. und 9. Jahrhundert angelegt worden war. Die Höfe waren nach dem Anführer oder Ältesten der dort ansässigen Siedler »Immo« benannt.

Immergrünweg *(benannt 1935, Stadtteil Sommerrain)* Das Kleine Immergrün, *Vinca minor*, ist eine auch im Winter grüne Pflanze aus der Familie der Hundsgiftgewächse.

Imnauer Straße *(benannt 1937, Stadtteil Bad Cannstatt)* Der Stadtteil Bad Imnau der Stadt Haigerloch, 650 Einwohner, liegt im Eyachtal und ist der einzige Kurort im Zollernalbkreis. – 1885 bis 1937 hieß die Straße Jakobstraße oder Jacobstraße nach dem Vornamen des Seilermeisters Jakob Friedrich Wunder, dem früheren Besitzer des Geländes, auf dem die Straße gebaut wurde.

Im Oberen Kienle *(benannt 1909, Stadtteil Stuttgart-Süd)* Der Flurname führt seit 1924 die Schreibweise »Kienle«. Er dürfte auf den Namen eines früheren Grundstückbesitzers »Kuon« oder »Kienlin« zurückgehen.

Im Pfädlen *(benannt 1951, Stadtteil Stammheim)* Die Flur verdankt ihren Namen »Pfädlen« einem zu ihr führenden oder dort verlaufenden Pfad (Feldweg).

Im Raiser *(benannt 2002, Stadtteil Zuffenhausen)* Das Sträßchen auf dem Gelände der ehemaligen Grenadierkaserne ist nach einem Flurnamen benannt. Dieser leitet sich von der Stelle ab, an der Flachs und Hanf »geröstet« wurden: Damit man die Fasern verspinnen und mit dem Garn später weben konnte, wurde sie mürbe gemacht, indem man sie einweichte und dann wieder trocknete. Die Stelle, an der dies geschah, nannte man Raise(r), Röse, Räse, Rötz, Retze oder ähnlich. Die Begriffe leiten sich vom mittelhochdeutschen Wort »roezen« ab, das »welk werden, bleich werden, faulig werden, faulen machen« bedeutet. Siehe auch →Rosenwiesstraße.

Im Rosenbusch *(benannt 1937, Stadtteil Lederberg)* Nach der Rose.

Im Salzweg *(benannt 1930, Stadtteil Zuffenhausen)* Flurname, siehe →Salzwiesenstraße. Über den Salzweg soll einst Salzhandel betrieben worden sein.

Im Schellenkönig *(benannt 1926, Stadtteile Stuttgart-Mitte und Stuttgart-Ost)* Der Name lässt verschiedene Deutungen zu. Möglich wäre, dass der Flurname auf ein altes Volkskartenspiel zurückgeht, bei dem die Schelle einen geringeren Wert hat. Man sprach auch von dem unfruchtbaren Gebiet: »Im Schellenkönig, da wächst im Sommer und im Winter wenig.«

Im Schießgärtle *(benannt 1939, Stadtteil Möhringen)* Flur, in der eine 1567 urkundlich genannte Möhringer Büchsenschützengesellschaft ihre Schießübungen abhielt.

Im Schießhaus *(benannt um 1907, Stadtteil Hedelfingen)* Nach dem früheren Schützenhaus.

Im Schneckenberg *(benannt 1932, Stadtteil Steinhaldenfeld)* Flur, in der besonders viele Schnecken lebten.

Im Schüle *(benannt 1909, Stadtteil Stuttgart-Nord)* Flurname, dürfte seine Herkunft von einem früheren Eigentümer namens Schühlin ableiten.

Im Schwenkrain *(benannt 1916, Stadtteil Bad Cannstatt)* Flurname. »Rain« bezeichnet einen Abhang.

Im Siebenzehnerle *(benannt um 1936, Stadtteil Feuerbach)* Flurname. Die kleineren Feldstücke wurden den Bürgern von der Gemeinde um 17 Kreuzer verpachtet.

Im Sommerwind *(benannt 1939, Stadtteil Vaihingen)* Naturverbundener Name.

Im Sonnigen Winkel *(benannt 1920, Stadtteil Stuttgart-Nord)* Nach der sonnigen Lage der Straße.

Im Steinberg *(benannt 1939, Stadtteil Stuttgart-Nord)* Flurname, der sich auf die steinige Beschaffenheit des Bodens bezieht.

Im Steinengarten *(benannt um 1940, Stadtteil Vaihingen)* Flurname, siehe →Im Steinberg.

Im Stüble *(benannt 1936, Stadtteil Hofen)* Der Flurname »Stüble« lässt auf ein abgedecktes Bauwerk schließen, in dem eine Quelle gefasst und gestaut wurde (Brunnenstube).

Im Unteren Kienle *(benannt 1909, Stadtteil Stuttgart-Süd)* Flurname, siehe →Im Oberen Kienle.

Imweg *(benannt 1928, Stadtteil Obertürkheim)* Flurname, entstanden aus »Im Weg«.

Im Weingarten *(benannt 1920, Stadtteil Luginsland)* Lagebezogener Name.

Im Wiesengrund *(benannt 1989, Stadtteil Birkach)* Lagebezogener Name.

Im Wiesert *(benannt 1937, Stadtteil Stammheim)* Flurname.

Im Wolfbusch *(benannt 1934, Stadtteil Wolfbusch)* Flurname, nach dem Wolf, *Canis lupus*. Mit Busch wird ein kleinerer Wald bezeichnet. Der Name, der auch für den dortigen Stadtteil gilt, ist bereits im Mittelalter nachzuweisen.

Im Wolfer *(benannt 1967, Stadtteil Plieningen)* Flurname.

In den Entenäckern *(benannt 1997, Stadtteil Plieningen)* Der Flurname leitet sich vermutlich nicht von den Entenvögeln ab. Wahrscheinlicher ist vielmehr, dass »Enten« eine Verballhornung des mittelhochdeutschen Wortes »ennet« darstellt, das so viel wie »jenseits« bedeutet.

In den Hochwiesen *(benannt 1932, Stadtteil Stammheim)* Flurname, hochgelegenes Wiesengelände.

In den Riedwiesen *(benannt 1937, Stadtteil Uhlbach)* Flurname, sumpfiges Wiesengelände.

In den Ringelgärten *(benannt 1934, Stadtteile Bad Cannstatt und Sommerrain)* Flurname, vermutlich von der Ringelblume, *Calendula officinalis*.

In den Schlehen *(benannt 1922, Stadtteil Stuttgart-Ost)* Flurname, nach einem Schlehengebüsch. Die Schlehe, *Prunus spinosa*, auch Schwarzdorn genannt, gehört zu den Rosengewächsen.

In den Stegwiesen *(benannt 1984, Stadtteil Obertürkheim)* Alte Gewannbezeichnung.

In den Stubenweinbergen *(benannt um 1909, Stadtteil Wangen)* Flurname, Weinberge bei einer Brunnenstube.

In den Wannenäckern *(benannt 1997, Stadtteil Bad Cannstatt)* Nach dem alten Cannstatter Flurnamen »Wanne«, der sich von der Geländeform ableitet.

In den Weinbergen *(benannt 1938, Stadtteil Stammheim)* Flur, in der sich früher Weinberge befanden.

In der Au *(benannt 1912, Stadtteil Untertürkheim)* Der Flurname bezeichnete ein ehemals feuchtes Wiesengelände am Neckar.

In der Falterau *(benannt 1938, Stadtteil Degerloch)* Flurname, von Falltor als Zugang zu einem umzäunten Wiesengelände. – Bis 1938 hieß die Straße Schubartstraße.

In der Landstadt *(benannt 1937, Stadtteil Sillenbuch)* Nach der dortigen Siedlung »Landstadt« am Silberwald.

In der Lüsse *(benannt 1948, Stadtteil Vaihingen)* Der Flurname geht auf einstigen Herrenbesitz zurück, der später durch das Los aufgeteilt wurde. Die Teile hießen »Lüsse«.

In der Messe *(benannt 1981, Stadtteil Luginsland)* Flurname.

In der Rodung *(benannt um 1948, Stadtteil Büsnau)* Flurname. Die im Wohngebiet Büsnau gelegene Straße erhielt ihren Namen nach der Flur, die durch Rodung gewonnen wurde.

In der Sandgrube *(benannt 1934, Stadtteil Zuffenhausen)* Nach einer früheren Sandgrube.

In der Schranne *(benannt 1932, Straßenführung geändert 1986, Stadtteil Vaihingen)* Flurname, wohl nach einer ehemals dort aufgestellten Holzbank, die man früher als Schranne bezeichnete.

In der Werre *(benannt 1936, Stadtteil Sillenbuch)* Der Flurname leitet sich vom schwäbischen Wort »Werre« ab. Damit wird eine Schranke an der Einfahrt in ein Feldstück oder zu einem verbotenen Weg bezeichnet, ein hölzernes längliches Lattentor. Das Wort »Werre« wiederum kommt vom mittelhochdeutschen Wort »werre«, das »Gatter, Falltor, Vorrichtung zum Abschließen« bedeutete. Zu Beginn des 19. Jahrhunderts betrug die durchschnittliche Größe einer Parzelle in Sillenbuch nur zehn Ar, also tausend Quadratmeter – kleinste Äcker und Wiesen lagen nebeneinander. Die Zufahrten führten zwangsläufig über fremde Grundstücke. Zur Regelung dieser Zufahrten gab es in früheren Jahrhunderten in Sillenbuch viele Werren. – Vor 1936 hieß die Straße »Degerlocher Straße«.

In der Ziegelklinge *(benannt 1891, Stadtteil Stuttgart-Süd)* Flurname, nach einer 1448 urkundlich genannten herrschaftlichen Ziegelhütte am Ausgang eines schluchtartigen Tälchens.

Industriestraße *(benannt um 1957, Straßenführung geändert 1982, Stadtteile Vaihingen und Möhringen)* Nach dem dortigen Industrie- und Gewerbegebiet.

Ingelfinger Straße *(benannt 1937, Stadtteil Zuffenhausen)* Stadt Ingelfingen, Hohenlohekreis, 5900 Einwohner.

Ingersheimer Straße *(benannt 1993, Stadtteil Weilimdorf)* Die Gemeinde Ingersheim, Landkreis Ludwigsburg, entstand 1972 durch den Zusammenschluss von Klein- und Großingersheim, deren Wege sich 1829 getrennt hatten. Ingersheim mit seinen 6000 Einwohnern ist vielleicht die kleinste Universitätsstadt der Welt. Professor Walter Leibrecht gründete 1964 im Schloss Kleiningersheim, das er im Jahr zuvor erworben hatte, das Schiller College, aus dem 1981 die Schiller International University entstand. Heute studieren 1600 Studenten aus mehr als 130 Ländern an zehn Niederlassungen der Privatuniversität: in Heidelberg und Berlin, Waterloo und Wickham (Großbritan-

Hochbetrieb im Untertürkheimer Inselbad, um 1930

nien), Paris und Strasbourg (Frankreich), Engelberg und Leysin (Schweiz), Madrid (Spanien) und Dunedin (Florida, USA). Die Hauptverwaltung befindet sich noch immer im 1580 errichteten Renaissance-Schloss von Kleiningersheim.

Ingoweg *(benannt 1981, Stadtteil Luginsland)* Männlicher Vorname.

Ingwerweg *(benannt 1959, Stadtteil Heumaden)* Unter Ingwer versteht man die aus Zentralasien stammende Staude *Zingiber officinale.* Sie wird heute weltweit in tropischen und subtropischen Gebieten angebaut. Der Wurzelstock enthält ätherische Öle und wird als Gewürz verwendet.

Innsbrucker Straße *(benannt 1937, Stadtteil Uhlbach)* Die Hauptstadt des österreichischen Bundeslandes Tirol liegt, wie der Name schon sagt, am Inn. Mit 118 000 Einwohnern ist sie nach Grenoble die größte Stadt innerhalb der Alpen.

Inselbad *(benannt 1932, Stadtteil Untertürkheim)* Nach dem dortigen Freibad.

Inselkraftwerk, Beim siehe →Beim Inselkraftwerk.

Inselstraße *(benannt 1932, Stadtteile Wangen und Untertürkheim)* Nach der Badeinsel. – Bis 1932 hieß die Straße Mühlstraße.

Ipfweg *(benannt 1928, Stadtteil Bad Cannstatt)* Der weithin sichtbare Berg (668 m) bei Bopfingen (Ostalbkreis), am Rande des Nördlinger Rieses, ist der östlichste Ausläufer der Schwäbischen Alb. Er war ab der späten Jungsteinzeit (4. Jahrtausend v. Chr.) besiedelt; in der Hallstattzeit befand sich hier möglicherweise ein Fürstensitz.

Iptinger Weg *(benannt 1996, Stadtteil Hausen)* Iptingen ist der älteste Ortsteil der Gemeinde Wiernsheim, Enzkreis, und hat 1 100 Einwohner.

Irenestraße *(benannt 1915, Stadtteil Luginsland)* Weiblicher Vorname.

Irisweg *(benannt 1917, Stadtteil Sommerrain)* Die Schwertlilie, *Iris,* bildet eine Gattung innerhalb der Familie der Schwertliliengewächse. Hier am bekanntesten ist wohl die Sibirische Schwertlilie, *Iris sibirica*; sie ist vor allem auf Moorwiesen und an Gräben zu finden.

Isarweg *(benannt 1967, Stadtteil Münster)* Nebenfluss der Donau.

Isegrimweg *(benannt 1969, Stadtteil Heumaden)* Name des Wolfs in der Tierfabel.

Isnyer Straße *(benannt 1936, Stadtteil Wangen)* Stadt Isny im Allgäu, Landkreis Ravensburg, 14 300 Einwohner.

Isolde-Kurz-Straße *(benannt 1946, Stadtteil Riedenberg)* Isolde Kurz (geboren am 21. Dezember 1853 in Stuttgart, gestorben am 5. April 1944 in Tübingen), Schriftstellerin, Tochter des Schriftstellers Hermann Kurz (siehe →Hermann-Kurz-Straße) und seiner Märchen schreibenden Frau Marie, geb. von Brunnow. Isolde genoss, dank des demokratischen Engagements der Familie, eine überdurchschnittlich gute, private Ausbildung. Bereits im Alter von zwölf Jahren fertigte sie ihre ersten literarischen Übersetzungen (französisch, englisch, italienisch, russisch). Sie wuchs in Stuttgart, Oberesslingen und Tübingen auf. Einen Eindruck, wie es im Stuttgarter Haushalt der Familie Kurz zuging, vermittelt Isolde in ihren Jugenderinnerungen: »In mein drittes Lebensjahr fällt die erste Bekanntschaft mit dem Dichter Ludwig Pfau, der als politischer Flüchtling in Paris lebte und nun zu heimatlichem Besuch nach Stuttgart gekommen war. Pfau hielt sich acht Tage in unserem Hause verborgen und pflegte während der Arbeitsstunden meines Vaters bei meiner Mutter zu sitzen, mit deren Anschauungen er sich besonders gut verstand. Mich konnte er nicht ausstehen, und diese Gesinnung war gegenseitig, denn wir waren einander im Wege. Ich war durchaus nicht gewohnt, dass die Mama, die ich sonst

Isolde Kurz, Jugendbildnis

nur mit den Brüdern zu teilen hatte, sich so viel und andauernd mit einer fremden Person beschäftigte. Wenn die beiden also politisierend in dem großen Besuchszimmer auf und ab gingen, drängte ich mich gewaltsam zwischen die mütterlichen Knie, dass ihr der Schritt gesperrt wurde, und der Gast ärgerte sich heftig, ohne dass er bei der abgöttischen Liebe, die meine Mutter für ihre Kleinen hatte, es wagen durfte, mich vor die Tür zu setzen.«

Isolde Kurz

Nach dem Tod des Vaters zog Isolde Kurz nach München in die Nähe ihres Bruders Erwin und arbeitete als Übersetzerin und Italienischlehrerin. In dieser Zeit schrieb sie ihre erste Novelle, die unerwarteten Erfolg hatte. Die Familie einschließlich der Mutter zog schließlich 1877 nach Florenz, wo der Bruder Edgar Arzt der ausländischen Künstlerkolonie wurde. Hier begann Isolde Kurz zu dichten und verfasste die »Florentiner Novellen« (1890, siehe auch →Florentiner Straße), die ihren literarischen Ruhm festigten. Als erste Frau bekam sie den Doktortitel »honoris causa« von der Universität Tübingen verliehen. 1915 zog sie zurück nach München, wo sie bis zu ihrem Tod lebte. Weitere Werke unter anderem: »Gedichte« (1898), »Italienische Erzählungen« (1895), »Phantasien und Märchen« (1890).

Ittinghäuser Straße *(benannt 1932, Stadtteil Hoffeld)* Nach dem 1746 aufgegebenen Weiler Ittingshausen, der zunächst aus zwei, später aus einem großen Hofgut bestand. Um das Jahr 1100 vermachte ein gewisser Engelbold von Büsnau dem Kloster Hirsau einen Hof zu »Uittishusen« – in der entsprechenden Schenkungsurkunde taucht der Name zum ersten Mal auf. Im 13. Jahrhundert gelangten die Höfe in den Besitz des Klosters Bebenhausen, das sie von Maiern (Gutsverwaltern) bewirtschaften ließ. Nach der Reformation und der Auflösung des Klosters Bebenhausen fiel Ittingshausen der fürstlichen Rentkammer, also der staatlich-württembergischen Finanzbehörde, als Eigentum zu. Nun wurden es als Lehen an Privatleute – allesamt Stuttgarter Verwaltungsbeamte – ausgegeben. Nach dem Dreißigjährigen Krieg befanden sich die beiden Höfe im Besitz zweier Witwen, die im Jahr 1663 den Betrieb nicht mehr aufrecht erhalten konnten. Der Herzog verkaufte daraufhin 32 Hektar Acker- und Wiesenland des insgesamt 106 Hektar umfassenden Geländes an die Gemeinde Degerloch. Die verbliebenen beiden Hofgüter wurden zusammengefasst, die Viehwirtschaft ausgebaut und eigens herbeigeholte Schweizer Sachverständige ließ man eine fürstliche Melkerei mit Käserei einrichten. Auch in den folgenden Jahrzehnten stammten die Melker aus der Schweiz. Die Milchwirtschaft gedieh, bis der barocke Herzog Eberhard Ludwig Anfang des 18. Jahrhunderts den Entschluss fasste, rund um Ittingshausen Parforcejagden zu veranstalten, das heißt Hetzjagden innerhalb eines riesigen abgezäunten Areals im Ramsbachtal. Für die Jagdgehilfen und Pferde wurde neben den Höfen mit großem Aufwand ein neues Jagdhaus aufgerichtet, zu dessen Bau allein 120 Eichen und 200 Tannen gefällt wurden. Der Maier musste seine besten Räume als Unterkunft für den Herzog und sein Gefolge abtreten. Die Jagden verstörten das weidende Vieh, Wiesen und Äcker wurden von den Pferden zerstampft und die Milch wurde dazu verwendet, 130 Jagdhunde zu tränken. Erst 1715 wurden die Parforcejagden von Ittingshausen weg auf die Schlotwiese bei Zuffenhausen verlegt. Schließlich verkaufte die Herrschaft 1746 den ganzen Ittingshäuser Hof »mit allen dazu gehörigen Gebäuden, Äckern, Wiesen, Gärten, Viehweiden und Fischwässerlen« um 20 700 Gulden an die Gemeinde Degerloch, die das Gut unter die Bürgerschaft verteilte. Alle Gebäude außer dem Käshäusle wurden gegen eine Gebühr zum Abbruch freigegeben; von dem Erlös wurde in Degerloch auf dem Gelände der jetzigen Filderschule eine Zehntscheuer errichtet. Siehe auch →Häusleweg, →Hoffeldstraße und →Zaunwiesen.

Jacoby-Weg, Bruno- siehe →Bruno-Jacoby-Weg.

Jägerhalde *(benannt 1934, Straßenführung geändert 1974, Stadtteil Wangen)* Flurname, möglicherweise nach dem Jäger oder nach einem Personennamen.

Jägerstraße *(benannt 1859, Stadtteil Stuttgart-Mitte)* Christoph Friedrich (von) Jäger (geboren 1739 in Stuttgart, gestorben 1808 in Stuttgart), Obermedizinalrat, königlicher Leibarzt. Er begründete die bekannte Stuttgarter Arztfamilie Jäger: Sein Sohn Karl (geboren 1773 in Tübingen, gestorben 1828 in Stuttgart) war ebenfalls Obermedizinalrat, sein Sohn Georg (geboren 1785 in Stuttgart, gestorben 1886 in Stuttgart) Obermedizinalrat, Professor am Gymnasium und Paläontologe, er wurde 1835 wegen seiner Verdienste als Geschäftsführer der zwölften Versammlung deutscher Naturforscher und Ärzte, die 1834 in Stuttgarter stattgefunden hatte, zum Stuttgarter Ehrenbürger ernannt; Christoph Friedrich Jägers Enkel Hermann (geboren 1814 in Stuttgart, gestorben 1861 in Stuttgart) wurde Medizinalrat.

Jäkel-Weg, Ilse-Beate- siehe →Ilse-Beate-Jäkel-Weg.

Jagdweg *(benannt um 1943, Stadtteil Büsnau)* Nach der Jagd.

Jagstfelder Weg *(benannt 1937, Stadtteil Zuffenhausen)* Stadtteil Jagstfeld der Stadt Bad Friedrichshall (insgesamt 18 200 Einwohner), Landkreis Heilbronn. Hier befand sich früher ein Solbad, weshalb Friedrichshall das Prädikat »Bad« führen darf.

Jagststraße *(benannt 1934, Stadtteil Münster)* Die Jagst, der größte Nebenfluss des Neckars, entspringt bei Unterschneidheim-Walxheim zwischen Ellwangen und Nördlingen und mündet nach 196 Kilometern bei Bad Friedrichshall.

Jahnstraße *(benannt 1928, Stadtteil Degerloch)* Friedrich Ludwig Jahn (geboren 1778 in Lanz, Westprignitz, gestorben 1852 in Freyburg an der Unstrut), Gymnastiklehrer, Begründer des deutschen Volksturnens. 1848/49 gehörte Jahn als Monarchist der Frankfurter Nationalversammlung an. – Unweit der Straße steht die Jahn-Eiche, die ebenfalls an den »Turnvater« erinnert. – Die innere Jahnstraße hieß bis 1928 Bahnhofstraße, die äußere Kirchheimer Straße.

Jakob-Böhme-Weg *(benannt 1989, Stadtteil Steinhaldenfeld)* Jakob Böhme (geboren 1575, gestorben 1624), schlesischer Philosoph.

Jakob-Heine-Platz *(benannt 1993, Stadtteil Bad Cannstatt)* Jakob (von) Heine (geboren am 16. April 1800 in Lauterbach im Schwarzwald, gestorben am 12. November 1879 in Cannstatt [heute Stuttgart-Bad Cannstatt]), Arzt, Begründer der ersten orthopädischen Heilanstalt in Württemberg, Entdecker der spinalen Kinderlähmung, Ehrenbürger von Cannstatt. Heine studierte 1823 bis 1827 in Würzburg Medizin und lernte dort gleichzeitig am orthopädischen Institut seines Onkels Johann Georg Heine. Das Studium schloss er mit der Promotion ab. 1829 eröffnete er mit Unterstützung des württembergischen Innenministeriums in Cannstatt eine orthopädische Praxis. Im Jahr darauf kaufte er ein eigenes Haus mit Garten, das den Grundstock für seine später immer wieder vergrößerte Anstalt bildete. Seine Unternehmung war für Cannstatt so wichtig, dass Jakob Heine schon 1830, im Alter von dreißig Jahren, zum Ehrenbürger ernannt wurde – und mit ihm auch gleich seine Verlobte, Henriette Ludovike Camerer. Lähmungen der Beine und Arme, Rückgratverkrümmungen und Klumpfüße therapierte Heine auf vielfache Weise: durch chirurgischen Sehnenschnitt, Streckapparate, Gymnastik und Bäder im

Cannstatter Mineralwasser. Seine vom König und vom Landtag sehr geförderte Anstalt umfasste 50 Krankenzimmer und sogar ein »Atelier für die zur Verfertigung der Maschinen und Apparate angestellten Mechaniker und Sattler«, wie Heine selbst berichtete. In diesem »Atelier« erfand Heine einen Schenkelhalsbruchapparat zur Heilung dieses komplizierten Knochenbruchs. Auf dem Gelände der Anstalt erschloss der Orthopäde eine Quelle mit eisenhaltigem Wasser mit einer konstanten Temperatur von 20 Grad Celsius. Den von ihm angelegten Mineralwassersee wandelte er 1838 mit einem Kostenaufwand von 5000 Gulden in eine »allgemein geschätzte Badeanstalt« um »mit größeren und kleinere Bassins von verschiedener Tiefe mit Schaufelrädern zum Wellenschlag und Vorrichtungen zu Douchen und Eisenschlamm-Bädern«. Ein Bericht von 1838 nennt mehr als hundert Schweizer, zahlreiche »Badenser und Baiern«, aber auch Franzosen, Engländer und Mitglieder des russischen Hochadels als Patienten. 1840 erschien Heines Buch »Beobachtungen über Lähmungszustände der unteren Extremitäten und deren Behandlung«, in dem er erstmals die Symptome eines Krankheitsbildes beschrieb, das er selbst 1860 in der 2. Auflage seines Buches als »spinale Kinderlähmung« bezeichnete. Heute wird sie auch »Heine-Medinsche Krankheit« genannt in Erinnerung an Jakob Heine und den schwedischen Arzt Karl Oscar Medin, der 1890 den ansteckenden Charakter der Krankheit entdeckte und beschrieb. Heine, ein gläubiger Katholik, ließ die Cannstatter Martinskirche wieder herrichten und stiftete große Summen »für die Armuth«. 1847 wurde er zum Hofrat, 1864 zum Geheimen Hofrat ernannt. Heine wurde mit dem Zähringer Löwenorden sowie 1853 mit dem russischen Wladimir-Orden ausgezeichnet; durch den Orden der württembergischen Krone erhob ihn der König in den persönlichen Adelsstand. In der Badstraße 15, wo sich die heinesche Anstalt befand, erinnert seit 1979 eine Gedenktafel an Jakob von Heine.

Jakob-Holzinger-Gasse *(benannt 1984, Stadtteil Stuttgart-Ost)* Jakob Holzinger (geboren 1878, gestorben 1940), jüdischer Arzt. Holzinger kam aus Bayreuth, hatte in Göttingen studiert und betrieb eine Praxis für Allgemeinmedizin in der Landhausstraße 181 (Eckhaus Landhaus-/Haußmannstraße). Er war ein liberaler Freigeist und in Ostheim sehr beliebt, weil er Arbeits- und Mittellose kostenlos behandelte. Nach der »Machtübernahme« der Nationalsozialisten durfte er nicht mehr praktizieren; im November 1938 wurde er ins KZ Dachau eingeliefert, jedoch als Offizier und Landwehrhauptmann des Ersten Weltkriegs bald darauf wieder entlassen. Als Hitler aber am 30. Januar 1939 vor dem Reichstag »die Vernichtung der jüdischen Rasse« ankündigte, wusste Holzinger, wie ernst dies gemeint war. Durch die »Reichsfluchtsteuer« war das Ehepaar mittlerweile um sein Vermögen gebracht worden; an Emigration war nicht mehr zu denken. Gemeinsam mit seiner Frau Selma, geb. Oettinger, versuchte Jakob Holzinger am 8. November 1940 den Selbstmord mit Gas, was jedoch scheiterte, weil die Holzingers zu viel Rücksicht auf die restlichen Bewohner des Hauses nahmen. Daraufhin gingen sie mit Zyankali in den Freitod.

Jakob-Kraus-Straße *(benannt 1989, Stadtteil Feuerbach)* Jakob Kraus (geboren 1904, ermordet 1943), 1931 Stadtrat in Feuerbach, KPD. Seine Festnahme am 18. Oktober 1933 bildete den Auftakt zu einer Verhaftungswelle von Funktionären der KPD. Im gerichtlichen Verfahren gegen ihn stand die Verteilung von Schriften im Mittelpunkt, die so genannte Tarnschriften waren. Unter dem Titel »Elektrolux, der beste Staubsauger« wurde über die Gräueltaten der Nationalsozialisten seit dem Reichstagsbrand berichtet, hinter »Das gute Opelrad« verbarg sich eine Abhandlung des früheren KPD-Reichstagsabgeordneten Fritz Heckert über die politischen Ereignisse im Land. Jakob Kraus wurde am 27. Januar 1943 im Polizeigefängnis in der Büchsenstraße ermordet.

Jakobsbrunnen, Am siehe →Am Jakobsbrunnen.

Jakobstraße *(benannt 1811, Stadtteil Stuttgart-Mitte)* Nach dem Sankt-Jakobs-Friedhof (Lazarettfriedhof), der 1564 für die Opfer der Pest angelegt und 1823 geschlossen wurde. – Bis 1811 hieß die Straße Cyriacusgasse (auch Zilokengäßle genannt), im nordwestlichen Teil »Ob der Kirch Mauer«.

James-F.-Byrnes-Straße *(benannt 1997, Stadtteil Burgholzhof)* James Francis Byrnes (geboren am 2. Mai 1879 in Charleston, South Carolina, USA, gestorben am 9. April 1972 in Columbia, South Carolina, USA), Außenminister der Vereinigten Staaten von Amerika. Byrnes war Gerichtsreporter und erlernte im Selbststudium den Rechtsanwaltsberuf. 1903 erfolgte seine Zulassung; 1908 wurde er Staatsanwalt. 1911 bis 1925 gehörte er für die Demokraten dem Repräsentantenhaus des amerikanischen Kongresses an, wo er mit dem späteren Präsidenten Franklin D. Roosevelt Freundschaft schloss. 1930 wurde Byrnes zum Senator von South Carolina gewählt, 1941 zum Richter

US-Außenminister James F. Byrnes bei seiner Stuttgarter Rede am 6. September 1946

am Obersten Bundesgericht in Washington. Im Jahr darauf ernannte ihn Präsident Roosevelt zum Chef des Amtes für wirtschaftliche Stabilisierung in der Kriegszeit, 1943 wurde er Direktor des einflussreichen Amtes für Kriegsmobilisierung. Im Februar 1945 nahm Byrnes an der Seite von Präsident Roosevelt an der Konferenz von Jalta zur Nachkriegsordnung in Deutschland teil, am 12. April ernannte ihn Präsident Harry S. Truman zum Außenminister der USA. Im Juli 1945 begleitete Byrnes den Präsidenten zur Potsdamer Konferenz. In seiner berühmten »Stuttgarter Rede« im Großen Haus der Staatstheater kündigte Byrnes am 6. September 1946 den Wandel der amerikanischen Besatzungspolitik an. Sie wolle dem deutschen Volk »zu einem ehrenvollen Platz unter den freien und friedliebenden Nationen der Welt« verhelfen und dem demokratischen, föderativen und wirtschaftlichen Wiederaufbau Deutschlands dienen. Die USA würden so lange Soldaten in Deutschland stationieren, wie dies eine der anderen Besatzungsmächte täte. Damit verwarf Byrnes den Morgenthau-Plan und leitete die Versöhnungspolitik gegenüber Deutschland ein; er verfolgte aber auch das Ziel, die westlichen Besatzungszonen Deutschlands in ein europäisch-amerikanisches Verteidigungssystem (die spätere NATO) einzubinden und so eine weitere Ausdehnung der UdSSR nach Westen zu verhindern. Ebenfalls 1946 wählte ihn das amerikanische Nachrichtenmagazin »Time« zum »Mann des Jahres«. Nach Differenzen mit Präsident Truman bezüglich seiner Verhandlungsstrategie gegenüber der Sowjetunion auf den alliierten Außenministerkonferenzen erklärte Byrnes 1949 – offiziell aus gesundheitlichen Gründen – seinen Rücktritt als Außenminister. Sein Nachfolger wurde George C. Marshall. Im Alter von 71 Jahren wurde Byrnes schließlich zum Gouverneur von South Carolina gewählt; in dieser Funktion erließ der Freimaurer zwar Gesetze gegen den Ku-Klux-Klan, trat aber dennoch für die Aufrechterhaltung der Rassentrennung ein. Zur Erinnerung an den Außenminister und seine berühmte Stuttgarter Rede erhielt die Nachfolgeinstitution des 1995 geschlossenen Stuttgarter Amerika-Hauses den Namen Deutsch-Amerikanisches Zentrum/James-F.-Byrnes-Institut.

Janningsstraße *(benannt 1950, Stadtteil Vaihingen)* Emil Jannings, eigentlich Theodor Friedrich Emil Janez (geboren am 23. Juli 1884 in Rorschach, Schweiz, gestorben am 2. Januar 1950 in Strobl am Wolfgangsee, Österreich), Bühnen- und Filmschauspieler. Jannings absolvierte nie eine richtige Schauspielausbildung, sondern nur ein Volontariat am Stadttheater Görlitz. Ab 1915 spielte er am Deutschen Theater in Berlin unter der Regie von Max Reinhardt. Nach seinem Durchbruch mit »Madame Dubarry« (1918, Regie: Ernst Lubitsch) übernahm er beim Film viele Charakterrollen und wurde zu einem der bedeutendsten Filmschauspieler der Weimarer Republik. 1926 übersiedelte er nach Hollywood; 1929 wurde er für seine Rollen in »The Way of All Flesh« (1927) und Josef von Sternbergs »The Last Command« als bester Hauptdarsteller mit dem Oscar ausgezeichnet. Bis heute (2003) ist er der einzige deutsche Schauspieler, der diese Ehrung erhalten hat. Doch zur gleichen Zeit hielt der Tonfilm Einzug; aufgrund sprachlicher Probleme ging Jannings nach Deutschland zurück. Als »Professor Unrat« an der Seite von Marlene Dietrich feierte er 1930 in »Der blaue Engel« Triumphe. Nach der nationalsozialistischen »Machtübernahme« bekannte sich Jannings zur NS-Ideologie und verkörperte in zahlreichen Filmen den »Herrenmenschen«. Er zählt zu den Lieblingsschauspielern Adolf Hitlers. 1945 verhängten die Alliierten ein lebenslanges Berufsverbot über ihn.

Janusz-Korczack-Weg *(benannt 1980, Stadtteil Fasanenhof)* Janusz Korczack, eigentlich Henryk Goldszmit (geboren am 22. Juli 1878 in

Warschau, gestorben 1942 im KZ Treblinka), Kinderarzt und Schriftsteller. Korczack leitete in Warschau ein jüdisches Waisenhaus und ein Kinderheim für verwahrloste und verwaiste Arbeiterkinder, seit der deutschen Besatzung ein Heim im Warschauer Getto. Korczack begleitete freiwillig einen Kindertransport ins Vernichtungslager Treblinka. 1972 erhielt er posthum den Friedenspreis des Deutschen Buchhandels.

Jasminweg *(benannt 1939, Stadtteil Degerloch)* Der Jasmin, lateinisch *Jasminum*, ist eine Pflanzengattung der Ölbaumgewächse, die in wärmeren Gegenden zu Hause ist. Die weißen oder gelben Blüten des auch hier verbreiteten Zierstrauchs geben Duftstoffe ab.

Jean-Améry-Weg *(benannt 1984, Stadtteil Stuttgart-West)* Jean Améry, Pseudonym für Johannes Mayer (geboren am 30. Oktober 1912 in Wien, gestorben am 18. Oktober 1978 in Salzburg), Schriftsteller und Publizist. Améry floh 1938 nach Brüssel, war 1943 bis 1945 im Konzentrationslager inhaftiert und lebte dann in Brüssel. In seinem Buch »Hand an sich legen« (1976) setzte er sich mit dem Freitod auseinander; 1978 beging er Selbstmord.

Jelinstraße *(benannt 1955, Stadtteil Möhringen)* Johann Jelin (geboren 1585, gestorben 1650), Pfarrer in Möhringen.

Jella-Lepman-Straße *(benannt 1999, Stadtteil Stuttgart-Süd)* Jella Lepman (geboren 1891 in Stuttgart, gestorben 1970 in Zürich), Schriftstellerin, Gründerin der Internationalen Jugendbibliothek. Jella Lepman wuchs in Stuttgart in einem jüdisch-liberalen Elternhaus an der Alten Weinsteige auf. Schon als Schülerin veröffentlichte sie ihr erstes Feuilleton, und im Alter von 17 Jahren gründete sie in einer Stuttgarter Zigarettenfabrik eine »Internationale Lesestube« für Kinder ausländischer Arbeiter. Nach einer Ausbildung zur Pianistin und dem Studium in der Schweiz arbeitete sie, mit 31 Jahren bereits verwitwet, als Journalistin beim Stuttgarter Neuen Tagblatt, für dessen Verlag sie auch eine neuartige Frauenzeitung aufbaute. 1928 veröffentlichte sie ihr erstes Kinderbuch. Sie trat der DDP bei und kandidierte 1929 für den Deutschen Reichstag. 1936 emigrierte sie mit ihren beiden Kindern nach England, wo sie im Außenministerium, bei der BBC und der ameri-

Jella Lepman, 1964

kanischen Radiostation ABSIE arbeitete. Während des Krieges verfasste sie in englischer Sprache das Buch »Women in Nazi Germany«. 1945 kehrte Jella Lepman als »Beraterin für die kulturellen und erzieherischen Belange der Frauen und Kinder in der amerikanischen Besatzungszone« nach Deutschland zurück. Schon bald entwickelte sie den Plan, durch Kinder- und Jugendbücher – durch eine »Kinderbuchbrücke«, wie sie ihre 1964 erschienenen Erinnerungen an diese Zeit nannte – internationale Verständigung anzuregen und zu fördern. 1946 organisierte sie die erste internationale Veranstaltung im Nachkriegsdeutschland: die Internationale Jugendbuchausstellung mit über 800 gespendeten Büchern aus 20 Ländern, die von München aus durch zahlreiche Städte wanderte und auch in der Württembergischen Landesbibliothek in Stuttgart gezeigt wurde. In einer zerstörten Welt waren Kinder für Jella Lepman die Hoffnungsträger, und gerade Kinderliteratur, das war ihre feste Überzeugung, konnte zur Völkerverständigung beitragen. 1949 gründete sie die Internationale Jugendbibliothek in München, die sie bis 1957 leitete. Gegen vielerlei Widerstände setzte sie dabei neue Prinzipien und Einrichtungen durch: Freihandsystem, Lesungen, Diskussionen, Theateraufführungen und ein Malatelier der Kinder. In dieser Zeit hat sie Erich Kästner zu seinem später weltberühmten Buch »Die Konferenz der Tiere« angeregt, in dem es um die Zukunft der Kinder und um den Frieden in der Welt geht. 1956 gehörte Jella Lepman zu den Begründern des Hans-Christian-Andersen-Preises, der international bedeutendsten Auszeichnung für Kinder- und Jugendliteratur. 1957 zog Lepman nach Zürich um, wo sie das Internationale Kuratorium für das Jugendbuch gründete. Fortan trug sie ihre Idee und ihre Erfahrungen in viele Länder der Dritten Welt. Bis zu ihrem Tod war sie als Kinderbuchautorin tätig. Heute erinnert der Jella-Lepman-Raum in der Stadtbücherei Stuttgart an die Stuttgarterin und ihren Beitrag zur internationalen Verständigung.

Jobstweg *(benannt 1909, Stadtteil Stuttgart-Mitte)* Die früher unter dem Namen »Kasernengängle« bekannte Straßenverbindung zwischen der Fritz-Elsas-Straße und der Weimarstraße erhielt 1909 ihren jetzigen Namen zur Erinnerung an die Familie Jobst, weil dort ihr Wohnhaus und ihre Chininfabrik standen. Friedrich Jobst betrieb hier ab 1813 zunächst eine Farbwarenhandlung und Drogerie, 1828 begann er mit der fabrikmäßigen Herstellung von Chinin. 1863 wurde die Chininfabrik nach Feuerbach verlegt und 1886 mit der Chininfabrik Conrad Zimmer, Frankfurt am Main, vereinigt. Der letzte Eigentümer war der Geheime Hofrat Dr. Julius von Jobst (geboren 1839 in Stuttgart, gestorben 1920 in Stuttgart). Siehe auch →Oswald-Hesse-Straße und →Zimmerstraße.

Jörgstraße *(benannt 1937, Stadtteil Weilimdorf)* Georg III. Truchsess von Waldburg (geboren am 25. Januar 1488, gestorben am 29. Mai 1531), Feldhauptmann des Schwäbischen Bundes. Truchsess Georg befehligte 1519 das Heer des Schwäbischen Bundes gegen Herzog Ulrich von Württemberg. Sechs Jahre später kam es im schwäbischen und fränkischen Raum zu sozialen Unruhen, zu Forderungen, den Feudalismus abzuschaffen, die schließlich in den Bauernkrieg mündeten, die größte Volkserhebung in der deutschen Geschichte. Als sich im März 1525 der Baltringer Haufen, der Unterallgäuer Bauernhaufen bei Wurzach und östlich von Ulm der Leipheimer Haufen sammelten – insgesamt 40 000 Aufständische –, fühlten sich die in Ulm sitzenden Bundesstände zunehmend bedrängt. Das Bundesheer wurde nach Ulm beordert; an seiner Spitze stand wiederum Truchsess Georg von Waldburg. Rücksichtslos übte er blutige Rache an den Bauern, die seiner militärischen Erfahrung nichts entgegenzusetzen hatten. Auch in Radolfzell und anderen Orten schlug der bald »Bauernjörg« genannte Hauptmann die Erhebungen gnadenlos nieder. Zum Dank wurde er vom Habsburger-Kaiser Karl V. zum Reichserbtruchsess und österreichischen Statthalter von Württemberg ernannt. – Als »Weil im Dorf« noch eine selbständige Gemeinde war, hieß die Straße Gartenstraße.

Jörg-Straße, Aberlin- siehe →Aberlin-Jörg-Straße.

Johannes-Brenz-Platz *(benannt 1999, Stadtteil Stuttgart-Mitte)* Der Platz vor der Stiftskirche wurde zum 500. Geburtstag des Reformators nach Johannes Brenz benannt. Siehe →Brenzstraße.

Johannesgraben, Im siehe →Im Johannesgraben.

Johannes-Krämer-Straße *(benannt 1957, Stadtteil Sonnenberg)* Johannes Krämer (geboren 1834 in Kemnat [heute Ostfildern-Kemnat], gestorben 1910 in Möhringen auf den Fildern [heute Stuttgart-Möhringen]), über 40 Jahre lang Möhringer Oberlehrer, 1907 Ehrenbürger von Möhringen.

Johannesstraße *(benannt 1870, Stadtteil Stuttgart-West)* Benannt nach der 1876 eingeweihten Johanneskirche. Vor 1870 wurde die Straße als Teil der »Hermanns Straße« (siehe →Hermannstraße) geplant.

Johannisbeerstraße *(benannt 1946, Stadtteil Obertürkheim)* Die Johannisbeere gehört zu den Stachelbeergewächsen. Die Rote Johannisbeere, *Ribes spicatum*, und die Schwarze Johannisbeere, *Ribes nigrum*, werden gerne zu Marmelade oder Saft verarbeitet. – In der NS-Zeit hieß die Straße Wißmannstraße nach dem Offizier und Afrikaforscher Hermann von Wißmann (1853–1905), der 1889 bis 1891 Reichskommissar von Deutsch-Ostafrika (heute ein Teil von Tansania) und 1895/96 Gouverneur dieser Kolonie war.

Johann-Heinrich-Strauß-Platz *(benannt 1989, Stadtteil Sillenbuch)* Johann Heinrich Strauß (geboren 1845, gestorben 1914), Schultheiß in Sillenbuch. Strauß war 22 Jahre lang Bürgermeister der damals noch selbständigen Gemeinde. Er setzte die Errichtung der Wasserleitung 1903 durch und den Anschluss ans Stromnetz 1909. In seine Amtszeit fällt auch der Neubau des Sillenbucher Rathauses 1907.

Johann-Schroth-Weg *(benannt 1997, Stadtteil Bad Cannstatt)* Johann Schroth (geboren 1800 in Böhmischdorf bei Freiwaldau, Österreichisch-Schlesien, gestorben am 26. März 1856 in Lindewiese), österreichischer Landwirt und Naturheilkundiger. Als Fuhrunternehmer erlitt Schroth eine schwere Knieverletzung, die er durch kalte Umschläge heilte. Aus dieser Erfahrung und den Beobachtungen, dass kranke Tiere das Futter zurückweisen und dass zu viel Flüssigkeitszufuhr die Leistungsfähigkeit herabsetzt, entwickelte er ein Diätsystem mit Trockenkost (trockene Brötchen und Brei, dazu etwas Haferschleim), verbunden mit Massagen und Schwitzpackungen. Die »Schroth-Kur« wird vor allem bei bei chronischen Krankheiten eingesetzt; sie führt zu Gewichtsabnahme, Entlastung des Kreislaufs und zur Ausschwemmung von Flüssigkeitsansammlungen. Schroths Heilverfahren fand schon zu seinen Lebzeiten großen Zuspruch.

Johann-Sebastian-Bach-Platz *(benannt 1984, Stadtteil Stuttgart-West)* Johann Sebastian Bach (geboren am 21. März 1685 in Eisenach, gestorben am 28. Juli 1750 in Leipzig), Thomaskantor und wohl der bedeutendste Komponist überhaupt. Ausschlaggebend für die Benennung war, dass die 1981 von dem Stuttgarter Dirigenten Helmuth Rilling gegründete Internationale Bachakademie Stuttgart hier ihren Sitz hat. Unter Rillings Leitung befasst sich die Bachakademie mit der Person und dem Werk Johann Sebastian Bachs und seinen Auswirkungen auf die Musik von 1750 bis in unsere Zeit. Sie veranstaltet Konzerte, Meisterkurse für Sänger und Dirigenten, Symposien, das Europäische Musikfest Stuttgart, die Stuttgarter Bachwoche und eine Konzertreihe mit oratorischen Werken vom 17. bis 21. Jahrhundert.

Schon 1965 hatte Rilling das Orchester »Bach-Collegium Stuttgart« gegründet.

John-Cranko-Weg *(benannt 1977, Stadtteil Stuttgart-Mitte)* John Cranko (geboren am 15. August 1927 in Rustenburg, Südafrika, gestorben am 26. Juni 1973 auf dem Rückflug von einer Nordamerika-Tournee des Stuttgarter Balletts), Ballettdirektor der Württembergischen Staatstheater. Er kam 1961 aus London und schuf bis zu seinem Tod in Stuttgart ein Ballett, das Weltruf genoss. Mit seinen choreographischen Kompositionen und bis dahin namenlosen Tänzern wie Marcia Haydée, Birgit Keil, Richard Cragun oder Egon Madsen, deren Talente er entwickelte, machte er Stuttgart zum Ballettzentrum. Mit seinen Stücken begründete er jene Vielgestaltigkeit des Repertoires, das vom klassischen »Schwanensee« und »Nußknacker« über abendfüllende Neuheiten wie »Romeo und Julia«, »Onegin« oder »Carmen« bis hin zu mehrteiligen Programmen reichte und das weder Experimente noch Konvention scheute. Er praktizierte von Anfang an eine Kollegialität, die voll Stolz die künstlerischen Eigenarten der anderen anerkannte. Ohne seinen frühen Tod ahnen zu können, hatte er mit seinen Werken, mit der Einweisung Marcia Haydées in ihre zukünftige Führungsrolle, mit der Motivation für die Choreographen Jiri Kylián und John Neumeier, auf ihre Weise sein Erbe weiterzuentwickeln, und mit der Idee, eine Balletschule einzurichten, auf jede Weise Vorsorge getroffen.

Jommelli-Weg, Niccolo- siehe →Niccolo-Jommelli-Weg.

Joringelweg *(benannt 1954, Stadtteil Möhringen)* Märchengestalt (»Jorinde und Joringel«).

Josef-Hirn-Platz *(benannt 1983, Stadtteil Stuttgart-Mitte)* Josef Hirn (geboren 1898, gestorben 1971), 1926 bis 1933 Gemeinderat, SPD, 1946 bis 1964 Bürgermeister für Allgemeine Verwaltung und Finanzen.

Josefstraße *(benannt vor 1908, Stadtteil Degerloch)* Männlicher Vorname. Schon vor der offiziellen Benennung hieß die Straße im Volksmund so, denn der Besitzer des ersten und lange Zeit einzigen Hauses an diesem Weg, der zu den Degerlocher Weinbergen führte, trug den Vornamen Josef – vermutlich in Verbindung mit einem der häufig vorkommenden Degerlocher Nachnamen, etwa Raff oder Gohl.

Josef-Waibel-Weg *(benannt 1998, Stadtteil Feuerbach)* Josef Waibel (geboren 1884, gestorben 1962), Stadtpfarrer in Feuerbach 1920 bis 1958.

Josenhansstraße *(benannt 1938, Stadtteil Weilimdorf)* Marie Josenhans (geboren 1855 in Stuttgart, gestorben 1926 in Stuttgart), Stuttgarter Armenfürsorgerin, Schriftstellerin, 1919 bis 1926 Gemeinderätin, Wohltäterin. Von ihren Schriften ist »Meine alten Weiblein« (1906) besonders populär.

Joseph-Süß-Oppenheimer-Platz *(benannt 1998, Stadtteil Stuttgart-Mitte)* Joseph Ben Issachar Süßkind Oppenheimer (geboren im Februar oder März 1698 in Heidelberg, hingerichtet am 4. Februar 1738 in Stuttgart), württembergischer Geheimer Finanzrat, Freidenker und Justizopfer. Joseph Süß Oppenheimer betätigte sich als Privatbankier, Händler und Schuldeneintreiber in Mannheim sowie als Münzproduzent und »landgräflicher Kabinettsfaktor«, zuständig für die fürstliche Privatkasse, in Darmstadt. 1732 lernte er in Wildbad Prinz Karl Alexander von Württemberg kennen, der ihn zu seinem Hof- und Kriegsfaktor ernannte. Süß hatte den Hofstaat des Fürsten zu organisieren und zu finanzieren. Als Karl Alexander im Jahr darauf Herzog von Württemberg wurde, ernannte er Süß zunächst zum herzoglichen Residenten in Frankfurt, übertrug ihm jedoch bald weitreichende Aufgaben als Wirtschafts- und Finanzfachmann und ernannte ihn zum Direktor der staatlichen Münze. In Württemberg führte Süß eine merkantilistische Wirtschaftsweise ein. Um die Kasse des Herzogs aufzufüllen, gründete er die württembergische Staatsbank, eine staatliche Lotterie und mehrere Monopole. Das pietistische Volk war wegen der rigiden Steuerpolitik, der Missachtung der Landstände und ausschweifender Prunksucht nicht gut auf Karl Alexander und seinen Freund Süß zu sprechen, insbesondere, als Pläne bekannt wurden, in Württemberg gewaltsam ein absolutistisches Regime einzuführen und das Land zu katholisieren. Der katholische Herzog beförderte Süß zum Geheimrat, und ein her-

Joseph Süß Oppenheimer

zogliches Dekret vom 12. Februar 1737 sprach ihn von jeglicher Verantwortung für alle vergangenen und zukünftigen Handlungen frei. Doch als der Herzog am 12. März 1737 unerwartet einem Schlaganfall erlag, wurde Süß sofort verhaftet. In Württemberg begann eine »konservative Revolte« gegen die Finanz- und Wirtschaftspolitik Karl Alexanders; die pietistisch geprägten Landstände pochten auf alte Rechte; die geballte Wut der württembergischen Patrizier ging auf Süß nieder. Die Anklageschrift gegen Süß lautete auf Hochverrat, Majestätsbeleidigung, Beraubung der staatlichen Kassen, Amtshandel, Bestechlichkeit und Schändung der protestantischen Religion. Im Verlauf des Prozesses wurde Joseph Süß Oppenheimer vom Geheimen Rat zum »Jud Süß« degradiert. Die Gerichtskommission konnte zwar für keinen der Anklagepunkte einen Beweis finden; dennoch wurde am 13. Dezember 1737 das Todesurteil verkündet und am 9. Januar 1738 vom Oberrat bestätigt. »Das Urteil nennt keine Straftaten und verweigert eine Begründung«, so Süß' Biograph Hellmut G. Haasis. Am 4. Februar 1738 kam Joseph Süß Oppenheimer bei großem Publikumsandrang an den Galgen, der auf dem Rebenberg stand, etwa dort, wo 1954 bis 1956 die Eisenbahner-Wohnhochhäuser in der Mönchstraße gebaut wurden. Sechs Jahre blieb der Leichnam zur Schande und Warnung in einem eisernen Käfig hängen, bis Herzog Karl Eugen nach seinem Regierungsantritt 1744 das Skelett am Fuß des Galgens verscharren ließ.

Die politische Verurteilung Joseph Süß Oppenheimers wurde zum Symbol dafür, dass Juden jahrhundertelang immer wieder als Südenbock herhalten mussten. 1827 veröffentlichte Wilhelm Hauff seine Novelle »Jud Süß«; Lion Feuchtwangers gleichnamiger Roman wurde 1925 zum Welterfolg. In Deutschland wurde allerdings der antisemitische Propagandafilm, den Veit Harlan 1940 ebenfalls unter dem Titel »Jud Süß« drehte, noch bekannter. – Als Pächter wohnte Süß im oberen Stockwerk der Münze in Stuttgart. Diese befand sich bis 1735 in der Turmstraße 1, also in unmittelbarer Nähe des Joseph-Süß-Oppenheimer-Platzes. 1736 wurde sie in die Dorotheenstraße 4 neben die Stiftskirche verlegt (siehe →Münzstraße).

Joseph-von-Egle-Weg *(benannt 1984, Stadtteil Stuttgart-Mitte)* Joseph von Egle (geboren am 23. November 1818 in Dellmensingen, Oberschwaben, gestorben am 5. März 1899 in Stuttgart), Hofbaudirektor. Nach dem Studium in Wien und an der Berliner Akademie der Künste und Studien in London, Paris und in Italien wurde Egle 1848

Rektor der neuen Baugewerkeschule. 1850 erhielt er zusätzlich eine Professur am Stuttgarter Polytechnikum, der späteren Technischen Hochschule. Er erhielt den Rang des Hofbaudirektors. Er entwarf und baute die kleinsten Häuser ebenso wie Villen, Schulen oder ganze Gebäudekomplexe. Von ihm stammen der Bau der Technischen Hochschule von 1860, die neugotische Marienkirche in der Tübinger Straße, die Rekonstruktion der Stadtkirche von Weil der Stadt als gotisches Bauwerk, die Renovierung der Esslinger Frauenkirche und der Ausbau des Ulmer Münsterturms zum höchsten Kirchturm der Welt. Sein größtes Verdienst und sein Lebenswerk ist aber der Auf- und Ausbau der Königlichen Höheren Bauschule, der vielen Architekten zum Vorbild wurde. 1864 wurde Egle zum Stuttgarter Ehrenbürger ernannt. Zweimal im Jahr verleiht die Landeshauptstadt den Joseph-von-Egle-Preis an Absolventen der Hochschule für Technik. – Der Joseph-von-Egle-Weg führt quer über das Areal, das im 19. Jahrhundert den Alleenplatz gebildet hat. Herzog Karl Eugen schenkte 1787 einen Teil vom Grund des ehemaligen Großen oder Unteren Sees der Stadt Stuttgart, die hier eine vierfache Allee von Kastanien, Linden und Pappeln anlegen ließ.

Juiststraße *(benannt 1934, Stadtteil Neuwirtshaus)* Nordseeinsel.

Julienstraße *(benannt 1911, Stadtteil Stuttgart-Ost)* Nach dem weiblichen Vornamen Julie.

Julius-Hölder-Straße *(benannt 1967, Straßenführung geändert 1982, Stadtteil Degerloch)* Julius (von) Hölder (geboren am 24. März 1819 in Stuttgart, gestorben am 30. August 1887 in Stuttgart), württembergischer Innenminister, Landtagspräsident, Reichstagsmitglied. Hölder studierte in Tübingen Staatswissenschaften und Jura, trat 1842 in den württembergischen Justizdienst ein, wurde Assessor in Ellwangen und 1848 Regierungsrat im Innenministerium. 1849 wurde er für die demokratische Partei in die Zweite Kammer das Landtags gewählt. Bei den Neuwahlen 1850 versetzte man ihn wegen »Opposition gegen die Regierung« nach Ellwangen. Darauf trat er aus dem Staatsdienst aus und ließ sich als Rechtsanwalt in Stuttgart nieder. Als Hölder 1855 wieder in die Zweite Kammer kam, bildete er mit anderen liberalen Abgeordneten die Fortschrittspartei und setzte sich für die deutsche Einheit sowie für die Ablösung der auf dem bäuerlichen Grundeigentum ruhenden Lasten ein. Die württembergische Bauernschaft überreichte ihm als Dank einen Silberpokal mit der Inschrift: »Der freie Bauer dem Bannerträger seiner Entfesselung«. 1866 gründete Hölder die Deutsche Partei und wurde deren Vorsitzender. 1871 bis 1881 vertrat er Göppingen im Reichstag. 1875 wurde er zum Präsidenten der württembergischen Zweiten Kammer gewählt und im Oktober 1881 zum württembergischen Innenminister ernannt.

Julius-Wengert-Straße *(benannt 1928, Stadtteil Zuffenhausen)* Julius Wengert (geboren 1871 in Wallhausen, gestorben 1925 in Lugano), Volksschulrektor, Musik- und Chordirektor, Komponist, schuf eine Reihe bedeutender Kompositionen für Männerchöre.

Jungen, Im siehe →Im Jungen.

Junghansstraße *(benannt 1935, Stadtteil Feuerbach)* Benannt nach Erhard Junghans (geboren 1823 in Zell am Harmersbach, gestorben 1870 in Schramberg), dem Begründer der Schramberger Uhrenindustrie, und seinen Söhnen Erhard (geboren 1849 in Schramberg, gestorben 1923 in Schramberg) und Artur (geboren 1852 in Schramberg, gestorben 1920 in Schramberg).

Jungnauer Straße *(benannt 1961, Stadtteil Möhringen)* Der Stadtteil Jungnau der Kreisstadt Sigmaringen liegt im Laucherttal und hat 800 Einwohner. Der Name leitet sich von der Burg Jungnau ab, deren Bergfried gut erhalten in der Ortsmitte steht. 80 Meter südlich liegen auf einem Felsen die Reste einer zweiten Burg, der Burg Schiltau.

Junkerweg *(benannt 1957, Stadtteil Stammheim)* Wilhelm Junker (geboren am 6. April 1840 in Moskau, gestorben am 13. Februar 1892 in Sankt Petersburg, Russland), Afrikaforscher. Junker bereiste 1874 Nordafrika und 1875 bis 1887 mit einer großen Expedition den Sudan, dabei drang er bis zu Fluss Uële vor.

Junoweg *(benannt 1957, Stadtteil Dürrlewang)* Iuno war die bedeutendste römische Göttin; sie entspricht in der Mythologie der griechischen Hera. Sie galt als Schutzgöttin der Frauen, vor allem ihrer jugendlichen Kraft; jede Frau hatte ihre Iuno – so wie jeder Mann seinen Genius. Iuno war vor allem eine Göttin des Anfangs; Iuno pronuba war die Brautführerin, Iuno opigena gab gebärenden Frauen Kraft, Iuno lucina half den Neugeborenen ans Licht der Welt. Iuno wurde mit dem Wechsel der Mondphasen in Zusammenhang gebracht, Iuno fluonia war die Göttin des Neuanfangs durch den Monatsfluss, also die Menstruation. Die Neumondtage waren Iuno geweiht; die Iuno regina wurde schließlich zur Schutzherrin der italischen Städte.

Jupiterweg *(benannt 1957, Stadtteil Dürrlewang)* Planet.

Jurastraße *(benannt 1957, Stadtteil Vaihingen)* Geologische Formation, der auch die Schwäbische Alb angehört.

Kachel-Straße, Ernst- siehe →Ernst-Kachel-Straße.

Kade-Weg, Max- siehe →Max-Kade-Weg.

Kächeleweg *(benannt 1957, Straßenführung geändert 1983, Stadtteil Riedenberg)* Alter Riedenberger Familienname.

Kälbleweg *(benannt 1957, Stadtteil Stammheim)* Friedrich Kälble, 1807 bis 1820 Schultheiß in Stammheim.

Kärntner Straße *(benannt 1938, Stadtteil Feuerbach)* Kärnten ist das südlichste Bundesland Österreichs. – Bis 1938 hieß die Straße Moltkestraße.

Käte-Hamburger-Weg *(benannt 1993, Stadtteil Vaihingen)* Käte Hamburger (geboren am 21. September 1896 in Hamburg, gestorben am 8. April 1992 in Stuttgart), Literaturwissenschaftlerin, Philosophin und Kritikerin. Die Bankierstochter studierte in Berlin und München und promovierte 1922 über Schillers Analyse des Menschen. 1934 floh sie wegen ihrer jüdischen Herkunft nach Schweden. Mit Thomas Mann pflegte sie einen intensiven Briefwechsel; durch Besprechungen seiner Bücher bereitete sie seinem Werk in Skandinavien den Boden. Nach ihrer Rückkehr lehrte Käte Hamburger an der Technischen Hochschule Stuttgart (später Universität Stuttgart), wo sie sich 1957 habilitierte. In ihrem Hauptwerk »Die Logik der Dichtung« (1957, erweiterte Neufassung 1968) versuchte sie, durch Neufassung des aristotelischen Mimesis-Begriffs und in Anlehnung an Positionen der Sprachphilosophie logische Grundstrukturen der dichterischen Gattungen, besonders aber der »epischen Fiktion« zu bestimmen und von denen des pragmatischen Sprachgebrauchs zu trennen. Es gelang ihr damit eine methodische Versachlichung und Neuorientierung der Literaturwissenschaft. 1989 wurde sie mit dem Schillerpreis ausgezeichnet. Ihr Nachlass liegt im Deutschen Literaturarchiv in Marbach am Neckar.

Käthe-Kollwitz-Weg *(benannt 1996, Stadtteil Vaihingen)* Käthe Kollwitz, geb. Schmidt (geboren am 8. Juli 1867 in Königsberg, gestorben am 22. April 1945 in Moritzburg bei Dresden), Graphikerin und Bildhauerin. 1885 bis 1889 besuchte sie die Künstlerinnenschule in Berlin und nahm Unterricht bei Ludwig Herterich in München. Zurück in Berlin, unterrichtete sie fünf Jahre lang an der Künstlerinnenschule. Ab 1893 trat die soziale Tendenz in ihren Werken mehr und mehr in den Vordergrund. Als Frau eines Armenarztes erhielt sie unmittelbaren Einblick in das Elend des Großstadtproletariats. 1904 erlernte sie an der Académie Julian in Paris die Grundlagen plastischen Gestaltens, 1907 wurde sie mit dem Villa-Romana-Preis ausgezeichnet und hielt sich ein Jahr lang in Florenz auf. 1919 wurde Käthe Kollwitz als erste Frau zum Mitglied der Preußischen Akademie der Künste ernannt und mit dem Professorentitel geehrt. Nach dem Ersten Weltkrieg schuf sie zahlreiche Plakate, mit denen sie zur Bekämpfung der Nachkriegsnot aufrief und vor neuem Krieg warnte. Ab 1928 leitete Kollwitz die Meisterklasse für Graphik der Akademie der Künste. 1929 erhielt sie den Orden »Pour le Mérite« der Friedensklasse der Wissenschaft und Künste. 1933 verlor sie ihr Amt, und 1936 wurden ihre Exponate aus der Berliner Akademieausstellung entfernt, was einem inoffiziellen Ausstellungsverbot gleichkam. Käthe Kollwitz ist ebenso für ihren ausdrucksstarken Stil wie für ihre sozialkritischen Themen bekannt; viele ihrer Zeichnungen klagen an oder drücken warmes Mitgefühl und mitleidende Mütterlichkeit aus. Ihre zahlreichen Selbstporträts spiegeln Lebenskraft, Kühnheit und Selbstbewusstsein wider.

Käthe-Loewenthal-Straße *(benannt 1991, Stadtteil Riedenberg)* Katharina Loewenthal (geboren am 27. März 1877 in Berlin, ermordet am 26. April 1942 im KZ Izbica), Stuttgarter Malerin, Opfer des Naziregimes. Käthe Loewenthal stammte aus einer liberalen jüdischen Familie; der Vater war ein international anerkannter Augenarzt und Spezialist der medizinischen Hygiene. Als er nach Frankreich und in die Schweiz berufen wurde, begleitete ihn die Familie. In Bern blieb die zwölfjährige Käthe, älteste von fünf Töchtern, bei einer befreundeten Pfarrersfamilie und trat zum christlichen Glauben über. Die Schule beendete sie zwar in Berlin, 1895 begann sie ihre Studien aber wieder in Bern bei Ferdinand Hodler. 1898 lernte Loewenthal in Paris den Maler Leo von König kennen, dem sie nach Berlin folgte, als er dort Leiter der Kunstakademie wurde. 1900 setzte sie ihre Studien in Zeven bei Wilhelm Feldmann fort. Bis 1909 lebte und arbeitete sie als freischaffende Malerin in München, dann zog sie nach Tübingen, 1914 zusammen mit ihrer Freundin, der Malerin Erna Raabe (1882 bis 1938), nach Stuttgart.

Sie lebte und arbeitete in einem städtischen Atelier in der Ameisenbergstraße, malte aber bei Adolf Hölzel, dem damaligen Direktor der Stuttgarter Kunstakademie. Als Mitglied des Württembergischen Malerinnenvereins und des Künstlerbunds Stuttgart nahm sie an vielen Ausstellungen teil. Ihre jüngste Schwester, die Malerin Susanne Ritscher, hatte 1912 ein altes Fischerhaus auf Hiddensee gekauft; dort verbrachte Käthe Loewenthal bis in die Dreißigerjahre jeden Sommer. Ihre Seelandschaften, zumeist Pastelle in fließenden, flächig aufgetragenen Farbkontrasten mit schwarzen Konturen, wirken ernst und verhangen. 1935 erteilten ihr die Nationalsozialisten Malverbot, 1937 Inselverbot für Hiddensee. Schließlich musste sie ihr Atelier verlassen und in eine »Judenwohnung« nach Kaltental ziehen. Der Malermeister Albrecht Kämmerer, ein Freund zahlreicher verfemter Künstler, lagerte alle noch bei ihr befindlichen Ölgemälde zusammen mit Werken von Oskar Schlemmer, Willi Baumeister und anderen in seinem Magazingebäude; es wurde 1943 bei einem Bombenangriff zerstört. 1942 wurde Käthe Loewenthal mit dem zweiten Zug vom Killesberg aus zusammen mit ihrer Malerkollegin Klara Neuburger nach Izbica im heutigen Polen deportiert. In diesem Vernichtungslager wurde sie sofort nach ihrer Ankunft umgebracht. Geblieben sind weniger als 300 Bilder, hauptsächlich Porträts und Landschaftsbilder, viele davon Pastelle von wunderbarer Farbigkeit.

Käthe Loewenthal, um 1900

Kafkaweg *(benannt 1964, Stadtteil Freiberg)* Franz Kafka (geboren am 3. Juli 1883 in Prag, gestorben am 3. Juni 1924 im Sanatorium Kierling bei Wien), Schriftsteller. Der promovierte Jurist war ab 1908 bei der Prager Arbeiter-Unfall-Versicherungs-Anstalt tätig. 1917 erkrankte er an Tuberkulose, 1922 gab er seine Stellung auf und lebte eine Zeit lang in Berlin. Kafkas Prosa verbindet expressionistische Ausdrucksweise und surrealistische Visionen. Im Mittelpunkt steht der verunsicherte Mensch, der sich einer anonymen, nicht greifbaren Macht gegenübersieht. Während einzelne Aussagen und Sachverhalte immer klarer werden, bekommt das Ganze zunehmend einen unwirklichen und beängstigenden Charakter. Zu Kafkas Lebzeiten erschienen Erzählungen wie »Der Heizer« (1913), »Die Verwandlung« (1916), »Das Urteil« (1916) oder »In der Strafkolonie« (1919); sein Freund und Nachlassverwalter Max Brod (siehe →Max-Brod-Weg) hat gegen den Willen Kafkas posthum die nicht fertig gestellten Romane »Der Prozeß« und »Das Schloß« herausgebracht

Kahlhieb *(benannt 1951, Stadtteil Wolfbusch)* Bezeichnung für einen abgeholzten Wald.

Kaindlstraße *(benannt 1954, Stadtteil Büsnau)* Raimund Friedrich Kaindl (geboren 1866 in Czernowitz, gestorben 1930 in Graz), österreichischer Historiker.

Kainzweg *(benannt 1957, Stadtteil Vaihingen)* Josef Kainz (geboren 1858 in Wieselburg, Ungarn, gestorben 1910 in Wien), Schauspieler, ab 1899 am Wiener Burgtheater.

Kaisemer, Im siehe →Im Kaisemer.

Kairoweg *(benannt 1993, Stadtteil Stuttgart-Nord)* Stadt Kairo in Ägypten, arabisch Misr al-Kahira. Die Hauptstadt Ägyptens liegt zu beiden Seiten des Nils unmittelbar vor dem Beginn des Flussdeltas. Sie ist seit Jahrhunderten und bis heute die größte Stadt Afrikas: Acht Millionen Einwohner leben hier, in der Region Kairo sogar 18 Millionen. Die heutige Stadt wurde im Jahr 969 n. Chr. nahe der Ruinen von Babylon und der Pyramiden von Gizeh gegründet. Der arabische Name »al-Kahira« bedeutet »die Siegreiche«. Kairo liegt am Schnittpunkt dreier Kontinente; es ist eine der großen Verkehrs-, Wirtschafts-, Handels-, Kultur- und Bildungsmetropolen Afrikas. Mit der Azhar-Moschee bildet Kairo den Mittelpunkt des sunnitischen Islam. Seit 1979 ist Kairo Partnerstadt von Stuttgart.

Kaisersbacher Straße *(benannt 1959, Stadtteil Bad Cannstatt)* Die Gemeinde Kaisersbach, Rems-Murr-Kreis, liegt im Schwäbisch-Fränkischen Wald nahe dem Ebnisee und beim »Schwabenpark« und hat 2700 Einwohner.

Kaiserslauterer Straße *(benannt 1938, Straßenführung geändert 1977, Stadtteil Weilimdorf)* Stadt Kaiserslautern, Rheinland-Pfalz, 102 000 Einwohner. Im 12. Jahrhundert baute Kaiser Friedrich Barbarossa hier am Fluss Lauter eine Kaiserpfalz, daher der Name der Stadt. Heute ist Kaiserslautern hauptsächlich durch den mehrmaligen deutschen Fußballmeister und Pokalsieger 1. FC Kaiserslautern bekannt.

Kaiserstraße *(benannt 1911, Stadtteil Birkach)* Paul Kaiser (geboren 1882 in Rohracker, gestorben 1962 in Stuttgart-Birkach), Maurerpolier, Inhaber eines Baugeschäfts und späterer Bauaufseher, baute die ersten Häuser an dieser Straße.

Kaiserstuhlweg *(benannt 1958, Stadtteil Feuerbach)* Vulkanbergstock in der Oberrheinebene, hervorragendes Weinbaugebiet, höchste Erhebung ist der Totenkopf (557 m).

Kalckreuthweg *(benannt 1933, Stadtteil Stuttgart-Nord)* Professor Leopold Graf von Kalckreuth (geboren 1855 in Düsseldorf, gestorben 1928 in Eddelsen bei Hamburg), Maler und Graphiker, 1900 bis 1905 Direktor der Akademie der bildenden Künste in Stuttgart, Präsident des Deutschen Künstlerbundes.

Kalifenweg *(benannt 1957, Stadtteil Möhringen)* Nach dem Märchen »Kalif Storch« von Wilhelm Hauff.

Kalkhofstraße *(benannt um 1907, Stadtteil Möhringen)* Hier stand ein Ofen zum Kalkbrennen; 1434 taucht der »Acker im Loch beim Kalkofen« erstmals in einer Urkunde auf. Etwa an der Ecke Obere Brandstraße/Hechinger Straße befand sich bis ins 19. Jahrhundert ein Steinbruch; vermutlich hat man die zum Kalkbrennen nötigen Kalksteine dort geholt.

Kalleestraße *(benannt 1938, Stadtteil Feuerbach)* Richard Kallee (geboren 1854 in Ludwigsburg, gestorben 1933 in Stuttgart-Feuerbach), Stadtpfarrer und Begründer des ehemaligen Heimatmuseums in Feuerbach. Zeigte besondere Vorliebe für Altertumskunde. Unter seiner Leitung fanden zahlreiche Ausgrabungen statt, die zur Klärung der Vor- und Frühgeschichte Feuerbachs beitrugen. – Bis 1938 hieß die Straße Paulinenstraße.

Kallenbergweg *(benannt 1935, Stadtteil Degerloch)* Carl Kallenberg (geboren 1825 in Ludwigsburg, gestorben 1900 in Lindau-Äschach), Mitbegründer des Schwäbischen Turnerbunds. 1847 bewahrte Kallenberg die Stuttgarter Turngesellschaft vor der Auflösung und wurde Sprecher des neu gegründeten Vereins. 1849 gehörte er zu den Verfassern der »Schwäbischen Turnordnung«. Kallenberg kämpfte in der 1848er-Revolution für Freiheit und Demokratie und für die Einheit des Vaterlands. Er setzte sich energisch für den Zusammenschluss aller Turnvereine zu einem nationalen Bund und für die Aufstellung von Turnerwehren ein. 1850 siedelte er geschäftlich – er war Kaufmann und Handlungsreisender – nach Paris über und gründete dort mit anderen Kaufleuten den ersten Turnverein. 1855 kehrte er nach Stuttgart zurück. Auf ausgedehnten Auslandsreisen schloss er Freundschaft mit dem italienischen Freiheitshelden Guiseppe Garibaldi; er wurde Taufpate von dessen Sohn Siegfried. Kallenbergs Frau war eine Enkelin des romantischen Dichters Jean Paul. Beim Turntag 1860 in Coburg (siehe →Georgiiweg) trat Kallenberg für einen bewaffneten Turn- und Schützenbund ein, der sich zusammen mit dem Deutschen Nationalverein politisch aktiv betätigen sollte. Als er seine Vorstellungen nicht verwirklicht sah, zog er sich in den späten 1860er-Jahren aus der Turnbewegung zurück und wandte sich verstärkt dem Schützenwesen zu. 1865 übersiedelte Kallenberg an den Bodensee. – Bis 1935 hieß die Straße Kernerweg, vermutlich nach dem Dichter Justinus Kerner (siehe →Kernerplatz).

Kaltentaler Abfahrt *(benannt 1957, Stadtteil Vaihingen)* Führt im Nesenbachtal von Vaihingen nach Kaltental.

Kaltentaler Straße *(benannt um 1900, Stadtteil Vaihingen)* Führt nach Kaltental.

Kameralamtsstraße *(benannt 1957, Stadtteil Stammheim)* Nach dem früheren Sitz des Hofkameralamts (der Finanzbehörde) in Stammheim.

Kammhaldenweg *(benannt 1986, Stadtteile Lederberg, Heumaden)* Nach dem nahe liegenden Gewann. Kammhalde ist der Abhang, der vom Bergkamm ausgeht.

Kanalstraße *(benannt 1811, Stadtteil Stuttgart-Mitte)* Die Straße verlief direkt entlang der östlichen Seite der Stadtmauer um die Leonhardsvorstadt. Bis ins 18. Jahrhundert war die Stadtmauer außen durch einen Nesenbachkanal, der hier besonders breit war, vor Angriffen geschützt. – Bis 1811 hieß die Straße Schellenturmgasse oder Torgasse.

Kannengießerstraße *(benannt 1993, Stadtteil Weilimdorf)* Flurname.

Kantstraße *(benannt 1914, Stadtteil Stuttgart-West)* Immanuel Kant (geboren am 22. April 1724 in Königsberg, gestorben am 12. Februar 1804 in Königsberg), Philosoph. Begründete die Transzendentalphilosophie und den Kritizismus, mit dem er die philosophischen Richtungen des 18. Jahrhunderts, Rationalismus und Empirismus, überwand. Seine erkenntnistheoretische Kritik der überkommenen dogmatischen Metaphysik machte in Verbindung mit seinem Primat der praktischen Vernunft zugleich den Weg zu einer neuen Metaphysik frei und schuf die Voraussetzungen für den deutschen Idealismus. Seine Lehre war Ausgangspunkt aller philosophischen Richtungen des 19. Jahrhunderts. Seine »Kritik der reinen Vernunft« (1781) und »Kritik der praktischen Vernunft« (1788) sind Grundwerke der Philosophie.

Kanzel, Auf der siehe →Auf der Kanzel.

Kapellenweg *(benannt 1936, Straßenführung geändert 1938 und 1972, Stadtteil Hofen)* Nach der Kapelle zum heiligen Wendelin.

Kapfenburgstraße *(benannt 1937, Stadtteil Feuerbach)* Schloss bei Lauchheim, Ostalbkreis. Das mittelhochdeutsche Wort »kapf« bezeichnet eine runde Bergkuppe, denn von dort aus konnte man »kapfen«, was so viel heißt wie schauen oder Ausschau halten (das Wort »gaffen« stammt aus derselben Wurzel). Tatsächlich steht die Kapfenburg auf einer Bergkuppe. Sie wurde 1164 erstmals urkundlich genannt und ging 1364 in den Besitz des Deutschen Ordens über, der von hier aus seinen Güterbesitz in der Gegend verwaltete. Ihr heutiges Aussehen erhielt die Burg im 18. Jahrhundert. 1806 hob Napoleon den Deutschen Orden auf; die Kapfenburg kam in den Besitz des Landes Württemberg. Seit 1997 ist hier die Internationale Musikschulakademie Schloss Kapfenburg untergebracht.

Kappelbergstraße *(benannt 1916, Stadtteil Untertürkheim)* Verdankt ihren Namen dem Berg zwischen Fellbach und Untertürkheim, auf dem früher eine Marienkapelle stand, die dem Berg seinen Namen gab. Die Legende einer Marienerscheinung machte sie zur Wallfahrtskapelle bis in die Zeit des Bauernkriegs.

Kappelfeld, Im siehe →Im Kappelfeld.

Kappisweg *(benannt 1928, Stadtteil Stuttgart-Nord)* Albert Kappis (geboren 1836 in Wildberg, gestorben 1914 in Stuttgart), Maler, 1880 bis 1905 Professor an der Akademie in Stuttgart.

Kappstraße *(benannt 1937, Stadtteil Heumaden)* Alteingesessenes Heumadener Geschlecht.

Kapuzinerweg *(benannt 1971, Stadtteil Sommerrain)* Die Kapuzinerkresse, *Tropaeolum majus,* ist eine Gartenpflanze, die ursprünglich aus Mittel- und Südamerika stammt. Verwendet werden die jungen Blätter ähnlich wie Gartenkresse zu Salaten, Salat- und Kräutertunken sowie als Brotbelag. Die jungen Samenkapseln lassen sich als Kapernersatz in Essig einlegen. Die Blüten der Kapuzinerkresse eignen sich hervorragend zum Garnieren und können mitgegessen werden.

Karl-Adler-Staffel *(benannt 1990, Stadtteil Stuttgart-West)* Karl Adler (geboren am 25. Januar 1890 in Buttenhausen, gestorben im Juli 1973 in New York), Musiker. Nach seiner Ausbildung zum Konzertsänger übernahm er 1921 bis 1933 die Leitung des Stuttgarter Konservatoriums am Herdweg, das unter ihm eine Blütezeit erlebte. 1933 erhielt er Berufsverbot, konnte aber, trotz schwerer Misshandlungen, inner-

Karl Adler (am Flügel) erteilt Gesangsunterricht, Aufnahme aus den Zwanzigerjahren.

halb der jüdischen Gemeinde kulturell und auch als Menschenretter segensreich wirken. Nach seiner Emigration 1940 setzte er sich in den USA verhältnismäßig schnell durch, erwarb den Doktortitel, wurde Professor an der Jewischa Universität in New York und verwertete dort die Literatur der deutschen Singbewegung. Nach 1945 nahm er zur alten Heimat wieder Fühlung auf. »Viva la musica« steht auf seinem Grabstein: Sein Leben war Musik, unbeugsame Aufrichtigkeit der Grundton seines Lebens.

Karl-Benz-Platz *(benannt 1981, Straßenführung geändert 1996, Stadtteil Untertürkheim)* Karl Friedrich Benz (geboren am 25. November 1844 in Karlsruhe, gestorben am 4. April 1929 in Ladenburg), Ingenieur, schuf 1885, unabhängig von Gottlieb Daimler, den von einem Einzylinder-Viertakt-Benzinmotor angetriebenen Kraftwagen. Er gründete die Firma Benz & Cie., die sich 1926 mit der Daimler-Motoren-Gesellschaft zu Daimler-Benz AG vereinigte.

Karl-Donndorf-Weg *(benannt 1984, Stadtteil Stuttgart-Ost)* Karl Donndorf (geboren am 17. Juli 1870 in Dresden, gestorben am 31. Oktober 1941 in Stuttgart), Bildhauer. Sein Vater, Adolf von Donndorf, Bildhauer und Professor, wurde als Rektor der königlichen Akademie der Bildenden Künste nach Stuttgart berufen. Der harten Schule bei seinem Vater folgten Studienjahre in Dresden, Paris und Italien. In Weimar schuf er Büsten des großherzoglichen Paares und die bekannte Nietzsche-Büste. Schließlich ließ er sich 1904 in Stuttgart nieder und schuf hier viele Werke, etwa den Schicksals-Brunnen, der im Schlossgarten beim Großen Haus steht. In den Stein gravierte Donndorf am Vorabend des Ersten Weltkrieges den Vers ein: »Aus des Schicksals dunkler Quelle rinnt das wechselvolle Los. Heute stehst du fest und groß, morgen wankst du auf der Welle.« Weitere Werke, die er in Stuttgart schuf, sind der Jünglingsbrunnen in Ostheim, der Athene-Brunnen auf der Karlshöhe und der »Traubenbüblesbrunnen« in Rotenberg. Auf den Friedhöfen stehen viele Grabmäler des Künstlers, etwa das der ermordeten Kammersängerin Anna Sutter auf dem Pragfriedhof. Von ihm stammt auch das Hegel-Relief über dem Eingang zum Geburtshaus des Philosophen. Von heute aus gesehen bleibt unverständlich, warum die Nationalsozialisten Donndorf 1933 aus der »Reichskammer der Bildenden Künste« ausschlossen, stammt von ihm doch auch eine ganz im Geiste der offiziellen NS-Kunst geschaffene Hitler-Büste. Obwohl er kein kritischer oder gar politischer Künstler war, dürften ihm aber die Einschränkungen missfallen haben, denen die Kunst im »Dritten Reich« unterworfen war.

Karl-Eugen-Weg *(benannt 1983, Stadtteil Birkach)* Herzog Karl Eugen von Württemberg, (geboren am 11. Februar 1728 in Brüssel, gestorben am 24. Oktober 1793 in Hohenheim bei Stuttgart), 1737 bis 1793 Herzog von Württemberg. Geistreicher, zeitweise am Hof Friedrichs des Großen erzogener, prachtliebender und selbstherrlicher Fürst, der nach langem Kampf die Rechte der Landstände im Erbvergleich von 1770 anerkennen musste. Er gründete die Hohe Karlsschule, zu deren Besuch auch der junge Schiller verpflichtet wurde, machte Stuttgart zu einer starken Garnison und baute das Neue Schloss in Stuttgart sowie die Schlösser Solitude und Hohenheim. Siehe auch →An der Betteleiche, →Beim Fasanengarten, →Einsiedelweg, →Fasanenhofstraße, →Franziskaweg, →Garbenstraße, →Göppinger Straße, →Goethestraße, →Goezstraße, →Grafeneckstraße, →Guibalstraße, →Hohenheimer Straße, →Joseph-Süß-Oppenheimer-Platz, →Joseph-von-Egle-Weg, →Karlshof, →Karlshofstraße, →Karlspassage, →Karlsplatz, →Kleinhohenheim, →Kleinhohenheimer Straße, →Leuschnerstraße, →Moserstraße, →Niccolo-Jommelli-Weg, →Pfarrer-Flattich-Weg, →Schillerpassage, →Schubartstraße, →Solitude, →Solitudeallee und →Zumsteegstraße.

Karl-Frey-Straße *(benannt 1946, Stadtteil Weilimdorf)* Karl Frey (geboren 1870 in Birenbach, Kreis Göppingen, gestorben 1945 in Stuttgart), Stuttgarter Gemeinderat und einer der führenden Vertreter des deutschen und württembergischen Arbeiterturnens der Anfangszeit. Im Jahr 1898 zählte Frey zu den Gründern der »Freien Turnerschaft Stuttgart«. Als Buchbindergeselle gehörte Frey schon früh der SPD an und betätigte sich auch in der Gewerkschaftsbewegung. Er war Mitbegründer des deutschen Arbeiter-Turnerbundes (ATB) und von 1898 bis 1902 Vertreter des 10. Turnkreises des ATB, Württemberg. Von 1904 bis 1906 redigierte er die Arbeiter-Turnzeitung, ab 1907 betrieb er in Stuttgart den »Arbeiterturn-Verlag Frey und Backhaus«. Vier Jahre darauf eröffnete er in Stuttgart einen Laden für Turnartikel. 1916 bis 1919 war Frey Mitglied des Stuttgarter Bürgerausschusses, 1919 bis 1933 sozialdemokratischer Stuttgarter Gemeinderat. In dieser Eigenschaft setzte er sich besonders für den Bau des heutigen Gottlieb-Daimler-Stadions ein. Nach der »Machtergreifung« der Nationalsozialisten musste Frey aus dem Gemeinderat ausscheiden.

Karl-Kloß-Straße *(benannt 1946, Stadtteil Stuttgart-Süd)* Karl Kloß (geboren 1847 in Berlin, gestorben 1908 in Hamburg), erster sozialdemokratischer Reichstagsabgeordneter (1898 bis 1903), seit 1895 württembergischer Landtagsabgeordneter und 1897 bis 1908 erster sozialdemokratischer Gemeinderat der Stadt Stuttgart, 1891 bis 1896 Mitglied des Bürgerausschusses. Er war eine der markantesten Persönlichkeiten in der sozialistischen Bewegung Württembergs. Auch während der Sozialistenverfolgung verstand er es immer wieder, sich mit seinen Freunden durchzusetzen. Als Vorkämpfer für die Gründung einer zentralen Tischlerorganisation – er war 1876 Vorsitzender des Fachvereins der Stuttgarter Schreiner geworden – baute er von Stuttgart aus eine Gewerkschaft auf. Er gründete 1887 den Arbeiterverein Heslach, der zu einer Keimzelle der sozialdemokratischen Partei wurde. Karl Kloß' Trauerfeier brachte einen der größten Trauerzüge in der Geschichte der Stadt mit sich: Die letzten Reihen der

Karl Kloß

Trauergäste standen noch in Heslach, als die Spitze des Zuges bereits am Pragfriedhof angekommen war. – Von 1933 bis 1946 hieß die Straße Richthofenstraße nach Manfred Freiherr von Richthofen (1892–1918), dem mit 80 Abschüssen »erfolgreichsten« deutschen Jagdflieger des Ersten Weltkriegs, von 1929 bis 1933 Zillestraße nach dem Zeichner Heinrich Zille (siehe →Zilleweg).

Karl-Münchinger-Weg *(benannt 1993, Stadtteil Uhlbach)* Karl Münchinger (geboren am 29. Mai 1915 in Stuttgart, gestorben am 13. März 1990 in Stuttgart), Dirigent. Münchinger studierte an der Stuttgarter Musikhochschule und bei Hermann Abendroth am Leipziger Konservatorium. Von 1941 bis 1943 war er erster Dirigent des Staatsorchesters Hannover. Nach dem Zweiten Weltkrieg kehrte er nach Stuttgart zurück und gründete noch 1945 das Stuttgarter Kammerorchester, mit dem er gefeierte Gastspiele in Japan, der UdSSR und den USA gab. 1966 gründete Münchinger die Klassische Philharmonie Stuttgart. Beide Klangkörper hat er bis 1988 geleitet. Besondere Beachtung fanden Münchingers Aufführungen von Werken Johann Sebastian Bachs in einem kunstvoll-ungekünstelten Stil auf modernen Instrumenten.

Karl-Munz-Weg *(benannt 1998, Stadtteil Feuerbach)* Karl Munz (geboren 1925, gestorben 1983), Vorsitzender des Wein-, Obst- und Gartenbauvereins Feuerbach und Mitbegründer des Feuerbacher Kelterfestes.

Karl-Pfaff-Straße (benannt 1938, Stadtteil Degerloch) Karl Pfaff (geboren 1795 in Stuttgart, gestorben 1866 in Esslingen), Konrektor des Pädagogiums (Gymnasiums) in Esslingen, Historiker, Vorstandsmitglied des Schwäbischen und Deutschen Sängerbundes. Pfaff verfasste zahlreiche landes- und ortsgeschichtliche Werke, unter anderem: »Geschichte Wirtenbergs« (1818), »Biographie der Regenten von Württemberg von Herzog Eberhard im Bart bis zum König Friederich mit deren Abbildungen« (1821), »Die Geschichte Wirtembergs, für die Jugend bearbeitet« (1824), »Beschreibung der Erde nach ihrer natürlichen Beschaffenheit, ihren Erzeugnissen, Bewohnern und deren Wirkungen und Verhältnissen, wie sie jetzt sind« (zu-

Karl Pfaff

sammen mit Wilhelm Hoffmann und Wilhelm Pahl, 1832), »Der Ursprung und die früheste Geschichte des Wirtenbergischen Fürstenhauses« (1836), »Geschichte des Fürstenhauses und Landes Wirtemberg« (1839), »Geschichte der Reichsstadt Eßlingen« (1840), »Fürstenhaus und Land Württemberg nach den Hauptmomenten, von der ältesten bis auf die neueste Zeit« (1841), »Geschichte des Militärwesens in Württemberg von der ältesten bis auf unsere Zeit und der Verhandlungen darüber zwischen der Regierung und den Landständen« (1842), »Versuch einer Geschichte des gelehrten Unterrichtswesens in Württemberg in ältern Zeiten« (1842), »Geschichte der Stadt Stuttgart« (zwei Bände, 1845/46), »Geschichte Möhringens a. d. F.« (1854) und »Württembergische Wein-Chronik« (1865). – Früher hieß die Straße von der Kirche bis zur heutigen Jahnstraße Kirchgasse oder Kirchstraße, zwischen Jahnstraße und Oberer Weinsteige Karlstraße nach König Karl von Württemberg. Auch die Namen Vordere Gasse und Reitweg waren gebräuchlich.

Karlsbader Straße *(benannt 1937, Stadtteil Bad Cannstatt)* Badeort Karlsbad (tschechisch: Karlovy Vary), Egerland, Tschechische Republik. – Von 1887 bis 1937 hieß die Straße Charlottenstraße nach Königin Charlotte von Württemberg, der zweiten Frau König Wilhelms II.

Karlsberger Weg *(benannt 1978, Stadtteil Büsnau)* Karlsberg (rumänisch: Gura Putnei), einstige Industriesiedlung in der Bukowina, siehe auch →Buchenländer Straße.

Karl-Schurz-Straße *(benannt 1937, Stadtteil Stuttgart-Ost)* Karl Schurz (geboren am 2. März 1829 in Liblar bei Köln [heute Erftstadt-Liblar], gestorben am 14. Mai 1906 in New York, USA), Politiker und Publizist. Schurz studierte ab 1847 in Bonn bei Gottfried Kinkel Philologie und Geschichte und beteiligte sich dann an der Revolution 1848/49. Unter dem Kommando seines Professors stürmte er das Siegburger Zeughaus; beim pfälzisch-badischen Aufstand war er Leutnant. Als die Festung Rastatt am 23. Juli 1849 kapitulierte (siehe →Rastatter Straße), versteckte er sich in einem Abwasserkanal und floh dann über das Elsaß in die Schweiz. In den folgenden Jahren lebte er in Frankreich und England im Exil; im November 1850 befreite er unter abenteuerlichen Umständen seinen Freund und ehemaligen Professor Kinkel aus dem Zuchthaus in Spandau. Im Alter von 23 Jahren wanderte er in die USA aus, wo er als Journalist, Rechtsanwalt und Regierungsberater tätig war und sich für die republikanische

Der Karlsplatz um 1905; im Hintergrund der Turm des alten Rathauses und die alte Markthalle. Das Kaiser-Wilhelm-Denkmal von Wilhelm Ruemann (1898) symbolisierte die Zugehörigkeit Württembergs zum Reich.

Partei engagierte, 1860 als Wahlhelfer für Abraham Lincoln. 1861 entsandte ihn die amerikanische Regierung als Botschafter nach Madrid. Zwei Jahre später kehrte er zurück, um im Sezessionskrieg als Brigadegeneral, später als Generalmajor in der Armee der Nordstaaten zu dienen. Nach dem Bürgerkrieg gründete er die Tageszeitung »Detroit Post«, 1867 war er Teilhaber und Herausgeber der »Westliche Post« in Saint Louis. 1869 wurde Schurz zum Senator von Missouri gewählt, 1877 bis 1881 war er Innenminister der Vereinigten Staaten.

Karlshof *(benannt um 1922, Stadtteil Plieningen)* 1781 unter Herzog Karl Eugen neu erbauter Gutshof. Siehe auch →Karl-Eugen-Weg.

Karlshofstraße *(benannt 1952, Stadtteil Steckfeld)* siehe →Karlshof.

Karlspassage *(benannt 1987, Stadtteil Stuttgart-Mitte)* nach Herzog Karl Eugen von Württemberg, siehe →Karl-Eugen-Weg.

Karlsplatz *(benannt 1794, Stadtteil Stuttgart-Mitte)* nach Herzog Karl Eugen von Württemberg, siehe →Karl-Eugen-Weg. – Den Straßenzug an der nordwestlichen Seite des Karlsplatzes benannte OB Karl Strölin am 17. November 1938 in Vom-Rath-Straße um (später Ernst-vom-Rath-Straße). Der Legationssekretär III. Klasse Ernst vom Rath war am 7. November 1938 in Paris von dem 17-jährigen Hermann Grünspan (Herszel Grynszpan) niedergeschossen worden, nachdem dieser von der Deportation seiner Familienangehörigen erfahren hatte. Die NS-Propaganda benützte das Attentat, um den Übergang von der Entrechtung und Diffamierung zur direkten Verfolgung der deutschen Juden zu legitimieren; dies führte bereits am 9. November zur Reichspogromnacht. Reichspropagandaminister Goebbels hatte angeordnet, in der Berichterstattung die Parallelen zum Attentat auf den Landesgruppenleiter der NSDAP in der Schweiz, Wilhelm Gustloff, 1936 in Davos zu unterstreichen; die heutige →Goerdelerstraße auf der gegenüberliegenden, südöstlichen Seite des Karlsplatzes war 1936 in Gustloffstraße umbenannt worden.

Karlsruher Straße *(benannt 1925, Stadtteil Bad Cannstatt)* Karlsruhe, kreisfreie Stadt, 280 000 Einwohner. Karlsruhe entstand ab 1715 um ein Jagdschloss des Markgrafen Karl Wilhelm von Baden-Durlach und war 1717 bis 1918 Residenzstadt der Markgrafen und badische Hauptstadt. Heute ist es Sitz zahlreicher Bundesbehörden sowie als Sitz des Bundesverfassungsgerichts und des Bundesgerichtshofs »Residenz des Rechts«.

Karlstraße *(benannt 1811, Stadtteil Stuttgart-Mitte)* nach Herzog Karl Eugen von Württemberg, siehe →Karl-Eugen-Weg. – Bis 1811 hieß die Straße Hof-Waschgasse oder Alter Hafenmarkt, ein Teil der Straße »Beim Schlachthaus« (welchselbiges man dort genau über dem Nesenbach errichtet hatte).

Karl-Weller-Straße *(benannt 1945, Stadtteil Rohr)* Karl Weller (geboren 1866 in Langenschemmern bei Biberach, gestorben 1943 in Stuttgart), Historiker, verdient um die Erforschung der württembergischen Landesgeschichte. Er stellte das »Hohenlohische Urkundenbuch« (1899) zusammen und verfasste unter anderem: »Württemberg in der deutschen Geschichte« (1900), »Geschichte des Hauses Hohenlohe« (1903/08), »Württembergische Geschichte« (1909), »Einführung in die Landesgeschichte Württembergs« (1926), »Die Staatsumwälzung in Württemberg 1918–1920« (1930), den Band 1 der »Württembergischen Kirchengeschichte« (1936) sowie die »Besiedelungsgeschichte Württembergs vom 3. bis 13. Jahrhundert n. Chr.« (1938). – Von 1938 bis 1945 hieß die Straße Horst-Wessel-Straße. Der Student Horst Wessel (1907–1930) verfasste das offizielle Parteilied der NSDAP, »Die Fahne hoch ...«, das in der NS-Zeit zur zweiten Nationalhymne neben dem Deutschlandlied erhoben wurde. Nach seinem Tod aufgrund einer Auseinandersetzung mit Kriminellen seiner Umgebung wurde Wessel von der nationalsozialistischen Propaganda zum Märtyrer hochstilisiert.

Karneolweg *(benannt 1978, Stadtteil Heumaden)* Der Karneol ist ein Mineral (Siliziumdioxid), eine gelbliche bis rote Varietät des Calcedon.

Karoline-Kaulla-Passage *(benannt 1998, Stadtteil Stuttgart-Mitte)* Karoline (Chaijle) Kaulla (geboren 1739 in Buchau, gestorben 1809 in Hechingen), Gründerin des ersten privaten Bankhauses in Stuttgart. Erst lang nach dem Tod Karoline Kaullas, ab 1828, mussten Juden in Württemberg Familiennamen annehmen. Der Nachname, den sich Karoline Kaulla gab, ist deshalb nur eine Abwandlung ihres hebräischen Vornamens Chaijle. Als Tochter eines aufstrebenden Kaufmanns erhielt sie Privatunterricht; 1757 heiratete sie nach Hechingen. Im Alter von 29 Jahren wurde sie Hoffaktorin (also Lieferantin des Hofes) in Donaueschingen, 1770 herzoglich-württembergische Hoffaktorin. Durch weitverzweigten Handel war es ihr möglich, ins Finanzgeschäft einzusteigen. 1797 verlegte »Madame Kaulla«, wie sie oft genannt wurde, den Sitz ihres Unternehmens nach Stuttgart und gründete hier das erste private Bankhaus, nachdem Herzog Friedrich Eugen den Hofschutz gewährt hatte. Doch als wenige Wochen darauf Herzog Friedrich II. die Regentschaft übernahm, sah dieser sich gezwungen, Kaulla das Privileg wieder zu entziehen – so heftig hatten die Landstände und die Stuttgarter Händler protestiert. Friedrich war über die Reaktion der Bürgerschaft sehr verärgert und erwartete nachteilige Auswirkungen auf die Wirtschaft. Eine Ausweisung aus Württemberg erfolgte nicht, ja, am 9. Februar 1800 ernannte der Herrscher Karolines Bruder Jakob Kaulla zu seinem Hofbankier – in dieser Funktion gehörte er zum Hofpersonal. 1802 waren Karoline

»Madame« Karoline (Chaijle) Kaulla

und Jakob Kaulla maßgeblich an der Gründung der württembergischen Hofbank beteiligt, zum Gründungskapital von 300 000 Gulden trugen sie die Hälfte bei. 1906 wurde die Bank von der Württembergischen Vereinsbank übernommen, diese 1924 von der Deutschen Bank. 1806 erkannte der mittlerweile zum König gekrönte Friedrich der Familie das volle Bürgerrecht zu – die Kaullas waren die ersten gleichberechtigten Juden in Württemberg. Übrigens besaßen die Hofbankiers als einzige Juden in Stuttgart ein eigenes Haus. Ein Jahr darauf verlieh Kaiser Franz II. Karoline Kaulla die Große Kaiserliche Verdienstmedaille an goldener Ehrenkette. Ebenfalls 1807 gehörte Karoline Kaulla zu den Gründern des Stuttgarter Kulturzirkels »Museumsgesellschaft«. Karoline Kaulla richtete auch die erste jüdische Gebetsstube in Stuttgart ein und legte dadurch den Grundstein zur Stuttgarter jüdischen Gemeinde.

Karoline-Kaulla-Weg *(benannt 1993, Stadtteil Stuttgart-Mitte)* nach Karoline Kaulla, siehe →Karoline-Kaulla-Passage. Nach der Bebauung des Gebiets »Stuttgart 21« geht der Karoline-Kaulla-Weg in der Athener Straße auf. Damit der Name dieser bedeutenden Frau weiterhin präsent ist, wurde die Passage nordwestlich des Weges ebenfalls nach ihr benannt.

Karpatenstraße *(benannt 1936, Stadtteil Bad Cannstatt)* Gebirgszug im südöstlichen Mitteleuropa (bis 2655 m).

Karpfenstraße *(benannt 1957, Stadtteil Mönchfeld)* Der Karpfen, *Cyprinus carpio,* ist ein beliebter Speisefisch; er hält sich in langsam fließenden, warmen und pflanzenreichen Gewässern auf.

Kartoffelweg *(benannt 1993, Stadtteil Plieningen)* Die Kartoffel, *Solanum tuberosum,* gehört zur Familie der Nachtschattengewächse; die gesamte Pflanze außer der Knolle ist giftig. In Württemberg wurde die Kartoffel, die ursprünglich aus den Anden stammt, von Waldensern eingeführt und erstmals im Jahr 1701 angebaut.

Kastanienweg *(benannt 1922, Stadtteil Degerloch)* Die Rosskastanie, *Aesculus hippocastanum,* ist ein hoher Baum mit mächtigem Stamm und weit ausladender Krone. Die eigentliche Heimat ist der Balkan. In Mitteleuropa ist der Baum als Allee- oder Parkbaum beliebt. Die unreifen Früchte und deren Samenmantel sind schwach giftig.

Katharinenplatz *(benannt 1860, Stadtteil Stuttgart-Mitte)* Katharina Pawlowna, Königin von Württemberg, geb. Großfürstin von Rußland (geboren am 21. Mai 1788 in Zarskoje Selo, Russland, gestorben am 9. Januar 1819 in Stuttgart), Cousine und Ehefrau König Wilhelms I. von Württemberg. Katharina, eine Tochter des Zaren Paul I. und der Zarin Maria Feodorowna von Rußland, einer geborenen Herzogin von Württemberg, war politisch sehr interessiert und wirkte auch in Württemberg bei Regierungsentscheidungen mit. Sie gründete 1818 eine höhere Mädchenschule in Stuttgart, das Königin-Katharina-Stift (das 1903 in den Neubau an der Schillerstraße umzog), sie regte die Errichtung des ersten modernen Hospitals an, das 1828 als Katharinen-Hospital eröffnet wurde, sie gründete die erste gemeinnützige Bank in Württemberg, die heutige Landesbank Baden-Württemberg, und das Landwirtschaftliche Institut (heute Universität) in Hohenheim. Der Verbindung von Katharina und Wilhelm – für beide war es die zweite Ehe – entstammten zwei Töchter, Marie Friederike Charlotte und Sophie Friederike Mathilde. Königin Katharina starb bereits im Alter von dreißig Jahren, kurz vor dem dritten Hochzeitstag: Als sie die eheliche Untreue ihres Gatten entdeckt hatte, war sie schockiert, reagierte psychosomatisch und erlag einer akuten Erkrankung. Der König ließ daraufhin die Stammburg des Hauses Württemberg auf dem gleichnamigen Berg schleifen und seinen Hofbaumeister Giovanni Salucci die berühmte Grabkapelle errichten. Siehe auch →Katharinenstraße.

Königin Katharina

Katharinenstraße (benannt 1838, Stadtteil Stuttgart-Mitte) nach Königin Katharina, siehe →Katharinenplatz.

Kattowitzer Straße *(benannt 1936, Stadtteil Bad Cannstatt)* Die Stadt Kattowitz (polnisch: Katowice), 350 000 Einwohner, ist Hauptstadt der gleichnamigen Woiwodschaft und des oberschlesischen Industriegebiets und Polens größtes Zentrum der Förder-, Hütten-, Maschinenbau- und Chemischen Industrie, ein wichtiges Wissenschafts- und Kulturzentrum sowie Hauptstadt eines Erzbistums. Ab 1742 gehörte Kattowitz zu Preußen. Die Stadtbevölkerung nahm 1919 bis 1921 in großer Zahl an den drei schlesischen Aufständen teil und entschied sich in einer Volksabstimmung für die Eingliederung in den wiedererrichteten polnischen Staat, die nach einem Völkerbundgutachten 1922 vollzogen wurde. Die nationalsozialistische Propaganda behauptete jedoch in Deutschland, Kattowitz sei »durch das Versailler Diktat dem Reich entrissen« worden. So war auch die Straßenbenennung 1936 als eine Art Mahnmal gedacht. 1953 musste sich Katowice in Stalinogród umbenennen (bis 1956). 1981 geriet Kattowitz erneut in die Schlagzeilen, als der polnische Ministerpräsident General Jaruzelski in der Zeche »Wujek« neun streikende Bergarbeiter erschießen ließ. Siehe auch →Annabergstraße, →Beuthener Straße, →Oberschlesische Straße, →Oppelner Straße, →Tarnowitzer Straße und →Thorner Straße.

Katzenbacher Hof *(benannt vor 1827, Stadtteil Büsnau)* Nach dem nahe gelegenen Katzenbach mit dem Katzenbachsee. Bis 1810 war der Katzenbacher Hof eine Meierei, also ein Pachtgut, mit eigener Gemarkung. Der Grund und Boden gehörte der Reichsstadt Esslingen am Neckar. Das heutige Ausflugslokal wurde 1896 als Forsthaus mit Werkstatt und Pferdestall erbaut.

Katzenbachstraße *(benannt um 1889, Straßenführung geändert 1982, Stadtteil Vaihingen)* nach dem Katzenbach, siehe →Katzenbacher Hof.

Katzensteigstraße *(benannt 1902, Stadtteil Bad Cannstatt)* Der Flurname bezeichnet ein ansteigendes Gelände. Der Benennung liegt eine Gedankenverbindung zum Kletterbrett der Katze am Haus zugrunde. Die Straße ist die alte Straße von Bad Cannstatt nach Schmiden.

Kauffmannstraße *(benannt 1938, Straßenführung geändert 1977, Stadtteil Botnang)* Ernst Friedrich Kauffmann (geboren 1803 in Ludwigsburg, gestorben 1856 in Stuttgart), Gymnasiallehrer in Stuttgart und Komponist.

Kauffmann-Weg, Thekla- siehe →Thekla-Kauffmann-Weg.

Kaufwaldweg *(benannt 1977, Stadtteil Rohr)* Nach dem nahe gelegenen Waldgewann.

Kaulbachweg *(benannt 1958, Stadtteil Feuerbach)* Wilhelm von Kaulbach (geboren am 15. Oktober 1805 in Arolsen, Nordhessen, gestorben am 7. April 1874 in München), Maler. Er war ab 1849 Direktor der Münchner Kunstakademie. Als Historienmaler schuf er vor allem pathetisch-theatralische Decken- und Wandgemälde zu Themen aus der Geschichte und Mythologie sowie mit Allegorien.

Kaulla-Passage, Karoline- siehe →Karoline-Kaulla-Passage.

Kaulla-Weg, Karoline- siehe →Karoline-Kaulla-Weg.

Kauslerweg *(benannt 1957, Straßenführung geändert 1980, Stadtteil Möhringen)* Christian Kausler (geboren 1761, gestorben 1822), erster

Oberamtmann und späterer Regierungsrat, der im Auftrag der ehemaligen Reichsstadt Esslingen am Neckar ab 1802 die Gemeinde Möhringen verwaltete.

Kauzenhecke *(benannt 1908, Stadtteil Degerloch)* Der Flurname geht entweder auf den Vogel oder einen Personennamen zurück. Bürger names Kauz sind in Stuttgart seit 1534 belegt. Die im Flurnamen genannte Hecke markierte wahrscheinlich die Markungsgrenze zwischen Degerloch und Stuttgart.

Kegelenstraße *(benannt 1927, Stadtteil Bad Cannstatt)* Friedrich (von) Kegelen (geboren 1811 in Dußlingen bei Tübingen, gestorben 1891 in Cannstatt [heute Stuttgart-Bad Cannstatt]), war 1850 bis 1877 Oberamtmann und Regierungsrat in Cannstatt. – Vor 1927 hieß die Straße, die ursprünglich nur die Wernerstraße (heute Mercedesstraße) mit der Friedrichstraße (heute Kleemannstraße) verband, Kurze Straße.

Keidelstraße *(benannt 1938, Stadtteil Degerloch)* Karl Friedrich Keidel (geboren 1851 in Geislingen an der Steige, gestorben 1938 in Stuttgart), 1898 bis 1922 evangelischer Pfarrer (ab 1908 Stadtpfarrer) in Degerloch, Heimatgeschichtsforscher. Keidel hatte in Tübingen evangelische Theologie studiert; nach dem Vikarsdienst ging er als Repetent (eine Art Hilfslehrer) ans Seminar nach Urach, anschließend war er Gemeindepfarrer in Bartholomä, dann in Asch bei Blaubeuren. 1893 trat er als einer von vier Bearbeitern des Werkes »Württembergische Kirchengeschichte« in Erscheinung, ab 1897 gab er 20 Jahre lang die »Blätter für Württembergische Kirchengeschichte« heraus, 1904 wurde er als Pfleger der Kommission für geschichtliche Landeskunde berufen, 1906 wählte man ihn zum Abgeordneten der Landessynode, 1911 wurde er Bezirksschulinspektor – all diese Mandate und Ämter übte er nebenberuflich aus. Nachdem er im Alter von 71 Jahren pensioniert worden war, hielt Keidel Vorträge über die Degerlocher Ortsgeschichte, die er 1926 in seinem Buch »Bilder aus Degerlochs Vergangenheit« zusammenfasste. – Bis 1938 hieß die Straße Hohe Straße.

Friedrich Keidel

Keil-Weg, Wilhelm- siehe →Wilhelm-Keil-Weg.

Kellerbrunnengasse *(benannt um 1891, Stadtteil Bad Cannstatt)* Nach der Kellerschen Mineralquelle in der Brunnenstraße.

Keller-Staffel, Friedrich- siehe →Friedrich-Keller-Staffel.

Keller-Straße, Gottfried- siehe →Gottfried-Keller-Straße.

Keltenweg *(benannt 1989, Stadtteil Bad Cannstatt)* Nach den beiden in Steinhaldenfeld 1934 und 1937 ausgegrabenen Fürstengräbern aus der Hallstattzeit.

Kelter, An der siehe →An der Kelter.

Kelter, Hinter der siehe →Hinter der Kelter.

Kelterberg *(benannt 1957, Stadtteil Vaihingen)* An der ansteigenden Straße befand sich früher die Vaihinger Kelter.

Kelterplatz, Wangener siehe →Wangener Kelterplatz.

Kelterplatz, Zuffenhäuser siehe →Zuffenhäuser Kelterplatz.

Kelterstraße *(benannt um 1876/77, Stadtteil Stuttgart-Süd)* Nach der ehemaligen Heslacher Kelter.

Kemmelbergstraße *(benannt 1936, Stadtteil Bad Cannstatt)* Erinnert an die schweren Kämpfe am Kemmelberg in Flandern während des Ersten Weltkrieges.

Kemnater Straße *(benannt um 1930, Stadtteil Heumaden)* Stadtteil Kemnat der Stadt Ostfildern (insgesamt 30 000 Einwohner), Landkreis Esslingen. Der Ortsname »Kemnat« leitet sich vom mittelhochdeutschen Wort »kemenate« (hier im Sinn von: einzeln stehendes Gebäude, Wohnhaus) her, möglicherweise war damit eine Burg des Ortsadels gemeint.

Kemptener Straße *(benannt 1936, Stadtteil Wangen)* Kreisstadt Kempten im Allgäu, Bayern, 62 000 Einwohner.

Keplerstraße *(benannt 1862, Stadtteil Stuttgart-Mitte)* Johannes Kepler (geboren am 27. Dezember 1571 in Weil der Stadt, gestorben am 15. November 1630 in Regensburg), studierte in Tübingen evangelische Theologie, war 1601 bis 1612 kaiserlicher Mathematiker und Hofastronom Rudolfs II., entwarf das astronomische Fernrohr und entdeckte 1609 und 1619 die drei nach ihm benannten Gesetze der Planetenbewegung. Sie besagen unter anderem, dass sich die Planeten nicht in kreisförmigen, sondern in elliptischen Bahnen bewegen.

Kerbelstraße *(benannt 1959, Stadtteil Heumaden)* Der Kerbel, *Anthriscus cerefolium,* ist eine Gewürzpflanze, die aus Südeuropa und Westasien stammt und zur Familie der Doldenblütler gehört. Kerbelblätter besitzen einen würzig-süßen Geschmack, der an Anis erinnert. Sie werden fein gehackt als Kerbelsuppe zubereitet, passen aber auch gut zu Lamm- und Fischgerichten und verfeinern Salate und Soßen.

Kercheräckerstraße *(benannt 1972, Stadtteil Neugereut)* Der Flurname geht vermutlich auf den Besitzer Kercher zurück.

Kerkovius-Weg, Ida- siehe →Ida-Kerkovius-Weg.

Kernenblickstraße *(benannt 1936, Stadtteil Sillenbuch)* Aussicht auf den zwischen Uhlbach und Stetten im Remstal gelegenen Berg Kernen (513 m), die höchste Erhebung des Schurwalds, die durch den Kernen-Turm weithin kenntlich ist.

Kernerplatz *(benannt 1898, Stadtteil Stuttgart-Mitte)* Justinus Andreas Christian Kerner (geboren am 18. September 1786 in Ludwigsburg, gestorben am 21. Februar 1862 in Weinsberg), Arzt und Dichter. Kerner musste 1802 aus wirtschaftlichen Gründen die Schule abbrechen; er begann eine Kaufmannslehre in der mit Gefängnis und Irrenanstalt verbundenen herzoglichen Tuchfabrik. In dieser Zeit entstanden seine ersten Gedichte. 1804 erhielt er die Erlaubnis zum Medizinstudium in Tübingen, wo ihm zeitweilig Hölderlin als Patient zugewiesen war und wo er mit Ludwig Uhland, Gustav Schwab und anderen Freundschaft schloss.

Kerner wurde zum Mittelpunkt des romantischen Schwäbischen Dichterkreises. Nach zahlreichen Reisen und nach ärztlicher Tätigkeit in Dürrmenz, Wildbad, Welzheim und Gaildorf baute er sich 1822 in Weinsberg das »Kernerhaus«, das neben der Ruine Weibertreu, um deren Erhaltung er sich sehr bemüht hat, für zahlreiche prominente Besucher einen Anziehungspunkt darstellte.

Viele seiner Gedichte und Balladen sind volkstümlich geworden, etwa »Wohlauf noch getrunken den funkelnden Wein« oder »Dort unten an der Mühle«. Kerner schrieb auch die »schwäbische Nationalhymne« »Preisend mit viel schönen Reden«. Bekannt sind seine Romane »Reiseschatten« (1811) und »Die Seherin von Prevorst« (1829), in dem er sich mit den parapsychologischen Phänomenen um die Kaufmannsfrau Friederike Hauffe beschäftigte, sowie seine Jugenderinnerungen unter dem Titel »Das Bilderbuch aus meiner Knabenzeit« (1849). Bis zu seinem 65. Lebensjahr hat Kerner ununterbrochen als Arzt praktiziert. Neben medizinischen und naturwissenschaftlichen Untersuchungen bildeten Forschungen über Spiritismus, Okkultismus, Mesmerismus und Somnambulismus den zweiten Schwerpunkt seiner Schriften. Vergleiche auch →Galvanistraße, →Im Dinkelacker, →Kallenbergweg, →Kernerstraße, →Laquaiweg, →Lenaustraße, →Maulbronner Straße, →Prevorster Straße, →Theobald-Kerner-Straße und →Uhlandstraße.

Kernerstraße *(benannt 1906, Stadtteil Stuttgart-Mitte)* nach Justinus Kerner, siehe →Kernerplatz.

Kerner-Straße, Theobald- siehe →Theobald-Kerner-Straße.

Kesselstraße *(benannt 1960, Stadtteil Wangen)* Flurname.

Keßlerweg *(benannt 1928, Stadtteil Degerloch)* Friedrich Keßler (geboren 1854 in Untertürkheim [heute Stuttgart-Untertürkheim], gestorben 1912 in Stuttgart) war einer der bedeutendsten Sportpädagogen seiner Zeit. 1890 wurde ihm die Leitung der Königlich Württembergischen Landesturnanstalt, einer Lehrerbildungseinrichtung, übertragen, die er bis 1912 innehatte. Er erwarb sich Verdienste um die Neugestaltung des deutschen Turnwesens und um die Entwicklung des Schulturnens.

Kiebitzweg *(benannt 1952, Stadtteil Wolfbusch)* Der in Deutschland selten gewordene Kiebitz, *Vanellus vanellus,* gehört zur Familie der Regenpfeifer und ist nach seinem charakteristischen Ruf benannt.

Kiefernweg *(benannt 1935, Stadtteil Degerloch)* Die Wald-Kiefer oder Föhre, *Pinus sylvestris,* ist ein hoher, immergrüner Waldbaum, der trockene Standorte bevorzugt.

Kielmeyerstraße *(benannt 1937, Stadtteil Stuttgart-Nord)* Carl Friedrich Kielmeyer (geboren 1765 in Bebenhausen [heute Tübingen-Bebenhausen], gestorben 1844 in Stuttgart), Naturforscher, der in Stuttgart und Tübingen als Professor seine Lehrtätigkeit ausübte. 1816 wurde er Staatsrat und Direktor der Staatlichen Sammlungen für Kunst und Wissenschaft in Stuttgart. 1835 wurde Kielmeyer zum Stuttgarter Ehrenbürger ernannt.

Carl Friedrich Kielmeyer

Kiemlen-Weg, Emil- siehe →Emil-Kiemlen-Weg.

Kienbachstraße *(benannt 1906, Stadtteil Bad Cannstatt)* Der Flurname hieß ursprünglich Kanbach (1277) und später Kempach (1437) und bezeichnete einen in einer Rinne fließenden Bach.

Kienestraße *(benannt 1946, Stadtteil Stuttgart-Mitte)* Hans (von) Kiene (geboren am 22. Januar 1852 in Langenargen, gestorben am 24. September 1919 in Wangen im Allgäu), Politiker. Sohn eines Orgelbauers. Der als Katholik tief religiöse Kiene promovierte als Jurist. 1894 bis 1918 war er Mitglied des Landtags, ab 1895 dessen Vizepräsident. In seinem Beruf brachte er es 1915 zum Generalstaatsanwalt. 1918 wurde er Justizminister der württembergischen Revolutionsregierung. – Im 18. Jahrhundert hieß die Straße Kast-Kellerey-Gaß, ab 1811 Lindenstraße nach einigen Linden vor dem Haus Nummer 14, das im Mittelalter ein Klosterpfleghof gewesen sein soll, vermutlich vom Zisterzienser-Frauenkloster Heggbach bei Maselheim in Oberschwaben (siehe auch →Moserstraße).

Kienle, Im Oberen siehe →Im Oberen Kienle.

Kienle, Im Unteren siehe →Im Unteren Kienle.

Kiesinger-Platz, Kurt-Georg- siehe →Kurt-Georg-Kiesinger-Platz.

Kießstraße *(benannt 1931, Stadtteil Sonnenberg)* August Kieß (geboren am 15. November 1874 in Möhringen auf den Fildern [heute Stuttgart-Möhringen], gestorben am 4. Mai 1935 ebenda), Kammersänger und Liederkranzchormeister. Kieß stammte aus einer alteingesessenen Möhringer Bauernfamilie. Im Alter von 17 Jahren verließ er vorzeitig das Nagolder Lehrerseminar und studierte Gesang am Stuttgarter Konservatorium. Bei einem Fest des Hofes sprang er für einen erkrankten Bariton ein; seine Stimme gefiel König Wilhelm II. so gut, dass er ihn sofort ans Hoftheater berief. Nachdem Kieß seine Ausbildung beendet hatte, wurde er 1896 auch offiziell Kammersänger am Stuttgarter Hoftheater (bis 1899). Kieß trat in den Opernhäusern in Aachen, Darmstadt, Dresden, Düsseldorf, Hamburg und Ulm auf und erhielt Engagements in Paris und London. Im Covent Garden sang er zusammen mit dem berühmten Tenor Enrico Caruso. Dabei verlor Kieß die Heimat nicht aus dem Blick. 1909 vereinte er die Konkurrenzvereine Sängereintracht und Sängerlust mit dem Liederkranz Möhringen; mit diesem hundertköpfigen Chor errang er 1910 beim Heilbronner Sängerfest den »1a«-Preis. 1920 bezog August Kieß sein neuerbautes Haus in Möhringen und widmete sich ganz dem Beruf des Chorleiters. In dieser Funktion betreute er sowohl den Möhringer als auch den Stuttgarter Liederkranz.

Kilianstraße *(benannt 1957, Stadtteil Untertürkheim)* Männlicher Vorname.

Kimmichstraße *(benannt 1957, Stadtteil Weilimdorf)* Nach dem früheren Weilimdorfer Schultheißen Israel Kimmich (genannt 1598). – Als »Weil im Dorf« noch eine selbständige Gemeinde war, hieß die Straße Feuerseestraße, denn der Lindenbach speiste hier einen Tümpel, der als Löschwasserreserve diente.

Kinzigstraße *(benannt 1934, Stadtteil Münster)* Im Schwarzwald bei Freudenstadt entspringender rechter Nebenfluss des Rheins, 112 Kilometer lang. Er mündet etwas nördlich von Kehl in den Rhein.

Kipperweg *(benannt 1954, Stadtteil Büsnau)* Michael Kipper, verdienter buchenländischer Arzt in Radautz; siehe auch →Buchenländer Straße.

Kirchäckerstraße *(benannt 1933, Stadtteil Zazenhausen)* Der Flurname geht auf die Lage bei der Kirche zurück.

Kirchenwegle *(benannt um 1955, Stadtteil Rohr)* Der Weg führt zur Kirche.

Kirchhaldenweg, Oberer siehe →Oberer Kirchhaldenweg.

Kirchheimer Straße *(benannt 1928, Stadtteil Sillenbuch)* Stadt Kirchheim unter Teck, Landkreis Esslingen, 39 100 Einwohner mit sehenswerter historischer Altstadt. Das ab 1538 erbaute Renaissanceschloss diente als Alterssitz herzoglicher Witwen.

Kirchnerstraße *(benannt 1954, Stadtteil Hohenheim)* Oskar (von) Kirchner (geboren 1851 in Breslau, gestorben 1925 in Venedig), Begründer der Forschungen über Pflanzenschutz an der Landwirtschaftlichen Hochschule Hohenheim. Er veröffentlichte ausführliche, vielfältige und sehr korrekte Anleitungen zum Bestimmen der einheimischen höheren Pflanzen und Angaben ihrer Verbreitung, 1880 für Stuttgart, 1900 für ganz Württemberg und Hohenzollern. Zum hundertjährigen Bestehen der »Königlichen landwirtschaftlichen Anstalt« in Hohenheim 1918 zeichnete er ihre Entwicklung in einer Festschrift nach. Auch ein »Cosmarium des Feuersees in Stuttgart« ist Kirchner zu verdanken.

Kirchsteige *(benannt 1946, Stadtteil Obertürkheim)* Nach dem früheren Zugang zur Petruskirche. – Als Obertürkheim noch eine selbständige Gemeinde war, hieß die Straße Panoramastraße, ab 1937 Tsingtauer Straße. Die Hafenstadt Tsingtau (heute in amtlicher Umschrift Qing-dao) an der Ostküste Nordchinas war von ihrer Gründung 1898 bis 1914 Hauptort des deutschen Pachtgebiets Kiautschou.

Kirchstraße *(benannt 1811, Stadtteil Stuttgart-Mitte)* Die Kirchstraße ist aus der umbenannten Kirchgasse hervorgegangen, die schon 1487 urkundlich erwähnt wird. Sie führt zur Stiftskirche. – Der untere Teil der Kirchstraße (unmittelbar an der Stiftskirche) hieß bis 1811 Kirchenplatz, danach Stifts-Kirchenplatz.

Kirchtalstraße *(benannt um 1892, Stadtteil Zuffenhausen)* Flurname. Im Jahr 1308 wurde Stammheim nach Zuffenhausen eingepfarrt; die

Stammheimer kamen durch das »Kirchtal« zum Gottesdienst nach Zuffenhausen. 1506 erhielt Stammheim eine eigene Pfarrei.

Kirchweinberg *(benannt 1936, Stadtteil Wangen)* Flurname, nach der Lage bei der Kirche.

Kirschblütenweg *(benannt 1938, Stadtteil Vaihingen)* Nach der Kirschblüte.

Kirschenweg *(benannt 1936, Stadtteil Wangen)* Die Kirsche, lateinisch *Prunus*, kommt hier in vielen Arten vor. Die Süßkirsche wurde von den Römern in Germanien eingeführt, die Sauerkirsche *(Prunus cerasus)* hat sich vermutlich erst später als Kreuzung aus Vogelkirsche *(Prunus avium)* und Steppenkirsche *(Prunus fruticosa)* entwickelt.

Kissinger Straße *(benannt 1937, Straßenführung geändert 1997, Stadtteil Bad Cannstatt)* Die Kreisstadt Bad Kissingen, Unterfranken, 21 600 Einwohner, behauptet von sich selbst, »Deutschlands bekannteste Kurstadt« zu sein. – 1887 bis 1937 hieß die Straße Christophstraße (oder Christofstraße) nach Herzog Christoph von Württemberg (siehe →Christophstraße).

Klabundeweg *(benannt 1959, Stadtteil Untertürkheim)* Erich Klabunde (geboren 1907, gestorben 1950), Wohnungsbaupolitiker und Verbandsdirektor des Gesamtverbandes gemeinnütziger Wohnungsunternehmen.

Klagenfurter Straße *(benannt 1938, Stadtteil Feuerbach)* Die Hauptstadt des österreichischen Bundeslandes Kärnten liegt am Wörthersee und hat 89 400 Einwohner. – Bis 1938 hieß die Straße Marktstraße.

Klara-Neuburger-Straße *(benannt 1991, Stadtteil Riedenberg)* Klara Neuburger, geb. Henle (geboren am 2. Oktober 1888 in Stuttgart, ermordet am 26. April 1942 im KZ Izbica), Malerin, Opfer des Naziregimes. Nach dem Studium bei Adolf Hölzel an der Stuttgarter Kunstakademie lebte Klara Neuburger als freischaffende Malerin in der Jägerstraße 37; ihr Atelier befand sich in der Friedenstraße 11. Sie war Mitglied im Württembergischen Malerinnen-Verein und 1927 auf der Jubiläums-Ausstellung des Württembergischen Kunstvereins vertreten. Ihre Bilder konnten vermutlich zum letzten Mal 1935 öffentlich betrachtet werden, als sie zusammen mit Ly Bernheimer, Hilde Brandt, Dina Cymbalist, Hermann Fechenbach, Alice Haarburger (siehe →Alica-Haarburger-Staffel), Elli Heimann, Ignaz Kaufmann, Hermann Kahn, Trude Munk, Else Samuel und Paula Straus an der Stuttgarter jüdischen Kunstausstellung in der Gartenstraße 30 (heute Fritz-Elsas-Straße) teilnahm. Gemeinsam mit ihrer Malerkollegin

Käthe Loewenthal wurde Klara Neuburger 1942 mit dem zweiten Zug vom Killesberg aus ins Vernichtungslager Izbica im heutigen Polen deportiert und ermordet. (Siehe auch →Käthe-Loewenthal-Straße.)

Klaraweg *(benannt 1926, Stadtteil Luginsland)* Weiblicher Vorname.

Kleemannstraße *(benannt 1927, Stadtteil Bad Cannstatt)* Karl Kleemann (geboren 1816 in Ulm, gestorben 1871 in Bad Ems), Lehrer, Professor und Leiter der Kleemannschen Töchteranstalt, die er 1852 in Cannstatt gegründet hatte. – Von 1887 bis 1927 hieß die Straße Friedrichstraße nach dem Vornamen des Regierungsrats Friedrich von Kegelen, dessen Landhaus an dieser Straße stand.

Kleeweg *(benannt 1959, Stadtteil Plieningen)* Der Klee, *Trifolium*, gehört zu den wichtigsten Futterpflanzen. Unter Klee werden jedoch verschiedene Gattungen aus der Familie der Schmetterlingsblütengewächse zusammengefasst.

Kleine Falterstraße *(benannt um 1905, Stadtteil Degerloch)* Flurname, siehe →Große Falterstraße. Im Volksmund heißt die Straße einfach »'s Gässle«.

Kleine Gasse *(benannt um 1895, Stadtteil Uhlbach)* Ortsbezogener Name.

Kleine Königstraße *(benannt 1907, Stadtteil Stuttgart-Mitte)* Verbindungsstraße, die 1906 durch den Abbruch der ehemaligen Legionskaserne zwischen Marien- und Tübinger Straße entstand. Die Königstraße endet bei der Tübinger Straße, wo die Kleine Königstraße beginnt; siehe →Königstraße.

Kleiner Ostring *(benannt 1971, Straßenführung geändert 1979, Stadtteil Sommerrain)* Lagebezogener Name.

Kleiner Schloßplatz, ab 1. August 2005: **Kleiner Schlossplatz** *(benannt 1968, Stadtteil Stuttgart-Mitte)* In Anlehnung an den nahe gelegenen Schloßplatz (Schlossplatz).

Kleiner Weg *(benannt 1947, Stadtteil Rohr)* Ortsbezogener Name.

Kleinhohenheim *(benannt um 1934, Stadtteil Schönberg)* Nach der ehemaligen Hofdomäne Kleinhohenheim bei Birkach, die unter Herzog Karl Eugen 1780 von Reinhard Ferdinand Heinrich Fischer erbaut und unter König Wilhelm I. ab 1817 Gestüt wurde.

Kleinhohenheimer Straße *(benannt um 1934, Stadtteil Sillenbuch)* siehe →Kleinhohenheim.

Kleinknechtstraße *(benannt 1957, Stadtteil Möhringen)* Gustav Kleinknecht (geboren 1837 in Willsbach bei Weinsberg, gestorben 1909 in

Möhringen auf den Fildern [heute Stuttgart-Möhringen]), 1891 bis 1902 Schultheiß und 1907 Ehrenbürger von Möhringen. Während Kleinknechts Vorgänger Johann Michael Breuning und Ludwig Grundler (siehe →Breuningstraße und →Grundlerstraße) noch Bauern waren, kam mit Kleinknecht zum ersten Mal ein Verwaltungsfachmann auf den Möhringer Schultheißensessel.

Gustav Kleinknecht

Kleinstraße *(benannt 1897, Stadtteil Stuttgart-Nord)* Ludwig (von) Klein (geboren 1813, gestorben 1881), wurde 1844 zum Vorstand der damals neu errichteten württembergischen Eisenbahnbaukommission berufen. Vorher war er unter anderem beim Eisenbahnbau in Russland und Amerika tätig.

Klein-Straße, Gustav- siehe →Gustav-Klein-Straße.

Kleiststraße *(benannt 1920, Stadtteil Stuttgart-West)* Heinrich von Kleist (geboren am 18. Oktober 1777 in Frankfurt an der Oder, gestorben am 21. November 1811 am Wannsee bei Berlin), Dichter. Kleist studierte Jura und Kameralwissenschaften in Frankfurt an der Oder und Philosophie in Berlin, reiste durch Frankreich und die Schweiz, erlitt einen seelischen Zusammenbruch und vernichtete seine Manuskripte. 1805/06 war er bei der Königsberger Domänenkammer angestellt. 1807 verhafteten ihn die Franzosen als angeblichen Spion und hielten ihn ein halbes Jahr fest. 1808 gründete Kleist mit Adam Müller die Zeitschrift »Phöbus«, ab 1810 gab er die »Berliner Abendblätter« heraus. 1811 beging er im Alter von 34 Jahren zusammen mit seiner Geliebten Henriette Vogel, die an einer unheilbaren Krankheit litt, Selbstmord. In seinen Tragödien legte Kleist oft einen historischen Stoff zugrunde; die Hauptfiguren verstricken sich in ihrem Schicksal, das wie ein Verhängnis über sie hereinbricht – dem stellte Kleist jedoch die Überzeugung gegenüber, dass es in der Seele des Menschen eine Gewissheit des Erkennens gibt, ein innerstes Gefühl, das Maßstab ist und Halt bietet. Kleist verfasste auch Lustspiele; er gilt überdies als Begründer der deutschen Novelle, trat mit patriotischen Gedichten und als begnadeter Essayist, als Erzähler, Verfasser von Anekdoten und Journalist hervor. Bekannte Dramen sind »Der zerbrochene Krug« (1803, gedruckt 1811, uraufgeführt in einer missglückten Inszenierung Goethes in Weimar 1808), »Amphitryon« (1807), »Penthesilea« (1808), »Das Käthchen von Heilbronn« (1810) oder »Prinz Friedrich von Homburg« (1811, erst 1821 veröffentlicht). Von seinen Prosaarbeiten kennt man beispielsweise die Novelle »Michael Kohlhaas« (1810), die Erzählungen »Die Marquise von O...« (1810) oder »Das Bettelweib von Locarno« (1810), von seinen Essays »Über die allmähliche Verfertigung der Gedanken beim Reden« (1805). Kleist hat keine Aufführung seiner Dramen erlebt; sein Werk, das stark von psychologischem Realismus bestimmt war, wurde erst um 1900 in seiner vollen Bedeutung erkannt.

Klett-Passage *(benannt 1976, Stadtteil Stuttgart-Mitte)* siehe →Arnulf-Klett-Platz.

Klett-Platz, Arnulf- siehe →Arnulf-Klett-Platz.

Klingenbach, Am siehe →Am Klingenbach.

Klingenbachstraße *(benannt 1924, Stadtteil Obertürkheim)* Gewässername. Eine Klinge ist ein steiler Taleinschnitt.

Klingenstraße *(benannt 1899, Stadtteil Stuttgart-Ost)* Flurname, nach dem Taleinschnitt des heute eingedolten Klingenbachs. Siehe →Am Klingenbach.

Klinglerstraße *(benannt um 1900, Stadtteil Botnang)* Der Flurname weist wohl auf die Lage bei einer Klinge, also einer steilen Talkerbe, hin.

Klippeneckstraße *(benannt 1937, Stadtteil Stuttgart-Ost)* Albhochfläche bei Spaichingen, Landkreis Tuttlingen, bekannt durch seinen Segelflugplatz.

Klöpferweg *(benannt 1957, Stadtteil Vaihingen)* Eugen Klöpfer (geboren am 10. März 1886 in Talheim bei Heilbronn, gestorben am 3. März 1950 in Wiesbaden), Schauspieler, ab 1918 in Berlin, wurde 1934 Intendant der Volksbühne und 1936 Generalintendant der Vereinigten Theater. Klöpfer spielte auch in mehreren Filmen mit.

Klopstockstraße *(benannt 1892, Stadtteil Stuttgart-West)* Friedrich Gottlieb Klopstock (geboren am 2. Juli 1724 in Quedlinburg, gestorben am 14. März 1803 in Hamburg), Dichter. Das bekannteste seiner Werke ist sein großes Epos in Hexametern »Der Messias« (1748 bis 1773).

Kloß-Straße, Karl- siehe →Karl-Kloß-Straße.

Klosterhof, Am siehe →Am Klosterhof.

Klotzstraße *(benannt 1937, Stadtteil Stuttgart-Ost)* Ehrenfried Klotz (geboren 1797 in Stuttgart, gestorben 1858 in Stuttgart), Fabrikant, der 1826 seine Tuchfabrik auf die Berger Insel verlegte. 1833 ließ Klotz dort eine Mineralquelle erbohren, die wenige Jahre später zu einem Bad ausgebaut wurde.

Klüpfelstraße *(benannt 1933, Stadtteil Stuttgart-West)* Heinrich Emanuel Klüpfel (geboren 1758 in Stuttgart, gestorben 1823 in Stuttgart), ab 1796 Stuttgarter Bürgermeister, als solcher auch Vertreter der Stadt bei der Landschaft, dem württembergischen Parlament.

Klugestraße *(benannt 1957, Stadtteil Stuttgart-West)* Kurt Kluge (geboren 1896 in Leipzig, gefallen 1940 in Fort Eben Emael bei Lüttich, Belgien), Schriftsteller, Erzgießer, Maler, Radierer, Bildhauer. Kluge war von 1921 bis 1940 Professor für Erzguss an der Akademie für Bildende Künste Berlin. Bekannt wurde er durch seinen Roman »Der Herr Kortüm« (1938).

Knappenweg *(benannt um 1903, Stadtteil Vaihingen)* Der Name dürfte auf die Angehörigen des Tuchmachergewerbes zurückzuführen sein, die man früher Knappen nannte.

Knappstraße *(benannt 1896, Stadtteil Stuttgart-Nord)* Christian (von) Knapp (geboren 1800 in Hohenheim, gestorben 1861 in Stuttgart), Finanzminister, wurde 1845 Direktor der Eisenbahnkommission und 1850 Leiter des Finanzministeriums. Gleichzeitig leitete er noch die Zentralbehörde der Verkehrsanstalten.

Kneher-Platz, Agnes- siehe →Agnes-Kneher-Platz.

Kneippweg *(benannt 1997, Stadtteil Bad Cannstatt)* Sebastian Kneipp (geboren am 17. Mai 1821 in Stefansried bei Wörishofen, gestorben am 17. Juni 1897 in Wörishofen [heute Bad Wörishofen]), katholischer Geistlicher und Naturheilkundiger. Sebastian Kneipp war zunächst Weber, dann studierte er katholische Theologie und war ab 1881 Pfarrer in Wörishofen. Eine Erkrankung brachte ihn 1848 auf die Idee der Wasserkur. Er entwickelte nach und nach vielfältige Anwendungen kalten und warmen Wassers und gab darüber hinaus Anregungen zu naturgemäßer, gesunder Lebensweise, die er neben der Abhärtung als Hauptbedingung von Gesunderhaltung und Heilung ansah. Seine Naturheilverfahren haben trotz anfangs scharfer Ablehnung durch die Schulmedizin die moderne physikalische Therapie wesentlich beeinflusst.

Kniebisstraße *(benannt 1905, Stadtteil Stuttgart-Ost)* Hochfläche im Schwarzwald bei Freudenstadt (971 m).

Knittlinger Straße *(benannt 1938, Stadtteil Zuffenhausen)* Die Stadt Knittlingen, Enzkreis, liegt im Naturpark Stromberg-Heuchelberg, hat bekannte Weinlagen wie die »Knittlinger Reichshalde« und 7500 Einwohner. Ignaz Hotz stellte ab 1825 hier die ersten Mundharmonikas der Welt her; die Firma Hotz wurde 1906 von Hohner übernommen. In Knittlingen steht auch das Geburtshaus des geheimnisvollen historischen Doctor Johannes Faustus, der über Jahrhunderte die Phantasie von Dichtern und Denkern beflügelte. Das alte Rathaus wurde 1980 zum Faust-Museum und -Archiv umgebaut. (Siehe auch →Fauststraße.)

Knödelstraße *(benannt um 1907, Stadtteil Stuttgart-Ost)* Friedrich Knödel (geboren 1833, gestorben 1904), Werkmeister, baute als Inhaber eines Baugeschäfts Wohngebäude an dieser Straße.

Knödlerstraße *(benannt 1955, Stadtteil Degerloch)* Arthur Knödler (geboren 1880, gestorben 1951), Degerlocher Arzt. Knödler war Schiffsarzt, bevor er 1910 in Degerloch eine Praxis eröffnete. Den rauen Seemannston behielt er auch auf den Fildern bei, beispielsweise duzte er ausnahmslos alle Patientinnen und Patienten. Doch der leutselige Knödler hatte das Herz am rechten Fleck, deshalb war er äußerst beliebt. In Degerloch kursieren noch heute zahlreiche Anekdoten um Arthur Knödler. – Das Sträßchen war vor seiner Neubenennung Teil der Degerlocher Olgastraße.

Arthur Knödler

Knollstraße *(benannt 1897, Stadtteil Stuttgart-Nord)* Michael (von) Knoll (geboren 1805 in Geislingen an der Steige, gestorben 1852 in Stuttgart), Oberbaurat, Leiter des Baus der Eisenbahnlinie von Esslingen nach Ulm mit der Geislinger Steige.

Knospstraße (1902, West) Rudolph (von) Knosp (geboren am 26. März 1820 in Ludwigsburg, gestorben 1897 in Stuttgart), Fabrikant, Geheimer Kommerzienrat, Mäzen. Rudolph Knosp war der Sohn eines königlichen Kammerdieners. 1845 eröffnete er in Cannstatt eine kleine Farbenfabrik, die er im Jahr darauf an die Rotebühlstraße verlegte. Durch neue Fabrikationsmethoden gewann Knosp bald eine führende Stellung im Bereich der Teerfarbenproduktion. Um die starke Marktstellung zu halten, vereinigte er seinen Betrieb mit dem des Geheimen Kommerzienrats Siegle (siehe →Gustav-Siegle-Straße) und 1873 mit der »Badischen Anilin- und Sodafabrik« (BASF). Knosp nahm daraufhin 24 Jahre lang bis zu seinem Tod die Funktion des Aufsichtsratsvorsitzenden dieses weltbekannten Unternehmens wahr. Rudolph Knosp ist auch der Gründer der Württembergischen Hypothekenbank. Von 1865 bis 1871 gehörte er, der sich der Württembergischen Volkspartei angeschlossen hatte, dem Stuttgarter Gemeinderat an; 1868 wurde er in das Deutsche Zollparlament gewählt. Knosp war nicht nur eine bedeutende Persönlichkeit des Wirtschaftslebens, sondern auch ein Förderer der Kunst und Wissenschaft und ein Wohltäter. Eine Stiftung von zwei Millionen Goldmark ermöglichte den Bau des Rudolph-Sophien-Stifts, dessen Name an ihn und seine Frau erinnert. Die Knospstraße ließ Rudolph Knosps Witwe Sophie Knosp 1902 bis 1904 von Architekt Ludwig Eisenlohr als Privatstraße erbauen. Im Haus Nummer 8 war die Höhere Handelsschule untergebracht; Sophie Knosp überließ den Neubau »gegen billige Jahresmiete« der Stadt.

Rudolph Knosp

Koblenzer Straße *(benannt 1926, Stadtteil Bad Cannstatt)* Stadt Koblenz am Rhein, Rheinland-Pfalz, 109 000 Einwohner.

Koboldweg *(benannt 1954, Stadtteil Möhringen)* Zwergenhaft kleiner Erd- und Hausgeist. Sein Name bedeutet »Walter des Hauses«.

Kochelseeweg *(benannt 1970, Stadtteil Hofen)* 5,9 Quadratkilometer großer See in Oberbayern.

Kochendorfer Straße *(benannt 1937, Stadtteil Zuffenhausen)* Stadtteil Kochendorf der Stadt Bad Friedrichshall (insgesamt 18 200 Einwohner), Landkreis Heilbronn.

Kochenhof, Am siehe →Am Kochenhof.

Kocherstraße *(benannt 1934, Stadtteil Münster)* Rechter Nebenfluss des Neckars, entspringt bei Oberkochen und mündet nach 180 Kilometern bei Bad Friedrichshall. Der Kocherursprung an den Hängen des Albuchs ist eine Natursehenswürdigkeit; aus mehreren Karstquellen, die sich immer tiefer in den Berghang einschneiden, quillt ein bis zu vier Meter breiter Fluss (maximale Schüttung: 4000 Liter pro Sekunde). Die Quelle ist so stark, dass 1551 unmittelbar nach dem Ursprung ein Eisenhüttenwerk errichtet wurde (1634 zerstört). Danach wurde an gleicher Stelle eine Schlackenwäsche betrieben, was dem oberen Flusslauf den Beinamen »Schwarzer Kocher« eintrug.

Koch-Straße, Richard- siehe →Richard-Koch-Straße.

Koch-Straße, Robert- siehe →Robert-Koch-Straße.

Köchl-Weg, Viktor- siehe →Viktor-Köchl-Weg.

Köllestraße *(benannt 1928, Stadtteil Stuttgart-West)* Karl Friedrich Kölle (geboren 1857, gestorben 1927), Vorstand des Tiefbauamts. Unter Leitung des Baurats und Dr.-Ing. h. c. entstanden unter anderem der Schwabtunnel und die Straßen auf dem Bopser. Daneben wurden von ihm die Versorgung Stuttgarts mit elektrischer Energie, die Entfernung der Fäkalienstoffe sowie die Straßenreinigung gefördert. 1900 wechselte Kölle zur Stadtverwaltung Frankfurt am Main.

Kölner Straße *(benannt 1986, Straßenführung geändert 1995, Stadtteil Münster)* Köln, Nordrhein-Westfalen, ist mit 1 020 000 Einwohner die viertgrößte Stadt Deutschlands; mit 405 Quadratkilometern nimmt sie knapp doppelt so viel Fläche ein wie Stuttgart.

König-Karl-Straße *(benannt 1937, Stadtteil Bad Cannstatt)* König Karl von Württemberg (geboren am 6. März 1823 in Stuttgart, gestorben am 6. Oktober 1891 in Stuttgart), ab 1864 König von Württemberg. Die Straße hieß 1864 bis 1937 »Königstraße«. Den Namen des Königs tragen in Stuttgart auch das 1883 bis 1885 erbaute Karls-Gymnasium, die König-Karl-Halle im Haus der Wirtschaft und die Karlshöhe, der frühere Reinsburghügel, den der Verschönerungsverein 1889 umgestaltete und 25 Jahre nach Karls Regierungsantritt zur Jubiläumsfeier nach dem König benannte. Der aus gleichem Anlass vergebene Name »Karls-Vorstadt« für das stark wachsende Heslach wurde 1933 wieder aufgehoben.

Königsberger Straße *(benannt um 1936, Stadtteil Sonnenberg)* Stadt Königsberg, heute Kaliningrad, Russland, 430 000 Einwohner. In der russischen Exklave Kaliningrad leben 913 000 Menschen. Königsberg war bis 1945 die Hauptstadt der Provinz Ostpreußen. Ihr berühmtester Bürger, der Philosoph Immanuel Kant (siehe →Kantstraße), verließ die Stadt nicht ein einziges Mal.

Königsplatz *(benannt 1911, Stadtteil Bad Cannstatt)* Nach König Wilhelm I. von Württemberg, siehe →Wilhelmsplatz [Stuttgart-Mitte].

Königsseestraße *(benannt 1970, Stadtteil Hofen)* See in den Berchtesgadener Alpen, Bayern. Unweit des Königssees erhebt sich die 2000 Meter hohe Ostwand des Großen Watzmann, die höchste (in der Bergsteigersprache »längste«) Wand der Ostalpen. Am Königssee liegt unter anderem Schönau, die südöstlichste Gemeinde Deutschlands.

Bis 1922 wurde die Königstraße an ihrem unteren Ende vom Königstor abgeschlossen. Im Hintergrund sieht man den Hauptbahnhof im Bau. Aufnahme von 1916.

Königsträßle *(benannt 1927, Stadtteil Degerloch)* Schon vor seiner Benennung 1927 wurde der Weg von der Bevölkerung »Königsträßle« genannt. Es mag sein, dass der Weg im 19. Jahrhundert von den Königen und den Angehörigen des Hofes als Fahr- und Reitweg benutzt wurde und daher vom Volksmund seinen Namen erhielt. Früher hat die Straße nicht nur von der Alten und Neuen Weinsteige nach Kleinhohenheim, sondern weiter nach Birkach und zum Schloss Hohenheim geführt.

Königstraße *(benannt 1811, Stadtteil Stuttgart-Mitte)* In Erinnerung an die Erhebung des Kurfürstentums Württemberg zum Königreich im Jahr 1806. – Die obere Königstraße hieß zuvor »Großer Graben«,

Blick vom Bahnhofsturm auf die Königstraße, um 1930

Die Ecke Schulstraße/Königstraße mit dem Kaufhaus Union (heute Karstadt). Im Hintergrund erkennt man den Wilhelmsbau. Das Foto entstand in den Dreißigerjahren.

Die Königstraße mit dem Königsbau auf einer Ansichtskarte, um 1905

»Langer Graben«, »Der sogenannte Graben« oder auch nur »Graben«, im oberen Teil »Schuhgraben« und im unteren »Lindengraben«, denn sie verläuft entlang des alten Stadtgrabens vor der ersten Stadtmauer. Mauer und Graben verschwanden an dieser Stelle erst in der zweiten Hälfte des 18. Jahrhunderts, nachdem in der Nacht vom 2. auf den 3. August 1761 ein Großbrand 41 Gebäude im Karree Hirschstraße/Breite Straße/Schmale Straße/Neue Brücke vernichtet hatte und in den Jahren danach der Wiederaufbau nach einem einheitlichen Plan erfolgte. 1740 wird sie »Der untere Turnieracker« genannt, da in der Gegend zwischen König-, Langer, Kronprinz- und Gymnasiumstraße im 15. Jahrhundert ritterliche Turniere ausgetragen wurden. Der Abschnitt vor dem Stockgebäude hieß Stock-Platz oder »Beim Stock«, der Abschnitt zwischen Langer Straße und Schulstraße Wachthaus-Platz oder »Bei der Bürgerwache«, der Abschnitt zwischen Marienstraße und Tübinger Straße »Platz an der Legions-Kaserne«. – Die untere Königstraße wurde erst zu Beginn des 19. Jahrhunderts per königlichem Dekret angelegt; zuvor befand sich hier eine Landstraße, die (wie die heutige Cannstatter Straße bis 1936) ab 1764 Ludwigsburger Straße hieß, zuvor Siechengasse und in einem Teil Karlstraße. Siehe auch →Obere Paulusstraße.

Königstraße, Kleine siehe →Kleine Königstraße.

Köpfertstraße *(benannt 1969, Stadtteil Plieningen)* Der Flurname leitet sich vermutlich von einem Besitzer namens Köpfer ab. Er könnte auch aus dem Namen Köpf und dem mittelhochdeutschen Wort »art« zusammengesetzt sein, das so viel wie Pflügung, Ackerbau, Feldfrüchte, Land bedeutet.

Körschstraße *(benannt um 1922, Stadtteil Plieningen)* Nach dem Filderbach. – »Körsch« ist ein keltischer Name und bedeutet Stein.

Körschwiesen *(benannt 1958, Stadtteil Möhringen)* Flurname für die Wiesen am Körschbach. Siehe →Körschstraße.

Köslerstraße *(benannt 1997, Stadtteil Stuttgart-Ost)* Josef Kösler (geboren 1861, gestorben 1947), erster Direktor des Gaisburger Vieh- und Schlachthofes. Kösler war zunächst Tierarzt der Stadtdirektion Stuttgart, bevor er 1909 zum Direktor des Stuttgarter Vieh- und Schlachthofs ernannt wurde, der im selben Jahr vom Hegelplatz ins Gewann →Schlüsselwiesen im kurz zuvor eingemeindeten Gaisburg verlegt worden war. Dieses Amt hatte er bis 1928 inne. Der 1988 privatisierte Vieh- und Schlachthof mit Fettschmelze wurde 1992 geschlossen; auf dem Gelände entstand bis zum Jahr 2000 ein Gewerbegebiet, das unter anderem durch die Köslerstraße erschlossen wird.

Köstlinstraße *(benannt 1945, Stadtteile Weilimdorf und Wolfbusch)* Karl Heinrich Köstlin (geboren 1755 in Brackenheim, gestorben 1783 in Stuttgart), Professor der Naturgeschichte. Köstlin war zuletzt Professor an der Hohen Karlsschule, zugleich Hofmedikus und Leiter des Botanischen Gartens. – Als »Weil im Dorf« noch eine selbständige Gemeinde war, hieß die Straße (samt dem heutigen Löwen-Markt) Stuttgarter Straße, 1935 bis 1945 Hans-Schemm-Straße nach dem fanatischen Nationalsozialisten Hans Schemm (1891 bis 1935). Schemm, der schon vor 1933 als antisemitischer Hetzer auffiel, war in der NS-Zeit Gauleiter der »Bayerischen Ostmark« (Niederbayern, Oberpfalz, Oberfranken), bayerischer Kultusminister, Führer des NS-Lehrerbundes und Leiter des Hauptamtes für Erziehung bei der Reichsleitung der NSDAP; 1935 verunglückte er mit einem Flugzeug tödlich.

Kohlerstraße *(benannt 1945, Stadtteil Riedenberg)* Friedrich Wilhelm Kohler (geboren 1754, gestorben 1810), 1780 bis 1798 Pfarrer in Birkach. Kohler gründete dort 1794 die erste Industrieschule, in der Kindern das Spinnen am Spinnrad beigebracht wurde. Die Kinder arbeiteten dann am Spinnrad zu Hause und sorgten so mit für den Lebensunterhalt ihrer Familie. Die bittere Armut der Bevölkerung wurde

Die Brauerei von Paul Kolb (mit Schornstein) und der Kolbsche Biergarten, 1850.

dadurch ein wenig gelindert. Die Industrieschule war so erfolgreich, daß ihr eine Strick- und Nähschule folgten. Sie schloss 1809 ihre Pforten, da der Nachfolger Kohlers dafür nicht viel übrig hatte, wurde aber zum Vorbild für ähnliche Projekte in ganz Württemberg. Daneben hat Kohler die Idee eines Familienregisters entwickelt, die aber erst 1876 in Württemberg verwirklicht wurde.

Kokoschka-Straße, Oskar- siehe →Oskar-Kokoschka-Straße.

Kolbäckerstraße *(benannt 1935, Stadtteil Möhringen)* Im Jahr 1470 erstmals urkundlich genannter Flurname, der vermutlich auf den Besitzer Kolb hinweist.

Kolberger Straße *(benannt 1937, Stadtteil Weilimdorf)* Die Stadt Kolberg, Pommern (polnisch: Kolobrzeg), ein See- und Kurbad an der Ostsee, gehört seit 1945 zu Polen und hat 43 000 Einwohner. Die einstige Hansestadt zählt zu den ältesten Städten Pommerns. Im Laufe ihrer Geschichte wurde sie vielfach belagert. Die Straßenbenennung anno 1937 sollte an die erfolgreiche Verteidigung der Stadt im Jahr 1807 durch den »Bürgeradjutanten« Joachim Nettelbeck und den späteren preußischen Generalfeldmarschall August Wilhelm von Gneisenau gegen die Franzosen erinnern, die Gneisenau berühmt machte. Die Begebenheit lieferte 1943 den Stoff zu dem NS-Propagandafilm »Kolberg«; unter der Regie von Veit Harlan spielten Heinrich George (Nettelbeck), Kristina Söderbaum und Horst Caspar (Gneisenau).

Kolbstraße *(benannt 1873, Stadtteil Stuttgart-Süd)* Nach der Kolb'schen Brauerei, die Paul Kolb (1812–1895) im Jahr 1845 gegründet hat. Sie befand sich Ecke Lehen- und Heusteigstraße, also am Ende der Kolbstraße und war mit einem großen Biergarten verbunden. Auf dem Gelände der Brauerei wurde 1898 ein Variété errichtet, das Apollotheater, später Residenztheater.

Kollwitz-Weg, Käthe- siehe →Käthe-Kollwitz-Weg.

Kolpingstraße *(benannt 1932, wiederbenannt 1945, Stadtteil Steinhaldenfeld)* Adolf Kolping (geboren 1813 in Kerpen im Rheinland, gestorben 1865 in Köln), ab 1845 Priester, ab 1849 Domvikar in Köln, Gründer der katholischen Gesellenvereine, die in der Deutschen Kolpingsfamilie und im internationalen Kolpingwerk fortbestehen. – Die Straße hieß 1936 bis 1945 Theodor-Fritsch-Straße nach dem Schriftsteller Theodor Fritsch (1852–1933), der eine große Anzahl antisemitischer Schriften verfasst hat.

Kolumbusstraße *(benannt 1957, Stadtteil Stammheim)* Christoph Kolumbus (geboren 1451 in Genua, gestorben 1506 in Valladolid), Seefahrer, Entdecker des Seeweges nach Amerika.

Konrad-Adenauer-Straße *(benannt 1967, Stadtteil Stuttgart-Mitte)* Konrad Adenauer (geboren am 5. Januar 1876 in Köln, gestorben am 19. April 1967 in Bad Honnef am Rhein-Rhöndorf), 1949 bis 1963 erster Bundeskanzler der Bundesrepublik Deutschland, 1946 bis 1966 Vorsitzender der CDU.

Konradin-Kreutzer-Weg *(benannt 1991, Stadtteil Botnang)* Konradin Kreutzer (geboren am 22. November 1780 in Meßkirch, gestorben am 14. Dezember 1849 in Riga), Komponist, Kapellmeister in Stuttgart. Kreutzer bereiste 1810 bis 1812 als Klaviervirtuose Deutschland, Frankreich und Italien. Nach einer Aufführung seiner Oper »Konradin von Schwaben« 1812 wurde er zum Königlichen Kapellmeister ernannt und blieb bis 1816 in Stuttgart. In der Folgezeit wirkte er in Donaueschingen, am Hofoperntheater und am Josephstädter Theater in Wien, in Köln und in Riga. Kreutzer verschmolz den deutsch-volkstümlichen Liedstil mit Elementen der französischen Opernmusik. Seinen zahlreichen Opern mangelte es aber an dramatischer Wirksamkeit, weshalb heute nur noch »Das Nachtlager zu Granada« und die Musik zu Ferdinand Raimunds »Verschwender« gegeben werden. Kreutzers Sätze für Männerchor (oft Vertonungen von Uhland-Gedichten) sind nach wie vor sehr populär.

Konradstraße *(benannt 1913, Stadtteil Luginsland)* Männlicher Vorname.

Konz-Brücken, Otto- siehe →Otto-Konz-Brücken.

Kopenhagener Straße *(benannt 1998, Stadtteil Stuttgart-Mitte)* Kopenhagen (dänisch: København), Hauptstadt des Königreichs Dänemark.

Kopernikusstraße *(benannt 1946, Stadtteil Rohr)* Nikolaus Kopernikus (geboren 1473 in Thorn, gestorben 1543 in Frauenburg, Ostpreußen), Astronom, vertrat als Erster die Auffassung, dass die Sonne den Mittelpunkt des Planetensystems bildet. – 1936 bis 1946 hieß die Straße Immelmannstraße nach Max Immelmann (1890–1916), einem Kampfflieger des Ersten Weltkriegs.

Koppenhöferweg *(benannt 1961, Stadtteil Vaihingen)* Maria Koppenhöfer (geboren am 11. Dezember 1901 in Stuttgart, gestorben am 29. November 1948 in Heidelberg), Schauspielerin an Bühnen in München und Berlin.

Koppentalstraße *(benannt 1905, Stadtteil Stuttgart-Nord)* Die gleichnamige Flur wurde erstmals 1294 urkundlich genannt. Die Herkunft des Namens ist ungeklärt, möglicherweise von einem weiblichen Personennamen Kuobin abgeleitet.

Kopp-Weg, Hermann- siehe →Hermann-Kopp-Weg.

Korallenweg *(benannt 1978, Stadtteil Heumaden)* Die Korallentiere sind eine formenreiche Klasse meeresbewohnender Hohltiere. Die meisten Korallen sondern ein Kalkskelett ab, das in tropischen Meeren Riffe bildet.

Korber Straße *(benannt 1954, Stadtteil Burgholzhof)* Gemeinde Korb, Rems-Murr-Kreis, 10 200 Einwohner.

Korczak-Weg, Janusz- siehe →Janusz-Korczak-Weg.

Korianderstraße *(benannt 1957, Stadtteil Heumaden)* Der Koriander, *Coriandrum sativum*, gehört zur Familie der Doldenblütler. Korianderfrüchte sind ein übliches Gewürz in vielen europäischen Ländern, in Nordafrika sowie West-, Zentral- und Südasien. Im Mittelmeergebiet lässt sich der Korianderanbau bis ins alte Ägypten zurückverfolgen.

Korinnaweg *(benannt 1957, Stadtteil Sonnenberg)* Gedicht von Eduard Mörike.

Kormoranstraße *(benannt 1971, Stadtteil Neugereut)* Der Kormoran, *Phalacrocorax carbo*, ist ein Vogel, der sowohl an Meeren als auch an Süßgewässern anzutreffen ist. Er ist ein ausgezeichneter Fischer und wurde daher in Europa stark dezimiert. Durch Schutzmaßnahmen haben die Bestände in den letzten Jahren wieder zugenommen.

Kornbergstraße *(benannt 1859, Stadtteile Stuttgart-Nord und Stutt-*

gart-West) Verdankt ihre Bezeichnung der 1286 genannten Flur Kuenenberg, nach dem Personennamen Kuno, der später nicht mehr verstanden und umgedeutet wurde.

Kornblumenweg *(benannt 1935, Stadtteil Sommerrain)* Die Kornblume, *Centaurea cyanus,* gehört zur Familie der Korbblütengewächse. Sie wächst im Mittelmeergebiet, im mediterranen Klima und ist im restlichen Europa sowie Westasien eingebürgert. Meistens findet man die Kornblume in Kornfeldern, Hecken oder auf Ödland. Durch den Einsatz von Herbiziden wurde sie stark dezimiert.

Kornhasen, Im siehe →Im Kornhasen.

Korntaler Landstraße *(benannt 1957, Stadtteil Weilimdorf)* Führt zum Stadtteil Korntal der Stadt Korntal-Münchingen (insgesamt 17 800 Einwohner), Landkreis Ludwigsburg.

Korntaler Straße *(benannt um 1903, Stadtteil Stammheim)* Führte früher nach Korntal, siehe →Korntaler Landstraße.

Kornwestheimer Straße *(benannt um 1903, Stadtteil Stammheim)* Führt nach Kornwestheim. Die 30 000-Einwohner-Stadt im Landkreis Ludwigsburg wurde als Sitz der Schuhfabrik Salamander bekannt und durch den Landesgüterbahnhof mit seinem riesigen Rangiergelände.

Krabbenbäumle *(benannt 1958, Stadtteil Stammheim)* Der Flurname geht auf die schwäbische Bezeichnung »Krabb« zurück. Damit ist eine Krähe gemeint.

Kräherstraße *(benannt um 1877, Stadtteil Feuerbach)* nach dem Kräherwald, siehe →Am Kräherwald.

Kräherwald, Am siehe →Am Kräherwald.

Krämerstraße *(benannt 1907, Stadtteil Stuttgart-Ost)* Johann Jakob Krämer (geboren 1832, gestorben 1902), letzter Schultheiß von Gablenberg.

Krämer-Straße, Johannes- siehe →Johannes-Krämer-Straße.

Krailenshaldenstraße *(benannt 1945, Stadtteil Feuerbach)* Der Flurname geht auf den »Kräuel« zurück, eine Gabel mit hakenförmigen Spitzen, die dort zur Geländebearbeitung gebraucht wurde. »Halde« bedeutet Abhang.

Kranichweg *(benannt 1936, Stadtteil Wolfbusch)* Der Kranich, *Grus grus,* ist ein stattlicher, Moore und Sümpfe bewohnender Zugvogel. Den Sommer verbringt er im Norden des eurasischen Kontinents, den Winter überwiegend in Afrika. Durch den Rückgang großer Feuchtgebiete und Sumpflandschaften ist sein Lebensraum stark gefährdet.

Kranstraße *(benannt 1970, Stadtteil Weilimdorf)* Maschine zum Heben, Senken und Versetzen von Lasten.

Krapfstraße *(benannt 1934, Stadtteil Stuttgart-Süd)* Ludwig Krapf (geboren 1810 in Derendingen [heute Tübingen-Derendingen], gestorben 1881 in Korntal [heute Korntal-Münchingen]), Missionar und Forschungsreisender. Er entdeckte 1849 den Kenyaberg in Ostafrika.

Krauchenweg *(benannt 1924, Stadtteil Stuttgart-Ost)* Flurname. Krauch bedeutet Wegbiegung.

Kraus-Straße, Jakob- siehe →Jakob-Kraus-Straße.

Kraußweg *(benannt 1957, Stadtteil Sonnenberg)* Hans Krauß, 1640 bis 1670 Spitalhofmeister und Schultheiß in Möhringen. Von 1295 bis 1802/03 übte das Esslinger Sankt-Katharinen-Spital, eine Einrichtung der Armen- und Krankenpflege, in Möhringen die Ortsherrschaft aus; es war Grund-, Leib- und Gerichtsherr. Hinter dem Spital stand freilich die Reichsstadt Esslingen, die sich mit solchen Erwerbungen – etwa auch dem Kauf von Vaihingen im Jahr 1297 – gegen die Machtausdehnung der Grafen von Württemberg wehrte. Der Möhringer Schultheiß wurde vom Esslinger Spital eingesetzt. Der Spitalhofmeister hatte die Rechte und Pflichten des Esslinger Spitals in Möhringen zu verwalten. Sein Amtssitz war der Spitalhof, ein Bauernhof, der zur Eigenbewirtschaftung der nicht verlehnten Güter diente. Zu den Aufgaben des Spitalhofmeisters gehörte es, die ordentliche Bewirtschaftung der eigenen und der Lehensgüter, das Einbringen der Abgaben sowie die Einhaltung des Mühl- und Kelterbanns zu überwachen. (Unter dem Mühl- und Kelterbann verstand man das Verbot, andere Mühlen beziehungsweise Keltern als die Möhringer zu benützen.) Außerdem hielt er die männlichen Zuchttiere im Dorf.

Krautgartenstraße *(benannt 1930, Stadtteil Hedelfingen)* Flurname, der seine Bezeichnung der Anpflanzung von Kraut verdankt. Krautländer waren mit einer Hecke umgeben, lagen meist dicht am Dorf und wurden mit der Hacke statt mit dem Pflug bebaut. Deshalb sprach man von Krautgärten, nicht von Krautäckern. Nicht nur verschiedene Kohlsorten wurden hier angebaut, wie der Name vermuten lassen könnte, sondern auch Rüben, Erbsen, Linsen und Flachs.

Krebsstraße *(benannt 1929, Stadtteil Hofen)* Friederike Krebs (geboren 1768, gestorben 1852 in Hofen [heute Stuttgart-Hofen]) stiftete unter anderem das frühere Armenhaus in Hofen.

Krefelder Straße *(benannt 1937, Stadtteil Bad Cannstatt)* Stadt Krefeld im Rheinland, Nordrhein-Westfalen, 238 000 Einwohner. – Von 1899 bis 1937 hieß die Straße Lindenstraße nach einer großen Linde, die früher an der Einmündung der Haldenstraße in die Neckartalstraße stand.

Krehlstraße *(benannt 1906, wiederbenannt 1945, Stadtteile Vaihingen und Rohr)* Otto Krehl (geboren 1838 in Ludwigsburg, gestorben 1925 in Stuttgart), 1872 bis 1894 Schultheiß in Vaihingen. Der Gemeinderat verlieh dem verdienten Ortsvorsteher 1906 das Vaihinger Ehrenbürgerrecht.

Kreisauer Weg *(benannt 1960, Stadtteil Fasanenhof)* Der »Kreisauer Kreis« war eine Gruppe von Gegnern des Nationalsozialimus, der Vertreter beider Konfessionen, Sozialdemokraten und Konservative angehörten. Die meisten führenden Mitglieder dieser Gruppe, die ihre Zusammenkünfte in dem bei Schweidnitz gelegenen Gut Kreisau abhielt, wurden als Widerstandskämpfer hingerichtet.

Kremmlerstraße *(benannt 1931, Stadtteil Sonnenberg)* Der bereits 1470 urkundlich erwähnte Flurname »Kremmler« leitet sich entweder von einem Besitzer namens Krämer, Kremer oder Kremmler ab oder er deutet darauf hin, dass hier früher Wacholderbüsche (schwäbisch: Krammet) standen. Ein Bezug zum »Krammetsvogel« (Wacholderdrossel, *Turdus pilaris*), den man früher gefangen und gerne gegessen hat, ist eher unwahrscheinlich.

Kremser Straße *(benannt 1938, Stadtteil Feuerbach)* Stadt Krems an der Donau in Niederösterreich, 23 000 Einwohner. – Bis 1938 hieß die Straße Bahnhofstraße.

Kreßbronner Straße, ab 1. August 2005: **Kressbronner Straße** *(benannt 1939, Stadtteil Hedelfingen)* Kressbronn am Bodensee ist die südöstlichste Gemeinde Baden-Württembergs. Sie gehört zum Bodenseekreis und hat 7700 Einwohner. Reizvoll sind das ehemalige Wasserschloss Gießen mit seinem Staffelgiebel (erbaut vor 1250, um 1500 umgebaut), das »Schlössle« von 1896, umgeben von einem Park mit exotischen Bäumen, und die 1897 erbaute Kabelhängebrücke über die Argen, die älteste Kabelhängebrücke Deutschlands.

Kreutzer-Weg, Konradin- siehe →Konradin-Kreutzer-Weg.

Kreuzhaldenstraße *(benannt 1936, Stadtteil Hedelfingen)* Führt zu der gleichnamigen Flur, deren Benennung wahrscheinlich auf ein in früheren Zeiten dort aufgestelltes Kreuz zurückzuführen ist. »Halde« bedeutet Abhang.

Kreuznacher Straße *(benannt 1937, Straßenführung geändert 1997, Stadtteil Bad Cannstatt)* Die Stadt Bad Kreuznach, Rheinland-Pfalz,

43 000 Einwohner, liegt an der Nahe und hat radioaktive Solquellen. – 1870 bis 1937 hieß die Straße Ludwigstraße nach dem Vornamen des Cannstatter Stadtschultheißen Ludwig Lemppenau

Kreuzotterweg *(benannt 1955, Stadtteil Bergheim)* Die Kreuzotter, *Vipera berus,* gehört zur Familie der Vipern. Sie kommt nahezu in ganz Europa vor. Ihr Biss kann für Kinder lebensgefährlich werden, normalerweise flieht sie jedoch vor Menschen.

Kreuzstraße *(benannt 1906, Stadtteil Vaihingen)* Vielleicht nach einem ehemals dort aufgestellten Kreuz.

Krickentenweg *(benannt 1997, Stadtteil Neugereut)* Die Krickente *(Anas crecca),* ist die kleinste bei uns vorkommende Entenart und in Gebieten der Nordhalbkugel mit gemäßigterem oder kühlerem Klima beheimatet. Sie überwintert in Südeuropa und Nordafrika.

Kriegerstaffel *(benannt 1937, Stadtteil Stuttgart-Nord)* Die Straße liegt unterhalb der Flur »Krieger«, die 1724 erstmals urkundlich erwähnt wurde. Der Name wird von einem Personennamen oder dem angrenzenden Kriegsberg hergeleitet.

Kriegerstraße *(benannt 1891, Stadtteil Stuttgart-Nord)* Flurname, siehe →Kriegerstaffel.

Kriegsbergstraße *(benannt 1851, Stadtteil Stuttgart-Mitte)* Die Flur Kriegsberg (Criegersberch) wurde schon 1294 in einer Urkunde genannt. Das Bestimmungswort »Krieg« kann auf Gefechte, Feldlager oder auf Grundstücksstreitigkeiten zurückgehen.

Kriegsbergturm, Am siehe →Am Kriegsbergturm.

Kristallweg *(benannt 1978, Stadtteil Heumaden)* Ein Kristall ist ein fester Körper, dessen Bauelemente (Atome, Ionen, Moleküle) sich während seines Wachstums räumlich-periodisch anlagern. Frei gewachsene Kristalle sind von ebenen Flächen begrenzt.

Kröner-Straße, Adolf- siehe →Adolf-Kröner-Straße.

Krötenweg *(benannt 1954, Stadtteil Giebel)* Die Kröten gehören zur Familie der Froschlurche. In der Regel haben sie eine warzige Haut und verfügen über Giftdrüsen. Am bekanntesten ist die Erdkröte *(Bufo bufo).* Im Frühjahr können die Weibchen beobachtet werden, wie sie die Männchen huckepack zur Paarung in stehende Gewässer schleppen.

Krokodilweg *(benannt 1953, Stadtteil Bergheim)* Krokodile, lateinisch Crocodilia, sind weltweit mit 21 Arten vertreten. Zu ihnen gehören Alligatoren, Kaimane und Gaviale. Meist leben sie im Süßwasser, manche Arten auch im Salzwasser.

Die Kronenstraße führte auf das Hauptportal des Marstalls zu. (Foto um 1942)

Krokusweg *(benannt 1937, Stadtteil Sommerrain)* Der Frühjahrsbote Krokus, lateinisch *Crocus*, gehört zu den Schwertliliengewächsen.

Kronenstraße *(benannt 1811, Stadtteil Stuttgart-Mitte)* Die 1806 geplante und 1811 vollständig von Hofbaumeister Nikolaus Friedrich von Thouret gebaute Straße begann am Hauptportal des Marstalls. Dieses wurde von einer Kuppel überwölbt, die zeitweise eine große Krone trug.

Kronprinzstraße *(benannt 1811, Stadtteil Stuttgart-Mitte)* Um 1795 wurde an der Ecke der heutigen Kronprinz- und Langen Straße die Gaststätte »Kronprinz« eröffnet. Für den Namen stand Prinz Friedrich Wilhelm Karl von Württemberg Pate. Als Napoleon 1806 Friedrich zum ersten König von Württemberg krönte, benannte auch der Wirt sein Lokal in »König von Württemberg« um. Die Porträtbüste, die als Wirtshausschild diente, ist noch heute im städtischen Lapidarium zu sehen. Als König Friedrich 1811 viele Stuttgarter Straßen neu benannte, wollte er die Untertanentreue des Wirts belohnen. Da der Name »Königstraße« aber dem damals neu angelegten Boulevard vorbehalten sein sollte, der durch die Auffüllung des Grabens entlang der Altstadtmauer entstanden war, benannte er die Parallelstraße zur Königstraße nach dem vormaligen Namen des Gasthofs. Der untere Teil der Kronprinzstraße hieß zuvor »Landschaftsgaß«, benannt nach der dort befindlichen »Landschaft«, das heißt Landtag, der obere Teil »Hoffmännische Gaß«.

Krummenackerstraße *(benannt 1936, Stadtteil Obertürkheim)* Die Straße führt in Richtung Krummenacker. Das ehemalige Dorf wurde 1229 erstmals urkundlich erwähnt. Heute bilden Rüdern, Sulzgries, Krummenacker und Neckarhalde gemeinsam einen Stadtteil der Kreisstadt Esslingen am Neckar. »RSKN«, wie der Stadtteil der Einfachheit halber abgekürzt wird, hat 8539 Einwohner. – Bis 1936 hieß die Straße Paulinenstraße.

Krumme Straße *(benannt 1958, Stadtteil Stuttgart-Mitte)* Nach dem gebogenen Verlauf der Straße.

Kruppstraße *(benannt 1936, Stadtteil Feuerbach)* Nach Alfred Krupp (geboren 1812 in Essen, gestorben 1887 in Essen) und dessen Sohn Friedrich Alfred Krupp (geboren 1854 in Essen, gestorben 1902 in Essen), Großindustrielle. Die 1811 gegründete Essener Gießerei entwickelte sich unter Alfred Krupp sen. zur größten Gussstahlfabrik der Welt. Ab 1847 produzierte sie auch Geschützrohre; im Ersten Weltkrieg, in der Wiederaufrüstungsphase vor und im Zweiten Weltkrieg gehörte Krupp zu den größten Rüstungsproduzenten. »Flink wie Windhunde, zäh wie Leder, hart wie Krupp-Stahl«, so lautete denn auch das Leitbild der Hitler-Jugend. 1969 erwarb der Staat Iran 25 Prozent der Gesellschaftsanteile. 1992 fusionierte Krupp mit Hoesch, 1999 mit Thyssen; heute beschäftigt der Thyssen-Krupp-Konzern mit Sitz in Düsseldorf weltweit 191 000 Mitarbeiter.

Kuchener Straße *(benannt 1936, Stadtteil Wangen)* Gemeinde Kuchen, Landkreis Göppingen, 5800 Einwohner.

Kucher-Weg, Eugen- siehe →Eugen-Kucher-Weg.

Kuckucksruf *(benannt 1926, Stadtteil Kaltental)* Nach dem Vogelruf.

Küblergasse *(benannt 1937, Stadtteil Bad Cannstatt)* Gewerbebezeichnung. – Von 1846 bis 1937 hieß die Gasse Küfergasse; das Eckhaus Sulzbachgasse 14/Küfergasse gehörte einem Küfer namens Zündel, der darin eine Küferei und Schnapsbrennerei betrieb. Vor 1846 hieß die Gasse Neue Gasse.

Kühlbrunnengasse *(benannt 1822, Stadtteil Bad Cannstatt)* Nach dem in der Marktstraße an der Einmündung der Gasse stehenden Erbsenbrunnen (siehe →Erbsenbrunnengasse). Der alte Erbsenbrunnen bezog sein Wasser aus einer eigenen Quelle; es war das einzige »Süßwasser« der Stadt. »Gewöhnliches« Wasser ist kühler als Mineralwasser, davon leitet sich der Name der Gasse ab.

Kühornweg *(benannt 1988, Stadtteil Stuttgart-Süd)* Jakob Kühorn gründete im Jahr 1500 die Stuttgarter Schützengilde.

Kümmelweg *(benannt 1957, Stadtteil Heumaden)* Der Kümmel, *Carum carvi,* ist eine Gewürzpflanze, die in Europa wild wächst. Er gehört zur Familie der Doldenblütler.

Künzelsauer Straße *(benannt 1937, Stadtteil Zuffenhausen)* Kreisstadt Künzelsau, Hohenlohekreis, 15 000 Einwohner. Der starke Höhenunterschied zwischen dem Kochertal und den auf der Hohenloher Ebene gelegenen Stadtteilen wird unter anderem von einer Standseilbahn überwunden.

Kufsteiner Straße *(benannt 1937, Stadtteil Uhlbach)* Stadt Kufstein in Tirol, Österreich, 13 500 Einwohner.

Kuhnstraße *(benannt 1895, Straßenführung geändert 1978, Stadtteil Stuttgart-Ost)* Nach Gotthilf Kuhn (geboren 1819 in Grafenberg bei Nürtingen, gestorben 1890 in Stuttgart-Berg) und Ernst Kuhn (geboren 1853 in Stuttgart-Berg, gestorben 1903 in Winnenden), Besitzer der einstigen Kuhn'schen Maschinenfabrik in Berg.

Kullenbergstraße *(benannt 1947, Stadtteil Botnang)* Der Flurname geht auf die Kuhle (Grube, Vertiefung) zurück.

Kunoweg *(benannt 1957, Stadtteil Mühlhausen)* Nach dem Adeligen Kuno von Mühlhausen (13. Jahrhundert).

Kupferstraße *(benannt 1957, Stadtteil Vaihingen)* Metall, chemisches Element.

Kupferzeller Weg *(benannt 1937, Stadtteil Zuffenhausen)* Gemeinde Kupferzell, Hohenlohekreis, 5700 Einwohner.

Kuppinger Straße *(benannt 1957, Stadtteil Vaihingen)* Stadtteil Kuppingen der Stadt Herrenberg, Landkreis Böblingen, 4100 Einwohner.

Kurlandweg *(benannt 1964, Stadtteil Mühlhausen)* Historische Landschaft in Lettland.

Kurmärker Straße *(benannt 1954, Straßenführung geändert 1982, Stadtteil Vaihingen)* Kurmark, Hauptteil der ehemaligen Mark Brandenburg.

Kurt-Georg-Kiesinger-Platz *(benannt 1993, Stadtteil Stuttgart-Mitte)* Kurt Georg Kiesinger (geboren am 6. April 1904 in Ebingen [heute Albstadt-Ebingen], gestorben am 9. März 1988 in Tübingen-Bebenhausen), Ministerpräsident von Baden-Württemberg und Bundeskanzler. Kiesinger studierte Philosophie und Geschichte in Tübingen sowie Jura und Staatswissenschaften in Berlin, wo er sich als Rechtsanwalt niederließ. 1940 wurde er als wissenschaftlicher Hilfsarbeiter in der Rundfunkabteilung des Reichsaußenministeriums dienstverpflichtet, 1943 stieg er zum stellvertretenden Leiter dieser Abteilung auf. Diese Tätigkeit und seine Mitgliedschaft in der NSDAP wurden Kiesinger später oft vorgeworfen. Entlastung fand er durch ein aus dem »Spiegel«-Archiv stammendes Protokoll des Reichssicherheitshauptamtes der SS, in dem es hieß, Kiesinger habe während seiner Tätigkeit in der rundfunkpolitischen Abteilung Aktionen gegen Juden gehemmt und verhindert. Nach einjähriger Haft im Internierungslager Ludwigsburg und vollständiger Entlastung durch ein Spruchkammergericht war Kiesinger ab 1948 in Tübingen und Würzburg wieder als Rechtsanwalt tätig. 1947 berief ihn Gebhard Müller zum ehrenamtlichen Landesgeschäftsführer der CDU Südwürttemberg-Hohenzollern. 1949 wurde Kiesinger für die CDU in den Bundestag gewählt; 1950 bis 1957 fungierte er als Vorsitzender des Vermittlungsausschusses und 1954 bis 1958 als Vorsitzender des Auswärtigen Ausschusses des Bundestags. Kiesinger legte sein Mandat nieder, als er 1958 zum Ministerpräsidenten von Baden-Württemberg gewählt wurde. 1966 wurde Kiesinger Bundeskanzler der großen Koalition. 1967 bis 1971 hatte er zudem den Parteivorsitz inne; 1971 wurde er zum Ehrenvorsitzenden der CDU gewählt. Als Kanzler konnte Kiesinger die wirtschaftliche Rezession und die Misere der Bundesfinanzen durch mittelfristige Finanzplanung überwinden. Doch die Notstandsgesetze, die Verbesserung der Ostkontakte und der Atomwaffensperrvertrag waren heftig umstritten. 1969 löste Kiesingers Außenminister Willy Brandt (SPD) ihn als Regierungschef ab (siehe →Willy-Brandt-Straße); Kiesinger hatte jedoch von 1969 bis 1980 wieder ein Bundestagsmandat. »Er war ein Mann mit viel Substanz, aber auch mit viel Ausstrahlung, kultiviert, tief gebildet und die Verkörperung Baden-Württembergs«, so charakterisierte der damalige Bundesverkehrsminister Matthias Wissmann (CDU) Kiesinger bei der Einweihung des Platzes. 1988 starb der Tübinger Ehrenbürger im Tübinger Kloster-Stadtteil Bebenhausen.

Kurt Georg Kiesinger

Kurt-Schumacher-Straße *(benannt 1960, Stadtteile Möhringen und Fasanenhof)* Kurt Schumacher (geboren am 13. Oktober 1895 in

Culm/Westpreußen, gestorben am 20. August 1952 in Bonn), Politiker. Als Soldat verlor Schumacher im Ersten Weltkrieg einen Arm. Er studierte Jura und Nationalökonomie, schloss das Studium mit der Promotion ab und wurde 1918 Mitglied des Berliner Arbeiter- und Soldatenrats. Ab 1920 war er Redaktionsmitglied bei der sozialdemokratischen »Schwäbischen Tagwacht« in Stuttgart. 1924 bis 1931 gehörte Schumacher dem Landtag an. Seine Artikel und Reden waren eine scharfe Abrechnung und Auseinandersetzung mit dem aufkommenden Nazismus. 1930 wurde er in den Berliner Reichstag gewählt. Auch dort fiel er durch seine kämpferischen Reden schnell auf. Er sagte, der Nationalsozialismus sei der »Appell an den inneren Schweinehund im Menschen«. Nach Hitlers Machtergreifung konnte er nur wenige Monate in der Illegalität politisch wirken. Im Juli 1933 wurde er verhaftet. Über zehn Jahre lang dauerte sein Leidensweg durch verschiedene Konzentrationslager. Im September 1944 wurde er, körperlich ruiniert, endgültig entlassen. Nach 1945 wurde er der unumstrittene Führer der SPD in der Bundesrepublik, im Mai 1946 zum Vorsitzenden gewählt. Er widersetzte sich entschieden einer Vereinigung von SPD und KPD. Die Adenauer'sche Politik der Westintegration der Bundesrepublik lehnte Schumacher aus einer nationalstaatlichen Orientierung heraus ab. Sein Leitbild war die Wiederherstellung der nationalen Einheit in einer freiheitlich-demokratischen Verfassung. Die Leitsterne seiner politischen Arbeit waren »sein Gerechtigkeitsgefühl, seine demokratische Überzeugung und sein Wille, dem deutschen Volk einen Platz unter den freien Völkern in voller Gleichberechtigung zu erkämpfen«, so Erwin Schoettle in einem Nachruf.

Kurt Schumacher

Kurze Straße *(benannt 1918, Stadtteil Feuerbach)* Die Straße ist nur knapp 200 Meter lang.

Kurzen Weg, Am siehe →Am Kurzen Weg.

Kurz-Straße, Hermann- siehe →Hermann-Kurz-Straße.

Kurz-Straße, Isolde- siehe →Isolde-Kurz-Straße.

Kyffhäuserstraße *(benannt 1936, Stadtteil Feuerbach)* Bergrücken zwischen Thüringer Wald und Harz.

Lämmleshalde *(benannt 1924, Stadtteil Bad Cannstatt)* Der Flurname geht wohl auf die einstige Benutzung des Hanggeländes als Schafweide zurück.

Lämmle-Weg, August- siehe →August-Lämmle-Weg.

La-Ferté-Steg *(benannt 2001, Stadtteil Zuffenhausen)* Mit dem Ort La Ferté-sous-Jouarre (Frankreich) ist der Stadtbezirk Zuffenhausen seit 1977 durch eine Städtepartnerschaft verbunden. La Ferté liegt etwa 60 Kilometer von Paris entfernt im Marnetal (District Seine-et-Marne), mitten in der Champagne. Außer durch den Schaumwein ist es durch Mühlsteine bekannt, die hier aus Süßwasserquarz gebrochen werden. Ehemalige Soldaten und Kriegsgefangene setzten ab 1962 das Motto »Für eine friedliche Zukunft« in die Tat um und legten durch gegenseitige Kontakte und Besuche den Grundstein für die Städtepartnerschaft. Sie wird durch zahlreiche Besuche und Gegenbesuche mit Leben erfüllt, die vom Verband der Heimkehrer, von den Sportvereinen, dem Ferdinand-Porsche-Gymnasium, den Kirchen, der Freiwilligen Feuerwehr Zazenhausen, dem Altenclub und dem Liederkranz getragen werden.

Lagerplatzstraße *(benannt 1978, Stadtteil Bad Cannstatt)* Funktionsbezogene Bezeichnung der Straße beim Cannstatter Güterbahnhof.

Lahnweg *(benannt 1934, Stadtteil Münster)* Rechter Nebenfluss des Rheins, entspringt im südlichen Rothaargebirge und mündet nach 245 Kilometern bei Lahnstein.

Laichinger Straße *(benannt 1954, Stadtteil Wangen)* Stadt Laichingen, Alb-Donau-Kreis, 10 800 Einwohner, bekannt durch die Laichinger Tiefenhöhle, die tiefste Schauhöhle in Deutschland. Sie ist bis auf 80 Meter Tiefe erforscht.

Laihleweg *(benannt 2001, Stadtteil Botnang)* Der Flurname, nach dem auch die Wohnanlage Laihle benannt ist, leitet sich möglicherweise von einem Lehen ab.

Lambertweg *(benannt 1958, Stadtteil Dürrlewang)* Johann Heinrich Lambert (geboren 1728 in Mülhausen im Elsass, gestorben 1777 in Berlin), Physiker und Philosoph.

Lammackerweg *(benannt 1980, Stadtteil Möhringen)* Flurname.

Lammgasse *(benannt 1885, Stadtteil Bad Cannstatt)* Nach dem 1944 zerstörten Gasthaus zum Lamm, das in dieser Gasse stand.

Landauer Straße *(benannt 1938, Straßenführung geändert 1977, Stadtteil Weilimdorf)* Stadt Landau in der Pfalz, Rheinland-Pfalz, 40 000 Einwohner.

Landecker Straße *(benannt 1937, Stadtteil Uhlbach)* Stadt Landeck in Tirol, Österreich, 7500 Einwohner, bekannt als Ausgangspunkt zum Arlberg beziehungsweise Arlbergtunnel.

Landenbergerstraße *(benannt 1927, Stadtteil Stuttgart-Nord)* Christian Adam Landenberger (geboren 1862 in Ebingen [heute Albstadt-Ebingen], gestorben 1927 in Stuttgart), Maler. Landenberger studierte an der Stuttgarter Akademie der bildenden Künste bei Jakob Grünenwald, Karl von Haeberlin, Alexander Liezen-Mayer und Claudius Schraudolph d. J., ließ sich dann als Maler in München und mit einer Sommermalschule am Ammersee nieder und wurde 1905 als Professor an die Stuttgarter Akademie berufen, nachdem sein Gemälde »Badende Buben« mit einer Goldmedaille ausgezeichnet worden war. Hier lehrte er bis zu seinem Tod. Landenberger, ein später Impressionist, ist vor allem für seine Hell-Dunkel-Malerei und seine hervorragende Darstellung menschlicher Haut bekannt. Zu seinen Schülern zählen neben vielen anderen Josef Eberz, Wilhelm Geyer (siehe →Wilhelm-Geyer-Weg), Paul Kälberer, Fritz Klein, Heinrich Kübler, Otto Meyer-Amden, Hermannn Sohn, Hermann Stenner und Josef Alfons Wirth.

Christian Landenberger: Selbstbildnis, 1920

Landhausstraße *(benannt 1869, Stadtteile Stuttgart-Mitte und Stuttgart-Ost)* Nach den dort Mitte des 19. Jahrhunderts erbauten Villen, zu Deutsch »Landhäusern«. Die Straße lag damals deutlich außerhalb der Stadt.

Landschreiberstraße *(benannt 1936, Stadtteil Sillenbuch)* Nach dem Besitzer der Flur, dem Landschreiber Heinrich Lorcher. Der Name wurde 1508 urkundlich genannt.

Landsknechtstraße *(benannt 1933, Straßenführung geändert 1990,*

Stadtteil Zazenhausen) Ein Landsknecht war ein zu Fuß kämpfender Söldner des 15. und 16. Jahrhunderts.

Landstadt, In der siehe →In der Landstadt.

Landstuhler Straße *(benannt 1957, Stadtteil Weilimdorf)* Stadt Landstuhl, Rheinland-Pfalz, 9300 Einwohner; hier starb 1523 Reichsritter Franz von Sickingen, der 1519 für Kaiser Karl V. gegen Herzog Ulrich von Württemberg zu Felde zog.

Lange Allee *(benannt um 1928, Stadtteil Zuffenhausen)* Von der großen Eiche auf der Schlotwiese führten einst sieben Alleen nach allen Richtungen; die Lange Allee war eine davon.

Lange Morgen *(benannt 1958, Stadtteil Heumaden)* Der Flurnamen deutet auf lange, schmale Grundstücke hin. Morgen ist ein altes Flächenmaß.

Langenburger Straße *(benannt 1937, Stadtteil Zuffenhausen)* Stadt Langenburg, Landkreis Schwäbisch Hall, 2000 Einwohner. Langenburg war ab 1585 Residenzstadt, ab 1671 Residenz der Linie Hohenlohe-Neuenstein-Langenburg. Die Burg aus dem 13. Jahrhundert wurde Anfang des 17. Jahrhunderts in ein imponierendes Renaissanceschloss umgebaut. Es wird heute von Fürst Kraft zu Hohenlohe-Langenburg und seiner Familie bewohnt; ein Teil kann besichtigt werden. Die Dekansfrau Agnes Günther schrieb in Langenburg ihren Roman »Die Heilige und ihr Narr«, der auch hier spielt. Den Welterfolg des Buches hat sie nicht mehr erlebt – es wurde erst 1913, zwei Jahre nach ihrem Tod, veröffentlicht. In Langenburg wuchsen auch die beiden Grünen-Politiker Joschka Fischer und Rezzo Schlauch auf.

Langen Hau, Im siehe →Im Langen Hau.

Lange Straße *(benannt 1811, Stadtteil Stuttgart-Mitte)* Sie entstand 1811 aus der Langen Gasse, die in der ehemaligen oberen Vorstadt die anderen Gassen an Länge übertraf und daher im Volksmund »Lange Gasse« genannt wurde. Im oberen Teil hieß sie ursprünglich »Gegen dem Landhaus«, im 18. Jahrhundert »Landhaus-Strassen«, nach dem Amts- oder Landhaus (Lange Straße 51), das Graf Eberhard im Bart im Jahr 1492 hier errichten ließ. Es diente zur Aufbewahrung von militärischer Ausrüstung der benachbarten Landorte, beispielsweise Harnischen und Kriegswagen. Ab 1728 befand sich in dem Gebäude die Strumpfweberei der aus Frankreich vertriebenen Reformierten, von 1857 bis 1900 das Konservatorium für Musik. – 1946 bis 1952 hieß die Straße Thälmannstraße nach dem 1944 im KZ Buchenwald ermordeten ehemaligen KPD-Vorsitzenden und Reichstagsabgeordneten Ernst Thälmann.

Langhansstraße *(benannt 1937, Stadtteil Feuerbach)* »Langhans« nennt man im Volksmund den fünfeckigen, 23 Meter hohen Turm der Burg Hohenbeilstein, die über der Stadt Beilstein, Landkreis Heilbronn, liegt. Von ihm aus hat man einen herrlichen Ausblick ins Bottwartal. Hohenbeilstein ist auch wegen seiner Burgfalknerei bekannt.

Langobardenstraße *(benannt 1938, Stadtteil Zuffenhausen)* Germanischer Volksstamm.

Langwiesenweg *(benannt 1924, Stadtteile Stuttgart-Ost und Wangen)* Die Form der auf der früheren Gemarkung Gaisburg gelegenen Wiesen gab der Flur ihre Bezeichnung.

Laquaiweg *(benannt 1957, Stadtteil Degerloch)* Carl Laquai (geboren 1855 in Lahr, gestorben 1940), Buchdrucker, Mitbegründer und Vorstand des Württembergischen Arbeitersängerbundes. – Der Weg hieß zunächst Brunnenwegle, dann Kernerstraße, vermutlich nach dem Dichter Justinus Kerner (siehe →Kernerplatz), dann Franziskaweg, vermutlich nach Franziska von Hohenheim, der Gattin Herzog Karl Eugens von Württemberg (siehe →Franziskaweg).

Laubeweg *(benannt 1960, Stadtteil Fasanenhof)* Heinrich Laube (geboren am 18. September 1806 in Sprottau, gestorben am 1. August 1884 in Wien), Schriftsteller, Kritiker und Theaterleiter. Laube war 1848/49 Abgeordneter der Frankfurter Nationalversammlung, 1849 bis 1867 Leiter des Wiener Burgtheaters, anschließend Leiter zunächst des Leipziger, dann bis 1879 des Wiener Stadttheaters. Neben historischen Romanen und Novellen verfasste er auch Bühnenwerke, so das Schillerdrama »Die Karlsschüler« (1846).

Lauch, Im siehe →Im Lauch.

Lauch, Vor dem siehe →Vor dem Lauch.

Lauchhau, Im siehe →Im Lauchhau.

Lauchwald, Zum siehe →Zum Lauchwald.

Lauffener Straße *(benannt 1938, Stadtteil Zuffenhausen)* Stadt Lauffen am Neckar, Landkreis Heilbronn, 11 200 Einwohner.

Laupheimer Straße *(benannt 1936, Stadtteil Wangen)* Stadt Laupheim, Landkreis Biberach, 35 000 Einwohner. Aus Laupheim stammte der Filmpionier Carl Laemmle (1867–1939). Der Gründer der Universal Film Manufacturing Company ließ 1913 bis 1915 nahe Los Angeles die Studiostadt Universal City erbauen, aus der sich Hollywood entwickelte. Er produzierte über 9000 Filme, erhielt für seinen Antikriegsfilm »Im Westen nichts Neues« 1930 den Oscar und blieb trotz seines Weltruhmes seiner Heimatstadt eng verbunden.

Laustraße *(benannt 1931, Stadtteile Sonnenberg und Degerloch)* Leitet ihren Namen von der »Schönen Lau« ab, der Nixe aus der Sage, die Eduard Mörike in seine Erzählung »Das Stuttgarter Hutzelmännlein« eingeflochten hat, siehe →Blautopfstraße und →Mörikestraße. – In der NS-Zeit hieß die Straße Adolf-Hitler-Straße.

Lautenschlagerstraße *(benannt 1925, Stadtteil Stuttgart-Mitte)* Karl Lautenschlager (geboren 1868 in Stuttgart, gestorben 1952 in Stuttgart), Stuttgarter Oberbürgermeister. Wurde 1911 zum Stadtvorstand gewählt. Nach Ablauf der Amtszeit 1921 und 1931 wieder gewählt, zuletzt auf 15 Jahre. In seine Amtszeit fielen der Ausbau der Wasserversorgung, die Einrichtung einer Kläranlage und der Bau des Hauptbahnhofs. Während der Ära Lautenschlager entwickelte sich Stuttgart von der Residenzstadt zum südwestdeutschen Wirtschaftszentrum. Nach der Machtergreifung der Nationalsozialisten 1933 wurde Lautenschlager unter unwürdigen Umständen seines Amtes enthoben und in den Ruhestand geschickt. Nach 1945 bekleidete Lautenschlager trotz seines vorgerückten Alters noch verschiedene Ehrenämter und war Berater von Oberbürgermeister Arnulf Klett. Der Gemeinderat hat seine großen Verdienste um die Belange der Stadt 1945 durch die Ernennung zum Ehrenbürger gewürdigt.

Karl Lautenschlager

Lauterburgstraße *(benannt 1937, Stadtteil Feuerbach)* Burgruine Lauterburg bei Essingen, Ostalbkreis. Die mächtige Burg wurde 1128 erstmals urkundlich erwähnt, war ab 1405 Stammsitz der Familie von Woellwarth und ist seit einem Brand im Jahr 1732 eine Ruine.

Lautlinger Weg *(benannt 1962, Straßenführung geändert 1977, Stadtteil Möhringen)* Der Stadtteil Lautlingen der Stadt Albstadt (insgesamt 48 500 Einwohner) im Zollernalbkreis liegt landschaftlich reizvoll im Eyachtal. Schloss Lautlingen stammt in seinen ältesten Teilen aus dem 16. Jahrhundert, das Hauptgebäude wurde in den Jahren 1842 bis 1846 von Franz Ludwig von Stauffenberg erbaut und beherbergt heute die musikhistorische Sammlung des 1982 gestorbenen Klavierbaumeisters Martin Friedrich Jehle. Die Widerstandskämpfer

Berthold und Claus von Stauffenberg machten sich hier im Sommer 1943 Gedanken darüber, wie Deutschland nach einem Attentat auf Hitler aussehen könnte – so entstanden die »Lautlinger Leitsätze«. Doch ihr Attentatsversuch am 20. Juli 1944 scheiterte (siehe →Stauffenbergstraße).

Lauxweg *(benannt 1961, Stadtteil Heumaden)* Johann Jakob Laux sen. und jun., 1753 bis 1788 (Vater) und 1788 bis 1827 (Sohn) Schulmeister in Heumaden.

Lazarettstraße *(benannt 1811, Stadtteil Stuttgart-Mitte)* Ging 1811 aus der Lazarettgasse und diese wieder aus der bereits 1594 urkundlich erwähnten Köllingsgasse hervor. Sie führte zum 1560 erbauten Lazarett (Krankenhaus) und Lazarettfriedhof außerhalb der Mauern der Esslinger Vorstadt.

Lebretstraße *(benannt 1937, Stadtteil Untertürkheim)* Johann Friedrich Lebret (geboren 1732 in Untertürkheim [heute Stuttgart-Untertürkheim], gestorben 1807 in Tübingen), Professor der Theologie an der Universität Tübingen, Historiker. Lebret war ab 1786 Kanzler der Universität Tübingen; bei ihm legten im Juni 1793 Hölderlin und Hegel ihr Abschlussexamen ab. Hölderlin widmete Lebrets Tochter Elise (»Lyda«) einige Gedichte.

Lechweg *(benannt 1964, Stadtteil Münster)* Rechter Nebenfluss der Donau, entspringt in den Lechtaler Alpen, durchfließt Augsburg und mündet nach 263 Kilometern unterhalb von Donauwörth. Der Lech bildet die östliche Grenze des schwäbischen Sprachraums.

Lederbergweg *(benannt 1937, Stadtteil Lederberg)* Flurname für ein Waldgebiet, in dem Eichenrinde für Gerbereizwecke gewonnen wurde, heute auch Name eines Stadtteils.

Lederstraße *(benannt 1811, Stadtteil Stuttgart-Mitte)* 1594 als »Lederthorgäßle« genannt, das seinen Namen dem 1464 geschaffenen »Ledergerber- oder Wäscherthörle« am Nesenbach verdankt. Das Tor wurde 1811 abgebrochen. Etwas westlich der Lederstraße übten bis zum Bau des Gerberviertels Anfang des 19. Jahrhunderts am Nesenbach Gerber ihr Handwerk aus. Auf dem Stadtplan von 1764 heißt ein Teil der heutigen Karls-Passage »Leder-Thörlens-Gäßlen« und die Lederstraße selbst »Esslinger Thorgaß« nach dem benachbaren Esslinger Tor (beim heutigen Charlottenplatz).

Leguanweg *(benannt 1997, Stadtteil Bergheim)* Vielgestaltig ist die Familie der Leguane (Iguanidae). Diese Echsen sind in Amerika, auf Madagaskar, den Fidschi-Inseln, Tonga und Galapagos beheimatet.

Ihr Schwanz ist meist lang, der Körper trägt kleine Schuppen, die Beine sind kräftig und mit Krallen versehen. Die kleinsten der über 800 bekannten Arten sind zehn Zentimeter, die größten werden bis zu 2,20 Meter lang.

Leharstraße *(benannt 1969, Stadtteil Botnang)* Franz Lehár (geboren am 30. April 1870 in Komorn, Österreich-Ungarn [heute Komárno, Slowakische Republik], gestorben 1948 in Bad Ischl, Österreich), Komponist. Lehár war einer der bedeutendsten Vertreter der Operette im 20. Jahrhundert; er brachte in den klassischen Operettenstil Elemente der zeitgenössischen Unterhaltungs- und Volksmusik ein. Viele seiner Melodien wurden Schlager, beispielsweise »Meine Liebe, deine Liebe« oder »Dein ist mein ganzes Herz«. Lehár komponierte 38 Operetten, darunter »Die lustige Witwe« (1905) »Der Graf von Luxemburg« (1909) und »Das Land des Lächelns« (1929), fünf Opern, außerdem Lieder, Tänze, Märsche und Filmmusiken.

Lehenstraße *(benannt 1878, Stadtteil Stuttgart-Süd)* 1304 erstmals urkundlich genannter Flurname. Ein Lehen war im Mittelalter ein Leihgut, das den Lehensträger dem Lehensherrn zu Abgaben und Diensten verpflichtet. Da das Lehnswesen aber damals allgemein üblich war und das freie Eigentum die Ausnahme bildete, nimmt man an, dass der Flurname von Anfang an bebautes Land mit einem Einzelhof und Grundbesitz bezeichnet hat. Siehe auch →Am Lehenweg.

Lehenweg, Am siehe →Am Lehenweg.

Lehmfeldstraße *(benannt 1958, Stadtteil Bad Cannstatt)* Nach der benachbarten Oberen Ziegelei, die dort ihr Material gewonnen hat.

Lehmgrubenstraße *(benannt 1902, Stadtteil Stuttgart-Ost)* Der Name ist auf eine in der Nähe gelegene Grube zurückzuführen, aus der Lehm vor allem für den Hausbau geholt wurde.

Leiblweg *(benannt 1952, Stadtteil Feuerbach)* Wilhelm Leibl (geboren am 23. Oktober 1844 in Köln, gestorben am 4. Dezember 1900 in Würzburg), Maler. Sein strenger Zeichenstil und seine Detailtreue gab seinen Bildern eine besondere Note.

Leibnizstraße *(benannt 1937, Stadtteil Stuttgart-West)* Gottfried Wilhelm Freiherr von Leibniz (geboren am 1. Juli 1646 in Leipzig, gestorben am 14. November 1716 in Hannover), Philosoph und Universalgelehrter. Mit 30 Jahren wurde er Politiker und Rat des Herzogs von Braunschweig-Lüneburg in Hannover, anno 1700 Präsident der von ihm ins Leben gerufenen späteren Preußischen Akademie der Wissenschaften in Berlin. In seiner Philosophie, die zu einem wichtigen

Bestandteil der deutschen Aufklärung wurde, setzte er »Monaden«, geistige Krafteinheiten, an die Stelle der toten Atome. Als Mathematiker erfand er die Rechenmaschine mit Staffelwalze und trug zur Entwicklung der Infinitesimalrechnung bei. – Bis 1937 hieß die Straße Pflaumstraße nach dem Bankier und Geheimen Kommerzienrat Alexander (von) Pflaum (1839–1911).

Leicht-Straße, Fanny- siehe →Fanny-Leicht-Straße.

Leicht-Straße, Robert- siehe →Robert-Leicht-Straße.

Leierwiesen *(benannt 1933, Stadtteil Stuttgart-Süd)* Der Flurname hängt möglicherweise mit »Lehen« zusammen, siehe auch →Lehenstraße.

Leimenweg *(benannt 1932, Stadtteil Steinhaldenfeld)* Flurname. Leimen ist eine alte Bezeichnung für Lehm.

Leinenweberstraße *(benannt 1957, Stadtteil Möhringen)* Nach den Leinenwebern, die in Möhringen stark vertreten waren.

Leinfeldener Straße *(benannt 1935, Stadtteil Degerloch)* Der Stadtteil Leinfelden der Stadt Leinfelden-Echterdingen, Landkreis Esslingen, hat 13 400 Einwohner, die Gesamtstadt 36 000. – Von der Großen Falterstraße bis zur Hoffeldstraße hieß die Straße bis 1935 Jakobstraße, im weiteren Verlauf Bismarckstraße.

Leinsweg *(benannt 1926, Stadtteil Stuttgart-Ost)* Christian (von) Leins (geboren 1814 in Stuttgart, gestorben 1892 in Stuttgart), Baudirektor, wurde 1858 Professor an der Technischen Hochschule in Stuttgart. Er baute unter anderem in Stuttgart die Villa Berg, den Königsbau, die Johanneskirche am Feuersee, die 1944 zerstörte Liederhalle und die Vaihinger Stadtkirche.

Leipziger Platz *(benannt 1913, Stadtteil Stuttgart-West)* Die Messestadt Leipzig ist mit 493 000 Einwohnern die größte Stadt Sachsens.

Leitner-Steg, Ferdinand- siehe →Ferdinand-Leitner-Steg.

Leitzstraße *(benannt 1936, Stadtteil Feuerbach)* Louis Leitz (geboren 1846 in Großingersheim [heute Ingersheim-Großingersheim], gestorben 1918), Erfinder des Briefordners. Leitz erlernte das Drechslerhandwerk, wurde dann Mechaniker und gründete 1871 mit zwei Mitarbeitern in Stuttgart eine »Werkstätte zur Herstellung von Metallteilen für Ordnungsmittel«. Zunächst stellte er »Biblorhapte« her, eine Art Schnellhefter mit starr haftender Dokumentenablage, der in Frankreich erfunden worden war. 1886 erfand Leitz den »Leitz Registrator«, dessen mechanisches Prinzip bis heute im Archivordner erhalten blieb. Die Voraussetzung dafür, die Lochung der Briefe, war allerdings nicht Leitz' Idee – den »Papierlocher für Sammelmappen« hatte sich ebenfalls 1886 der Sauerländer Unternehmer Friedrich Soennecken patentieren lassen. Zehn Jahre später, am 4. Juli 1896, erhielt Louis Leitz das Deutsche Gebrauchsmuster auf einen »neuartigen Excenterhebelverschluss für Sammelmappen« – der Leitz-Ordner war erfunden, bei dem sich durch die Hebelmechanik jedes Blatt bequem an jeder gewünschten Stelle einlegen und entnehmen ließ. 1900 erfand Leitz noch die Fix-Klemmschiene, und mit seinem »Phoenix« brachte Leitz 1904 den ersten separaten Handlocher auf den Markt. Ab 1911 wurde in den Rücken der Ordner ein Griffloch eingelassen. Und ab 1925 bekamen die Leitz-Locher einen Mittenanzeiger. Das blühende Unternehmen, das seine Werksanlagen schon bald von Stuttgart nach Feuerbach verlegte, befand sich bis 1998 in Familienbesitz und gehört seitdem zum ursprünglich schwedischen, heute US-amerikanischen Esselte-Konzern, der weltweit 6500 Mitarbeiter beschäftigt. 1996 wurde die Kaufmännische Schule Stuttgart-Feuerbach in »Louis-Leitz-Schule Stuttgart-Feuerbach« umgetauft.

Lembergstraße *(benannt 1904, Stadtteil Stuttgart-Ost)* Höchster Berg der Schwäbischen Alb (1015 m) bei Spaichingen.

Lemmé-Staffel, Maria- siehe →Maria-Lemmé-Staffel.

Lenaustraße *(benannt 1912, Stadtteil Stuttgart-West)* Nikolaus Lenau, Pseudonym des Dichters Franz Niembsch Edler von Strehlenau (geboren am 13. August 1802 in Csatád, Ungarn, gestorben am 22. August 1850 in Oberdöbling bei Wien). War 1831 bis 1844 häufig in Stuttgart und Weinsberg und mit Gustav Schwab, Ludwig Uhland, Justinus Kerner und der Familie Reinbeck befreundet. In seinen stimmungsvollen Gedichten und Balladen gab er dem Schmerz und dem Leid der Welt ergreifenden Ausdruck. 1844 wurde er geisteskrank. Siehe auch → Albigenserweg.

Lenbachstraße *(benannt 1935, Stadtteile Feuerbach und Nord)* Franz (von) Lenbach (geboren am 13. Dezember 1836 in Schrobenhausen, gestorben am 6. Mai 1904 in München), Maler, porträtierte unter anderen Kaiser Wilhelm I. und schuf achtzig Porträts von Bismarck.

Lendvaiweg *(benannt 1953, Stadtteil Botnang)* Erwin Lendvai (geboren am 4. Juni 1882 in Budapest, gestorben am 21. März 1949 in Epsom, Surrey, Großbritannien), Komponist, studierte bei Hans von Kößler an der Könglich ungarischen Musikakademie in Budapest. Lendvai komponierte vor allem Lieder und Chormusik. Seine Oper »Elga« wurde 1916 im Hoftheater Mannheim uraufgeführt.

Lengefeldweg *(benannt 1938, Stadtteil Weilimdorf)* Charlotte von Lengefeld (geboren 1766 in Rudolstadt, gestorben 1826 in Bonn), Schillers Frau, die selbst schriftstellerisch tätig war.

Lenninger Straße *(benannt 1937, Stadtteil Stuttgart-Ost)* Nach dem Lenninger Tal südlich von Kirchheim unter Teck. Aus der Schwarzen und der Weißen Lauter bildet sich hier die Lenninger Lauter. Das obere Lenninger Tal steht unter Naturschutz; es weist nicht nur viele Quellen, sondern auch viele Höhlen auf und ein Kranz weiß blitzender Kalkfelsen schließt das Tal zur Albhochfläche hin ab. Im Lenninger Tal liegen die Ortsteile Gutenberg, Oberlenningen, Schlattstall, Unterlenningen und Brucken der Gemeinde Lenningen.

Lenzhalde *(benannt 1906, Stadtteil Stuttgart-Nord)* Südliche Lage des Hanggeländes. Hier kündigte sich der Frühling, der Lenz, am frühesten an.

Lenz-Höhe, Hermann- siehe →Hermann-Lenz-Höhe.

Lenzkircher Straße *(benannt 1936, Stadtteil Kaltental)* Die Gemeinde Lenzkirch, Landkreis Breisgau-Hochschwarzwald, liegt im Hochschwarzwald zwischen Titisee, Feldberg, Schluchsee und der Wutachschlucht und hat 5000 Einwohner.

Leobener Straße *(benannt 1938, Straßenführung geändert 1991, Stadtteil Feuerbach)* Stadt Leoben in der Steiermark, Österreich, 29 000 Einwohner. – Bis 1938 hieß die Straße Sedanstraße (siehe →Sedanstraße).

Leo-Fall-Weg *(benannt 1991, Stadtteil Botnang)* Leo Fall (geboren am 2. Februar 1873 in Olmütz, gestorben am 16. September 1925 Wien), Operettenkomponist. Leo Fall war Kapellmeister und lebte seit 1906 freischaffend in Wien. Neben Kálmán und Lehár (siehe →Leharstraße) gilt er als Hauptvertreter der Wiener Operette seiner Zeit. Bekannt sind beispielsweise seine Operetten »Der fidele Bauer« (1907), »Die Rose von Stambul« (1916) oder »Madame Pompadour« (1923).

Leonberger Straße *(benannt 1897, Stadtteil Stuttgart-Süd)* Stadt Leonberg, Landkreis Böblingen. Graf Ulrich I. von Württemberg hat die Stadt zum Schutz seiner Grafschaft gegen Westen 1248/49 planmäßig auf einem Bergsporn über der Glems angelegt. Am 16. November 1457 tagte in Leonberg der erste württembergische Landtag, um die Vormundschaft für den noch unmündigen Grafen Eberhard V. zu regeln; den Vertretern der bürgerlichen Oberschicht wurde dabei erstmals vertraglich ein Mitspracherecht zugesichert. Um 1610 legte Heinrich Schickhardt (siehe →Schickhardtstraße) für Herzogin

Sybilla von Württemberg vor dem Leonberger Schloss einen Lustgarten an; dieser »Pomeranzengarten« wurde 1980 rekonstruiert; er ist der einzige Terrassengarten der Spätrenaissance in Deutschland. 1846 züchtete Heinrich Essig den Leonberger Hund, eine Kreuzung aus Bernhardiner, Neufundländer und Pyrenäenwolfshund; 1924 rief der Missionar Christian Röckle in Leonberg den Verein »Christlicher Notbund zur gegenseitigen Hilfe« ins Leben, aus dem sich 1934 die »Leonberger Bausparkasse« entwickelte. Nach den Eingemeindungen von Eltingen (1938), Gebersheim, Höfingen und Warmbronn (1975) zählt Leonberg heute 45 000 Einwohner. Berühmte Leonberger sind unter anderen der Renaissancebildhauer Jeremias Schwartz, der Astronom Johannes Kepler (siehe →Keplerstraße) und der Philosoph Friedrich Wilhelm Joseph Schelling. Vergleiche auch →Eltinger Steige, →Eltinger Straße, →Engelbergstraße, →Gebersheimer Weg und →Höfinger Straße.

Leonhard-Schmidt-Platz *(benannt 2000, Stadtteil Untertürkheim)* Professor Leonhard Schmidt (geboren am 19. Januar 1892 in Backnang, gestorben am 13. August 1978 in Stuttgart-Untertürkheim), Untertürkheimer Maler. Seit seiner Jugend hatte Schmidt das Ziel,

Leonhard Schmidt: Häuser aus der Weißenhof-Siedlung, 1929

Künstler zu werden. Allerdings bestanden seine Eltern darauf, dass er zunächst eine Handwerkslehre als Anstreicher absolvierte. Erst nach dem Ersten Weltkrieg wurde er von einer Porträtmalerin gefördert. Von 1919 bis 1926 studierte er an der Kunstakademie Stuttgart. Anschließend lebte er als freischaffender Künstler weiterhin in Stuttgart und hatte mit seinen Arbeiten schnell Erfolg. Wie viele andere Künstler hatte auch Leonhard Schmidt unter dem NS-Regime zu leiden. Seine Werke wurden diffamiert, beschlagnahmt und vernichtet. 1943 und 1944 wurde ein Großteil seines Frühwerks durch Bombenangriffe vernichtet. 1951 übersiedelte Schmidt ins Haus der Familie Scheef in der Württembergstraße 24 in Stuttgart-Untertürkheim; Lore Scheef wurde seine Meisterschülerin. 1974 wurde dem Künstler der Ehrentitel Professor verliehen, ein Jahr später wurde er Ehrenmitglied des Künstlerbundes Baden-Württemberg. Leonhard Schmidt wurde als »der Maler vom Rotenberg« bekannt. Seine Bilder – ruhige, meditative Landschaften, Straßenbilder und Porträts – sind in der Region hoch geschätzt.

Leonhardsplatz *(benannt 1811, Stadtteil Stuttgart-Mitte)* Nach der benachbarten Leonhardskirche. Ging 1811 aus dem früheren Holz- und Krautmarkt hervor, der 1715 erstmals urkundlich genannt wird.

Leonhardstraße *(benannt 1811, Stadtteil Stuttgart-Mitte)* Nach der Leonhardskirche, siehe →Leonhardsplatz. – Bis 1811 hieß die Straße Todtengasse nach dem angrenzenden Leonhardskirchhof.

Leonorenstraße *(benannt 1927, Stadtteil Degerloch)* Ludwig van Beethovens einzige Oper »Fidelio« hieß ursprünglich »Leonore«. Sie geht auf die französische Oper »Léonore ou L'amour conjugal« von Pierre Gaveaux (1798) zurück. Beethovens dreiaktige »Leonore« wurde 1805 vor fast leerem Haus uraufgeführt. Der Komponist zog die Oper zurück, überarbeitete sie, und vier Monate später wurde sie als »Leonore oder Der Triumph der ehelichen Liebe« erneut uraufgeführt – wieder erfolglos. Erst 1814 hieß sie, nach erneuter Überarbeitung und nun zweiaktig, »Fidelio oder die Eheliche Liebe«. Siehe auch →Beethovenstraße und →Fideliostraße.

Leopoldo-Retti-Weg *(benannt 1994, Stadtteil Stuttgart-Mitte)* Leopoldo Retti [oder Retty] (geboren 1705 in Laino im Val d'Intelvi, Provinz Como, Oberitalien, gestorben am 18. September 1751 in Stuttgart), württembergischer Oberbaudirektor, erster Baumeister am Neuen Schloss. Retti und seine drei Brüder Paolo, Riccardo und Livio wurden von ihrem Onkel Donato Giuseppe Frisoni in Ludwigsburg ausgebildet. 1726 ernannte der Herzog Leopoldo Retti zum württembergischen Baumeister, 1728 übernahm Retti, mittlerweile Ingenieur-Leutnant, die Leitung der Baudeputation für das Stadtbauwesen in Ludwigsburg. 1731 berief ihn Markgraf Carl Wilhelm Friedrich als Hofbaudirektor nach Ansbach. 1741 wurde Retti zum »Fränkischen Craihs-Artillerie-Major, auch hochfürstl. onolzbachl. Ingenieur- und Artillerie-Major, dann Baudirector und Cammerrath« ernannt, 1746 zum Kammerjunker. 1744 kehrte Retti zunächst sporadisch, 1749 dann endgültig nach Württemberg zurück, um das Neuen Schloss in Stuttgart zu bauen, dessen Vollendung er nicht mehr erlebte. Bereits 1748 hatte er die »Direktion des Stuttgarter Residenzbauwesens« übernommen, 1750 wurde er zum herzoglich-württembergischen Oberbaudirektor im Rang eines Ingenieur-Oberstleutnants ernannt.

Leo-Vetter-Straße *(benannt 1933, Stadtteil Stuttgart-Ost)* Leo (von) Vetter (geboren 1842 in Wassertrüdingen, gestorben 1923 in Stuttgart-Obertürkheim), Geheimrat. Vetter setzte sich als Vorsitzender des Aufsichtsrates der Stuttgarter Badegesellschaft für den Bau der Stadtbäder Büchsenstraße und Ostheim ein.

Leo Vetter

Lepman-Straße, Jella- siehe →Jella-Lepman-Straße.

Lerchenheide *(benannt 1957, Stadtteil Bad Cannstatt)* Flurname, nach dem Vogel.

Lerchenrain, Im siehe →Im Lerchenrain.

Lerchenstieg *(benannt 1954, Stadtteil Sillenbuch)* Nach einem dichterischen Ausdruck in den Werken des Dichters Hermann Löns.

Lerchenstraße *(benannt 1860, Stadtteile Stuttgart-Mitte und Stuttgart-West)* Der Flurname Lerchenfeld wurde 1304 erstmals urkundlich genannt und geht auf den Vogel zurück.

Lerchenwiesenweg *(benannt 1989, Stadtteil Birkach)* Flurname. Möglicherweise befanden sich hier Wiesen im Besitz des Klosters Lorch.

Lessingstraße *(benannt 1886, Stadtteil Stuttgart-Nord)* Gotthold Ephraim Lessing (geboren am 22. Januar 1729 in Kamenz, Lausitz, gestorben am 15. Februar 1781 in Braunschweig), Dichter, Kritiker, Philosoph, Bibliothekar in Wolfenbüttel. Er gilt als Wegbereiter der deutschen Nationalliteratur und Begründer des deutschen bürgerlichen Trauerspiels nach englischem Vorbild. Lessing glaubte an die Fähigkeit tätiger Humanität, alle Gegensätze, auch die der Religionen und Konfessionen, überwinden zu können. Heute sind vor allem noch seine Dramen bekannt, etwa »Minna von Barnhelm« (1763), »Emilia Galotti« (1772) oder »Nathan der Weise« (1779).

Leuschnerstraße *(benannt 1946, Stadtteile Stuttgart-Mitte und Stuttgart-West)* Wilhelm Leuschner (geboren 1890 in Bayreuth, gestorben 1944 in Berlin), Bildhauer, Gewerkschaftssekretär, 1928 bis 1930 hessischer Innenminister, 1932 Vorstandsmitglied des Allgemeinen Deutschen Gewerkschaftsbundes. Er wurde 1933 von den Nationalsozialisten verhaftet und bis 1934 im Konzentrationslager festgehalten. Nach seiner Freilassung führte er gewerkschaftliche Widerstandsgruppen. Nach dem 20. Juli 1944 wurde er verhaftet, vom Volksgerichtshof zum Tode verurteilt und hingerichtet. – Bis 1946 führte die Straße den Namen »Kasernenstraße«, vor 1811 »Oben an der Büchsenthorkaserne«, um 1764 »Büchsen-Casernen-Gaß«. Der Name bezieht sich auf das 1716 errichtete neue Schießhaus der Stuttgarter Büchsenschützengesellschaft (siehe →Büchsenstraße), das Herzog Karl Eugen 1750 in eine Husarenkaserne umwandelte; im Jahr darauf ließ er hufeisenförmig Stallungen für 150 Pferde anbauen. Im 19. Jahrhundert war in dem Haus die württembergische Tabakregie, später das Topographische Büro des Statistischen Landesamts untergebracht.

Leutkircher Straße *(benannt 1936, Stadtteil Wangen)* Stadt Leutkirch im Allgäu, Landkreis Ravensburg, 23 600 Einwohner.

Leutweinstraße *(benannt 1937, Stadtteil Obertürkheim)* Theodor Leutwein (geboren 1849 in Strümpfelbronn bei Mosbach, gestorben 1921 in Freiburg im Breisgau), Gouverneur von Deutsch-Südwestafrika. Der badische General diente 1894 bis 1904 als Kaiserlicher Landeshauptmann, später als Gouverneur der deutschen Kolonie Südwestafrika (heute Namibia). Nachdem sich die Herero 1904 gegen die Kolonialmacht gestellt hatten, wurde Leutwein, der einen »Kolonialismus ohne Blutvergießen« anstrebte, nach Deutschland zurückberufen. Leutweins Nachfolger als Kommandeur der Schutztruppe, von Trotha, drängte die Bevölkerung in eine Wüste und ließ sie zu Zehntausenden dort umkommen. Die Benennung der damals erst geplanten Straße fügte sich 1937 zu anderen Straßennamen in diesem Gebiet, die die kolonialen Eroberungen des Reiches und die imperiale Machtpolitik hochhalten sollten. Nach mehreren Vorstößen von Anliegern, die Straße umzubenennen, fasste der Bezirksbeirat Obertürkheim 1986 einen anderen Namen ins Auge; allerdings brachten die Angehörigen dieser Person Einwände vor. Drei weitere Anträge auf Umbenennung wies der Bezirksbeirat zurück.

Leuzebad, Am siehe →Am Leuzebad.

Leypoldtstraße *(benannt 1957, Stadtteil Plieningen)* Altes Plieninger Geschlecht.

Liasweg *(benannt 1957, Stadtteil Vaihingen)* Geologische Formation, auch Schwarzer Jura genannt.

Libanonstraße *(benannt 1913, wiederbenannt 1945, Stadtteil Stuttgart-Ost)* Nach der 1875 erbauten »Villa Libanon«, Gerokstraße 9. Der Eigentümer, Dr. Oskar Fraas, gab der Villa den Namen zur Erinnerung an das von ihm durchforschte Gebirge Syriens, siehe →Fraasstraße. – 1938 bis 1945 hieß die Straße Ritter-von-Schönerer-Straße nach dem österreichischen Politiker Georg Ritter von Schönerer (1842–1921), einem der Führer der deutschnationalen Bewegung, der den jungen Hitler stark beeinflusste.

Libauer Weg *(benannt 1967, Stadtteil Mühlhausen)* Hafenstadt Libau in Lettland (lettisch: Liepaja), 110 000 Einwohner. Der Name »Liepaja« bedeutet Lindenplatz. Die Stadt ist eine livländische Gründung; sie liegt am Flüsschen Liva und hieß ursprünglich ebenfalls Liva. Dieser Name leitet sich vom livländischen Wort »liiv« für Sand ab.

Libellenweg *(benannt 1939, Stadtteil Vaihingen)* Die Libellen (Ordnung Odonata) sind große, farbenprächtige Insekten mit großen Augen, schlankem Körper und vier langen Flügeln. Libellenlarven verfügen über eine Fangmaske an der Unterseite des Kopfes, die beim Beutefang blitzartig ausgeklappt wird.

Lichtensteinstraße *(benannt 1895, Stadtteil Stuttgart-Ost)* Schloss Lichtenstein über dem Echaztal auf der Schwäbischen Alb. Die mittelalterliche Burg wurde 1802 bis auf die Grundmauern abgetragen und durch ein einfaches Jagdhaus ersetzt. Seine wildromantische Lage regte den Dichter Wilhelm Hauff zu seinem Roman »Lichtenstein« an (siehe →Hauffstraße). 1837 erwarb Herzog Wilhelm von Urach, Graf von Württemberg, ein Vetter von König Wilhelm I., das Forsthaus und ließ, nun wiederum durch Hauffs Roman angeregt, 1840 bis 1842 nach Plänen des Architekten Viktor von Heideloff das neugotische, sehr romantische Ritterschloss errichten. Als 1975 die bis dahin selbständigen Gemeinden Honau und Holzelfingen nach Unterhausen eingegliedert wurden, gab sich die neue Gemeinde den Namen des auf ihrer Gemarkung liegenden Schlosses Lichtenstein.

Liebenzeller Straße *(benannt 1937, Stadtteil Bad Cannstatt)* Stadt Bad Liebenzell, Landkreis Calw, 9300 Einwohner, ein Heilbad im Nordschwarzwald. – 1872 bis 1937 hieß die Straße Marienstraße nach Marie Friederike Charlotte Prinzessin von Württemberg, vermählte Gräfin von Neipperg (1816–1887), einer Tante von König Wilhelm II.

Liebigstraße *(benannt 1912, Stadtteil Stuttgart-Süd)* Justus (von) Liebig (geboren am 12. Mai 1803 in Darmstadt, gestorben am 18. April 1873 in München), Chemiker, war Professor in Gießen und München, Schöpfer der modernen Düngerlehre, entdeckte unter anderem Chloroform und Chloral.

Liebknechtstraße *(benannt 1946, Straßenführung geändert 1982, Stadtteil Vaihingen)* Benannt nach Wilhelm und Karl Liebknecht. Wilhelm Liebknecht (geboren am 29. März 1826 in Gießen, gestorben am 7. August 1900 in Berlin-Charlottenburg), Politiker, lebte jahrelang mit Karl Marx in London, war neben August Bebel der erste Führer der deutschen Sozialdemokratie und leitete die SPD-Zeitung »Vorwärts«. Sein Sohn Karl (geboren am 13. August 1871 in Leipzig, ermordet am 15. Januar 1919 in Berlin) war seit 1912 Reichstagsabgeordneter der SPD, er gründete den kommunistischen Spartakusbund und versuchte, gemeinsam mit Rosa Luxemburg, die Novemberrevolution 1918 zur Räterepublik zu führen. Am 9. November 1918 proklamierte er in Berlin die »freie sozialistische Republik«. Beim Januaraufstand der Spartakisten 1919 wurde er gefangen genommen und mit Rosa Luxemburg auf einem Transport durch Freikorpssoldaten ermordet.

Liegnitzer Straße *(benannt 1978, Stadtteil Weilimdorf)* In Anlehnung an denselben Straßennamen in Korntal, nach der Stadt Liegnitz (polnisch: Legnica), Niederschlesien, Polen.

Lieschingstraße *(benannt 1945, Stadtteil Möhringen)* Theodor Liesching (geboren 1865 in Stuttgart, gestorben 1922 in Böblingen), 1918 bis 1922 württembergischer Finanzminister, entfaltete eine rege politische Tätigkeit für die damalige Freisinnige Volkspartei. 1901 Abgeordneter im württembergischen Landtag, 1912 im Reichstag.

Ligusterweg *(benannt 1935, Stadtteil Degerloch)* Der Liguster, *Ligustrum vulgare,* ist ein einheimischer Strauch, der sich gut zur Hecke ziehen lässt. Er gehört zu den Ölbaumgewächsen. Seine Beeren sind giftig.

Liliencronstraße *(benannt 1946, Stadtteil Sillenbuch)* Detlev von Liliencron, eigentlich Friedrich Adolf Axel Freiherr von Liliencron (geboren am 3. Juni 1844 in Kiel, gestorben am 22. Juli 1909 in Alt-Rahlstedt bei Hamburg), preußischer Offizier, Verwaltungsbeamter, Dichter. Er hielt seine Kriegseindrücke in Gedichten fest und verfasste Naturlyrik. Liliencron gilt als wichtigster Vertreter des deutschen literarischen Impressionismus. – 1937 bis 1946 hieß die Straße Plüschowstraße nach dem Militärpiloten, Motorrad-Weltrekordhalter und Südamerikaerforscher Gunther Plüschow (1886–1931), dem im November 1914 mit seinem Flugzeug der Ausbruch aus dem belagerten Kolonialstützpunkt Tsingtau (China) gelang.

Lilienthalstraße *(benannt 1931, Stadtteil Stuttgart-West)* Otto Lilienthal (geboren am 23. Mai 1848 in Anklam, gestorben am 10. August 1896 in Berlin), Ingenieur und Flugtechniker, zählte zu den Pionieren des Flugzeugwesens. 1891 unternahm er die Ersten von insgesamt mehr als 2000 Gleitflügen mit selbstgebauten »Hängegleitern«. Er erkannte den Vorteil des gewölbten Flügels und vermittelte das erste gesicherte Wissen über das Fliegen. 1896 stürzte er tödlich ab. Lilienthal gilt auch als Erfinder des Steinbaukastens.

Lilienweg *(benannt 1926, Stadtteil Stuttgart-Ost)* Die Lilie, lateinisch *Lilium*, gehört zu den ältesten Zierpflanzen. Im Juden- und Christentum gilt sie als Symbol der Reinheit. Eine bekannte Vertreterin ist *Lilium martagon*, die Türkenbundlilie.

Lilo-Herrmann-Weg *(benannt 1971, Stadtteil Fasanenhof)* Lilo (Liselotte) Herrmann (geboren 1909 in Berlin, hingerichtet am 20. Juli 1938 in Plötzensee), Widerstandskämpferin gegen das Naziregime. Lilo Herrmann studierte 1929 bis 1931 Chemie an der Technischen Hochschule Stuttgart, gehörte dem Kommunistischen Jugendverband an und lebte in Stuttgart, nachdem sie 1933 von der Berliner Universität relegiert worden war. Sie war im Widerstand der KPD im Untergrund aktiv. Sie arbeitete zuletzt als Stenotypistin im Ingenieurbüro ihres Vaters. Josef Steidle, KPD-Mitglied und maßgeblicher Leiter der Untergrundaktivitäten, übergab ihr die Kopie des Lageplans einer Munitionsanlage in der Nähe von Celle. Sie versteckte diese in ihrem Zimmer hinter dem Spiegel. 1935 wurde Lilo Herrmann von einem Spitzel denunziert; die Polizei fand den Plan und verhaftete sie am 11. Februar 1936. In einem geheim gehaltenen Prozess vom 8. bis 11. Juni 1937 wurde sie vom zweiten Senat des Stuttgarter Volksgerichtshofs wegen Hochverrats zum Tode verurteilt. Es war das erste politische Todesurteil gegen eine Mutter im nationalsozialistischen Deutschland – Lilo Herrmann hatte einen vierjährigen Sohn. Ein Stuttgarter Häftling floh nach seiner Entlassung in die Schweiz und verbreitete die Nachricht. Daraufhin erhob sich in Westeuropa und Skandinavien ein Sturm des Protestes. Auch in Deutschland wurden Flugblätter verteilt, die eine Begnadigung forderten. Hitler lehnte ihr Gnadengesuch ab. Am 20. Juli 1938 wurde Lilo Herrmann, unter anderem mit Josef Steidle, in Berlin-Plötzensee hingerichtet.

Lincke-Straße, Paul- siehe →Paul-Lincke-Straße.

Lindauer-Weg, Sigmund- siehe →Sigmund-Lindauer-Weg.

Linde, Bei der siehe →Bei der Linde.

Lindenbachstraße *(benannt 1946, Stadtteil Weilimdorf)* Nach dem dortigen Bach. – 1937 bis 1946 hieß die Straße Ferdinand-Schill-Straße nach dem preußischen Offizier Ferdinand von Schill (1776–1809), der 1809 mit einem Husarenregiment vergebens versuchte, einen Volksaufstand anzustiften und den preußischen König zu zwingen, in den Krieg Österreichs gegen Napoleon I. einzutreten. Im »Dritten Reich« wurde Schill zum Freiheitskämpfer verklärt. Siehe auch →Stralsunder Straße.

Lindenfelsstraße *(benannt 1925, Stadtteil Untertürkheim)* Johann Friedrich Lindenfels (Geburtsdatum unbekannt, gestorben 1691), 1676 zum ersten Schultheißen (Amtmann) von Untertürkheim ernannt.

Lindenschulstraße *(benannt 1935, Stadtteil Untertürkheim)* Nach der dortigen Schule. Sie wurde 1906 als »Sammelschule« für Gaisburg, Wangen und Untertürkheim neben der 1899 erbauten Turnhalle in Untertürkheim bei der so genannten »Zigeunerlinde« errichtet. Von dieser Linde, die 1915 gefällt wurde, erhielt die Schule ihren Namen.

Lindenspürstraße *(benannt 1868, Stadtteil Stuttgart-West)* Wolff Friedrich Lindenspür (geboren am 2. März 1581 in Sommerhausen, Franken, gestorben 1651 in Stuttgart), Stuttgarter Bürgermeister und Wohltäter. Lindenspür kam schon in jungen Jahren nach Stuttgart, wo sein Bruder als Kanzlist tätig war. Er trat als Trompeter in herzogliche Dienste und gehörte lange Jahre der Hofkapelle an, die er schließlich leitete. 1632 wurde er in den Rat berufen, er wurde Mitglied des Gerichtes und Bürgermeister. Sein Wohltätigkeits- und Bürgersinn veranlassten ihn und seine Frau, der Bürgerschaft zur Linderung der durch den Dreißigjährigen Krieg entstandenen Not namhafte Beträge zu stiften. An seinem 67. Geburtstag verfügte er, dass aus

Wolff Friedrich Lindenspür

einem Kapital von 733 Gulden 20 Kreuzern die Zinsen für eine jährlich auszurichtende »christliche und ehrliche Mahlzeit« ausgegeben werden sollten. Außerdem stiftete er für den Umtrunk bei dem Mahl einen vergoldeten Löwenbecher. An dem Festessen sollten 44 Personen der herzoglichen und städtischen Beamtenschaft und der Geistlichkeit sowie andere Honoratioren teilnehmen. Anfänglich fand das Lindenspürmahl ziemlich regelmäßig, im 19. Jahrhundert dann nur noch ausnahmsweise statt; letztmals wurde es 1909 gefeiert. Ebenfalls am 2. März 1648 setzte Lindenspür in einer weiteren Stiftung ein Kapital von 500 Gulden aus und bestimmte dessen Zinserträge für den Ankauf von Brot, Fleisch, Wein, Salz und Schmalz für in Stuttgart »verbürgerte arme Leut«.

Lindenstraße *(benannt 1900, Stadtteil Vaihingen)* Nach dem früheren Baumbestand an der Straße.

Lindental *(benannt 1938, Stadtteil Weilimdorf)* Flurname, nach der Linde.

Linden-Weg, Gräfin-von- siehe →Gräfin-von-Linden-Weg.

Lindichstraße *(benannt 1937, Stadtteil Feuerbach)* Das Schlösschen Lindich bei Hechingen, Zollernalbkreis, wurde 1738 erbaut und diente bis 1772 als Residenz der Fürsten von Hohenzollern-Hechingen.

Lindpaintnerstraße *(benannt 1929, Stadtteil Botnang)* Peter Joseph von Lindpaintner (geboren am 9. Dezember 1791 in Koblenz, gestorben auf einer Reise am 21. August 1856 in Nonnenhorn am Bodensee), Komponist. Lindpaintner wurde 1812 Direktor des neu eröffneten Theaters am Isartor in München und ging 1819 als Hofkapellmeister nach Stuttgart. Er komponierte Lieder, »Dramenmusiken«, zum Beispiel zu Goethes »Faust«, und 26 Opern.

Linkenstraße *(benannt 1905, Stadtteil Plieningen)* Flurname, wohl nach dem Personennamen Link.

Linzer Straße *(benannt 1938, Stadtteil Feuerbach)* Stadt Linz an der Donau, Hauptstadt von Oberösterreich, 200 000 Einwohner. Hier wurde die »Linzer Torte« erfunden; sie wird bereits 1696 namentlich erwähnt und gilt als die älteste bekannte Torte der Welt. – Bis 1938 hieß die Straße Kirchhofstraße.

Lissabonner Straße *(benannt 1998, Stadtteil Stuttgart-Mitte)* Lissabon (portugiesisch: Lisboa), Hauptstadt, größte Stadt und wichtigster Hafen Portugals, 680 000 Einwohner.

Liststaffel *(benannt 1904, Stadtteil Stuttgart-Süd)* nach Friedrich List, siehe →Friedrich-List-Straße.

Liststraße *(benannt 1896, Stadtteil Stuttgart-Süd)* nach Friedrich List, siehe →Friedrich-List-Straße.

List-Straße, Friedrich- siehe →Friedrich-List-Straße.

Lochenstraße *(benannt 1937, Stadtteil Stuttgart-Ost)* Nach den bei der Stadt Balingen, Zollernalbkreis, gelegenen Lochenbergen. Bekannt ist der Aussichtsfelsen Lochenstein (963 m) über dem Lochenpass.

Lodzer Steg *(benannt 1993, Stadtteil Stuttgart-Nord)* Stadt Łódź, Polen, seit 1988 Partnerstadt von Stuttgart. Łódź ist geographischer Mittelpunkt Polens und mit 800 000 Einwohnern die zweitgrößte Stadt im Land. Die historische Entwicklung begann mit der Verleihung der Stadtrechte im Jahr 1423. Łódź wurde 1798 zum Regierungssitz und 1820 in den Kreis der aufzubauenden Standorte für die heimische Textilindustrie aufgenommen. Im 19. Jahrhundert begann die Phase großindustrieller Produktion und damit die Blütezeit der Stadt. Durch den Umbruch 1989/90 wurde im politischen, gesellschaftlichen und wirtschaftlichen Leben ein Neuanfang möglich. Nach wie vor ist Łódź ein Zentrum der Textilindustrie. Zugleich beherbergt die Stadt heute große Fabrikationen der Unterhaltungs- und Elektronikbranche sowie des Maschinenbaus. Łódź ist Messezentrum Mittelpolens und außerdem eine Stadt mit viel kulturellem Leben. Die Städtepartnerschaft geht auf Kontakte zwischen dem Stadtjugendring Stuttgart und dem Jugendverband ZSP in Łódź zurück. Siehe auch →Lodzer Straße und →Lodzweg sowie →Haldenäckerstraße und →Payerstraße.

Lodzer Straße *(benannt 1937, Stadtteil Bad Cannstatt)* Benannt in Erinnerung an eine Schlacht im Ersten Weltkrieg. Nahe der damals von Russland annektierten polnischen Stadt Łódź wehrte das deutsche Heer Mitte November bis Mitte Dezember 1914 eine russische Gegenoffensive ab. Siehe auch →Lodzer Steg.

Lodzweg *(benannt 1993, Stadtteil Stuttgart-Nord)* Nach der Stuttgarter Partnerstadt Łódź, siehe →Lodzer Steg.

Löchgauer Straße *(benannt 1951, Stadtteil Rot)* Gemeinde Löchgau, Landkreis Ludwigsburg, 5400 Einwohner.

Löffelstraße *(benannt 1946, Stadtteil Degerloch)* Wilhelm Löffel (geboren 1871 in Stuttgart, gestorben 1935 in Weikersheim), Mundartdichter in Stuttgart-Degerloch, wurde mit seinen im Stuttgarter Neuen Tagblatt regelmäßig unter dem Namen »Weingärtner Knöpfle« veröffentlichten humorvollen Wochenplaudereien bekannt. 1910 veröffentlichte er das Buch »Kraut ond Rüaba. Gedichte und Anektdoten in schwäbischer und hochdeutscher Mundart«, 1920 folgte das Büchlein »Schwoba-Humor«. Im Stuttgarter Vereinsleben war Löffel wegen seiner Originalität eine bekannte Persönlichkeit. Er stand auch mit den Schwabenvereinen in Amerika in dauernder Verbindung. Löffel war lange Jahre Pächter des Degerlocher Kurhotels in der Jahnstraße 50. – Bis 1936 hieß die Straße Ludwigstraße, dann Admiral-Scheer-Straße nach dem Führer der Deutschen Hochseeflotte im Ersten Weltkrieg, Reinhard Scheer (1863–1935).

Löns-Weg, Hermann- siehe →Hermann-Löns-Weg.

Lörcher-Weg, Alfred- siehe →Alfred-Lörcher-Weg.

Löwengasse *(benannt 1984, Stadtteil Weilimdorf)* Nach dem nahe gelegenen Weilimdorfer »Löwenplatz«, wie die Kreuzung Solitudestraße/Pforzheimer Straße (nach dem Weilimdorfer Gasthaus zum Löwen) im Volksmund heißt.

Löwen-Markt *(benannt 1984, Stadtteil Weilimdorf)* siehe →Löwengasse. – Als »Weil im Dorf« noch eine selbständige Gemeinde war, gehörte der Straßenabschnitt zur Stuttgarter Straße (heute Köstlinstraße).

Löwenplatz *(benannt 1936, Stadtteil Degerloch)* Nach dem früheren Gasthaus zum Löwen, siehe →Löwenstraße. – Bis 1936 hieß der Platz Eugensplatz.

Löwensteiner Straße *(benannt 1945, Stadtteil Rot)* Stadt Löwenstein, Landkreis Heilbronn, 3100 Einwohner. – Vor 1945 hieß die Straße König-Heinrich-Straße, »nach König Heinrich I. (876–936), dem eigentlichen Begründer des Deutschen Reiches«, so die damalige offizielle Namenserläuterung.

Löwenstraße *(benannt vor 1908, Stadtteil Degerloch)* Nach dem bis 1890 bestehenden (älteren) Degerlocher Gasthof zum Löwen, der in der Löwenstraße lag, siehe auch →Löwenplatz. – Früher hieß die Straße Hintere Gasse, in ihrem oberen Teil wurde sie auch Theatergasse genannt, angeblich, weil hier einige Leute wohnten, die häufig Theater machten, also sich aufgeregt haben und Streit vom Zaun brachen.

Loewenthal-Straße, Käthe- siehe →Käthe-Loewenthal-Straße.

Das Löwentor wurde 1850 als Eingang zum Park um Schloss Rosenstein erbaut.

Löwentorbogen *(benannt 2002, Stadtteil Bad Cannstatt)* Gebogene Straße auf der Fläche des Büroparks Löwentorstraße, nach der →Löwentorstraße benannt, von der sie abzweigt.

Löwentorstraße *(benannt 1895, Straßenführung geändert 1995, Stadtteile Bad Cannstatt und Nord)* Nach dem 1850 erbauten Löwentor, dem Zugang zum Rosensteinpark, mit den staufischen Wappentieren, die 1806 und 1817 ins württembergische Staatswappen übernommen wurden.

Logauweg *(benannt 1960, Stadtteil Fasanenhof)* Friedrich Freiherr von Logau (geboren im Juni 1604 in Brockut, Schlesien, gestorben am 24. Juli 1655 in Liegnitz), Dichter, veröffentlichte 1638 und 1654 unter dem Pseudonym Salomon von Golaw zwei umfangreiche Sammlungen satirischer Epigramme, die jahrhundertelang gern zitiert wurden.

Lohäckerstraße *(benannt 1972, Stadtteil Möhringen)* Der Flurname bezeichnet Äcker, die nach der Rodung eines lichten Wäldchens (»Loh«) angelegt wurden.

Lohbauerstraße *(benannt 1945, Stadtteil Sonnenberg)* Karl (von) Lohbauer (geboren 1777 in Stuttgart, gefallen 1809 bei Isny), württembergischer Hauptmann und Dichter. In der württembergischen Literaturgeschichte hat Karl Lohbauer keine Spur hinterlassen.

Lohengrinstraße *(benannt 1936, Stadtteil Degerloch)* Oper von

Richard Wagner (siehe →Richard-Wagner-Straße). – Bis 1936 hieß die Straße Paulinenstraße.

Lombacher Straße *(benannt 1957, Stadtteil Vaihingen)* Ortsteil Lombach des Luftkurorts Loßburg, Landkreis Freudenstadt, 750 Einwohner.

Londoner Straße *(benannt 1998, Stadtteil Stuttgart-Mitte)* London ist die Hauptstadt des Vereinigten Königreichs von Großbritannien und Nordirland, mit gut sieben Millionen Einwohnern (einschließlich der Vororte) die größte Stadt sowie die wichtigste Hafenstadt Englands, Residenz der Königin, Regierungssitz, Bildungs-, Kultur- und Wirtschaftszentrum der britischen Inseln. In der Region London leben etwa 13 Millionen Menschen; sie ist annähernd so groß wie die Deutschschweiz.

Lonseer Straße *(benannt 1957, Stadtteil Hedelfingen)* Gemeinde Lonsee, Alb-Donau-Kreis, 4800 Einwohner.

Loosweg *(benannt 1957, Stadtteil Vaihingen)* Theodor Loos (geboren 1883 in Zwingenberg an der Bergstraße, gestorben 1954 in Stuttgart), Schauspieler, bedeutender Charakterdarsteller, nach 1945 in Stuttgart.

Lorbeerstraße *(benannt 1958, Stadtteil Heumaden)* Der Lorbeer, *Laurus nobilis,* ist eine Gewürz- und Heilpflanze, die im Mittelalter als Medikament bei Magenbeschwerden verwendet wurde – und um ehrende Lorbeerkränze zu flechten.

Lorcher Straße *(benannt 1928, Stadtteil Bad Cannstatt)* Stadt Lorch, Ostalbkreis, 11 400 Einwohner. Mitte des zweiten nachchristlichen Jahrhunderts errichteten die Römer an der engsten Stelle des Remstals ein Kohortenkastell, um die Heeresstraße von Augsburg nach Mainz und das Limesknie zu überwachen, das entstanden war, weil der obergermanische und der raetische Limes sich hier trafen. Eine Zivilsiedlung diente als Garnison; aus dieser entwickelte sich das spätere Dorf. 1102 gründete Herzog Friedrich von Schwaben das berühmte Lorcher Benediktinerkloster als Grablege der Staufer. Als Kind, 1764 bis 1766, lebte Friedrich Schiller in Lorch und lernte hier lesen und schreiben.

Loreleiweg *(benannt 1957, Stadtteil Stammheim)* Schieferfelsen im Rhein bei Sankt Goarshausen. Die Sagenfigur der Zauberin gleichen Namens, die durch Heinrich Heines Gedicht und Friedrich Silchers Vertonung bekannt wurde, ist vermutlich eine Erfindung des Dichters Clemens Brentano (»Die Lore Lay«, 1802).

Lorenzstaffel *(benannt 1979, Stadtteil Stuttgart-Mitte)* Leitet ihren Namen von einem Gebäude des Zimmermalers Wilhelm Friedrich Lorenz (1795–1864) ab. – 1864 bis 1979 hieß die Staffel Lorenzstraße.

Lorenzstraße *(benannt 1984, Stadtteil Zuffenhausen)* Carl Lorenz (geboren am 6. Juli 1844 in Hannover, gestorben am 20. Dezember 1889 in Berlin), Pionier der Elektrotechnik. Lorenz kam 1870 nach Berlin und gründete 1880 die Firma »Telegraphenbauanstalt, Fabrik für elektrisches Licht, elektrische Eisenbahnen, Kunst und Industrie«, später C. Lorenz AG, dann Standard Elektrik Lorenz (SEL), seit 1987 als »Alcatel SEL« Teil des weltweit operierenden französischen Telekommunikationskonzerns Alcatel. Alcatel SEL hat seinen Firmensitz in Stuttgart und ist Spezialist für Netze und neue Dienste.

Lortzingstraße *(benannt 1936, Stadtteil Botnang)* Albert Lortzing (geboren am 23. Oktober 1801 in Berlin, gestorben am 21. Januar 1851 in Berlin), Komponist, Meister der deutschen romantisch-komischen Oper. Die Libretti zu seinen Opern schrieb Lortzing selbst.

Losäckerstraße *(benannt 1991, Stadtteil Hausen)* Flurname.

Loßburger Straße *(benannt 1957, Stadtteil Vaihingen)* Gemeinde Loßburg, Landkreis Freudenstadt, 6900 Einwohner.

Lotharstraße *(benannt 1937, Stadtteil Luginsland)* Männlicher Vorname.

Lothringer Straße *(benannt 1938, Straßenführung geändert 1982, Stadtteil Zuffenhausen)* Lothringen (französisch: Lorraine), Region in Nordost-Frankreich mit 2,3 Millionen Einwohnern. Lothringen umfasst die Départements Meurthe-et-Moselle, Meuse, Moselle und Vosges. Das frühere Herzogtum wechselte im Lauf seiner Geschichte vielfach die Herrschaft. 1552 kamen die Reichsstädte Metz, Toul und Verdun unter französische Herrschaft, 1670 ganz Lothringen, ab 1697 war Lothringen habsburgisch, ab 1735 polnisch, ab 1766 wieder französisch, ab 1871 teilweise deutsch, nach dem Versailler Vertrag von 1919 wieder ganz französisch. Das »französische Ruhrgebiet« lebte lange vom Steinkohlenbergbau sowie von Eisen- und Stahlerzeugung. Diese Bereiche spielen auch heute noch eine große Rolle, doch mittlerweile sind andere Industriebranchen wie Textil- und chemische Industrie sowie Automobilbau, Logistik- und Serviceunternehmen hinzugetreten. Eine besondere Spezialität stellen die Lothringer Mirabellen dar.

Lotterbergstraße *(benannt 1957, Straßenführung geändert 1988, Stadtteil Weilimdorf)* Der Flurname bezeichnet lockeren Boden. Der

Weilimdorfer Flurnamenforscher Heinrich Schmidt sieht »Lotter« in der Bedeutung von »nichtsnutzig, liederlich« wie im Wort »Lotterbube«.

Louis-Weg, Saint- siehe →Saint-Louis-Weg.

Ludmannstraße *(benannt 1937, Stadtteil Weilimdorf)* Altes Weilimdorfer Geschlecht, 1666 genannt. – Als »Weil im Dorf« noch eine selbständige Gemeinde war, hieß die Straße Schulstraße, denn sie führte direkt aufs Schulhaus, die heutige Seelachschule, zu.

Ludwig-Blum-Straße *(benannt 1925, Stadtteil Wangen)* Ludwig Blum (geboren 1817 in Wangen [heute Stuttgart-Wangen], gestorben 1879 in Stuttgart), ab 1851 Vorstand des Stuttgarter Liederkranzes, Oberlehrer und Professor in Stuttgart.

Ludwig-Hofer-Straße *(benannt 1905, Stadtteil Stuttgart-Nord)* Ludwig (von) Hofer (geboren 1801 in Ludwigsburg, gestorben 1887 in Stuttgart), Bildhauer. Sohn eines Glockengießers. Seine Studien führten ihn nach München und Italien. Dort entwickelte er sich unter der Leitung des Bildhauers Bertel Thorwaldsen zu einem Könner im klassizistischen Stil. 1838 ließ er sich in Stuttgart nieder und wurde Hofbildhauer König Wilhelms I. Seine Werke in Stuttgart: die Rossebändiger (1848), die im »Unteren Schloßgarten« aufgestellt sind, das Reiterstandbild des Grafen Eberhard im Bart (1859) im Hof des Alten Schlosses, die Figur der Konkordia für die Jubiläumssäule auf dem Schloßplatz (1863), die Merkurfigur auf dem Wasserturm bei der Alten Kanzlei und das Reiterstandbild König Wilhelms I. vor der Alten Staatsgalerie. Hofer wurde 1884 Ehrenbürger der Stadt Stuttgart.

Einer der »Rossebändiger« von Ludwig Hofer

Ludwig-Pfau-Straße *(benannt 1909, Stadtteil Stuttgart-West)* Ludwig Pfau (geboren 1821 in Heilbronn, gestorben 1894 in Stuttgart), Dichter und Publizist, gründete 1848 in Stuttgart das politische Karikaturenblatt »Eulenspiegel«. Als Mitglied des demokratischen württembergischen Landesausschusses flüchtete er 1848 in die Schweiz, ging 1852 nach Paris und kehrte 1863 wieder nach Stuttgart zurück, wo er eine Zeit lang den demokratischen »Beobachter« redigierte. Siehe auch →Widmannweg.

Ludwigsburger Straße *(benannt 1936, Stadtteil Zuffenhausen)* Kreisstadt Ludwigsburg, 87 400 Einwohner. Herzog Eberhard Ludwig von Württemberg ließ ab 1704 das Ludwigsburger Schloss und ab 1709 westlich davon vor allem für die Hofbediensteten die Stadt auf schachbrettartigem Grundriss erbauen. Ludwigsburg war wiederholt Residenzstadt. Das Schloss mit der Gartenschau »Blühendes Barock« und dem Märchengarten sowie die Ludwigsburger Schlossfestspiele ziehen Jahr für Jahr viele Besucher in die Stadt. – Südlich vom heutigen Zuffenhäuser Bezirksrathaus hieß die Straße zunächst Stuttgarter Straße.

Ludwigshafener Straße *(benannt 1934, Stadtteil Weilimdorf)* Stadt Ludwigshafen am Rhein, Rheinland-Pfalz, 167 000 Einwohner. – Als »Weil im Dorf« noch eine selbständige Gemeinde war, hieß die Straße Steinstraße.

Ludwigstraße *(benannt 1858, Stadtteil Stuttgart-West)* Wilhelm Friedrich (von) Ludwig (geboren 1790 in Uhlbach [heute Stuttgart-Uhlbach], gestorben 1865 in Stuttgart). Staatsrat und 1816 königlicher Leibarzt in Stuttgart, 1844 bis 1855 Direktor des Medizinalkollegiums, stiftete das Ludwigspital, das 1869 bis 1874 erbaut und 1944 zerstört wurde. Für seine Leistungen und Anstrengungen bei der letzten glücklich überstandenen Krankheit des württembergischen Königs Wilhelm I. wurde Ludwig 1858 mit der Stuttgarter Ehrenbürgerwürde ausgezeichnet.

Lübecker Straße *(benannt 1962, Stadtteil Bad Cannstatt)* Hansestadt Lübeck, Schleswig-Holstein, an der unteren Trave und Lübecker Bucht der Ostsee gelegen, 215 000 Einwohner. Teile der Altstadt wurden von der Unesco 1987 zum Weltkulturerbe erklärt.

Lüglensheidestraße *(benannt 1981, Stadtteil Neugereut)* Flurname.

Lüsse, In der siehe →In der Lüsse.

Lütkeweg *(benannt 1957, Stadtteil Stammheim)* Feodor Graf von Lütke (geboren 1797 in Estland, gestorben 1882 in Petersburg), Admiral und Forschungsreisender.

Lütticher Straße *(benannt 1936, Stadtteil Bad Cannstatt)* Stadt Lüttich (französisch: Liège, flämisch: Luik) in Belgien, 193 000 Einwohner. Lüttich ist der Hauptort Walloniens, seit Anfang des 8. Jahrhunderts Bischofssitz, mit gut erhaltener Altstadt links der Maas. Das große Industriegebiet ist eines der ältesten Europas. Im Ersten Weltkrieg wurde das Lütticher Fort bereits am 4. August 1914 von deutschen Truppen eingenommen, die im Rahmen des so genannten Schlieffenplans mit einem Marsch durch Belgien die französischen Grenzfestungen umgehen wollten. Dies war der erste deutsche Sieg im Ersten Weltkrieg; in Erinnerung an ihn wurde die Straße benannt. Erst am Tag zuvor, dem 3. August 1914, hatte Deutschland das neutrale Belgien überfallen. Am 25. August 1914 wurde Belgien deutsches Generalgouvernement. Siehe auch →Namurstraße.

Luganer Straße *(benannt 1981, Stadtteil Riedenberg)* Die Bezirksstadt Lugano, Tessin, Schweiz, liegt am Luganer See und hat 29 000 Einwohner; in der Region leben 100 000 Menschen.

Luikenweg *(benannt 1937, Stadtteil Rohracker)* Apfelsorte, stammt wahrscheinlich aus dem südwestdeutschen Raum. Benannt nach der Weinbaufamilie Luiken aus Esslingen am Neckar. Breitrunder, dunkelrot gestreifter Apfel mit ausgeprägtem Aroma.

Luise-Benger-Straße *(benannt vor 1937, Straßenführung geändert 1972, Stadtteil Uhlbach)* Luise Benger (geboren 1857 in Uhlbach [heute Stuttgart-Uhlbach], gestorben 1931), Frau des Textilindustriellen Gottlieb Benger, der zusammen mit seinem Bruder Wilhelm Benger in Stuttgart-Heslach die Miederwaren- und Trikotfabrik »Wilhelm Benger Söhne« (später Benger-Ribana) betrieb.

Luise-Duttenhofer-Straße *(benannt 1994, Stadtteil Bad Cannstatt)* Luise Duttenhofer, geb. Hummel (geboren 1776 in Waiblingen, gestorben 1829), Scherenschnittkünstlerin. Als ihr der Wunsch, Malerin zu werden, untersagt wurde, wandte sie sich der Kunst des Scherenschnittes zu. 1804 heiratete sie den Kupferstecher Christian Duttenhofer; das Paar lebte nach einer einjährigen Studienreise nach Rom in Stuttgart. Luise Duttenhofer führte das Silhouettieren zur Perfektion und porträtierte mit ihrem Hang zum satirischen Humor fast alle namhaften Persönlichkeiten Deutschlands mit der Schere, so Goethe, Schiller, Brentano, Uhland und Dannecker. Siehe auch →Goethestraße.

Luisenplatz *(benannt 1912, Stadtteil Stuttgart-Ost)* Weiblicher Vorname.

Luisenstraße *(benannt 1912, Stadtteil Stuttgart-Ost)* Weiblicher Vorname.

Luise-Pichler-Straße *(benannt 1938, Stadtteil Weilimdorf)* Luise Zeller, geb. Pichler (geboren am 16. Januar 1823 in Wangen, Kreis Göppingen, gestorben am 20. November 1889 in Stuttgart) Schriftstellerin. Ihre schriftstellerische Laufbahn begann die Pfarrerstochter mit dem Buch »Der Kampf um den Hohentwiel«. Sie schrieb im Laufe ihres Lebens viele Erzählungen, Romane und Dramen. 1860 heiratete sie den Gymnasiallehrer Zeller, mit dem sie 1865 nach Stuttgart zog, wo er am Eberhard-Ludwig-Gymnasium Professor wurde. Gustav Ströhmfeld schrieb über Luise Pichler: »Was die Schriften der Verfasserin stets ausgezeichnet hat, treue geschichtliche Darstellung, verbunden mit reicher Phantasie, eine Begeisterung für alles Edle und Schöne, aufrichtige Frömmigkeit und warme Vaterlandsliebe, das sind die Merkmale schon ihrer ersten Erzählungen für die Jugend.«

Luise-Rist-Weg *(benannt 1994, Stadtteil Bad Cannstatt)* Luise Rist, geb. Freyler (geboren am 28. Februar 1877 in Rottweil, gestorben am 10. September 1955 in Stuttgart), Mitglied des württembergischen Landtags. Sie besuchte die Höhere Töchterschule in Rottweil und heiratete 1897 Josef Rist, den späteren Professor an der Kunstakademie Stuttgart. Luise Rist wurde Vorsitzende des Stuttgarter Zweigvereins und Landesvorsitzende des Katholischen Frauenbundes. 1919 nahm sie für die Zentrums-Partei an der Verfassunggebenden Landesversammlung teil. Bis 1933 gehörte sie ununterbrochen dem Württembergischen Landtag an. Nach dem Zweiten Weltkrieg trat Luise Rist der CDU bei; 1946 gründete sie den Frauenausschuss der CDU und wurde dessen stellvertretende Vorsitzende. Bis 1952 gehörte sie dem Landesvorstand ihrer Partei an.

Lukasplatz *(benannt 1987, Stadtteil Stuttgart-Ost)* Liegt südlich der Lukaskirche.

Lunaweg *(benannt 1957, Stadtteil Dürrlewang)* Lateinischer und poetischer Name für Mond.

Lupinenstraße *(benannt 1957, Stadtteil Plieningen)* Die Lupine, lateinisch *Lupinus*, gehört zur Familie der Schmetterlingsblütler und dient als Gründüngungs-, Futter- und Zierpflanze.

Lurchweg *(benannt 1954, Stadtteil Giebel)* Als Lurche oder Amphibien bezeichnet man eine Klasse wechselwarmer Wirbeltiere. Dazu gehören Blindwühlen, Froschlurche und Schwanzlurche (unter anderem Salamander und Molche). Insgesamt umfassen die Lurche 250 Gattungen mit mehr als 3000 Arten.

Lustnauer Straße *(benannt 1938, Stadtteil Degerloch)* Stadtteil Lustnau der Kreisstadt Tübingen, knapp 10 000 Einwohner. Lustnau liegt an der Mündung des Goldersbachs in die Ammer und der Mündung der Ammer in den Neckar; der Name leitet sich wohl von der anmutigen Lage ab. – Bis 1938 hießen die Lustnauer und die Schrempfstraße »Urbanstraße«.

Luther-Straße, Martin- siehe →Martin-Luther-Straße.

Lutherweg *(benannt 1927, Stadtteil Vaihingen)* nach Martin Luther, siehe →Martin-Luther-Straße.

Lutzweg *(benannt 1957, Stadtteil Vaihingen)* Vaihinger Familienname.

Luzernestraße *(benannt 1957, Stadtteil Plieningen)* Die Luzerne, *Medicago sativa,* ist eine Futterstaude aus der Familie der Schmetterlingsblütler.

Machtolfweg *(benannt 1958, Stadtteil Möhringen)* Alter Möhringer Familienname.

Madenstraße *(benannt um 1911, Stadtteil Sillenbuch)* Der Flurname deutet auf Wiesen hin, die nur einmal im Jahr gemäht wurden.

Mäder, Im siehe →Im Mäder.

Mähdachstraße *(benannt um 1931, Straßenführung geändert 1982, Stadtteil Weilimdorf)* Flurname, siehe →Madenstraße.

Märzenbaumstraße *(benannt 1957, Straßenführung geändert 1995, Stadtteil Möhringen)* Ein Märzenbaum wurde in Möhringen 1304 erstmals urkundlich erwähnt. Später wurde sein Name auf die Flur übertragen. »Östlich von Möhringen am so genannten Märzenbaum«, so wird in der Oberamtsbeschreibung von 1851 die Lage des Steinbrunnens (Ecke Dinghof-/Steinbrunnenstraße) beschrieben. Der Märzenbaum gehörte zum Dinghof (siehe →Dinghofstraße); unter ihm wurde wahrscheinlich das Märzengericht gehalten, bei dem über Streitfälle aus dem Bereich der Landwirtschaft beraten und entschieden wurde.

Mäulenstraße *(benannt 1930, Stadtteil Untertürkheim)* Carl Mäulen (geboren 1811, gestorben 1881), 1846 bis 1879 Schultheiß in Untertürkheim, Mitglied des württembergischen Landtags 1851 bis 1855 und 1862 bis 1868.

Magirusstraße *(benannt 1937, Stadtteil Feuerbach)* Conrad Dietrich Magirus (geboren 1824 in Ulm, gestorben 1895 in Ulm), Fabrikant. Magirus war Kommandant der Feuerwehr Ulm und 1853 Initiator des Deutschen Feuerwehrverbandes. 1864 gründete er die »C. D. Magirus Feuerwehr Requisiten-Fabrik« in Ulm. Er konstruierte vor allem Feuerwehrleitern und brachte 1872 seine »Ulmer Leiter« auf den

Markt, die erste frei stehende Feuerwehrleiter, die auf einem Handkarren zum Brandort geschoben werden konnte. Sein Sohn Otto übernahm das Werk, stellte 1892 die erste Magirus-Pferdezug-Drehleiter mit 25 Metern Steighöhe vor und baute das Unternehmen zu einer Fabrik für Sonderfahrzeuge aus. 1911 wurde Magirus in eine Aktiengesellschaft umgewandelt; in der Folgezeit wurden vor allem Lkws (mit den legendären Typenbezeichnungen nach Planetennamen wie »Jupiter«, »Saturn«, »Pluto«), Omnibusse und Sattelschlepper gebaut. 1936 ging das Unternehmen in den Besitz der Humboldt Deutz Motoren AG in Köln über, 1975 wurde es in den von Klöckner-Humboldt-Deutz und Fiat neu gegründeten Konzern »Industrial Vehicles Corporation«, kurz Iveco, mit Sitz in Amsterdam eingebracht, der 1980 komplett von Fiat übernommen wurde. Damit verschwand das Ulmer Münster als Symbol vom Kühlergrill der Lastkraftwagen. 1983 wurde Magirus Deutz in Iveco Magirus umbenannt. Iveco beschäftigt heute als zweitgrößter europäischer Hersteller von Nutzfahrzeugen in 23 Produktionswerken und zehn Entwicklungszentren insgesamt 33 400 Mitarbeiter. Im Ulmer Werk Donautal werden schwere Straßen- und Fernverkehrsfahrzeuge produziert; der Ulmer Unternehmensbereich Brandschutz stellt Gelenkmastbühnen und nach wie vor Drehleitern her.

Magstadter Straße *(benannt 1963, Stadtteile Büsnau, Vaihingen, West)* Gemeinde Magstadt, Landkreis Böblingen, 9100 Einwohner.

Mahatma-Gandhi-Straße *(benannt 1997, Stadtteil Burgholzhof)* Mohandas Karamchand Gandhi (geboren am 2. Oktober 1869 in Porbandar, Halbinsel Kathiawar, Indien, ermordet am 30. Januar 1948 in Neu-Delhi, Indien), Führer der gewaltlosen indischen Unabhängigkeitsbewegung. Gandhi stammte aus einer vornehmen Hindufamilie, studierte in England Jura und ließ sich zunächst in Bombay, dann in Südafrika als Rechtsanwalt nieder. 1893 bis 1913 organisierte er in Südafrika den Widerstand der indischen Einwanderer gegen diskriminierende Gesetze. 1914 kehrte Gandhi nach Indien zurück, trat an die Spitze des Indischen Nationalkongresses und führte in herausragender Weise mit vielen Aktionen die indische Unabhängigkeitsbewegung. Bei der Durchsetzung nationaler Ziele war er ein strenger Verfechter des waffenlosen Kampfes und des bürgerlichen Ungehorsams. Ab 1915 wurde er »Mahatma« genannt, was in Sanskrit so viel wie »große Seele« bedeutet. Mehrmals saß Gandhi wegen Widerstandstaten im Gefängnis. Im Zweiten Weltkrieg forderte er die sofortige Entlassung Indiens in die Unabhängigkeit. Vergeblich versuchte er 1947, die Einheit Indiens zu bewahren und die blutigen Auseinandersetzungen zwischen Hindus und Moslems bei der Teilung des Subkontinents zu verhindern. Blutige Ausschreitungen in Kalkutta konnte er jedoch mit einer Fastenaktion beenden. Im Jahr darauf fiel er dem Attentat eines jungen Hindufanatikers zum Opfer.

Mahdentalstraße *(benannt 1963, Stadtteil Stuttgart-West)* Flurname, siehe →Madenstraße.

Mahler-Straße-, Gustav- siehe →Gustav-Mahler-Straße.

Mahlestraße *(benannt 1986, Stadtteil Bad Cannstatt)* Hermann (1894–1971) und Dr. Ernst Mahle (1896–1983), Firmengründer. 1920 trat Hermann Mahle bei der Firma Versuchsbau Hellmuth Hirth ein (siehe →Hellmuth-Hirth-Straße); er entwickelte seriengefertigte Leichtmetallkolben, die Hirth in Flugmotoren einsetzen konnte. Zwei Jahre darauf kam auch Ernst Mahle zur »Leichtmetall-Werke G.m.b.H., Stuttgart-Cannstatt«, wie die Nachfolgefirma der »Versuchsbau Hellmuth Hirth« hieß. 1924 firmierte das Unternehmen erneut um – in »Elektronmetall G.m.b.H., Stuttgart-Cannstatt«. 1926 wurde Hermann Mahle kaufmännischer Geschäftsführer, sein Bruder im Jahr darauf technischer Geschäftsführer. Ab 1929 stellte das Unternehmen auch Luft-, Öl- und Kraftstoff-Filter her. 1933 übernahmen die beiden Brüder zu gleichen Teilen sämtliche Gesellschaftsanteile der Elektronmetall. Nach dem Tod von Hellmuth Hirth 1938 firmierte der Betrieb in Mahle KG um. Im Zuge der allgemeinen Motorisierung nahm das Unternehmen einen gewaltigen Aufschwung und gründete Tochterfirmen in anderen Ländern und Erdteilen. 1964 riefen die Brüder die gemeinnützige Mahle Stiftung GmbH ins Leben, die vorwiegend anthroposophische Einrichtungen unterstützt, und übertrugen den überwiegenden Teil des Firmenvermögens auf die Stiftung; sie baute unter anderem die Filderklinik in Filderstadt-Bonlanden. Heute fertigt der Mahle-Konzern weltweit an 61 Produktionsstandorten mit insgesamt 29 000 Mitarbeitern Kolben, Motorkomponenten, Filtersysteme und Ventiltriebsysteme. Der Hauptsitz ist noch immer in Bad Cannstatt in der Pragstraße.

Maiblumenweg *(benannt 1932, Stadtteil Steinhaldenfeld)* Das Maiglöckchen, *Convallaria majalis,* wird auch Maiblume genannt. Es gehört zur Familie der Liliengewächse. Die weißen Blüten blühen im Mai und Juni und duften stark. Das Maiglöckchen steht unter Naturschutz und darf nicht gepflückt werden. Giftig!

Maieräckerstraße *(benannt um 1929, Stadtteil Weilimdorf)* Nach den Äckern, die zum Maierhof gehörten, siehe →Maierhof.

Maier-Brücke, Reinhold- siehe →Reinhold-Maier-Brücke.

Maierhof *(benannt um 1904, Stadtteil Weilimdorf)* Nach dem ehemaligen Maierhof (Zehnthof), einem ritterlichen oder adeligen Wirtschaftshof, der von einem Maier (Meier) als Verwalter bewirtschaftet und 1424 erstmals urkundlich genannt wurde.

Maierhofstraße *(benannt 1937, Stadtteil Weilimdorf)* siehe →Maierhof.

Maierstraße *(benannt 1935, Stadtteil Möhringen)* Nach der gleichnamigen Flur, die nach einem früheren Besitzer benannt wurde.

Maierwaldstraße *(benannt 1957, Stadtteil Weilimdorf)* Waldteil, siehe →Maieräckerstraße und →Maierhof.

Maikammerstraße *(benannt 1938, Stadtteil Weilimdorf)* Verbandsgemeinde Maikammer an der Weinstraße, Rheinland-Pfalz, 8400 Einwohner.

Mailänder Platz *(benannt 1998, Stadtteil Stuttgart-Mitte)* Mailand (italienisch: Milano) bildet den wirtschaftlichen und kulturellen Schwerpunkt Norditaliens und ist mit rund 1,5 Millionen Einwohnern die zweitgrößte Stadt Italiens. Zugleich ist Mailand die Hauptstadt der baden-württembergischen Partnerregion Lombardei.

Mainstraße *(benannt 1934, Stadtteil Münster)* Bedeutendster Nebenfluss des Rheins, entsteht bei Kulmbach durch den Zusammenfluss des Weißen und des Roten Mains, bildet bei Wertheim die Grenze zwischen Baden-Württemberg und Bayern und mündet nach 524 Kilometern bei Mainz.

Mainzer Straße *(benannt 1978, Stadtteil Weilimdorf)* Mainz ist die Hauptstadt von Rheinland-Pfalz, 202 500 Einwohner.

Majoranweg *(benannt 1958, Stadtteil Heumaden)* Der Majoran, *Majorana hortensis,* ist eine Gewürz- und Heilpflanze aus der Familie der Lippenblütler. Er wirkt krampflösend und lindernd bei Magenbeschwerden. Wird in ganz Europa gezüchtet, aber hauptsächlich aus Frankreich oder Chile importiert.

Makrelenweg *(benannt 1959, Stadtteil Mönchfeld)* Die Gemeine Makrele, *Scomber scombrus,* ist ein geschätzter Speisefisch, der im Sommer zum Laichen beiderseits des Atlantischen Ozeans in Küstennähe erscheint.

Malachitweg *(benannt 1978, Stadtteil Heumaden)* Malachit oder Kupferspat ist ein Mineral, das unter anderem zu Schmucksteinen verarbeitet wird.

Maliweg *(benannt 1928, Stadtteil Stuttgart-Nord)* Christian Mali (geboren 1832 in Broekhuizen, Holland, gestorben 1906 in München), Maler. Stammte aus einer schwäbischen Familie und verbrachte seine Jugend in Stuttgart in der Familie seiner Schwester, Heinrika Peters, geborene Mali. Deren Mann war württembergischer Hofmaler und schuf die Grundlagen für die künstlerische Tätigkeit Malis (siehe →Anna-Peters-Straße). Mali war zusammen mit seinem Bruder Cornelius einer der bedeutendsten Tiermaler seiner Zeit und mit dem Tiermaler Anton Braith eng befreundet. Die meisten seiner Werke befinden sich im Braith-Mali-Museum in Biberach an der Riß.

Malmedystraße *(benannt 1925, Stadtteil Bad Cannstatt)* Stadt Malmedy in Belgien. Nach Artikel 34 des Versailler Vertrags von 1919 verzichtete Deutschland nach dem Ersten Weltkrieg zugunsten Belgiens auf den Kreis Malmedy. Belgische und deutsche Pläne zur Rückgabe des mehrheitlich deutschsprachigen Gebiets an Deutschland in den Jahren 1924 bis 1926 – die Straße wurde 1925 benannt – scheiterten am Widerstand Frankreichs. Siehe auch →Eupener Straße.

Malvenweg *(benannt 1939, Stadtteil Vaihingen)* Die Wilde Malve, *Malva sylvestris,* wird auch Käsepappel genannt und ist eine Heilpflanze. Anwendung: Katarrhe der oberen Luftwege, Schleimhautreizungen im Mund- und Rachenraum sowie im Magen-Darm-Bereich. Gehört zur Familie der Malvengewächse.

Mandarinenweg *(benannt 1970, Stadtteil Riedenberg)* Die Mandarine, *Citrus reticulata,* eine mit der Apfelsine verwandte Zitrusfrucht, wächst vor allem in Südeuropa, Marokko und auf den Sundainseln.

Manet-Weg, Edouard- siehe →Edouard-Manet-Weg.

Manfredstraße *(benannt 1940, Stadtteil Luginsland)* Männlicher Vorname.

Mannheimer Staffel *(benannt 1939, Stadtteil Bad Cannstatt)* Mannheim ist mit 330 000 Einwohnern nach Stuttgart die größte Stadt Baden-Württembergs. Sie liegt an der Mündung des Neckars in den Rhein gegenüber von Ludwigshafen. Bereits im Jahr 766 wurde sie erstmals urkundlich erwähnt. 1606 legte Kurfürst Friedrich IV. von der Pfalz den Grundstein zum Bau der Festung Friedrichsburg; die damalige Planung eines gitterförmigen Straßennetzes für die mit der Festung verbundene Bürgerstadt Mannheim ist bis heute erhalten geblieben. Die ungefähr gleichgroßen Baublöcke werden als »Quadrate« bezeichnet. 1720 bis 1778 war Mannheim Residenz der Kurfürsten von der Pfalz. 1817 unternahm hier Karl von Drais die erste Fahrt mit seiner Laufmaschine, einem Vorläufer des Fahrrads; am 3. Juli 1886 wagte Carl Benz die erste Probefahrt mit seinem »Patent-Motorwagen«.

Mannheimer Straße *(benannt 1939, Stadtteil Bad Cannstatt)* siehe →Mannheimer Staffel.

Mannspergerstraße *(benannt 1957, Stadtteile Heumaden, Lederberg)* Balthes und Jakob (I bis IV) Mannsperger (Großvater, Vater, Sohn und Enkel), 1593 bis 1711 Schultheißen in Heumaden.

Mann-Straße, Thomas- siehe →Thomas-Mann-Straße.

Manzeller Weg *(benannt 1939, Stadtteil Hedelfingen)* Stadtteil Manzell der Stadt Friedrichshafen (insgesamt 57 500 Einwohner), Bodenseekreis. Am 2. Juli 1900 startete in Manzell der erste Zeppelin der Welt, denn von 1898 bis 1909 befanden sich hier die Werksanlagen des Grafen Zeppelin (siehe →Zeppelinstraße). Als sich Zeppelin-Mitarbeiter Claude Dornier 1922 selbständig machte, erwarb er die Anlagen der ehemaligen Flugzeugbau Friedrichshafen GmbH in Manzell; seine Flugzeuge musste er allerdings im Ausland bauen, denn nach dem Versailler Vertrag war damals der Flugzeugbau in Deutschland untersagt.

Marabustraße *(benannt 1971, Straßenführung geändert 1978 und 1981, Stadtteil Neugereut)* Der Marabu oder Kropfstorch *(Leptoptilos)* ist eine Gattung großer Störche, die in Indien und vor allem Afrika beheimatet ist.

Marbacher Straße *(benannt 1937, Stadtteil Zuffenhausen)* Stadt Marbach am Neckar, Landkreis Ludwigsburg, 15 100 Einwohner. Marbach ist der Geburtsort des Dichters Friedrich Schiller (siehe →Schillerpassage). Das 1903 errichtete Schiller-Nationalmuseum ist das bedeutendste Literaturmuseum für die neuere deutsche Literatur. Ihm wurde als Sammel- und Forschungsstätte 1973 das Deutsche Literaturarchiv angegliedert (1995 erweitert). Etwa tausend Schriftsteller-Nachlässe, Verlags- und Redaktionsarchive, die Bildabteilung mit 200 000 Sammlungsstücken, die Bibliothek mit 450 000 Bänden und die Dokumentationsstelle für Zeitungsausschnitte, Theaterprogramme, Hörfunk- und Fernsehmanuskripte, Bild- und Tonträger sowie Kataloge aller Art bilden eine einmalige Arbeitsstätte für Autoren, Journalisten und Germanisten aus aller Welt.

Marc-Chagall-Weg *(benannt 1996, Stadtteil Vaihingen)* Marc Chagall (geboren am 7. Juli 1887 in Liosno bei Witebsk, Russland, gestorben am 27. März 1985 in St-Paul-de-Vence, Frankreich), Maler und Graphiker. Französische Eindrücke und Erinnerungen aus Russland mischen sich in Chagalls Bildern mit Themen aus der Welt des Chassidismus, aus russischen Märchen, der Volkskunst und mit mystischen Traumvisionen zu einem ganz persönlichen Stil in starker Farbigkeit.

Marconistraße *(benannt 1938, Stadtteil Zuffenhausen)* Guglielmo Marconi (geboren am 25. April 1874 in Bologna, gestorben am 20. Juli 1937 in Rom), italienischer Erfinder und Nobelpreisträger, schuf 1895 mit Hilfe der Hertzschen Wellen die erste drahtlose Telegrafieverbindung. – Bis 1938 hieß der untere Teil der Straße Jahnstraße nach »Turnvater« Jahn (siehe →Jahnstraße), der obere Teil Korntaler Straße und dann zunächst Grusonstraße nach dem Magdeburger Ingenieur und Unternehmer Hermann Gruson (1821–1895). Seine Maschinenfabrik und Eisengießerei fusionierte 1893 mit Krupp, stellte in der NS-Zeit Panzer und Panzerfahrzeuge her, wurde 1954 in den VEB Schwermaschinenbaukombinat »Ernst Thälmann« umgewandelt und nach der Wende unter dem Kürzel SKET weiterbetrieben.

Marco-Polo-Weg *(benannt 1984, Stadtteil Stammheim)* Marco Polo (geboren 1254 in Venedig, gestorben 1324 in Venedig), berühmtester Asien-Reisender des Mittelalters.

Marderweg *(benannt 1933, Stadtteil Steinhaldenfeld)* Die Marder bilden die Raubtierfamilie der Mustelidae, zu der neben den echten Mardern (unter anderem Baum- und Steinmarder, Großes und Kleines Wiesel) die Dachse, die Skunks und die Ottern gehören.

Margaretenstraße *(benannt 1916, Stadtteil Untertürkheim)* Margarethe Sophie von Österreich, Herzogin von Württemberg (geboren am 13. Mai 1870 in Artstetten, Niederösterreich, gestorben am 24. August 1902 in Gmunden). Margarethe war Äbtissin des adligen Damenstifts am Prager Hradschin; 1893 heiratete sie Herzog Albrecht von Württemberg, den Thronfolger und späteren Chef des Hauses Württemberg. Sie brachte sieben Kinder zur Welt und starb im Alter von 32 Jahren.

Margueritenweg *(benannt 1939, Stadtteil Vaihingen)* Die Weiße Wucherblume oder Margerite, *Chrysanthemum leucanthemum*, ist eine häufige Wiesenblume. Sie gehört zur Familie der Korbblütengewächse.

Maria-Lemmé-Staffel *(benannt 1987, Stadtteil Hoffeld)* Maria Lemmé, geb. Schwarzkopf (geboren am 3. Oktober 1880 in Odessa, gestorben im März 1943 im KZ Theresienstadt), Malerin. Schon als Kind erhielt sie Malunterricht. 1900 heiratete sie Karl Lemmé; mit diesem war sie

1914 bis 1918 in russischer Gefangenschaft in Sibirien. Dort führte sie der russische Maler Schlicht in die moderne Malerei ein. 1918 zog Maria Lemmé nach Stuttgart-Degerloch und fand die Freundschaft mit Adolf Hölzel, dessen Aphorismen sie 1933 unter dem Titel »Gedanken und Lehren« herausgab. 1942 wurde sie wegen ihrer jüdischen Abstammung verhaftet und nach Theresienstadt deportiert. Nahezu ihr ganzes Werk wurde von den Nationalsozialisten zerstört. Im März 1943 soll sie an einer Lungenentzündung gestorben sein.

Marienau *(benannt 1957, Stadtteil Vaihingen)* Aus Marienstraße umbenannt.

Marienbader Straße *(benannt 1937, Stadtteil Bad Cannstatt)* Die Badestadt Marienbad (tschechisch: Mariánské Lázně) im Egerland, Tschechische Republik, hat 15 300 Einwohner. Die zahlreichen Mineralquellen zogen schon Goethe an, der 1823 nach dem Letzten seiner Besuche die »Marienbader Elegie« verfasste. – Vor 1937 hieß die Straße Hermannstraße.

Marienburger Straße *(benannt 1934, Stadtteil Bad Cannstatt)* Stadt Marienburg (polnisch: Malbork), Westpreußen, Polen. Die Marienburg, ein Deutschordensschloss aus dem 13. Jahrhundert, ist das größte mittelalterliche Schloss in Europa.

Marienplatz *(benannt 1876, wiederbenannt 1945, Stadtteil Stuttgart-Süd)* Erhielt seinen Namen anlässlich der Verlobung des Prinzen Wilhelm von Württemberg, des späteren Königs Wilhelm II., mit der Prinzessin Marie von Waldeck-Pyrmont (geboren am 23. Mai 1857 in Arolsen, gestorben am 30. April 1882 in Ludwigsburg). Marie starb 1882 nach der Geburt ihres dritten Kindes im Wochenbett. – »Aus Anlaß der ersten nationalen Kampfspiele der SA-Gruppe Südwest«, wie es in der offiziellen Begründung heißt, wurde der Marienplatz 1937 in »Platz der SA« umbenannt.

Zarin Maria Feodorowna, als sie noch Prinzessin Sophie Dorothee von Württemberg war

Marienstraße *(benannt 1811, Stadtteile Stuttgart-Mitte, Stuttgart-Süd und Stuttgart-West)* Maria Feodorowna, geborene Sophie Dorothee von Württemberg (geboren am 23. Oktober 1759 in Stettin, gestorben am 5. November 1828 in Pawlowsk, Russland), Tochter des Herzogs Friedrich

Eugen und Schwester König Friedrichs I., zweite Frau des 1801 ermordeten Zaren Paul I. von Rußland und Mutter der Königin Katharina von Württemberg. – Vor 1811 hieß die Straße »Leimen-Gruben«, da hier Lehm abgebaut wurde.

Markelsheimer Straße *(benannt 1972, Stadtteil Zuffenhausen)* Der an der Romantischen Straße gelegene Weinort Markelsheim ist mit etwa 2000 Einwohnern der größte Stadtteil von Bad Mergentheim, Main-Tauber-Kreis.

Markelstraße *(benannt 1928, Stadtteil Stuttgart-West)* Carl Markel (geboren 1860 in Horchheim, Hessen, gestorben 1932 in London), Pfarrersohn, ab 1863 in Stuttgart aufgewachsen, Leiter chemischer Fabriken in London, erwarb sich außerordentliche Verdienste um die Fürsorge der im Ersten Weltkrieg in England festgehaltenen deutschen Kriegsgefangenen und rief 1920 die Markel-Stiftung ins Leben, die bis heute bedürftige begabte junge Menschen in Württemberg fördert und unterstützt.

Markgräflerstraße *(benannt 1937, Stadtteil Uhlbach)* Badische Weinsorte nach dem Markgräflerland zwischen Müllheim und Lörrach.

Markgröninger Straße *(benannt 1938, Stadtteil Zuffenhausen)* Stadt Markgröningen, Landkreis Ludwigsburg, 14 600 Einwohner.

Markomannenstraße *(benannt 1938, Stadtteil Zuffenhausen)* Germanischer Volksstamm.

Marktplatz *(benannt vor 1304, Stadtteil Stuttgart-Mitte)* Der 1304 erstmals urkundlich genannte Marktplatz war lange Zeit der einzige

Die Nordecke des Marktplatzes in Stuttgart-Mitte und die Kirchstraße, um 1920

Die Marktstraße in Stuttgart-Mitte (links) und die Südostfront des Marktplatzes, 1933

öffentliche Platz in der Altstadt, der nicht nur als Markt, sondern auch für öffentliche Veranstaltungen diente. Damals war er sehr viel kleiner als heute, denn im Bereich der →Schulstraße existierte ein weiterer, älterer Marktplatz, der nach Südosten spitz zulief. Graf Ulrich der Vielgeliebte ließ im 15. Jahrhundert acht Häuser abreißen, um den heutigen Marktplatz zu vergrößern. Im Jahr 1820 wurde der Marktplatz – von 1811 bis um 1830 hieß er Friedrichsplatz – außerdem durch den Abbruch des Herrenhauses wesentlich erweitert, das den südöstlichen Teil des Marktplatzes einnahm.

Marktplatz *(benannt 1822, Stadtteil Bad Cannstatt)* Der Cannstatter Marktplatz hat seine jetzige Bezeichnung erst im 19. Jahrhundert erhalten. Bis dahin gab es dort nur den »Holzmarkt«, an dem das Rathaus und die Stadtkirche standen. Der Platz wurde 1898 mit dem Abbruch der ehemaligen Latein- und Deutschen Schule und dem Zufüllen der Sulz wesentlich vergrößert.

Marktplatz, Wangener siehe →Wangener Marktplatz.

Marktstraße *(benannt 1811, Stadtteil Stuttgart-Mitte)* Die Straße führt zum Marktplatz. Bis 1811 trug sie die Bezeichnung »Bechergasse« nach dem Gasthof »Zum goldenen Becher«, der vom 15. Jahrhundert bis 1790 dort stand.

Marktstraße *(benannt 1846, Stadtteil Bad Cannstatt)* Früher wurden

Die Südecke des Marktplatzes in Stuttgart-Mitte im Jahr 1890. Nach hinten, an dem Haus mit der Aufschrift »Färberei« entlang, verläuft die Eichstraße. Zwischen dem ersten und dem zweiten Haus von links mündet die Sonnenstraße in die Eichstraße. Das Haus hinter dem Marktbrunnen ist ein Anbau an das damalige, auf dem Bild nicht zu sehende Renaissance-Rathaus. Nach links schließt das Haus Eichstraße 2 an. In ihm befand sich der Gasthof Sonne, nach dem die Sonnenstraße benannt war.

nicht nur auf dem Marktplatz, sondern auch in dieser Straße Märkte abgehalten.

Markusplatz *(benannt 1912, Stadtteil Stuttgart-Süd)* Nach der dort von Oberbaurat Heinrich Dolmetsch erbauten, 1908 eingeweihten Markuskirche.

Markus-Schleicher-Straße *(benannt 1960, Stadtteil Fasanenhof)* Markus Schleicher (geboren 1884 in Mögglingen, gestorben 1951 in Stuttgart), Gewerkschaftsführer und Vorsitzender des DGB-Landesbezirks Württemberg.

Marquardtstraße *(benannt 1914, Stadtteil Stuttgart-Ost)* Nach der Hotelbesitzerfamilie Marquardt. Gründer des Hotels im damaligen Hause Königstraße 35 war 1838 Wilhelm Marquardt (geboren 1808 in Stuttgart, gestorben 1886 in Baden-Baden). Das Hotel wurde 1855 an die Ecke König- und Schloßstraße verlegt. 1872 bis 1874 wurde nach dem Kauf der anstoßenden Häuser an der Schloßstraße (heute Bolzstraße) ein Neubau erstellt, der bis an den alten Bahnhof reichte. 1895 bis 1896 wurde ein weiterer Hotelneubau Ecke Schloß- und Königstraße errichtet.

Marstallstraße *(benannt 1851, Stadtteil Stuttgart-Mitte)* Nach dem 1805 von der Solitude nach Stuttgart verlegten, an die Straße angrenzenden »Langen Stall«, dem späteren königlichen Leibstall. – Eine Fortsetzung der Marstallstraße schuf früher eine Verbindung zur Neckarstraße. Diese Straße, die zwischen dem damals ovalen Theatersee und dem Rosengarten des Neuen Schlosses durchführte, hieß Schloßgartenstraße, 1933 bis 1945 Horst-Wessel-Straße (siehe →Karl-Weller-Straße und →Strebelstraße) und 1945 bis 1961 Witzlebenstraße nach General Erwin von Witzleben (1881–1944), einem führenden Mann des Widerstandes gegen die nationalsozialistische Regierung im Umkreis des »20. Juli«. Mit der Umgestaltung des Oberen Schlossgartens zur Bundesgartenschau 1961 entfiel die Straße.

Marsweg *(benannt 1957, Stadtteil Rohr)* Planet.

Martha-Schmidtmann-Straße *(benannt 1997, Stadtteil Bad Cannstatt)* Martha Schmidtmann (geboren am 4. August 1892 in Oppeln, Schlesien, gestorben am 28. April 1981 in Stuttgart-Bad Cannstatt), Stuttgarter Pathologin. Martha Schmidtmann studierte in Marburg und München Medizin und promovierte 1916 in Marburg. Nach Jahren als Assistentin an den pathologisch-anatomischen Instituten in Marburg und Leipzig habilitierte sie sich 1925 in Leipzig mit einer Arbeit über »die intrazelläre Wasserstoffkonzentration unter physiologischen und unter eigenen pathologischen Bedingungen« und erhielt die Venia Legendi, die universitäre Lehrerlaubnis, für allgemeine Pathologie und pathologische Anatomie. Ab 1930 leitete sie das Pathologische Institut des Krankenhauses Bad Cannstatt und die dortige Prosektur (Obduktionsabteilung). Nach Kriegsende wurde sie auf Anordnung der amerikanischen Militärbehörde wegen ihrer Mitgliedschaft im NS-Ärztebund und in der NSDAP vom Dienst suspendiert. Martha Schmidtmann gründete daraufhin ein privates pathologisch-diagnostisches Labor in Esslingen am Neckar, das sie später nach Bad Cannstatt verlegte und bis 1972 führte. 1950 bis zu ihrer Pensionierung 1957 war sie zudem ärztliche Direktorin des Pathologischen Institutes des Katharinenhospitals in Stuttgart.

Martin-Luther-Straße *(benannt 1928, Stadtteil Bad Cannstatt)* Martin Luther (geboren am 10. November 1483 in Eisleben, gestorben am

18. Februar 1546 in Eisleben), deutscher Reformator. – 1886 bis 1928 hieß die Straße Teckstraße nach der ehemaligen Burg Teck.

Martin-Mayer-Steg *(benannt 1989, Stadtteil Bad Cannstatt)* Martin Mayer (geboren 1877, gestorben 1925), Erbauer des Bad Cannstatter Bahnhofs und der Eisenbahnbrücke beim Rosenstein.

Martin-Schrenk-Weg *(benannt 1937, Straßenführung geändert 2003, Stadtteil Bad Cannstatt)* Martin Schrenk (geboren 1896 in Bubenorbis, gestorben 1934), verdienter Flugwissenschaftler, der am 13. Mai 1934 bei einer wissenschaftlichen Ballonhöhenfahrt bei Welikije Luki in Russland tödlich verunglückte.

Masurenstraße *(benannt 1936, Stadtteil Bad Cannstatt)* Landschaft in Ostpreußen, Polen. Die Benennung erfolgte in der NS-Zeit laut offizieller Namenserläuterung »zur Erinnerung an die siegreichen Schlachten im masurischen Seengebiet 1914 und 1915«.

Mathildenstraße *(benannt vor 1926, wiederbenannt 1946, Stadtteil Weilimdorf)* Weiblicher Vorname. – In der NS-Zeit hieß die Straße Lützowstraße nach dem Freikorpsführer Adolf von Lützow (1782–1834).

Matthäusstraße *(benannt 1951, Stadtteil Weilimdorf)* Nach der Matthäuswiese, die mehrere Jahrhunderte der Familie Weiß gehörte. In einer Urkunde (1722) wird als Besitzer der Schäfer Matthäus Weiß genannt.

Mauchweg *(benannt 1957, Stadtteil Stammheim)* Carl Mauch (geboren am 7. Mai 1837 in Stetten im Remstal [heute Kernen-Stetten], gestorben am 4. April 1875 in Stuttgart), Afrikaforscher. Der Lehrer Carl Mauch lernte schon früh Sprachen, darunter Englisch, Arabisch, später auch Afrikaans. 1865 erfüllte er sich seinen Lebenstraum und reiste nach Afrika. Doch bevor er die großen weißen Flächen auf der Landkarte Südafrikas mit möglichst genauen Angaben füllen konnte, schlug er sich als Farmarbeiter durch. Zu Fuß und allein durchstreifte er die damalige Transvaal-Republik und schuf die erste Landkarte Südafrikas. Auf seinen sieben größeren Reisen entdeckte er Goldfelder, Erz- und Diamantenvorkommen. Am 5. September 1871 entdeckte er im Gebiet der Makabele die sagenumwobene Ruinenstadt »Zimbabwe«. Nun trat er, krank und mittellos, die Heimreise an. Sein Wunsch, eine Anstellung bei einem Museum oder Institut zu finden, erfüllte sich nicht. Er wurde Betriebsleiter einer Zementfabrik in Blaubeuren. Zwei Jahre nach seiner Heimkehr starb Mauch durch einen Unfall. Er wurde auf dem Stuttgarter Pragfriedhof beigesetzt.

Mauer, Unter der siehe →Unter der Mauer.

Maulbronner Straße *(benannt 1938, Stadtteil Zuffenhausen)* Stadt Maulbronn, Enzkreis, 6700 Einwohner. Das Zisterzienserkloster wurde 1147 gegründet und entwickelte bald eine große religiöse, kulturelle, wirtschaftliche und politische Ausstrahlung. Es stand unter dem Schutz des Kaisers, bis 1504 Herzog Ulrich von Württemberg das Kloster eroberte und damit auch die Schutzherrschaft über die rund 60 Dörfer übernahm, die zum Klostergut gehörten. Nach der Reformation richtete Herzog Christoph 1537 hier eine Schule für den Pfarrernachwuchs im Land ein (seit 1806 evangelisches Seminar), die etwa von Johannes Kepler, Friedrich Hölderlin, Justinus Kerner, Georg Herwegh und Hermann Hesse besucht wurde. Heute gilt das Kloster Maulbronn als die am besten erhaltene mittelalterliche Klosteranlage nördlich der Alpen; 1993 hat es die Unesco zum Weltkulturerbe erklärt.

Maurachweg *(benannt 1955, Stadtteil Steckfeld)* Flurname, nach dem gleichnamigen Waldteil. Der Name deutet auf römische Mauerreste hin.

Maurenstraße *(benannt um 1922, Stadtteil Plieningen)* Nach der ehemaligen Mauer einer Burg in Plieningen.

Mauserstraße *(benannt 1937, Stadtteil Feuerbach)* Wilhelm Mauser (geboren 1834 in Oberndorf am Neckar, gestorben 1882 ebenda) und Paul Mauser (geboren 1838 in Oberndorf am Neckar, gestorben 1914 ebenda), Begründer der Waffenfabrik »Mauserwerke« in Oberndorf am Neckar.

Mauthestraße *(benannt 1936, Stadtteil Feuerbach)* Christian Mauthe (geboren 1845 in Schwenningen am Neckar [heute Villingen-Schwenningen], gestorben 1909 in Sestri, Italien), Kommerzienrat und Mitbegründer der Schwenninger Uhrenindustrie.

Max-Brod-Weg *(benannt 1970, Straßenführung geändert 1984, Stadtteil Freiberg)* Max Brod (geboren am 27. Mai 1884 in Prag, gestorben am 20. Dezember 1968 in Tel Aviv, Israel), Dichter; Freund, Biograph und Nachlassverwalter Franz Kafkas (siehe →Kafkaweg). Brod emigrierte 1939 nach Tel Aviv und wurde dort Dramaturg des Habimah-Theaters.

Max-Eyth-Steg *(benannt 1989, Stadtteile Hofen und Münster)* Max (von) Eyth (geboren am 6. Mai 1836 in Kirchheim unter Teck, gestorben am 25. August 1906 in Ulm), Ingenieur und Schriftsteller. Studierte am Stuttgarter Polytechnikum und arbeitete anschließend in der Maschinenfabrik Kuhn in Stuttgart-Berg. Dort stieg er zum Ingenieur für Kessel- und Dampfmaschinen auf. Im Alter von 25 Jahren zog es ihn ins Ausland. In England fand er eine Stelle bei dem Dampfpflug-Fabrikanten John Fowler. Dort erfand er einen Wickelapparat für horizontale Seiltrommeln, seine bedeutendste Erfindung. Mit ihr wurde es möglich, einen Pflug mit Hilfe von »Lokomobilen«, die zu beiden Seiten eines Ackers aufgestellt wurden, mittels Drahtseilen hin und her zu ziehen. In Ägypten betreute er in der dort aufblühenden Baumwollindustrie die Fowlerschen Pflüge. Nach Aufenthalten in Nordamerika, Europa und Russland kehrte er 1882 als wohlhabender Mann nach Deutschland zurück. 1884 gründete er die »Deutsche Landwirtschaftsgesellschaft« (DLG). Sein Ziel: die Intensivierung und Technisierung der Landwirtschaft. 1896 zog es ihn, inzwischen geehrt mit Orden und Titel – Geheimrat Max von Eyth hieß er nun – ins Schwäbische zurück. In Ulm nahm er seine alte Liebhaberei, das Schreiben, wieder auf. Seine bekanntesten Bücher waren »Hinter Pflug und Schraubstock«, »Im Strom der Zeit« und »Der Kampf um die Cheopspyramide«. Insgesamt veröffentlichte er 67 Werke.

Max Eyth

Max-Gutenkunst-Weg *(benannt 2002, Stadtteil Zuffenhausen)* Max Gutenkunst (geboren am 22. August 1864 in Heimsheim, gestorben am 29. November 1933), letzter Bürgermeister von Zuffenhausen. Im Jahr 1888 kam der gelernte Verwaltungsfachmann nach Zuffenhausen und übte dort verschiedene Funktionen aus. Obwohl er am Rande in einen Skandal um einen Bürgermeister verwickelt war, wählte ihn die Zuffenhäuser Bevölkerung 1904 zum neuen Schulheiß. Zuffenhausen wurde 1907 zwar zur Stadt erhoben, doch es blieb arm, denn die materielle und soziale Infrastruktur – von der Wasserversorgung bis hin zu den Schulen – verschlang große Summen. Max Gutenkunst galt als Mann des Ausgleichs, dessen besonders geschätzte Eigenschaften Ruhe und Gerechtigkeitssinn waren. Härte sprach man ihm ab, was dazu führte, dass sich in Zuffenhausen Interessengruppen lange über Baugebiete, Erschließungen und Industrieansiedelungen stritten und andere Gemeinden in dieser Zeit das Rennen machten. Max Gutenkunst erkannte genau, in welch schwieriger Lage seine Stadt war. 1925 schlug er daher vor, Zuffenhausen und Feuerbach zu vereinen. Allerdings konnte er sich damit nicht durchsetzen. Inzwischen rückte der verschuldete Ort immer stärker an die Landeshauptstadt heran und wurde 1931/32 nach Stuttgart eingemeindet. Zu diesem Zeitpunkt trat Max Gutenkunst nach 43 Jahren im Dienst von Zuffenhausen in den Ruhestand.

Max-Horkheimer-Anlage *(benannt 1974, Stadtteil Zuffenhausen)* Max Horkheimer (geboren am 14. Februar 1895 in Stuttgart, gestorben am 7. Juli 1973 in Nürnberg), Philosoph, Begründer und Hauptvertreter der kritischen Theorie der Frankfurter Schule, die eine dialektische Vermittlung einzelwissenschaftlicher Forschung und Philosophie in einer umfassenden Theorie der Gesellschaft zum Ziel hatte. Sohn von Moritz Horkheimer, siehe →Moritz-Horkheimer-Straße.

Max Horkheimer,
Gemälde von D. Goldschmidt, 1970

Max Horkheimer wurde 1930 Professor für Sozialphilosophie in Frankfurt am Main und Leiter des Instituts für Sozialforschung, das er zum Zentrum für Sozialphilosophie in Deutschland ausbaute. Nach der Machtergreifung der Nationalsozialisten 1933 emigrierte er nach Genf und Paris, 1934 nach New York und Los Angeles. 1943/44 war er Direktor der wissenschaftlichen Abteilung des »American Jewish Committee« in New York. Zusammen mit Theodor W. Adorno gründete er das Institut 1950 wieder und leitete es bis 1959. 1951 bis 1953 war er Rektor der Universität Frankfurt am Main. Horkheimer beeinflusste mit seiner gesellschaftskritischen Philosophie die Studentenbewegung 1968. Ausgehend von Hegel, Marx und der Aufklärung strebte Horkheimer die ideologiekritische Reflexion und die kritische Einsicht in die historische Dialektik des Zusammenhangs von Kulturgehalten und gesellschaftlichem Produktionsprozess an. Er erhielt als Erster 1970 die Bürgermedaille der Stadt Stuttgart.

Maximilianstraße *(benannt 1967, Stadtteil Luginsland)* Männlicher Vorname.

Max-Kade-Weg *(benannt 1961, Stadtteil Stuttgart-Mitte)* Professor Dr.-Ing. h. c. Max Kade (geboren 1882 in Schwäbisch Hall, gestorben 1969 in Schuls-Tarasp, Schweiz), Industrieller, Sammler und Mäzen. Wanderte nach seiner Lehrzeit als Kaufmann in der Maschinenfabrik und Eisengießerei seines Vaters in Schwäbisch Hall 1904 zunächst nach Kanada, dann nach New York aus, wo er bei der Medikamentenfirma Lehn & Finck zum Chefdisponenten aufstieg. 1909 gründete er zusammen mit Seeck, der bisher Betriebsleiter der chemisch-pharmazeutischen Fabrik Taescher in Berlin war, ein pharmazeutisches Unternehmen. Seeck hatte von Taescher die Herstellungs- und Vertriebsrechte am Hustensirup Pertussin (heute Robertussin) für die USA und Kanada gekauft. Die neu gegründete Firma wurde außerordentlich erfolgreich. Kade war schließlich Alleinbesitzer und verkaufte sie an einen amerikanischen Konzern. Dies ermöglichte ihm 1944 die Max-Kade-Foundation, die anfangs die Not nach dem Zweiten Weltkrieg lindern half und dem Wiederaufbau des zerstörten Deutschlands diente. Aus diesen Mitteln wurden unter anderem die Heilbronner Kilianskirche wieder aufgebaut und schließlich Studentenwohnheime in Stuttgart und anderen Städten finanziert. Auch in den USA unterstützte die Stiftung Max-Kade-Häuser und Max-Kade-Professuren an verschiedenen Universitäten. In Stuttgart förderte Max Kade außerdem den Neubau der Mensa, der Universitätsbibliothek und der Graphischen Sammlung der Staatsgalerie. Er war passionierter Sammler altdeutscher und niederländischer Graphik, stiftete 1955 der Staatsgalerie namhafte Frühdrucke und schenkte seine 1964 in Stuttgart und München ausgestellte Sammlung den beiden Städten. Er wurde 1953 Ehrenbürger der Stadt und 1957 Ehrendoktor der Universität.

Maybachstraße (benannt 1935, Stadtteile Feuerbach und Nord) Wilhelm Maybach (geboren am 9. Februar 1846 in Heilbronn, gestorben am 29. Dezember 1929 in Stuttgart-Bad Cannstatt), Ingenieur, wurde zu seiner Zeit »der König der Konstrukteure« genannt. Maybach war seit 1865 Mitarbeiter Gottlieb Daimlers (siehe →Daimlerplatz), dem er von der Maschinenfabrik des Reutlinger »Bruderhauses« zur Karlsruher Maschinenbaugesellschaft, zur Gasmotorenfabrik Deutz und schließlich zu Daimlers eigener Versuchswerkstatt in Cannstatt folgte. Gemeinsam mit Daimler entwickelte er 1883 einen kleinen, leichten Einzylinder-Viertaktmotor mit Glührohrzündung, später den Vergaser, das Wechselgetriebe und den Bienenwabenkühler. Am 10. November 1885 unternahm Maybach die erste Motorradausfahrt der Welt, drei Kilometer von Cannstatt nach Untertürkheim. Von 1895 bis 1907 war er technischer Direktor der Daimler Motoren-Gesellschaft. 1909 gründete Maybach als Tochtergesellschaft der Luftschiffbau Zeppelin GmbH in Bissingen (heute Bietigheim-Bissingen) die Luftfahrzeug-Motorenbau GmbH. Die Leitung übernahm sein Sohn Karl (1879–1960); Wilhelm Maybach fungierte als technischer Berater. Alle Zeppelin-Luftschiffe, bis zum LZ 127 »Graf Zeppelin«, wurden mit Maybach-Motoren ausgerüstet. 1921 bis 1941 baute das Unternehmen unter dem Zeichen »MM« (Maybach Manufaktur) auch Luxusautomobile, eine Tradition, die DaimlerChrysler ab 2002 mit dem exklusiven »neuen Maybach« wieder aufgriff. Wilhelm Maybach wurde 1907 zum Ehrenmitglied des Vereins Deutscher Ingenieure (VDI) ernannt, 1916 verlieh ihm die Technische Hochschule Stuttgart die Ehrendoktorwürde.

Wilhelm Maybach

Mayer-Platz, Rupert- siehe →Rupert-Mayer-Platz.

Mayer-Steg, Martin- siehe →Martin-Mayer-Steg.

Mayer-Straße, Robert- siehe →Robert-Mayer-Straße.

Mayer-Weg, Hofrat- siehe →Hofrat-Mayer-Weg.

Meierberg *(benannt 1933, Stadtteil Mühlhausen)* Nach der früheren Meierei, dem Sitz des herrschaftlichen Gutsverwalters (Meier).

Meierei, Bei der siehe →Bei der Meierei.

Meisenweg *(benannt um 1936, Stadtteil Vaihingen)* Zur Familie der Meisen gehört unter anderem die Kohlmeise, *Parus major,* die größte einheimische Meise.

Meistersingerstraße *(benannt 1936, Stadtteil Degerloch)* Oper von Richard Wagner (siehe →Richard-Wagner-Straße). – Bis 1936 hieß die Straße Charlottenstraße.

Meitnerstraße *(benannt 1999, Straßenführung geändert 2001, Stadtteil Vaihingen)* Lise Meitner (geboren am 7. November 1878 in Wien, gestorben am 27. Oktober 1938 in Cambridge, England), Physikerin. Lise Meitner war Mitglied des Kaiser-Wilhelm-Instituts für Chemie und Professorin in Berlin, bevor sie 1938 vor den Nationalsozialisten nach Dänemark und später von dort nach Schweden floh. Hier lehrte sie als Professorin in Stockholm. Lise Meitner gilt als die bedeutendste Atomphysikerin des 20. Jahrhunderts. Zusammen mit Otto Hahn entdeckte sie einige radioaktive Isotope der natürlichen Zerfallsreihen, zusammen mit Otto Robert Frisch lieferte sie eine erste theoretische Erklärung für die von Hahn und Fritz Straßmann entdeckte Kernspaltung. Meitner wies nach, dass Gammastrahlen erst nach der Kernumwandlung emittiert werden und dass bei der Paarerzeugung Positronen entstehen. 1949 wurde Lise Meitner mit der Max-Planck-Medaille ausgezeichnet, 1966 mit dem Enrico-Fermi-Preis. Als Otto Hahn 1945 den Nobelpreis erhielt, blieb sie allerdings unberücksichtigt. Nach Lise Meitner wurde das chemische Element 109 Meitnerium benannt.

Melanchthonstraße *(benannt 1928, Stadtteil Bad Cannstatt)* Philipp Melanchthon, eigentlich Philipp Schwarzert (geboren am 16. Februar 1497 in Bretten, gestorben am 19. April 1560 in Wittenberg), Humanist und Reformator, Luthers theologischer Mitarbeiter und nach dessen Tod das geistige Haupt des Protestantismus. Er war ein Großneffe Reuchlins, der ihn nach Wittenberg empfahl (siehe →Reuchlinstraße).

Melchiorstraße *(benannt 1957, Stadtteil Stammheim)* Nach Melchior von Stammheim, einem Angehörigen des Ortsadels, der 1459 bis 1474 Abt des Klosters Sankt Ulrich und Afra in Augsburg war.

Melittastraße *(benannt 1929, Stadtteil Degerloch)* Elise Melitta von Schweizerbarth-Roth (geboren am 5. Oktober 1852 in Stuttgart, gestorben am 26. Juli 1929 in Stuttgart), Schriftstellerin. Tochter des Verlegers Ludwig Roth, des Besitzers der Göschen-Buchhandlung und späteren Teilhabers des Cotta-Verlags. 1925 erschienen ihre »Erinnerungen einer alten Stuttgarterin«, in denen sie das behagliche Leben im Stuttgart der siebziger und achtziger Jahre des vorigen Jahrhunderts beschrieb. Zeitlebens war sie von einem leidenschaftlichen Wissensdrang, insbesondere für die Naturwissenschaften, erfüllt. Schon 1903 kam bei Kohlhammer ihr Buch »Vogellieder« heraus, Gedichte einer starken Naturempfindung. – Vor 1929 hieß die Straße Landhausstraße; Schweizerbarth-Roth lebte von etwa 1908 bis zu ihrem Tod im Haus Nummer 3.

Melonenstraße *(benannt 1957, Straßenführung geändert 1970 und 1972, Stadtteil Riedenberg)* Kürbisgewächs. Am bekanntesten ist wohl die Wassermelone, sie stammt aus dem südlichen Afrika.

Meluner Straße *(benannt 1996, Stadtteil Vaihingen)* Seit 1985 ist der Stadtbezirk Vaihingen offiziell mit dem französischen Melun in einer Städtepartnerschaft verbunden. Die 50 Kilometer südöstlich von Paris gelegene Hauptstadt des Departments Seine-et-Marne hat mit 40 000 Einwohnern etwa dieselbe Größe wie Vaihingen, kann jedoch auf eine weit bedeutendere Vergangenheit zurückblicken. So unterhielten bereits die Kapetingerkönige eine Residenz in Melun. Vorbereitet wurde die Partnerschaft von ehemaligen Kriegsteilnehmer, die den deutsch-französischen Freundschaftsvertrag mit Leben erfüllen wollten und 1969 eine Partnerschaft zwischen dem hiesigen Verband der Heimkehrer und dessen französischem Pendant, der »Association Départementale des Combattants Prisonniers de Guerre, Section de Melun«, beschlossen. Den Bemühungen um eine offizielle Partnerschaft zwischen Melun und Vaihingen stand jedoch zunächst ein Grundsatzbeschluss des Stuttgarter Gemeinderats im Weg, der Partnerschaften der Landeshauptstadt mit zwei Gemeinden eines anderen Landes ausschloss: Stuttgart unterhielt bereits eine Partnerschaft mit Straßburg. 1976 gab der Gemeinderat aber doch seine Zustimmung für eine selbständige Partnerschaft des Stadtbezirks und 1985 konnte diese dann besiegelt werden. Seitdem ist die Zahl gemeinsamer Veranstaltungen, an denen sich Schulen und Vereine rege beteiligen, weiter gestiegen.

Memeler Straße *(benannt 1933, Stadtteil Mühlhausen)* Hafenstadt Memel (litauisch: Klaipeda) in Litauen, 200 000 Einwohner. Memel wurde 1252 als Burg des Deutschen Ordens gegründet und 1328 mit Preußen vereinigt. Mit Artikel 27 des Versailler Vertrags trat Deutschland das Memelland 1919 an die Siegermächte des Ersten Weltkriegs ab; die Verwaltung übernahm Frankreich. 1923/24 wurde das Gebiet von Litauen annektiert. Nach Konflikten mit der deutschen Bevölkerungsmehrheit verhängte der Gouverneur 1926 den Belagerungszustand, der bis 1938 aufrechterhalten wurde. Am 22. März 1939 gab Litauen das Memelland an das Deutsche Reich zurück. 1944/45 wurde das Memelland vom größten Teil der Bevölkerung geräumt und 1948 in die Litauische Sozialistische Sowjetrepublik eingegliedert. Heute ist es Teil der Republik Litauen.

Memmingerstraße *(benannt 1911, Stadtteil Bad Cannstatt)* Johann Daniel Georg Memminger (geboren 1773 in Tübingen, gestorben

1840 in Stuttgart), Oberfinanzrat, Mitbegründer und langjähriger Leiter des Statistisch-Topographischen Landesamts von Württemberg. Begründete die württembergische wissenschaftliche Landeskunde (Oberamts- und Landesbeschreibung).

Mendelssohn-Bartholdy-Allee, Felix- siehe → Felix-Mendelssohn-Bartholdy-Allee.

Mendelssohnstraße *(benannt 1946, Stadtteil Sillenbuch)* Jakob Ludwig Felix Mendelssohn Bartholdy (geboren am 3. Februar 1809 in Hamburg, gestorben am 4. November 1847 in Leipzig), Komponist. Bereits mit neun Jahren trat er – zusammen mit seiner Schwester Fanny – öffentlich als Pianist auf. 1829 leitete er die erste Wiederaufführung der Matthäuspassion von Johann Sebastian Bach und begründete damit die Bach-Renaissance im 19. Jahrhundert. 1833 wurde Mendelssohn Bartholdy Musikdirektor in Düsseldorf, 1835 übernahm er die Leitung der Gewandhauskonzerte in Leipzig; er machte diese Stadt zu einem musikalischen Zentrum von europäischer Bedeutung und war 1843 Mitbegründer des ersten Konservatoriums für Musik in Deutschland. Neben seiner berühmten Musik zum »Sommernachtstraum« schuf Mendelssohn Bartholdy Oratorien, Kirchenstücke und viele Kompositionen für Gesang und Klavier. Siehe auch →Felix-Mendelssohn-Bartholdy-Allee. – 1937 bis 1946 hieß die Straße Boelckestraße nach Hauptmann Oswald Boelcke (1891–1916), einem Militärpiloten im Ersten Weltkrieg.

Menzel-Bourguiba-Weg *(benannt 1993, Stadtteil Stuttgart-Nord)*, Stadt Menzel Bourguiba im Norden Tunesiens. Die heute 72 000 Einwohner zählende Stadt war zur Kolonialzeit französischer Kriegshafen und hieß »Ferryville«. Nach der Unabhängigkeit Tunesiens bekam sie 1956 ihren heutigen Namen zu Ehren des ersten Staatspräsidenten, Habib Bourguiba. »Menzel Bourguiba« heißt übersetzt »Haus des Bourguiba«. Menzel Bourguiba ist eine moderne Stadt; die typische arabische Altstadt gibt es nur in der Hafengegend. Wichtige Arbeitgeber sind das Stahlwerk, eine Reifenfabrik, eine Schiffswerft, Autozulieferindustrie und die städtischen Versorgungsbetriebe. Menzel Bourguiba ist Mitglied des neun Städte umfassenden internationalen »Netzwerks der Mittelmeerstädte«. Baden-Württemberg richtete 1965 als Beitrag zur Entwicklungshilfe auf Landesebene in ehemaligen Fabrikationshallen der französischen Kriegswerft ein Gewerbeförderungszentrum zur Ausbildung junger Industriefacharbeiter ein. Nach Beendigung des Projektes 1968 und Übergabe an die staatlichen tunesischen Berufsbildungseinrichtungen wollte die Stadt Menzel Bourguiba die Kontakte zu Baden-Württemberg fortsetzen; der dortige Gemeinderat schlug deshalb eine Städtepartnerschaft mit Stuttgart vor. Dem stimmte der Gemeinderat der Landeshauptstadt zu. Am 1. Mai 1971 wurden in Menzel Bourguiba die Partnerschaftsurkunden unterzeichnet.

Menzelstraße *(benannt 1935, Stadtteil Stuttgart-Nord)* Adolf (von) Menzel (geboren am 8. Dezember 1815 in Breslau, gestorben am 9. Februar 1905 in Berlin), Maler, gehörte zu den bedeutendsten Künstlern des 19. Jahrhunderts. Bekannt sind seine Historienbilder zur Geschichte Friedrichs des Großen.

Mercatorweg *(benannt 1984, Stadtteil Stammheim)* Gerhard Mercator, eigentlich Gerhard Kremer (geboren am 5. März 1512 in Rupelmonde, Flandern, gestorben am 2. Dezember 1594 in Duisburg), Geograph und Kartograph. 1538 erschien seine erste Weltkarte, 1541 fertigte er seinen ersten Globus, 1554 eine Europakarte. Bei seiner für die Seefahrt bestimmten Weltkarte von 1569 wandte er erstmals die nach ihm benannte Mercator-Projektion an. Sie projiziert die Erdkugel auf einen Zylinder. Die Gebiete am Äquator werden deshalb ziemlich flächentreu dargestellt, zu den Polen hin ergeben sich immer größere Verzerrungen. Weil die Karte jedoch winkeltreu ist, wurde sie zur bevorzugten Navigationsgrundlage in der See- und Luftfahrt. Ein Jahr nach seinem Tod erschienen Mercators gesammelten Karten als der erste Atlas überhaupt.

Mercedesstraße *(benannt 1916, Straßenführung geändert 1932, Stadtteile Bad Cannstatt und Untertürkheim)* 1896 gewann die Daimler-Motoren-Gesellschaft den österreichisch-ungarischen Generalkonsul in Nizza, Emil Jellinek (1853–1918), als Kunden. Er war seit seiner Jugend dem Geschwindigkeitsrausch verfallen und bestellte vier Automobile, wenn es Daimler gelänge, die Höchstgeschwindigkeit von 25 auf 40 Stundenkilometer zu steigern. Bald stellte er auch noch andere Anforderungen, und Daimler entwickelte das Modell »Phoenix« mit 24 PS, mit dem Jellinek 1899 das Autorennen in La Turbie gewann. Nun wandten sich Interessenten für das Auto an Jellinek, er ließ sich die Daimler-Generalvertretung für die Riviera übertragen und verkaufte bereits im ersten Jahr die stolze Zahl von 30 Kraftfahrzeugen. Nach einem tödlichen Unfall beim La-Turbie-Rennen 1900 entwarf Jellinek Spezifikationen für einen völlig neuen Wagen, den Wilhelm Maybach und Paul Daimler, Gottlieb Daimlers

Sohn, nach Jellineks Vorgaben innerhalb von sechs Monaten konstruierten. Jellinek übernahm die gesamte Produktion in Höhe von 36 Automobilen. Mit seinem niedrigen Schwerpunkt, dem Pressstahlrahmen, dem leichten und leistungsstarken Motor und dem Bienenwabenkühler führte der Wagen zahlreiche Innovationen ein und gilt heute als erstes modernes Automobil. Jellinek verlangte, dass der von ihm »entworfene« Wagen zumindest in Frankreich, Österreich und den USA, für die er mittlerweile die Exklusivvertretung übernommen hatte, nach seiner Tochter Mercedes (1889–1929) benannt werden sollte. Der spanische Frauenname Mercedes bedeutet »Gnade«. Daimler übernahm den Namen als Fabrik- und Handelsmarke für alle seine Automobile. Am 23. Juni 1902 wurde »Mercedes« als Warenzeichen angemeldet und am 26. September registriert. Jellinek war so stolz auf die Bezeichnung, dass er seinen Nachnamen 1903 in Jellinek-Mercedes änderte; er war damit »der erste Mann, der den Namen seiner Tochter annahm«. – In Untertürkheim hieß die Straße bis 1916 Fabrikstraße. Nach der Zusammenfassung mit der Wernerstraße in Cannstatt 1932 wurde der Name Mercedesstraße auch auf diese ausgedehnt. Die Wernerstraße hieß seit 1894 nach dem früheren Präsidenten der Königlichen Zentralstelle für die Landwirtschaft, von Werner.

Mergentheimer Straße *(benannt 1937, Stadtteil Bad Cannstatt)* Stadt Bad Mergentheim, Main-Tauber-Kreis, 22 000 Einwohner. – 1873 bis 1937 hieß die Straße Paulinenstraße nach Königin Pauline (siehe →Paulinenstraße).

Merkleweg *(benannt 1957, Stadtteil Birkach)* Altes Birkacher Geschlecht, urkundlich genannt 1250.

Merkurstraße *(benannt 1957, Stadtteil Rohr)* Planet.

Merzenstraße *(benannt um 1905, Stadtteil Feuerbach)* Nach der gleichnamigen Flur. Die Merzenäcker, -gärten und -wiesen liegen beim Merzenbrunnen, der vermutlich nur im Frühjahr (März) stärker floss. Auch die Herleitung von einem Personennamen ist nicht ausgeschlossen.

Merz-Weg, Albrecht-Leo- siehe →Albrecht-Leo-Merz-Weg.

Messe, In der siehe →In der Messe.

Meßstetter Straße, ab 1. August 2005 voraussichtlich: **Messstetter Straße** *(benannt 1957, Stadtteil Möhringen)* Stadt Meßstetten, Zollernalbkreis, 10 900 Einwohner. Die »Metropole des Großen Heubergs« ist die höchstgelegene Stadt Baden-Württembergs.

Mettinger Straße *(benannt 1936, Stadtteil Untertürkheim)* Stadtteil Mettingen der Kreisstadt Esslingen am Neckar, 4600 Einwohner.

Metzger-Platz, Hermann- siehe →Hermann-Metzger-Platz.

Metzinger Straße *(benannt 1939, Stadtteil Degerloch)* Stadt Metzingen, Landkreis Reutlingen, 21 800 Einwohner. Metzingen weist eine weltweit einmalige Sehenswürdigkeit auf: die historischen Sieben Keltern auf dem Kelternplatz. In den letzten Jahren wurde Metzingen, ausgehend von der Hugo Boss AG, zum »Mekka des Fabrikverkaufs«. – Bis 1939 hieß die Straße Jägerstraße.

Metzlerweg *(benannt 1933, Stadtteil Stuttgart-Ost)* Benannt nach August Metzler (geboren 1654, gestorben 1713 in Stuttgart) und Johann Benedict Metzler (geboren 1696 in Stuttgart, gestorben 1754 in Stuttgart), aus Sachsen stammende Begründer der Stuttgarter Verlagsbuchhandlung J. B. Metzler. Vom Vater August Metzler 1682 gegründet und von Sohn Johann Benedict Metzler, dem Verleger Lessings, weiter ausgebaut, ging das Geschäft in der Folgezeit in den Besitz der nächsten Verwandten über, von denen Heinrich Erhard und Leopold Werlitz sowie deren Nachkommen das Ansehen des Hauses zu erhalten wussten. Im 18. Jahrhundert war er der erfolgreichste Verlag des Pietismus in Süddeutschland. Verleger war ab 1908 Alfred Druckenmüller, der 1919 den C. E. Poeschel Verlag erwarb und die beiden Verlage 1949 vereinigte. 1965 bis 1977 gehörte der Metzler Verlag Hermann Leins, dem Inhaber und Leiter des Wunderlich Verlags, seit 1991 ist er Teil des Holtzbrinck-Konzerns. Er hat sich heute auf Kultur- und Geisteswissenschaften sowie Betriebswirtschaft spezialisiert. 1998 übernahm Metzler den 1624 in Weimar gegründeten Verlag Hermann Böhlaus Nachfolger.

Metzstraße *(benannt 1873, Stadtteil Stuttgart-Ost)* Metz ist die Hauptstadt der französischen Region Lothringen (siehe →Lothringer Straße), 120 000 Einwohner. Es geht auf die gallorömische Siedlung Mediomatricum (später Mettis) zurück. In Metz kapitulierte im Deutsch-französischen Krieg am 27. Oktober 1870 die dort eingeschlossene französische Rhein-Armee mit 177 000 Mann – das war der Anlass für die Straßenbenennung. Siehe auch →Sedanstraße.

Mezgerstraße *(benannt 1900, Stadtteil Vaihingen)* Alter Vaihinger Familienname.

Mia-Seeger-Straße *(benannt 1996, Stadtteil Stuttgart-Nord)* Maria Margarete Seeger (geboren 1903 in Bad Cannstatt, gestorben 1991), Designerin. Mia Seeger nahm zunächst in Stuttgart bei Albert Müller, einem Maler aus dem Hölzel-Kreis, Privatunterricht und studierte 1921/22 an der Württembergischen Kunstgewerbeschule in Stuttgart Buchgrafik. Danach arbeitet sie im »Haus der modernen Kunst« und kam schließlich zur Württembergischen Arbeitsgemeinschaft des Deutschen Werkbundes, wo sie 1927 die Werkbund-Ausstellung »Die Wohnung« mit vorbereitete, deren Herzstück die Weißenhofsiedlung war. Anschließend arbeitete sie in der Berliner Werkbundzentrale unter Walter Gropius, dem ehemaligen Bauhaus-Direktor. 1931 hatte sie die Geschäftsführung für die Ausstellung »Die Wohnung unserer Zeit« inne, die im Rahmen der Bauausstellung in Berlin gezeigt wurde. Von den Nationalsozialisten wurde der deutsche Werkbund aufgelöst; Mia Seeger arbeitete dann zunächst beim Landesgewerbeamt Stuttgart, später als Lektorin und Redakteurin beim Stuttgarter Architekturverlag Julius Hoffmann. 1953 gehörte sie zu den Gründern und Präsidiumsmitgliedern des neuen Deutschen Werkbunds; 1954 bis 1966 fungierte sie als Geschäftsführerin des »Rates für Formgebung« des Bundeswirtschaftsministeriums und präsentierte deutsches Design in ganz Europa. Für die Weltausstellung 1958 in Brüssel war Mia Seeger Mitglied der Inhaltskommission und Vorsitzende der Fachjury für den deutschen Beitrag. Die international erfahrene Designspezialistin wurde »Secretary General des International Council of Societies of Industrial Design«, und es gelang ihr, erstmals nach dem Krieg auf einer Ausstellung in Warschau deutsches Produktdesign zu präsentieren. Mia Seeger, »die große alte Dame des Designs«, wirkte in vielen Gremien des Designs als Organisatorin, Jurorin und Beraterin mit und hatte großen Einfluss auf das deutsche Nachkriegsdesign. 1984 wurde sie zur Professorin ernannt. 1986 rief sie, unterstützt von namhaften Sponsoren aus der Wirtschaft, die Mia-Seeger-Stiftung ins Leben, die auf eine »umfassende Förderung des Design als Teil von Wirtschaft und Kultur« zielt, indem sie begabte Studienabgänger mit Stipendien unterstützt und mit dem jährlich ausgeschriebenen Mia-Seeger-Preis Absolventen der Designausbildungen an deutschen Hochschulen fördert. Seit dem Tod Mia Seegers führt das Design Center Stuttgart seine Nachwuchsförderung unter dem Namen Mia Seegers weiter.

Michaelstraße *(benannt vor 1909, Stadtteil Degerloch)* Männlicher Vorname.

Millöckerstraße *(benannt 1969, Stadtteil Botnang)* Karl Millöcker (geboren am 29. April 1842 in Wien, gestorben am 31. Dezember 1899 in

Baden bei Wien), Operettenkomponist, gehörte neben Franz von Suppé und Johann Strauss Sohn zu den Hauptvertretern der klassischen Wiener Operette.

Mimosenweg *(benannt 1959, Stadtteil Sommerrain)* Die Mimose, *Mimosa pudica,* auch Sinnpflanze genannt, stammt aus Südamerika. Sie hat die Eigenschaft, bei geringster Berührung ihre gefiederten Blättchen nach oben und das ganze Blatt abwärts zu klappen.

Mirabellenstraße *(benannt 1946, Stadtteil Obertürkheim)* Bei der Mirabelle *(Prunus domestica ssp. syriaca)* handelt es sich um eine kirschgroße, gelbe Form der Pflaume. Sie ist im alten Orient entstanden und wurde im 16. Jahrhundert nach Europa eingeführt. – Als Obertürkheim noch eine selbständige Gemeinde war, hieß die Straße teilweise Garten-, teilweise Haldenstraße, ab 1937 Deutsch-Südwestafrika-Straße nach der ehemaligen deutschen Kolonie.

Miraweg *(benannt 1957, Stadtteil Rohr)* Mira heißt der in langen Perioden veränderliche Stern Omikron im Sternbild Walfisch.

Mistelweg *(benannt 1983, Stadtteil Plieningen)* Die Mistel, *Viscum album,* auch Drudenfuß genannt, ist eine immergrüne, auf Laubbäumen (außer Buche), halbschmarotzende Pflanze, die auf Bäumen kugelige Büsche bildet. Einige Arten wachsen auch auf Nadelbäumen. Sie ist eine alte Heilpflanze und galt den keltischen Druiden als heilig.

Mittelkai, Am siehe →Am Mittelkai.

Mittelstraße *(benannt 1895, Stadtteil Stuttgart-Süd)* Nach der Lage der Straße zwischen Heusteig-, Weißenburg-, Olga-, Falbenhennen- und Immenhofer Straße. Vor 1895 hieß die Straße Falbenstraße (siehe →Falbenhennenstraße).

Mittenfeldstraße *(benannt 1954, Stadtteil Giebel)* Der Flurname bezeichnet die Lage des Feldes.

Mitterhoferstraße *(benannt 1938, Stadtteil Zuffenhausen)* Peter Mitterhofer (geboren 1822 in Partschins bei Meran, gestorben 1893 ebenda), Erfinder der Schreibmaschine. 1866 führte er seine Erfindung, eine aus Holz hergestellte Schreibmaschine, in Wien vor. – Bis 1938 hieß die Straße Forststraße.

Mitterwurzerstraße *(benannt 1957, Stadtteil Vaihingen)* Friedrich Mitterwurzer (geboren 1844 in Dresden, gestorben 1897 in Wien), Schauspieler, Bahnbrecher moderner Schauspielkunst. 1871 bis 1880 und 1894 bis 1897 gehörte er zum Ensemble des Wiener Burgtheaters.

Mittlere Filderstraße *(benannt 1957, Stadtteile Birkach, Plieningen, Riedenberg, Sillenbuch)* Lagebezogener Name.

König Friedrich ließ 1808 die Platanenallee im Mittleren Schlossgarten pflanzen.

Mittlerer Bauernwaldweg *(benannt um 1930, Stadtteil Botnang)* Nach einem Waldgebiet, das 1770 gerodet und unter den Botnanger Bauern aufgeteilt wurde.

Mittlerer Kirchhaldenweg *(benannt 1961, Stadtteil Botnang)* Der Flurname bezeichnet einen Abhang in Kirchennähe.

Mittlerer Pfad *(benannt 1989, Stadtteil Weilimdorf)* Flurname.

Mittlerer Schloßgarten, ab 1. August 2005: **Mittlerer Schlossgarten** *(benannt 1968, Stadtteil Stuttgart-Mitte)* Unter König Friedrich 1807 bis 1808 angelegt, hieß früher Mittlere Anlagen. Diese wurden mit dem Durchbruch der Schillerstraße zwischen Königstraße und Neckarstraße 1913/1914 von den Oberen Anlagen getrennt.

Mittlere Straße *(benannt vor 1909, Stadtteil Degerloch)* Lagebezogener Name, siehe auch → Mittelstraße.

Mittnachtstraße *(benannt 1897, Stadtteil Stuttgart-Nord)* Hermann Freiherr von Mittnacht (geboren 1825 in Stuttgart, gestorben 1909 in Friedrichshafen), Jurist und Politiker. Seine Laufbahn begann im Justizdienst. Jahrzehntelang gehörte Mittnacht dem Landtag als Abgeordneter an. 1867 wurde er Justizminister, 1870 bis 1900 war er Ministerpräsident. Gleichzeitig leitete er das Ministerium für Auswärtige Angelegenheiten und das Verkehrswesen. 1900 Ehrenbürger der Stadt Stuttgart.

Mochelstraße *(benannt 1963, Stadtteil Heumaden)* Altes Heumadener Geschlecht.

Möckmühler Straße *(benannt 1937, Stadtteil Zuffenhausen)* Stadt Möckmühl, Landkreis Heilbronn, 8400 Einwohner.

Möglinger Straße *(benannt um 1903, Stadtteil Stammheim)* Gemeinde Möglingen, Landkreis Ludwigsburg, 10 500 Einwohner.

Möhringer Landstraße *(benannt 1957, Stadtteil Vaihingen)* Führt nach Möhringen.

Möhringer Straße *(benannt 1875, Stadtteil Stuttgart-Süd)* Führt über Vaihingen nach Möhringen. Die Straße hieß früher von Heslach bis zur Einmündung in die Straße nach Kaltental »Krautgartengässle«, weil sie zwischen den eingezäunten Krautgärten verlief (vergleiche →Krautgartenstraße). – Bis 1875 hieß die Straße Spitalstraße beziehungsweise Neue Spitalstraße.

Mönchfeldstraße *(benannt 1957, Stadtteile Mühlhausen und Mönchfeld)* Der Flurname weist auf ehemaligen Grundbesitz des Klosters Lorch hin.

Mönchhaldenstraße *(benannt 1904, Stadtteil Stuttgart-Nord)* Der Flurname wurde 1334 erstmals urkundlich genannt. Das abschüssige Grundstück (»Halde«) gehörte damals Mönchen, nämlich dem Kloster Lorch.

Mönchhof *(benannt um 1922, Stadtteil Plieningen)* Nach dem ehemaligen Plieninger Pfleghof des Klosters Bebenhausen, siehe auch →Bebenhäuser Hof.

Mönchsbergstaffel *(benannt 1912, Stadtteil Zuffenhausen)* Nach der Flur, in der dem Kloster Bebenhausen nach dem Güterbuch von 1527 neun Morgen gehörten.

Mönchsbergstraße *(benannt um 1912, Stadtteil Zuffenhausen)* siehe →Mönchsbergstaffel.

Mönchstraße *(benannt 1874, Stadtteil Stuttgart-Nord)* Die beim heutigen Pragfriedhof gelegene Flur »Mönchberg« wird schon in einer Urkunde aus dem Jahr 1280 genannt. Der Name bezieht sich wohl auf die Mönche des Klosters Lorch.

Mönsheimer Weg (benannt 1996, Stadtteil Hausen) Gemeinde Mönsheim, Enzkreis, 2600 Einwohner.

Mörgelenstraße *(benannt 1946, Stadtteil Obertürkheim)* Der Flurname leitet sich entweder von der Verkleinerungsform von Morgen ab, einem Flächenmaß. Wahrscheinlicher ist jedoch, dass er auf das kalkhaltige Sedimentgestein Mergel Bezug nimmt. – Als Obertürkheim noch eine selbständige Gemeinde war, hieß die Straße Friedrichstraße, ab 1937 Neuguineastraße nach der ehemaligen Kolonie im Westpazifik. Unter dem Namen Deutsch-Neuguinea oder Kaiser-Wilhelms-Land hatte Deutschland 1884 den nordöstlichen Teil der Insel Neuguinea in Besitz genommen. 1921 ging die Kolonie als Mandatsgebiet des Völkerbundes an den Australischen Bund über.

Mörikestraße *(benannt 1884, Stadtteil Stuttgart-Süd)* Eduard Mörike (geboren am 8. September 1804 in Ludwigsburg, gestorben am 4. Juni 1875 in Stuttgart), Pfarrer und Dichter. Mörike besuchte die Klosterschule in Urach und das Tübinger Stift, war 1826 bis 1827 Vikar in Möhringen (siehe →Vikarweg), 1834 bis 1843 Pfarrer in Cleversulzbach, 1851 bis 1866 als Literaturlehrer am Katharinenstift in Stuttgart tätig. Hier wohnte er mit Unterbrechungen bis zu seinem Tod in neun verschiedenen Wohnungen. Das Haus Moserstraße 22, in dem er starb, wurde 1944 zerstört. Am Neubau befindet sich eine Gedenktafel. In Mörikes Gedichten vereint sich Volksliedhaftes mit goethescher Formenklarheit und antikem Maßgefühl. Schumann, Robert Franz, Brahms, Hugo Wolf und andere haben Mörike-Gedichte vertont. Eduard Mörike schrieb unter anderem die »Idylle vom Bodensee« (1846), das Märchen »Das Stuttgarter Hutzelmännlein« (1853) und den Roman »Maler Nolten« (1832). Sein wohl bekanntestes und bedeutendstes Werk ist die Novelle »Mozart auf der Reise nach Prag« (1856). In Sonnenberg ist eine Gruppe von Straßen nach Werken Mörikes benannt, siehe →Feuerreiterweg, →Korinnaweg, →Laustraße, →Noltenweg, →Orplidstraße, →Peregrinastraße, →Schatzweg und →Turmhahnweg. Vergleiche auch →Albrecht-Goes-Platz, →Blautopfstraße und →Hans-Vaut-Straße.

Eduard Mörike

Mößnerstraße *(benannt 1957, Stadtteil Vaihingen)* Wilhelm Mößner (geboren 1888, gestorben 1955), langjähriger Vaihinger Kirchengemeinderat.

Möwenweg *(benannt 1936, Stadtteil Hofen)* Möwen bewohnen vor allem Küsten- und Binnengewässer und sind Suchjäger beziehungsweise Abfallfresser. Weltweit gibt es sechs Gattungen mit zusammen 48 Arten. Zur Gattung *Larus*, zu der die Lachmöwe *(Larus ridibun-*

dus) und die Silbermöwe *(Larus argentatus)* gehört, zählen kleine bis sehr große Möwen.

Mohlstraße *(benannt 1902, Stadtteil Stuttgart-Mitte)* Benannt nach vier Brüdern: Robert (von) Mohl (geboren 1799 in Stuttgart, gestorben 1875 in Berlin), Professor der Staatswissenschaften in Tübingen und Heidelberg, Abgeordneter im Frankfurter Parlament und badischer Gesandter; Julius Mohl (geboren 1800 in Stuttgart, gestorben 1876 in Paris), bedeutender Orientalist; Moritz Mohl (geboren 1802 in Stuttgart, gestorben 1888 in Stuttgart), Obersteuerrat, Abgeordneter des Landtags, des Frankfurter Parlaments sowie des Zollparlaments, beschäftigte sich als Schriftsteller mit volkswirtschaftlichen Fragen, und Hugo (von) Mohl (geboren 1805 in Stuttgart, gestorben 1872 in Tübingen), Professor der Botanik, zählte zu den Begründern der neuen Pflanzenphysiologie.

Hugo von Mohl

Mohnweg *(benannt 1993, Stadtteil Plieningen)* Der Mohn, *Papaver*, ist eine Gattung aus der Familie der Mohngewächse. Krautige, Milchsaft führende Pflanzen, deren Kapselfrüchte sandkornfeine, ölreiche Samen enthalten. Zu den in Deutschland verbreiteten Mohnarten gehören der rote Klatschmohn *(Papaver rhoeas)*, ein Ackerwildkraut, der Ranunkelmohn als gefüllte Gartenform sowie der violett bis weiß blühende Schlafmohn *(Papaver somniferum)* als Öl-, Arznei-, Würz-, Genussmittel- und Zierpflanze mit vielen Sorten.

Mohrenhof *(benannt um 1932, Stadtteil Feuerbach)* Johann Jakob Mohr (geboren 1706, gestorben 1773), Gerichtsverwandter und Chirurg, Mitbesitzer des um 1800 nach ihm benannten Hofes.

Molchweg *(benannt 1953, Stadtteil Bergheim)* Die Molche, auch Wassersalamander genannt, unterscheiden sich von den Erdsalamandern durch ihren seitlich zusammengedrückten Schwanz. In der Region Stuttgart sind der Teichmolch, *Triturus vulgaris,* der Bergmolch, *Triturus alpestris,* und der Kammmolch, *Triturus cristatus,* heimisch.

Moltkeplatz *(benannt 1982, Stadtteil Stuttgart-West)* Helmuth James Graf von Moltke (geboren am 11. März 1907 in Kreisau, Schlesien, hingerichtet am 23. Januar 1945 in Berlin-Plötzensee), Jurist, Gründer einer Widerstandsbewegung gegen Hitler, des Kreisauer Kreises, siehe →Kreisauer Weg. Er wurde 1944 verhaftet, zum Tode verurteilt und hingerichtet. Er war der Großneffe von Helmuth Graf von Moltke (1800–1891), dem preußischen Generalstabchef von 1858 bis 1888, nach dem die Moltkestraße (heute Bebelstraße) und die Moltkekaserne auf dem Areal zwischen Schwab-, Forst-, Gutbrod- und Moltkestraße benannt war.

Montanastraße *(benannt 1982, Stadtteil Vaihingen)* Bundesstaat der USA. Die Straße erschließt die »Patch Barracks« der US-amerikanischen Streitkräfte mit dem »United States European Command« (EUCOM), der Kommandozentrale der US-Truppen für ganz Europa, die Türkei, Syrien, Libanon und Israel, einen großen Teil Afrikas sowie für Russland und die ehemaligen Sowjetrepubliken in Zentralasien, insgesamt für 93 Länder.

Moosheimer Straße *(benannt 1965, Stadtteil Birkach)* Stadtteil Moosheim der Stadt Bad Saulgau, Landkreis Sigmaringen, 350 Einwohner. Ab 1387 errichteten hier Klausnerinnen, die sich später dem Franziskanerorden anschlossen, ein Kloster; es wurde 1782 aufgehoben.

Morgen, Lange siehe →Lange Morgen.

Morgen, Sieben siehe →Sieben Morgen.

Moritz-Horkheimer-Straße *(benannt 1953, Stadtteil Zuffenhausen)* Moses genannt Moritz Horkheimer (geboren 1858 in Untergimpern, Baden, gestorben 1945 in Bern, Schweiz), Kommerzienrat, Fabrikant, 1918 Ehrenbürger von Zuffenhausen, Begründer der früheren Kunstbaumwollwerke M. Horkheimer in Zuffenhausen. Horkheimer musste 1939 im Alter von 81 Jahren in die Schweiz emigrieren. Er war der Vater des Philosophen Max Horkheimer, siehe →Max-Horkheimer-Anlage.

Morlockstraße *(benannt 1926, Stadtteil Bad Cannstatt)* Georg (von) Morlock (geboren 1815 in Dätzingen bei Böblingen, gestorben 1896 in Stuttgart), Baudirektor, erwarb sich durch den Ausbau des württembergischen Eisenbahnnetzes Verdienste. Baute die erste Zahnradbahn in Deutschland (Materialbahn Wasseralfingen). Auch war er am Umbau des ersten Stuttgarter Hauptbahnhofs 1863 bis 1867 wesentlich beteiligt.

Moroweg *(benannt 1957, Stadtteil Möhringen)* Nach dem vermutlichen Gründer der alemannischen Siedlung Moringen (Möhringen).

Morsestraße *(benannt 1938, Stadtteil Zuffenhausen)* Samuel Finley Breese Morse (geboren am 27. April 1791 in Charlestown, Massachusetts, USA, gestorben am 2. April 1872 in New York), Maler und Erfinder der telegraphischen Nachrichtenübermittlung. Morse war 1827 bis 1845 Präsident der National Academy of Design in New York. Er entwickelte 1837 den ersten elektromagnetischen Schreibtelegraphen, 1838 das Morsealphabet und installierte 1843 zwischen Washington und Baltimore die erste Telegraphenverbindung der Welt. Das erste Telegramm wurde am 27. Mai 1844 übermittelt. – Bis 1938 hieß die Straße Moltkestraße nach dem preußischen Generalfeldmarschall Helmuth Graf von Moltke (1800–1891).

Morstattweg *(benannt 1936, Stadtteil Bad Cannstatt)* Albert Morstatt (geboren 1847, gestorben 1917), Apotheker, erwarb sich als langjähriger Vorstand der Allgemeinen Bau- und Spargenossenschaft Cannstatt Verdienste um den Wohnungsbau. Er gehörte auch dem Cannstatter Brunnenverein an.

Moselstraße *(benannt 1934, Stadtteil Münster)* Linker Nebenfluss des Rheins, entspringt am Col de Bussang in den Südvogesen und mündet nach 545 Kilometern in Koblenz.

Moserstraße *(benannt 1867, Stadtteil Stuttgart-Mitte)* Johann Jakob Moser (geboren am 18. Januar 1701 in Stuttgart, gestorben am 30. September 1785 in Stuttgart), Staatsrechtslehrer und Publizist. Moser war bereits mit 19 Jahren Professor der Rechte an der Universität Tübingen und gilt als Vater des deutschen Staatsrechts. 1751 kehrte er nach vielfältigen Tätigkeiten – unter anderem in Wien, Frankfurt an der Oder und Ebersdorf im Vogtland, zuletzt für den Landgrafen von Hessen-Hanau in einer von ihm selbst errichteten politischen Akademie – als Landschaftskonsulent (Rechtsberater des Landesparlaments) in seine Geburtsstadt Stuttgart zurück. Hier musste Moser einen beständigen Kampf gegen den verschwenderischen und die Rechte der Landschaft verletzenden Herzog Karl Eugen führen, der ihn 1759 verhaften ließ und fünf Jahre auf dem Hohentwiel in Gefangenschaft hielt, bis er ihn auf Befehl des Reichshofrats freilassen musste und ihn wieder als Landschaftskonsulenten einsetzte. 1770 setzte sich Moser zur Ruhe und widmete sich ganz der Publizistik. Insgesamt hat Moser über 600 Bücher verfasst, darunter einige zur württembergischen Geschichte. Nach seiner Freilassung wohnte Moser in der Kastkellereigasse (heu-

J. J. Moser (Büste)

te →Kienestraße) in einem Haus, das im Mittelalter ein Klosterpfleghof gewesen sein soll, vermutlich vom Zisterzienser-Frauenkloster Heggbach bei Maselheim in Oberschwaben.

Moskauer Straße *(benannt 1998, Stadtteil Stuttgart-Mitte)* Moskau (russisch: Moskwa), Hauptstadt und mit 8,7 Millionen Einwohnern größte Stadt Russlands. In der Region Moskau leben 25 Millionen Menschen. Moskau liegt im Mittelpunkt des europäischen Teils von Russland, es bildet das politische, kulturelle, wirtschaftliche, Verkehrs-, Handels- und Bildungszentrum des Landes. Die Stadt beherbergt rund 80 Hochschulen, etwa 140 Fachschulen, 3000 Bibliotheken, weit über 100 Museen und 94 Theater. Den Mittelpunkt Moskaus bildet der Kreml, die alte Residenz der Zaren.

Mostgrubenweg *(benannt 1953, Straßenführung geändert 1986, Stadtteil Zuffenhausen)* Der Flurname heißt eigentlich Moosgrube, abgeleitet von Moos oder Moor; er deutet so oder so auf feuchtes Gelände hin.

Motorstraße *(benannt 1969, Straßenführung geändert 1979 und 1993, Stadtteil Weilimdorf)* Maschine, die eine Energieart in mechanische Antriebsenergie umwandelt.

Mozartstraße *(benannt 1879, Stadtteile Stuttgart-Mitte und Stuttgart-Süd)* Wolfgang Amadeus Mozart, eigentlich Joannes Chrysostomus Wolfgangus Theophilus Mozart (geboren am 27. Januar 1756 in Salzburg, Österreich, gestorben am 5. Dezember 1791 in Wien), Komponist. Sein Vater, Leopold Mozart (1719–1787) war Hofkomponist und unterwies den Sohn früh auch in Komposition. Schon im Alter von sechs Jahren unternahm das Wunderkind Konzertreisen nach München und Wien, Frankfurt am Main, Paris und London, mit acht Jahren komponierte es die erste Sinfonie, mit 13 Jahren wurde es Konzertmeister der Salzburger Hofkapelle. Es schlossen sich mehrere Italienreisen an. In Mannheim lernte Mozart 1777 seine spätere Frau Constanze Weber kennen. 1779 wurde er zum Salzburger Hoforganisten und Konzertmeister berufen. Seine Ernennung zum kaiserlichen Kammerkomponisten 1787 war für ihn eine Demütigung – bei minimalem Gehalt sollte er lediglich Unterhaltungsmusik komponieren. Die Schulden wuchsen; im Alter von 35 Jahren starb Mozart, dessen Werke in ganz Europa mit großem Erfolg aufgeführt wurden, verarmt in Wien und wurde in einem Massengrab beigesetzt. Wolfgang Amadeus Mozart war unbestritten ein Musikgenie; als zentrale Persönlichkeit der Wiener Klassik und mit seinen Werken von großer Klarheit und Tiefe hatte er entscheidenden Einfluss auf die nachfolgenden Komponistengenerationen. Das von Ritter von Köchel 1862 erstellte chronologisch-thematische Verzeichnis von Mozarts Werken, das so genannte Köchel-Verzeichnis, nennt 626 erhaltene Kompositionen, darunter 24 Bühnenwerke – etwa die Opern »Idomeneo«, »Die Entführung aus dem Serail«, »Die Hochzeit des Figaro«, »Don Giovanni«, »Così fan tutte«, »La clemenza di Tito« und »Die Zauberflöte« –, 18 Messen, 41 Sinfonien, 25 Kanons, 41 Lieder mit Klavierbegleitung, 36 Cassationen, Divertimenti und Serenaden, zu denen die berühmte »Kleine Nachtmusik« gehört, 24 Klavierkonzerte, sieben Violinkonzerte, eine konzertante Sinfonie für Violine, Viola und Orchester, 23 Klaviersonaten und Fantasien, außerdem Klavierwerke zu vier Händen und für zwei Klaviere, 40 Sonaten und Variationen für Violine und Klavier, zwölf Klaviertrios, -quartette und -quintette, 32 Streichquartette und acht Streichquintette. – Vor 1879 hieß die Straße Friedhofstraße nach dem Fangelsbachfriedhof, auf den sie zuführt.

Mühlgartenweg *(benannt 1947, Stadtteil Mühlhausen)* Der Flurname bezeichnet einen zu einer Mühle gehörenden Garten.

Mühlgrün *(benannt 1846, Stadtteil Bad Cannstatt)* Bei der Cannstatter Stadtmühle angeschwemmte Kiesbank (mittelhochdeutsch grien, später als grün missverstanden).

Mühlhäuser Straße *(benannt 1936, Stadtteil Hofen)* Führt nach Mühlhausen.

Mühlhaldenstraße *(benannt 1967, Stadtteil Möhringen)* Nach der dortigen abschüssigen Flur oberhalb der beiden Körschmühlen. Möglicherweise deutet der 1441 erstmals urkundlich erwähnte Flurname nicht nur auf die Lage, sondern auch auf die Besitzerschaft oder auf eine Nutzung durch die Müller.

Mühlkanal, Am siehe →Am Mühlkanal.

Mühlrain *(benannt 1911, Straßenführung geändert 1972, Stadtteil Stuttgart-Süd)* Der 1724 erstmals genannte Hang lag bei der einstigen Tannen- und Spitalmühle.

Mühlsteg *(benannt 1966, Stadtteil Bad Cannstatt)* Nach der Cannstatter Stadtmühle, die bis 1993 hier stand (heute Seniorenwohnungen des Evangelischen Vereins). Vor dem Neubau der Brücke befand sich hier der Gittersteg. – Die Verbindung zwischen dem Gittersteg und der Schmidener Straße hieß ab 1885 Kra(h)nenstraße nach einem Kran zur Schiffsbe- und -entladung, der bei Einführung der Neckarschifffahrt unter König Wilhelm I. hier am Neckar errichtet wurde. 1869 bis 1885 hieß diese Verbindung Obere Karlstraße.

Mühlstraße *(benannt um 1897, Stadtteil Feuerbach)* Nach der einstigen Feuerbacher Mühle.

Mühlwasen *(benannt um 1905, Stadtteil Feuerbach)* Das Grasgelände bei der Mühle, das immer wieder vom Feuerbach überschwemmt wurde, eignete sich nicht für den landwirtschaftlichen Anbau. Solche Flächen nannte man Wasen und benützte sie als Weide oder auch als Fest- und Spielplatz.

Müller, Gottlieb siehe →Gottliebstraße.

Müller-Platz, Gebhard- siehe →Gebhard-Müller-Platz.

Müllerstraße *(benannt 1848, Stadtteil Stuttgart-Süd)* Der Name erinnert an die ehemalige Karlsmühle in Heslach (Müllerstraße 9). Mit ihr wurde 1848 auch die Straße gebaut und so benannt.

Müller-Thurgau-Weg *(benannt 1975, Stadtteil Uhlbach)* Professor Hermann Müller aus dem Schweizer Kanton Thurgau züchtete um 1880 in der Forschungsanstalt Geisenheim (Hessen) eine weiße Keltertraubensorte. In der schweizerischen Forschungsanstalt Wädenswil wurde sie weiterentwickelt und 1913 nach ihrem Züchter »Müller-Thurgau« benannt. Dabei handelt es sich nicht, wie man bis vor kurzem dachte, um eine Kreuzung aus Riesling und Silvaner (wovon das Kurzwort »Rivaner« abgeleitet ist, das man als Synonym für »Müller-Thurgau« verwendet), sondern um eine Kreuzung von Riesling und Gutedel oder von Riesling und Madeleine royale.

Mümmelmannweg *(benannt 1957, Stadtteil Möhringen)* Die Straße war bis zu ihrer Umbenennung 1957 nach Hermann Löns benannt, jetzt heißt sie nach einer Erzählung des Dichters.

Münchinger Straße *(benannt um 1903, Straßenführung geändert 1982, Stadtteil Stammheim)* Stadtteil Münchingen der Stadt Korntal-Münchingen (insgesamt 17 800 Einwohner), Landkreis Ludwigsburg.

Münchinger-Weg, Karl- siehe →Karl-Münchinger-Weg.

Münch-Staffel, Fritz- siehe →Fritz-Münch-Staffel.

Münstersteg *(benannt 1993, Stadtteil Bad Cannstatt und Münster)* Verbindet den Stadtteil Münster mit der rechten Neckarseite (Zuckerberg).

Münzer-Weg, Thomas- siehe →Thomas-Münzer-Weg.

Münzstraße *(benannt 1811, Stadtteil Stuttgart-Mitte)* Die Straße leitet ihren Namen von der Neuen Münze ab, die bis 1844 im Bergratsgebäude (Dorotheenstraße 4) untergebracht war. Bis 1811 hieß sie denn auch Neue Münzgasse im Gegensatz zur Alten Münzgasse, die 1811 in →Turmstraße umbenannt wurde. Siehe auch →Joseph-Süß-Oppenheimer-Platz.

Muggensturmer Straße *(benannt 1965, Stadtteil Weilimdorf)* Gemeinde Muggensturm, Landkreis Rastatt, 6200 Einwohner.

Muldenäckerstraße *(benannt 1971, Stadtteil Neugereut)* Nach der dortigen Flur.

Munderkinger Straße *(benannt 1936, Stadtteil Wangen)* Stadt Munderkingen, Alb-Donau-Kreis, 5100 Einwohner. Munderkingen ist durch den Brunnensprung bekannt: Mindestens seit Mitte des 18. Jahrhunderts springen an der Fasnet zwei ledige Burschen mehrmals kopfüber in den eiskalten Marktbrunnen.

Munkweg *(benannt 1936, Stadtteil Untertürkheim)* Nach dem alteingesessenen Untertürkheimer Weingärtnergeschlecht.

Munz-Weg, Karl- siehe →Karl-Munz-Weg.

Murgtalstraße *(benannt 1934, Stadtteil Münster)* Tal im Nordschwarzwald.

Murrhardter Straße *(benannt 1951, Stadtteil Rot)* Die Stadt Murrhardt, Rems-Murr-Kreis, liegt im Naturpark Schwäbisch-Fränkischer Wald und hat 14 300 Einwohner.

Musberger Straße *(benannt 1957, Stadtteil Rohr)* Der Stadtteil Musberg der Stadt Leinfelden-Echterdingen, Landkreis Esslingen, hat 5000 Einwohner, die Gesamtstadt 36 000.

Muskatstraße *(benannt 1959, Stadtteil Heumaden)* Der Samen, die Muskatnuss, und die Blüten des Muskatbaums, *Myristica fragrans,* dienen als Gewürz. Hauptproduzenten sind Indonesien und Grenada.

Muttergartenweg *(benannt 1957, Stadtteil Birkach)* Die Flur, nach der diese Straße benannt ist, erhielt ihren Namen von dem »Muttergarten« der Staatlichen Gartenbauschule Hohenheim. »Muttergarten« ist ein Fachausdruck für ein Grundstück mit auserlesenen Obstbäumen, die Pfropfreiser für die Veredelung liefern. – Bis 1957 hieß die Straße Jahnstraße.

Nachsommerweg *(benannt 1964, Stadtteil Freiberg)* Erziehungsroman von Adalbert Stifter, siehe →Adalbert-Stifter-Straße.

Nachtigallenweg *(benannt 1928, Stadtteil Stuttgart-Süd)* Die Nachtigall, *Luscinia megarhynchos,* gehört zur Familie der Drosselvögel. Ihr weithin tönender Gesang ist ausgesprochen melodisch.

Nadlerstraße *(benannt 1811, Stadtteil Stuttgart-Mitte)* 1811 wurden fünf parallele Straßen hinter dem Rathaus nach Handwerksberufen benannt. Die Nadlerstraße erhielt ihren Namen wohl, weil dort Nadlermeister Stude wohnte; vor 1811 hieß sie »Huber's Gäßle«. Der Abschnitt zwischen Geißstraße und Eberhardstraße wurde vom Ilgenplatz eingenommen, der nach dem alten Wirtshaus »Zur Ilge« benannt war. »Ilge« bedeutet »Lilie«.

Nägelesäcker *(benannt 1913, Stadtteil Luginsland)* Der Flurname geht auf einen früheren Besitzer der Äcker zurück.

Nägelestraße *(benannt 1938, Stadtteil Degerloch)* Eugen Nägele (geboren 1856 in Murrhardt, gestorben 1937 in Tübingen), Gymnasialprofessor, Mitbegründer und langjähriger Vorsitzender des Schwäbischen Albvereins und des Schwäbischen Jugendherbergwerks in Tübingen, erster Schriftleiter der »Blätter des Schwäbischen Albvereins«. – Bis 1938 hieß die Straße Turmstraße nach dem Degerlocher Aussichtsturm, der hier stand. 1943 wurde sein oberer Teil gesprengt, weil man fürchtete, er könne bei Fliegerangriffen als Orientierungspunkt genutzt werden. Der Stumpf wurde 1956 abgetragen und an seiner Stelle ein Spielplatz errichtet.

Nähterstraße *(benannt um 1905, Stadtteile Stuttgart-Ost und Wangen)* Flurname.

Nagelstraße *(benannt 1957, Stadtteil Stuttgart-Mitte)* Christian Nagel (geboren 1803 in Stuttgart, gestorben 1882 in Ulm), Rektor in Ulm und Schulmathematiker.

Nagoldstraße *(benannt 1934, Stadtteil Münster)* Rechter Nebenfluss der Enz.

Naheweg *(benannt 1934, Stadtteil Münster)* Linker Nebenfluss des Rheins.

Namurstraße *(benannt 1936, Stadtteil Bad Cannstatt)* Provinzhauptstadt Namur (flämisch: Namen) in Belgien, 104 000 Einwohner. Im Ersten Weltkrieg wurde das Fort von Namur bereits am 25. August 1914 von deutschen Truppen eingenommen, die im Rahmen des so genannten Schlieffenplans mit einem Marsch durch Belgien die französischen Grenzfestungen umgehen wollten. Dies war der zweite deutsche Sieg im Ersten Weltkrieg; zur Erinnerung an ihn wurde die Straße benannt. Am selben Tag wurde Belgien deutsches Generalgouvernement. Siehe auch →Lütticher Straße.

Nansenweg *(benannt 1957, Stadtteil Stammheim)* Fridtjof Nansen (geboren am 10. Oktober 1861 in Store-Fröen bei Oslo, gestorben am

13. Mai 1930 in Lysaker, Norwegen), Polarforscher, Ozeanograph, Zoologe, Diplomat. Nansen überquerte zusamen mit O. Sverdrup 1888 Grönland von der Ost- zur Westküste auf Skiern. In den folgenden Jahren unternahm er mit seinem Schiff »Fram« mehrere Expeditionen. 1896 wurde er Professor für Zoologie an der Univerität Oslo, im Jahr darauf berief man ihn auf den Lehrstuhl für Ozeanographie. 1906 bis 1908 war Nansen norwegischer Gesandter in London, 1920 leitete er die Rückführung der Kriegsgefangenen des Ersten Weltkriegs aus Russland, 1921 bis 1923 war er Hochkommissar des Völkerbunds und führte eine Hilfsaktion in den Hungergebieten der UdSSR durch, wofür ihm 1922 der Friedensnobelpreis verliehen wurde.

Narewstraße *(benannt 1937, Stadtteil Bad Cannstatt)* Russische Verteidigungslinie im Ersten Weltkrieg beim Narew, dem größten ostpolnischen Fluss, die am 24. Juli 1915 von deutschen Truppen durchbrochen wurde.

Narzissenweg *(benannt 1934, Stadtteil Sommerrain)* Die Narzisse, *Narcissus*, gehört zu den Amaryllisgewächsen. Gelbe und weiße Narzissen sind als Gartenblumen beliebt.

Nastplatz *(benannt 1921, Stadtteil Bad Cannstatt)* Oskar (von) Nast (geboren 1849 in Ludwigsburg, gestorben 1907 in Stuttgart-Bad Cannstatt), ab 1881 Stadtschulheiß von Cannstatt und ab 15. September 1885 Oberbürgermeister, erwarb sich um die Entwicklung Cannstatts und die Vereinigung Cannstatts mit Stuttgart (1905) große Verdienste. 1893 verlieh ihm der König den persönlichen Adel, 1904 wurde er als Letzter zum Ehrenbürger von Cannstatt ernannt. 1888 bis 1894 war Nast auch Landtagsabgeordneter.

Naststraße *(benannt 1909, Stadtteil Bad Cannstatt)* nach Oskar Nast, siehe →Nastplatz.

Nathanstraße *(benannt 1957, Stadtteil Vaihingen)* Dramengestalt »Nathan der Weise« von Lessing, dessen Name die Straße vor ihrer Umbenennung trug.

Natternweg *(benannt 1955, Stadtteil Bergheim)* Die Nattern, lateinisch Colubridae, sind weltweit mit etwa 2500 Arten vertreten und gehören zu den Schlangen. Die bekannteste Vertretrin ist die Ringelnatter *Natrix natrix*.

Nauener Straße *(benannt 1933, Stadtteil Hoffeld)* Stadt Nauen, Mark Brandenburg. Bis 1945 befand sich in Nauen die erste deutsche Rundfunk-Großsendeanlage. Siehe →Bei den Funktürmen und →Norddeichweg.

Nauheimer Straße *(benannt 1937, Stadtteil Bad Cannstatt)* Die Stadt Bad Nauheim, Hessen, liegt in der Wetterau, lockt Kurgäste mit kohlensäurehaltigen Salzquellen und Badeanlagen im Jugendstil und hat 30 700 Einwohner. – 1872 bis 1937 hieß die Straße Olgastraße nach Königin Olga von Württemberg (siehe die →Olgastraße in Stuttgart-Mitte).

Naumannstraße *(benannt 1945, Stadtteil Steinhaldenfeld)* Friedrich Naumann (geboren 1860 in Störmthal bei Leipzig, gestorben 1919 in Travemünde), Politiker und Theologe. Naumann kam über die Innere Mission zur Sozialpolitik. In der christlich-sozialen Bewegung lösten sich 1895 die »Jungen« unter seiner Führung von den Konservativen unter Adolf Stoecker. 1896 gründete er den Nationalsozialen Verein mit dem Ziel, Staat und Wirtschaft demokratisch und sozial umzugestalten und die Arbeiterschaft für Staat, Nation und »soziales Kaisertum« zu gewinnen. 1903 schloss er sich der Freisinnigen Vereinigung an und förderte den Zusammenschluss zur Fortschrittlichen Volkspartei 1910. 1907 bis 1918 war Naumann Abgeordneter im Reichstag, 1918 war er an der Gründung der Deutschen Demokratischen Partei beteiligt und wurde 1919 ihr Vorsitzender. 1919 wurde Naumann in die Weimarer Nationalversammlung gewählt. Durch seine ungewöhnliche Rednergabe und seine charismatische Persönlichkeit hat er auf die Generation um die Jahrhundertwende nachhaltig gewirkt. – Bis 1945 hieß die Straße Stöckerstraße nach dem Geistlichen Adolf Stöcker (1835–1909), dem Gründer der »Berliner Bewegung«, einem Zusammenschluss antisemitischer Gruppierungen.

Nazariusweg *(benannt 1983, Stadtteil Zazenhausen)* Nach der nahe gelegenen evangelischen Nazariuskirche. Der römische Soldat Nazarius starb am 28. Juli vermutlich des Jahres 303 während der diokletianischen Verfolgung als Märtyrer in Mailand. 395 überführte Bischof Ambrosius seine sterblichen Überreste in die Mailänder Apostelkirche und nannte sie San Nazzaro; im Jahr 764 kamen Reliquien von Nazarius ins Kloster Lorsch an der Bergstraße. Im Jahr 789 schenkte ein Bürger namens Mutherus dem Kloster Lorsch Land in Zuffenhausen und errichtete eine Kapelle, die er dem heiligen Nazarius weihte (siehe auch →Bilihildstraße, →Emhildstraße, →Helmulfstraße und →Richbodstraße). Die Kapelle wurde 1582 durch die heutige Nazariuskirche ersetzt. Sie besitzt eine wertvolle gotische Stabwerktür.

Nebelhöhlenweg *(benannt 1935, Stadtteil Degerloch)* Nebelhöhle bei Genkingen auf der Schwäbischen Alb.

Nebelhornstraße *(benannt 1936, Stadtteil Untertürkheim)* Berg der Allgäuer Alpen bei Oberstdorf.

Neckarstraße *(benannt 1811, Straßenführung geändert 1978, teilweise umbenannt 1993, Stadtteil Stuttgart-Mitte und Ost)* Führt Richtung Neckar. – Bis 1811 hieß ein Teil der Straße Karlstraße. – 1993 wurde ein Teil der Neckarstraße in →Willy-Brandt-Straße umbenannt.

Neckarsulmer Straße *(benannt 1937, Stadtteil Zuffenhausen)* Stadt Neckarsulm, Landkreis Heilbronn, 27 400 Einwohner.

Neckartalstraße *(benannt 1932, Stadtteile Bad Cannstatt und Münster)* Führt dem Neckar und damit im Neckartal entlang. – Bis zur Wilhelmsbrücke hieß die Straße 1846 bis 1932 Stuttgarter Straße; der Weg selbst wurde 1832 bis 1834 angelegt. Ab der Wilhelmsbrücke hieß die Straße 1822 bis 1846 Neckargasse, dann Neckarstraße, da sie entlang dem Neckar nach Münster führt. Sie wurde umbenannt, da es nach der Vereinigung Cannstatts mit Stuttgart 1905 zu Verwechslungen mit der Neckarstraße in Stuttgart gekommen war.

Neckartor, Am siehe →Am Neckartor.

Neckarwiesenstraße *(benannt 1924, Stadtteil Stuttgart-Ost)* Der Flurname bezieht sich auf Wiesen am Neckar.

Neefstraße *(benannt 1897, Stadtteil Stuttgart-Mitte)* Carl Neef (geboren 1829, gestorben 1899), Bauunternehmer und Akkordant, der nicht nur von seinem Grundeigentum die für die Errichtung der Straße erforderliche Fläche abgab, sondern sich auch am Bau der Straße beteiligte.

Neippergstraße *(benannt 1937, Stadtteil Feuerbach)* Burg Neipperg bei Brackenheim, Landkreis Heilbronn.

Nelkenweg *(benannt 1926, Stadtteil Stuttgart-Ost)* Die Nelke, lateinisch *Dianthus*, kommt hier in zahlreichen Arten wild wachsend und als Gartenpflanze vor.

Nellinger Straße *(benannt 1937, Stadtteil Heumaden)* Stadtteil Nellingen der Stadt Ostfildern (insgesamt 30 000 Einwohner), Landkreis Esslingen.

Neptunweg *(benannt 1957, Stadtteil Dürrlewang)* Planet.

Nesenbachstraße *(benannt 1957, Stadtteil Stuttgart-Mitte)* In einer Urkunde von 1451 wurde der Nesenbach unter der Bezeichnung »Wäschbach« erstmals erwähnt, ab 1503 unter »Nesenbechlin«. Beide Bezeichnungen galten nicht wie die heutige dem ganzen Bachlauf, sondern nur dem innerhalb der Stadt gelegenen Teil. Sonst wurde vom »Bach«, »alten Bach«, »Furtbach«, »Heslacher« oder »Kaltentaler Bach« gesprochen (siehe auch →Bachstraße und →Furtbachstraße). Der Nesenbach entspringt in Stuttgart-Vaihingen; er wird heute als Abwasser-Hauptsammler komplett unterirdisch durch Vaihingen, Kaltental, Heslach, die Stuttgarter Innenstadt, entlang der Schlossgärten bis zum Neckar bei der König-Karls-Brücke beziehungsweise bis zum Hauptklärwerk Mühlhausen geführt. Der Nesenbach hat zusammen mit seinen Nebenflüssen den Stuttgarter Talkessel ausgewaschen; er war jahrhundertelang die Lebensader der Stadt und speiste vermutlich schon die Tränke des Gestüts, aus dem sich Stuttgart entwickelte. Vergleiche auch →Am Dobelbach, →Buchenstraße, →Fangelsbachstraße, →Friedrich-E.-Vogt-Stäffele, →Gerberstraße, →Kaltentaler Abfahrt, →Kanalstraße, →Lederstraße, →Seerosenstraße, →Sporerstraße, →Unterer Brühl und →Vogelrainstraße. – 1811 bis 1957 hieß die Straße »Obere Bachstraße«, zuvor »Beim Nesenbach«.

Nesselweg *(benannt 1932, Stadtteil Steinhaldenfeld)* Die Große Brennnessel, *Urtica dioica,* und die Kleine Brennnessel, *Urtica urens,* gehören zur Familie der Nesselgewächse. Die Nesselzellen an der Pflanzenoberfläche sind für viele Fressfeinde schmerzhaft.

Nestroyweg *(benannt 1969, Stadtteil Vaihingen)* Johann Nepomuk Nestroy (geboren am 7. Dezember 1801 in Wien, gestorben am 25. Mai 1862 in Graz), Bühnendichter, Schauspieler, Sänger und Theaterdirektor. Er schrieb 83 Stücke in der Tradition des Volkstheaters, die mit entlarvendem Spott und satirischem Wortwitz Gesellschafts- und Zeitkritik üben. Bekannt sind zum Beispiel »Der böse Geist Lumpazivagabundus« (1833), »Einen Jux will er sich machen« (1843), »Freiheit in Krähwinkel« (1848).

Neubauerweg *(benannt 1954, Stadtteil Büsnau)* Ernst Rudolf Neubauer (geboren 1822, gestorben 1890), Dichter der Bukowina aus Radautz; siehe auch →Buchenländer Straße.

Neuburger-Straße, Klara- siehe →Klara-Neuburger-Straße.

Neue Brücke *(benannt 1832, wiederbenannt 1945, Stadtteil Stuttgart-Mitte)* Zunächst hieß die 1745 erneuerte Brücke über den Lindengraben (Königstraße) so. Diese wurde nach dem großen Brand 1761 verbreitert und zur »Langen Gasse« gerechnet, 1800 bis 1811 wieder »Neue Brücke« und 1811 bis 1832 »Lange Straße« genannt. 1933 bis 1945 hieß sie Gregor-Schmid-Straße nach dem 1932 nach einer Schlägerei in der oberen Königstraße gestorbenen SA-Mann Gregor Schmid.

In sechzehnmonatiger Bauzeit wurde in den Jahren 1932 und 1933 mit gewaltigen Stützmauern die Fahrbahn der Neuen Weinsteige auf zwölf Meter verbreitert.

Neuensteiner Straße *(benannt 1937, Stadtteil Zuffenhausen)* Die Stadt Neuenstein, Hohenlohekreis, 6100 Einwohner, war 1553 bis 1698 Residenz der Fürsten von Hohenlohe-Neuenstein; das Schloss beherbergt heute das Hohenlohe-Zentralarchiv.

Neuer Berg *(benannt 1931, Stadtteil Rotenberg)* Bezeichnung für junge Weinstockanlagen, im Gegensatz zu schon längere Zeit bestehenden Weinbergen.

Neue Straße *(benannt um 1863, Straßenführung geändert um 1906 und 1931, StadtteilOst)* Der älteste, nördliche Teil der Neuen Straße wurde um 1863 benannt. Um 1906 plante man die Verlängerung bis zur Kreuzung mit der Gänsheidestraße, die 1930 teilweise ausgebaut wurde. 1931 wurde der bisherige »Sauhaldenweg« (der nach einer an den Wald angrenzenden Flur benannt war, die gegen das Eindringen von Wildschweinen durch einen »Sauhag« geschützt wurde) ab Kreuzung Neue Straße bis zur Straße »Im Buchwald« in Neue Straße umbenannt. Gleichzeitig erhielt der obere Teil der bisherigen Neuen Straße bis zur Gänsheidestraße den Namen →Albert-Schäffle-Straße.

Neue Weinsteige *(benannt 1846, Stadtteil Stuttgart-Süd)* Zur Entlastung der Alten Weinsteige wurde die Straße 1826 bis 1831 von Oberbaurat Eberhard Etzel gebaut, dem man hier 1842 ein Denkmal errichtete. Die Neue Weinsteige hieß ursprünglich zu Ehren König

Wilhelms I. »Wilhelmstraße« und wurde als technisches Meisterwerk bewundert. Siehe auch →Alte Weinsteige und →Etzelstraße.

Neuffenstraße *(benannt 1893, Stadtteil Stuttgart-Ost)* Burgruine Hohenneuffen am Nordrand der Schwäbischen Alb bei Neuffen, Landkreis Esslingen. Die ursprüngliche Burg wurde Ende des 11. Jahrhunderts erbaut. Im 14. Jahrhundert residierte hier Graf Ulrich IV. von Württemberg. Die Festung war fast uneinnehmbar; im Dreißigjährigen Krieg kapitulierte die Besatzung, nachdem sie 14 Monate lang belagert worden war. Vom 15. bis 18. Jahrhundert diente die Burg auch als Staatsgefängnis, so 1517 für den Landtagsführer Konrad Breuning und 1737 für Joseph Süß Oppenheimer (siehe →Joseph-Süß-Oppenheimer-Platz). Ab 1736 wurde die Burg zur Landesfestung ausgebaut, 1801/02 geschleift; sie ist die größte Ruine der Schwäbischen Alb.

Neufferstraße *(benannt 1922, Stadtteil Feuerbach)* Heinrich (von) Neuffer (geboren 1850 in Reutlingen, gestorben 1928 in Stuttgart), Präsident der Generaldirektion der Württembergischen Staatseisenbahnen.

Neuffer-Weg, Hans- siehe →Hans-Neuffer-Weg.

Neugereutstraße *(benannt 1895, Stadtteil Stuttgart-Süd)* Flurname für ein erst im 18. Jahrhundert gerodetes (gereutetes) Gelände. – Bis 1895 hieß die Straße Teichstraße.

Neugütlestraße *(benannt 1953, Stadtteil Sillenbuch)* Mitte des 19. Jahrhunderts wurden im Gewann Kuhwasen 61 Morgen (19,2 Hektar) Sillenbucher Gemeindewald geschlagen, um durch den Verkauf des Holzes die Finanzen der damals noch selbständigen Gemeinde Sillenbuch in Ordnung zu bringen und neues Nutzungsland für den Ackerbau zu gewinnen. Es entstanden neue »Gütle«, also kleine Parzellen.

Neuhauser Straße *(benannt um 1922, Stadtteil Plieningen)* Gemeinde Neuhausen auf den Fildern, Landkreis Esslingen, 11 300 Einwohner.

Neumann-Straße, Balthasar- siehe →Balthasar-Neumann-Straße.

Neustädter Straße *(benannt 1937, Stadtteil Weilimdorf)* Stadt Neustadt an der Weinstraße, Rheinland-Pfalz, eine große Weinstadt, 53 800 Einwohner. – Als »Weil im Dorf« noch eine selbständige Gemeinde war, hieß die Straße Karlstraße.

Neuwirtshausstraße *(benannt 1935, Stadtteil Neuwirtshaus)* Nach dem benachbarten neuen Wirtshaus, wohl um 1600 entstanden. 1737 verkauften die Nachkommen der Schertlin von Burtenbach (siehe →Schertelstraße) das Schlossgut Zuffenhausen mit der »neuen Herberge« (Neuwirtshaus) an das herzogliche Haus Württemberg, die es als Domäne betrieb. 1934 begann der Bau der Siedlung, die sich später zum Stadtteils ausweitete.

Nevadastraße *(benannt 1957, Stadtteil Vaihingen)* Bundesstaat der USA zwischen Rocky Mountains und Sierra Nevada mit 1,3 Millionen Einwohnern; Hauptstadt ist Carson City, größte Stadt Las Vegas. Die Straße erschließt die »Patch Barracks« der US-amerikanischen Streitkräfte mit dem »United States European Command« (EUCOM).

Nibelungenstraße *(benannt 1936, Stadtteil Stuttgart-Nord)* Die Nibelungen waren die dämonischen Besitzer eines großen Schatzes, der vom Zwerg Alberich behütet wurde. Im Nibelungenlied, einem Heldenepos, das aus verschiedenen Sagen zusammenwuchs, wird erzählt, dass nach Siegfrieds Ermordung durch Hagen der Schatz, den Siegfried den Nibelungen abgewann, an die Burgunderkönige überging, die dann selbst Nibelungen genannt wurden. Siehe auch →Brunhildenweg, →Gernotstraße, →Gunterstraße, →Rüdigerstraße und →Volkerstraße, außerdem →Pöchlarner Straße, →Richard-Wagner-Straße und →Sigurdweg.

Niccolo-Jommelli-Weg *(benannt 2001, Stadtteil Botnang)* Niccolò Jom[m]elli (geboren am 10. September 1714 in Aversa, Provinz Caserta, Italien, gestorben am 25. August 1774 in Neapel), Komponist und Hofkapellmeister, einer der bedeutendsten Vertreter der neapolitanischen Oper im 18. Jahrhundert. Bei Giambattista Martini studierte Jommelli 1741 in Bologna Kontrapunkt. Nach den Stationen Venedig, Bologna, Rom und Wien kam Jommelli mit 39 Jahren nach Stuttgart, wo er am württembergischen Hof als Kapellmeister engagiert wurde – zum außergewöhnlich hohen Jahresgehalt von 4000 Gulden. Während der 16 Jahre seines Wirkens in Stuttgart hat er 28 Musikwerke geschaffen, darunter 17 große und drei komische Opern, acht Pastoralen, Serenaden und Gelegenheitsspiele. Niccolò Jommelli hat jedoch nicht nur die Oper des württembergischen Hofes aufgebaut, sondern auch das Ballett und die französische Komödie eingeführt. Doch 1767 entließ Herzog Karl Eugen die französischen Komödianten, löste den größten Teil des Balletts auf und verringerte das

Niccolò Jommelli

Opernpersonal. Jommelli verließ Stuttgart 1769 und ging – auch wegen des schlechten gesundheitlichen Zustands seiner Frau – zurück nach Italien, wo er allerdings nicht mehr an die früheren Erfolge anknüpfen konnte.

Niebuhrweg *(benannt 1984, Stadtteil Stammheim)* Carsten Niebuhr (geboren am 17. März 1733 in Lüdingworth [heute Cuxhaven-Lüdingworth], gestorben am 26. April 1815 in Meldorf), Forschungsreisender. Bereiste 1761 bis 1767 Arabien und erforschte das nördliche Rote Meer.

Niedernauer Straße *(benannt 1937, Stadtteil Bad Cannstatt)* Stadtteil Bad Niedernau der Stadt Rottenburg am Neckar, Landkreis Tübingen, 600 Einwohner. – 1872 bis 1937 hieß die Straße Eberhardstraße nach Graf Eberhard im Bart (siehe die →Eberhardstraße in Stuttgart-Mitte).

Niederwaldstraße *(benannt 1936, Stadtteil Feuerbach)* Am Rhein gelegener Teil des Taunus.

Niersteiner Straße *(benannt 1978, Stadtteil Weilimdorf)* Weinbau-Gemeinde Nierstein in Rheinland-Pfalz, 7000 Einwohner.

Niethammer-Weg, Anneliese- siehe →Anneliese-Niethammer-Weg.

Nikolausstraße *(benannt 1903, Stadtteile Stuttgart-Mitte und Stuttgart-Ost)* Nach der dortigen katholischen Kirche Sankt Nikolaus.

Nißlestraße *(benannt 1953, Stadtteil Stuttgart-Ost)* Nach Philipp Jacob Nißle (auch Nissle oder Nüßle; geboren 1719, gestorben 1784 in Berg [heute Stuttgart-Ost]), herrschaftlicher Müller in Berg, und seinem Sohn Johann Ludwig (geboren am 3. Juni 1775 in Berg [heute Stuttgart-Ost], gestorben am 24. Dezember 1805 ebenda) benannt. Die Nißles betrieben die Vordere Mühle in Berg. Bis 1953 hieß die Straße Mühlenstraße.

Nittelwaldstraße *(benannt 1957, Stadtteil Botnang)* Der Flur- und Waldteilname dürfte auf die Stuttgarter Familie Nüttel zurückgehen, die von 1314 an in Urkunden erwähnt wird und deren Mitglieder mehrfach hohe Ämter im Stadt-, Hof- und Kirchendienst bekleidet haben. – Die Straße hieß bis 1957 Nittelstraße.

Nixenweg *(benannt 1936, Stadtteil Hofen)* Nixen sind Wassergeister aus der Sage, sowohl männlichen (Nix) als auch weiblichen Geschlechts (Nixe, Wasserjungfer, ein Mischwesen, das oben als Frau und unten als Fisch erscheint).

Nobelstraße *(benannt 1969, Straßenführung geändert 1976 und 1982, Stadtteil Vaihingen)* Alfred Nobel (geboren am 21. Oktober 1833 in

Stockholm, gestorben am 10. Dezember 1896 in San Remo), Chemiker und Industrieller, Erfinder des Dynamits. Hinterließ den größten Teil seines Vermögens für die Nobelstiftung, deren Zweck es ist, besondere wissenschaftliche und dem Frieden dienende Verdienste zu würdigen (Nobelpreis).

Nobileweg *(benannt 1984, Stadtteil Stammheim)* Umberto Nobile (geboren 1885 in Lauro, gestorben 1978 in Rom), italienischer General und Nordpol-Erforscher, überflog 1926 mit dem Luftschiff »Norge« den Nordpol und leitete 1928 die Polarexpedition mit dem Luftschiff »Italia«, das bei Spitzbergen strandete. Er wurde für das Unglück verantwortlich erklärt und aus dem Heer entlassen.

Nöllenstraße *(benannt 1972, Straßenführung geändert 1977 und 1991, Stadtteil Botnang)* Nach der dortigen Flur, einer kleinen Erhöhung.

Nollendorfstraße *(benannt 1937, Stadtteil Weilimdorf)* Ort in Nordböhmen (tschechisch: Naklerov), Tschechische Republik. Benannt nach einer Schlacht der Befreiungskriege 1813. Drei Tage nach Napoleons Sieg bei Dresden stand am 30. August 1813 die französische Armee unter Vandamme bei Kulm. Da erschien das preußische Korps unter Generalleutnant Friedrich Heinrich von Kleist im benachbarten Nollendorf in Vandammes Rücken. Die Franzosen waren zwischen die Fronten geraten und erlitten schwere Verluste, Vandamme selbst wurde gefangen genommen. Napoleons Sieg blieb dadurch ohne kriegsentscheidende Wirkung.

Noltenweg *(benannt 1957, Stadtteil Sonnenberg)* Wie andere Straßennamen in diesem Wohngebiet erinnert dieser Name an den Dichter Eduard Mörike, dessen Roman »Maler Nolten« bei der Benennung Pate gestanden hat, siehe auch →Mörikestraße.

Nonnenwaldstraße *(benannt 1936, Stadtteil Stuttgart-Ost)* Der 1571 genannte Flurname geht auf einen Weidewald für kastrierte weibliche Schweine zurück, die man Nonnen nannte.

Nordbahnhofstraße *(benannt 1936, Stadtteil Stuttgart-Nord)* Lagebezogener Name.

Norddeichweg *(benannt 1933, Stadtteil Hoffeld)* Benannt nach der Küstenfunkstelle für den Seefunkdienst, die 1905 bis 1998 in Norddeich (heute Norden-Norddeich) in Ostfriesland bestanden hat. Siehe →Bei den Funktürmen und →Nauener Straße.

Norderneystraße *(benannt 1934, Stadtteil Neuwirtshaus)* Nordseeinsel.

Nordheimer Straße *(benannt 1938, Stadtteil Zuffenhausen)* Gemeinde Nordheim, Landkreis Heilbronn, 7400 Einwohner.

Nüblingweg: Die Gaskokerei in Gaisburg um 1880.

Nordseestraße *(benannt 1957, Stadtteil Neuwirtshaus)* Die Nordsee wird durch eine künstliche Grenzziehung vom Atlantik unterschieden; sie verläuft von Calais nach Dover und von den Orkney- über die Shetland-Inseln nach Stadland (Norwegen).

Nord-Süd-Straße *(benannt 1990, Straßenführung geändert 1994 und 1996, Stadtteil Möhringen)* Bezieht sich auf die Straßenführung.

Normannstraße *(benannt 1916, Stadtteil Bad Cannstatt)* Karl Graf von Normann-Ehrenfels (geboren 1866 in Stuttgart, gefallen 1914 bei Sanniki, Russland), Oberstleutnant, Kommandeur des Feld-Artillerie-Regiments 13.

Notkerweg *(benannt 1943, Stadtteil Untertürkheim)* Notker hießen vom 9. bis zum 11. Jahrhundert mehrere Mönche und Lehrer des Benediktinerklosters Sankt Gallen, die sich auch literarisch betätigten.

Novalisstaffel *(benannt 1957, Stadtteil Stuttgart-West)* Novalis, Pseudonym für Georg Philipp Friedrich Leopold Freiherr von Hardenberg (geboren am 2. Mai 1772 in Wiederstedt bei Mansfeld, gestorben am 25. März 1801 in Weißenfels), Dichter und Philosoph. Der bedeutendste Autor der Frühromantik, im bürgerlichen Beruf Salinen-Assessor in Weißenfels, starb mit 29 Jahren an Tuberkulose und hinterließ unter anderem das Romanfragment »Heinrich von Ofterdingen«.

Nüblingweg *(benannt 1924, Stadtteil Stuttgart-Ost)* Richard Nübling (geboren 1880 in Ulm, gestorben 1936 in Stuttgart), Generaldirektor der Technischen Werke, erwarb sich um den Ausbau des Gaswerkes, wo er 1906 als Ingenieur-Assistent eintrat, sowie um die Neuorganisation der Technischen Werke und die Neugestaltung der Stuttgarter Energiewirtschaft besondere Verdienste. Daneben förderte er den Bau von Wohnungen in unmittelbarer Nähe des Gaswerks für die dort beschäftigten Arbeiter.

Nürnberger Straße *(benannt 1936, Stadtteil Bad Cannstatt)* Nürnberg in Mittelfranken ist mit 500 000 Einwohnern die zweitgrößte Stadt Bayerns.

Nufringer Straße *(benannt 1957, Stadtteil Vaihingen)* Gemeinde Nufringen, Landkreis Böblingen, 5000 Einwohner.

Nußdorfer Straße, ab 1. August 2005: **Nussdorfer Straße** *(benannt 1957, Stadtteil Zuffenhausen)* Ortsteil Nussdorf der Gemeinde Eberdingen, Landkreis Ludwigsburg, 2000 Einwohner.

Nußklinge, ab 1. August 2005: **Nussklinge** *(benannt 1906, Stadtteil Stuttgart-Nord)* Bezeichnet einen kurzen, engen Taleinschnitt (Klinge), der früher mit Nussbäumen bewachsen war.

Ob dem Steinbach *(benannt um 1943, Stadtteil Büsnau)* Nach dem unterhalb der Straße fließenden Steinbach.

Oberdorfplatz *(benannt 1957, Stadtteil Möhringen)* Nach dem höher (oben) gelegenen Ortsteil.

Oberdorfstraße *(benannt um 1906, Stadtteil Möhringen)* siehe →Oberdorfplatz.

Obere Arthurstraße *(benannt um 1931, Stadtteil Rohr)* Oberer (südlicher) Teil der nach dem männlichen Vornamen benannten →Arthurstraße.

Obere Bismarckstraße *(benannt 1990, Stadtteil Stuttgart-West)* Oberer (nach dem Leipziger Platz gelegener) Teil der nach Otto von Bismarck benannten →Bismarckstraße, zur Person siehe →Bismarckplatz.

Obere Brandstraße *(benannt um 1905, Stadtteil Möhringen)* In Anlehnung an den Flurnamen »Zu dem Brand«, der im Jahr 1300 erstmals urkundlich erwähnt wird. Das Ackerland auf vorher bewaldetem Grund wurde durch Brandrodung gewonnen, also durch Abbrennen der Büsche und Bäume. Die nördlich gelegene Parallelstraße heißt →Untere Brandstraße.

Obere Hagstraße *(benannt um 1932, Stadtteil Rohr)* Der Flurname weist auf ein früher mit einem Zaun (Hag) eingefriedetes Gelände hin.

Die Fortsetzung der Straße jenseits der Krehlstraße heißt →Untere Hagstraße.

Obere Heckenstraße *(benannt um 1931, Stadtteil Hedelfingen)* Der Flurname geht auf die Lage der Flur an Hecken am Hang oder auf die bis ins 18. Jahrhundert übliche Umfriedung der Dorfmarkung durch Hecken oder auf einen Besitzer zurück und wurde 1456 als Heckacker erwähnt. Die nördlich gelegene Parallelstraße heißt →Untere Heckenstraße.

Oberen Berg, Am siehe →Am Oberen Berg.

Oberen Kienle, Im siehe →Im Oberen Kienle.

Oberen Weg, Am siehe →Am Oberen Weg.

Obere Paulusstraße *(benannt 1925, Stadtteil Stuttgart-West)* Eduard Paulus der Jüngere (geboren am 16. Oktober 1837 in Stuttgart, gestorben 1907 in Stuttgart), Dichter, Landeskonservator, Leiter der Sammlung vaterländischer Kunst- und Altertumsdenkmale. Eduard Paulus war Kunsthistoriker und Archäologe, zunächst Oberstudienrat, bevor er die Direktion der »Sammlung vaterländischer Kunst- und Altertumsdenkmale« übernahm, aus der später das Württembergische Landesmuseum hervorging. Viele seiner Gedichte sind von einem wehmütig-elegischen Ton getragen, andere humorvoll-spöttisch oder gar beißend sarkastisch. Welcher Schwabe kennt nicht seine augenzwinkernden Verse: »Der Schelling und der Hegel, / der Uhland und der Hauff / die sind bei uns die Regel, / die fallen gar nicht auf«? Ein Zeitgenosse von Paulus, der Literaturhistoriker Rudolf Krauß, urteilte über ihn: »Paulus ist ein echter Schwabe im Leben wie in der Kunst. ... Inniges Heimatgefühl hindert ihn nicht, bitteren Hohn über Einrichtungen und Sitten seines engeren Vaterlandes auszugießen. Die materialistische Richtung der modernen Kultur ist ihm in der Seele zuwider, und mit manchem kräftigen Wörtlein bedenkt er die Protzen und Börsenmenschen.« Eduard Paulus hat sogar ein Gedicht auf die Stuttgarter Königstraße verfasst; es heißt »Meine Straße«: »Königstraße, meine Wonne / o, was wär ich ohne dich, / auf dein Pflaster scheint die Sonne, / wenn es noch so winterlich. / Schon seit zwanzig Jahren schreite / ich an deiner Sonnenseite, / wurde niemals deiner satt, / Hauptpulsaderstrom der Stadt. / (...) / Wenn ich einst im Grabe ruhe, / wird man geistweis meine Schuhe, / einwärts, wie sie jetzt schon gehn, / diese Straße wandeln sehn.« Paulus verfasste auch Fach- und Sachbücher. So stammen »Die Kunst- und Altertumsdenkmale im Königreich Württemberg« aus seiner Feder und er war Mit-

Großes Haus und Theatersee im Oberen Schlossgarten um 1918

arbeiter an der »Beschreibung des Königreiches Württemberg«. – Der untere Teil der Straße zwischen Rotenwaldstraße und Bismarck-/Rötestraße heißt einfach →Paulusstraße.

Oberer Bauernwaldweg *(benannt um 1922, Stadtteil Botnang)* Flurname, siehe →Mittlerer Bauernwaldweg.

Oberer Grundweg *(benannt um 1936, Stadtteil Vaihingen)* Der Flurname bezeichnet einen Talgrundweg. Siehe auch →Unterer Grund.

Oberer Hoppenlauweg *(benannt 1868, Stadtteil Stuttgart-Nord)* siehe →Hoppenlaustraße.

Oberer Kirchhaldenweg *(benannt um 1948, Stadtteil 1976, Botnang)* Flurname, siehe →Mittlerer Kirchhaldenweg.

Oberer Reichelenbergweg *(benannt um 1934, Stadtteil Stuttgart-Mitte und Süd)* Nach dem oberhalb der Straße gelegenen Hang, der 1304 genannt wurde und wahrscheinlich aus dem Personennamen Richlin, Richling, Reuchlin oder Reichlin hervorging.

Oberer Schloßgarten, ab 1. August 2005: **Oberer Schlossgarten** *(benannt 1963, Stadtteil Stuttgart-Mitte)* Unter König Friedrich 1807 bis 1808 angelegt, hieß früher Obere Anlagen. Siehe auch →Mittlerer Schloßgarten und →Unterer Schloßgarten.

Oberes Tor *(benannt um 1943, Stadtteil Büsnau)* Geht möglicherweise auf ein Tor der ehemaligen Burg Büsnau oder auf ein Flurgatter zurück.

Obere Straße *(benannt um 1848, Stadtteil Stuttgart-Ost)* Lagebezogener Name.

Obere Waiblinger Straße *(benannt 1976, Stadtteil Bad Cannstatt)* Ein Teilstück der Waiblinger Straße wurde am 13. Januar 1938 in Ettweinstraße umbenannt nach dem Cannstatter evangelischen Stadtpfarrer und Stadtrat Friedrich Ettwein (gestorben 1937), dem Leiter des nationalsozialistischen Pfarrerbundes und einem der frühesten Exponenten der Stuttgarter NSDAP. 1945 wurde das Straßenstück wieder in Waiblinger Straße zurück-, 1976 dann in Obere Waiblinger Straße umbenannt, siehe →Waiblinger Straße.

Obere Waldplätze *(benannt 1985, Stadtteil Vaihingen)* Lagebezogener Name. Die östliche Fortsetzung der Straße heißt →Untere Waldplätze.

Obere Weinsteige *(benannt 1912, Stadtteil Degerloch)* Bezeichnet den auf Degerlocher Markung gelegenen oberen Teil der →Neuen Weinsteige.

Obernitzstraße *(benannt 1937, Stadtteil Stuttgart-Ost)* Hugo Freiherr von Obernitz (geboren 1819 in Bischofswerder, Westpreußen, gestorben 1901 in Honnef am Rhein), General, Kommandeur der württembergischen Truppen im Deutsch-französischen Krieg 1870/71, wurde 1871 zum Ehrenbürger der Stadt Stuttgart ernannt.

Oberschlesische Straße *(benannt 1937, Stadtteil Bad Cannstatt)* Teil von Schlesien, bildete 1919 bis 1934 und 1941 bis 1945 eine preußische Provinz, siehe →Annabergstraße sowie →Beuthener Straße, →Kattowitzer Straße, →Oppelner Straße, →Tarnowitzer Straße und →Thorner Straße.

Oberstdorfer Straße *(benannt 1936, Stadtteil Untertürkheim)* Die Stadt Oberstdorf, Bayern, liegt in den Allgäuer Hochalpen und hat 10 300 Einwohner.

Oberwiesenstraße *(benannt 1901, Stadtteil Sillenbuch)* Der Flurname bezeichnet die im oberen Teil der Markung gelegenen Wiesen.

Obstgartenweg *(benannt 1929, Stadtteil Stuttgart-Nord)* Nach dem ehemaligen Gaucherschen Obstgarten, siehe →Gaucherstraße.

Ochsenwald, Am siehe →Am Ochsenwald.

Odenwaldstraße *(benannt 1936, Stadtteil Feuerbach)* Waldgebirge zwischen Kraichgau und Main.

Oderstraße *(benannt 1934, Stadtteil Münster)* Mitteleuropäischer Strom, entspringt im Odergebirge in der Tschechischen Republik in einer Höhe von nur 634 Meter über dem Meeresspiegel, fließt dann durch Südpolen mit Breslau, bildet ab der Einmündung der Lausitzer Neiße die Grenze zwischen Deutschland und Polen, wendet sich etwa beim Ort Gartz wieder östlich, teilt sich in mehrere Arme, fließt durch Stettin (polnisch: Szczecin), speist dann das Stettiner Haff, das mit den drei Armen Dievenow, Swine und Peene in die Ostsee mündet. Die Oder ist 860 Kilometer lang und entwässert eine Fläche von fast 120 000 Quadratkilometern.

Ödheimer Straße *(benannt 1951, Stadtteil Rot)* Die Gemeinde Oedheim im Norden des Landkreises Heilbronn, 5800 Einwohner, hat sich in den letzten Jahrzehnten vom landwirtschaftlich geprägten Dorf zur Wohngemeinde im Einzugsbereich von Heilbronn und Neckarsulm entwickelt.

Oeffinger Straße *(benannt 1990, Stadtteil Mühlhausen)* Stadtteil Oeffingen der Großen Kreisstadt Fellbach, Rems-Murr-Kreis. Oeffingen, eine katholische Enklave im evangelischen Alt-Württemberg, hat eine ganz eigene Ortsgeschichte. 789 erstmals urkundlich erwähnt, kam der Ort 1369 gemeinsam mit (Stuttgart-)Hofen auf Grund eines Tauschgeschäfts vom Grafen Eberhard dem Greiner von Württemberg an die reichsunmittelbaren Ritter von Neuhausen, die auch nach der Reformation katholisch blieben. 1619 verkauften die Herren von Neuhausen Oeffingen für 42 000 Gulden an das Hochstift Augsburg. 1803 kam der Ort zum Königreich Bayern, bis er 1810 württembergisch wurde. Oeffingen hat heute etwa 6800 Einwohner, Fellbach insgesamt 43 000.

Öhringer Straße *(benannt 1937, Stadtteil Zuffenhausen)* Stadt Öhringen, Hohenlohekreis, 22 000 Einwohner. Öhringen liegt am Flüsschen Ohrn an der Stelle des römischen Kastells Vicus Aurelianus genau in der Mitte der 81 Kilometer langen Strecke des Vorderen Limes zwischen Walldürn und dem Haghof bei Welzheim. Die Anfänge des heutigen Städtchens liegen im Dunkeln, jedenfalls gehört es nicht – wie sonst fast alle Orte mit Namen, die auf -ingen enden – zu den alamannischen Gründungen. Der Ortsname wird als »Oringowe« 1037 erstmals urkundlich erwähnt. Mit der Vogtei über die Öhringer Stiftskirche, die heute noch das Stadtbild beherrscht, begründeten die Hohenlohe die Landeshoheit über die spätere Grafschaft und das Fürstentum Hohenlohe; vom 17. bis ins 19. Jahrhundert war die Stadt Residenz der Fürsten von Hohenlohe-Öhringen beziehungsweise Hohenlohe-Neuenstein-Öhringen.

Öläckerstraße *(benannt 1935, Stadtteil Möhringen)* Der Flurname

(1398 belegt) dürfte wohl auf den Anbau von Ölfrüchten zurückgehen.

Ölhafen, Zum siehe →Zum Ölhafen.

Oelschlägerstraße *(benannt 1945, Stadtteil Sillenbuch)* Alter Sillenbucher Familienname. – 1937 bis 1945 hieß die Straße Schlieffenstraße nach dem preußischen Generalfeldmarschall und Generalstabschef Alfred Graf von Schlieffen (1833–1913). Im Ersten Weltkrieg ging Deutschland zunächst nach dem Schlieffenplan vor, einer 1905 von Schlieffen ausgearbeiteten Strategie für einen Zweifrontenkrieg gegen Russland und Frankreich; die Umsetzung scheiterte jedoch schon nach wenigen Tagen.

Ölwiesenweg *(benannt 1957, Stadtteil Möhringen)* Der 1370 erstmals urkundlich erwähnte Flurname geht auf Wiesen zurück, für deren Pacht dem Spitalhof Naturalabgaben in Form von Öl geleistet werden mussten. Im Jahr 1707 veranschlagte das Spital beispielsweise 6½ Simri Öl als Einnahme, das sind 288 Liter.

Österfeldstraße *(benannt 1931, Stadtteil Vaihingen)* Führt nach der ehemals östlich des Dorfes gelegenen Feldflur.

Österreichischer Platz *(benannt 1957, Stadtteil Stuttgart-Süd)* Republik Österreich.

Ötztaler Straße *(benannt 1936, Stadtteil Untertürkheim)* Die Ötztaler Alpen liegen zwischen Oberinntal, Reschenpass, Etschtal, Passeiertal und Ötztal; 15 Gipfel dieser Region sind höher als 3500 Meter.

Offenauer Straße *(benannt 1953, Stadtteil Rot)* Gemeinde Offenau, Landkreis Heilbronn, 2700 Einwohner.

Offenbachstraße *(benannt 1970, Stadtteil Botnang)* Jacques Offenbach, eigentlich Jacob Offenbach (geboren am 20. Juni 1819 in Köln, gestorben am 5. Oktober 1880 in Paris), Operettenkomponist. Offenbach war in Paris, wo er seit seinem 14. Lebensjahr wohnte, außerordentlich erfolgreich. 1855 bis 1862 hatte er sein eigenes Theater, »Bouffes Parisiennes«, wo er »Musiquettes« (Singspiele) auf die Bühne brachte. Nach 1870 galten seine Werke jedoch als altmodisch, so dass Offenbachs zweite Theatergründung 1873 zum wirtschaftlichen Ruin führte. Offenbachs humorvolle, oft parodistische Operetten mit ihren eingängigen Melodien und zündenden Rhythmen haben das Genre populär gemacht. Er schuf 102 Bühnenwerke, zuletzt die Oper »Hoffmanns Erzählungen«, deren Aufführung er nicht mehr erlebte.

Offenburger Straße *(benannt 1926, Stadtteil Bad Cannstatt)* Stadt Offenburg, Ortenaukreis, 57 500 Einwohner.

Ohmstraße *(benannt 1938, Stadtteil Zuffenhausen)* Georg Simon Ohm (geboren am 16. März 1787 in Erlangen, gestorben am 6. Juli 1854 in München), Physiker. Entdeckte das ohmsche Gesetz der Elektrizitätslehre. Nach ihm wurde die Einheit des elektrischen Widerstands benannt. – Bis 1938 hieß die Straße Alleenstraße.

Ohnholdstraße *(benannt 1989, Stadtteile Birkach, Degerloch, Möhringen, Plieningen)* Flurname.

Olgastraße *(benannt 1851, Stadtteile Stuttgart-Mitte und Stuttgart-Süd)* Königin Olga von Württemberg, geb. Großfürstin von Rußland (geboren am 11. September 1822 in Petershof, Russland, gestorben am 30. Oktober 1892 in Friedrichshafen am Bodensee), Tochter des Zaren Nikolaus I., heiratete 1846 den Thronfolger und späteren König Karl von Württemberg. Das Paar hatte sich bei einem Aufenthalt in Italien kennen gelernt. Olga dachte sehr sozial; sie kümmerte sich tatkräftig um Krankenpflege und karitative Einrichtungen verschiedenster Art. Schon 1847 übernahm sie das Protektorat über die 1842 gegründete Stuttgarter Heilanstalt für Kinder, die sich bald nach ihr Olgahospital nannte und heute als »Olgäle« bekannt ist. Als die in Heilbronn gegründete erste Krankenpflegerinnenschule 1878 nach Stuttgart verlegt wurde, nannte man das Schulgebäude zu Ehren der Königin »Olgahaus«. Nach dem Deutsch-französischen Krieg stiftete König Karl 1871 eine Auszeichnung für »Männer, Frauen und Jungfrauen« als »Anerkennung für Handlungen freiwilliger Nächstenliebe, besonders in Kriegszeiten« und nannte sie nach seiner Frau Olgaorden. 1892 gründete die Königin den »Verein für Krankenpflegerinnen (Olga-Schwestern)«. Dieser begann noch im selben Jahr, von Olga tatkräftig gefördert, mit dem Bau eines großen Krankenhauses, das zwei Jahre nach ihrem Tod als »Karl-Olga-Krankenhaus« eingeweiht wurde.

Königin Olga

Olivenstraße *(benannt 1957, Stadtteil Riedenberg)* Frucht des Ölbaums, *Olea europea*.

Olnhauser Straße *(benannt 1953, Stadtteil Rot)* Ortsteil Olnhausen der Gemeinde Jagsthausen (insgesamt 1600 Einwohner), Landkreis Heilbronn.

Onstmettinger Weg *(benannt 1972, Stadtteil Möhringen)* Onstmettingen ist der nördlichste Stadtteil von Albstadt (insgesamt 48 500 Einwohner), Zollernalbkreis. In der hier besonders reizvollen Landschaft hat der Schwäbische Albverein sein Wanderheim »Nägelehaus« und den Raichbergturm errichtet, von dem aus man bei klarem Wetter bis zum Schwarzwald und zu den Alpen sieht (siehe →Raichbergstraße). 1764 bis 1770 lebte Pfarrer Philipp Matthäus Hahn in Onstmettingen; hier baute er seine ersten großen astronomischen Uhren, hier erfand er die Neigungswaage.

Ontariostraße *(benannt 1971, Stadtteil Rohracker)* Apfelsorte; Provinz und See in Kanada.

Opalweg *(benannt 1978, Stadtteil Heumaden)* Mineral, das vielfach zu Schmucksteinen verarbeitet wird.

Oppelner Straße *(benannt 1937, Stadtteil Bad Cannstatt)* Stadt Oppeln (polnisch: Opole), Oberschlesien, Polen. Die Stadt gehörte nach dem Ersten Weltkrieg zum Abstimmungsgebiet in Oberschlesien und kam auf Grund eines Völkerbundgutachtens 1922 zu Polen (siehe auch →Annabergstraße, →Beuthener Straße, →Kattowitzer Straße, →Oberschlesische Straße, →Tarnowitzer Straße, →Thorner Straße).

Oppenheimer-Platz, Joseph-Süß- siehe →Joseph-Süß-Oppenheimer-Platz.

Oppenheimer Straße *(benannt 1978, Stadtteil Weilimdorf)* Wein-Gemeinde Oppenheim, Rheinland-Pfalz, 6300 Einwohner.

Orangenweg *(benannt 1970, Stadtteil Riedenberg)* Als die Orange, *Citrus sinensis*, erstmals im Europa des 16. Jahrhunderts auftauchten, hielt man sie für eine chinesische Frucht; heutzutage vermutet man jedoch eher einen nordindischen Ursprung. Gehört zur Familie der Rautengewächse.

Orionweg *(benannt 1957, Stadtteil Dürrlewang)* Sternbild.

Orplidstraße *(benannt 1957, Stadtteil Sonnenberg)* Nach dem Gedicht »Gesang Weylas« von Eduard Mörike (siehe →Mörikestraße): »Du bist Orplid, mein Land! / das ferne leuchtet; / vom Meere dampfet dein besonnter Strand / den Nebel, so der Götter Wange feuchtet. / Uralte Wasser steigen / verjüngt um deine Hüften, Kind! / Vor deiner Gottheit beugen / sich Könige, die deine Wärter sind.« Das Traumland Orplid dachte sich Mörike zusammen mit seinem Freund Ludwig Bauer (1803–1845) aus; in seinen Roman »Maler Nolten« integrierte er das Zwischenspiel »Der letzte König von Orplid«. Der »Gesang Weylas« wurde 1888 von Hugo Wolf vertont.

Ortelsburger Straße *(benannt 1935, Stadtteil Bad Cannstatt)* Stadt Ortelsburg (polnisch: Szczytno), Ostpreußen, Polen. Die Stadt hatte in der Schlacht bei Tannenberg (26. bis 30. August 1914) strategische Bedeutung; die Straße wurde in Erinnerung daran benannt. Siehe auch →Tannenbergstraße.

Oscar-Heiler-Staffel *(benannt 1996, Stadtteil Stuttgart-Süd)* Oscar Heiler (geboren am 23. November 1906 in Stuttgart, gestorben am 9. April 1995 in Stuttgart), Schauspieler und Humorist. Heiler absolvierte in Stuttgart eine Buchhändlerlehre, ging dann aber als Schauspieler ans Kleine Haus. Nach einem Unfall während einer Bühnenprobe verlor er 1930 sein rechtes Bein; fortan musste er eine Prothese tragen. Als zwei Jahre darauf Willy Reichert (siehe →Willy-Reichert-Staffel) ans Stuttgarter Varieté »Excelsior« wechselte, nahm er Heiler als Dramaturg mit. Dort schlug auch die Geburtsstunde von Häberle und Pfleiderer. Heiler, der den Sketch »Die Friedenskonferenz« aus dem Jiddischen übersetzt hatte, sprang in der Rolle des Häberle für einen Kollegen ein, der kurz vor der Premiere einen Motorradunfall hatte. Oscar Heiler und Willy Reichert blieben 40 Jahre lang Häberle und Pfleiderer – beruflich respektierten sie sich, privat mochten sie sich nicht besonders. Von 1933 bis zu Reicherts Tod 1973 spielte Heiler in mehr als hundert Häberle-und-Pfleiderer-Sketchen – bis zum Jahr 1944 im Stuttgarter »Friedrichsbau«, in der Nachkriegszeit zunehmend auch im Rundfunk und Fernsehen. In Wirklichkeit war Heiler alles andere als der Spießbürger Häberle, er war kein »Späßlesmacher«, sondern ein feinsinniger Humorist und Komiker, philosophisch geschult, tief religiös und doch ein Rebell, politisch »immer links«, wie er selbst sagte. Nach Reicherts Tod verkörperte Heiler in den siebziger Jahren auch ernste Rollen, so als Bürgermeister in Hermann Essigs »Glückskuh« auf den Brettern des Stuttgarter Staatstheaters. Zeit seines Lebens wohnte Heiler in Stuttgart-Gablenberg.

Oscar-Schopp-Weg *(benannt 1997, Stadtteil Vaihingen)* Oscar Schopp (geboren am 12. März 1905, gestorben am 4. Oktober 1966), Bezirksvorsteher von Vaihingen. Am 1. Mai 1949 trat Oscar Schopp sein Amt als der erste Bezirksvorsteher Vaihingens an, das erst 1942 nach Stuttgart eingemeindet worden war – und er blieb bis zu seinem Tod im Dienst. Seiner Initiative entsprang unter anderem die Neubelebung des Vaihinger Kinderfestes, das an eine alte Tradition anknüpfte.

Osianderstraße *(benannt 1912, Stadtteil Stuttgart-West)* Prälat Johann

Osiander (geboren 1657 in Tübingen, gestorben 1724 in Tübingen), erwarb sich um die Rettung des Landes Württemberg im Pfälzischen Krieg 1688 bis 1697 Verdienste.

Oskar-Kokoschka-Weg *(benannt 1996, Stadtteil Vaihingen)* Oskar Kokoschka (geboren am 1. März 1886 in Pöchlarn an der Donau, Österreich, gestorben am 22. Februar 1980 in Villeneuve, Schweiz), Maler, Graphiker und Dichter. Kokoschka studierte an der Kunstgewerbeschule in Wien und lehrte 1919 bis 1924 als Professor an der Dresdner Kunstakademie. Auf Reisen durch Europa und den Mittelmeerraum malte er vor allem Städte und Landschaften. Die Jahre 1931 bis 1934 verbrachte er in Wien, dann zog er nach Prag, 1938 emigrierte er nach London, ab 1953 lebte er in der Schweiz. Kokoschka gehörte zu den führenden Künstlern des Expressionismus; sein Werk, zu dem auch zahlreiche psychologisch eindringliche Porträts gehören, ist geprägt von gedanklicher Tiefe und dem Erfassen des inneren Gehalts. Er schrieb auch einige expressionistische Dramen und Erzählungen. Kokoschkas von Paul Hindemith vertontes Theaterstück »Mörder, Hoffnung der Frauen« wurde 1921 in Stuttgart uraufgeführt; im Sommer 1960 malte Kokoschka vom Rathausturm aus ein Bild von Stuttgart, das er im Dezember desselben Jahres der Galerie der Stadt Stuttgart stiftete.

Oskar-Schlemmer-Straße *(benannt 1968, Stadtteil Stuttgart-Nord)* Oskar Schlemmer (geboren am 4. September 1888 in Stuttgart, gestorben am 13. April 1943 in Baden-Baden), Maler und Bildhauer. 1905 lernte er Malerei an der Stuttgarter Kunstgewerbeschule, studierte 1906 bis 1914 bei Adolf Hölzel an der Kunstakademie, wurde 1920 als Lehrer an das Bauhaus Weimar berufen, wo er maßgeblich an der Neugestaltung der Kunsterziehung mitwirkte. 1922 wurde in Stuttgart erstmals sein »Triadisches Ballett« aufgeführt. Als das Bauhaus nach Dessau verlegt wurde, übernahm er die Leitung der »Bauhaus-Bühne«. 1929 bis 1932 war Schlemmer Professor an der Breslauer Akademie, danach Lehrer an den Vereinigten Staatsschulen für Kunst in Berlin. Den Machthabern des Dritten Reiches galt er als »entarteter Künstler« und wurde entlassen. Da er auch nicht mehr

Oskar Schlemmer

ausstellen durfte, fand er seinen Unterhalt in einer Lackfabrik. 1941 kehrte er nach Stuttgart zurück. Erst Jahre nach seinem Tod fand sein Werk weltweite Anerkennung. Eines der berühmtesten Bilder unter seinen rund 700 Werken ist die »Bauhaustreppe«, die heute im New Yorker »Museum of Modern Art« ausgestellt ist. Er war Maler, Wandgestalter, Plastiker, Zeichner, Grafiker, Bühnenbildner und Lehrer. Er war einer der ersten deutschen Abstrakten und Schöpfer eines neuen, »reinen« Menschenbildes, der berühmten »Kunstfigur«. Siehe auch →Hölzelweg.

Osloer Straße *(benannt 1998, Stadtteil Stuttgart-Mitte)* Haupt- und Residenzstadt Norwegens.

Ossietzkystraße *(benannt 1946, Stadtteil Stuttgart-Mitte)* Carl von Ossietzky (geboren am 3. Oktober 1889 in Hamburg, gestorben am 4. Mai 1938 in Berlin), Schriftsteller, Sekretär der Deutschen Friedensgesellschaft und Hauptschriftleiter der »Weltbühne«, kritisierte als Pazifist die deutsche Aufrüstung, wurde 1931 wegen Landesverrats zu Gefängnis verurteilt, 1932 amnestiert. Von den Nationalsozialisten wurde er seit 1933 in verschiedenen Konzentrationslagern festgehalten. 1936 erhielt Ossietzky den Friedensnobelpreis, den er nicht annehmen durfte, da die NS-Regierung allen »Reichsdeutschen« die Annahme eines Nobelpreises verboten hatte. Er starb an den Folgen der im KZ erlittenen Misshandlungen.

Ost, Waldebene siehe →Waldebene Ost.

Ostendplatz *(benannt 1957, Stadtteil Stuttgart-Ost)* Nach dem früher mit »Ostend« bezeichneten Wohngebiet.

Ostendstraße *(benannt 1893, Stadtteil Stuttgart-Ost)* siehe →Ostendplatz.

Osterbronnstraße *(benannt 1957, Stadtteile Rohr und Dürrlewang)* Geht auf Osterbrone von Rore zurück, der um 1350 lebte und Ortsherr von Rohr war.

Ostkai, Am siehe →Am Ostkai.

Ostracher Straße *(benannt 1957, Stadtteil Möhringen)* Gemeinde Ostrach, Landkreis Sigmaringen, 6900 Einwohner.

Ostring, Kleiner siehe →Kleiner Ostring.

Ostseestraße *(benannt 1957, Stadtteil Zuffenhausen)* Das Nebenmeer des Atlantiks hat 23 000 Kubikkilometer Wasserinhalt. Die Ostsee ist ein sehr junges Meer; ihre geologische Entwicklung ist nicht abgeschlossen. Noch vor 15 000 Jahren war sie – zusammen mit Skandinavien, dem Baltikum und großen Teilen des norddeutsch-polnischen

Flachlands – von einem bis zu drei Kilometer dicken Gletscher bedeckt. Mit der Erderwärmung nach der Eiszeit schmolz dieser ab und bildete einen riesigen Schmelzwassersee, bis das Eis auch in Mittelschweden taute und hier von der Nordsee her Salzwasser eindrang. Doch vom Gewicht der Gletscher befreit, begannen sich die Landmassen Skandinaviens zu heben; so war um das Jahr 6000 v. Chr. dem Salzwasser der Weg versperrt und die Ostsee wurde wieder zu einem Süßwasser-Binnensee. Doch es floss mehr Wasser zu als verdunsten konnte, der Wasserspiegel stieg und schuf sich schließlich um 2000 v. Chr. erneut eine Verbindung mit der Nordsee, durch die Hebung Skandinaviens allerdings südlicher als zuvor. Gegenwärtig senkt sich die Küste im Westen der Ostsee um einen Millimeter pro Jahr, im Nordosten hebt sich der Meeresboden um mehrere Millimeter im Jahr.

Osumstraße *(benannt 1952, Stadtteil Steckfeld)* Der Flurname hieß ursprünglich Asang, Asem (Asemwald) oder Osang. Als Asang bezeichnete man früher einen Wald oder Waldteil, der abgesengt (brandgerodet) wurde, siehe auch →Im Asemwald.

Oswald-Hesse-Straße *(benannt 1938, Stadtteil Feuerbach)* Oswald Hesse (geboren 1835 in Oberaula, Sachsen, gestorben 1917 in Feuerbach), Dr. phil., Hofrat, Chemiker und Direktor der Firma Friedrich Jobst (siehe →Jobstweg), ab 1886 Vereinigte Chininfabriken Zimmer & Co. GmbH in Feuerbach (siehe →Zimmerstraße). Für seine Verdienste um die Förderung der gewerblichen Fortbildungsschule und für sein Buch »Geschichte von Feuerbach« wurde ihm 1909 das Ehrenbürgerrecht der Stadt Feuerbach verliehen. – Bis 1938 hieß die Straße Pragstraße.

Otfriedweg *(benannt 1937, Stadtteil Untertürkheim)* Männlicher Vorname.

Othellostraße *(benannt 1967, Stadtteil Vaihingen)* Trauerspiel von William Shakespeare.

Ottendorfer Straße *(benannt 1962, Stadtteil Bad Cannstatt)* Stadtteil Ottendorf der Stadt Gaildorf (insgesamt 12 400 Einwohner), Landkreis Schwäbisch Hall.

Ottmarsheimer Straße *(benannt 1958, Stadtteil Stammheim)* Stadtteil Ottmarsheim der Stadt Besigheim, Landkreis Ludwigsburg, 2000 Einwohner.

Otto-Dix-Weg *(benannt 1996, Stadtteil Vaihingen)* Otto Dix (geboren am 2. Dezember 1891 in Untermhaus bei Gera, gestorben am 25. Juli

1969 in Singen am Hohentwiel), Maler und Graphiker. Nach einer Dekorationsmalerlehre besuchte Dix 1910 bis 1914 die Dresdner Kunstgewerbeschule, nach dem Kriegsdienst studierte er 1919 bis 1922 bei Max Feldbauer und Otto Gußmann an der Kunstakademie in Dresden, wo er die Dresdner Sezession mitbegründete, anschließend bis 1925 bei Heinrich Nauen und Wilhelm Herberholz an der Kunstakademie Düsseldorf. 1927 wurde Dix auf den Lehrstuhl Oskar Kokoschkas an die Kunstakademie Dresden berufen. 1933 diffamierten die Nationalsozialisten sein Werk als »entartete Kunst«; 260 seiner Arbeiten, die sich in öffentlichem Besitz befanden, wurden beschlagnahmt, Dix aus dem Lehramt entlassen und mit Ausstellungsverbot belegt. Er zog sich nach Süddeutschland zurück, lebte ab 1936 im eigenen Haus in Hemmenhofen am Bodensee. 1945 wurde er, 54-jährig, in den letzten Kriegswochen noch zum Volkssturm eingezogen und geriet in französische Kriegsgefangenschaft. Die Teilung Deutschlands ging Dix besonders nahe. Die Zeit von 1947 bis 1966 war von jährlichen Arbeitsaufenthalten in Dresden geprägt, 1957 zeigte die Akademie der Künste Berlin (Ost) die erste große Retrospektive seines Werks. In beiden deutschen Staaten erhielt Dix zahlreiche Ehrungen und Preise, 1966 verlieh ihm Gera die Ehrenbürgerwürde. Otto Dix gilt als bedeutendster Vertreter des sozialkritischen Verismus. Aus dem eigenen Erleben der Großstadt und des Krieges zeigte er polemisch zugespitzt Glanz und Elend der »Goldenen Zwanzigerjahre«: die Randfiguren der Gesellschaft, Bettler, Krüppel, Huren, das Kanonenfutter beiderseits der Schützengräben, die Profiteure des Elends – schockierend, abgründig, hässlich. Mit insgesamt 350 Arbeiten bildet das Werk von Otto Dix den Hauptpfeiler der Sammlung der Galerie der Stadt Stuttgart. Am bekanntesten ist davon das »Großstadt«-Triptychon von 1928.

Otto-Dürr-Straße *(benannt 1995, Stadtteil Zuffenhausen)* Otto Dürr (geboren 1904, gestorben 1987), Fabrikant in Zuffenhausen. Otto Dürr übernahm 1932 die Flaschnerei seines Vaters Paul Dürr und machte den Betrieb zum anerkannten Lieferanten der Automobil- und Maschinenbauindustrie. Dürr fertigte Behälter und Maschinenständer aus Blech statt, wie bis dahin üblich, aus Gusseisen, und richtete ein Konstruktionsbüro ein, das die Herstellung komplizierterer Blechprodukte ermöglichte. Mit grundierten Fahrzeugteilen sammelte Dürr während des Zweiten Weltkriegs Erfahrungen mit der Oberflächenbehandlung. Nach einer Informationsreise in die USA begann

Dürr 1950 mit der chemischen Oberflächenbehandlung und baute Anlagen zur Spritzvorbehandlung von Scheibenrädern. 1957 übernahm sein Sohn Heinz Dürr die Geschäftsführung. Heute dient die Dürr AG als Holding für etwa hundert Gesellschaften in 25 Staaten, die Unternehmensbereiche umfassen Lackiersysteme, Systeme für die Fahrzeugmontage, industrielle Reinigungstechnik, produktionsbegleitende Dienstleistungen sowie Messtechnik. – Bis 1995 verwies der Straßenname Spitalwaldstraße auf früheren Waldbesitz des Esslinger Spitals in dieser Gegend. Die Straße wurde anlässlich des 100-jährigen Bestehes der Firma Dürr umbenannt.

Otto-Hermann-Weg *(benannt 1998, Stadtteil Feuerbach)* Otto Hermann (geboren 1899 in Feuerbach [heute Stuttgart-Feuerbach], gestorben 1995), Maler und Graphiker, hat in Feuerbach gelebt.

Otto-Hirsch-Brücken *(benannt 1958, Stadtteile Hedelfingen und Obertürkheim)* Otto Hirsch (geboren am 9. Januar 1885 in Stuttgart, gestorben am 19. Juni 1941 in KZ Mauthausen), Jurist. Trat 1912 in städtische Dienste und wurde geschätzter Mitarbeiter von Oberbürgermeister Karl Lautenschlager. 1919 wechselte er ins württembergische Innenministerium und wurde als Sachbearbeiter zur Nationalversammlung nach Weimar entsandt, wo er bei der Gestaltung der Verfassungsartikel über das Wasserstraßenwesen mitwirkte. Im Alter von 36 Jahren wurde Hirsch zum Ministerialrat befördert. Gemeinsam mit Otto Konz (siehe →Otto-Konz-Brücken) ernannte man ihn zum Direktor der Neckar-Akteingesellschaft, die für die Kanalisierung des unteren Neckars zuständig war. Nach der Machtergreifung der Nationalsozialisten 1933 wurde Otto Hirsch aus seinem Direktorenamt entlassen. Er wurde nun geschäftsführender Vorsitzender der »Reichsvertretung der deutschen Juden«, eines Zusammenschlusses der jüdischen Religionsgemeinschaft der Länder und der großen jüdischen Organisationen, die sich unter schwierigsten Bedingungen für die Rettung der verfolgten Juden in Deutschland einsetzte. Ende 1935 zog die Familie nach Berlin. Hirsch tastete in mehreren Auslandsreisen die Möglichkeiten ab, deutsche Juden zu retten. Er besuchte unter anderem Palästina. 1937 wurde er zum ersten Mal

Otto Hirsch

verhaftet und im berüchtigten Keller des Columbia-Hauses in Berlin von der Gestapo gefoltert. In der Reichspogromnacht 1938 erneut verhaftet, musste er im Konzentrationslager Sachsenhausen zwei Wochen Frondienst leisten. Wieder entlassen, kümmerte er sich weiter um Rettungswege für die verfolgten Juden. Er und seine Frau Martha, geb. Loeb, wollten so lange bleiben, bis der letzte Jude gerettet sein würde. Im Februar 1941 wurde er verhaftet, ins Gefängnis am Alexanderplatz und schließlich ins Konzentrationslager Mauthausen verbracht, wo er zu Tode kam. Von den 540 000 Juden, die 1933 im Deutschen Reich lebten, gelang es rund 317 000, auszuwandern. Wie viele von ihnen ohne die Arbeit der »Reichsvertretung« der Vernichtung zum Opfer gefallen wären, lässt sich nicht ermessen. Viele der Geretteten fanden sich zu Trauerkundgebungen ein, als die Nachricht vom Tod Otto Hirschs im Ausland bekannt geworden war. Die Stadt Stuttgart und die Gesellschaft für christlich-jüdische Zusammenarbeit Stuttgart e. V. stifteten 1983 die Otto-Hirsch-Medaille, die Persönlichkeiten verliehen wird, die sich um die christlich-jüdische Zusammenarbeit verdient gemacht haben. – Bis 1958 hieß die Brücke schlicht Obertürkheimer Brücke.

Otto-Konz-Brücken *(benannt 1967, Stadtteil Wangen)* Otto Konz (geboren 1875 in Tübingen, gestorben 1965 in Stuttgart), Wasserbauingenieur. Studierte Bauingenieurwesen an der Technischen Hochschule Stuttgart und war danach unter anderem in der Ministerialabteilung für den Straßen- und Wasserbau tätig. 1905 erfolgte seine Versetzung zum hydrographischen Büro der Ministerialabteilung, das mit den Vorarbeiten für die Herstellung eines Großschifffahrtsweges auf dem Neckar von Mannheim bis Heilbronn beauftragt war. Damit eröffnete sich für ihn die Chance, ein großes Bauvorhaben mit allen technischen Einzelheiten und wirtschaftlichen Auswirkungen zu planen und später, nach Erweiterung der Planung bis Plochingen, auch auszuführen. 1920 wurde die Neckar AG gegründet, die vor allem für die Bereitstellung der Mittel für die laufenden Baukosten und für Ausbau und Betrieb der Wasserkraftanlagen verantwortlich war. Konz wurde 1921 Mitglied des Vorstands. Von den Nationalsozialisten wurde Konz 1938 in den vorzeitigen Ruhestand versetzt. 1946 nahm er seine Tätigkeit als Leiter der Wasser- und Schifffahrtsdirektion Stuttgart wieder auf und schied 1949 aus dem Dienst aus. 1920 bis 1958 dauerten die Bauarbeiten am Neckar, die sieben Staustufen einschlossen. 1952 wurde mit der Fertigstellung der Staustufe Heilbronn der Streckenabschnitt bis Heilbronn abgeschlossen, 1958 war der Hafen Stuttgart erreicht.

Otto-Reiniger-Straße *(benannt 1925, Stadtteil Stuttgart-Nord)* Otto Reiniger (geboren am 27. Februar 1863 in Stuttgart, gestorben 1909 in Stuttgart), Landschaftsmaler. Reiniger studierte an den Kunstschulen in Stuttgart und München, hielt sich längere Zeit in Italien auf und ließ sich dann dauerhaft in Schwaben nieder. 1905 erwarb er das Gut Tachensee in Weil im Dorf (heute Stuttgart-Weilimdorf). Die meisten seiner Gemälde kaufte sein Freund, der italienische Musiker und Dichter Marchese della Valle Silvio di Casanova von Sam Remigio; nach Reinigers Tod stiftete der Marchese 58 dieser Landschaftsgemälde der Württembergischen Staatsgalerie.

Otto-Sander-Straße *(benannt 1968, Stadtteile Plieningen und Hohenheim)* Otto Sander (geboren 1885 in Hartau bei Sprottau, Schlesien, gestorben 1949 in Stuttgart-Hohenheim), Landesökonomierat und Leiter der Staatlichen Gartenbauschule Hohenheim.

Ottostraße *(benannt 1898, Stadtteil Stuttgart-Ost)* Nikolaus August Otto (geboren am 14. Juni 1832 in Holzhausen an der Haide, gestorben am 26. Januar 1891 in Köln), gründete 1864 die Gasmotorenfabrik Deutz und erfand 1876 den Ottomotor als Viertaktgasmotor mit verdichteter Ladung. 1884 hatte Otto die Idee zur elektrischen Zündung, so dass die Verwendung flüssiger Kraftstoffe möglich wurde. Siehe auch →Daimlerplatz.

Otto-Umfrid-Straße *(benannt 2000, Stadtteil Stuttgart-Nord)* Otto Umfrid (geboren am 2. Mai 1857 in Nürtingen, gestorben am 23. Mai 1920 in Winnenden), Stadtpfarrer in Stuttgart, aktiv in der deutschen Friedensbewegung. Otto Umfrid wurde 1890 der erste Pfarrer an der Stuttgarter evangelischen Martinskirche. 1894 trat er in die Deutsche Friedensgesellschaft ein und wurde bald zum Hauptaktivisten der Bewegung. 1900 wurde die Geschäftsstelle der Vereinigung, deren zweiter Vorsitzender er wurde, nach Stuttgart verlegt. Von Verweisen und Schmähungen unbeeindruckt bezog Umfrid als Redner und Schriftsteller Stellung gegen die Bismarck'sche Politik, das nationale Pathos und trat für ein internationales Recht und eine europäische Völkergemeinschaft ein, die den Frieden garantieren sollte. Nicht zuletzt durch Umfrids Einsatz für die Friedensbewegung entwickelte sich Württemberg zum Kerngebiet des Pazifismus in Deutschland. 1914 wurde Umfrid – als erster Deutscher und als erster Theologe – für den Friedensnobelpreis vorgeschlagen. Der Ausbruch des Ersten

Weltkriegs, vor dem Umfrid beharrlich gewarnt hatte, verhinderte die Auszeichnung.

Pabst-Straße, Heinrich- siehe →Heinrich-Pabst-Straße.

Palmstraße *(benannt 1933, Stadtteil Mühlhausen)* Nach den früheren Ortsherren von Mühlhausen. Die Edlen von Palm, Jonathan und Franz, erwarben 1728 das dortige Schloss und Rittergut.

Pankokweg *(benannt 1927, Stadtteil Stuttgart-Nord)* Bernhard Pankok (geboren am 16. Mai 1872 in Münster, Westfalen, gestorben am 5. April 1943 in Baierbrunn im Isartal), Maler, Designer und Architekt, Direktor der Stuttgarter Kunstgewerbeschule, später der Staatlichen Akademie der Bildenden Künste Stuttgart. Der vielseitige Jugendstilkünstler malte zahlreiche Porträts, entwarf Möbel, schuf Innendekorationen, gestaltete Produkte und arbeitete die Pläne für Häuser aus. 1912/13 wurde am Weißenhof das Gebäude der Kunstakademie errichtet; für Entwurf und Ausführung zeichnete zwar das renommierte Stuttgarter Büro Eisenlohr und Pfennig verantwortlich, doch Pankok nahm großen Einfluss auf die Pläne.

Panoramastraße *(benannt 1887, Stadtteile Stuttgart-Nord und Stuttgart-Mitte)* Lagebezogener Name.

Paprikastraße *(benannt 1958, Stadtteil Heumaden)* Paprika, *Capsicum annuum*, ist eine Gewürzpflanze, die aus Südamerika stammt und von den Entdeckern der Neuen Welt im 16. Jahrhundert nach Europa gebracht wurde.

Paracelsusstraße *(benannt 1945, Stadtteil Plieningen)* Philippus Aureolus Theophrastus Paracelsus, eigentlich Theophrastus Bombastus von Hohenheim (geboren 1493 in Einsiedeln, Schweiz, gestorben am 24. September 1541 in Salzburg), Arzt und Naturforscher. Paracelsus promovierte 1515 in Ferrara, wanderte zwölf Jahre lang durch ganz Europa und ließ sich dann als Arzt und Medizinprofessor in Basel nieder. Doch schon 1528 floh er nach Salzburg, denn nach einem Streit mit der Basler Universität war er mit Haft bedroht. Paracelsus begründete die pharmazeutische Chemie, lehrte die Gesundheit der natürlichen Lebensweise und verfasste über 200 theologische und philosophische Werke. Er ist ein Nachfahre der einstigen Besitzer von Hohenheim.

Paradiesplatz *(benannt 1957, Stadtteil Vaihingen)* Nach der landschaftlich schönen Lage.

Paradiesstraße *(benannt 1957, Stadtteil Vaihingen)* Nach der landschaftlich schönen Lage.

Parasolstraße *(benannt 1957, Stadtteil Schönberg)* Der Parasol, *Macrolepiota procera,* wird auch Großer Schirmling genannt, denn kaum ein anderer Blätterpilz erreicht seine Hutbreite von bis zu dreißig Zentimetern.

Pariser Platz *(benannt 1998, Stadtteil Stuttgart-Mitte)* Paris ist die Hauptstadt und mit 2,2 Millionen Einwohnern die größte Stadt Frankreichs. In der Region Paris leben über neun Millionen Menschen. Paris ist das geistige, wirtschaftliche, kulturelle, politische, Industrie-, Verkehrs-, Verwaltungs- und Bildungszentrum Frankreichs.

Park, Im Alten siehe →Im Alten Park.

Parkstraße *(benannt 1926, Stadtteil Stuttgart-Ost)* Nach dem in der Nähe gelegenen Park der Villa Berg.

Parlerstraße *(benannt 1938, Stadtteil Stuttgart-Nord)* Nach dem berühmten schwäbischen Baumeistergeschlecht der Parler, dessen Mitglieder bedeutende Bauwerke, vor allem gotische Hallenkirchen, schufen. Peter Parler (geboren 1330 in Schwäbisch Gmünd, gestorben 1399 in Prag) wurde von Kaiser Karl IV. zum Dombaumeister von Prag ernannt. – Bis 1938 war die Parlerstraße ein Teil der →Eduard-Pfeiffer-Straße.

Parsifalstraße *(benannt 1952, Stadtteil Degerloch)* Oper von Richard Wagner (siehe →Richard-Wagner-Straße).

Pascalstraße *(benannt 1968, Stadtteil Vaihingen)* Blaise Pascal (geboren am 19. Juni 1632 in Clermont-Ferrand, Frankreich, gestorben am 19. August 1662 in Paris), Religionsphilosoph, Mathematiker und Physiker. Pascal entdeckte unter anderem das Gesetz der kommunizierenden Röhren und konstruierte eine Rechenmaschine. In seinem unvollendeten philosophischen Hauptwerk »Gedanken über die Religion« stellte er der »Logik des Verstandes« die »Logik des Herzens« gegenüber, die gläubige Gotteserfahrung.

Passeier Straße *(benannt 1938, Stadtteil Uhlbach)* Passeier Tal in Südtirol, Italien, Heimat des im »Dritten Reich« mythisch verehrten Tiroler Freiheitskämpfers Andreas Hofer (1767–1810).

Pasteurweg *(benannt 1972, Stadtteil Rohr)* Louis Pasteur (geboren am 27. Dezember 1822 in Dôle, Frankreich, gestorben am 28. September 1895 in Villeneuve l'Etang bei Paris), Chemiker und Biologe. Schuf die Grundlage der Bakteriologie, der Asepsis und Antisepsis sowie Impfstoffe gegen Tollwut, Milzbrand, Rotlauf und Hühnercholera.

Pastoraleweg *(benannt 1957, Stadtteil Stammheim)* Nach der »Pastorale«, der 6. Sinfonie von Ludwig van Beethoven (siehe →Beethovenstraße).

Paul-Bäumer-Weg *(benannt 1939, Stadtteil Sillenbuch)* Paul Bäumer (geboren am 11. Mai 1896 in Duisburg, abgestürzt am 15. Juli 1927 über dem Öresund, Dänemark), Flieger und Flugzeugkonstrukteur. Bäumer kam im Ersten Weltkrieg ab Mai 1917 als Jagdflieger zum Einsatz. Nach mehr als 200 Abschüssen wurde er im März 1918 zum Leutnant befördert und erhielt den höchsten preußischen Orden Pour le Mérite. Nach dem Ersten Weltkrieg gründete er in Hamburg-Fuhlsbüttel die Baeumer-Aero-Gesellschaft für Flugzeugbau und Pilotenausbildung. Bei einem Probeflug stürzte er über dem Öresund ab und ertrank.

Paul-Gerhardt-Platz *(benannt 1952, Stadtteil Stuttgart-West)* Nach der benachbarten Paul-Gerhardt-Kirche. Paul Gerhardt (geboren 1607 in Gräfenhainichen, gestorben 1676 in Lübben im Spreewald) war Prediger und ein bedeutender Dichter evangelischer Kirchenlieder.

Paul-Grüninger-Weg *(benannt 1997, Stadtteil Heumaden)* Paul Grüninger (geboren 1890, gestorben 1972), Schweizer Fluchthelfer für deutsche und österreichische Juden. Der Sankt Galler Polizeikommandant Hauptmann Paul Grüninger rettete in den Jahren 1938 und 1939 fast 3000 jüdische und andere Flüchtlinge vor der nationalsozialistischen Verfolgung und dem sicheren Tod. Trotz Schweizer Grenzsperre nahm er sie in Sankt Gallen auf, änderte ihre Einreisedaten ab, missachtete die Weisungen der Schweizer Bundesregierung und übertrat auch Gesetze, um die Flüchtlinge zu schützen. Als die Zahl der Flüchtlinge immer mehr wurde, sickerte in Behördenkreisen durch, dass Grüninger Juden in die Schweiz einreisen ließ, und der Polizeikommandant wurde fristlos entlassen. 1940 verurteilte ihn das Bezirksgericht Sankt Gallen wegen Amtspflichtverletzung und Urkundenfälschung. Grüninger wurde verfemt, verleumdet und später vergessen. Auch in den Nachkriegsjahren fand er keine behördliche Anstellung mehr, selbst seinen erlernten Beruf als Lehrer konnte er nicht mehr ausüben. Sein schlechter Ruf, der mutwillig erfunden worden war, verfolgte ihn. Als Versicherungsvertreter, Verkäufer und in sonstigen Tätigkeiten hat er der Familie einen bescheidenen Lebensunterhalt geboten. Erst 1993 wurde Grüninger politisch und 1995 auch juristisch rehabilitiert. 1998 stimmte der Grosse Rat des Kantons Sankt Gallen einer materiellen Wiedergutmachung zu und entschädigte die

Nachkommen Paul Grüningers für die Lohn- und Pensionseinbußen, die durch seine fristlose Entlassung entstanden waren. Die Erben brachten den ganzen Betrag in eine Stiftung ein, die sie nach Paul Grüninger benannten; sie unterstützt Projekte zur Erforschung und Darstellung von historischen und gegenwärtigen Bestrebungen im Dienste der Menschenrechte und verleiht periodisch einen Preis für besondere Menschlichkeit und besonderen Mut im Sinne Paul Grüningers.

Paulinenstraße *(benannt 1836, Stadtteile Stuttgart-Süd, Stuttgart-West und Stuttgart-Mitte)* Pauline Therese Luise Königin von Württemberg, geb. Prinzessin von Württemberg (geboren am 4. September 1800 in Riga, Lettland, gestorben am 10. März 1873 in Stuttgart), Königin von Württemberg. Pauline war die Tochter von Herzog Ludwig (genannt Louis) von Württemberg aus der Seitenlinie der Herzöge von Teck. Ihr Vater war Gouverneur von Livland, sie wuchs deshalb zunächst in Riga und auf dem kurländischen Gut Wurtzau auf, ab 1806 dann in Stuttgart, Ludwigsburg und Kirchheim unter Teck. 1820 heiratete sie ihren Vetter, den 19 Jahre älteren König Wilhelm I. von Württemberg. Schon Wilhelms zweite Frau, die im Januar 1819 verstorbene Katharina (siehe →Katharinenplatz), war seine Cousine gewesen. 1823 gebar Pauline den ersehnten Thronerben, den späteren König Karl (siehe →König-Karl-Straße). Auch die Ehe zwischen Wilhelm und Pauline war nicht dauerhaft glücklich. Hatte es schon Katharina tief getroffen, als sie von ehelicher Untreue Wilhelms erfuhr, so litt nun Pauline darunter, dass Ende der 1830er-Jahre ganz Stuttgart von dem festen Verhältnis des Königs mit der Hofschauspielerin Amalie Stubenrauch wusste. Als Wilhelm 1864 starb, stellte sich heraus, dass er Pauline im Erbe übergangen hatte. Auch seinen Begräbnisplatz hatte er an der Seite seiner zweiten Frau in der Grabkapelle auf dem Württemberg festgelegt; Pauline wurde neun Jahre später einsam in der Gruft des Ludwigsburger Schlosses bestattet. Wie Königin Katharina, so war auch Königin Pauline sozial engagiert. Hatta Katharina 1817 eine Beschäftigungs- und Arbeitsanstalt für Jungen und Mädchen gegründet, so gründete nun Pauline 1820 die »Kinderrettungsanstalt Paulinenpflege« für arme, verwaiste und verwahrloste Kinder, die als kirchliche Stiftung der Kinder- und Jugendhilfe bis heute weiterbetrieben wird. 1850 übernahm Pauline das Protektorat über die »Armenanstalt für Verkrümmte«, die deshalb seit 1850 den Namen Paulinenhilfe führt. Sie ist die älteste fortbestehende orthopädische Klinik überhaupt. Die Paulinenhilfe bildet seit dem Jahr 2000 zusammen mit dem Diakonissenkrankenhaus eine gemeinnützige GmbH; beide Hospitäler werden 2004 unter dem Dach des Diakonie-Klinikums zusammengeführt. Siehe auch →Augustenstraße.

Paul-Lincke-Straße *(benannt 1970, Stadtteil Botnang)* Carl Emil Paul Lincke (geboren am 7. November 1866 in Berlin, gestorben am 3. September 1946 in Clausthal-Zellerfeld), Komponist, schrieb Lieder, Schlager, Possen, Operetten und Filmmusik. Sein größter Hit war »Das ist die Berliner Luft« aus der Operette »Frau Luna« (1899).

Paulusstraße *(benannt 1893, Stadtteil Stuttgart-West)* nach Eduard Paulus, siehe →Obere Paulusstraße.

Paulusstraße, Obere siehe →Obere Paulusstraße.

Payerstraße *(benannt 1922, Stadtteil Stuttgart-Ost)* Friedrich Payer (geboren 1847 in Tübingen, gestorben 1931 in Stuttgart), Mitglied des Württembergischen Landtags, Präsident der Abgeordnetenkammer, Mitglied des Reichstags, 1917/18 Stellvertreter des Reichskanzlers. – 1936 bis 1945 hieß die Straße Litzmannstraße nach dem General der Infanterie Karl Litzmann (1850–1936), der im Herbst 1914 im Feldzug in Polen bei Łódź-Brzeziny den Durchbruch seiner Division aus einer russischen Umklammerung erzwang und dafür als Held gefeiert wurde. Litzmann war ab 1932 Reichstagsabgeordneter der NSDAP. Nach ihm hieß die heutige Stuttgarter Partnerstadt Łódź von 1939 bis 1945 Litzmannstadt.

Pelargusstraße *(benannt 1938, Stadtteil Stuttgart-Süd)* Seit dem 18. Jahrhundert bekannte Stuttgarter Glocken- und Zinngießerfamilie.

Pelikanstraße *(benannt 1971, Stadtteil Neugereut)* Der Pelikan, lateinisch *Pelecanus*, gehört zur Ordnung der Ruderfüßer und ist in allen Erdteilen heimisch. Die stattlichen Vögel ernähren sich von Fischen; zur Jagd schwimmen sie oft in einer langen Reihe über ein Gewässer, treiben Fische vor sich her, nehmen sie in einen dehnbaren Hautsack im unteren Schnabel auf und verschlucken sie unzerkleinert.

Peregrinastraße *(benannt 1957, Stadtteil Sonnenberg)* Gedicht von Mörike, siehe auch →Mörikestraße.

Perlgrasweg *(benannt 1957, Stadtteil Plieningen)* Das Einblütige Perlgras, *Melica uniflora*, ist ein Gras mit zierlichen Rispen und wächst im Wald gerne an Wegrändern und Böschungen.

Pestalozzistraße *(benannt 1927, Stadtteil Vaihingen)* Johann Heinrich Pestalozzi (geboren am 12. Januar 1746 in Zürich, Schweiz, gestorben am 17. Februar 1827 in Brugg, Aargau, Schweiz), Pädagoge und Sozialreformer, Schöpfer der modernen Volksschule.

Peters-Straße, Anna- siehe →Anna-Peters-Straße.

Peterstraße *(benannt um 1913, Stadtteil Rohr)* Männlicher Vorname.

Pezoldstraße *(benannt 1957, Stadtteil Möhringen)* Nach dem ersten Inhaber (ab 1794) der Möhringer Apotheke, Karl Friedrich Pezold. – Bedauerlicherweise wurde in diesem Fall der seit dem 14. Jahrhundert überlieferte Flurname »Badstube« nicht als Straßenname übernommen. Seit 1426 sind die Pächter der am Rinnenbach gelegenen Badstube dokumentiert, die damals dem Esslinger Spital gehörte. Im Volksmund hieß diese Badstube auch »Römerbad«. 1935 wurden im Keller des Hauses Pezoldstraße 1 Reste einer römischen Villa mit einem Brunnen und Sandsteinbögen, einer davon mit Akanthusornamenten, ausgegraben. – Bis 1957 hieß die Straße Bachstraße.

Pfadäckerstraße *(benannt 1929, Stadtteil Hofen)* Der Flurname bezieht sich auf einen nahen Fußweg.

Pfädlen, Im siehe →Im Pfädlen.

Pfäfflinstraße *(benannt 1933, Stadtteil Mühlhausen)* Friedrich Pfäfflin (geboren 1835 in Wolfschlugen, gestorben 1910 in Lorch), Pfarrer und Vorsteher des Waisenhauses in Stuttgart.

Pfaffenäckerstraße *(benannt um 1954, Stadtteil Feuerbach)* Der Flurname deutet auf geistlichen Grundbesitz (Pfarrgut) hin.

Pfaffenwaldring *(benannt 1969, Stadtteil Vaihingen)* Nach dem dortigen Pfaffenwald, siehe auch →Pfaffenäckerstraße.

Pfaffenweg *(benannt 1905, Straßenführung geändert 1972, Stadtteil Stuttgart-Süd)* Der Flurname ist möglicherweise auf den Heslacher Familiennamen Pfaff zurückzuführen.

Pfaff-Straße, Karl- siehe →Karl-Pfaff-Straße.

Pfahlbronner Straße *(benannt 1954, Stadtteil Stuttgart-Ost)* Ortsteil Pfahlbronn der Gemeinde Alfdorf (insgesamt 7000 Einwohner), Rems-Murr-Kreis. Pfahlbronn entstand vermutlich aus einer Niederlassung der Römer am Limes (81 bis 192 n. Chr.). Von diesem aus Pfählen bestehenden Schutzwall in Verbindung mit einer Quelle wurde der Name »Pfahlbronn« abgeleitet.

Pfalzstraße *(benannt 1926, Stadtteil Bad Cannstatt)* Auch Kurpfalz oder Rheinpfalz, Landschaft zwischen Rhein und Nahe. Pfalzen waren ursprünglich befestigte Wohnsitze, die dem König auf Reisen als vorübergehende Residenz dienten. Davon abgeleitet bezeichnete man Vertreter des Königs (auch im Königsgericht) als Pfalzgrafen. Kaiser

Friedrich I. Barbarossa übertrug 1155 das Pfalzgrafenamt zu Aachen auf seinen Bruder Konrad, der den pfalzgräflichen Besitz am Niederrhein mit den auf die Staufer übergegangenen fränkischen Hausgütern der Salier um Speyer, Worms, an der Nahe und am Unterlauf des Neckars vereinigte. Der Pfalzgraf bei Rhein zählte fortan zu den Reichsfürsten; seine Residenz wurde Heidelberg anstelle von Bacherach.

Pfarrer-Flattich-Weg *(benannt 1998, Stadtteil Hausen)* Johann Friedrich Flattich (geboren am 3. Oktober 1713 in Beihingen am Neckar [heute Freiberg am Neckar], gestorben am 1. Juni 1797 in Münchingen [heute Korntal-Münchingen]), volkstümlicher Pfarrer und Erzieher. Flattich gilt als originellstes unter den schwäbischen Originalen. Er besuchte die Klosterschulen in Denkendorf, wo er Schüler von Johann Albrecht Bengel war, und Maulbronn, studierte in Tübingen evangelische Theologie, wurde 1737 Vikar in Hoheneck bei Ludwigsburg und 1742 Garnisonsprediger auf dem Hohenasperg. 1747 übernahm Flattich die Pfarrstelle in Metterzimmern bei Ludwigsburg, die er bis 1760 innehatte. Weil das Geld meist knapp war, gab er im Pfarrhaus Privatunterricht. Unerschrocken trat Flattich selbst gegen Herzog Karl Eugen auf. Als der Herzog einmal einen Untergebenen mit der Reitpeitsche zur Rechenschaft ziehen wollte, ging Flattich, der dies zufällig gesehen hatte, dazwischen. Der Herzog schätzte Flattichs direkte Art; dem Einfluss Karl Eugens verdankte Flattich schließlich die reich dotierte Pfarrei in Münchingen, wo er von 1760 bis zu seinem Tod tätig war. Pfarrer Flattich ist durch seine Schlagfertigkeit bekannt geworden, vor allem aber durch seine unkonventionelle Art, ihm anvertraute Kinder zu unterrichten. Im Lauf der Jahrzehnte nahm er etwa 300 Kinder und junge Männer aus jedem Stand in sein Haus auf. Junge Menschen lieben eine natürliche Art; harte Behandlung ist fürs Lernen kontraproduktiv; jeder braucht zu seiner persönlichen Entwicklung Zeit; übertriebene Kontrolle provoziert Lügen – das waren die Erziehungsgrundsätze Flattichs. Er schätzte unorthodoxe Methoden. Den in seinem Haus untergebrachten Kindern gewöhnte er das Kartenspiel dadurch ab, dass er so lange ohne Unterbrechung mit ihnen spielte, bis sie keine Spielkarten mehr sehen konnten. Flattich wurde auch durch seine bildhaften Aussprüche zum Gegenstand zahlreicher Anekdoten. – Eine früher in Degerloch existierende »Flattichstraße« wurde 1977 im Zuge einer Bebauungsplanänderung aufgehoben.

Pfarrer-Georgii-Straße *(benannt 1997, Stadtteil Stuttgart-Ost)* Ludwig Friedrich August Georgii (geboren um 1798, gestorben am 27. Oktober 1857), von 1835 bis 1857 Gemeindepfarrer von Gaisburg, dem heutigen Stuttgarter Stadtteil. In seinem letzten Pfarrbericht beklagte sich Geogii sehr über »den schlimmen Zustand der Gemeinde«. »Die Trunksucht, die Geringschätzung des Gottesdienstes, die Entheiligung des Sonntags [...], die Vorliebe zu fleischlichen Genüssen, den Neid, den Betrug, den Diebstahl, die Unzucht, die verderbten Ehen, die Vernachlässigung der Kinderzucht etc.« erklärte er vor allem aus der Armut im Dorf und den »schrecklichen Fieberepidemien des vorigen Jahrhunderts und der Zwanziger- und Dreißigerjahre, die eine leibliche und geistige Verkümmerung zur Folge hatten«. Dabei handelte es sich um ein frühes Umweltproblem. 1784 und 1827 hatte man zwischen Untertürkheim und Cannstatt den Neckar begradigt. Die mäandernden Altarme wurden nicht zugeschüttet, sondern sollten allmählich von selbst verlanden. Sie bildeten eine ideale Brutstätte für Malariamücken. Ab 1833 übertraf die Wechselfieber-Epidemie alles bis dahin Erlebte. Der Cannstatter Oberamtmann und der Dekan berichteten 1838: »Keine einzige Familie gibt es in Gaisburg, die da noch verschont geblieben wäre, und selten eine, in der das Fieber nicht ein- und mehrmals des Jahres einkehrt und sich Monate lang festsetzt.« Der Arzt des Oberamts Stuttgart, Dr. Riecke, erkannte das Fieber im August 1834 als Malaria. Noch im gleichen Jahr wurde der Bau neuer Wohnungen im Neckartal verboten und ein Entwässerungsgraben gezogen. Dann begann man, die teilweise vier Meter tiefen Altarme aufzufüllen, doch anhaltender Regen und Frost, Eisgang und hoher Wasserstand, die Zahlungsunfähigkeit der Stadt Cannstatt, die knapp die Hälfte der Kosten übernehmen musste, und ein Bauunglück verzögerten den Abschluss der Arbeiten bis 1844. Von Pfarrer Georgii, der allerdings erst 1835 nach Gaisburg kam, heißt es, er habe als Erster den Zusammenhang zwischen den »Altlachen« und dem Wechselfieber erkannt, auf sein Betreiben hin seien die stehenden Gewässer aufgefüllt worden. Andere Quellen nennen dafür »die Ärzte« oder den Cannstatter Haut- und Badearzt Albert von Veiel. Mit der Zuschüttung der Altarme wurde die Grundfläche für den späteren Schlachthof beziehungsweise das heutige Gewerbegebiet geschaffen, in dem sich die Pfarrer-Georgii-Straße befindet.

Pfarrer-Pfeiffer-Weg *(benannt 1985, Stadtteil Stuttgart-Ost)* Pfarrer Pfeiffer (geboren 1882, gestorben 1961), 1926 bis 1939 Gemeindepfarrer in Gablenberg.

Pfarrer-Widmann-Weg *(benannt 1997, Stadtteil Plieningen)* Richard Widmann (geboren 1900, gestorben 1979) war 1933 bis 1939 Pfarrer der evangelischen Kirchengemeinde Plieningen-Hohenheim. Widmann zählte zu den namhaften Mitgliedern der Bekennenden Kirche. Er gehörte der Kirchlich-Theologischen Sozietät an und war hier mit Paul Schempp, Heinrich Fausel und Hermann Diem eng verbunden. Als 1938 der Württembergische Oberkirchenrat eine Verordnung erließ, wonach alle Pfarrer einen Eid auf Hitler zu leisten hatten, verweigerte Widmann diese Unterwerfung und begründete dies am 19. Juni 1938 in einer leidenschaftlichen Predigt vor seiner Kirchengemeinde. Hitlertreue Plieninger setzten Widmann fortan unter Druck, so dass junge Christen ihm auf dem Weg in die Kirche als »Leibgarde« zur Seite standen. Zusammen mit Lehrer Kächele, einem Kommunisten, gehörte Widmann zu den wenigen Plieningern, die sich offen dem Nationalsozialismus verweigerten.

Pfarrgartenweg *(benannt 1933, Stadtteil Mühlhausen)* Ortsbezogener Name.

Pfarrhausstraße *(benannt 1957, Straßenführung geändert 1979, Stadtteil Vaihingen)* Nach dem dortigen Pfarrhaus.

Pfarrstraße *(benannt 1811, Stadtteil Stuttgart-Mitte)* Ging aus der 1740 erstmals urkundlich genannten Pfarrgasse hervor. An ihr stand das Pfarrhaus der Leonhardskirche.

Pfarrwegle *(benannt 1928, Straßenführung geändert 1978, Stadtteil Stuttgart-Süd)* Wurde nach dem Botnanger Pfarrer benannt, der diesen Weg häufig benutzte, weil er vom Ende des 16. Jahrhunderts bis 1751 auch Heslach zu betreuen hatte.

Pfauenstraße *(benannt 1928, Stadtteil Vaihingen)* Der Pfau, *Pavo cristatus*, wird seit Jahrhunderten wegen seines prächtigen Gefieders als Ziervogel in Parks und Tiergärten gehalten. Er gehört zur Familie der Fasanenartigen.

Pfau-Straße, Ludwig- siehe →Ludwig-Pfau-Straße.

Pfefferstraße *(benannt 1958, Stadtteil Heumaden)* Der Pfeffer, lateinisch *Piper*, von dem es etwa 700 Arten gibt, gehört zur Familie der Pfeffergewächse. Die Früchte des *Piper nigrum* werden, unreif geerntet und getrocknet, als Schwarzer Pfeffer, unreif geerntet und in Salzlake konserviert als Grüner Pfeffer sowie reif geerntet und geschält als Weißer Pfeffer verwendet. Roter Pfeffer und Cayennepfeffer werden hingegen aus Capsicum-Arten gewonnen.

Pfeiffer-Straße, Eduard- siehe →Eduard-Pfeiffer-Straße.

Pfeiffer-Weg, Pfarrer- siehe →Pfarrer-Pfeiffer-Weg.

Pfeilstraße *(benannt 1957, Stadtteil Vaihingen)* In Anlehnung an die nahe gelegene →Bogenstraße.

Pfennigäcker *(benannt 1958, Stadtteil Heumaden)* Der Flurname bezeichnet wahrscheinlich wenig wertvolles Gelände.

Pferchäcker *(benannt 1926, Stadtteil Stuttgart-Ost)* Der Flurname geht auf das Pferchen von Schafherden zurück. Darunter versteht man die Unterbringung einer Herde während der Nacht auf einem abgeernteten Acker.

Pfirsichblütenweg *(benannt 1928, Stadtteil Vaihingen)* Nach der Pfirsichblüte.

Pfizerstraße *(benannt 1898, Stadtteil Stuttgart-Mitte)* Paul Pfizer (geboren 1801 in Stuttgart, gestorben 1867 in Tübingen), Politiker und Publizist. Stammte aus einer Stuttgarter Juristenfamilie und wurde selbst, wenn auch ungern, Jurist. 1823 kam er in die Kanzlei des Justizministers, drei Jahre später wurde er Assessor in Tübingen. Hier nahm sein Leben die entscheidende Wendung. Angezogen von der Politik und der deutschen Frage, schrieb er ein Buch, »Briefwechsel zweier Deutschen«, das im Jahr 1831 herauskam. Aufgrund dieses Buches, das nicht mit Kritik an Preußen und den deutschen Einzelstaaten sparte, wurde er aus dem Staatsdienst entlassen. Über Nacht wurde Pfizer berühmt. Vor allem in Württemberg begeisterte man sich am Freimut, mit dem er über die Verhältnisse in Deutschland schrieb. Die Welt wolle Freiheit, schrieb er, 42 Jahre nach der Französischen Revolution. Die Unterwerfung unter einen absolutistischen Staat sei einem Volk nicht zuzumuten. Seine Lösung: ein Zusammenschluss der Mittel- und Kleinstaaten. Er wurde sogleich von den Tübinger Bürgern in den Landtag gewählt, der im Januar 1833 zusammentrat, und wurde einer der Führer der Opposition. Im Jahr 1848 wurde er zum Kultusminister ernannt und in die Deutsche Nationalversammlung gewählt. Aus gesundheitlichen Gründen musste er beide Ämter kurz darauf wieder niederlegen. 1847 wurde er Ehrenbürger von Stuttgart. 1851 bis 1858 war Pfizer Oberjustizrat in Tübingen.

Pflasteräckerstraße *(benannt 1899, Stadtteil Stuttgart-Ost)* Der 1572 erstmals urkundlich genannte Flurname ist auf die gepflasterte alte Straße nach Esslingen zurückzuführen. Ihre Pflasterung war zur damaligen Zeit etwas Besonderes.

Pflaumweg *(benannt 1968, Stadtteil Bad Cannstatt)* Alexander (von) Pflaum (geboren 1839 in Pflaumloch, gestorben 1911 in Berlin), Bankier und Geheimer Kommerzienrat. Bis 1933 hieß die heutige →Leibnizstraße Pflaumstraße, dann war den neuen Machthabern der Name des verdienten Juden nicht mehr genehm.

Pfleghof *(benannt 1937, Stadtteil Bad Cannstatt)* Leitet seinen Namen vom Beginenhaus der Barmherzigen Schwestern ab, die kranke und alte Menschen pflegten. – Von 1885 bis 1937 hieß die Gasse Klostergasse. Zur Erklärung schreibt das Cannstatter Adressbuch von 1904: »Nach dem sog. Klösterle, Haus No. 5 und 16 (Beguinenhaus von Schwestern des heil. Franziskus)«. Offensichtlich war um diese Zeit die tatsächliche Lage des Klösterles (Marktstraße 71) in Vergessenheit geraten. Dessen Abbruch wurde denn auch 1937 beschlossen, nur der Ausbruch des Zweiten Weltkriegs hat ihn verhindert. Erst 1983 wurde das älteste Wohnhaus Stuttgarts und einzige Beginenhaus Europas mit integrierter gotischer Kapelle restauriert.

Pfleiderer-Straße, Helene- siehe →Helene-Pfleiderer-Straße.

Pflimlin-Platz, Pierre- siehe →Pierre-Pflimlin-Platz.

Pflugfelder Straße *(benannt 1955, Stadtteil Stammheim)* Pflugfelden, Stadtteil von Ludwigsburg (insgesamt 87 400 Einwohner).

Pflugweg *(benannt 1936, Stadtteil Stuttgart-Nord)* Johann Baptist Pflug (geboren 1785 in Biberach an der Riß, gestorben 1866 ebenda), Maler. Pflug versuchte zunächst, sich die Techniken des Malens selbst beizubringen, indem er Rubens und Bilder der holländischen Genermaler kopierte. 1806 bis 1809 studierte er dann bei Quaglio und Mannlich in München, ab 1810 war er Zeichenlehrer in Biberach. Seine Spezialität waren oberschwäbische Genreszenen wie Kirchweihen oder Tanzvergnügen, er hat aber auch die Räuber der Bande des Schwarzen Vere porträtiert, nachdem diese festgenommen worden waren. Pflugs Lebenserinnerungen »Aus der Räuber- und Franzosenzeit Schwabens« sind kulturgeschichtlich sehr interessant.

Pflumm-Weg, Hanne-Schorp- siehe →Hanne-Schorp-Pflumm-Weg.

Pforzheimer Straße *(benannt 1957, Stadtteil Weilimdorf)* Pforzheim ist eine kreisfreie Stadt an der Mündung der Nagold in die Enz, am Nordrand des Schwarzwalds gelegen, mit 115 500 Einwohnern. In römischer Zeit befand sich hier an der Enz eine Anlegestelle, ein kleiner Umschlagplatz für den Holztransport, um den herum ab etwa 90 n. Chr. eine Handwerkersiedlung entstand – der bescheidene Vorgänger und wohl auch Namensgeber Pforzheims: »Anlegestelle« oder »Hafen« heißt auf Lateinisch »portus«. 1535 bis 1565 war Pforzheim Residenz der Markgrafen von Baden. Nach der Eröffnung eines

»Waisen-, Toll-, Kranken-, Zucht- und Arbeitshauses« im Gebäude des ehemaligen Dominikanerinnenklosters im Jahr 1718 erfolgte 50 Jahre später dort mit der Gründung der Uhren- und Schmuckfabrik die Grundsteinlegung der Pforzheimer Schmuck- und Uhrenindustrie. Pforzheim wurde zur Industriestadt und erlebte eine wirtschaftliche Blüte als »Goldstadt«; bis heute ist es der bedeutendste Standort der Gold- und Silberwarenfertigung in Deutschland. Am 23. Februar 1945 wurde durch einen alliierten Fliegerangriff von nur 20 Minuten Dauer die gesamte Innenstadt in Schutt und Asche gelegt; 20 000 Menschen starben. Der Neuaufbau der Stadt dauerte 40 Jahre. – Als »Weil im Dorf« noch eine selbständige Gemeinde war, hieß die Straße Feuerbacher Straße, 1933 bis 1946 Hindenburgstraße nach Reichspräsident und Generalfeldmarschall Paul von Beneckendorff und von Hindenburg (1847–1934).

Pfostenwäldle *(benannt 1961, Stadtteil Feuerbach)* Der Flurname bezeichnet einen Wald, in dem das Holz für Pfosten gezogen wurde.

Pfullinger Straße *(benannt 1935, Stadtteil Degerloch)* Stadt Pfullingen, Landkreis Reutlingen, 18 000 Einwohner.

Phloxweg *(benannt 1945, Stadtteil Rohr)* Die Flammenblume *(Phlox paniculata)* stammt ursprünglich aus Nordamerika. Hier ist sie als Gartenpflanze beliebt, von der unzählige Zuchtformen existieren. Gehört zur Familie der Sperrkrautgewächse.

Pichler-Straße, Luise- siehe →Luise-Pichler-Straße.

Pierre-Pflimlin-Platz *(benannt 2000, Stadtteil Stuttgart-Mitte)* Pierre Eugène Jean Pflimlin (geboren am 5. Februar 1907 in Roubaix, Flandern, gestorben am 27. Juni 2000 in Strasbourg, Frankreich), Oberbürgermeister von Straßburg, Präsident des Europaparlamentes, Stuttgarter Ehrenbürger. Pflimlin studierte in Paris und Straßburg Jura und kämpfte bereits während dieser Zeit für seine europäischen Ziele. 1933 ließ er sich als Rechtsanwalt in Straßburg nieder. 1944 trat er der katholisch-sozialen Republikanischen Volkspartei (MRP) bei und wurde 1945 in den Stadtrat von Straßburg sowie in die Nationalversammlung in Paris gewählt, der er 22 Jahre lang angehörte. 1946 bis 1956 war Pflimlin in verschiedenen Regierungskabinetten unter anderem Landwirtschafts-, Handels- und Finanzminister. Im Mai 1956 wurde er zum Vorsitzenden der MRP gewählt. Dieses Amt hatte er bis 1963 inne. Im Mai 1958 wurde er Ministerpräsident, im Juni 1958 Staatsminister im Kabinett de Gaulle. 1959 bis 1967 war Pflimlin Mitglied der Parlamentarischen Versammlung des Europarates, 1962

Staatsminister für Kooperation im Kabinett Pompidou. 1959 übernahm er zusätzlich in Straßburg das Amt des Oberbürgermeisters, das er 24 Jahre lang, bis 1983, innehatte. Seit 1962, der Begründung der Städtepartnerschaft zwischen den beiden Städten, war der perfekt deutsch sprechende Pflimlin mit Stuttgart eng verbunden. 1963 bis 1966 war er Präsident der Parlamentarischen Versammlung des Europarates. Seine dritte politische Karriere begann 1979 mit der Wahl Pflimlins ins erste direkt gewählte Europaparlament. Von Juli 1984 bis Januar 1987 war er der Präsident dieses Gremiums. 1989 zog er sich im Alter von 83 Jahren aus der aktiven Politik zurück. Wie nur wenige andere war Pflimlin Wegbereiter für ein neues Europa. »Sie haben als französischer Politiker und Staatsmann Hass und Feindschaft mit Versöhnung und Verständigung erwidert. Sie haben dazu beigetragen, dass die Bundesrepublik einen Platz unter den freien Nationen finden konnte und dass aus der fatalen ›Erbfeindschaft‹ unseligen Angedenkens eine Erbfreundschaft zwischen Deutschen und Franzosen entstehen konnte«, sagte der damalige Stuttgarter OB Manfred Rommel 1982 bei der Verleihung der Ehrenbürgerwürde an Pierre Pflimlin. – Nur zwei Monate vor der Benennung war der Platz »Europaplatz« getauft worden, was einen Bezug zum gegenüberliegenden Europahaus herstellte, jedoch zu Verwirrungen führte, weil es im Stadtteil Fasanenhof bereits seit 1960 einen →Europaplatz gibt. Der Pierre-Pflimlin-Platz befindet sich dort, wo bis zur Zerstörung der Stuttgarter Innenstadt im Zweiten Weltkrieg die Küferstraße (1750: Traitcur Mackengäßlein, 1751: Herrengäßlein, 1764: Caffee Hauß-Gäßle, 1780: Rosengäßlein) verlief.

Pillauer Straße *(benannt 1937, Stadtteil Bad Cannstatt)* Hafenstadt Pillau (russisch: Baltijsk), Russland. Das Seebad an der Baltischen Nehrung, Ostpreußen, 17 000 Einwohner, ist seit dem Bau des Königsberger Seekanals 1901 Vorhafen von Königsberg (Kaliningrad).

Pilsener Straße *(benannt 1958, Stadtteil Möhringen)* Stadt Pilsen (tschechisch: Plzeň), Tschechische Republik. Die westböhmische Universitätsstadt hat etwa 175 000 Einwohner. Das ehemals größte Industrieunternehmen der Tschechoslowakei, das Stahl- und Maschinenbaukombinat Škoda Plzeň (nicht identisch mit Skoda Auto), nimmt hier noch immer große Flächen ein, wenn auch die Mitarbeiterzahl in den 1990er-Jahren von über 30 000 auf unter 10 000 gesunken ist. Bekannt ist das Pilsner Bier, das seit 1295 in Pilsen gebraut wird. 1842 bildeten Pilsner Brauer eine Genossenschaft und nannten ihr Bier fortan »Pilsner Urquell«. Jährlich vier Millionen Hektoliter des stark gehopften Untergärigen werden heute in 58 Länder der Erde exportiert.

Pinguinweg *(benannt 1971, Stadtteil Neugereut)* Die Pinguine sind Meeresvögel der Südhalbkugel, die zwar nicht fliegen, aber ausgezeichnet tauchen können.

Pintoweg *(benannt 1957, Stadtteil Stammheim)* Fernão Mendes Pinto (geboren 1509/11, gestorben 1583), portugiesischer Schriftsteller. Mit zehn oder zwölf Jahren wurde Pinto als Diener einer Adligen in Lissabon verdingt. Er floh, doch seine Karavelle wurde von französischen Piraten überfallen, Pinto am Strand ausgesetzt. Die Jahre 1537 bis 1558 verbrachte Pinto als Händler, Soldat, Pirat, Prediger, Botschafter des Vizekönigs von Goa, Agent des Kapitäns von Malakka und Abenteurer in Asien; schließlich kehrte er als reicher Mann nach Lissabon zurück. In dieser Zeit bereiste er Äthiopien, Indien, Malakka, Sumatra, Burma, Java, Siam, Pegu, China und gehörte schließlich 1542 zu den ersten Europäern, die japanischen Boden betraten. In Asien wurde er 13 Mal gefangen genommen und 17 Mal verkauft, unter anderem als Sklave und Zwangsarbeiter an der chinesischen Mauer. Er erlebte Überfälle und Morde, Kriege und Eroberungen, Hinrichtungen und Kannibalismus. Nach seiner Rückkehr wurde Pinto Richter in Almada; 1569 bis 1578 verfasste er für seine Töchter den Roman seines Lebens, »Peregrinação« (gedruckt 1614), das bedeutendste Werk der portugiesischen Literatur des 16. Jahrhunderts, einer der wichtigsten Picaro-Romane der Iberischen Halbinsel und neben den Lusiaden das meistverbreitete portugiesische Buch in der Welt.

Pirmasenser Straße *(benannt 1934, Stadtteil Weilimdorf)* Die Stadt Pirmasens, Rheinland-Pfalz, 48 000 Einwohner, gilt als »deutsche Schuhmetropole«.

Pirolweg *(benannt 1955, Stadtteil Bergheim)* Der Pirol, *Oriolus oriolus,* ist ein gelb-schwarzer einheimischer Singvogel. Da er sehr scheu ist und hoch in Baumkronen nistet, bekommt man ihn so gut wie nie zu Gesicht. Sein französischer Name ist übrigens Loriot.

Pischekstraße *(benannt 1913, Stadtteil Stuttgart-Ost)* Johann (von) Pischek (geboren 1843 in Frankfurt am Main, gestorben 1916 in Oberstdorf), 1893 bis 1912 württembergischer Staatsminister des Innern, der sich große Verdienste um die Landesgesetzgebung erwarb. Wirkte an einer Reihe grundlegender Landesgesetze (Wassergesetz,

Gemeindeordnung, Bauordnung und anderen) sowie an der Ausarbeitung verschiedener Reichsgesetze mit.

Pistorius-Straße, Von- siehe →Von-Pistorius-Straße.

Planckstraße *(benannt 1924, Stadtteil Stuttgart-Ost)* Karl Christian Planck (geboren 1819 in Stuttgart, gestorben 1880 in Winnental [heute Winnenden]), Philosoph. Wurde 1848 Privatdozent für Philosophie in Tübingen, 1856 Professor am Gymnasium in Ulm, 1879 Ephorus des Seminars in Blaubeuren. Planck vertrat einen gegen Hegel gerichteten pantheistischen, phantasievollen Entwicklungsmonismus. Rechtsphilosophisch entwickelte er das Ideal eines sozialen Berufsstandes. Nach 1866 polemisierte er gegen Bismarck.

Karl Christian Planck

Planie *(benannt 1922, wiederbenannt 1946, Stadtteil Stuttgart-Mitte)* Leitet ihren Namen von der 1775 bis 1782 erfolgten Auffüllung des ehemaligen Stadtgrabens entlang des Alten Schlosses und der Planierung des Geländes ab. – 1933 bis 1945 hieß die Planie Adolf-Hitler-Straße.

Planstraße *(benannt um 1907, Stadtteil Hedelfingen)* Hieß ab 1750 »Auf dem Plan« und war vermutlich der Platz der Unteren Kelter, die dem Kloster Weil gehörte. Der Name geht wohl auf einen ebenen (planierten) Platz zurück, auf dem man zusammenkam und sich vergnügte.

Platz am Alten Haus *(benannt 1995, Stadtteil Hedelfingen)* Nach dem ortsbildprägenden Fachwerkhaus Heumadener Straße 2. Das unter Denkmalschutz stehende Gebäude, das sich heute im Besitz der Stadt befindet, wurde vermutlich für den Unterpfleger eines der in Hedelfingen begüterten Klöster – beispielsweise Sankt Blasien im Südschwarzwald oder Fürstenfeld bei München – errichtet. Im ersten Stock wurden 1986 mittelalterliche Wandmalereien entdeckt. Heute hat hier der Förderverein Altes Haus Hedelfingen seinen Sitz, der vor allem ortsgeschichtliche Ausstellungen veranstaltet. – Als Hedelfingen noch selbständig war, hieß der Platz Hedelfinger Plan (siehe →Planstraße), später zählte er zur →Rohrackerstraße.

Platz der Deutschen Einheit *(benannt 1991, Stadtteil Stuttgart-Mitte)* Seit dem Aufkommen des Nationalstaatsgedankens in Deutschland

Die Planie mit dem Alten Schloss, etwa 1928

zu Beginn des 19. Jahrhunderts hat der Begriff der deutschen Einheit in der politischen Diskussion wie auch als Schlagwort im politischen Kampf eine Rolle gespielt. Dies gilt besonders für den Kalten Krieg. Als es am 17. Juni 1953 in der DDR aufgrund massiver politischer und sozialer Unzufriedenheit zu Streiks und Demonstrationen gegen die Staatsführung kam, die mit Hilfe der sowjetischen Besatzungstruppen gewaltsam unterdrückt wurden, erklärte die Bundesrepublik den 17. Juni als »Tag der deutschen Einheit« zum Nationalfeiertag. Durch die Grundgesetzänderung vom 23. September 1990 ist festgehalten, dass die Deutschen »in freier Selbstbestimmung die Einheit und Freiheit Deutschlands vollendet« haben. Seit 1991 wird der »Tag der deutschen Einheit« – im Gedenken an den Beitritt der neuen Bundesländer zur Bundesrepublik am 3. Oktober 1990 – jeweils am 3. Oktober begangen. – Annährend an der Stelle des heutigen Platzes, genauer: an der Kreuzung der heutigen Breitscheid- und Kienestraße, befand sich früher ein namenloser Platz, der im Volksmund Garnisonskirchenplatz hieß nach der unmittelbar benachbarten Garnisonskirche, die 1952 gesprengt wurde. 1934 wurde der Platz offiziell Skagerrakplatz benannt nach der Schlacht am Skagerrak im Ersten Weltkrieg (1916).

Pleibelstraße *(benannt 1933, Stadtteil Zazenhausen)* Emil August Pleibel (geboren 1848, gestorben 1889), Pfarrer in Zazenhausen.

Plettenbergstraße *(benannt 1937, Stadtteil Stuttgart-Ost)* Berg

(1002 m) der Schwäbischen Alb bei Balingen mit markantem Fernsehturm.

Pleuer-Straße, Hermann- siehe →Hermann-Pleuer-Straße.

Plieningen-Weg, Dietrich-von- siehe →Dietrich-von-Plieningen-Weg.

Plieninger Straße *(benannt um 1899, Stadtteil Möhringen)* Führt nach Plieningen.

Pliensäckerstraße *(benannt 1952, Stadtteil Rot)* Der Flurname bezeichnet wahrscheinlich Äcker, die einmal jemandem namens Plieno oder Pleuno gehört haben. Die Herren von Plieningen waren früher in Zuffenhausen begütert – vielleicht gibt es einen Zusammenhang?

Plutoweg *(benannt 1957, Stadtteil Dürrlewang)* Der neunte, sonnenfernste Planet wurde erst 1930 entdeckt.

Pöchlarner Straße *(benannt 1938, Stadtteil Feuerbach)* Stadt Pöchlarn an der Donau, Niederösterreich, 4000 Einwohner; »Ort aus der Nibelungensage«, wie es in der offiziellen Erläuterung des Straßennamens in der NS-Zeit hieß – im Nibelungenlied ist ein »Rüdiger von Bechelaren« erwähnt, siehe auch →Rüdigerstraße und →Nibelungenstraße. – Bis 1938 hieß die Straße Poststraße.

Pöltener-Straße, Sankt- siehe →Sankt-Pöltener-Straße.

Polo-Weg, Marco- siehe →Marco-Polo-Weg.

Ponto-Weg, Erich- siehe →Erich-Ponto-Weg.

Poppenweilerstraße *(benannt 1957, Stadtteil Stammheim)* Stadtteil Poppenweiler der Stadt Ludwigsburg (insgesamt 87400 Einwohner).

Porscheplatz *(benannt 1998, Stadtteil Zuffenhausen)* Ferdinand Porsche (geboren am 3. September 1875 in Maffersdorf, Nordböhmen [heutige Vratislavice, Tschechische Republik], gestorben am 30. Januar 1951 in Stuttgart), Automobil- und Rennwagenkonstrukteur. Porsche, der nach dem Willen seines Vaters Flaschner werden sollte, absolvierte kein Studium, sondern hörte nur einige Vorlesungen an der Technischen Hochschule Wien, ohne eingeschrieben zu sein. 1893 trat er in den elektrotechnischen Betrieb Bela Egger (später Brown Boveri) in Wien ein, wo er mit 22 Jahren bereits Leiter des Prüfraums sowie Assistent im Rechenbüro war. 1898 wechselte er zur »K. u. K. Hofwagenfabrik Jacob Lohner & Co.«. Der von ihm konstruierte Lohner-Porsche-Elektrowagen, angetrieben von in den Radnaben sitzenden Elektromotoren, wurde 1900 auf der Weltausstellung in Paris präsentiert und machte Porsches Namen schlagartig bekannt. 1906 wechselte Porsche als technischer Direktor zur Firma Austro-Daim-

Professor Dr. Ing. h. c. Ferdinand Porsche, der Konstrukteur der weltbekannten Sport- und Rennwagen und »Erfinder« des VW-Käfers.

ler nach Wiener Neustadt, wo er Personen- und Rennwagen, Flugmotoren, Feuerwehrfahrzeuge, Oberleitungsbusse, Traktoren, Windkraftanlagen sowie im Ersten Weltkrieg Artilleriezugmaschinen entwarf. Für seine »Verdienste um das Vaterland« verlieh ihm die TH Wien die Würde des Ehrendoktors. Bereits bei Austro-Daimler dachte Porsche über die Konstruktion eines preisgünstigen Kleinwagens nach. Als das Unternehmen 1923 die Mittel im Rennbereich kürzte, ging Porsche als Leiter des Konstruktionsbüros zur Daimler Motoren-Gesellschaft nach Stuttgart. Da er seinen österreichischen Doktortitel in Deutschland nicht führen durfte, verlieh ihm 1929 die TH Stuttgart den »Dr. Ing.« ehrenhalber. Als technischer Direktor und Vorstandsmitglied bei Daimler entwickelte Ferdinand Porsche unter anderem die legendären Kompressor-Sportwagen Mercedes SS und SSK und erfand die Drehstabfederung, die noch heute im Autobau zur Anwendung kommt. Nach finanziellen Differenzen mit Daimler und einem Zwischenspiel bei den Steyr-Werken gründete er 1931 in Zuffenhausen die »Dr. Ing. h. c. F. Porsche GmbH, Konstruktionen und Beratungen für Motoren- und Fahrzeugbau«. In der NS-Zeit konzipierte er in Hitlers Auftrag Sportwagen, landwirtschaftliche Zugmaschinen und schließlich den VW-»Käfer«, für den ein eigenes VW-Werk und eine eigene VW-Stadt, das spätere Wolfsburg, errichtet wurden. Porsche kümmerte sich auch um den Aufbau des Werkes, wo neben dem auf der Basis des »Käfers« für militärische Verwendung gebauten »Kübelwagen« Flugbomben, Flugzeugteile und Militärgerät produziert wurden. Der »Käfer« selbst ging erst nach dem Zweiten Weltkrieg in Serie. Porsche konstruierte auch eine Reihe von Panzermodellen. Wie viele andere Industrielle wurde er zum »Wehrwirtschaftsführer« ernannt; Himmler nahm ihn als Ehrenmitglied in die SS auf. Allerdings ignorierte Porsche die ihm verliehenen NS-Auszeichnungen und trug konsequent Zivilkleidung. 1940 wurde Porsche zum Honorarprofessor ernannt. 1944 ließ er das Konstruktionsbüro von Stuttgart nach Gmund in Kärnten verlagern. Im Juli 1945 wurde Ferdinand Porsche in Zell am See von den Engländern festgenommen, jedoch nach drei Monaten Haft wieder entlassen. Unter der Leitung seines Sohnes Ferry wurde in Gmund auf der Basis von Volkswagenteilen ein Sportwagen entwickelt, der erste »Porsche« (Typ 356/1). 1950 kehrte Porsche nach Stuttgart zurück und richtete in gemieteten Räumen der Karosseriewerkstatt Reutter Fertigungsanlagen ein. Porsche wurde zur eigenständigen Automobilfabrik. Wenig später, am 30. Januar 1951, starb Ferdinand Porsche an den Folgen eines Schlaganfalls. Er war ein Mensch mit ungeheurem technischem Sachverstand, aber auch von großer Durchsetzungsfähigkeit. Die Platzbenennung erfolgte 1998 zum Jubiläum »50 Jahre Porsche-Automobile«. In seinem Logo trägt Porsche das Stuttgarter Wappen-Rössle in die ganze Welt. Stuttgart-Zuffenhausen ist der zentrale Firmensitz der Dr. Ing. h. c. F. Porsche AG; hier befindet sich auch das Stammwerk.

Porschestraße *(benannt 1953, Stadtteil Zuffenhausen)* nach Ferdinand Porsche, siehe →Porscheplatz.

Posener Straße *(benannt 1928, Stadtteil Bad Cannstatt)* Stadt Posen (polnisch: Poznań), Polen; gehörte von 1815 bis 1919 zu Preußen, liegt an der Warthe und hat 590 000 Einwohner.

Postillonweg *(benannt 1957, Stadtteil Stammheim)* Der Postillon, *Colias croceus,* ist ein Schmetterling aus der Familie der Weißlinge. Er wird auch als Wander-Gelbling bezeichnet.

Postschulenweg *(benannt 1993, Stadtteil Vaihingen)* Im ehemaligen Gebäude Viereichenweg 40 befand sich die Postschule der Oberpostdirektion Stuttgart.

Poststraße *(benannt 1858, Straßenführung geändert 1978, Stadtteil Stuttgart-Ost)* Verdankt ihren Namen der früher an ihr gelegenen Posthalterei.

Poststraße, Alte siehe →Alte Poststraße.

Postwiesenstraße *(benannt 1935, Stadtteil Untertürkheim)* Der Flurname bezeichnet Wiesen, die zur Posthalterei gehörten.

Prager Straße *(benannt 1952, Stadtteil Möhringen)* Prag (tschechisch: Praha), Hauptstadt der Tschechischen Republik, liegt an der Moldau, hat ein geschlossenes gotisch-barockes Stadtbild und 1,18 Millionen Einwohner. Der Name leitet sich vom tschechischen Wort »prah« für »Schwelle« her.

Pragstraße *(benannt 1885, Stadtteile Bad Cannstatt und Nord)* Nach der gleichnamigen Flur, die sich zwischen dem Osthang der Feuerbacher Heide (zwischen Kunstakademie und Pragfriedhof) und dem Westhang des Burgholzhofes bis zum Rosensteinpark erstreckte. Der Flurname ist erstmals in einer Urkunde aus dem Jahr 1292 als »Brage« genannt, später öfter auch als »Bragt«. Herkunft und Bedeutung sind ungeklärt. Schon in früher Zeit liefen wichtige Verkehrswege über den Pragsattel, so verzweigte sich hier beispielsweise die Römerstraße vom Kastell Altenburg nach Mainz und nach Straßburg. Es ist deshalb nicht ausgeschlossen, dass es sich bei dem Namen Prag um ein Fremdwort unbekannten Urspungs handelt. Denkbar ist aber auch ein Zusammenhang mit der lateinischen Wurzel perag- beziehungsweise perac- (per = durch, agere = treiben, bewegen), dann wären durch den Passeinschnitt schon in römischer Zeit immer wieder Vieh, Soldaten oder vielleicht auch Gefangene getrieben worden.

Presselstraße *(benannt 1924, Straßenführung geändert 1996, Stadtteil Stuttgart-Nord)* Wilhelm Pressel (geboren 1821 in Stuttgart, gestorben 1902 in Konstantinopel), Ingenieur, war an Planung und Bau zahlreicher Eisenbahnstrecken des In- und Auslandes beteiligt. Pressel lebte ab 1869 in der Türkei.

Prevorster Straße *(benannt 1951, Stadtteil Rot)* Prevorst in den Löwensteiner Bergen (heute ein Ortsteil von Oberstenfeld, Landkreis Ludwigsburg), Geburtsort von Friederike Hauffe (1801–1829), die in ihren letzten Lebensjahren Patientin von Justinus Kerner in Weinsberg war (siehe →Kernerplatz). Die Erkenntnisse, die der Arzt über die übersinnlichen Wahrnehmungen seiner Patientin gewonnen hatte, hielt er in dem Buch »Die Seherin von Prevorst« (1829) fest.

Prießnitzweg *(benannt 1936, Straßenführung geändert 1997, Stadtteil Bad Cannstatt)* Vincenz Prießnitz (geboren am 4. Oktober 1799 in Gräfenberg bei Freiwaldau, Österreichisch-Schlesien, gestorben am 28. November 1851 ebenda), Landwirt, wurde durch erfolgreiche

Versuche bekannt, kaltes Wasser bei den verschiedensten Krankheitszuständen anzuwenden. Dazu gehört der Prießnitzumschlag, eine feuchte Packung, die mit einem Wollstoff bedeckt wird. Prießnitz ist einer der Begründer der Naturheilkunde.

Primelesweg *(benannt 1935, Stadtteil Sommerrain)* Die häufigste einheimische Vertreterin der Familie der Primelgewächse ist die Schlüsselblume, *Primula officinalis.* Außerdem werden viele Zierpflanzen Primeln genannt, darunter der Aurikel. »Primele« ist die schwäbische Kose- und Verkleinerungsform von Primel.

Probststraße *(benannt 1957, Stadtteil Möhringen)* Berthold Probst (geboren 1869, gestorben 1925), Ziegeleibesitzer und Gemeinderat in Möhringen. Probsts Ziegelei nahm 1893 als Schamotte- und Tonwarenfabrik ihren Betrieb auf. 1934 wurde sie stillgelegt; damit wurde auch in der Lehmgrube der Ziegelei das Grundwasser nicht mehr abgepumpt – daraus entstand der Probstsee, zu dem die Straße führt.

Puppenweg *(benannt 1957, Stadtteil Stammheim)* Entwicklungsstadium bei Insekten mit vollständiger Verwandlung. Die Larve entwickelt sich zu einer reglosen Puppe, aus der dann das erwachsene Tier schlüpft.

Putlitzweg *(benannt 1922, Stadtteil Stuttgart-Mitte)* Joachim Gans Edler Herr zu Putlitz (geboren 1860 in Retzin, gestorben 1922 in Stuttgart), ab 1892 Leiter, 1908 bis 1918 Generalintendant der Königlichen Hoftheater. Unter ihm erlebten Schauspiel und Oper in Stuttgart eine Blütezeit.

Quarzweg *(benannt 1978, Stadtteil Heumaden)* Der Quarz ist ein häufig vorkommendes Mineral. Er findet als Schmuckstück (Bergkristall, Amethyst, Rosenquarz) sowie zur Herstellung von Porzellan und feuerfestem Glas Verwendung; Quarz-Kristalle dienen auch zum Steuern von Uhren und zur Erzeugung von Ultraschall.

Quellenstraße *(benannt 1822, Stadtteil Bad Cannstatt)* Nach den vielen Quellen und Brunnenstuben, die sich früher an diesem Feldweg befanden.

Querstraße, Untere siehe →Untere Querstraße.

Quittengasse *(benannt 1957, Stadtteil Obertürkheim)* Die Quitte, *Cydonia oblonga,* ist ein Kernobststrauch mit birnenförmigen Früchten. Gehört zu den Rosengewächsen. – Als Obertürkheim noch eine selbständige Gemeinde war, hieß die Straße Josefstraße, ab 1937 Tangastraße nach der Hafenstadt in der ehemaligen Kolonie Deutsch-Ostafrika (heute Tansania) – im Ersten Weltkrieg gewannen hier deutsche

Truppen eine Schlacht gegen übermächtige englische und indische Einheiten (November 1914).

Raabe-Straße, Wilhelm- siehe →Wilhelm-Raabe-Straße.

Rabin-Straße, Yitzhak- siehe→Yitzhak-Rabin-Straße.

Radautzer Straße *(benannt 1955, Stadtteil Büsnau)* Stadt Radautz (rumänisch: Radauti), Bukowina. Vergleiche →Buchenländer Straße.

Räpplenstraße *(benannt 1888, Straßenführung geändert 1974, Stadtteil Stuttgart-Nord)* Flur unterhalb des heutigen Wohngebiets »Birkendörfle«, 1510 erstmals urkundlich erwähnt. Die Bedeutung ist nicht geklärt; möglicherweise von Reben oder Raben abgeleitet.

Raffaelweg *(benannt 1953, Stadtteil Feuerbach)* Raffael, eigentlich Raffaelo Santi (geboren vermutlich am 6. April 1483 in Urbino, Italien, gestorben am 6. April 1520 in Rom), Maler und Architekt der Hochrenaissance, hat die künstlerischen Idealvorstellungen seiner Zeit nahezu vollkommen verwirklicht.

Raffstraße *(benannt 1950, Stadtteil Degerloch)* Alter Degerlocher Familienname. Einer der Urväter dieses Bauern- und Weingärtnergeschlechts ist Christoph Raph, der von 1566 bis 1591 in Degerloch Pfarrer war; sein wohl bekanntester Vertreter ist der Degerlocher Schriftsteller und Historiker Gerhard Raff (geboren 1946 in Stuttgart-Degerloch).

Raichbergstraße *(benannt 1946, Stadtteil Obertürkheim)* Berg (956 m) der Schwäbischen Alb bei Onstmettingen, Zollernalbkreis. 1928 errichtete der Schwäbische Albverein hier einen 22 Meter hohen Aussichtsturm, von dem aus man bei klarem Wetter bis zum Schwarzwald und den Alpen sieht (siehe auch →Onstmettinger Weg). – Als Obertürkheim noch eine selbständige Gemeinde war, hieß die Straße Karlstraße, ab 1937 Samoastraße nach der ehemaligen deutschen Kolonie.

Raiffeisenstraße *(benannt 1937, Stadtteil Weilimdorf)* Friedrich Wilhelm Raiffeisen (geboren am 30. März 1818 in Hamm an der Sieg, gestorben am 11. März 1888 in Neuwied), Gründer der ländlichen Darlehenskassenvereine und Begründer des deutschen landwirtschaftlichen Genossenschaftswesens.

Raimundstraße *(benannt 1957, Stadtteil Vaihingen)* Ferdinand Raimund, eigentlich Ferdinand Raimann (geboren am 1. Juni 1790 in Wien, gestorben am 5. September 1836 in Pottenstein, Niederösterreich, an den Folgen eines Selbstmordversuchs), Schauspieler und Bühnendichter, 1828 bis 1830 Direktor des Leopoldstädter Theaters in Wien. Seine Volksstücke sprühen vor Humor, haben aber einen ernsthaften Kern, der sich um Wahrheit und ihre Erscheinungsformen, innere und bloß äußerliche Treue, Tod und Vergänglichkeit dreht.

Raingärtlesweg *(benannt 1936, Stadtteil Hofen)* Der Flurname bezeichnet einen kleinen Garten an einem Rain, also einem Abhang.

Rainstraße *(benannt 1931, Stadtteil Rotenberg)* Der Flurname bezeichnet einen Abhang.

Raitelsbergstraße *(benannt 1902, Stadtteil Stuttgart-Ost)* Der Flurname verweist auf einen belaubten Abhang. Das mittelhochdeutsche Wort »reitel« bedeutet eigentlich Prügel oder »kurze, dicke Stange« und wurde von da auf junge Laubbäume übertragen.

Raithstraße *(benannt 1937, Stadtteil Weilimdorf)* Alte Weilimdorfer Familie, aus der einige Gemeinde- und Kirchenpfleger stammten. – Als »Weil im Dorf« noch eine selbständige Gemeinde war, hieß die Straße Botnanger Straße.

Rampenstraße *(benannt um 1896, Stadtteil Bad Cannstatt)* Führte zur Verladerampe des Güterbahnhofs.

Ramsbachstraße *(benannt 1913, Stadtteil Degerloch)* Nach dem Ramsbach, der unter der Straße eingedolt verläuft. Am Degerlocher Ortsrand tritt er zutage und mündet bei Schönberg in den Weidachbach.

Randweg *(benannt 1932, Stadtteil Steinhaldenfeld)* Lagebezogener Name.

Rankestraße *(benannt 1937, Stadtteil Sillenbuch)* Leopold (von) Ranke (geboren am 21. Dezember 1795 in Wiehe, Thüringen, gestorben am 23. Mai 1886 in Berlin), Historiker, Mitbegründer der historisch-kritischen Methode (Geschichtswissenschaft auf der Grundlage von Quellenforschung und -kritik) und der objektiven künstlerischen Geschichtsdarstellung. Ranke war zunächst Gymnasiallehrer in Frankfurt an der Oder und von 1825 bis 1871 Professor der Geschichte in Berlin. 1841 wurde er Historiograph des preußischen Staates. – Vor der Eingemeindung Sillenbuchs nach Stuttgart hieß die Straße Birkenstraße.

Rappachstraße *(benannt 1954, Stadtteil Giebel)* Flurname.

Rappenberg *(benannt 1933, Straßenführung geändert 1972, Stadtteil Zuffenhausen)* Der Flurname leitet sich wohl von den Rabenvögeln ab. Eher unwahrscheinlich ist ein Bezug zum Rappen, also einem schwarzen Pferd. Weinberge im Rappenberg sind schon 1334 urkundlich bezeugt.

Rappweg *(benannt 1929, Stadtteil Stuttgart-West)* Gottlob Heinrich (von) Rapp (geboren 1761, gestorben 1832), Kaufmann, Hofbankdirektor, Kunstschriftsteller und Freund von Dichtern und Künstlern. Von seinem Vater hatte Rapp eine bedeutende Tuchhandlung übernommen, König Friedrich ernannte ihn später zum Kontrolleur, König Wilhelm I. zum Direktor der Hofbank. Der Bildhauer Johann Heinrich Dannecker (siehe →Danneckerplatz) war sein Schwager. Sein Wohn- und Geschäftshaus Stiftstraße 7 gegenüber der Stiftskirche, später Lindemann'sche Buchhandlung, trug bis zur Zerstörung 1944 eine Gedenktafel an Schiller und Goethe, die hier zu Gast waren (siehe →Schillerpassage und →Goethestraße).

Rapunzelweg *(benannt 1954, Stadtteil Möhringen)* Märchengestalt.

Rasmussenweg *(benannt 1984, Stadtteil Stammheim)* Knud Johan Victor Rasmussen (geboren am 7. Juni 1879 in Jakobshavn, Grönland, gestorben am 21. Dezember 1933 in Kopenhagen, Dänemark), Polarforscher und Ethnologe, durchquerte 1921 bis 1924 die amerikanische Arktis bis zur Beringstraße.

Rastatter Straße *(benannt 1965, Stadtteil Weilimdorf)* Kreisstadt Rastatt, 46 500 Einwohner, liegt an der Murg. Rastatt hat eine bewegte Geschichte. Im Jahr 1085 erstmals urkundlich erwähnt, wurde es am Bartholomäustag 1689 niedergebrannt und anschließend nach einem einheitlichen Plan neu angelegt. Das Schloss nach Versailler Vorbild diente den Markgrafen von Baden-Baden 1705 bis 1771 als Residenz. Der am 7. März 1714 geschlossene »Friede von Rastatt« beendete den Spanischen Erbfolgekrieg auch zwischen Österreich und Frankreich. Nach dem Frieden von Campoformio tagte vom 9. Dezember 1797 bis zum 23. April 1799 der »Rastatter Kongress«, der die Abtretung der linksrheinischen deutschen Besitzungen an Napoleon gegen Entschädigung durch säkularisierten Kirchen- und Klosterbesitz beschloss. Wenige Tage nach Ende des Kongresses kam es zum »Rastatter Gesandtenmord«, bei dem zwei französische Diplomaten von österreichischen Szekler-Husaren getötet wurden. Die Hintergründe sind bis heute ungeklärt. 1841 wurde Rastatt zur Bundesfestung ausgebaut. 1849 bildete Rastatt den Mittelpunkt der badischen Revolution. Im Residenzschloss tagte der Revolutionsrat – und wenig später das preußische Standgericht; die Revolutionäre hatten kapituliert, nachdem sie 23 Tage in der Rastatter Festung eingeschlossen worden waren (siehe auch →Karl-Schurz-Straße). Daran erinnert seit 1974 die auf Initiative des damaligen Bundespräsidenten Gustav Heinemann eingerichtete »Erinnerungsstätte für die Freiheitsbewegungen in der deutschen Geschichte«. Im Schloss ist auch ein wehrgeschichtliches Museum untergebracht.

Ratgebstraße *(benannt 1937, Stadtteil Weilimdorf)* Jerg Ratgeb (geboren um 1480 in Schwäbisch Gmünd, ermordet 1526 in Pforzheim), Maler. Ratgeb schuf 1518/19 den Herrenberger Altar, der sich jetzt in der Stuttgarter Staatsgalerie befindet. Er wohnte 1508 und erneut 1520 bis 1525 in Stuttgart, 1525 wurde er in den Rat der Stadt gewählt und in seinem Auftrag als Kriegsrat zu den aufständischen Bauern geschickt. Doch Ratgeb wurde gefangen genommen und auf österreichischen Befehl in Pforzheim gevierteilt. – Als »Weil im Dorf« noch eine selbständige Gemeinde war, hieß die Straße Wagnerstraße.

Rathausgasse *(benannt 1984, Stadtteil Weilimdorf)* Führt zum Weilimdorfer Rathaus (Bezirksamt).

Rathauspassage *(benannt 1964, Stadtteil Stuttgart-Mitte)* Führt am Stuttgarter Rathaus entlang. – Bis zur Zerstörung der Stuttgarter Innenstadt im Zweiten Weltkrieg hieß der Durchgang Klosterstraße, in einem Abschnitt Harigelsgäßlein, vom 15. bis zum 18. Jahrhundert – bei etwas anderer Straßenführung – »Hof Gaß« oder Adelberger Hofgasse. Alle drei Namen sind vom Adelberger Klosterhof abgeleitet, der sich hier befand.

Rathausplatz *(benannt 1945, Widmung geändert 1979, Stadtteil Vaihingen)* Nach dem Vaihinger Rathaus (Bezirksamt), das hier steht. – 1940 bis 1945 lautete der Name »Platz der SA«.

Rathausstraße *(benannt um 1907, Stadtteil Rohr)* Nach dem früheren Rohrer Rathaus.

Rathenaustraße *(benannt 1946, Stadtteil Stuttgart-Nord)* Walther Rathenau (geboren am 29. September 1867 in Berlin, ermordet am 24. Juni 1922 in Berlin), Industrieller, Politiker und Schriftsteller. Sein Vater Emil Rathenau war der Gründer der AEG, der Berliner Elektrizitätswerke und (zusammen mit Werner von Siemens) der Gründer von Telefunken. Walther Rathenau war bei der Allgemeinen Elektrizitäts-Gesellschaft (AEG) unter anderem als Vorstandsmitglied tätig. 1919 wurde er von der Reichsregierung zur Mitarbeit an der Vorbereitung der Friedenskonferenz berufen. 1922 wurde Rathenau zum Reichsaußenminister ernannt und schloss den Vertrag von Rapallo ab. Wegen seiner Verständigungspolitik wurde er von nationalistischen und antisemitischen Gruppen angegriffen und auf dem Weg ins Auswärtige Amt 1922 von Rechtsradikalen erschossen. – 1933 bis 1946 hieß die Straße Scharnhorststraße nach dem preußischen General Gerhard Johann David von Scharnhorst (1755–1813). Als Leiter des preußischen Kriegsministeriums führte Scharnhorst eine Heeresreform durch, führte 1813 die allgemeine Wehrpflicht ein und bereitete den antinapoleonischen »Freiheitskrieg« vor.

Ravensburger Straße *(benannt 1936, Stadtteil Wangen)* Kreisstadt Ravensburg, 48 000 Einwohner. Die ehemalige Reichsstadt liegt an der Schussen; sie entstand am Fuß der Ravensburg, dem Stammsitz der Welfen. Ravensburg ist die Stadt der Türme und Tore; allein sieben Türme der mittelalterlichen Stadtmauer sind noch erhalten. Die Ravensburger AG mit ihrem Ravensburger Spieleverlag hat den Namen der Stadt in ganz Europa bekannt gemacht.

Rebenreute *(benannt 1932, Stadtteil Stuttgart-Süd)* Der Flurname bezeichnet ein Gelände, das gerodet und dann mit Weinreben bestockt wurde.

Rebhalde *(benannt 1928, Stadtteil Stuttgart-Nord)* Nach der Hanglage der Straße, die von Weinbergen umgeben ist.

Rebhuhnweg *(benannt 1935, Stadtteil Wolfbusch)* Das Rebhuhn, *Perdix perdix*, gehört zur Familie der Glattfußhühner und ist ein Kulturfolger, der bereits frühzeitig von der Ausbreitung des Ackerbaus profitierte. Aufgrund der günstigen Bedingungen stellten die damals häufigen Hühnervögel eine beliebte Jagdbeute dar. Volkstümlich wurden die Vögel Rep- beziehungsweise Feldhuhn genannt. Mit der Intensivierung der Landwirtschaft ist das Rebhuhn in seinem gesamten mitteleuropäischen Verbreitungsgebiet bestandsbedroht und vielerorts bereits zu einem seltenen Vogel geworden.

Rebmannstraße *(benannt 1934, Stadtteil Stuttgart-Süd)* Johannes Rebmann (geboren 1820 in Gerlingen, gestorben 1876 in Korntal [heute Korntal-Münchingen]), Missionar und Entdecker des Kilimandscharos.

Rechbergstraße *(benannt 1893, Stadtteil Stuttgart-Ost)* Berg (707 m) bei Schwäbisch Gmünd, Ostalbkreis, einer der drei »Kaiserberge«, zu denen auch der Hohenstaufen und der Stuifen gehören (siehe →Hohenstaufenstraße und →Stuifenstraße). Schon die Römer haben den Berg befestigt. In staufischer Zeit wurde hier die Stammburg der Herren von Rechberg errichtet, die zeitweise die Marschallwürde des Herzogtums Schwaben innehatten. Bis 1986 befand sich die gut erhaltene Burg Hohenrechberg im Besitz dieses Geschlechts. Neben der Burg ließ Graf Bernhard Bero 1686/88 eine Kirche erbauen; noch im 15. Jahrhundert wurde sie Wallfahrtskirche und ist es bis heute geblieben. Am Fuß des Berges liegt der staatlich anerkannte Erholungsort Rechberg (1350 Einwohner), ein Stadtteil von Schwäbisch Gmünd (siehe →Gmünder Straße).

Rechtensteinstraße *(benannt 1961, Straßenführung geändert 1989, Stadtteil Feuerbach)* Ruine Rechtenstein bei Obermarchtal im Alb-Donau-Kreis. Die 1331 erstmals urkundlich erwähnte Doppel-Burg über der Donau bildete den Stammsitz der in mehrere Linien weit verzweigten Herren von Stein. 1817 wurde die Burg mit Ausnahme des Bergfrieds geschleift. Bei klarem Wetter hat man vom Turm eine herrliche Fernsicht. Die Gemeinde Rechtenstein zu Füßen der Burg hat 300 Einwohner.

Reeßweg *(benannt 1972, Stadtteil Rohr)* Karl Reeß (geboren 1871, gestorben 1912), königlicher Forstwart.

Regenpfeiferweg *(benannt 1974, Stadtteil Neugereut)* Die Regenpfeifer bilden eine eigene Familie und werden traditionell zu den Watvögeln gezählt. Der wohl bekannteste Vertreter ist der Kiebitz *(Vanellus vanellus)*.

Regerstraße *(benannt 1935, Straßenführung geändert 1977, Stadtteil Botnang)* Johann Baptist Joseph Maximilian Reger (geboren am 19. März 1873 in Brand, Oberpfalz, Bayern, gestorben am 11. Mai 1916 in Leipzig), Komponist. Max Reger war Universitätsmusikdirektor und Professor am Königlichen Konservatorium in Leipzig und 1911 bis 1914 Hofkapellmeister in Meiningen. Neben diesen Tätigkeiten entfaltete er eine ausgedehnte Tätigkeit als Komponist und konzertierender Pianist. Man könnte Reger einen »moderaten Neutöner« nennen; seine Kompositionen zeichnen sich durch sehr freie Tonalität mit überraschenden Tonartwechseln aus, durch kühne Harmonik und Polyphonie bei strengen Satzformen. Sie bilden einen Markstein auf dem Weg in die musikalische Moderne. Andauernde Berühmtheit erlangte Reger vor allem durch seine Orgelwerke, obwohl er auch in den Bereichen der Kammermusik, der Lieder, der Chor- und der Orchesterkomposition Bedeutendes geleistet hat. Reger hat trotz seines frühen Todes eine Reihe hoher Auszeichnungen erhalten, so die zweifache Ehrendoktorwürde. Seine Witwe hat 1947 das Max-Reger-Institut, getragen von der Elsa-Reger-Stiftung, gegründet, das die künstlerische und wissenschaftliche Auseinandersetzung mit Regers Werk zu fördern versucht; sein Sitz wurde 1996 von Bonn nach Karlsruhe verlegt.

Reginenstaffel *(benannt 1935, Stadtteil Degerloch)* Weiblicher Vorname.

Reginenstraße *(benannt 1911, Stadtteil Degerloch)* Weiblicher Vorname.

Rehweg *(benannt 1935, Stadtteil Wolfbusch)* Das Reh, *Capreolus capreolus,* ist als Waldtier von Westeuropa bis China verbreitet.

Reichelenberg, Am siehe →Am Reichelenberg.

Reichelenbergweg, Oberer siehe →Oberer Reichelenbergweg.

Reichenbachstraße *(benannt 1937, Stadtteil Bad Cannstatt)* Johann Friedrich Reichenbach (geboren 1720 in Cannstatt [heute Stuttgart-Bad Cannstatt], gestorben 1790 in Stuttgart), bekannter Stuttgarter Augenarzt. Studierte in Straßburg und Paris, wurde 1752 herzoglicher Leibchirurgus, heiratete 1754 in Cannstatt Eleonora Kunigunda Jenisch, wohnte ab 1760 in Stuttgart und ließ sich 1767 als praktischer Arzt in Tübingen nieder.

Reichenberger Straße *(benannt 1947, Stadtteil Möhringen)* Stadt Reichenberg (tschechisch: Liberec), Tschechische Republik, 104 000 Einwohner. Die Industriestadt Reichenberg liegt an der Görlitzer Neiße und war einst die größte deutsche Stadt des Sudetenlandes.

Reichenhaller Straße *(benannt 1937, Stadtteil Bad Cannstatt)* Die Kreisstadt Bad Reichenhall liegt im Berchtesgadener Land, Bayern, und hat 16 500 Einwohner. Sie ist wegen ihrer Solquellen bekannt. – 1895 bis 1937 hieß die Straße Hohenzollernstraße nach der Burg Hohenzollern bei Hechingen (siehe →Hohenzollernstraße).

Reichert-Staffel, Willy- siehe →Willy-Reichert-Staffel.

Reiherhorst *(benannt 1935, Stadtteil Wolfbusch)* Der Reiher baut sein Nest, auch Horst genannt, in hohen Bäumen.

Reiherstraße *(benannt um 1908, Stadtteil Möhringen)* Der Graureiher, *Ardea cinerea,* ist der häufigste einheimische Reiher. Er wurde so stark bejagt, dass er inzwischen geschützt werden musste.

Reinbeckstraße *(benannt 1945, Stadtteil Rohr)* Georg (von) Reinbeck (geboren 1767, gestorben 1849), Dichter und Ästhetiker, Professor am Stuttgarter Gymnasium. Die Errichtung des Stuttgarter Schillerdenkmals ist seiner Initiative zu verdanken. 1839 wurde Reinbeck zum Stuttgarter Ehrenbürger erhoben.

Reinekeweg *(benannt 1937, Stadtteil Heumaden)* Name des Fuchses in der Tierfabel.

Reinhartstraße *(benannt 1933, Stadtteil Mühlhausen)* Reinhart von Mühlhausen († um 1400), Stifter der in den Jahren 1380 bis um 1385 erbauten Veitskirche in Mühlhausen.

Reinhold-Brändle-Weg *(benannt 1978, Stadtteil Rot)* Reinhold Brändle (geboren am 1. Februar 1936, ermordet am 5. September 1977 in

Köln), Polizeihauptmeister der Landespolizeidirektion II. Er lebte in Zuffenhausen und war zum Schutz des damaligen Arbeitgeberpräsidenten Hanns Martin Schleyer abkommandiert. Bei der Entführung Schleyers durch Mitglieder der Terrororganisation Rote Armee Fraktion in Köln am 5. September 1977 wurden Brändle, zwei seiner Kollegen, nämlich die Stuttgarter Polizeimeister Roland Pieler und Helmut Ulmer, sowie der Fahrer Schleyers erschossen. Die Terroristen brachten Schleyer nach mehreren Wochen um.

Reinhold-Maier-Brücke *(benannt 1972, Stadtteile Bad Cannstatt und Münster)* Reinhold Maier (geboren am 16. Oktober 1889 in Schorndorf, gestorben am 19. August 1971 in Stuttgart), Rechtsanwalt und Politiker. Maier war von 1924 bis 1933 Vorsitzender der württembergischen DDP, der Deutschen Demokratischen Partei, und Mitglied des Landtages, 1930 bis 1933 württembergischer Wirtschaftsminister im Kabinett Bolz/Bazille. In dieser Funktion versuchte er mit einigem Erfolg, die Wirtschaft durch öffentlich finanzierte Notstandsprogramme zum Ausbau der Infrastruktur (Bahnelektrifizierung, Neckardurchstich bei Heilbronn) anzukurbeln und dadurch die Arbeitslosigkeit zu senken. Nach der Wahl des nationalsozialistischen Staatspräsidenten Wilhelm Murr am 15. März 1933 schied er aus dem Amt. Während der Wahlkämpfe (Landtagswahl 24. Februar 1932, Reichstagwahlen 6. Januar 1932, 5. März 1933) zeigte er sich als scharfer Gegner der Nationalsozialisten und der Deutschnationalen.
Maier war von 1932 bis Juli 1933 Mitglied des Reichstags, bis die Nationalsozialisten ihm das Mandat aberkannten. Gegen die Bedenken von Theodor Heuss und Hermann Dietrich setzte er durch, dass die fünf Abgeordneten der Deutschen Staatspartei am 23. März 1933 dem Ermächtigungsgesetz zustimmten. Er glaubte, durch diese Zustimmung wenigstens die Existenz des Reichstags retten zu können. Damit lud er eine schwere Hypothek auf den deutschen Liberalismus, die ihn nach Kriegsende auch persönlich belastete. 1947 wurde sein Votum in einem Spruchkammerverfahren und in einem Untersuchungsausschuss des württemberg-badischen Landtags durchleuchtet. Aus beiden Verfahren ging er unversehrt hervor. Bis Ende 1944 war er als Anwalt tätig. Wegen der jüdischen Herkunft seiner Frau wurde seine Familie von den nationalsozialistischen Machthabern wiederholt drangsaliert. Wenige Monate vor Beginn des Zweiten Weltkriegs erhielten seine Frau und seine Kinder die Ausreisegenehmigung nach England. Er selbst blieb in Stuttgart. Wegen seiner

Kompetenz in Wirtschaftsfragen beauftragten ihn die Amerikaner im August 1945 mit der Bildung einer Regierung für Nordwürttemberg und Nordbaden. Er trat 1945 der neu gegründeten Demokratischen Volkspartei bei, aus der die FDP hervorging, und verhalf ihr dank seiner hohen Popularität zu großen Wahlerfolgen. Seit 1948 gehörte er zu den Vorkämpfern einer Vereinigung der von den Besatzungsmächten 1945 geschaffenen drei südwestdeutschen Länder. In Gebhard Müller, dem Staatspräsidenten von Württemberg-Hohenzollern, fand er hierfür einen kongenialen Partner, in Leo Wohleb, dem Staatspräsidenten (Süd-)Badens, einen erbitterten Gegner. 1945 bis 1952 war Reinhold Maier Ministerpräsident von Württemberg-Baden, 1952/1953 der erste Ministerpräsident von Baden-Württemberg. Weitere politische Ämter: 1953 bis 1956 und 1957 bis 1959 Mitglied des Bundestags, 1957 bis 1960 Bundesvorsitzender der FDP. Maier war ein Landespolitiker mit großer Ausstrahlung. Er hat dazu beigetragen, die modernen Industriestrukturen im deutschen Südwesten zu schaffen und ständig weiter zu verbessern. 1969 verlieh ihm der Stuttgarter Gemeinderat die Ehrenbürgerwürde.

Reiniger-Straße, Otto- siehe →Otto-Reiniger-Straße.

Reinsburgstraße *(benannt 1853, Stadtteil Stuttgart-West)* Die gleichnamige Flur wurde 1286 erstmals urkundlich genannt. Der Name dürfte sich aus der Zusammensetzung von Rain (Abhang eines Hügels gegen ein Wiesental) und Berg (Burg) ableiten. – Um 1850 nannte man den Weg im Zuge der Reinsburgstraße »verlängerte Marienstraße«.

Reisachstraße *(benannt 1937, Stadtteil Weilimdorf)* Wohnsiedlung in der Flur Reisach, die ein mit Buschwerk bestandenes Gelände war.

Reisstraße *(benannt 1938, Stadtteil Zuffenhausen)* Johann Philipp Reis (geboren am 7. Januar 1834 in Gelnhausen, gestorben am 14. Januar 1874 in Friedrichsdorf bei Homburg), Physiker, Erfinder des Telefons (1861). – Bis 1938 hieß die Straße Ulrichstraße, wohl nach Herzog Ulrich von Württemberg (siehe →Ulrichstraße).

Reitzensteinstraße *(benannt 1905, Stadtteil Stuttgart-Ost)* Carl Bernhard Freiherr von Reitzenstein (geboren 1809 in Oberkotzau bei Hof, gestorben 1885 in Stuttgart), Generalleutnant, Führer der württembergischen Truppen in der Schlacht bei Champigny 1870, genannt »der grobe Reitzensteiner«. Beim Einzug der siegreichen schwäbischen Regimente 1871 wurde ihm für seine »heldenmütige Tapferkeit« das Ehrenbürgerrecht Stuttgarts verliehen. Er war der Schwiegervater der Baronin Friederike Marie Helene von Reitzenstein, geb. Hallberger, der Erbauerin der Villa Reitzenstein, des heutigen baden-württembergischen Regierungssitzes (siehe →Richard-Wagner-Straße).

Relenbergstraße *(benannt 1896, Stadtteil Stuttgart-Nord)* Der Flurname geht auf den weiblichen Vornamen Renlint oder Reinlint, ursprünglich Reginlinde, zurück und wurde 1304 erstmals urkundlich genannt. Er erinnert an die Stammmutter des ottonischen, salischen und staufischen Herrscherhauses, Herzogin Reginlinde (geboren um 890, gestorben um 965 auf der Insel Ufenau im Zürichsee). Zu ihrem Besitz gehörte das Stuttgarter Tal, das sie von ihren Eltern geerbt hatte, einem Grafen Eberhard und einer Gräfin Gisela. Der Historiker Hansmartin Decker-Hauff vermutet: »Dass gerade die Erinnerung an Reginlinde in dem Weinberggewann durch einen Flurnamen festgehalten wurde, könnte als Hinweis darauf zu deuten sein, dass vielleicht zu ihren Lebzeiten oder auf ihr Geheiß dieser Hang gerodet wurde.« Reginlinde heiratete um das Jahr 904 Burkhard I., den nachmaligen Herzog von Schwaben, und nach dessen Tod 926 Herzog Hermann I. von Schwaben. Ihr einziges Kind aus zweiter Ehe, eine Tochter namens Ita, erbte wahrscheinlich das Stuttgarter Tal. Ita wiederum heiratete um 947 den Sohn von Kaiser Otto dem Großen, den niedersächsischen Adligen Ludolf. Ludolf war zugleich Reginlindes Urenkel, denn seine Mutter Adelheid entstammte der Ehe von Bertha, einer Tochter Reginlindes aus erster Ehe, mit König Rudolf II. von Burgund. Ludolf übernahm nach dem Tod von Reginlindes Gatten Hermann I. die schwäbische Herzogswürde und gründete um 950 das Gestüt, von dem Stuttgart seinen Namen ableitet (siehe auch →Stiftstraße). Die zweimalige Herzoginwitwe Reginlinde ging um diese Zeit nach Zürich, wo sie als Äbtissin dem vornehmen Fraumünster vorstand. Schließlich zog sie sich, von der Lepra befallen, als Einsiedlerin auf die Insel Ufenau im Zürichsee zurück. Bis in die Reformationszeit wurde Reginlinde als Heilige verehrt.

Rembrandtstraße *(benannt 1946, Stadtteile Möhringen und Sonnenberg)* Rembrandt Harmensz van Rijn (geboren am 15. Juli 1606 in Leiden, Niederlande, gestorben 4. Oktober 1669 in Amsterdam), Maler. Rembrandt studierte an der Universität Leiden und war 1624/25 Schüler von Pieter Lastman. Er wurde bald zum gefragten Porträtisten und unterhielt eine Werkstatt, in der arbeitsteilig gemalt wurde. Rembrandt lebte auf großem Fuß; er sammelte Kunstgegenstände, Münzen, Musikinstrumente, ausgestopfte Tiere, exotische Pflanzen, seltene Steine, Waffen und investierte in den Seehandel und in Schiffe. Doch schlechte Geschäftsführung, sein Sammelwahn und seine arrogante Selbstverherrlichung führten zum wirtschaftlichen Ruin; 1657/58 wurden sein Haus und seine gesamte Habe versteigert. Rembrandt war ein Meister der Lichtführung; er benutzte die Blickrichtung des Betrachters als Kompositionselement. Er malte ohne Vorzeichnung sofort auf die Leinwand oder auf Holz und überarbeitete das Gemälde während des Entstehungsprozesses laufend. Rembrandt schuf zahlreiche Gemälde nach biblischen Themen, Porträts, etwa 80 Selbstporträts, Landschaften, außerdem über 300 Radierungen. Erhalten sind auch zahlreiche Handzeichnungen. Die Zuschreibung einzelner Werke steht seit Jahren im Mittelpunkt der wissenschaftlichen Rembrandt-Forschung. Von ursprünglich über 700 Gemälden gelten heute kaum mehr 300 als Werke des Meisters; die anderen sind Produkte seiner Werkstatt. Selbst der berühmte »Mann mit dem Goldhelm« wurde Rembrandt abgesprochen. Dennoch gilt Rembrandt neben Peter Paul Rubens und später Vincent van Gogh als der herausragende Maler der Niederlande. Rembrandts Sohn Titus van Rijn (1641–1668) wurde ebenfalls Maler.

Remppisstraße *(benannt 1957, Stadtteil Birkach)* Georg Remppis, in einer Urkunde aus dem Jahr 1553 genannt, war ehemaliger Schultheiß von Birkach.

Remscheider Straße *(benannt 1937, Stadtteil Bad Cannstatt)* Stadt Remscheid, Nordrhein-Westfalen, 122 000 Einwohner. – 1889 bis 1937 hieß die Straße Pfeifferstraße nach Ernst Ezechiel Pfeiffer (siehe →Rosenaustraße); die Straße durchschnitt die großen Gärten Pfeiffers. 1874 bis 1889 hieß die Straße Diagonalstraße.

Remstalstraße *(benannt 1927, Stadtteil Bad Cannstatt)* Nach dem wein- und obstreichen Tal der Rems vor den Toren Stuttgarts.

Rendlenstraße *(benannt 1955, Stadtteil Feuerbach)* Karl Rendlen (geboren 1846, gestorben 1910), in Feuerbach sehr geschätzter Wundarzt.

Renettenweg *(benannt 1958, Stadtteil Rohracker)* Feinsäuerliche, saftige Apfelsorten.

Rennstraße *(benannt vor 1926, Stadtteil Weilimdorf)* Unter Rennstraßen verstand man früher geradlinig verlaufende Straßenzüge. Der Begriff wird von rinnen (geradeaus auf ein Ziel zulaufen) hergeleitet.

Renzwiesen *(benannt 1911, Stadtteil Wangen)* Der Flurname leitet sich wahrscheinlich von dem Namen Renz als dem Besitzer der Wiesen ab.

Resedenweg *(benannt 1936, Stadtteil Sommerrain)* Die wohlriechende Reseda, *Reseda odorata,* ist eine Gartenblume. Wild wachsende Reseden sind der Gelbe Wau, *Reseda lutea,* der vor allem entlang der Eisenbahnlinien vorkommt, und der Färberwau, *Reseda luteola,* aus dessen gelben Blüten früher Farbstoff gewonnen wurde.

Ressestraße *(benannt 1957, Stadtteil Plieningen)* Nach dem ersten, urkundlich nachweisbaren Plieninger Schultheißen namens Resse, genannt 1329.

Retti-Weg, Leopoldo- siehe →Leopoldo-Retti-Weg.

Reuchlinstraße *(benannt 1867, Stadtteil Stuttgart-West)* Johannes Reuchlin (geboren 1455 in Pforzheim, gestorben 1522 in Stuttgart), Humanist. Gilt neben Erasmus von Rotterdam als das Haupt des deutschen Humanismus. Graf Eberhard im Bart holte ihn 1483 als Jurist nach Stuttgart an den württembergischen Hof. Reuchlin wirkte als Rat am Hof, war Mitglied des Hofgerichts und Vorsitzender des schwäbischen Bundesgerichts. Der politische Umschwung nach Graf Eberhards Tod veranlasste ihn 1496, Stuttgart zu verlassen. In Heidelberg fand er beim Kanzler des Kurfürsten Philipp, dem Wormser Bischof Johann von Dalberg, und am Pfälzer Hof gastliches Asyl. Nach Stuttgart zurückgekehrt, war er als Rechtsanwalt und Bundesrichter tätig. Reuchlin förderte die Kenntnis des Griechischen und wirkte bahnbrechend für das Studium des Althebräischen, das vorher in Deutschland kaum geübt wurde. Als der christlich getaufte Kölner Jude Johannes Pfefferkorn Schriften gegen die Juden veröffentlichte und die Beschlagnahmung aller jüdischen Bücher forderte, wandte sich Reuchlin mit einem sachlichen Gutachten dagegen, dem »Augenspiegel« (1511). Die Kölner Dominikaner, bei denen Pfefferkorn Rückhalt gefunden hatte, klagten Reuchlin wegen Ketzerei an, wofür er 1520 verurteilt wurde. Die öffentliche Meinung in Deutschland aber hatte längst für Reuchlin entschieden. Fast alle Humanisten standen auf Reuchlins Seite. Reuchlin floh 1520 vor Krieg und Pest nach Ingoldstadt, wo er Griechisch und Hebräisch lehrte, und siedelte 1521 nach Tübingen über. Er lehnte Luthers Kirchenreform ab. Seit 1516 in Konfraternität mit dem Au-

Johannes Reuchlin

gustinerorden, wurde er schließlich Priester. Reuchlins Wohnhaus neben dem Chor der Stiftskirche wurde 1599 beim Bau des heutigen Schillerplatzes abgebrochen. Fundament- und Kellerreste des Hauses wurden 1972 gefunden. Reuchlins letzte Ruhestätte befindet sich in der Leonhardskirche. Siehe auch →Melanchthonstraße.

Reuter-Platz, Ernst- siehe →Ernst-Reuter-Platz.

Reuter-Straße, Fritz- siehe →Fritz-Reuter-Straße.

Reutlinger Straße *(benannt 1939, Stadtteil Degerloch)* Die Kreisstadt Reutlingen, 111 000 Einwohner, liegt an der Echaz am Fuße der Schwäbischen Alb. Reutlingen war Reichsstadt und ist bis heute ein wichtiges Handelszentrum. Siehe auch →Achalmstraße. – Bis 1939 hieß die Straße Ringstraße.

Revaler Straße *(benannt 1933, Stadtteil Mühlhausen)* Die Hansestadt Reval (estnisch: Tallinn), Hauptstadt der Republik Estland, liegt an der Ostsee und hat etwa 410 000 Einwohner. 1997 wurde Tallinn als eine der am vollständigsten erhaltenen Städte Europas von der Unesco zum Weltkulturerbe erklärt.

Rexinger Weg *(benannt 1957, Stadtteil Vaihingen)* Stadtteil Rexingen der Stadt Horb am Neckar, Landkreis Freudenstadt, 1300 Einwohner. Von 1290 bis zu seiner Auflösung durch Napoleon im Jahr 1806 hatte der Johanniterorden die Herrschaft über das Dorf. Im Dreißigjährigen Krieg nahmen die Mönche Schutzjuden auf; daraus entwickelte sich eine blühende jüdische Gemeinde, bis zu einem Drittel der Rexinger Einwohner waren Juden. Viele konnten in der Zeit des Nationalsozialismus auswandern; eine Gruppe gründete 1938 in Palästina den Ort Shavei Zion. Ein Drittel der jüdischen Bevölkerung von Rexingen wurde in den Vernichtungslagern im Osten umgebracht. Die Synagoge wurde in der Reichspogromnacht am 9. November 1938 demoliert und in Brand gesetzt; seit 1952 wird sie von der evangelische Kirchengemeinde als Kirche und Gemeindezentrum genutzt.

Rheinstahlstraße *(benannt 1924, Stadtteil Feuerbach)* Nach der früher dort ansässigen Firma Rheinstahl Handelsgesellschaft mbH.

Rhönstraße *(benannt 1934, Stadtteil Feuerbach)* Mittelgebirge zwischen Werra, oberer Fulda und Fränkischer Saale.

Richard-Albrecht-Weg *(benannt 1998, Stadtteil Feuerbach)* Richard Albrecht (geboren 1902, gestorben 1994), Maler, Graphiker und Feuerbacher Heimatforscher. Albrecht studierte nach einer Lehre als Dekorations- und Glasmaler an der Stuttgarter Kunstgewerbeschule Gebrauchsgrafik. 1934 erhielt er den Akademie-Preis für Malerei.

Nach dem Zweiten Weltkrieg beschäftigte sich das Feuerbächer Urgestein aus der Bandkellerstraße in Ölgemälden, Aquarellen, Temperabildern und Zeichnungen sehr stark mit Feuerbach und veröffentlichte die Bücher »Feuerbach ond ebbes Feuerbächer«, »Feuerbach – Ernstes und Vergnügliches aus 50 Jahren« und »Hoch vom Turme – Ein Feuerbächer erzählt« mit Geschichten und Anekdoten.

Richard Albrecht, Selbstbildnis, um 1970

Richard-Koch-Straße *(benannt 1927, Stadtteil Stuttgart-Ost)* Karl Richard (von) Koch (geboren 1852 in Stettin, gestorben 1924 in Bad Liebenzell), seit 1891 Professor für Physik und Meteorologie an der Technischen Hochschule in Stuttgart, 1895 bis 1910 württembergischer Kommissar für die internationalen Erdmessungen. Er gründete 1911 das Physikalische Institut der heutigen Universität Stuttgart.

Richard-Schmid-Straße *(benannt 1991, Stadtteile Riedenberg und Heumaden)* Richard Schmid (geboren 1899 in Sulz am Neckar, gestorben 1986), Präsident des Oberlandesgerichts Stuttgart, Verfolgter des Naziregimes. Schmid promovierte in Tübingen und erwarb sich 1934 und 1935 in politischen Verfahren als mutiger Verteidiger einen Namen. 1937 trat er in die renommierte Anwaltskanzlei Heusel und Haußmann ein; Wolfgang Haußmann, der spätere baden-württembergischen Justizminister (FDP), hatte noch bei der Reichstagswahl im März 1933 für die liberale DDP kandidiert. Schmid war mit Erich Schairer befreundet, dem Besitzer und Herausgeber der kritischen »Sonntagszeitung«, er bereiste 1935 die Sowjetunion, traf 1936 in Kopenhagen einen emigrierten ehemaligen Funktionär der Kommunistischen Partei Opposition (KPO) und hielt sich oft in der Schweiz auf. Mindestens zwei Verfolgten verhalf er zur Flucht in die Eidgenossenschaft. Schmid hatte Kontakte zum illegalen Internationalen Sozialistischen Kampfbund (ISK) und dessen »Reichsleiter« Hellmuth von Rauschenplat alias Fritz Eberhard, der mehrere Attentate auf Hitler plante und 1937 nach London floh. Ohne Mitglied zu sein, diente Schmid der konspirativ agierenden Sozialistischen Arbeiterpartei (SAP) als Anlaufstelle, Denker, Verteidiger und Vermittler in Stuttgart. Am 21. November 1938 wurde er von der Geheimen Staatspolizei (Gestapo) verhaftet. Man verbrachte ihn zunächst zur »Schutzhaft« nach Welzheim; im Mai 1939 kam er in Untersuchungshaft und im Januar 1940 verurteilte ihn der Volksgerichtshof wegen »Vorbereitung zum Hochverrat« zu drei Jahren Zuchthaus. Wie durch ein Wunder wurde er nach Verbüßung der Haft nicht an die Gestapo überstellt, was erneute KZ-Haft bedeutet hätte. Nach 1945 wirkte Schmid als Generalstaatsanwalt in Stuttgart, von 1953 bis 1964 war er Präsident des Stuttgarter Oberlandesgerichts. Auch in dieser Zeit erhob er oft seine kritische Stimme. »Er warnte, mahnte und stritt, wenn immer er für die zerbrechliche Pflanze der Demokratie Gefahr wähnte«, schrieb Willy Brandt in der Festschrift zu seinem 85. Geburtstag. Die Aberkennung seines Doktortitels, die mit der Verurteilung durch den Volksgerichtshof verbunden war, wurde im Jahr 2002 aufgehoben.

Richard-Wagner-Straße *(benannt 1933, Stadtteile Stuttgart-Ost und Stuttgart-Süd)* Richard Wagner (geboren am 22. Mai 1813 in Leipzig, gestorben am 13. Februar 1883 in Venedig), Komponist, Dirigent und Schriftsteller. An kaum einem Komponisten scheiden sich so sehr die Geister wie an Wagner. Doch ob man ihn mag oder nicht: Wagner war wohl der bedeutendste Komponist des 19. Jahrhunderts. Als Schöpfer des »Musikdramas«, einer Fortentwicklung der Oper, verwirklichte er den Gedanken eines Bühnen-Gesamtkunstwerks. Dem Orchester gewann er eine außerordentliche Vielfalt von Klangfarben ab; durch seine chromatische Stimmführung stieß er an die Grenzen der Harmonik und bereitete den Weg für die Neue Musik. 1872 legte er den Grundstein für das Bayreuther Festspielhaus und begründete damit die Bayreuther Festspiele. Bekannte Bühnenwerke von Wagner sind »Rienzi«, »Der fliegende Holländer«, »Lohengrin«, »Tristan und Isolde«, »Die Meistersinger von Nürnberg« und »Der Ring des Nibelungen« (siehe auch →Elsaweg, →Lohengrinstraße, →Meistersingerstraße, →Parsifalstraße und →Rienzistraße). Wagner war am 29. April 1864 auf der Flucht vor seinen Gläubigern in Stuttgart abgestiegen, als ihn im Hotel Marquardt die Nachricht erreichte, König Ludwig II. von Bayern unterstütze ihn finanziell. – Die Straßenbenennung erfolgte nicht zufällig 1933: Bis dahin hieß die Straße Heinestraße nach dem Dichter Heinrich Heine (1797–1856), der bei den Nationalsozialisten wegen seiner jüdischen Herkunft verfemt war. Damit nicht genug: In dieser Straße steht die Villa Reitzenstein (Richard-Wagner-Straße 15), heute der Sitz des Ministerpräsidenten und des Staatsministeriums und bis 15. März 1933 Amtssitz des rechtmäßig gewählten Staatspräsidenten Eugen Bolz (1881–1945). Als der neue »Reichsstatthalter« Hitlers, der ehemalige Lagerverwalter Wilhelm Murr (1888–1945), die Villa für sich in Besitz nahm und auch noch in unmittelbarer Nachbarschaft ein Privathaus bezog (Richard-Wagner-Straße 12), duldete er die Benennung nach dem Spötter und Juden Heine nicht mehr; am 26. Mai wurde die Straße umbenannt. Das Wagnersche Musiktheater hatte sich schon vor 1933 in den Dienst der NS-Ideologie gestellt; die Inhalte in Wagners Werk sind deutlich chauvinistisch, antisemitisch und antifeministisch, weshalb Wagners Kompositionen bei den Nationalsozialisten sehr beliebt waren. Vergleiche auch →Reitzensteinstraße.

Richbodstraße *(benannt 1933, Stadtteil Zazenhausen)* Name eines Abtes des hessischen Klosters Lorsch, 788 in verschiedenen Zazenhäuser Schenkungsurkunden erwähnt. Siehe auch →Bilihildstraße, →Emhildstraße, →Helmulfstraße und →Nazariusweg.

Richterstraße *(benannt um 1903, Stadtteil Möhringen)* Nach dem Flurnamen »Im Richter«. »Richter« war die Bezeichnung für den Finanzmann und Verwalter des Möhringer Spitalhofs.

Richtstraße *(benannt 1811, Stadtteil Stuttgart-Mitte)* Früher hieß diese Straße »Scharfrichtergäßle« nach dem an den Nachrichter-Turm, auch »Weißer Turm« genannt, anstoßenden Wohnhaus des Scharfrichters. Erstmals 1764 in einer Urkunde erwähnt, siehe auch →Hauptstätter Straße.

Rieckestraße *(benannt 1957, Stadtteil Stuttgart-Ost)* Viktor Heinrich Riecke (geboren 1759 in Stuttgart, gestorben 1830 in Lustnau [heute Tübingen-Lustnau]), Schul- und Waisenhausinspektor in Stuttgart, machte sich vor allem um das Volksschulwesen sehr verdient. – Von 1874 bis 1957 hieß die Straße Wörthstraße nach dem Ort Wörth in den Nordvogesen (französisch: Woerth en Alsace), wo am 6. August 1870 im Deutsch-Französischen Krieg 38 000 Franzosen von 90 000 Preußen in einer Schlacht mit 20 000 Toten besiegt wurden. Als Folge unter anderem dieser Schlacht verlor Frankreich 1871 das Elsass und einen großen Teil Lothringens.

Riedenberger Straße *(benannt 1890, Stadtteil Birkach)* Führt nach Riedenberg.

Riederstraße *(benannt 1937, Straßenführung geändert 1986, Stadtteil Lederberg)* Der Flurname dürfte sich von Ried, nassem, sumpfigem Land, herleiten.

Riedgrasweg *(benannt 1967, Stadtteil Plieningen)* Zu den Riedgrasgewächsen gehören unter anderem die Gewöhnliche Sumpfbinse, *Eleocharis palustris,* und die Seebinse, *Scirpus lacustris.*

Riedlinger Straße *(benannt 1936, Straßenführung geändert 1979, Stadtteil Wangen)* Stadt Riedlingen, Landkreis Biberach, 10 200 Einwohner, liegt an der Donau und der Oberschwäbischen Barockstraße.

Riedwiesen, In den siehe →In den Riedwiesen.

Rienzistraße *(benannt 1939, Stadtteil Degerloch)* Oper von Richard Wagner (siehe →Richard-Wagner-Straße).

Rieslingsteg *(benannt 1977, Stadtteil Stuttgart-Ost)* Traubensorte. Der Steg wurde zur Bundesgartenschau 1977 gebaut; er führte zu einer Weinbau-Sonderschau.

Rieslingweg *(benannt 1937, Stadtteil Uhlbach)* Traubensorte.

Rigaer Straße *(benannt 1933, Stadtteil Mühlhausen)* Hansestadt Riga, Hauptstadt Lettlands, 910 000 Einwohner. Riga wurde 1201 unter Bischof Albert von Livland durch deutsche Kaufleute gegründet. Ab 1561 war es Reichsstadt, ab 1582 gehörte es zu Polen, ab 1621 zu Schweden, ab 1710 zu Russland, ab 1918 war es Hauptstadt der Republik Lettland, die 1940 in die UdSSR eingegliedert wurde. Die offizielle Begründung der Benennung in der NS-Zeit lautete: »im Gedenken des jahrhundertealten Deutschtums in den ehemaligen baltischen Provinzen«. Stuttgart trug von 1936 bis 1945 den Beinamen »Stadt der Auslandsdeutschen«.

Rilkeweg *(benannt 1964, Stadtteil Freiberg)* Rainer (eigentlich René) Maria Rilke (geboren am 4. Dezember 1875 in Prag, gestorben am 29. Dezember 1926 in Val-Mont am Genfer See), Dichter. Rilke war neben vielem anderen 1905/06 Privatsekretär des Bildhauers Auguste Rodin. In seinem Roman »Aufzeichnungen des Malte Laurids Brigge« (1910) verarbeitete er seine Großstadterfahrungen, es gelang ihm damit der Durchbruch des modernen deutschen Romans auf europäischem Niveau. Mit seinem Gedichtzyklus »Duineser Elegien« (1923) schuf er lyrische Verdichtungen bis an die Grenze des Sagbaren.

Ringelgärten, In den siehe →In den Ringelgärten.

Ringelnatzweg *(benannt 1955, Stadtteil Sillenbuch)* Joachim Ringelnatz, Pseudonym von Hans Bötticher (geboren am 7. August 1883 in Wurzen, Sachsen, gestorben am 17. November 1934 in Berlin), Schriftsteller und Kabarettist. Ringelnatz verfasste spöttische, satirische und groteske Gedichte von hintergründigem Humor und nachdenklichem Ernst. Er trat unter anderem in Stuttgart auf; vielleicht hatte er von hier auch die Anregung zum Kosenamen für seine Frau, denn er nannte sie »Muschelkalk«. Hans Bötticher selbst publizierte nicht nur unter dem Namen Joachim Ringelnatz (dem seemännischen Ausdruck für das Glück bringende Seepferdchen), sondern auch unter »Pinko Meyer«, »Fritz Dörry« und »Gustav Hester«. Zahlreich sind auch seine beruflichen Tätigkeiten – vom Schreiben und von Auftritten konnte er sich erst in den letzten Jahren seines Lebens ernähren –: Er versuchte sich als Schiffsjunge, Marinesoldat, Kaufmann, Hausmeister in einer Pension in England, war Lehrling in einer Dachpappenfabrik, Angestellter in einem Münchner Reisebüro, Besitzer eines Tabakladens, Maler naiver Bilder, Fremdenführer auf einer Burg, Schaufensterdekorateur, Gartenbauer, Archivar im Berliner Scherl-Verlag sowie Bibliothekar bei der gräflichen Familie Yorck von Wartenburg in Schlesien und im Elternhaus des Balladendichters Börries von Münchhausen in Hannover. Ab 1898 fungierte er als »Hausdichter« des Münchner Künstlerlokals »Simplicissimus«, 1920 erhielt er ein Engagement an der von Max Reinhardt geleiteten Berliner Kleinkunstbühne »Schall und Rauch«, in den folgenden Jahren unternahm er Tourneen durch die Kabaretts in ganz Deutschland, bis ihm die Nationalsozialisten 1933 Auftrittsverbot erteilten.

Ringlinweg *(benannt 1957, Stadtteil Weilimdorf)* Jakob Ringlin, bis 1531 Pfarrer in Weilimdorf.

Ringmauer, An der siehe →An der Ringmauer.

Rinkenberg *(benannt 1936, Stadtteil Wangen)* Der Flurname bezeichnet einen in verschiedenen Stufen abfallenden Berg.

Rippoldsauer Straße *(benannt 1937, Stadtteil Bad Cannstatt)* Ortsteil Bad Rippoldsau der Gemeinde Bad Rippoldsau-Schapbach (insgesamt 2300 Einwohner), Landkreis Freudenstadt, bekannt durch sien Mineral-Thermalbad. – Bis 1937 hieß die Straße (zusammen mit der heutigen Dürrheimer Straße und der Sodener Straße) Moltkestraße nach dem preußischen Generalfeldmarschall Helmuth Graf von Moltke (1800–1891).

Rispenweg *(benannt 1956, Stadtteil Plieningen)* Verzweigter Blütenstand mit gestilten Blüten. Das Einjährige Rispengras, *Poa annua,* ist das am weitesten verbreitete Gras der Welt. Es wächst sowohl in den Tropen als auch in Kaltgebieten. Das Gewöhnliche Rispengras, *Poa trivialis,* ist eines der häufigsten einheimischen Wiesengräser.

Rittersspornweg *(benannt 1957, Stadtteil Vaihingen)* Zu den Zierstauden im Garten zählt der Garten-Rittersporn, *Delphinium ajacis*. Der Feld-Rittersporn, *Delphinium consolida*, ist eine im Rückgang begriffenen einheimische Wildpflanze. Gehört zur Familie der Hahnenfußgewächse.

Ritterstraße *(benannt 1895, Stadtteil Stuttgart-Süd)* Jakob Friedrich Ritter (geboren 1817, gestorben 1893), letzter Heslacher Schultheiß. – Bis 1895 hieß die Straße Schulstraße.

Robert-Bosch-Platz *(benannt 2001, Stadtteil Stuttgart-Mitte)* Robert Bosch (geboren am 23. September 1861 in Albeck bei Ulm, gestorben am 12. März 1942 in Stuttgart), Großindustrieller. Der gelernte Feinmechaniker verbrachte längere Zeit in Amerika (1884/85) und erweiterte dort seine Kenntnisse in der sich entfaltenden Elektrotechnik. Anschließend nahm er eine Stelle in England an, bevor er am 11. November 1886 mit Kapital aus seinem väterlichen Erbe eine Werkstatt für Feinmechanik und Elektrotechnik im Stuttgarter Westen eröffnete. Dort stellte er Magnetzünder für Gasmotoren her, was zu Anfang jedoch kein großer Erfolg war. Seine Firma geriet an den Rand des Bankrotts. Erst in der zweiten Hälfte der Neunzigerjahre setzte der Aufschwung ein. Entscheidend war dann der 1902 von einem seiner Ingenieure entwickelte Hochspannungs-Magnetzünder für Benzinmotoren. 1917 waren für seinen Betrieb bereits 7000 Beschäftigte tätig. Das Unternehmen wurde in eine Aktiengesellschaft umgewandelt. Robert Bosch übernahm den Aufsichtsrats-Vorsitz, ohne aber die Entscheidung über die Grundlinien der unternehmenspolitischen Leitung aus der Hand zu geben. Die Serienfertigung von

Feinmechaniker und Gründer eines Weltunternehmens: Robert Bosch um 1910

Einspritzpumpen für Dieselmotoren ab 1927 sicherte die weitere Expansion des Unternehmens. Ende der Zwanzigerjahre kam die Produktion verschiedener Artikel hinzu, zum Beispiel Elektrowerkzeuge und Kühlschränke. Während der Weimarer Republik stand Robert Bosch von seiner liberalen Grundhaltung her der Deutschen Volkspartei (DVP) nahe, zeigte aber auch Sympathien für sozialdemokratische Ideen. Sein Verhältnis zum Nationalsozialismus und seinen Repräsentanten war von gegenseitigem Misstrauen und Distanz geprägt. Sein Wunsch, den Fortbestand des Unternehmens nach seinem Tod zu sichern, und sein Hang zu geschäftlicher Unabhängigkeit veranlassten ihn, die familienfremden Aktienanteile zurückzukaufen und seinen Konzern 1937 in eine GmbH umzuwandeln. Robert Bosch tat sich schon früh in vielen Bereichen als Stifter und Mäzen hervor. So stiftete er der Technischen Hochschule Stuttgart im Jahr 1910 eine Million Reichsmark zur Förderung der technischen Bildung und stellte 1916 sechzehn Millionen Reichsmark für den Ausbau des Neckarkanals bereit. 1918 gründete er den Verein zur Förderung der Volksbildung. In Stuttgart stiftete er 1940 das Robert-Bosch-Krankenhaus. Für seine Verdienste um die Hebung von Gewerbe, Handel und Verkehr und seine Unterstützung von wohltätigen und gemeinnützigen Einrichtungen wurde ihm 1917 das Ehrenbürgerrecht der Stadt verliehen. Das Stammwerk der Robert Bosch GmbH befand sich lange Jahre in Stuttgart-West, weshalb das jetzt umgestaltete Werks-Areal den Namen »Bosch-Areal« trägt.

Robert-Bosch-Straße *(benannt 1922, Stadtteil Stuttgart-Nord)* nach Robert Bosch, siehe →Robert-Bosch-Platz.

Robert-Haug-Weg *(benannt 1924, Stadtteil Stuttgart-Nord)* Robert (von) Haug (geboren 1857 in Stuttgart, gestorben 1922 in Stuttgart), Maler, Lithograph und Professor an der Akademie der bildenden Künste. Robert Haug kam nach Abschluss seines Studiums in München 1879 wieder nach Stuttgart, erhielt 1894 eine Professur an der Stuttgarter Kunstschule, der späteren Kunstakademie, und war mit Unterbrechung 1902 bis 1916 ihr Direktor. Seine Hauptwerke waren impressionistische Bilder aus den napoleonischen Befreiungskriegen, Landschaften und Fresken.

Robert-Heck-Weg *(benannt 1935, Stadtteil Stuttgart-Nord)* Robert Heck (geboren 1831 in Stuttgart, gestorben 1889 in Stuttgart), Genre-, Landschafts- und Porträtmaler.

Robert-Koch-Straße *(benannt 1946, Stadtteile Vaihingen und Rohr)*

Robert Koch (geboren am 11. Dezember 1843 in Clausthal im Harz, gestorben am 27. Mai 1910 in Baden-Baden), Arzt und Forscher, einer der Schöpfer der Bakteriologie, entdeckte 1882 den Tuberkelbazillus und 1884 den Cholera-Erreger. Für seine Verdienste um die Bekämpfung der Tuberkulose erhielt er 1905 den Nobelpreis für Medizin.

Robert-Leicht-Straße *(benannt 1927, Stadtteil Vaihingen)* Robert Leicht (geboren am 16. Mai 1849 in Schwäbisch Hall, gestorben am 21. Dezember 1921 in Vaihingen auf den Fildern), Bierbrauereibesitzer. Leicht wollte zunächst Bauer werden; sein Lehrherr betrieb jedoch nebenbei eine Brauerei, die Leicht mehr faszinierte als die Landwirtschaft. Er studierte am Stuttgarter Polytechnikum und arbeitete bei der Wiener Brauerei Dreher und einer Mälzerei in Pradubitz, bevor er als Braumeister zu Karl Widmaier nach Möhringen auf den Fildern kam. Dort verliebte er sich in die Tochter des Brauereibesitzers, Fanny, und heiratete sie. 1878 erwarb er die Vaihinger Gaststätte »Zum Ochsen«, wo er mit Fleiß, Können und schwäbischer Beharrlichkeit sein Unternehmen »Schwaben Bräu« entwickelte, das bald als größte Brauerei Württembergs galt. Gegenüber dem technischen Fortschritt war er sehr aufgeschlossen; Leicht trat auch selbst als Erfinder in Erscheinung. Das erste industriell genutzte Elektrizitätswerk Württembergs lief 1884 in der Vaihinger Brauerei. Gleichzeitig wurde eine Eismaschine aufgestellt – eine unerhörte Neuerung. 1892 führte Leicht die Dampfkochung und die pneumatische Mälzerei ein, wenig später eine bis ins Kleinste durchdachte Fassputzmaschine. Vor dem Neubau seiner Mälzerei hatte er eine Reise in die Vereinigten Staaten unternommen – und war enttäuscht mit der Feststellung zurückgekommen, dort finde sich nichts Nachahmenswertes. Als die Technische Hochschule Stuttgart Robert Leicht 1913 in Anerkennung seiner Leistungen auf dem Gebiet der Technologie des Gärungsgewerbes die Würde eines Doktors der Ingenieurwissenschaften verlieh, galt Schwaben Bräu als modernste Brauerei des Kontinents. Für die Vaihinger blieb der Industrielle jedoch »dr Vatter Leicht«; er war auch wegen seiner Freigiebigkeit und Bescheidenheit sehr beliebt. Die Vaihinger Kirchen und Vereine hat er großzügig un-

Robert Leicht

terstützt. 1900 zeichnete ihn der König bei einer Besichtigung der Brauerei mit dem Titel »Kommerzienrat« aus; Leicht antwortete darauf: »I ben ällaweil no dr Leicht.« Die frühere Gemeinde Vaihingen auf den Fildern verlieh ihm am 3. Juni 1907 das Ehrenbürgerrecht. Die Auszeichnung erfolgte bei der Einweihung des neuen Vaihinger Rathauses, für das Robert Leicht Pläne fertigen ließ und für das er auch den Brunnen gestiftet hat. Seinem Wunsch entsprechend, wurde Robert Leicht nach seinem Tod im Garten seiner Villa, dem heutigen Fanny-Leicht-Park, beigesetzt. Siehe auch →Fanny-Leicht-Straße.

Robert-Mayer-Straße *(benannt 1925, Stadtteil Stuttgart-Nord)* Julius Robert (von) Mayer (geboren am 25. November 1814 in Heilbronn, gestorben am 20. März 1878 in Heilbronn), Arzt und Physiker, entdeckte 1840 das Gesetz von der Erhaltung der Energie.

Robert-Stolz-Weg *(benannt 1980, Stadtteil Botnang)* Professor Robert Stolz (geboren am 25. August 1880 in Graz, Österreich, gestorben am 27. Juni 1975 in Berlin), Operettenkomponist. Stolz, ein Humperdinck-Schüler, hat jahrelang in Cannstatt dirigiert und dort im Haus Marktstraße 40 gewohnt. Er fühlte sich hier bis zur »Machtergreifung« der Nationalsozialisten sehr wohl; als Jude emigrierte er 1935 nach Wien, 1938 nach Frankreich und 1940 in die USA, wo er bald einen überwältigenden Erfolg als Dirigent hatte. 1950 kehrte Stolz nach Wien zurück. Bis ins hohe Alter zeigte er eine unermüdliche Schaffenskraft. Stolz hat etwa 2000 Lieder komponiert, darunter »Im Prater blüh'n wieder die Bäume«.

Robertstraße *(benannt 1921, Stadtteil Luginsland)* Männlicher Vorname.

Rochenweg *(benannt 1957, Stadtteil Mönchfeld)* Die Rochen gehören wie die Haie zu den Knorpelfischen, unterscheiden sich von jenen aber durch ihren abgeplatteten Körper. Weltweit kennt man über 400 verschiedene Arten. Der größte unter ihnen ist der Teufelsrochen *(Manta birostris)* mit bis zu sieben Metern Spannweite.

Rodung, In der siehe →In der Rodung.

Röckenwiesenstraße *(benannt 1929, Stadtteil Stuttgart-West)* Der seit 1304 bekannte Flurname Röckenwiesen geht auf den Personennamen Recke oder Reck als Besitzer einer Wiese hier zurück. Dieser Name wurde von 1280 an in Stuttgarter Urkunden häufig erwähnt.

Röhrlingweg *(benannt 1957, Stadtteil Schönberg)* Die Röhrlinge sind eine Gruppe von Pilzen, die auf ihrer Hutunterseite eine aus Röhren zusammengesetzte, schwammartige Struktur aufweisen. Zu den Röhrlingen zählen beispielsweise der Steinpilz und der Butterpilz.

Rölli-Platz, Alois- siehe →Alois-Rölli-Platz.

Römerhaus, Beim siehe →Beim Römerhaus.

Römerhof, Beim siehe →Beim Römerhof.

Römerkastell, Am siehe →Am Römerkastell.

Römersteinweg *(benannt 1928, Stadtteil Stuttgart-Ost)* Höchste Erhebung der mittleren Alb (876 m) bei der Gemeinde Römerstein, seit 1912 von einem 28 Meter hohen Aussichtsturm des Schwäbischen Albvereins gekrönt.

Römerstraße *(benannt 1862, Stadtteil Stuttgart-Süd)* Friedrich (von) Römer (geboren 1794 in Erkenbrechtsweiler, gestorben 1864 in Stuttgart), Chef des Departements der Justiz im März-Ministerium 1848, Abgeordneter und 1851 Präsident der württembergischen Kammer. Er ließ in Stuttgart am 18. Juni 1849 das Rumpf-Parlament der deutschen Nationalversammlung auflösen. Seit 1848 Stuttgarter Ehrenbürger.

Röntgenstraße *(benannt 1926, Stadtteil Stuttgart-Ost)* Wilhelm Conrad Röntgen (geboren am 27. März 1845 in Lennep [heute Remscheid-Lennep], gestorben am 10. Februar 1923 in München), Physiker, entdeckte 1895 die Röntgenstrahlen. Erster Nobelpreisträger für Physik 1901.

Rößlinweg *(benannt 1934, Stadtteil Stuttgart-Ost)* Nach der alten Stuttgarter Buchdrucker- und Verlegerfamilie Rößlin (1611 bis 1745).

Rötestraße *(benannt 1866, Stadtteil Stuttgart-West)* Der Flurname wurde schon 1304 in einer Urkunde genannt. Da die natürlichen geologischen Verhältnisse in dieser Gegend eine rote Bodenfarbe nicht erkennen lassen, darf angenommen werden, dass die Quelle für die Namensgebung in künstlichen Bauten zu suchen ist, bei denen roter Sandstein verwendet wurde. Möglicherweise war dies auch bei der »Roten Steige« der Fall (siehe →Rotenwaldstraße).

Roggenstraße *(benannt 1959, Stadtteil Plieningen)* Der Roggen, *Secale cereale*, ist ein Brotgetreide. Der erste archäologische Nachweis für Deutschland datiert auf das 6. bis 5. Jahrhundert v. Chr.

Rohrackerstraße *(benannt 1927, Stadtteile Hedelfingen und Rohracker)* Führt nach Rohracker.

Rohrdommelweg *(benannt 1974, Stadtteil Neugereut)* Die Rohrdommel, *Botaurus stellaris*, gehört zur Familie der Reiher und ist ein sehr seltener und scheuer Schilfbewohner. Bei Gefahr streckt sie sich, so dass sie dank dem gut getarnten Gefieder fast unsichtbar wird (Pfahlstellung).

Rohreckweg *(benannt 1957, Stadtteil Frauenkopf)* Nach der unterhalb des Stadtteils Frauenkopf gelegenen ehemaligen Burg Rohreck.

Rohrer Höhe *(benannt 1976, Stadtteil Rohr)* Lagebezogener Name.

Rohrer Straße *(benannt um 1903, Straßenführung geändert 1997, Stadtteil Möhringen)* Der »Rohrer Weg« war die alte Verbindung von Möhringen nach Rohr und in den Schönbuch. Nach seinem Ausbau wurde er in »Rohrer Straße« umgetauft.

Roigheimer Straße *(benannt 1951, Stadtteil Rot)* Gemeinde Roigheim, Landkreis Heilbronn, 1400 Einwohner.

Rolandstraße *(benannt 1934, Stadtteil Feuerbach)* Roland, der berühmteste der zwölf Paladine aus dem Sagenkreis um Kaiser Karl den Großen, führte die Nachhut beim Rückzug aus Spanien in den Pyrenäen. Er wurde aus dem Hinterhalt überfallen und fiel nach heldenhaftem Kampf. Im ältesten französischen Heldenepos, dem zwischen 1100 und 1125 entstandenen Rolandslied, wurde die Vasallentreue Rolands dichterisch gestaltet.

Romingerweg *(benannt 1929, Stadtteil Stuttgart-West)* Nathanael Rominger (geboren 1847 in Stuttgart, gestorben 1927 in Stuttgart), Kaufmann und Kommerzienrat, trat 1872 zusammen mit seinem Schwager in das von seinem Vater gegründete Glas- und Porzellanwarengeschäft ein, zog sich jedoch bereits mit 38 Jahren ins Privatleben zurück und widmete sich fortan der Wohltätigkeit. Ab 1891 leitete er die Krippe und Kinderpflege »Zoar« in Heslach, 50 Jahre lang gehörte er dem Vorstand des Vereins zum Wohl der arbeitenden Klassen an. Sein Haupt- und Lebenswerk aber war die Gründung der Volksbibliothek Stuttgart, der heutigen Stadtbücherei, im Jahr 1897.

Rommelshauser Straße *(benannt 1957, Stadtteil Bad Cannstatt)* Stadtteil Rommelshausen der Stadt Kernen im Remstal, Rems-Murr-Kreis, 9000 Einwohner.

Rommelstraße *(benannt 1968, Stadtteil Bad Cannstatt)* Erwin Rommel (geboren 1891 in Heidenheim an der Brenz, gestorben 1944 in Herrlingen bei Ulm), Generalfeldmarschall. Erhielt 1917 als Offizier den Orden Pour le Mérite, war 1921 bis 1929 Kompanieführer (Hauptmann) im Infanterie-Regiment 13 in Stuttgart. Rommel führte 1940 im »Westfeldzug« eine Panzerdivision, 1941 bis 1943 das Deutsche Afrikakorps, mit dem er bis Ägypten vordrang, 1943 bis 1944 die Heeresgruppe B in Norditalien und Nordfrankreich. Er genoss zunächst das Vertrauen Hitlers. Unter dem Eindruck von Hitlers Fehlentscheidungen schloss sich Rommel im Frühjahr 1944 der Widerstandsbewegung an. Nach schwerer Verwundung wurde er von Hitler zum Selbstmord gezwungen. Sein Sohn Manfred (geboren 1928) war von Januar 1975 bis Dezember 1996 Oberbürgermeister von Stuttgart.

Roseggerweg *(benannt 1925, Stadtteil Stuttgart-Nord)* Peter Rosegger (geboren am 31. Juli 1843 in Alpl, Steiermark, Österreich, gestorben am 26. Juni 1918 in Krieglach, Steiermark), Volks- und Heimatschriftsteller.

Rosenaustraße *(benannt 1869, Stadtteil Bad Cannstatt)* Nach der Flur Au und den früher hier gelegenen Rosengärten des Geheimen Hofrats Ernst Ezechiel Pfeiffer (geboren 1831 in Stuttgart, gestorben 1904 in Stuttgart). Ernst Ezechiel Pfeiffer, ein Bruder von Eduard Pfeiffer (siehe →Eduard-Pfeiffer-Straße), gehörte 1869 bis 1873 dem Bürgerausschuss von Cannstatt an. Er stiftete zugunsten der Ortsarmenbehörde, für den Brunnenverein Cannstatt, für den Fond Kleinkinderpflege Ostheim, für Schulen und Konfirmanden und rief die König-Wilhelm-Stiftung zugunsten der Armen ins Leben. 1879 wurde er zum Ehrenbürger von Cannstatt ernannt. Vergleiche auch →Remscheider Straße.

Rosenbergplatz *(benannt 1901, Stadtteil Stuttgart-West)* Der schon 1516 urkundlich genannte Flurname kommt wohl von der Blume (Rose) und der leicht ansteigenden Lage des Gebiets her.

Rosenbergstraße *(benannt 1871, Stadtteile Stuttgart-Mitte und Stuttgart-West)* siehe →Rosenbergplatz. – Vor 1871 bildete die Straße den westlichen Teil der Jägerstraße.

Rosenbusch, Im siehe →Im Rosenbusch.

Rosengartenstraße *(benannt um 1913, Stadtteil Frauenkopf)* Der Flurname leitet sich wahrscheinlich von Rossgarten ab, einer Pferdeweide der nahe gelegenen Burg Rohreck.

Rosenrotweg *(benannt 1967, Stadtteil Möhringen)* Märchengestalt aus »Schneeweisschen und Rosenrot«.

Rosensteinbrücke *(benannt 1953, Stadtteil Bad Cannstatt)* Führt von der Cannstatter Innenstadt zum Rosensteinpark.

Rosensteinstraße *(benannt 1897, Stadtteil Stuttgart-Nord)* Nach dem in der Nähe gelegenen Schloss Rosenstein, das Hofbaumeister Giovanni Salucci 1824 bis 1829 erbaute.

Rosenstraße *(benannt 1811, Stadtteil Stuttgart-Mitte)* Hieß ursprünglich Rosengäßle und wurde erstmals 1431 in einer Urkunde genannt. In der Rosenstraße 2 befand sich die Wirtschaft »Zur Rose«. Ob die Gasse nach der Gaststätte oder die Gaststätte nach der Gasse benannt wurde, ist ungewiss. – Ein Teil der Straße hieß bis 1811 Schlachthausgäßlein, da sie auf das Schlachthaus zuführte, das direkt über dem Nesenbach errichtet worden war.

Rosentalstraße *(benannt 1928, Stadtteil Vaihingen)* Der Flurname geht vermutlich auf wilde Rosen zurück.

Rosenwiesstraße *(benannt 1935, Stadtteil Möhringen)* Der Flurname, 1470 als »Rösen-Wiese« erstmals urkundlich erwähnt, im 18. Jahrhundert auch »Roßwiese« genannt, leitet sich weder von der Königin der Blumen, der Rose, noch vom Pferd, dem Ross, ab. In Möhringen wurden früher Flachs und Hanf angebaut. Um die Fasern verarbeiten zu können, musste man sie »rösten«, das heißt, man legte sie in Wasser und trocknete sie dann wieder, wodurch sie mürbe wurden. Die Stellen, an denen dies geschah, hießen Röse, Raise, Räse, Rötz, Retze oder ähnlich. Die Begriffe leiten sich vom mittelhochdeutschen Wort »roezen« ab, das »welk werden, bleich werden, faulig werden, faulen machen« bedeutet. Das Gewann »Rosenwiese« lag direkt am Aischbach. Siehe auch →Im Raiser.

Roserplatz *(benannt 2002, Stadtteil Feuerbach)* Im Haus Stuttgarter Straße 15, vor dem sich der Roserplatz erstreckt, war die Verwaltung der Lederfabrik C. F. Roser untergebracht, die Ende 1994 in Konkurs ging. Das 1922 von Bonatz und Scholer entworfene, denkmalgeschützte Gebäude beherbergt heute als »Kultur- und Bürgerhaus Bonatz-Bau« verschiedene kulturelle Einrichtungen sowie Räume für die Feuerbacher Vereine. Siehe auch →Bonatzweg und →Friedrich-Scholer-Straße.

Roserweg *(benannt 1926, Stadtteil Stuttgart-Ost)* Wilhelm Roser (geboren am 26. März 1817 in Stuttgart, gestorben am 16. Dezember 1888 in Marburg an der Lahn), Chirurg. Roser studierte in Tübingen Medizin, war dann Assistent und habilitierte sich 1841 für Chirurgie, war einige Jahre Hospitalwundarzt in Reutlingen und ging 1850 als Professor für Chirurgie nach Marburg. Er gehörte neben Wilhelm Griesinger (1817–1868, siehe →Griesingerweg) zu den Begründern der neuen Medizin. 1844 erschien sein äußerst erfolgreiches »Handbuch der anatomischen Chirurgie«.

Rosmarinweg *(benannt 1935, Straßenführung geändert 1993, Stadtteil Sommerrain)* Der Rosmarin, *Rosmarinus officinalis,* ist eine Gewürz- und Heilpflanze.

Roßbachstraße, ab 1. August 2005 möglicherweise: **Rossbachstraße** *(benannt 1937, Stadtteil Weilimdorf)* Nach dem Sieg Friedrichs des

Großen über die Franzosen und die Reichsarmee 1757 im Dritten Schlesischen Krieg bei der Gemeinde Roßbach (heute Verwaltungsgemeinschaft Unteres Geiseltal/Braunsbedra nahe Merseburg, Sachsen-Anhalt). – Als »Weil im Dorf« noch eine selbständige Gemeinde war, hieß die Straße Sonnenbergstraße.

Roßbergstraße, ab 1. August 2005: **Rossbergstraße** *(benannt 1898, Stadtteil Stuttgart-Ost)* Berg (869 m) der Schwäbischen Alb bei Reutlingen-Gönningen, wird seit 1913 von einem 28 Meter hohen Aussichtsturm des Schwäbischen Albvereins gekrönt.

Roßfelder Straße, ab 1. August 2005 möglicherweise: **Rossfelder Straße** *(benannt 1965, Stadtteil Zuffenhausen)* Stadtteil Roßfeld der Stadt Crailsheim, Landkreis Schwäbisch Hall, 1850 Einwohner.

Roßhaustraße, ab 1. August 2005: **Rosshaustraße** *(benannt 1935, Stadtteil Degerloch)* Nach dem angrenzenden Waldteil Rosshau. »-hau« bedeutet eine rechtlich abgegrenzte Waldabteilung. Möglicherweise wurde das Flurstück einmal gegen ein Ross, also ein Pferd, verkauft oder getauscht. – Vor 1935 hieß der untere Teil der Straße Badstraße nach der dort befindlichen Badeanstalt.

Rossiniweg *(benannt 1961, Stadtteil Botnang)* Gioacchino Rossini (geboren am 29. Februar 1792 in Pesaro, Italien, gestorben am 13. November 1868 in Rueil bei Paris), Komponist vor allem zahlreicher Opern, so »Der Barbier von Sevilla« (1816) oder »Wilhelm Tell« (1829).

Roßwager Straße, ab 1. August 2005: **Rosswager Straße** *(benannt 1951, Stadtteil Rot)* Stadtteil Roßwag der Stadt Vaihingen an der Enz, Landkreis Ludwigsburg, 1250 Einwohner.

Rostocker Straße *(benannt 1943, Stadtteil Bad Cannstatt)* Hansestadt Rostock, Mecklenburg-Vorpommern, 221 000 Einwohner.

Rotdornweg *(benannt 1923, Stadtteil Degerloch)* Nach dem Weißdorn, den man auch Rotdorn oder Hagdorn nennt, siehe →Hagdornweg.

Rotebühlplatz *(benannt 1960, Stadtteil Stuttgart-Mitte)* Nach dem rotbemalten Heiligenbild vor dem ehemaligen Reinsburger Tor (auch Rotebildtor oder Calwer Tor genannt). Aus dem »roten Bild« wurde mundartlich »Rotebühl«. Einst war er belebter Umschlagplatz für Güter und Nachrichten, denn hier stand von der Mitte des 17. Jahrhunderts an das Thurn- und Taxissche Posthaus. Siehe auch →Rotebühlstraße. – Der südöstliche Teil des Rotebühlplatzes bestand früher aus den zwei Straßen »Beym Löwen« oder Löwengasse beziehungsweise Löwenstraße einerseits und »Schulers-Gäßle«, ab 1811 Weinstraße, andererseits.

Rotebühlstraße *(benannt 1811, Stadtteil Stuttgart-West)* Die Straße hieß bis 1811 »Rothebühlthorstraße«, vorher »Rothenbildthorstraße«, siehe →Rotebühlplatz und →Herzogstraße.

Rotenberger Steige *(benannt 1927, Stadtteile Untertürkheim und Rotenberg)* Führt nach Rotenberg.

Rotenbergstraße *(benannt 1893, Stadtteil Stuttgart-Ost)* Frühere Gemeinde und heutiger Stuttgarter Stadtteil.

Rotenwaldstraße *(benannt 1880, Stadtteile Stuttgart-West und Stuttgart-Süd)* Der 1498 genannte Flurname für den Waldteil Rotenwald (früher Rotenwäldle) dürfte sich von einer »Roten Steige« herleiten, einem sehr alten Weg, der vermutlich ungefähr vom Berliner Platz über den Bismarckplatz zum Westbahnhof und weiter zum Birkenkopf und nach Magstadt führte. Ob rote Gebäude am Weg zu der farblichen Bezeichnung geführt haben oder was es sonst war, ist unklar. (Siehe auch →Rötestraße.)

Roter Stich *(benannt 1954, Stadtteile Zuffenhausen, Burgholzhof)* Der Flurname geht auf die dortigen geologischen Verhältnisse (Roter Mergel) und auf die Lage zurück. Ein Stich ist ein steiler Anstieg.

Rotkäppchenweg *(benannt 1954, Stadtteil Möhringen)* Märchengestalt.

Rottannenweg *(benannt 1938, Stadtteil Stuttgart-Süd)* Die Gemeine Fichte, *Picea abies*, wird auch Rottanne oder Tanne genannt.

Rottweiler Straße *(benannt 1957, Stadtteil Vaihingen)* Kreisstadt Rottweil, 25 300 Einwohner. Die ehemalige Reichsstadt liegt zwischen Schwarzwald und Schwäbischer Alb am jungen Neckar und ist die älteste Stadt Baden-Württembergs. Die römische Siedlung Arae flaviae ging im 3. Jahrhundert unter, doch wegen der guten Verkehrslage entwickelte sich ein alamannischer Herzogshof, aus dem der Königshof »Rotuvilla« entstand (771 erstmals urkundlich genannt). Im Spätmittelalter zählte das Rottweiler Hofgericht zu den bedeutendsten Gerichten des deutschen Königreiches. Die heutige Stadt geht auf eine staufische Gründung nach dem Zähringer Muster zurück; durch das Straßenkreuz ist die Altstadt in vier Teile geteilt. Stolz sind die Rottweiler auf ihre Fastnacht mit dem berühmten Narrensprung; sie gehört zu den ältesten und traditionsreichsten der schwäbisch-alemannischen Fasnet. Auch durch den Rottweiler Hund wurde der Name der Stadt bekannt.

Rotweg *(benannt 1933, Stadtteil Rot)* Der Name geht vielleicht auf die Bodenfarbe dieser Gegend zurück. Möglicherweise steht er auch im

Zusammenhang mit der Römerstraße Cannstatt–Benningen. Auf den Rotweg geht der Name des Stadtteils Rot zurück.

Rotwiesenstraße *(benannt 1952, Stadtteil Schönberg)* Der Flurname geht auf die Bodenfarbe, auf den Roten Keuper, zurück.

Rubensstraße *(benannt 1946, Stadtteil Degerloch)* Peter Paul Rubens (geboren am 28. Juni 1577 in Siegen, gestorben am 30. Mai 1640 in Antwerpen), Maler, einer der bedeutendsten Meister des Barocks. – Die Straße hieß früher offiziell Friedrichstraße, im Volksmund »Kegelbahn«. 1937 wurde sie in Admiral-Behncke-Straße umbenannt nach Paul Behncke (1866–1937), 1920 bis 1924 erster Chef der Marineleitung der Reichsmarine und, wie es in der offiziellen Erläuterung der Straßenbenennung heißt, »Förderer auslandsdeutscher Beziehungen«.

Rudolf-Brenner-Straße *(benannt 1946, Stadtteil Sillenbuch)* Rudolf Brenner (geboren 1854 in Stuttgart, gestorben 1927 in Stuttgart) komponierte als Chormeister, von 1897 an als Bundeschormeister des neu gegründeten Deutschen Arbeitersängerbundes, zahlreiche Werke für Chor und Orchester. – 1937 bis 1946 hieß die Straße Immelmannstraße nach Max Immelmann (1890–1916), einem Kampfflieger im Ersten Weltkrieg.

Rudolf-Gehring-Platz *(benannt 1989, Stadtteil Feuerbach)* Rudolf Gehring (geboren 1888, gestorben 1980), Stadtrat und Bezirksbürgermeister von Feuerbach und Stuttgart.

Rudolf Steiner

Rudolf-Steiner-Weg *(benannt 1962, Stadtteil Stuttgart-Nord)* Rudolf Steiner (geboren am 27. Februar 1861 in Kraljevic, Kroatien, gestorben am 30. März 1925 in Dornach bei Basel, Schweiz), Begründer der Anthroposophie, 1919 Schöpfer der ersten Freien Waldorfschule der Welt in Stuttgart (benannt nach der Stuttgarter Zigarettenfabrik Waldorf-Astoria) und Erfinder der biologisch-dynamischen Landwirtschaft.

Rudolfstraße *(benannt 1895, Stadtteil Stuttgart-Ost)* Erinnert an König Rudolf von Habsburg (geboren 1218, gestorben 1291), 1273 zum deutschen König gewählt. Seine Truppen belagerten 1286 Stuttgart und zerstörten 1287 sieben um Stuttgart gelegene Burgen, darunter auch die ehemalige Burg Berg.

Rudolf-Weisser-Weg *(benannt 1980, Stadtteil Möhringen)* Rudolf Weisser (geboren am 6. November 1878 in Stuttgart, gestorben am 26. Dezember 1970 in Stuttgart), Heimatforscher. Weisser war bis 1929 Bankbeamter beim Stuttgarter Verein Versicherungs-AG, jetzt Allianz. Aus gesundheitlichen Gründen musste er den Beruf aufgeben und wandte sich der Heimatforschung zu. 1929 veröffentlichte er das Buch »Denkmale der Filder aus vergangenen Tagen«. 1939 übernahm er das Möhringer Heimatmuseum als Pfleger. Trotz zweimaliger Kriegsbeschädigungen rettete er das Museum mit viel Fleiß und Umsicht über den Krieg. Weisser ergänzte die Stuttgarter Baugrundkarten durch zahlreiche Bodenuntersuchungen und geologische Gutachten. Als Geologe, Archäologe und Museumspfleger hat er eine reiche Lebensarbeit hinterlassen.

Rübezahlweg *(benannt 1954, Straßenführung geändert 1978, Stadtteil Möhringen)* Sagengestalt, Berggeist des Riesengebirges.

Rückertstraße *(benannt 1899, Stadtteil Stuttgart-West)* Friedrich Rückert (geboren 1788 in Schweinfurt, gestorben 1866 in Neuses bei Coburg), Dichter, Professor der orientalischen Sprachen, hauptsächlich Lyriker und Übersetzer. War 1815 bis 1817 Schriftleiter des Cotta'schen »Morgenblattes« in Stuttgart.

Rüderner Straße *(benannt 1915, Stadtteil Obertürkheim)* Die Straße führt in Richtung Rüdern. Das ehemalige Dorf wurde 1279 erstmals urkundlich erwähnt. Heute bilden Rüdern, Sulzgries, Krummenacker und Neckarhalde gemeinsam einen Stadtteil der Kreisstadt Esslingen am Neckar. »RSKN«, wie der Stadtteil der Einfachheit halber abgekürzt wird, hat 8539 Einwohner.

Rüdigerstraße *(benannt 1938, Stadtteil Feuerbach)* Rüdiger von Bechelaren (Pöchlarn), eine Gestalt des Nibelungenliedes, fiel als Lehensmann König Etzels im Kampf gegen die Burgunder, siehe auch →Nibelungenstraße und →Pöchlarner Straße.

Rühlestraße *(benannt 1928, Stadtteil Bad Cannstatt)* Gottlob Friedrich Rühle (geboren 1816 in Cannstatt [heute Stuttgart-Bad Cannstatt], gestorben 1893 in Cannstatt), Mediziner, widmete sich als Arzt in Cannstatt neben seiner Praxis hauptsächlich der Pflege und Behandlung Gemütskranker. Er errichtete 1847 dort eine Heilanstalt für Gemüts- und Nervenkranke.

Rührbrunnenweg *(benannt 1977, Stadtteil Uhlbach)* Nach dem Brunnen, der sich früher dort befand.

Rümelinstraße *(benannt 1899, Stadtteil Stuttgart-Nord)* Emil (von)

Rümelin (geboren 1846 in Ulm, gestorben 1899 in Baden-Baden), 1893 bis 1899 Oberbürgermeister der Stadt Stuttgart. Als Obersteuerrat im staatlichen Steuerkollegium wurde Rümelin am 18. November 1892 zum Stadtschultheißen gewählt. Während seiner Amtszeit wurden das Bürgerhospital eingeweiht, der Schwabtunnel dem Verkehr übergeben und der elektrische Betrieb bei den Straßenbahnen (1895) eingeführt. Seit der Gründung des Württembergischen Städtetages war Emil von Rümelin dessen Vorsitzender.

Rüsternweg *(benannt 1939, Stadtteil Degerloch)* Die Berg-Ulme, *Ulmus glabra,* wird auch Rüster genannt. Siehe auch →Ulmenstraße.

Rütlistraße *(benannt 1935, Stadtteil Zuffenhausen)* Rütli (»kleine Rodung«) heißt eine Waldwiese am Vierwaldstätter See im schweizerischen Kanton Uri. Dort sollen 1291 die Urkantone der schweizerischen Eidgenossenschaft ihren Freiheitsschwur gegen die habsburgischen Vögte geleistet haben. Die Ereignisse sind jedoch historisch fragwürdig.

Ruffweg *(benannt 1955, Stadtteil Sillenbuch)* Altes Sillenbucher Geschlecht, bereits 1733 urkundlich genannt.

Ruggerstraße *(benannt 1936, Stadtteil Kaltental)* Nach einem der urkundlich im 12. Jahrhundert genannten Herren von Kaltental.

Ruhesteinstraße *(benannt 1936, Stadtteil Kaltental)* Bergrücken (884 m) zwischen Schliffkopf und Hornisgrinde, Naturschutzgebiet.

Ruhrstraße *(benannt 1926, Stadtteil Bad Cannstatt)* Rechter Nebenfluss des Rheins, entspringt am Ruhrkopf im Sauerland und mündet nach 235 Kilometern in Duisburg, gab dem Ruhrgebiet seinen Namen.

Ruiter Straße *(benannt 1928, Stadtteil Hedelfingen)* Stadtteil Ruit der Stadt Ostfildern (insgesamt 30 000 Einwohner), Landkreis Esslingen.

Ruitlenstraße *(benannt 1929, Stadtteil Hofen)* Der Flurname geht auf Reut oder Ruit zurück, eine gerodete Stelle.

Rulamanweg *(benannt 1954, Stadtteil Möhringen)* Erzählung von David Friedrich Weinland »aus der Zeit des Höhlenmenschen und des Höhlenbären«. Weinland (geboren 1829 in Grabenstetten, gestorben 1915 in Wittlingen [heute Bad Urach-Wittlingen]) besuchte die Maulbronner Klosterschule, studierte in Tübingen Naturwissenschaften, promovierte in Zoologie, forschte zunächst in Berlin, dann in Nord- und Mittelamerika sowie in der Karibik, ließ sich dann in Wittlingen nieder und verfasste 1876 seine historische Erzählung »Rulaman«. Sie wurde zum Bestseller, der bei Generationen von Schwaben die Vorstellung vom Leben der Kelten auf der Alb geprägt hat. Dazu hat beigetragen, dass Weinland den Stoff phantasievoll um tatsächlich existierende Schauplätze herumgewoben hat; so hat seine »Tulkahöhle« die Schillerhöhle zum Vorbild, die »Staffahöhle« das Steffesloch, die »Huhkahöhle« die Falkensteiner Höhle oder die »Nallihöhle« die Nebelhöhle. Weinlands im Mittelalter spielender Nachfolgeband »Kuning Hartfest« (1879) war weit weniger erfolgreich.

Rulfinger Straße *(benannt 1961, Stadtteil Möhringen)* Stadtteil Rulfingen der Stadt Mengen (insgesamt 10 000 Einwohner), Landkreis Sigmaringen.

Rungestraße *(benannt 1938, Stadtteil Zuffenhausen)* Friedlieb Ferdinand Runge (geboren am 8. Februar 1795 in Billwerder [heute Hamburg-Billwerder], gestorben am 25. März 1867 in Oranienburg), Chemiker, entdeckte das Anilin, Koffein und Atropin. – Bis 1938 hieß die Straße Fasanenweg.

Rupert-Mayer-Platz *(benannt 1987, Stadtteil Stuttgart-Süd)* Rupert Mayer (geboren am 23. Januar 1876 in Stuttgart, gestorben am 1. November 1945 in München), Pater, Jesuit. Ab 1912 in München als Seelsorger, ab 1921 als Präses der Marianischen Männerkongregation tätig. Wurde als Gegner des NS-Regimes 1939/40 im Konzentrationslager Oranienburg/Sachsenhausen, danach bis 1945 in Ettal inhaftiert. Mayer war eine der deutschen Symbolgestalten christlicher Nächstenliebe und des Widerstands gegen die nationalsozialistische Diktatur. Papst Johannes Paul II. sprach ihn 1987 selig.

Ruppmannstraße *(benannt 1957, Stadtteil Vaihingen)* Wilhelm Ruppmann (geboren 1868 in Mössingen, gestorben 1924 in Stuttgart), Fabrikant, gründete 1892 ein feuerungstechnisches Büro und erwarb 1898 eine Ziegelei an der heutigen Ruppmannstraße, die er auf die Erzeugung von feuerfesten Steinen (Schamotte) umstellte. Diese Firma, eine der ersten im heutigen Industriegebiet in Vaihingen, war schon nach wenigen Jahren einer der größten Betriebe dieser Branche in Württemberg.

Rusenschloßstraße, ab 1. August 2005: **Rusenschlossstraße** *(benannt 1937, Straßenführung geändert 1989, Stadtteil Feuerbach)* Burgruine Rusenschloss bei Blaubeuren. Hoch über der Blau errichteten die Herren von Dillingen Anfang des 13. Jahrhunderts die Burg Hohengerhausen an der Stelle einer älteren Festung. Gegen Ende des Mittelalters verlor sie an Bedeutung und wurde Sitz des Forstverwalters, ab 1554 nur noch der Forstknechte. Nach dem in den 1560er-Jahren urkundlich erwähnten Forstknecht »Rueß« oder »Rus« bekam die Burg ihren neuen Namen »Rusenschloss«. 1632 wurde das verfallene Schloss für militärische Zwecke wieder hergerichtet; im Jahr 1800 wurden hier österreichische Stellungen von französischer Artillerie beschossen. Anfang des 19. Jahrhunderts wurde die Ruine auf Abbruch verkauft; die Reste hat der württembergische Staat 1820 zurückgekauft, sonst wäre heute vom Rusenschloss nichts mehr zu sehen.

Rutesheimer Straße *(benannt 1953, Stadtteil Weilimdorf)* Gemeinde Rutesheim, Landkreis Böblingen, 10 150 Einwohner.

Ruth-Boockmann-Weg *(benannt 2002, Stadtteil Zuffenhausen)* Ruth Boockmann (geboren am 23. März 1915, gestorben am 6. November 1992), Stadträtin. Boockmann gehörte von 1960 bis 1966 dem Bezirksbeirat Zuffenhausen und von 1965 bis 1992 als SPD-Stadträtin dem Stuttgarter Gemeinderat an. In Zuffenhausen nannte man sie liebevoll »die rote Ruth«. Das Wohl der Kinder im Stadtbezirk lag ihr besonders am Herzen. Jahrelang organisierte sie während des Zuffenhäuser Fleckenfests ein separates Kinderfest. Bereits in den Fünfzigerjahren hat sie vorgeschlagen, einen Steg über die Haldenrainstraße zu bauen. So sollte eine Verbindung zwischen Zuffenhausen und Rot geschaffen werden, die vor allem für Schulkinder eine gefahrlose Überquerung der viel befahrenen Haldenrainstraße und der Straßenbahngleise ermöglichen sollte. Trotz vieler Vorstöße im Laufe der Jahre durch Bezirksbeiräte, Eltern und Bewohner des Wohngebiets Rappenberg dauerte es bis zum Jahr 2001, bis eine solche Brücke realisiert war (siehe →La-Ferté-Steg). 1989 wurde Ruth Boockmann mit der Bürgermedaille »Zuffenhäuser Hirt« geehrt.

Saalestraße *(benannt 1935, Stadtteil Münster)* Sächsische Saale, auch Thüringer Saale genannt, linker Nebenfluss der Elbe, entspringt im Fichtelgebirge und mündet nach 427 Kilometern bei Barby.

Saarlandstraße *(benannt 1935, Stadtteil Möhringen)* Durch den Versailler Vertrag 1919 wurden die südlichen Teile der preußischen Rheinprovinz und die westlichen Teile der bayerischen Pfalz auf 15 Jahre dem Völkerbund unterstellt. In dieser Zeit sollte eine Volksabstimmung über die Staatszugehörigkeit der Grenzregion entscheiden. Sie fand am 13. Januar 1935 statt; 90,8 Prozent sprachen sich dabei für eine Rückgliederung nach Deutschland aus. Dies war der Anlass für die Straßenbenennung. Heute ist das Saarland mit gut einer Million Einwohnern und einer Fläche von 2570 Quadratkilometern eines der kleinsten Bundesländer.

Saarstraße *(benannt 1925, Stadtteil Bad Cannstatt)* Rechter Nebenfluss der Mosel, entsteht durch den Zusammenfluss der Weißen und der Roten Saar bei Lörchingen (französisch: Lorquin) in Lothringen und mündet nach 256 Kilometern bei Konz, Rheinland-Pfalz, in die Mosel.

Sachsenstraße *(benannt 1938, Stadtteil Zuffenhausen)* Germanischer Volksstamm.

Sachsen-Weimar-Eisenach, Auguste Prinzessin von siehe →Augustenstraße.

Sachsen-Weimar-Eisenach, Hermann Prinz von siehe →Hermannstraße und →Weimarstraße.

Sachs-Straße, Hans- siehe →Hans-Sachs-Straße.

Sadat-Straße, Anwar-el- siehe →Anwar-el-Sadat-Straße.

Sängerstraße *(benannt 1867, Stadtteil Stuttgart-Mitte)* Die schon 1862 bekannte Straßenbezeichnung soll »zu Ehren der edlen Sangeskunst« eingeführt worden sein.

Sänger-Weg, Eugen- siehe →Eugen-Sänger-Weg.

Safranweg *(benannt 1957, Stadtteil Heumaden)* Die Blütennarbe des orientalischen Echten Safrans, *Crocus sativus,* wird seit alten Zeiten gedörrt, als Speisewürze und -färbemittel und in der Volksmedizin verwendet. Gehört zu den Schwertliliengewächsen.

Saint-Helens-Steg *(benannt 1993, Stadtteil Stuttgart-Nord)* Stadt Saint Helens, England, Partnerstadt von Stuttgart. Saint Helens, eine Stadt von 180 000 Einwohnern, liegt im Nordwesten Englands, in einem industriellen Ballungsraum zwischen Liverpool und Manchester. Die Stadt ist Zentrum des englischen Glashüttenwesens. Ebenfalls bedeutend für das Wirtschaftsleben der Stadt sind die Metall- und Futtermittelindustrie sowie chemische, pharmazeutische und keramische Betriebe. Der seit dem 17. Jahrhundert die Region prägende Kohleabbau ist mittlerweile weitgehend eingestellt. Kurz nach dem Zweiten Weltkrieg besuchte der Oberbürgermeister von Saint Helens, Walther Marshall, als erstes britisches Stadtoberhaupt das zerbombte Stuttgart. Betroffen von den Zerstörungen bot Marshall Lieferungen von Fensterglas aus Saint Helens, dem Zentrum der englischen Glasmanufakturen, an. Aus dieser Geste entwickelten sich die freundschaftlichen Beziehungen, die 1948 zu Stuttgarts erster offizieller Städtepartnerschaft führten.

Saint-Helens-Weg *(benannt 1993, Stadtteil Stuttgart-Nord)* Nach der Stadt Saint Helens, siehe →Saint-Helens-Steg.

Saint-Louis-Weg *(benannt 1993, Stadtteil Stuttgart-Nord)*, Stadt Saint Louis, Missouri, USA, Partnerstadt von Stuttgart. Saint Louis wurde 1764 von französischen Pelzhändlern gegründet und nach dem französischen König Louis IX. benannt. 1804 kauften die Vereinigten Staaten für 15 Millionen Dollar Louisiana und damit auch Saint Louis von Napoleon I. Als Ausgangspunkt für die Besiedlung des Westens nannte man die Stadt bald »Tor zum Westen«. Ab 1830 kamen große Ströme deutscher Einwanderer in die Stadt. Bis heute ist Saint Louis ein wichtiger Verkehrsknotenpunkt. Zudem hat sich die Stadt zu einem Finanzzentrum entwickelt. Wichtige Industriezweige sind außerdem die Metallerzeugung und -verarbeitung, Elektronik, Automobil- und Flugzeugbau, Raumfahrt-Technik sowie der Handel mit landwirtschaftlichen Gütern und das Brauereiwesen. Saint Louis, die größte Stadt von Missouri, hat 400 000 Einwohner; in der Region Saint Louis leben 2,8 Millionen Menschen. Jedes Jahr im August wird hier das »German Straßenfest« gefeiert. Die Städtepartnerschaft geht auf eine Initiative von Sozialarbeitern der Stadt Stuttgart zurück, die 1959 eine Informationsreise in die USA unternahmen. Dort kam es zu zahlreichen fachlichen und privaten Kontakten. Allmählich ist daraus eine enge Partnerschaft erwachsen, zumal in Saint Louis viele Menschen deutscher Abstammung leben, die sich für Kontakte mit der »alten Heimat« interessieren. Am 10. März 1960 wurden die Partnerschaftsurkunden unterzeichnet. Die Vereinigung »St. Louis–Stuttgart Sister Cites« macht die Einwohner der Südstaatenmetropole jährlich auf einem Winterball, einer Gala-Fastnachtsveranstaltung und einem zweitägigen Oktoberfest, zu dem regelmäßig eine Stuttgarter Band eingeladen wird, mit schwäbischen und deutschen Bräuchen bekannt und sammelt dabei Spenden.

Salacher Straße *(benannt 1936, Stadtteil Wangen)* Gemeinde Salach, Landkreis Göppingen, 7750 Einwohner.

Salamanderweg *(benannt 1953, Stadtteil Bergheim)* Der Feuersalamander, *Salamandra salamandra*, gehört zur Ordnung der Schwanzlurche. Er kommt nur nachts oder bei Regenwetter aus seinen Stein- und Moosverstecken hervor und ist geschützt. Er fällt vor allem durch seine intensive schwarz-gelbe Färbung auf.

Salbeiweg *(benannt 1932, Stadtteil Plieningen)* In den Klostergärten des Mittelalters zählte der Salbei, *Salvia officinalis*, zur den besonders verehrten und vielfältig genutzten Heil- und Gewürzkräutern. Gehört zur Familie der Lippenblütler.

Giovanni Salucci entwarf die Pläne für Schloss Rosenstein. Foto aus dem Jahr 1961.

Salucciallee *(benannt 1978, Stadtteil Bad Cannstatt)* Giovanni Baptiste Salucci (geboren 1769 in Florenz, gestorben 1845 in Florenz), ab 1818 Hofbaumeister König Wilhelms I., entwarf unter anderem das Schloss Rosenstein, die Grabkapelle auf dem Rotenberg und das Wilhelmspalais.

Salzäckerstraße *(benannt 1945, Stadtteil Möhringen)* Der Flurname wurde 1470 erstmals als Salzäcker urkundlich erwähnt. Für den Namen gibt es zwei Erklärungsmöglichkeiten. Entweder musste für diese Äcker eine Naturalabgabe in Form von Salz an den Grundherrn entrichtet werden. Oder »Salz« taucht hier in der Bedeutung »kalkhaltiger Boden« auf.

Salzburger Straße *(benannt 1938, Stadtteil Feuerbach)* Hauptstadt des österreichischen Bundeslandes Salzburg, 144 000 Einwohner. – Bis 1938 hieß die Straße Leonberger Straße.

Salzmannweg *(benannt 1906, Stadtteil Stuttgart-Nord)* Christian Gotthilf Salzmann (geboren 1744 in Sömmerda, gestorben 1811 in Schnepfenthal), bedeutender Pädagoge, Begründer der Anstalt Schnepfenthal bei Gotha, siehe →Guts-Muths-Weg. Er strebte die allseitige Ausbildung seiner Schüler unter Betonung der praktischen Lebensertüchtigung an.

Salzweg, Im siehe →Im Salzweg.

Salzwiesenstraße *(benannt 1924, Stadtteil Zuffenhausen)* Der Flurname deutet auf salzhaltiges, sumpfiges Gelände hin. Das Gelände zwischen Schützenbühl und dem Anstieg zur Stammheimer Höhe wird vom Seegraben durchflossen.

Samarastege *(benannt 1993, Stadtteil Stuttgart-Nord)* Stadt Samara, Wolgaland, Russland, Partnerstadt von Stuttgart. Samara liegt an der mittleren Wolga nahe der Mündung des Flusses Samara. Die Stadt wurde im 16. Jahrhundert als Grenzfestung des russischen Reiches gegen die Krimtataren gegründet. Später rief Zarin Katharina II. Ausländer auf, nach Russland einzuwandern. Dem folgten auch Deutsche; so entstanden in der Nähe von Samara im 19. Jahrhundert deutsche Siedlungen.

1935 wurde Samara in Kujbyschew umbenannt. Während des Zweiten Weltkrieges war die Stadt provisorischer Sitz der Regierung und hatte, vor allem auch nach dem Krieg, aufgrund ihrer Rüstungsindustrie (Luft- und Raumfahrt) als geschlossene Stadt eine besondere Stellung. Nach dem Ende der Sowjetunion 1991 erhielt sie ihren alten Namen zurück. Die Hauptstadt des Gebiets Samara ist das historische, kulturelle, wissenschaftliche und industrielle Zentrum der gesamten Wolga-Region. Mit 1,2 Millionen Einwohnern ist Samara die größte Stadt des Wolgalandes; in der Region Samara leben 3,3 Millionen Menschen. Samara beherbergt 27 Universitäten und Hochschulen sowie 80 Forschungsinstitute. Bekannt ist der Samara-Stausee im Norden der Samaraschleife. Er reicht 580 Kilometer wolga- und 300 Kilometer kamaaufwärts und ist zwölfmal so groß wie der Bodensee. – Der Stuttgarter Gemeinderat hatte bereits in den Siebzigerjahren Interesse an der Partnerschaft mit einer russischen Stadt signalisiert. Weil die Sowjets aber West-Berlin nicht als Mitglied des Deutschen Städtetags anerkannten, wurde das Vorhaben zunächst nicht weiter verfolgt. Erst nach der deutschen Wiedervereinigung konnten die Gespräche aufgenommen werden. Bei einem Treffen deutsch-russischer Partnerstädte in Biberach kam auf Vermittlung der Russischen Freundschaftsgesellschaft ein Kontakt zwischen Stuttgart und Samara zustande. Die russische Seite zeigte großes Interesse an einer Partnerschaft. Bereits im Juni 1992 wurde die Partnerschaftsvereinbarung unterzeichnet.

Samaraweg *(benannt 1993, Stadtteil Stuttgart-Nord)* Nach der Stadt Samara, siehe →Samarastege.

Sandäckerstraße *(benannt 1953, Stadtteil Feuerbach)* Der Flurname ist auf die Bodenbeschaffenheit (sandiger Untergrund) zurückzuführen.

Sandbergerstraße *(benannt 1913, Stadtteil Stuttgart-Ost)* D. Viktor Sandberger (geboren 1835 in Benzenzimmern [heute Kirchheim am Ries-Benzenzimmern], gestorben 1912 in Stuttgart), Konsistorialpräsident, wurde 1905 zum Präsidenten des Evangelischen Konsistoriums berufen. Die Universität Tübingen ernannte ihn 1902 zum Doktor der Theologie ehrenhalber.

Sandbuckel *(benannt 1955, Stadtteil Giebel)* Der Flurname dürfte sich von der Bodenbeschaffenheit und Lage herleiten.

Sanddornweg *(benannt 1983, Stadtteil Plieningen)* Der Sanddorn, *Hippophae rhamnoides*, ist ein Strauch aus der Familie der Ölweidengewächse, der an Meeresküsten und im Schotter der Gebirgsflüsse gedeiht. Der Saft seiner Beeren ist reich an Vitamin C.

Sandgrube, In der siehe →In der Sandgrube.

Sander-Straße, Otto- siehe →Otto-Sander-Straße.

Sandrockweg *(benannt 1957, Stadtteil Vaihingen)* Adele Sandrock (geboren am 19. August 1864 in Rotterdam, Niederlande, gestorben am 30. August 1937 in Berlin), Schauspielerin am Burgtheater in Wien und am Deutschen Theater in Berlin, Darstellerin tragischer Rollen in klassischen und Gesellschaftsstücken. Erfolgreich auch im Film.

Sandweg *(benannt 1928, Stadtteil Stuttgart-Süd)* Der Name des Ende des 18. Jahrhunderts so bezeichneten Wegs geht auf die geologischen Verhältnisse (Stubensandstein) zurück.

Sankt Pöltener Straße *(benannt 1938, Stadtteil Feuerbach)* Die Stadt Sankt Pölten, 50 000 Einwohner, wurde 1986 nach einer Volksbefragung Landeshauptstadt von Niederösterreich. – Bis 1938 hieß die Straße Ludwigstraße (siehe auch →Siegelbergstraße).

Saphirweg *(benannt 1951, Stadtteil Stuttgart-Nord)* Der Saphir ist einer der wertvollsten Edelsteine.

Sartoriusstraße *(benannt 1938, Stadtteil Feuerbach)* M. Johann Sartor war der dritte Feuerbacher Pfarrer nach der Reformation. In seiner langjährigen Amtszeit (1556 bis 1585) hat er die evangelische Gemeinde Feuerbach organisiert und gefestigt. – Bis 1938 hieß die Straße Schulstraße.

Sarweystraße *(benannt 1938, Stadtteil Stuttgart-Nord)* Nach der bekannten Juristenfamilie Sarwey, der neben anderen Persönlichkeiten auch der württembergische Staatsminister für das Kirchen- und Schulwesen Dr. Otto (von) Sarwey (geboren 1825 in Tübingen, gestorben 1900 in Stuttgart) entstammte. Dessen Vater A. Sarwey (geboren am 3. August 1796 in Weil im Dorf [heute Stuttgart-Weilimdorf], gestorben am 29. Juni 1856 in Stuttgart) war Königlicher Obertribunalrat in Calw, Tübingen, Herrenberg und Ulm, Oberamtsrichter in Neckarsulm und Ludwigsburg und ab 1839 Obertribunalrat in Stuttgart; er gehörte 1837 zu den Gründern der »Monatsschrift für die Justizpflege in Württemberg«, die er 20 Jahre lang leitete. Dessen Vater wiederum, Gottlieb David Sarwey, war 1787 bis 1809 Pfarrer in

Weilimdorf und dann Dekan in Leonberg. – Die Straße war bis 1938 nach dem Hofbaumeister Karl Ludwig von Zanth benannt, siehe →Zanthweg.

Satteläcker *(benannt 1957, Stadtteil Rohr)* Der Flurname geht auf die sattelförmige Einsenkung der dortigen Anhöhe zurück.

Satteldorfer Straße *(benannt 1965, Stadtteil Zuffenhausen)* Gemeinde Satteldorf, Landkreis Schwäbisch Hall, 5000 Einwohner.

Sattelstraße *(benannt 1925, Stadtteil Untertürkheim)* Nach der sattelartigen Geländeform.

Sattlerstraße *(benannt 1886, Stadtteile Stuttgart-Mitte und Stuttgart-Nord)* Christian Friedrich Sattler (geboren 1705 in Stuttgart, gestorben 1785 in Stuttgart), Herzoglicher Geheimer Archivar, Regierungsrat, württembergischer Geschichtsschreiber, verfasste eine umfassende und zuverlässige Geschichte Altwürttembergs. Dabei erschien zunächst 1752 eine Art Kurzfassung, »Historische Beschreibung Des Herzogthums Würtemberg und aller desselben Städte, Clöster und darzu gehörigen Aembter, ... und so wohl Historischen, als Natur-Merkwürdigkeiten«, dann 1757 die »Geschichte des Herzogthums Würtenberg und dessen angränzender Gebiethe und Gegenden, nach den merkwürdigen Veränderungen in Staat-, Kirchen- und Bürgerlichen Wesen von den ältesten Zeiten bis auf das Jahr Christi 1260« in einem Band, es folgte 1766–1768 die »Geschichte des Herzogthums Würtenberg unter der Regierung der Graven« in vier Bänden und schließlich 1769 bis 1783 die »Geschichte des Herzogthums Würtenberg unter der Regierung der Herzogen« in 13 Bänden, die im Jahr 1714 endet.

Saturnstraße *(benannt 1957, Stadtteil Rohr)* Zweitgrößter Planet des Sonnensystems.

Sauerampferweg *(benannt 1993, Stadtteil Plieningen)* Der früh blühende, bis zu einem Meter hohe Sauerampfer, *Rumex acetosa,* gehört zur Gattung der Knöterichgewächse. Er wächst in Europa, Asien, Nordamerika, Südafrika und Chile auf Wiesen und Unkrautfluren; die jungen Blätter werden als Salat, Suppe, Gemüse (Pürree) und beigemischt zu Reis, Bohnen- und Linsengerichten gegessen. Roh enthält der Sauerampfer fast so viel Vitamin C wie die Zitrone. Die ebenfalls enthaltene Oxalsäure entzieht dem Körper allerdings viel Calcium und ist in größeren Mengen giftig.

Sauerlandstraße *(benannt 1958, Stadtteil Feuerbach)* Mittelgebirgslandschaft in Westfalen.

Sauerweg *(benannt 1957, Stadtteil Vaihingen)* Oscar Sauer (geboren 1856 in Berlin, gestorben 1918 in Berlin), Schauspieler, Darsteller bedeutender Rollen des Charakter- und Heldenfachs in klassischen und Gesellschaftsstücken.

Saulgauer Straße *(benannt 1936, Stadtteil Wangen)* Stadt Bad Saulgau, Landkreis Sigmaringen, 17 600 Einwohner, liegt an der Oberschwäbischen Barockstraße und der Schwäbischen Bäderstraße.

Saumweg *(benannt 1922, Stadtteil Stuttgart-Nord)* Moderne Bezeichnung. Saum bedeutet Rand.

Saunastraße *(benannt 1957, Stadtteil Vaihingen)* Nach dem am Ende der Straße gelegenen Luft- und Saunabad.

Sautterweg *(benannt 1960, Stadtteil Fasanenhof)* Karl Sautter (geboren 1872 in Biberach an der Riß, gestorben 1960 in Stuttgart), 1920 bis 1933 Staatssekretär im Reichspostministerium. Nach 1945 maßgeblich für den Wiederaufbau des Post- und Fernmeldedienstes tätig.

Schaberweg *(benannt 1957, Stadtteil Vaihingen)* Nach dem Vaihinger Weber- und Händlergeschlecht Schaber.

Schachtelhalmweg *(benannt 1983, Stadtteil Plieningen)* Der Ackerschachtelhalm, *Equisetum arvense*, ist eine alte Heilpflanze. Er wird auch Zinnkraut genannt, denn die Pflanze diente früher zum Scheuern von Zinn- und anderen Metallgefäßen.

Schädle-Staffel, Ernst- siehe →Ernst-Schädle-Staffel.

Schädleweg *(benannt 1957, Stadtteil Vaihingen)* Nach Ernst Schädle, siehe →Ernst-Schädle-Staffel.

Schäferstraße *(benannt um 1892, Stadtteil Zuffenhausen)* Nach der früher dort gelegenen Schäferei. Der ältere Name der Straße lautet »Im Schäfer-Gäßle«.

Schäfer-Weg, Walter-Erich- siehe →Walter-Erich-Schäfer-Weg.

Schäffle-Straße, Albert- siehe →Albert-Schäffle-Straße.

Schafgärten *(benannt 1957, Stadtteil Riedenberg)* Der Flurname bezeichnet ein Gebiet, in dem Schafe gepfercht wurden.

Schafstraße, Hintere siehe →Hintere Schafstraße.

Schaiblestraße *(benannt 1957, Stadtteil Weilimdorf)* Nach einem alten Weilimdorfer Familiennamen.

Scharfenschloßstraße, ab 1. August 2005: **Scharfenschlossstraße** *(benannt 1937, Stadtteil Feuerbach)* Burgruine Scharfenschloss bei Donzdorf. Die Burg auf einem schmalen Albvorsprung hoch über Fils und Lauter war 1156 bis 1194 Sitz der Herren von Scharfenberg. Um 1300 ging die Scharfenburg in den Besitz der Rechberger über, im

15. und 16. Jahrhundert wurde sie völlig neu gebaut, bis 1568 diente sie den Grafen von Rechberg als Residenzschloss. Ab 1840 war sie unbewohnt und verfiel. Vor kurzem hat sie die Stadt Donzdorf an einen Privatmann verkauft, der umfangreiche Erhaltungs- und Sanierungsmaßnahmen durchgeführt und Teile der Burg für private Wohnzwecke hergerichtet hat.

Scharnhauser Straße *(benannt 1892, Stadtteil Plieningen)* Stadtteil Scharnhausen der Stadt Ostfildern (insgesamt 30 000 Einwohner), Landkreis Esslingen.

Scharrstraße *(benannt 1957, Stadtteil Vaihingen)* Hans Scharr, urkundlich genannt 1750 als Schultheiß in Vaihingen.

Schattenring *(benannt 1963, Stadtteil Stuttgart-Süd)* Nach der nahen Waldflur Schatten, einem am Nordhang gelegenen Gelände.

Schattwald, Am siehe →Am Schattwald.

Schatzweg *(benannt 1957, Stadtteil Sonnenberg)* Eduard Mörike war 1826 bis 1827 als Vikar in Möhringen tätig. Der Weg ist nach seiner 1836 erstmals veröffentlichten Novelle »Der Schatz« benannt. Siehe auch →Mörikestraße.

Scheffelstraße *(benannt 1899, Stadtteil Stuttgart-West)* Josef Victor (von) Scheffel (geboren am 16. Februar 1826 in Karlsruhe, gestorben am 9. April 1886 in Karlsruhe), Schriftsteller, verfasste historische Romane und witzige Kneip- und Studentenlieder. Am bekanntesten sind sein Versepos »Der Trompeter von Säckingen« (1854) und sein Roman »Ekkehard« (1855). – Der Abschnitt zwischen Rosenberg- und Klopstockstraße heißt im Volksmund noch heute »Schliff« nach dem alten Flurnamen dieses Gebiets.

Schellbergstraße *(benannt 1912, Stadtteil Stuttgart-Ost)* Der Flurname ist seit 1555 bekannt und geht auf das Hochgericht zurück. Ursprünglich hieß er Scheuelberg, von Scheuel (Scheu, Abscheu). Ab 1540 hieß er auch Schellenberg und etwa seit 1849 Schellberg.

Schellenkönig, Im siehe →Im Schellenkönig.

Schellingstraße *(benannt 1858, Stadtteil Stuttgart-Mitte)* Karl Eberhard Schelling (geboren 1783 in Bebenhausen [heute Tübingen-Bebenhausen], gestorben 1854 in Stuttgart), Obermedizinalrat, Bruder des Philosophen Friedrich Wilhelm (von) Schelling. Als Arzt sehr geschätzt und beliebt, wurde während seines Wirkens in Stuttgart (1805 bis 1854) Hofarzt.

Schelmenäckerweg *(benannt 1998, Stadtteil Feuerbach)* Der Flurname deutet an, dass hier früher totes Vieh verscharrt wurde. Das mittelhochdeutsche Wort »schelme« bedeutet Seuche, toter Körper, Aas. Tieren, die etwa von einer Seuche befallen waren, wurde an dieser Stelle vom »Schinder« oder »Abdecker« der Gnadenstoß versetzt. Möglicherweise leitet sich der Name auch davon ab, dass hier einmal Knochen gefunden wurden, beispielsweise aus einer keltischen oder alamannischen Grabstätte. Siehe auch →Schelmenwasenstraße.

Schelmenwasenstraße *(benannt 1974, Stadtteil Möhringen)* Der Flurname bezeichnet ein feuchtes Wiesengelände, in dem entweder Tierkadaver vergraben wurden oder das irgendwann einmal als menschliche Begräbnisstätte gedient hat. Siehe auch →Schelmenäckerweg.

Schemppstraße *(benannt 1957, Straßenführung geändert 1991, Stadtteil Riedenberg)* Nach dem alten Riedenberger Geschlecht, dem Gemeindepfleger und Anwälte entstammten.

Schenkel-Weg, Doktor-Gotthilf siehe →Doktor-Gotthilf-Schenkel-Weg.

Schenkendorfstraße *(benannt 1934, Stadtteil Stuttgart-West)* Gottlieb Ferdinand Maximilian von Schenkendorf (geboren 1783 in Tilsit, gestorben 1817 in Koblenz), Regierungsrat, entfachte in Gedichten und Liedern (»Freiheit, die ich meine«) die Begeisterung für den Freiheitskampf gegen Napoleon, an dem er teilnahm.

Schenkensteinstraße *(benannt 1934, Stadtteil Feuerbach)* Burgruine Schenkenstein bei Bopfingen-Aufhausen im Ostalbkreis. Die Burg über dem Egertal wurde 1525 zerstört; die Ruine des Bergfrieds ist noch erhalten.

Scherrenstraße *(benannt 1909, Stadtteil Untertürkheim)* Der Flurname geht vielleicht auf Scherre (Felsen) zurück.

Schertelstraße *(benannt 1933, Stadtteil Zazenhausen)* Hans Sebastian Schertlin von Burtenbach (geboren am 12. Februar 1496 in Schorndorf, gestorben am 18. November 1577 in Burtenbach bei Augsburg), Landsknechtführer. Nach dem Studium in Tübingen und einer kurzen Tätigkeit als bischöflicher Schreiber in Konstanz schlug er die militärische Laufbahn ein. 1518 nahm er am Feldzug gegen Franz von Sickingen teil, 1519 begleitete er seinen berühmten Lehrmeister Georg von Frundsberg auf Seiten des Schwäbischen Bundes bei der Eroberung seiner Heimatstadt Schorndorf. 1525 war er an der Schlacht von Pavia und am Bauernkrieg beteiligt, 1527 am so genannten »Sacco di Roma«, über die er in seiner Autobiographie schrieb: »Am 6. Mai haben wir Rom im Sturm erobert, ungefähr 6000 Mann darin totgeschlagen und die ganze Stadt geplündert. [...] Wurden wir alle reich.« 1530 trat er in den Dienst der Stadt Augsburg, erwarb das Schloss Burtenbach und nannte sich von nun an Schertlin von Burtenbach. 1532 kämpfte er in Österreich gegen die Türken; 1534 wurde er dafür von Kaiser Karl V. in den reichsunmittelbaren Adelsstand erhoben. Im Schmalkaldischen Krieg 1546/47 kommandierte er die gesamte Infanterie der oberdeutschen Städte; als jedoch die Kaiserlichen siegten, musste er nach Frankreich fliehen. 1553 wurde er vom Kaiser wieder in Gnaden aufgenommen, zum Hauptmann der Stadt Augsburg und 1559 zum kaiserlichen Rat ernannt. Sein Wahlspruch, verwunderlich bei dieser Biographie, hieß »Dulce bellum inexperto«, was so viel heißt wie »Schön ist der Krieg nur für den, der ihn nicht kennt.« Siehe auch →Burtenbachstraße und →Ursulastraße.

Scheufele-Platz, Anna- siehe →Anna-Scheufele-Platz.

Scheurenwiese *(benannt 1963, Stadtteil Steckfeld)* Der Flurname bezeichnet wahrscheinlich die Wiese bei einer Scheuer.

Schexweg *(benannt 1957, Stadtteil Vaihingen)* Gottlob August Schex (geboren 1849, gestorben 1920), Ökonom und Pomologe, angesehener Vaihinger Bürger.

Schickhardtstraße *(benannt 1893, Stadtteil Stuttgart-Süd)* Heinrich Schickhardt (geboren am 5. Februar 1558 in Herrenberg, gestorben am 31. Dezember 1635 in Herrenberg), Hofbaumeister. Schickhardt erlernte das Schreinerhandwerk und war ab 1578 als Gehilfe von Hofbaumeister Georg Beer in Stuttgart tätig, unter anderem beim Bau des Neuen Lusthauses. 1584 heiratete er die Tochter des Herrenberger Bürgermeisters Grüninger; bald danach taucht er als Haus- und Grundbesitzer in Herrenberg und Mitglied des Herrenberger Gemeinderats in den Akten auf. 1596 wurde Schickhardt zum herzoglichen Baumeister ernannt und errichtete sich sein eigenes Wohnhaus in Stuttgart. 1598 bereiste er die Lombardei und Venetien, im Gefolge des Herzogs unternahm er im Jahr darauf eine weitere Studienreise nach Italien, die ihn bis Rom führte. 1600 bis 1608 lebte Schickhardt in der württembergischen Exklave Mömpelgard (Montbéliard); von hier aus unternahm er Studienreisen in verschiedene Teile Frankreichs. Als ihn in dieser Zeit Kaiser Rudolf II. nach Prag berief, lehnte Schickhardt ab. 1608 wurde er schließlich zum herzoglich württembergischen Landbaumeister ernannt. – Der »schwäbische Leonardo da Vinci« war sowohl künstlerisch wie auch technisch sehr begabt. In Württemberg wurde zu seiner Zeit kaum eine Änderung an Kirchen und Schlössern vorgenommen, ohne dass man Schickhardt zumindest beratend hinzuzog. Seine Aufgaben gingen über die eines Architekten weit hinaus: Er leitete auch die Grenzregulierungen des Herzogtums und die der Hohenloheschen und Ebersteinischen Herrschaften, zeichnete die erste Karte der Grafschaft Mömpelgard (Maßstab 1 : 80 000), kontrollierte den Ausbau der Landesfestungen, befasste sich mit der Anlage von Gärten, Gewächshäusern und Brunnen, unterbreitete Vorschläge zur Schiffbarmachung des Neckars zwischen Cannstatt und Heilbronn, leitete die Neckarregulierung in Tübingen, plante die Anlage von Steinkohlenminen am Kriegsberg bei Stuttgart, entwarf den Fischbachstollen bei Seeburg, richtete Badehäuser, Wasserkünste, Mühlen, Münzen und Torfgruben ein und entwarf sogar Maschinen. Zu seinen Hauptwerken zählen der Gesamtplan für die Neustadt von Mömpelgard (1598), die Anlage von Freudenstadt (1599), der Neue Bau in Stuttgart (1599–1609) und der Umbau des Esslinger Rathauses (1586/89). Von seinen zahlreichen weiteren Bauten seien genannt: die Stadtanlagen von Schiltach und Aich bei Nürtingen [heute Aichtal-Aich], der Wiederaufbau von Vaihingen an der Enz nach einem verheerenden Stadtbrand, Schloss Stammheim [heute Stuttgart-Stammheim], das Stadtschloss in Göppingen, die Schlösser in Löwenstein, Backnang und Mauren [heute Ehningen-Mauren], das herzogliche Jagdhaus in Hirsau, der Umbau des Stuttgarter Fruchtkastens am heutigen Schillerplatz, die Erweiterung der Gruft unter der Stuttgarter Stiftskirche, der Turm der Cannstatter Stadtkirche, die Kirche Sankt Martin in Mömpelgard, das Rathaus in Belfort, Wohnhäuser in Stuttgart, Rottenburg, Colmar und Mömpelgard, Brücken in Mömpelgard, Lauffen am Neckar und Göppingen, der Tübinger Marktbrunnen, das Kurhaus in Bad Boll, Badehäuser in Teinach und Überkingen sowie die Papiermühle in Mömpelgard. Schickhardt war ohne Zweifel einer der bedeutendsten Renaissancebaumeister Europas. Zu seinen Ehren wurde 1999 die »Europäische Kulturstraße/Itinéraire Culturel Européen Heinrich Schickhardt« eingerichtet, die 16 Schickhardt-Gemeinden zwischen Montbéliard und Backnang verbindet.

Gottlieb Schick

Schickstaffel *(benannt 1908, Stadtteil Stuttgart-Mitte)* Gottlieb Schick (geboren 1776 in Stuttgart , gestorben in 1812 Stuttgart), Historien-, Porträt- und Landschaftsmaler, einer der bedeutendsten Künstler des deutschen Klassizismus. Er lebte 1798 bis 1802 in Paris, bis 1811 in Rom und zuletzt wieder in Stuttgart.

Schickstraße *(benannt 1931, Stadtteil Stuttgart-Mitte)* Nach Gottlieb Schick, siehe →Schickstaffel.

Schieber-Weg, Anna- siehe →Anna-Schieber-Weg.

Schießäckerstraße, Untere siehe →Untere Schießäckerstraße.

Schießgärtle, Im siehe →Im Schießgärtle.

Schießhaus, Im siehe →Im Schießhaus.

Schießhausstraße *(benannt 1931, Stadtteil Plieningen)* Der Flurname Schießhausäcker geht vermutlich auf ein Schützenhaus zurück, das früher dort stand.

Schießmauerstraße *(benannt 1926, Stadtteil Vaihingen)* Nach einer Mauer, die sich früher dort befand und an der Schießübungen abgehalten wurden.

Schildfarnweg *(benannt 1986, Stadtteil Lederberg)* Gattung der Farne *(Polystichum).*

Schildkrötenweg *(benannt 1953, Stadtteil Bergheim)* Schildkröten (Testudines) sind eine Ordnung der Kriechtiere. Wichtigstes Merkmal ist ihr Rückenpanzer, der aus Knochen und Horn beziehungsweise ledriger Haut gebildet wird.

Schiller, Charlotte, geborene von Lengefeld siehe →Lengefeldweg.

Schillereiche, Zur siehe →Zur Schillereiche.

Schillerpassage *(benannt 1988, Stadtteil Vaihingen)* Johann Christoph Friedrich (von) Schiller (geboren am 10. November 1759 in Marbach am Neckar, gestorben am 9. Mai 1805 in Weimar), Dichter. Auf Befehl von Herzog Karl Eugen besuchte Schiller 1773 bis 1780 die Militärakademie (Hohe Karlsschule) in Stuttgart. Er studierte dort Rechtswissenschaft, später Medizin. In diese Zeit fällt der erste Entwurf der »Räuber«, den Schiller bei einem Spaziergang im Bopserwald seinen Freunden vortrug. Nach seinem Abgang von der Akademie war Schiller bis zu seiner durch Unstimmigkeiten mit Herzog Karl Eugen hervorgerufenen Flucht nach Mannheim (1782) als Regimentsmedikus in Stuttgart tätig. Von 1787 an lebte er in Weimar, bis er durch Goethes Bemühungen 1789 zum (unbesoldeten) Professor der Philosophie (um Geschichte zu lehren) an der Universität Jena ernannt wurde. Mit seiner Frau und dem in Ludwigsburg geborenen ältesten Sohn wohnte Schiller von März bis

Mai 1794 im Gartenhaus des Hofküchengartens in Stuttgart und arbeitete am »Wallenstein«. 1799 siedelte er von Jena wieder nach Weimar über, wo der ständig kränkelnde Dichter in ärmlichen Verhältnissen lebte und 1805 starb. Schiller, der im 19. Jahrhundert viel eher als Goethe der deutsche Nationaldichter war, thematisiert in seinen poetischen Werken immer wieder den Freiheitswillen des Menschen und das Verhältnis von Pflicht und Neigung. Bekannt sind vor allem seine Dramen (»Die Verschwörung des Fiesko zu Genua«, »Don Carlos«, »Kabale und Liebe«, »Maria Stuart«, »Die Jungfrau von Orleans«, »Die Braut von Messina«, »Wilhelm Tell«) und Balladen (»Der Taucher«, »Die Kraniche des Ibykus«, »Die Bürgschaft«, »Das Lied von der Glocke« und viele andere). 1795 bis 1797 gab Schiller die »Horen« heraus, die bedeutendste Zeitschrift seiner Zeit. Weniger bekannt sind seine historischen, philosophischen und ästhetischen Schriften sowie seine wenigen Prosawerke. Schiller übersetzte auch Shakespeares »Macbeth« und Racines »Phèdre«.

Schillerplatz *(benannt 1934, Stadtteil Stuttgart-Mitte)* Das am 8. Mai 1839 eingeweihte, von dem dänischen Bildhauer Bertel Thorvaldsen geschaffene Schillerdenkmal gab dem Platz seinen Namen, siehe →Schillerpassage. – Bis 1934 hieß der Platz Alter Schlossplatz nach dem Alten Schloss, das seine Südostseite begrenzt.

Thorvaldsens Schillerdenkmal gab dem Schillerplatz seinen Namen.

Schillerstraße *(benannt 1853, Stadtteil Stuttgart-Mitte)* Nach Friedrich Schiller, siehe →Schillerpassage.

Schiltacher Straße *(benannt 1952, Stadtteil Kaltental)* Schiltach, die »Stadt des Fachwerks, der Flößer und Gerber«, liegt im Landkreis Rottweil und hat 4100 Einwohner.

Schimmelhüttenplatz *(benannt 1993, Stadtteil Degerloch)* Ausgangspunkt des →Schimmelhüttenweges.

Schimmelhüttenweg *(benannt 1939, Straßenführung geändert 1977, Stadtteile Stuttgart-Süd und Degerloch)* Der 1567 genannte Flurname geht auf ein einsames Haus (Schimmelhütte) zurück, das früher dort stand. Mit der Bezeichnung »Schimmelhütte« sollte wohl auf den Gespensterschimmel angespielt werden.

Schimmelreiterweg *(benannt 1955, Stadtteil Möhringen)* Nach dem Namen des »Wilden Jägers«, einer Sagengestalt in Theodor Storms Novelle »Der Schimmelreiter«.

Schimmelweg *(benannt 1981, Stadtteil Luginsland)* Volksmundbezeichnung.

Schirmerstraße *(benannt 1933, Stadtteil Mühlhausen)* Benannt nach den letzten Schultheißen der Gemeinde Mühlhausen, Nikolaus Schirmen (geboren 1842 in Ertingen bei Riedlingen, gestorben 1906 in Mühlhausen a. N. [heute Stuttgart-Mühlhausen]) und Eugen Schirmer (geboren 1880 in Mühlhausen a. N. [heute Stuttgart-Mühlhausen], gestorben 1946 in Stuttgart-Mühlhausen).

Schlachthofstraße *(benannt 1914, Stadtteil Stuttgart-Ost)* Nach dem 1909 vom →Hegelplatz im Stuttgarter Westen nach Gaisburg verlegten Vieh- und Schlachthof. Er wurde 1988 privatisiert und 1992 geschlossen; auf dem Gelände entstand bis 2000 ein Gewerbegebiet.

Schlangenweg *(benannt 1953, Stadtteil Bergheim)* Längliche Kriechtiere mit zurückgebildeten Gliedmaßen, die sich auf dem Bauche schlängelnd fortbewegen.

Schlehen, In den siehe →In den Schlehen.

Schleicher-Straße, Markus- siehe →Markus-Schleicher-Straße.

Schlemmer-Straße, Oskar- siehe →Oskar-Schlemmer-Straße.

Schlichtener Straße *(benannt 1955, Stadtteile Burgholzhof und Zuffenhausen)* Stadtteil Schlichten der Stadt Schorndorf, Rems-Murr-Kreis, 850 Einwohner.

Schliemannweg *(benannt 1957, Straßenführung geändert 1984, Stadtteil Stammheim)* Heinrich Schliemann (geboren am 6. Januar 1822 in Neubukow, Mecklenburg, gestorben am 26. Dezember 1890 in Neapel), als Kaufmann reich geworden, erfüllte er sich mit den Ausgrabungen in Troja, Mykene, Orchomenos und Tiryns den Traum, Stätten aus Homers Dichtungen zu finden und damit zu beweisen, dass es sich um geschichtlich reale Orte handelte.

Schlierholzweg *(benannt 1957, Stadtteil Stuttgart-Nord)* Josef (von)

Schloss Hohenheim um 1900. Aus dem 1817 gegründeten »landwirtschaftlichen Institut« hat sich die Universität Hohenheim mit Sitz im Schloss entwickelt.

Schlierholz (geboren 1817 in Biberach an der Riß, gestorben 1907 in Stuttgart), Präsident und Vorstand der Bauabteilung der Generaldirektion der Württembergischen Staatseisenbahn in Stuttgart, hat sich um den Bau der Donau-, Allgäu- und Hohenzollernbahn Verdienste erworben.

Schlierseestraße *(benannt 1938, Stadtteil Hofen)* See in Oberbayern.

Schliffkopfstraße *(benannt 1936, Stadtteil Kaltental)* Berg (1056 m) im Schwarzwald zwischen Ruhestein und Alexanderschanze. 1938 wurde um den Berg das größte Naturschutzgebiet des Nordschwarzwalds ausgewiesen (heute 1380 Hektar).

Schlößlestraße *(benannt 1910, Stadtteil Stuttgart-Ost)* Nach der früheren Wirtschaft »Zum Schlößle«, die der Schlößlesbrauerei (vorher Brauerei Arnold) gehörte. Durch ihren großen Wirtschaftsgarten wurde die Straße geführt.

Schloßbergstraße, ab 1. August 2005: **Schlossbergstraße** *(benannt 1926, Stadtteil Kaltental)* Nach der alten Burg Kaltental, deren Mauern um 1800 abgetragen und zum Bau von Häusern auf dem Schlossberg verwendet wurden.

Schlosserstraße *(benannt 1851, Stadtteile Stuttgart-Mitte und Stuttgart-Süd)* Gewerbebezeichnung.

Schloßgarten, Am siehe →Am Schloßgarten.

Schloßgarten, Mittlerer siehe →Mittlerer Schloßgarten.

Schloßgarten, Oberer siehe →Oberer Schloßgarten.

Schloßgarten, Unterer siehe →Unterer Schloßgarten.

Schloß Hohenheim, ab 1. August 2005: **Schloss Hohenheim** *(benannt*

1797, Stadtteil Hohenheim) Erbaut von Reinhard Ferdinand Heinrich Fischer auf Befehl von Herzog Karl Eugen, Flügelbauten ab 1772, Hauptbau 1785 bis 1797, siehe auch →Hohenheimer Straße.

Schloßplatz, ab 1. August 2005: **Schlossplatz** *(benannt 1823, Stadtteil Stuttgart-Mitte)* Seit 1817 nannte man den ehemalige Paradeplatz vor dem »Neuen Residenzschloß« »Neuer Schloßplatz« im Gegensatz zum »Alten Schloßplatz«, dem heutigen Schillerplatz. Er wurde wohl 1823, anlässlich der gärtnerischen Ausgestaltung des Platzes, offiziell benannt.

Schloßplatz, Kleiner siehe →Kleiner Schloßplatz.

Schloßstraße, ab 1. August 2005: **Schlossstraße** *(benannt 1811, Stadtteile Stuttgart-Mitte und Stuttgart-West)* Die Straße erhielt ihre Bezeichnung nach dem Neuen Schloss, zu dem sie ursprünglich führte. Siehe auch →Bolzstraße.

Schlotterbeckstraße *(benannt 1946, Stadtteil Untertürkheim)* Nach der Untertürkheimer Familie Schlotterbeck. Drei Familienmitglieder wurden wegen Widerstandes gegen das Hitlerregime von der Gestapo in Stuttgart verhaftet und am 30. November 1944 in Dachau erschossen: die Eltern Maria und Gotthilf Schlotterbeck und die Tochter Gertrud Lutz. Den Sohn Hermann, der bei einem Fluchtversuch in die Schweiz gefasst worden war, erschoss die Gestapo wenige Tage vor Kriegsende bei Riedlingen, nachdem sie ihn zuvor im Lager Welzheim gefoltert hatte. Nur Friedrich Schlotterbeck gelang damals die Flucht in die Schweiz. Siehe auch →Else-Himmelheber-Staffel und →Emil-Gärttner-Straße.

Schlotwiese *(benannt 1930, Stadtteil Zuffenhausen)* Der Flurname geht vermutlich auf die früher sumpfige Bodenbeschaffenheit der Wiesen zurück. Schlat bedeutet Sumpfgras.

Schlürfergasse *(benannt 1975, Stadtteil Uhlbach)* Trollingerwein ohne Restsüße nennt man Schlürfer.

Schlüsselwiesen *(benannt 1907, Stadtteil Stuttgart-Ost)* Herkunft und Bedeutung des Flurnamens sind unklar. Er leitet sich vermutlich von Schlüssel her, einem Viereck oder rechtwinkeligen Ausschnitt aus einem Acker oder einer Wiese.

Schmale Straße *(benannt 1811, Stadtteil Stuttgart-Mitte)* Nach ihrer im Gegensatz zur Breiten Straße geringen Breite. Wurde als »Neue Gaße« erstmals 1764 urkundlich genannt.

Schmalzmarkt *(benannt 1987, Stadtteil Stuttgart-Ost)* Der Platz vor der (Alten) Schule in Gablenberg wurde schon im 19. Jahrhundert als

Karl Schmauk: Die Birkenallee am alten Neckar in Untertürkheim

»Schmalzmarkt« bezeichnet, weil dort Waren des täglichen Bedarfs verkauft wurden. Bei der Neugestaltung des Schmalzmarkts 1989 griff man den historischen Namen wieder auf.

Schmaukstraße *(benannt 1949, Stadtteil Untertürkheim)* Karl Schmauk (geboren am 12. Januar 1868 in Untertürkheim [heute Stuttgart-Untertürkheim], gestorben am 11. September 1946 in Stuttgart-Untertürkheim), Landschaftsmaler und Illustrator. Der Weingärtnersohn studierte auf der Stuttgarter Kunstschule. Zum Broterwerb schuf er Buch- und Zeitschriftenillustrationen, biblische Wandblätter und Kunstblätter für Schulen. In seinen Gemälden griff er soziale, ökonomische, gesellschaftliche und biblische Themen auf; er malte aber auch Porträts und Landschaften. Bekannt ist seine 1931/32 entstandene »Untertürkheimer Bergpredigt«.

Schmellbachstraße *(benannt 1957, Stadtteil Rohr)* Nach dem in der Nähe gelegenen Bach, dessen Name sich von den Schmellen, den Riedgräsern, die dort wuchsen, ableitetet.

Schmidener Straße *(benannt 1885, Stadtteile Bad Cannstatt und Sommerrain)* Führt zum Stadtteil Schmiden der Stadt Fellbach (insgesamt

42 000 Einwohner), Rems-Murr-Kreis. Die Straße ist bereits 1822 als Schmidener Gasse beziehungsweise Schmidener Vorstadt erwähnt.

Schmid-Straße, Richard- siehe →Richard-Schmid-Straße.

Schmidtmann-Straße, Martha- siehe →Martha-Schmidtmann-Straße.

Schmidt-Platz, Leonhard- siehe →Leonhard-Schmidt-Platz.

Schmid-Weg, Gebrüder- siehe →Gebrüder-Schmid-Weg.

Schmiedgasse *(benannt 1822, Stadtteil Bad Cannstatt)* Nach dem Schmied Johann Friedrich Schweikert, dem die Häuser Schmiedgasse 8 und 10 sowie Marktstraße 43 gehörten.

Schmollerstraße *(benannt 1955, Straßenführung geändert 1989, Stadtteil Steinhaldenfeld)* Gustav (von) Schmoller (geboren am 24. Juni 1838 in Heilbronn, gestorben am 27. Juni 1917 in Bad Harzburg), Nationalökonom, Professor in Berlin, Haupt der jüngeren historischen Schule der deutschen Volkswirtschaftslehre.

Schnaiter Straße *(benannt 1936, Stadtteil Untertürkheim)* Stadtteil Schnait der Stadt Weinstadt, Rems-Murr-Kreis. Weinstadt ist 1975 entstanden, als sich im Zuge der Gemeindereform die vorher selbständigen Orte Beutelsbach, Endersbach mit Strümpfelbach, Großheppach und Schnait zusammenschlossen. Weinstadt hat 25 700 Einwohner, davon leben 3300 in Schnait.

Schnarrenberg, Am siehe →Am Schnarrenberg.

Schnatzgraben, Beim siehe →Beim Schnatzgraben.

Schneckenberg, Im siehe →Im Schneckenberg.

Schneckenbergstraße *(benannt um 1912, Stadtteil Feuerbach)* Der Flurname könnte vom Personennamen Schneck oder von der Schnecke herkommen.

Schneebergweg *(benannt 1936, Stadtteil Feuerbach)* Höchster Berg (1051 m) des Fichtelgebirges.

Schneeglöckleweg *(benannt 1958, Stadtteil Sommerrain)* Das Echte Schneeglöckchen, *Galanthus nivalis,* blüht im Vorfrühling. Gehört zu den Amaryllisgewächsen.

Schneewittchenweg *(benannt 1954, Stadtteil Möhringen)* Märchengestalt.

Schneideräckerstraße *(benannt 1971, Straßenführung geändert 1976, Stadtteil Neugereut)* Nach der dortigen Flur, die wohl von einem früheren Besitzer den Namen hat.

Schnellweg *(benannt 1957, Stadtteil Stuttgart-Süd)* Altes Heslacher Geschlecht. – Bis 1957 hieß der Weg Amselweg.

Schnürleweg *(benannt 1957, Stadtteil Zuffenhausen)* Adolf Schnürle (geboren 1898, gestorben 1951), Ingenieur und Motorenkonstrukteur, erfand die Umkehrspülung für Dieselmotoren. Sein Interesse galt besonders dem Zweitaktmotor.

Schockenriedstraße *(benannt 1909, Straßenführung geändert 1982, Stadtteile Vaihingen und Möhringen)* Der Flurname geht auf ein ehemals feuchtes Wiesengelände (Ried) zurück, das zur Gewinnung von Streu genutzt wurde. Unter Schocken sind große Haufen, besonders Heuhaufen zu verstehen. Die Flur war früher Allmend, das heißt, sie gehörte der Dorfgemeinschaft.

Schoderstraße *(benannt 1909, Stadtteil Stuttgart-Nord)* Adolf Schoder (geboren am 2. Dezember 1817 in Stuttgart, gestorben am 12. November 1852 in Stuttgart), Jurist und Politiker. Studierte in Tübingen Jura, wurde 1843 Oberjustizassessor beim Gerichtshof im Neckarkreis und 1845 Regierungsrat im Ministerium Schlayer. Hatte Kontakt zur liberalen Bewegung, wurde 1848 in die Nationalversammlung gewählt und näherte sich dort mehr der Linken. Er setzte sich vor allem für die Anerkennung der Grundrechte ein. Schoder war 1848 vom Bezirk Besigheim auch in die Ständeversammlung gewählt worden. Dort kämpfte er für die Anerkennung der Nationalversammlung als höchster Autorität. Als König Wilhelm I. von Württemberg die Annahme der Reichsverfassung verweigerte, sprach sich Schoder für die Einsetzung einer provisorischen Regierung aus, falls der König nicht nachgebe. Daraufhin wurde er Vizepräsident des Rumpfparlaments, das vom 6. bis 18. Juni 1849 in Stuttgart tagte und durch Militär gesprengt wurde. Daneben erwarb sich Schoder als Anwalt in politischen Prozessen einen Namen, in denen er mit viel Scharfsinn und Redegewandheit die Anklagen zu zerpflücken wusste. Auf der Höhe seines Ruhms traf ihn in seiner Heimatstadt ein früher Tod.

Schoellstraße *(benannt 1957, Stadtteil Plieningen)* Wilhelm Schoell (geboren 1821, gestorben 1881), Gründer einer Samengroßhandlung.

Schönaicher Straße *(benannt 1935, Stadtteil Degerloch)* Gemeinde Schönaich, Landkreis Böblingen, 10 100 Einwohner.

Schönauer Straße *(benannt 1961, Stadtteil Kaltental)* Stadt Schönau im Schwarzwald, Landkreis Lörrach, 2600 Einwohner, liegt im oberen Wiesental im Südschwarzwald.

Schönbergstraße *(benannt 1923, Stadtteil Schönberg)* »Schön« in Flurnamen deutet darauf hin, dass der Boden für die Landwirtschaft brauchbar war und sich gut bearbeiten ließ.

Schönbuchstraße *(benannt 1899, Stadtteil Rohr)* Nach dem zwischen Herrenberg, Tübingen und Waldenbuch gelegenen Naturpark.

Schönbühlstraße *(benannt 1900, Stadtteil Stuttgart-Ost)* Berg (446 m) bei Remshalden-Grunbach, Rems-Murr-Kreis.

Schönestraße *(benannt 1891, Stadtteil Bad Cannstatt)* Carl Eduard Schöne (geboren 1813 in Fellin, Livland, gestorben 1878 in Cannstatt [heute Stuttgart-Bad Cannstatt]), Privatier und Armenfreund, ließ bei seiner Übersiedlung aus Riga 1872 das Haus Badstraße 36 umbauen und erweitern, das heute noch als »Villa Schöne« bekannt und erhalten ist. (Der Cannstatter Stadtschultheiß Heinrich Idler hatte das Haus 1835 auf dem Stadtgraben erbaut; 1856 bis 1863 hatte es dem Arzt und Dichter Theobald Kerner als »Galvano-magnetische Heilanstalt« gedient; der Sohn von Justinus Kerner hatte hier auch andere Literaten um sich geschart, etwa Eduard Mörike und Friedrich Theodor Vischer.) Auf eigene Kosten errichtete Schöne einen Neubau für die Olgakrippe, König-Karl-Straße 5, den er der Stadt übergab. Der Neubau wurde nach seinem Tod am 11. September 1878 bezogen. Seine Witwe Angelina, geb. Brückner (geboren 1826 in Sankt Petersburg, Russland, gestorben 1913 in Stuttgart-Cannstatt), hat die Olgakrippe regelmäßig mit größeren Beträgen unterstützt. Vergleiche auch →Theobald-Kerner-Straße.

Schönleinstraße *(benannt 1914, Stadtteil Stuttgart-Ost)* Hermann Schönlein (geboren 1833 in Leipzig, gestorben 1908 in Stuttgart), Verlagsbuchhändler, gründete 1865 hier einen Verlag und eine Druckerei. Seine Serie »Buch für Alle« erreichte hohe Auflagen. Er vermachte in seinem Testament der Stadt Stuttgart zwei Millionen Mark zu wohltätigen Zwecken.

Schöntaler Straße *(benannt 1937, Stadtteil Zuffenhausen)* Gemeinde Schöntal, Hohenlohekreis, 5950 Einwohner, bekannt durch das gut erhaltene ehemalige Zisterzienserkloster. Seine heutige Gestalt hat es Ende des 17. Jahrhunderts unter Abt Benedikt Knittel erhalten, der überall seine Knittelverse und andere poetische Spuren hinterlassen hat. Im Ostflügel des Kreuzgangs befindet sich das Grabmal Götz von Berlichingens. Das Kloster wurde 1802/03 säkularisiert, 1811 wurde in den Konventsgebäuden ein niederes evangelisches Seminar eingerichtet.

Schönwalterstraße *(benannt 1957, Stadtteil Weilimdorf)* Sebald Schönwalter war 1605 bis 1658 Schulmeister in Weilimdorf. – Als »Weil im Dorf« noch eine selbständige Gemeinde war, hieß die Straße

Georg Schöttle betrieb die erste Stuttgarter Pferdebahn. Foto von 1868.

Bahnhofweg, 1937 bis 1957 Leuthener Straße nach der Schlacht bei Leuthen (Niederschlesien) im Siebenjährigen Krieg 1757.

Schöpfer-Weg, Theodor- siehe→Theodor-Schöpfer-Weg

Schoettle-Platz, Erwin- siehe →Erwin-Schoettle-Platz.

Schoettle-Staffel, Helene- siehe →Helene-Schoettle-Staffel.

Schöttlestraße *(benannt 1930, Stadtteil Degerloch)* Georg Schöttle (geboren 1823 in Stuttgart, gestorben 1897 in Stuttgart), Bauunternehmer, plante 1862 eine regelmäßige Pferdebahnverbindung zwischen Stuttgart und Cannstatt. Am 14. Mai 1862 erhielt er durch königliche Entschließung die Erlaubnis zum Bau und Betrieb dieser Pferdebahn zwischen Staatsarchiv und Berg. In einem 1868 mit der Stadt Stuttgart abgeschlossenen Vertrag erwarb er das Recht, auch eine Linie durch die Innenstadt zu führen. Aus der von ihm gegründeten Pferde-Eisenbahn-Aktiengesellschaft ging 1889 die Stuttgarter Straßenbahnen AG hervor.

Scholer-Straße, Friedrich- siehe →Friedrich-Scholer-Straße.

Scholl-Straße, Geschwister- siehe →Geschwister-Scholl-Straße.

Schopenhauerstraße *(benannt 1946, Stadtteile Dürrlewang und Rohr)* Arthur Schopenhauer (geboren am 22. Februar 1788 in Danzig, gestorben am 21. September 1860 in Frankfurt am Main), Philosoph. Schopenhauer studierte in Göttingen, Berlin und Jena und war 1820 bis 1831 gleichzeitig mit Georg Wilhelm Friedrich Hegel (siehe →Hegelplatz) Dozent in Berlin. Anschließend lebte er als Privatgelehrter in Frankfurt am Main. Schopenhauer verfasste bereits mit 30 Jahren sein Hauptwerk »Die Welt als Wille und Vorstellung«.

Schopflocher Straße *(benannt 1957, Stadtteil Vaihingen)* Gemeinde Schopfloch, Landkreis Freudenstadt, 2500 Einwohner.

Schopp-Weg, Oscar- siehe →Oscar-Schopp-Weg.

Schorndorfer Straße *(benannt 1931, Stadtteil Bad Cannstatt)* Die Stadt Schorndorf, Rems-Murr-Kreis, 39 200 Einwohner, beeindruckt mit seinem Marktplatz-Ensemble, seinen vielen Fachwerkhäusern und dem Burgschloss von 1538.

Schorp-Pflumm-Weg, Hanne- siehe →Hanne-Schorp-Pflumm-Weg.

Schottstraße *(benannt 1905, Stadtteil Stuttgart-Nord)* Benannt nach Albert Schott (geboren 1782 in Sindelfingen, gestorben 1861 in Stuttgart) und seinem Sohn Sigmund Schott (geboren 1818 in Stuttgart, gestorben 1895 in Stuttgart). Albert Schott, der »alte Schott«, war Obertribunalprokurator sowie Abgeordneter im württembergischen Landtag und in der deutschen Nationalversammlung. 1824 gründete er mit anderen den »Stuttgarter Liederkranz«. Auf seine Anregung kam am 9. Mai 1825 das erste deutsche Schillerfest zustande. Sein Sohn Sigmund trat als Rechtsanwalt wie als Politiker das Erbe seines Vaters an. Neben seiner Tätigkeit als Abgeordneter des württembergischen Landtags (1850 bis 1870) und als Reichstagsabgeordneter für den Wahlkreis Stuttgart (1881 bis 1887) wurde er als Dichter und populär-philosophischer Schriftsteller bekannt.

Albert Schott

Schozacher Straße *(benannt 1950, Stadtteil Rot)* Ortsteil Schozach der Gemeinde Ilsfeld (insgesamt 7900 Einwohner), Landkreis Heilbronn.

Schraderweg *(benannt 1957, Stadtteil Feuerbach)* Julius Schrader (geboren 1845 in Neuenstein am Kocher, gestorben 1906 in Stuttgart), Apotheker und Fabrikant in Feuerbach, fand 1888 am Siegelberg in Feuerbach in einem keltischen Grabhügel und 1893 in der Staufeneckstraße in einigen alemannischen Reihengräbern Skelette und Beigaben.

Schramberger Straße *(benannt 2000, Stadtteil Kaltental)* Nach der »Uhrenstadt« Schramberg im mittleren Schwarzwald, Landkreis Rottweil, 18 900 Einwohner.

Schranne, In der siehe →In der Schranne.

Schrannenplatz *(benannt 1932, Stadtteil Vaihingen)* Flurname, siehe →In der Schranne.

Schreiberstraße *(benannt 1887, Stadtteil Stuttgart-Süd)* Wohl nach dem Personennamen Schreiber.

Schrempfstraße *(benannt 1945, Stadtteil Degerloch)* Christoph Schrempf (geboren 1860 in Besigheim, gestorben 1944 in Stuttgart-Degerloch), Schriftsteller und Philosoph. Als evangelischer Pfarrer vom Amt enthoben, wirkte er ab 1892 als freier religiös-philosophischer Schriftsteller und Redner in Stuttgart. Schrempf war 1906 bis 1921 Privatdozent der Philosophie an der Technischen Hochschule in Stuttgart, setzte sich in seinen Schriften besonders mit dem Christentum, mit Sokrates, Lessing, Goethe, Nietzsche und Kierkegaard auseinander. Stark von Kierkegaard beeinflusst, forderte er als Maßstab ethischer Lebensauffassung einfache Menschlichkeit und Lebenswahrheit. – Bis 1938 hießen die Schrempf- und die Lustnauer Straße Urbanstraße; die Nationalsozialisten teilten die Straße auf und nannten die heutige Schrempfstraße Lodystraße nach dem im Ersten Weltkrieg in London erschossenen deutschen Spion Hans Carl Lody (1877–1914).

Christoph Schrempf

Schrenk-Weg, Martin- siehe →Martin-Schrenk-Weg.

Schroth-Weg, Johann- siehe →Johann-Schroth-Weg.

Schrozberger Straße *(benannt 1939, Straßenführung geändert 1983, Stadtteil Zuffenhausen)* Gemeinde Schrozberg, Landkreis Schwäbisch Hall, 6200 Einwohner, diente den Hohenlohern im 17. und 18. Jahrhundert wiederholt als Residenz.

Schubartstraße *(benannt 1871, Stadtteile Stuttgart-Mitte und Stuttgart-Ost)* Christian Friedrich Daniel Schubart (geboren am 24. März 1739 in Obersontheim, gestorben am 10. Oktober 1791 in Stuttgart), Dichter, Organist und Komponist. Schubart gründete 1774 in Augsburg die Zeitschrift »Deutsche Chronik«, nachdem er 1773 wegen bissiger Schmähgedichte aus Württemberg ausgewiesen worden war. Wegen seiner liberalen, oft kühnen, manchmal frechen, teilweise auch gegen die Jesuiten gerichteten Artikel wurde Schubart auf Anordnung Herzog Karl Eugens 1777 verhaftet und zehn Jahre lang auf dem Hohenasperg gefangen gehalten. Nach seiner Freilassung lebte Schubart als Theater- und Musikdirektor in Stuttgart. Von ihm stammen unter anderem die politisch anklagenden Lieder »Die Fürstengruft« und »Kaplied« (das Beethoven mit einer Melodie versehen hat).

Schubert-Straße, Franz- siehe →Franz-Schubert-Straße.

Schüle, Im siehe →Im Schüle.

Schützenbühlstraße *(benannt 1920, Stadtteil Zuffenhausen)* Der Flurname geht vielleicht auf einen ehemaligen Schießplatz oder auf einen früheren Besitzer namens Schütz oder auch auf einen Besitzer, dessen Beruf Flurschütz war, zurück. »Bühl« ist die Bezeichnung für eine leichte Anhöhe, wie sie sich südlich des Seegrabens findet.

Schützenhausweg *(benannt 1937, Stadtteil Weilimdorf)* Nach dem am Anfang des Weges gelegenen Schützenhaus.

Schützenplatz *(benannt 1895, Stadtteil Stuttgart-Mitte)* Nach dem 1864 von der Schützengilde auf dem Esslinger Berg (Kanonenweg, jetzt Haußmannstraße) erbauten, 1899 abgebrochenen Schützenhaus.

Schützenstraße *(benannt 1887, Stadtteil Stuttgart-Mitte)* Nach dem Schützenhaus auf dem Esslinger Berg, siehe →Schützenplatz.

Schuler-Platz, Emil- siehe →Emil-Schuler-Platz.

Schulgässle *(benannt 1994, Stadtteil Plieningen)* Führt zur alten Schule in der Scharnhäuser Straße, in der Generationen von Plieningern die Schulbank drücken mussten. Das Gebäude wurde 1846/47 zur Entlastung der Schule in der Ressestraße errichtet. Im unteren Stockwerk waren die Wohnung für den »Elementarlehrer« und ein Klassenzimmer untergebracht, im ersten Stock befanden sich drei weitere Unterrichtsräume und im zweiten noch ein Klassenzimmer sowie die Wohnung des »Knabenschulmeisters«.

Schulstraße *(benannt 1811, Stadtteil Stuttgart-Mitte)* Die Schulstraße bildete ab dem 12. Jahrhundert den ersten Stuttgarter Marktplatz und damit den Mittelpunkt einer kleinen Kaufmannssiedlung. Im Zuge der heutigen Königstraße verlief im Mittelalter die Stadtmauer. Die Schulstraße war eine nur von unten zugängliche Sackgasse, die sich zu einem dreieckigen Platz weitete, auf dem Wagengespanne wenden konnten. Am oberen Ende stand, quer zur Straße, das Bohlenhaus, vermutlich das erste bürgerliche Rat- und Kaufhaus Stuttgarts. Der älteste noch bestehende Straßenname der Stadt leitet sich vermutlich von einer lateinischen Schule ab. In einer Urkunde des Ritters Werner Nothafft aus dem Jahr 1425 kann man lesen, dass in der Schulgasse 14

Schon in den Dreißigerjahren lud die Schulstraße zum Schaufensterbummel ein.

eine Schule bestanden hat. Sie wurde im Jahr 1530, »da das Gebäude unruhig und vieler anderer Ursachen halben zur Schule ganz ungelegen« war, ins gegenüberliegende Haus Nummer 11 verlegt. Ein »Schulmaister ze Stuggarten«, also ein Stuttgarter Lehrer, der »Pfaff Burkhart Spieß«, ist sogar schon in einer Urkunde aus dem Jahr 1387 erwähnt. Da die Straße aber schon 200 Jahre vorher bestanden hat und der lateinische Unterricht ursprünglich wohl in der Stiftskirche erteilt wurde, ist aber auch denkbar, dass der Name auf eine »Judenschul«, also eine Synagoge, verweist. Eine im Jahr 1343 ausgefertigte Urkunde nennt erstmals einen innerhalb der Stadt Stuttgart ansässigen Juden, einen sehr reichen Mann namens Loew, Geldgeber des Kaisers. Von einem jüdischen Gotteshaus in Stuttgart lesen wir erstmals 1350 in einem Bericht über Judenverfolgungen in Zusammenhang mit der Pest anno 1348/49. Da nach jüdischem Gesetz nur dann Gottesdienst gehalten werden darf, wenn mindestens zehn erwachsene Männer anwesend sind, muss es zu dieser Zeit also eine ganze Anzahl jüdischer Familien in Stuttgart gegeben haben. Der Historiker

Hansmartin Decker-Hauff hielt es für möglich, dass die Judengemeinde schon in der Zeit der Stadtgründung, also um 1220, entstanden ist. Jedenfalls wäre es nahe liegend, dass sie sich dort niedergelassen hat, wo Handel getrieben wurde, und dort auch ihre erste Synagoge eingerichtet hat. (Vergleiche auch →Brennerstraße.) Bis heute ist die Schulstraße ein Mittelpunkt des Handels, eine Geschäfts- und Einkaufsstraße. Zu Beginn der fünfziger Jahre des 20. Jahrhunderts entstand hier eine der ersten Fußgängerzonen Deutschlands. Vergleiche auch →Marktplatz.

Schulwinkel *(benannt 1936, Stadtteil Hedelfingen)* Nach der dort gelegenen Schule.

Schulze-Delitzsch-Straße *(benannt 1959, Stadtteil Möhringen)* Hermann Schulze-Delitzsch (geboren am 29. August 1808 in Delitzsch, Sachsen, gestorben am 29. April 1883 in Potsdam), Jurist, Sozialreformer und Parlamentarier, Mitgebründer des Deutschen Nationalvereins und der Fortschrittspartei, war einer der Begründer des deutschen gewerblichen Genossenschaftswesens. 1850 rief er in seinem Heimatort Delitzsch die erste Kreditgenossenschaft (Volksbank) ins Leben.

Schulzengasse *(benannt 1895, Stadtteil Stuttgart-Süd)* Vermutlich nach einem dort ansässigen Heslacher Schulzen (Schultheiß, Gemeindevorstand). – Bis 1895 hieß die Straße Christophstraße.

Schumacher-Straße, Kurt- siehe →Kurt-Schumacher-Straße.

Schumannstraße *(benannt 1938, Stadtteil Botnang)* Robert Schumann (geboren am 8. Juni 1810 in Zwickau, gestorben am 29. Juli 1856 in Endenich bei Bonn), Komponist und Musikschriftsteller, lehrte am Leipziger Konservatorium und gründete dort 1834 die »Neue Zeitschrift für Musik«, deren Chefredakteur er bis 1844 war. 1843 berief ihn Felix Mendelssohn Bartholdy als Kompositionslehrer ans Leipziger Konservatorium, 1850 wurde er städtischer Musikdirektor in Düsseldorf. Schumann, dessen Werk – vor allem Klavierwerke und Lieder – den Höhepunkt der deutschen musikalischen Spätromantik bezeichnet, starb in geistiger Umnachtung.

Schurwaldstraße *(benannt 1902, Stadtteil Stuttgart-Ost)* Höhenzug zwischen Neckartal und Remstal. Die Schurwaldstraße bildete früher zusammen mit der →Wagenburgstraße die Esslinger Steige, über die jahrhundertelang der gesamte Verkehr von und nach den Reichsstädten Esslingen und Ulm rollte.

Schurz-Straße, Karl- siehe →Karl-Schurz-Straße.

Schussengasse *(benannt 1934, Stadtteil Münster)* Fluss in Oberschwaben, entspringt bei Bad Schussenried und mündet nach 50 Kilometern bei Eriskirch in den Bodensee.

Schwabbacher Straße *(benannt 1952, Stadtteil Rot)* Ortsteil Schwabbach der Gemeinde Bretzfeld (insgesamt 12 000 Einwohner), Hohenlohekreis.

Gustav Schwab

Schwabstraße (benannt 1866, Stadtteil Stuttgart-West) Gustav Schwab (geboren am 19. Juni 1792 in Stuttgart, gestorben 4. November 1850 in Stuttgart), Dichter und Schriftsteller, 1817 bis 1837 Professor am Eberhard-Ludwigs-Gymnasium in Stuttgart, dann Pfarrer in Gomaringen (bis 1841) und an der Leonhardskirche in Stuttgart (bis 1844), war zuletzt Oberkonsistorial- und Oberstudienrat. Als Dichter beschrieb Schwab vor allem die schwäbische Landschaft, die Alb und den Bodensee. Seine »Sagen des klassischen Altertums« erschlossen vielen die Antike.

Schwab-Weg, Gebrüder- siehe →Gebrüder-Schwab-Weg.

Schwärmerweg (benannt 1958, Stadtteil Stammheim) Zu den Schwärmern, Schmetterlinge aus der Gruppe der Nachtfalter, die meist in der Dämmerung fliegen und schwebend an den Blüten saugen, gehören unter anderem der Ligusterschwärmer, *Sphinx ligustri,* das Abendpfauenauge, *Smerinthus ocellata,* und als Besonderheit das Taubenschwänzchen, *Macroglossum stellatarum,* das man am Tage bei Sonnenschein an Blüten von Phlox und Ziertabak beobachten kann.

Schwaigerner Straße *(benannt 1938, Stadtteil Zuffenhausen)* Stadt Schwaigern, Landkreis Heilbronn, 10 900 Einwohner.

Schwalbenweg *(benannt 1926, Stadtteil Stuttgart-Süd)* Zu den im Gebiet vorkommenden Schwalben zählen die Rauchschwalbe, *Hirundo rustica,* und die Mehlschwalbe, *Delichon urbica* und die Uferschwalbe, *Riparia riparia.*

Schwanenplatz, Am siehe →Am Schwanenplatz.

Schwanenstraße *(benannt um 1914, Stadtteil Hedelfingen)* Nach einem früheren Gasthaus.

Schwarenbergstraße *(benannt 1892, Stadtteil Stuttgart-Ost)* Die Herkunft des 1348 als Swariberg urkundlich genannten Flurnamens ist ungeklärt.

Schwarzäckerstraße *(benannt 1957, Stadtteil Vaihingen)* Der Flurname dürfte auf die Färbung des Bodens hinweisen.

Schwarzbachstraße *(benannt 1946, Stadtteil Rohr)* Nach dem in unmittelbarer Nähe gelegenen Bach, der aus schwarzem Moorboden austritt.

Schwarzwaldstraße *(benannt 1936, Stadtteil Kaltental)* Das Mittelgebirge ist 160 Kilometer lang und bis zu 60 Kilometer breit. Bis ins Mittelalter war der Schwarzwald unbesiedelt; dann entwickelte sich Waldgewerbe in allen seinen Formen: Holzverkauf mit Flößerei, Holzverarbeitung mit Möbelherstellung, Schnitzerei, Papierfabrikation, Köhlerei und Nutzung von Holz als Energieträger in den Glashütten.

Schwefelbaumstraße *(benannt 1932, Stadtteil Rohr)* Der Flurname geht vielleicht auf eine schwefelhaltige Bodenschicht zurück.

Schweglerweg *(benannt 1931, Stadtteil Stuttgart-West)* Albert Schwegler (geboren 1819 in Michelbach an der Bilz, gestorben 1857 in Tübingen), Historiker und Philosoph, 1843 Privatdozent der Philosophie und Philologie in Tübingen, redigierte 1843 bis 1848 die »Jahrbücher der Gegenwart«. 1848 wurde er zum Professor an der philosophischen Fakultät ernannt.

Schweinfurthstraße *(benannt 1957, Stadtteil Stammheim)* Georg Schweinfurth (geboren am 29. Dezember 1836 in Riga, gestorben am 19. September 1925 in Berlin), Afrikaforscher. Er berichtete erstmals über die Pygmäen und konnte mit seiner Entdeckung des zum Kongo fließenden Uële das Nilgebiet nach Südwesten abgrenzen.

Schweitzerstraße *(benannt 1945, Stadtteil Sillenbuch)* Altes Sillenbucher Geschlecht. – 1937 bis 1945 hieß die Straße Bertholdstraße nach dem Fliegerhauptmann Rudolf Berthold (1891–1920), Führer des »Freikorps Berthold«, der am 15. März 1920 in Hamburg-Harburg angeblich von kommunistischen Aufständischen mit dem Band seines Pour-le-Mérite-Ordens erwürgt wurde.

Schweizerbarth-Roth, Elisa Melitta von siehe →Melittastraße.

Schwellenäckerweg *(benannt 1987, Stadtteil Heumaden)* Flurname.

Schwendestraße (1937, Heumaden) Der Flurname leitet sich von schwenden (schwinden machen) her. Als Schwende bezeichnet man eine durch Ausroden urbar gemachte Stelle, bei der die Rinde der Bäume abgeschält wurde. Die Bäume starben daraufhin ab und wurden abgebrannt.

Schwenkrain, Im siehe →Im Schwenkrain.

Schwenninger Straße *(benannt 1957, Stadtteil Vaihingen)* Stadtteil Schwenningen der Stadt Villingen-Schwenningen (insgesamt 81 700 Einwohner), Schwarzwald-Baar-Kreis.

Schwerzstraße *(benannt 1954, Stadtteile Birkach und Hohenheim)* Johann Nepomuk von Schwerz (geboren 1759 in Koblenz, gestorben 1844 in Koblenz), Professor, war 1818 bis 1828 der erste Direktor der von ihm eingerichteten Landwirtschaftlichen Unterrichts- und Musteranstalt in Hohenheim und wirkte bahnbrechend für die landwirtschaftlichen Wissenschaften.

Schwieberdinger Straße *(benannt 1900, Straßenführung geändert 1984, Stadtteile Stammheim und Zuffenhausen)* Gemeinde Schwieberdingen, Landkreis Ludwigsburg, 10 000 Einwohner. – Ein Teil der Straße hieß bis 1938 Panoramastraße, dann Kopernikusstraße.

Schwilkenhofstraße *(benannt 1957, Stadtteil Stammheim)* Nach einem 1595 urkundlich genannten Gehöft in Stammheim.

Scillawaldstraße *(benannt 1929, Stadtteil Hofen)* Nach dem Hofener Scillawäldchen. Die zahlreichen, dort im Fruhjahr blühenden Blausterne, *Scilla bifolia*, gaben dem Waldstück seinen Namen.

Scottweg *(benannt 1984, Straßenführung geändert 1987, Stadtteil Stammheim)* Robert Falcon Scott (geboren am 6. Juni 1868 in Devonport, Großbritannien, gestorben Ende März 1912 am Südpol), Polarforscher. Vier Wochen nach Amundsen erreichte Scott am 18. Januar 1912 den Südpol; auf dem Rückmarsch kam er mit seinen Begleitern ums Leben.

Sechselberger Straße *(benannt 1962, Stadtteil Bad Cannstatt)* Ortsteil Sechselberg der Gemeinde Althütte (insgesamt 4100 Einwohner), Rems-Murr-Kreis.

Sedanstraße *(benannt 1872, Stadtteil Stuttgart-Ost)* Stadt Sedan, Département Ardennes, Frankreich, Industriestadt an der Maas mit 21 700 Einwohner. Im Deutsch-Französischen Krieg wurden französische Truppen unter Marschall Edme Mac-Mahon, dem späteren französischen Staatspräsidenten, bei dem Versuch, das belagerte Metz zu befreien, eingeschlossen und am 2. September 1870 zur Kapitulation gezwungen; dabei geriet Kaiser Napoleon III. in Gefangenschaft. Dies war der entscheidende deutsche Sieg. Er führte zum Sturz Napoleons und am 4. September 1870 zur Proklamation der Dritten Französischen Republik. Der »Sedanstag« (2. September) wurde im deutschen Kaiserreich als populärer Nationalfeiertag begangen. Siehe auch →Metzstraße.

Der damals neu angelegte Max-Eyth-See gab 1936 dem Seeblickweg den Namen.

Seeadlerstraße *(benannt 1981, Stadtteil Neugereut)* Der Seeadler, *Haliaeetus albicilla,* hat einen mächtigen gelben Schnabel. Seit Mitte des 19. Jahrhunderts ist sein Bestand in Europa stark rückläufig. Ursachen: direkte Verfolgung durch den Menschen, Forstwirtschaft, Tourismus, Eierdiebstahl, Pestizide und Schwermetalle. Durch Schutzmaßnahmen gab es im Jahr 2000 wieder rund 360 Brutpaare in Deutschland.

Seeblickweg *(benannt 1936, Stadtteil Hofen)* Ausblick auf den Max-Eyth-See.

Seeburger Straße *(benannt 1937, Stadtteil Stuttgart-Ost)* Stadtteil Seeburg der Stadt Bad Urach, Landkreis Reutlingen, 330 Einwohner. Das sanfte Seeburger Tal ist ein beliebtes Wandergebiet. Der Ort selbst liegt auf einer Tuffbarriere nahe dem Ermsursprung. Der natürliche Aufbau von Kalktuff führte auch zur Entstehung des Bodenlosen Sees im benachbarten Fischburgtal. Nach Plänen von Heinrich Schickhardt (siehe →Schickhardtstraße) erhielt der See 1616 einen 525 Meter langen, 14 Meter unter der Erde liegenden Auslass, der in Seeburg in die oberirdisch fließende Erms mündet.

Seefelder Weg *(benannt 2002, Stadtteil Uhlbach)* Seefeld in Tirol, österreichische Fremdenverkehrsgemeinde westlich vom Karwendelgebirge, 2800 Einwohner, gehörte zu den Austragungsorten der Olympischen Winterspiele 1964 und 1976.

Seegraben, Am siehe →Am Seegraben.

Seelachwald, Am siehe →Am Seelachwald.

Seelbergstraße *(benannt 1846, Stadtteil Bad Cannstatt)* Der Flurname geht auf ein »Seelhaus« zurück. In diesen meist außerhalb der Stadt erbauten Häusern fanden Arme, Alte und Kranke Unterkunft und Pflege. Ihr Name rührt daher, dass sie in ältester Zeit in dem Gedanken gestiftet wurden, die Insassen möchten für die Seelen der Stifter beten.

Seemoosweg *(benannt 1939, Stadtteil Hedelfingen)* Stadtteil Seemoos der Stadt Friedrichshafen (insgesamt 57 500 Einwohner), Bodenseekreis. Schon in der Jungsteinzeit (um 2000 v. Chr.) gab es hier eine Uferrandsiedlung.

Seemühlenweg *(benannt 1983, Stadtteil Plieningen)* Flurname.

Seerosenstraße *(benannt 1957, Stadtteil Vaihingen)* Die Weiße Seerose, *Nymphaea alba,* ist eine Wasserpflanze. – Die Straße hieß früher Seestraße nach dem hier bis 1900 aufgestauten Nesenbach.

Seeschwalbenweg *(benannt 1972, Stadtteil Neugereut)* Die Seeschwalben gehören zu den Möwenvögeln. Bekannteste Vertreterin ist die Küstenseeschwalbe *(Sterna paradisaea).*

Seestraße *(benannt 1852, Stadtteil Stuttgart-Nord)* Südlich der heutigen Seestraße zwischen Kriegsberg-, Kepler-, Schloß- und Holzgartenstraße befand sich der 1440 angelegte Untere oder Große See, dem die Straße ihren Namen verdankt. Er war neuneinhalb Hektar groß und diente vor allem der Fischzucht. Der See verwandelte sich im Lauf der Zeit in einen Sumpf und wurde 1737 trockengelegt, da von ihm Malaria und andere Krankheiten ausgingen. Das Gelände diente dann als Krautgarten für den königlichen Hof. Ein kleiner Teil des Sees blieb bis nach 1870 erhalten.

Seezungenweg *(benannt 1957, Stadtteil Mönchfeld)* Die gemeine Seezunge, *Solea solea,* gehört zu den Plattfischen. Sie ist ein geschätzter Speisefisch.

Segelfalterstraße *(benannt 1957, Stadtteil Stammheim)* Der Segelfalter, *Iphiclides podalirius,* ist ein prächtiger und seltener Schmetterling aus der Familie der Ritterfalter mit hervorragenden Segeleigenschaften.

Seidenbergstraße *(benannt vor 1864, Stadtteil Stuttgart-Süd)* Der Flurname wurde 1393 erstmals urkundlich genannt; er leitet sich wahrscheinlich von einem Personennamen ab.

Seidenstraße *(benannt 1851, Stadtteile Stuttgart-Mitte, Stuttgart-Nord und Stuttgart-West)* Im 17. und 18. Jahrhundert wurden Maulbeerbäume zur Seidenraupenzucht auf dem Gelände des ehemaligen Oberen und des Mittleren Sees angepflanzt. Nach diesen Maulbeerpflanzungen wurde die Flur »In den Seidengärten« genannt.

Seilbahnstraße *(benannt 1957, Stadtteil Stuttgart-Süd)* Nach der 1929 erbauten, zum Waldfriedhof führenden Standseilbahn. – Bis 1957 hieß die Straße Schießhausstraße.

Seilerstraße *(benannt 1908, Stadtteil Bad Cannstatt)* Nach dem am Ende der Straße gelegenen Seilerwasen, einem großen Platz am Neckar, auf dem die Seiler (Seilmacher) die Seile durch »Austreiben« auf der Bahn herstellten.

Seitenäckerstraße *(benannt 1971, Stadtteil Neugereut)* Nach der dortigen Flur; unter »Seite« verstand man ein geneigtes Gelände.

Selmaweg *(benannt 1981, Stadtteil Luginsland)* Weiblicher Vorname.

Senefelderstraße *(benannt 1861, Stadtteil Stuttgart-West)* Alois Senefelder (geboren am 6. November 1771 in Prag, gestorben am 26. Februar 1834 in München), Erfinder des Steindrucks, verfasste auch ein Lehrbuch über die Lithographie.

Sentaweg *(benannt 1981, Stadtteil Luginsland)* Weiblicher Vorname.

Serachstraße *(benannt 1936, Stadtteil Obertürkheim)* Nach dem gegenüberliegenden Stadtteil Serach der Stadt Esslingen am Neckar (insgesamt 90 900 Einwohner). – Bis 1936 hieß die Straße Schulstraße.

Sersheimer Straße *(benannt 1951, Stadtteil Rot)* Gemeinde Sersheim, Landkreis Ludwigsburg, 5000 Einwohner.

Seubertstraße *(benannt 1928, Stadtteil Bad Cannstatt)* Adolf Seubert (geboren 1819 in Stuttgart, gestorben 1880 in Cannstatt [heute Stuttgart-Bad Cannstatt]), Oberst, Truppenführer 1870, Militär- und Kunstschriftsteller, betätigte sich auch als Übersetzer.

Seyfferstraße *(benannt 1890, Stadtteil Stuttgart-West)* Otto Seyffer (geboren 1823 in Stuttgart, gestorben 1890 in Stuttgart), 1851 bis 1866 Redakteur des Staatsanzeigers für Württemberg. Er besaß eine umfangreiche Sammlung von Kunstgegenständen, insbesondere von antiken griechischen und römischen Münzen, und wurde wegen seiner Kenntnisse auf diesem Gebiet 1881 zum Vorstand, 1883 zum Ehrenvorstand der Staatssammlung vaterländischer Kunst- und Altertumsdenkmale ernannt, die heute im Württembergischen Landesmuseum aufgegangen ist. Sein beträchtliches Vermögen vermachte er als Stiftung der Stadt Stuttgart. Zwischen Vogelsang- und Forststraße hieß die Seyfferstraße zunächst »Gelbe Straße«.

Sichelstraße *(benannt 1904, Stadtteil Bad Cannstatt)* Nach der ursprünglich geplanten Sichelform der Straße.

Sickingenstraße *(benannt 1937, Stadtteil Weilimdorf)* Franz von Sickingen (geboren am 2. März 1481 in Ebernburg, gestorben am 7. Mai

1523 auf Burg Nannstein bei Landstuhl), Reichsritter. Franz von Sickingen war Feldhauptmann Kaiser Maximilians I., dann Kaiser Karls V., für den er 1519 gegen Herzog Ulrich von Württemberg ins Feld zog. Als Zeitgenosse Ulrich von Huttens war er Anhänger der Reformation und Anführer des Aufstandes zur Abschaffung der Fürstenmacht 1522/23. – Als »Weil im Dorf« noch eine selbständige Gemeinde war, hieß die Straße Friedenstraße.

Sickstraße *(benannt 1872, Stadtteil Stuttgart-Ost)* Heinrich (von) Sick (geboren 1822 in Stuttgart, gestorben 1881 in Stuttgart), Stadtrichter und Oberjustizrat, 1862 bis 1872 Stadtschultheiß und Oberbürgermeister der Stadt Stuttgart. Während seiner Amtszeit wandelte sich Stuttgart allmählich zur Großstadt. Die Entwicklung der damals noch selbständigen Stadt Cannstatt zum Badeort hat Sick tatkräftig unterstützt. Ab 1868 vertrat er die Stadt Stuttgart als Abgeordneter im Landtag, der ihn zum Vizepräsidenten berief. Ab 16. Mai 1872 war er württembergischer Minister des Innern. Die Stadt ernannte ihn 1872 zum Ehrenbürger.

Heinrich Sick

Sieben Morgen *(benannt 1994, Stadtteil Stammheim)* Flurname. »Morgen« war ein bis 1871 in Württemberg gebräuchliches Flächenmaß für Liegenschaften. Ein Morgen umfasste 31,52 Ar.

Siebenzehnerle, Im siehe →Im Siebenzehnerle.

Siedlerstraße *(benannt 1919, Stadtteil Vaihingen)* Der Straßenname erinnert an die nach dem Ersten Weltkrieg erstellte Siedlung zwischen Robert-Koch-, Waldburg- und Vischerstraße.

Siegelbergstraße *(benannt 1909, Stadtteil Feuerbach)* Flur, in der die alteingesessene Familie Siegel Besitz hatte. Das Gut Siegelberg wurde um die Jahrhundertwende an die Siegelberggesellschaft verkauft. Vorstand dieser Gesellschaft waren Theodor Kuhn, Eigentümer der Trikotfabrik Schober in Feuerbach, Ludwig und Berta Fahrion sowie Adolf Fahrion. Die Vornamen dieser Gesellschafter wurden für die Straßen im Gewann Siegelberg ausgewählt: →Theodorstraße (nach Theodor Kuhn), →Bertastraße (nach Berta Fahrion), →Adolfstraße (nach Adolf Fahrion) und Ludwigstraße (nach Ludwig Fahrion). Da es in Stuttgart bereits eine Ludwigstraße gab, wurde die Feuerbacher Ludwigstraße 1938 in →Sankt Pöltener Straße umbenannt.

Sieglestraße *(benannt 1913, Stadtteil Feuerbach)* nach dem Unternehmer Gustav Siegle, siehe →Gustav-Siegle-Straße.

Siegle-Straße, Gustav- siehe →Gustav-Siegle-Straße.

Sieglin-Platz, Ernst- siehe →Ernst-Sieglin-Platz.

Sielminger Straße *(benannt 1930, Stadtteil Degerloch)* Stadtteil Sielmingen der Stadt Filderstadt, Landkreis Esslingen. Filderstadt ist am 1. Januar 1975 entstanden, als sich im Zuge der Gemeindereform die vorher selbständigen Orte Bernhausen, Bonlanden, Harthausen, Plattenhardt und Sielmingen zusammenschlossen. Filderstadt hat 42 600 Einwohner, davon leben 7400 in Sielmingen.

Siemensstraße *(benannt 1935, Stadtteil Feuerbach)* Werner (von) Siemens (geboren am 13. Dezember 1816 in Lenthe bei Hannover, gestorben am 6. Dezember 1892 in Berlin), Physiker, Ingenieur und Industrieller, Geheimer Rat, Erfinder des elektrischen Zeigertelegraphen und der Dynamomaschine, Begründer der Elektrotechnik. 1847 gründete Siemens mit dem Mechaniker J. G. Halske eine Telegraphenbauanstalt, die Keimzelle des heutigen Weltkonzerns Siemens mit 426 000 Mitarbeitern. Siemens war geschäftstüchtig, und so erhielt das Unternehmen bald Großaufträge wie den Bau der Indo-Europäischen Telegrafenlinie von London nach Kalkutta oder die Verlegung großer transatlantischer Seekabel. Siemens baute 1879 die erste elektrische Lokomotive, 1880 den ersten elektrischen Aufzug, 1881 die erste elektrische Straßenbahn. Er war entscheidend am deutschen Patentgesetz beteiligt und legte den Grundstock für die Physikalisch-Technische Reichsanstalt. 1870 bauten sich Werner Siemens und seine zweite Frau Antonie in der Degerlocher Jahnstraße 32 eine Sommerresidenz mit Weinberg (heute Neubau der Ärztekammer).

Werner Siemens

Sigel-Straße, Walter- siehe →Walter-Sigel-Straße.

Sigmaringer Straße *(benannt 1957, Stadtteile Möhringen und Degerloch)* Kreisstadt Sigmaringen, 16 700 Einwohner. Sigmaringen liegt romantisch an der jungen Donau und wird vom Schloss überragt, das in seinen ältesten Teilen aus dem 12. Jahrhundert stammt, jedoch 1893 neu ausgebaut wurde. Bis 1849 war Sigmaringen Regierungssitz der

Die Silberburg und ihr imposanter Eingangsbereich um 1900

Fürsten von Hohenzollern-Sigmaringen, 1944/45 Sitz der französischen Vichy-Regierung. – In früheren Zeiten wurde die Straße oft Degerlocher Weg genannt.

Sigmund-Lindauer-Weg *(benannt 1986, Stadtteil Bad Cannstatt)* Sigmund Lindauer (geboren 1862, gestorben 1935), Korsettfabrikant in Bad Cannstatt und Erfinder des Büstenhalters, den er 1912 als »hautnahen Brusthalter« zum Patent anmeldete.

Sigmundtstraße *(benannt 1957, Stadtteil Vaihingen)* Richard Sigmundt (geboren 1870, gestorben 1912), erster praktischer Arzt in Vaihingen.

Sigurdweg *(benannt 1933, Stadtteil Luginsland)* Männlicher Vorname, nordische Namensform von Siegfried. In der altisländischen Lieder-Edda besingen die Sigurdlieder die sagenhaften Jugendabenteuer des Nibelungen-Siegfrieds (siehe →Nibelungenstraße).

Silberburgstraße *(benannt 1851, Stadtteile Stuttgart-Süd und Stuttgart-West)* Nach der »Silberburg« am Hang des Reinsburghügels. 1806 erwarb der Gastwirt Lorenz Silber (siehe →Silberweg) hier ein zweistöckiges Lusthaus, das er zur Weinstube und Gartenwirtschaft umbaute und, dem Zeitgeschmack entsprechend, »Silberburg« nannte. Als sich 1836 sein Sohn Christian Lorenz Silber vom Geschäft zurückzog, ging das Gebäude in den Besitz der »Museumsgesellschaft« über, einer Vereinigung der geistigen, künstlerischen, wirtschaftlichen und politischen Elite Stuttgarts. Die »Silberburg« diente fortan nicht nur als Treffpunkt; die »Museumsgesellschaft« veranstaltete hier Vorträge, Konzerte und künstlerische Darbietungen, Tagungen und Kongresse. 1842 wurde in der »Silberburg« die Königlich-württembergische Eisenbahngesellschaft gegründet. 1936 musste die »Museumsgesellschaft« das Grundstück an die Reichsrundfunkgesellschaft verkaufen, die die Gebäude abbrechen ließ. Der Kriegsausbruch 1939 verhinderte den Bau eines monumentalen Sendehauses an dieser »schönsten Stelle der Stadt«, wie der Dichter Jean Paul die »Silberburg« nannte.

Silberpappelweg *(benannt 1935, Stadtteil Degerloch)* Die Silber- oder Weißpappel, *Populus alba,* gehört zur Familie der Weidengewächse. Ihr Name kommt von der Farbe der Rinde und der Unterseite der Blätter her.

Silberwaldstraße *(benannt 1929, Stadtteil Sillenbuch)* Der Flurname wird 1555 erstmals urkundlich erwähnt. In dem Wald nördlich der Straße veranlasste Graf Ulrich von Württemberg im Jahr 1460 Schürfungen auf Silber und Blei hin.

Silberweg *(benannt 1929, Stadtteil Stuttgart-Ost)* Lorenz Silber (geboren 1759, gestorben 1813 Stuttgart), Küferobermeister, Kaffeehausbesitzer, »Traiteur« (Speisewirt) und Gründer der »Silberburg«; siehe →Silberburgstraße. Silber betrieb auch ein Café im »Kleinen Bazar« beim (heutigen) Wilhelmsbau, Königstraße 45.

Silcherstraße *(benannt 1874, Stadtteil Stuttgart-West)* Philipp Friedrich Silcher (geboren am 27. Juni 1789 in Schnait [heute Weinstadt-Schnait], gestorben am 26. August 1860 in Tübingen), Komponist. Silcher lebte 1815 bis 1817 als Hauslehrer in Stuttgart, dann wurde er zum Universitätsmusikdirektor in Tübingen berufen. 1829 gründete er die »Akademische Liedertafel«. Silcher förderte das volkstümliche Sing- und Chorwesen. Zwischen 1826 und 1860 gab er zwölf Hefte vierstimmiger Volkslieder heraus, die vor allem bei Männerchören großenteils heute noch po-

Friedrich Silcher

pulär sind. Dazu gehören beispielsweise »Jetzt gang i an's Brünnele«, »Ännchen von Tharau«, »Alle Jahre wieder«, »O Tannenbaum«, »Ich weiß nicht, was soll es bedeuten« oder »In einem kühlen Grunde«.

Sillenbucher Straße *(benannt 1937, Stadtteil Rohracker)* Führt nach Sillenbuch.

Silvrettastraße *(benannt 1936, Stadtteil Untertürkheim)* Gebirgsgruppe in den Rätischen Alpen.

Sindbadweg *(benannt 1965, Stadtteil Möhringen)* Sindbad der Seefahrer ist der Held einer Sammlung weit verbreiteter orientalischer Seefahrtsgeschichten, die ins 10. Jahrhundert zurückgehen.

Sindelbachstraße *(benannt 1980, Stadtteil Möhringen)* Nach dem am Ende der Straße vorbeifließenden Sindelbach. Er ist vermutlich nach einem Personennamen so benannt.

Sippelweg *(benannt 1957, Stadtteil Stammheim)* Johann Georg Sippel (geboren 1779, gestorben 1849), Vorstand des früheren Hofkameralamts Stammheim.

Siriusweg *(benannt 1957, Stadtteil Dürrlewang)* Fixstern im Sternbild des Großen Hundes.

Smaragdweg *(benannt 1951, Stadtteil Stuttgart-Nord)* Edelstein.

Sodener Straße *(benannt 1958, Stadtteil Bad Cannstatt)* Stadt Bad Soden am Taunus, Hessen, 20 000 Einwohner, mit kochsalzhaltigen Mineralquellen. – 1872 bis 1937 hieß die Straße (zusammen mit der heutigen Dürrheimer Straße und später mit der heutigen Rippoldsauer Straße) Moltkestraße nach dem preußischen Generalfeldmarschall Helmuth Graf von Moltke (1800–1891).

Solferinoweg *(benannt 1960, Stadtteil Fasanenhof)* Nach der Schlacht bei Solferino (1859), einem italienischen Dorf in der Provinz Mantua, unter deren Eindruck Henri Dunant 1863 das Rote Kreuz gründete, siehe →Dunantsteg.

Solitude *(benannt 1769, Stadtteil Stuttgart-West)* Nach dem von Herzog Karl Eugen 1764 bis 1769 errichteten Schloss Solitude (»Einsamkeit«). 1770 bis 1775 Sitz der militärischen Pflanzschule, die ab 1773 Militär-Akademie und später, nach Stuttgart hinters Neue Schloss verlegt, Hohe Karlsschule hieß.

Solitudeallee *(Jahr der Benennung unbekannt, Stadtteil Stammheim)* Teil der 1764 bis 1767 von Herzog Karl Eugen erbauten, 13 Kilometer langen Allee zwischen Schloss Solitude und der damaligen Residenz Ludwigsburg. Wegen ihrer schnurgeraden Führung diente sie ab 1819

Die 13 Kilometer lange, auf Befehl von Herzog Karl Eugen angelegte Solitudeallee (Luftaufnahme, um 1950) verbindet die Schlösser Solitude und Ludwigsburg.

der Landesvermessung als Basis. Siehe auch →Solitude. – Als »Weil im Dorf« noch eine selbständige Gemeinde war, hieß der südliche Teil der Straße Solitudestraße, der nördliche (ab dem heutigen Löwen-Markt) Ludwigsburger Straße.

Solitudestraße *(benannt 1937, Stadtteile Bergheim, Wolfbusch, Weilimdorf)* Nach Schloss Solitude, siehe →Solitude und →Solitudeallee.

Sollingstraße *(benannt 1936, Stadtteil Feuerbach)* Zwischen Leine und Weser gelegener Teil des Weserberglandes.

Sombartstraße *(benannt 1946, Straßenführung geändert 1978, Stadtteil Rohr)* Werner Sombart (geboren am 19. Januar 1863 in Ermsleben, Harz, gestorben am 18. Mai 1941 in Berlin), Nationalökonom und Soziologe, 1906 bis zu seiner Emeritierung 1931 Professor in Berlin (hielt jedoch bis 1940 Vorlesungen), Mitbegründer der Deutschen Gesellschaft für Soziologie. Sombart untersuchte den Sozialismus und wandelte sich vom Marxisten zum Anhänger der »Konservativen Revolution«. Obwohl er einen Führerstaat proklamierte, griffen ihn die Nationalsozialisten unter dem Vorwand seiner jüdischer Herkunft an. Sombart entfernte sich vom Nationalsozialismus und distanzierte sich 1938 eindeutig von der NS-Ideologie. Sein Hauptwerk, »Der moderne Kapitalismus«, erschien 1902. – 1936 bis 1946 hieß die Straße Blücherstraße nach dem preußischen Generalfeldmarschall Gebhard Leberecht Fürst Blücher von Wahlstatt (1742–1819), dem volkstümlichsten Feldherrn der antinapoleonischen Freiheitskriege.

Sommerfeldweg *(benannt 2001, Stadtteil Vaihingen)* Arnold Alfred Sommerfeld (geboren am 5. Dezember 1868 in Königsberg, Ostpreußen [heute Kaliningrad, Russland], gestorben am 26. April 1951 in München), Physiker. Arnold Sommerfeld studierte Mathematik und Physik an der Universität Königsberg und promovierte 1891 über »Die willkürlichen Functionen in der mathematischen Physik«. Nach Assistenzstellen an der Universität Göttingen und seiner Habilitation bei Felix Klein übernahm er 1897 den Lehrstuhl für Mathematik an der Bergakademie Clausthal. 1900 wurde er Ordinarius für technische Mechanik an der TH Aachen, 1906 wechselte er als Professor für theoretische Physik an die Universität München. Sommerfeld bemühte sich erfolgreich um eine mathematische Durchdringung der Technik und trug zur raschen Anerkennung der einsteinschen Relativitätstheorie, des planckschen Wirkungsquantums und des quantentheoretischen Atommodells von Niels Bohr bei, das er mathematisch zur Bohr-Sommerfeldschen Atomtheorie entwickelte. Sein Atommodell mit den Ellipsenbahnen der Elektronen um den Atomkern bildet das Planetensystem im Mikrokosmos ab. Er formulierte die Theorie der Feinstruktur der Spektrallinien und der Röntgenstrahlen und untersuchte die Ausbreitung der Wellen in Telegraphie und Akustik. 1919 legte Sommerfeld sein Buch »Atombau und Spektrallinien« vor, das zur »Bibel der Atomphysik« werden sollte. Als einer der führenden Physiker seiner Zeit und Mitbegründer der modernen theoretischen Physik genoss Sommerfeld weltweit hohes Ansehen. Durch seine »Schule«, zu der die Nobelpreisträger Peter Debye, Wolfgang Pauli, Werner Heisenberg und Hans Bethe gehörten, sorgte er wie kein anderer für die Verbreitung der modernen Physik.

Sommerhaldenstraße *(benannt um 1912, Stadtteil Botnang)* Nach der Lage der Flur an einem Südhang.

Sommerrainstraße *(benannt 1936, Stadtteil Sommerrain)* Nach der Lage der Flur, die nach Süden leicht abfällt. »Sommerrain« wurde zum Namen des Stadtteils.

Sommerwind, Im siehe →Im Sommerwind.

Sommestraße *(benannt 1936, Stadtteil Bad Cannstatt)* Fluss in Nordfrankreich. An der Somme fanden im Ersten Weltkrieg 1914 und 1916 schwere Kämpfe statt.

Sonatenweg *(benannt 1957, Stadtteil Stammheim)* Eine Sonate ist ein Instrumentalstück aus mehreren selbständigen, aber zusammengehörenden Sätzen.

Sonnenbergstraße *(benannt 1889, Stadtteile Stuttgart-Mitte und Stuttgart-Süd)* Der schon um 1300 urkundlich genannte Flurname weist auf die sonnige Südlage des Gebiets hin. – Vor 1889 hieß die Straße Sonnenbühlstraße.

Sonnenblumenweg *(benannt 1934, Stadtteil Sommerrain)* Die Sonnenblume, *Helianthus annuus,* ist eine Futter- und Zierpflanze, aus der auch Öl gewonnen wird.

Sonnenbühl *(benannt 1957, Stadtteil Sonnenberg)* Nach der sonnigen Hanglage der Flur. Ein Bühl ist ein mittelgroßer Hügel.

Sonnenuhrweg *(benannt 1955, Stadtteil Giebel)* Nach einem Waldbezirk im südlich gelegenen Solitudewald.

Sonnenweg, Am siehe →Am Sonnenweg.

Sonnigen Winkel, Im siehe →Im Sonnigen Winkel

Sonntagweg *(benannt 1954, Stadtteil Büsnau)* Athanasius Sonntag (geboren 1876, gestorben 1953), langjähriger Pfarrer von Augustendorf (Buchenland). An der Straße befinden sich die von der Siedlungsgenossenschaft Buchenländer erbauten Wohngebäude für Umsiedler aus dem Buchenland; siehe auch →Buchenländer Straße.

Sontheimer Straße *(benannt 1951, Stadtteil Rot)* Sontheim ist der mit rund 11 300 Einwohnern zweitgrößte Stadtteil von Heilbronn.

Sophie-Döhring-Straße *(benannt 1994, Stadtteil Bad Cannstatt)* Anna Sophie Döhring (geboren am 30. Juni 1885 in Stuttgart, gestorben am 25. August 1977 in Stuttgart), Mitglied des württembergischen Landtags. Die gelernte Trikotweberin war von Juli 1916 bis Februar 1933 als Gewerkschaftsangestellte Geschäftsführerin des Textilarbeiterverbandes in Stuttgart. Sie gehörte der SPD an, ab ihrer Gründung 1917 der Abspaltung USPD. 1919 kandidierte sie erfolglos für die Weimarer Nationalversammlung, 1920 für den Reichstag und den Landtag. 1922 vollzog sie den Wiederanschluss der USPD an die SPD mit. Ab Mitte der Zwanzigerjahre gehörte Sophie Döhring dem SPD-Landesvorstand an, 1928 wurde sie in den württembergischen Landtag gewählt und 1932 in ihrem Mandat bestätigt. Nach der »Machtübernahme« brachten sie die Nationalsozialisten ins KZ Heuberg, wo sie drei Monate in so genannter Schutzhaft blieb. Schon ab Mai 1945 konnte sie wieder in der Stuttgarter Oberverwaltung des Württembergischen Gewerkschaftsbundes arbeiten, zugleich war sie

Vorsitzende des Textilarbeiterverbands in Stuttgart und Arbeitsrichterin in Stuttgart. 1947 trat Sophie Döhring in den Ruhestand. Bis 1949 blieb sie Vorstandsmitglied des Gewerkschaftsbunds Württemberg-Baden.

Sophienstraße *(benannt 1817, Stadtteil Stuttgart-Mitte)* Sophie Friederike Mathilde, Königin der Niederlande und Großherzogin von Luxemburg, geb. Prinzessin von Württemberg (geboren am 17. Juni 1818 in Stuttgart, gestorben am 3. Juni 1877 in Den Haag, Niederlande). Die Tochter von König Wilhelm I. von Württemberg und Königin Katharina heiratete 1839 einen Vetter ihres Vaters, den Prinzen von Oranien-Nassau (1817–1890), der 1849 als Willem III. den Königsthron der Niederlande bestieg. Sophie war eine politisch denkende, ebenso intelligente wie intellektuelle Frau. In den Zeiten der 48er-Revolution kam es zu Differenzen zwischen der liberalen Württembergerin und ihrem reaktionären Gatten, so dass die Eheleute am Weihnachtstag 1855 in einem Geheimvertrag die Trennung von Tisch und Bett vereinbarten. Sophie pflegte einen ausgedehnten Freundes- und Bekanntenkreis in ganz Europa. Siehe auch →Gerberstraße. – 1933 bis 1945 hieß die Straße Ernst-Weinstein- Straße nach einem, wie es in der offiziellen Erläuterung der Straßenbenennung hieß, »als Opfer für die nationalsozialistische Freiheitsbewegung verstorbenen SA-Mann«. – Das Ende der Sophienstraße hieß im 19. Jahrhundert Wurststraße.

Prinzessin Sophie von Württemberg

Sophie-Tschorn-Straße *(benannt 1994, Stadtteil Bad Cannstatt)* Sophie Tschorn (geboren 1891, gestorben 1975), Redakteurin beim Süddeutschen Rundfunk ab der ersten Stunde, schuf 1924 die erste schwäbische Rundfunkfigur, das »Gretle von Strümpfelbach«, die sie auch selbst sprach. Sophie Tschorn begründete auch das Vaihinger Kinderfest.

Sormaweg *(benannt 1957, Stadtteil Vaihingen)* Agnes Marie Caroline Sorma (Marzha Karoline Zaremba), verheiratete Gräfin Minotto (geboren am 17. Mai 1865 in Breslau, Schlesien, gestorben am 10. Februar 1927 in Crownsend, Arizona, USA), bedeutende Schauspielerin, Darstellerin dramatischer Rollen.

Spaichinger Straße *(benannt 1957, Stadtteil Sillenbuch)* Die Stadt Spaichingen, Landkreis Tuttlingen, 12 200 Einwohner, liegt zu Füßen des Dreifaltigkeitsberges am Nordostrand der Baar. – Bis 1957 hieß die Straße Riedenberger Straße.

Sparrhärmlingweg *(benannt 1909, Stadtteil Bad Cannstatt)* Die Straße liegt im Zuge einer ehemaligen, am Römerkastell beginnenden und nach Pforzheim führenden Römerstraße. Der Flurname, der 1378 als Sparhelbeling urkundlich genannt wurde, geht auf sparen und Helbeling, eine Münze im halben Wert des Pfennigs, zurück. Damit wurden im Mittelalter wohl die weniger wertvollen Weinberge im Besitz des Cannstatter Spitals bezeichnet.

Spechtweg *(benannt 1954, Stadtteile Bergheim, Wolfbusch)* Zur Familie der Spechte gehören unter anderem der Buntspecht, *Dendrocopus major,* der Schwarzspecht, *Dryocopus martius,* und der Grünspecht, *Picus viridis.*

Speidelweg *(benannt 1937, Stadtteil Rohracker)* Der Flurname geht wohl auf einen Personennamen zurück.

Spemannstraße *(benannt 1929, Stadtteil Stuttgart-Ost)* Wilhelm Spemann (geboren 1844 in Unna, Westfalen, gestorben 1910 in Stuttgart), Verlagsbuchhändler, Geheimer Kommerzienrat. Neben seiner verlegerischen Tätigkeit war Spemann bekannt als Kunstkenner und -sammler.

Sperberweg *(benannt 1926, Stadtteil Stuttgart-Süd)* Der Sperber, *Accipiter nisus,* gehört zur Familie der Habichte und ist geschützt.

Sperlingstraße *(benannt 1916, Stadtteil Stuttgart-Süd)* Der Haussperling, *Passer domesticus,* gehört zur Familie der Webervögel und ist die häufigste einheimische Vogelart. Neuerdings ist er jedoch im Rückgang begriffen.

Spessartstraße *(benannt 1936, Stadtteil Feuerbach)* Mittelgebirge zwischen Rhön und Odenwald, taucht schon als »Spehtshart« (Spechtswald) im Nibelungenlied auf.

Spielberger Straße *(benannt 1957, Stadtteil Zuffenhausen)* Stadtteil Spielberg der Stadt Sachsenheim (insgesamt 17 000 Einwohner), Landkreis Ludwigsburg.

Spießgasse *(benannt 1957, Stadtteil Weilimdorf)* Alter Weilimdorfer Familienname. – Als »Weil im Dorf« noch eine selbständige Gemeinde war, hieß die Gasse Weberstraße.

Spitalackerweg *(benannt 1937, Stadtteil Vaihingen)* Der Flurname weist darauf hin, dass das Dorf Vaihingen 1297 bis 1802 zum Esslinger Spital gehörte. Dieses war auch Besitzer des Ackers.

Spitalhofstraße *(benannt 1933, Stadtteil Zazenhausen)* Nach einem an die Straße anstoßenden Bauernhof, der sich früher im Eigentum des Esslinger Spitals befand.

Spitalstraße *(benannt um 1892, Stadtteil Zuffenhausen)* Der Flurname verweist auf früheren Besitz des Esslinger Katharinenspitals. – Ein Teil der Straße hieß bis etwa 1892 Kirchstraße, ein anderer Spitalgasse.

Spittastraße *(benannt 1889, Stadtteil Stuttgart-West)* Karl Johann Philipp Spitta (geboren am 1. August 1801 in Hannover, gestorben 28. September 1859 in Burgdorf bei Hannover), Dichter geistlicher Lieder, Vertreter der Erweckungsbewegung in Niedersachsen. Spitta musste zunächst eine Uhrmacherlehre absolvieren, während sein Bruder Theologie studieren sollte. Als der Bruder ertrank, durfte er die ungeliebte Lehre abbrechen und sich nun seinerseits der Theologie zuwenden. In vielen Orten Niedersachsens war Spitta als evangelischer Pfarrer tätig, zuletzt als Superintendent in Burgdorf bei Hannover. 1833 erschien der erste Teil seines Buches »Psalter und Harfe« mit 61 geistlichen Liedern, 1843 der zweite. Lieder wie »Bei dir, Jesu, will ich bleiben«, »Es kennt der Herr die Seinen«, »O komm, du Geist der Wahrheit« oder »Wir sind des Herrn, wir leben oder sterben« finden sich heute noch in den Kirchengesangbüchern. In Anerkennung seines vorbildlichen pastoralen Lebens und Wirkens hat die theologische Fakultät zu Göttingen Spitta 1855 die Ehrendoktorwürde verliehen.

Spittlerstraße *(benannt 1893, Stadtteil Stuttgart-Ost)* Ludwig Timotheus Freiherr von Spittler (geboren 1752 in Stuttgart, gestorben 1810 in Stuttgart), Historiker und Staatsrechtslehrer. 1779 Professor der Philosophie in Göttingen. Kehrte 1797 als Präsident der Oberstudiendirektion und Geheimer Rat nach Stuttgart zurück. Er wurde 1806 von König Friedrich I. zum Staatsminister ernannt und in den Freiherrnstand erhoben.

Spitzäckerstraße *(benannt um 1950, Stadtteil Feuerbach)* Der Name weist auf die spitz zulaufende Form der Flur hin.

Spitzkrautweg *(benannt 1993, Stadtteil Plieningen)* Sammelbezeichnung für Weißkohlsorten mit spitzovalen Köpfen. Dazu gehört das

Filderkraut *(Brassica oleracea ›Filderkraut‹)*, bis vor einigen Jahren ein typisches landwirtschaftliches Produkt der Filder, mittlerweile fast eine aussterbende Sorte, da das Rundkraut in den Sauerkrautfabriken besser zu verarbeiten ist und zudem die landwirtschaftliche Nutzfläche auf den Fildern stetig abnimmt. Im Geschmack ist das Spitzkraut etwas kräftiger als der gewöhnliche Weißkohl, es ist früher erntereif, die Köpfe sind lockerer und haben eine zartere Blattstruktur. Die biegsamen Blätter eignen sich besonders gut für Krautwickel (Kohlrouladen). In den letzten Jahren wird Spitzkraut vermehrt in der gehobenen Küche eingesetzt.

Spitzwegstraße *(benannt 1958, Stadtteil Feuerbach)* Carl Spitzweg (geboren am 5. Februar 1808 in München, gestorben am 23. September 1885 in München), Maler, humorvoller Darsteller der Biedermeiertypen, Sonderlinge und Kleinstädter.

Spöcker Weg *(benannt 1957, Stadtteil Möhringen)* Ortsteil Spöck der Gemeinde Ostrach (insgesamt 6800 Einwohner), Landkreis Sigmaringen.

Sporerstraße *(benannt 1811, Stadtteil Stuttgart-Mitte)* Der Straßenname geht wohl auf den Hofsporer (Sporenmacher) Deiss zurück, der hier wohnte. 1783 hieß die Straße »Beim Welschbrückle« oder »Wälsches Brücklein« und im südöstlichen Teil »Beym Schlachthauß« beziehungsweise »Schlachthauß-Gaß« nach dem Schlachthaus, das 1585 direkt über dem Nesenbach errichtet worden war.

Sportpark, Am siehe →Am Sportpark

Spreeweg *(benannt 1951, Stadtteil Münster)* Nebenfluss der Havel, entspringt im Lausitzer Bergland und mündet nach 382 Kilometern bei Berlin-Spandau.

Spreuergasse *(benannt 1846, Stadtteil Bad Cannstatt)* Der Name der schon 1561 so genannten Gasse kommt wohl von Spreu (Hülse, Umhüllung des Fruchtkerns). Er weist auf den früher noch stärkeren ländlichen Charakter der Straße hin, in der viele Scheuern standen.

Sprollstraße *(benannt 1951, Stadtteil Hoffeld)* Johannes Baptist (als Bischof Joannes Baptista) Sproll (geboren am 2. Oktober 1870 in Schweinhausen bei Biberach, gestorben am 4. März 1949 in Rottenburg am Neckar). Sproll studierte am Tübinger Wilhelmstift katholische Theologie, promovierte 1898 jedoch zum Dr. phil. Anschließend war er Vikar und Priester in verschiedenen Orten Württembergs und verfasste 1907 den Band »Donaukreis« der Landesbeschreibung »Das Königreich Württemberg«. 1912 berief ihn Bischof Keppler von Rottenburg zum Domkapitular, 1913 wurde er Generalvikar und ab 1916 bekleidete er zusätzlich das Amt des Weihbischofs von Rottenburg als Titularbischof von Almira. Am 14. Juni 1927 erfolgte seine Inthronisation als Bischof der Diözese Rottenburg. In seinen Predigten bezog er gegen den Nationalsozialismus Stellung. Als er weder an der Volksabstimmung über den »Anschluss« Österreichs ans Deutsche Reich noch an der Reichstagswahl 1938 teilnahm, wurde er von den Nationalsozialisten am 24. August 1938 wegen »Heimtücke« aus seiner Diözese verbannt und ging nach Bayern ins Exil. Trotz starker körperlicher Behinderung kehrte Sproll am 12. Juni 1945 auf seinen Bischofsstuhl nach Rottenburg zurück.

Sprottenweg *(benannt 1957, Stadtteil Mönchfeld)* Die Sprotte, *Sprattus sprattus,* gehört zur Familie der Heringe und bewohnt vom Nordkap bis ins Schwarze Meer küstennahe Meeresteile.

Stadtgraben, Am siehe →Am Stadtgraben.

Stadtpark, Am siehe →Am Stadtpark.

Stälinweg *(benannt 1927, Stadtteil Stuttgart-Ost)* Christof Friedrich (von) Stälin (geboren 1805 in Calw, gestorben 1873 in Stuttgart), Professor und Oberbibliothekar, langjähriger Vorstand der Öffentlichen Bibliothek sowie der Münz- und Altertümersammlung.

Staffelseeweg *(benannt 1977, Stadtteil Hofen)* Oberbayrischer Badesee bei Murnau.

Staffelstraße *(benannt 1871, Stadtteil Stuttgart-Mitte)* Nach der am Ende der Straße liegenden Staffel (Treppe).

Stafflenbergstraße *(benannt 1900, Stadtteil Stuttgart-Mitte, Ost, Süd)* Der 1304 erstmals urkundlich genannte Flurname geht auf eine Staffel (Treppenanlage) zurück, die früher durch diese Flur führte.

Staibenäcker *(benannt 1912, Stadtteil Stuttgart-Ost)* Der Flurname wurde 1466 als Stöbenacker urkundlich erwähnt und geht auf den Personennamen Stöb oder Steb zurück.

Staibhöhe, Zur siehe →Zur Staibhöhe.

Staigerstraße *(benannt 1937, Stadtteil Weilimdorf)* Nach dem alten Weilimdorfer Geschlecht, dem unter anderen Hans Staiger, Gemeindepfleger 1679 bis 1681, und Andreas Staiger, Kirchenpfleger 1772 bis 1805, entstammten. – Als »Weil im Dorf« noch eine selbständige Gemeinde war, hieß die Straße Seestraße nach einem unweit der Straße gelegenen Tümpel, den der Lindenbach speiste.

Stamitzweg *(benannt 1964, Stadtteile Freiberg, Zazenhausen)* Johann Wenzel Anton Stamitz (geboren 1717 in Deutsch Brod, Böhmen, gestorben 1757 in Mannheim), Komponist, Musikdirektor des Mannheimer Orchesters und Mitbegründer der »Mannheimer Schule«.

Stammheimer Straße *(benannt um 1892, Stadtteil Zuffenhausen)* Führt nach Stammheim.

Starenweg *(benannt 1927, Stadtteil Vaihingen)* Der Star, *Sturnus vulgaris*, ist ein großer Tonkünstler unter den Vögeln. Er kann viele Geräusche nachahmen.

Starkfeld *(benannt 1957, Stadtteil Rohr)* Der Flurname bezeichnet einen guten Ackerboden.

Staufeneckstraße *(benannt 1937, Stadtteil Feuerbach)* Burgruine Staufeneck bei Süßen, Landkreis Göppingen. Vermutlich war es Ludwig von Staufen, ein Bruder Herzog Friedrichs I., der um 1080 die Burg hoch über dem Filstal erbaut hat. Die späteren Besitzer, Edelfreie von Staufeneck, verkauften die Burg 1333 an die Herren von Rechberg, deren eine Linie sich bis 1599 »von Rechberg-Staufeneck« nannte. Der frei stehende Bergfried und die gut erhaltenen Ruinen bilden heute »die Kulisse, die perfekte Location für besondere Anlässe« (Eigenwerbung) des neben der Burg errichteten Edelrestaurants und Hotels.

Stauffenbergstraße *(benannt 1945, Stadtteil Stuttgart-Mitte)* Claus Schenk Graf von Stauffenberg (geboren 1907 in Jettingen, gestorben 1944 in Berlin), Oberst im Generalstab und Chef des Stabes des Ersatzheeres, versuchte am 20. Juli 1944, Hitler durch ein Bombenattentat zu töten. Das Attentat misslang. Graf Stauffenberg wurde am selben Abend im Hof des Oberkommandos der Wehrmacht in Berlin standrechtlich erschossen. Sein Bruder Berthold Schenk Graf von Stauffenberg (geboren 1905 in Stuttgart, gestorben am 10. August 1944 in Berlin), in den Umsturzversuch eingeweiht, wurde drei Wochen später hingerichtet. Die Brüder wohnten in ihrer Jugendzeit im Alten Schloss in Stuttgart und besuchten das Eberhard-Ludwigs-Gymnasium. Siehe auch →Lautlinger Weg. – 1933 bis 1945 hieß die Straße Schlageterstraße nach Albrecht Leo Schlageter (1894–1923), der während der Ruhrbesetzung Anschläge auf Verkehrsverbindungen der französischen Truppen ausführte und dafür von den Franzosen hingerichtet wurde, bis 1933 Theaterstraße nach dem ehemaligen Hoftheater, das 1902 ausbrannte und später durch das Kunstgebäude ersetzt wurde.

Steckfeldstraße *(benannt 1936, Stadtteile Birkach und Steckfeld)* Der Flurname geht vermutlich auf die Art der Anpflanzung zurück:

Filderkraut oder Kartoffeln werden nicht gesät, sondern gesteckt. Steckfeld ist auch der Name des Stadtteils.

Stedingerstraße *(benannt 1937, Stadtteil Weilimdorf)* Nach den Stedingern (»Gestadebewohnern«), von Erzbischof Gerhard II. von Bremen in den Jahren 1229 bis 1234 unterworfenen freien Bauern in Friesland. – Als »Weil im Dorf« noch eine selbständige Gemeinde war, hieß die Straße Jakobstraße.

Steebstraße *(benannt 1945, Stadtteil Feuerbach)* Johann Gottlieb Steeb (geboren 1742 in Nürtingen, gestorben 1799 in Grabenstetten), Pfarrer und Schriftsteller. In einer Reihe von Schriften befasste er sich mit dem Zustand der württembergischen Landwirtschaft im späten 18. Jahrhundert, der Kultivierung der rauen Alb. 1785 erschien seine dreibändige Anthropologie und Menschheitsgeschichte »Über den Menschen nach den hauptsächlichsten Anlagen in seiner Natur«.

Stefan-Zweig-Straße *(benannt 1971, Stadtteil Feuerbach)* Stefan Zweig (geboren am 28. November 1881 in Wien, gestorben am 23. Februar 1942 in Petrópolis, Brasilien), Schriftsteller. Zweig reiste durch die ganze Welt, wurde im Ersten Weltkrieg zum Pazifisten und emigrierte 1938 nach England, 1941 nach Brasilien. Im Jahr darauf nahm er sich das Leben. Sein humanistisch geprägtes Weltbürgertum und sein farbiger Stil prägen sein Werk, das aus Gedichten, Feuilletons, Essays, Biographien, Erzählungen, Legenden, Tagebüchern, Novellen, Romanen, einem Opernlibretto, Dramen und Übersetzungen besteht. Bekannt sind etwa »Schachnovelle« (1942), »Sternstunden der Menschheit« (1927) und seine Autobiographie »Die Welt von gestern« (1941). Hermann Hesse nannte Zweig »einen Meister der Freundschaft«, und Romain Rolland schrieb sogar: »Freundschaft ist seine Religion.«

Stegwiesen, In den siehe →In den Stegwiesen.

Steiermärker Straße *(benannt 1938, Stadtteil Feuerbach)* Steiermark, österreichisches Bundesland, 1,2 Millionen Einwohner, mit der Landeshauptstadt Graz. – Bis 1938 hieß die Straße Eberhardstraße.

Steig, Auf der siehe →Auf der Steig.

Steigerwaldstraße *(benannt 1936, Stadtteil Feuerbach)* Mittelgebirge in Franken, zwischen Aisch und Main gelegen.

Steigstraße *(benannt 1910, Stadtteil Rohr)* Nach der Lage der Straße. Eine Steige ist ein ansteigender Fahrweg.

Steinäcker *(benannt 1957, Stadtteil Riedenberg)* Der Flurname weist auf den steinigen Untergrund der dortigen Äcker hin.

Steinbach, Ob dem siehe →Ob dem Steinbach.

Steinbachstraße *(benannt 1946, Stadtteil Rohr)* Nach dem nahe gelegenen Steinbach, der etwa 800 Meter östlich der Straße durch den Zusammenfluss von Schlattbach und Hagenbach gebildet wird. Sein Name deutet auf römische Ruinen hin. – 1937 bis 1946 hieß die Straße Zietenstraße nach dem preußischen Reitergeneral Hans Joachim von Ziet[h]en (1699–1786).

Steinbeisstraße *(benannt 1899, Stadtteil Stuttgart-Nord)* Ferdinand (von) Steinbeis (geboren 1807 in Ölbronn bei Maulbronn, gestorben 1893 in Leipzig), Geheimrat, ab 1856 Präsident der Zentralstelle für Gewerbe und Handel in Stuttgart, errichtete 1845/46 in Neunkirchen (Saarland) eines der ersten deutschen Schienenwalzwerke. 1848 bis 1880 im Dienst der württembergischen Regierung, war er unter anderem entscheidend am Aufbau eines gewerblichen Schulwesens (1854) und am Zustandekommen der Württembergischen Gewerbeordnung (1862) beteiligt. Steinbeis schuf die Grundlage für den Aufstieg der württembergischen Industrie zu ihrer heutigen Bedeutung.

Steinberg, Im siehe →Im Steinberg.

Steinbruch, Am siehe →Am Steinbruch.

Steinbruchstraße *(benannt 1911, Stadtteil Stuttgart-Ost)* Nach einem früheren Steinbruch.

Steinbrunnenstraße *(benannt 1935, Stadtteil Möhringen)* Nach dem am Anfang der Straße gelegenen, 1825 urkundlich belegten Steinbrunnen. Dabei handelt es sich möglicherweise um Reste eines römischen Brunnens aus der Zeit um 200 n. Chr. Der Brunnen mit seiner würfelförmigen Einhausung aus Travertinmauerwerk und der Wasserrinne wird auch in der Oberamtsbeschreibung von 1851 erwähnt: »Östlich von Möhringen am so genannten Märzenbaum ist der reichhaltige, nie versiegende Steinbrunnen, dessen Wasser einen willkommenen Zufluss für die Obere Körschmühle liefert.«

Steinbuttstraße *(benannt 1957, Stadtteil Mönchfeld)* Der Steinbutt, *Scophthalmus maximus*, gehört zur Ordnung der Plattfische. Er trägt seine Augen auf der linken Körperseite.

Steinenberg, Am siehe →Am Steinenberg.

Steinenbronner Straße *(benannt 1935, Stadtteil Degerloch)* Gemeinde Steinenbronn, Landkreis Böblingen, 6000 Einwohner.

Steinengarten, Im siehe →Im Steinengarten.

Steinenhausenstraße *(benannt 1913, Stadtteil Stuttgart-West)* Der Flurname geht vermutlich auf eine Burg zurück, die 1250 bereits nicht mehr bestand.

Steiner-Weg, Rudolf- siehe →Rudolf-Steiner-Weg.

Steingrübenweg *(benannt 1922, Stadtteile Stuttgart-Ost und Stuttgart-Süd)* Nach der gleichnamigen Flur, an der der Weg einst, teilweise als Hohlweg, entlang führte. Der Name geht auf einen der ersten Stuttgarter Werksteinbrüche zurück, der 1350 urkundlich erwähnt wurde.

Steinhaldenstraße *(benannt 1937, Straßenführung geändert 1995, Stadtteile Bad Cannstatt und Steinhaldenfeld)* Der Flurname bezeichnet einen Geländeabfall mit steinernem Untergrund. Nach dem angrenzenden Steinhaldenfeld wurde der Stadtteil benannt.

Steinheil-Weg, Doktor- siehe → Doktor-Steinheil-Weg.

Steinheimer Straße *(benannt 1937, Stadtteil Zuffenhausen)* Stadt Steinheim an der Murr, Landkreis Ludwigsburg, 12 000 Einwohner. – Bis 1937 hieß die Straße Mühlstraße, zuvor Mühlgasse – ein Name, der bereits 1334 urkundlich genannt ist.

Steinkopfstraße *(benannt 1957, Stadtteil Stuttgart-Süd)* Friedrich Steinkopf (geboren 1824 in Stuttgart, gestorben 1903 in Stuttgart), Kommerzienrat und Verlagsbuchhändler, erweiterte die 1792 von seinem Onkel Johann Friedrich Steinkopf gegründete Buchhandlung zu einem bedeutenden Verlagsunternehmen. J. F. Steinkopf ist das älteste noch bestehende Antiquariat und die älteste noch bestehende Buchhandlung in Stuttgart. Der J. F. Steinkopf Verlag wurde Ende des 20. Jahrhunderts an den Evangelischen Presseverband Nord, das publizistische Werk der Evangelischen Kirche in Hamburg und Schleswig-Holstein, verkauft.

Steinle-Straße, Eduard- siehe →Eduard-Steinle-Straße.

Steinpilzweg *(benannt 1957, Stadtteil Schönberg)* Der Steinpilz, *Boletus edulis,* ist ein hochgeschätzer Speisepilz.

Steinröhrenweg *(benannt 1991, Stadtteil Hausen)* Flurname.

Steinstraße *(benannt 1811, Stadtteil Stuttgart-Mitte)* Der Name der Straße dürfte auf ehemaliges Steinpflaster zurückzuführen sein. – Bis 1811 hieß die Straße Autenriethgäßle oder Metzger Authenriethsgäßlein, ihre heute nicht mehr existierende Verlängerung bis zur Metzgerstraße (die ihrerseits in Verlängerung der heutigen Straße Bebenhäuser Hof verlief und weit 1905 durch das neue Rathaus überbaut ist) hieß Ordonnanzgasse.

Steinwaldstraße *(benannt 1963, Stadtteil Steckfeld)* Der Plieninger Waldteil Stein geht vermutlich auf einen markanten Grenzstein zurück.

Stellaweg *(benannt 1967, Stadtteil Vaihingen)* Trauerspiel von Johann Wolfgang von Goethe.

Stellwerk, Am siehe →Am Stellwerk.

Stephanstraße *(benannt 1925, Stadtteil Stuttgart-Mitte)* Heinrich (von) Stephan (geboren am 7. Januar 1831 in Stolp, gestorben am 8. April 1897 in Berlin), Generalpostmeister und Staatssekretär des Reichspostamts. Die 1874 erfolgte Gründung des Weltpostvereins, dem heute nahezu sämtliche Staaten der Welt angehören, ist auf seine Initiative zurückzuführen. Er vereinigte Post und Telegraphie und führte 1870 die Postkarte und 1877 das Telefon ein.

Stephan-Waid-Weg *(benannt 1933, Stadtteil Wangen)* Stephan Waid (geboren um 1460 in Walddorf [heute Walddorfhäslach-Walddorf], gestorben 1504 in Konstanz), Werkmeister und Schöpfer des Taufsteins in der Michaelskirche in Stuttgart-Wangen.

Sternecker Straße *(benannt 1957, Stadtteil Vaihingen)* Ortsteil Sterneck der Gemeinde Loßburg (insgesamt 6500 Einwohner), Landkreis Freudenstadt.

Sterntalerweg *(benannt 1954, Stadtteil Möhringen)* Märchenfigur.

Stettener Straße *(benannt 1931, Stadtteil Rotenberg)* Ortsteil Stetten im Remstal der Gemeinde Kernen im Remstal (insgesamt 14 900 Einwohner), Rems-Murr-Kreis.

Steubenstraße *(benannt 1930, Straßenführung geändert 1978, Stadtteil Stuttgart-Ost)* Friedrich Wilhelm von Steuben (geboren am 17. September 1730 in Magdeburg, gestorben am 28. November 1794 in Oneida County, New York, USA), preußischer Offizier und Adjutant Friedrichs des Großen im Siebenjährigen Krieg. Als General, später Generalstabschef George Washingtons, organisierte er das amerikanische Heer und hatte wesentlichen Anteil an der siegreichen Beendigung des amerikanischen Unabhängigkeitskrieges.

St.-Helens-Steg siehe →Saint-Helens-Steg.

St.-Helens-Weg siehe →Saint-Helens-Weg.

Stich, Roter siehe →Roter Stich.

Stichlingweg *(benannt 1957, Stadtteil Mönchfeld)* Der Dreistachelige Stichling, *Gasterosteus aculeatus*, ist ein Fisch, lebt im Brack- und Süßwasser und wird nur vier bis zehn Zentimeter lang. Das Männchen baut ein Nest, das es nach der Eiablage ein Zeit lang bewacht.

Stierlenstraße *(benannt 1931, Stadtteil Untertürkheim)* Nach der alteingesessenen Untertürkheimer Familie Stierlen, von der zahlreiche männliche Mitglieder im öffentlichen Dienst standen, zuletzt Wil-

helm Stierlen (1847–1922), Gemeinderat bis zur Eingemeindung Untertürkheims 1905.

Stifter-Straße, Adalbert- siehe →Adalbert-Stifter-Straße.

Stiftstraße *(benannt 1811, Stadtteil Stuttgart-Mitte)* Nach der evangelischen Stiftskirche Heiliges Kreuz. Um 1320 wurde die Grablege der Württemberger in Beutelsbach im Remstal bei Streitigkeiten zwischen Kaiser und Graf zerstört. Graf Eberhard der Erlauchte verlegte daraufhin das Chorherrenstift (eine Art »weltliches Kloster«) und das Erbbegräbnis nach Stuttgart, da hier ein besserer Schutz gewährleistet war. Die Stadtkirche wurde durch päpstliches Dekret zur Stiftskirche erhoben und mit einem lang gestreckten Chor erweitert. In den folgenden Jahrhunderten wurde die Kirche immer wieder umgebaut, so erhielt sie 1433 bis 1460 das Langhaus (siehe →Aberlin-Jörg-Straße), 1490 bis 1531 den Westturm. Im Zweiten Weltkrieg trug die Kirche bei Luftangriffen schwere Schäden davon; bis 1958 wurde sie äußerlich weitgehend rekonstruiert, innerlich jedoch im Stil der Fünfzigerjahre ausgebaut. 1999 bis 2003 wurde die Kirche dann durchgreifend renoviert. Dabei stieß man auf die Grundmauern einer einschiffigen Kirchenanlage. Man hatte eine im 10. oder 11. Jahrhundert errichtete, bisher unbekannte Vorgängerkirche der spätromanischen Basilika aus der Mitte des 13. Jahrhunderts entdeckt. Doch die Überraschung war noch größer, als man auf drei alamannische Gräber stieß, die vermut-

Blick von der Königstraße in die Stiftstraße – um 1900 (links), im Jahr 1903 (Mitte) und nach den schweren Luftangriffen im Juli 1944 (rechts). Das Haus der Textilhandlung C. F. Autenrieth an der Ecke zur Königstraße – jeweils am linken Bildrand – war 1843 auf dem Gelände des Rappschen Gartens, der letzten Grünfläche der Königstraße, errichtet worden. Rechts schließt sich das Haus des Kaufmanns Gottlob Heinrich Rapp (siehe → Rappweg) an, wo 1797 Goethe zu Gast war (siehe →Goethestraße). Ältere Stuttgarter kennen das 1892 umgebaute Giebelhaus noch als Stammhaus der Buchhandlung Lindemann. Rechts von der Stiftskirche die Alte Stiftspropstei, vor beziehungsweise nach ihrem Umbau im Jahr 1903. Dieses Gebäude, Stiftstraße 1, stammte aus dem frühen 15. Jahrhundert und diente dem Stiftspropst als Wohnhaus. Es war vermutlich durch einen unterirdischen Gang mit der Stiftskirche verbunden und wurde im Zweiten Weltkrieg völlig zerstört.

lich aus dem 7. oder 8. Jahrhundert stammten. Stuttgart war also wohl schon seit mindestens 300 Jahren besiedelt, als Herzog Ludolf von Schwaben um 950 das Gestüt gründete, von dem Stuttgart seinen Namen ableitet. – Bis 1811 hieß die Straße Beim Schlößlein.

Stiftswaldstraße *(benannt 1968, Stadtteil Vaihingen)* Der Flurname bezieht sich auf einen Teil des Spitalwaldes, der wohl einst im Besitz des Stiftes Sindelfingen war.

Stiller Winkel *(benannt 1939, Stadtteil Vaihingen)* Lagebezogener Name.

Stimpfacher Straße *(benannt 1965, Stadtteil Zuffenhausen)* Gemeinde Stimpfach, Landkreis Schwäbisch Hall, 3100 Einwohner.

Stirnbrandstraße *(benannt 1945, Stadtteil Stuttgart-West)* Franz Seraph Stirnbrand (geboren um 1788 in Österreich, gestorben 1882 in Stuttgart), bedeutender Bildnismaler des 19. Jahrhunderts, lebte ab 1813 in Stuttgart. Viele seiner Werke befinden sich in öffentlichem Besitz. – 1934 bis 1945 hieß die Straße Dietrich-Eckart-Straße nach dem Dichter und Journalisten Dietrich Eckart (1868–1923), einem fanatischen Antisemiten und Hetzer gegen die Demokratie. Ab 1920 war Eckart Chefredakteur der Wochenzeitung »Völkischer Beobachter«, des offiziellen Parteiorgans der NSDAP. Er gilt als Begründer des so genannten Führerkults. Hitler, der von Eckart stark beeinflusst war, widmete ihm 1924 den ersten Band seiner Schrift »Mein Kampf«.

Stirnenweg *(benannt 1977, Stadtteil Hofen)* Nach dem dortigen Gewann.

Stitzenburgstraße *(benannt 1882, Stadtteil Stuttgart-Mitte)* Anfang des 19. Jahrhunderts befand sich in der Gegend der heutigen Stitzenburgstraße ein öffentlicher Vergnügungsgarten, die »Stitzenburg«, so genannt nach dem Besitzer, Uhrmacher Christian Friedrich Stitz (1766–1840).

St.-Louis-Weg siehe →Saint-Louis-Weg.

Stockentenweg *(benannt 1997, Stadtteil Neugereut)* Die Stockente, *Anas platyrhynchos,* ist die Stammform der Hausente. Diese ist auf der ganzen Nordhalbkugel verbreitet.

Stockheimer Straße *(benannt 1938, Stadtteil Zuffenhausen)* Stadtteil Stockheim der Stadt Brackenheim (insgesamt 14 700 Einwohner), Landkreis Heilbronn.

Stocker-Weg, Daniel- siehe →Daniel-Stocker-Weg.

Stockholmer Platz *(benannt 1998, Stadtteil Stuttgart-Mitte)* Stockholm ist die Haupt- und Residenzstadt Schwedens sowie mit 750 000 Einwohnern die größte Stadt des Landes. In der Region Stockholm leben 1,8 Millionen Menschen. Stockholm liegt auf mehreren Inseln und Halbinseln zwischen Mälarsee und Ostsee; es bildet den wissenschaftlichen und kulturellen Mittelpunkt Schwedens.

Stöckachplatz *(benannt 1963, Stadtteil Stuttgart-Ost)* Der Flurname wird von Stock (Strunk, Stumpf) hergeleitet und weist darauf hin, dass dieses Gelände wohl durch Abbrennen gerodet wurde, wobei man die Stumpen oder Stöcke zunächst im Boden beließ. Möglicherweise leitet sich der Name auch von Weinstöcken (Rebpflanzen) ab.

Stöckachstraße *(benannt 1872, Stadtteil Stuttgart-Ost)* Flurname, siehe →Stöckachplatz.

Stöfflerweg *(benannt 1958, Stadtteil Möhringen)* Nach dem Familiennamen eines ehemaligen Besitzers (um 1293) der nahe gelegenen Unteren Körschmühle.

Störweg *(benannt 1957, Stadtteil Mönchfeld)* Dem Stör, *Acipenser sturio,* wird wegen des begehrten Kaviars, den zum Verzehr zubereiteten Eiern, stark nachgestellt. Er war bis zum Beginn dieses Jahrhunderts in allen großen Strömen der südlichen Ostsee heimisch.

Störzbachstraße *(benannt 1903, Stadtteil Stuttgart-Nord)* Die einst vom Störzbach durchzogene Flur »Im Störzbach« weist auf eine frühere Holznutzung oder auf die Rodung durch Holzschlag hin. Ein Störz oder Storz ist ein Strunk oder dicker Pfahl.

Stollstraße *(benannt 1957, Stadtteil Rohr)* Alter Rohrer Familienname.

Stolz-Weg, Robert- siehe →Robert-Stolz-Weg.

Storchenweg *(benannt 1935, Stadtteil Wolfbusch)* Der Weißstorch, *Ciconia ciconia,* ist zur Nahrungssuche auf ausgedehnte Feuchtgebiete angewiesen. Er ist einer der größten heimischen Brutvögel.

Storm-Straße, Theodor- siehe →Theodor-Storm-Straße.

Storrstraße *(benannt 1957, Stadtteil Stuttgart-Ost)* Gottlob Christian Storr (geboren 1746 in Stuttgart, gestorben 1805 in Stuttgart), Professor der Theologie in Tübingen, galt als Haupt der älteren Tübinger Theologenschule. 1797 kam er als Oberhofprediger und Konsistorialrat nach Stuttgart.

Stoßäckerstraße *(benannt 1928, Stadtteil Vaihingen)* Der Flurname (innere, mittlere und äußere Stoßäcker) wurde 1524 als Stoßacker erwähnt. Die Herkunft ist nicht eindeutig zu klären.

Stotzingerstraße *(benannt 1900, Stadtteil Weilimdorf)* Der Flurname geht auf Schultheiß Stotzinger zurück, der 1383 in einer Urkunde genannt ist und dem hier Ländereien gehörten.

Stotzstraße *(benannt 1897, Stadtteil Stuttgart-Mitte)* Kommerzienrat Albert Stotz (geboren 1815 in Stuttgart, gestorben 1893 in Tübingen), Gründer der Firma Stotz AG, Eisengießerei und Maschinenfabrik Stuttgart, 1876 bis 1882 Mitglied des Gemeinderats.

Stotz-Weg, Gustaf- siehe →Gustaf-Stotz-Weg.

Straifstraße *(benannt 1950, Stadtteil Degerloch)* Alter Degerlocher Familienname. Das aus Blaubeuren stammende Geschlecht ist seit Mitte des 18. Jahrhunderts hier ansässig.

Stralsunder Straße *(benannt 1937, Stadtteil Weilimdorf)* Stadt Stralsund an der Ostsee, Mecklenburg-Vorpommern, 65 000 Einwohner. Die offizielle Begründung der Straßenbenennung lautete in der NS-Zeit: »Stadt, in der Schill (preußischer Offizier) 1809 im Kampf gegen die Franzosen gefallen ist«. Siehe auch →Lindenbachstraße.

Straßburger Platz *(benannt 1998, Stadtteil Stuttgart-Mitte)* Benannt nach der Stadt Straßburg (französisch: Strasbourg), Frankreich, als einer der europäischen Hauptstädte. Straßburg ist seit 1949 Sitz des Europarats, der ältesten zwischenstaatlichen politischen Organisation Europas. Der Europarat umfasst derzeit 44 Länder. Seine Aufgabe:

Hüter der demokratischen Sicherheit zu sein, die sich auf Menschenrechte, Demokratie und Rechtsstaatlichkeit stützt. Der Europarat besteht aus dem Ministerkomitee – also den Außenministern der Mitgliedsstaaten – als Entscheidungsgremium, der Parlamentarischen Versammlung mit 612 Mitgliedern aus den nationalen Parlamenten, dem Kongress der Gemeinden und Regionen Europas sowie dem Generalsekretariat mit etwa 1300 Beamten. In Straßburg findet man auch das Palais der Menschenrechte, den Sitz des Europäischen Ausschusses für Menschenrechte, der seit seiner Gründung im Jahr 1959 als rechtssprechendes Organ des Europarates fungiert. Seit 1959 tagt in Straßburg der Europäische Gerichtshof für Menschenrechte. Auch das Europaparlament hat in Straßburg seinen Sitz. Ursprünglich versammelte es die Europäische Wirtschaftsgemeinschaft, die Montanunion und die Europäische Gemeinschaft für Atomenergie und bestand aus Abordnungen der Parlamente der Mitgliedsstaaten. Seit 1979 wird es in den Mitgliedsstaaten der Europäischen Union direkt gewählt. Die zwölf monatlichen Plenartagungen finden in Straßburg statt; die Ausschüsse treten allerdings in Brüssel zusammen, wo auch zusätzliche Plenartagungen abgehalten werden, und das Generalsekretariat des Europäischen Parlaments befindet sich in Luxemburg. Das imposante Gebäude des Europaparlaments in Straßburg umfasst 220 000 Quadratmeter Fläche; es wurde 1999 nach Plänen des Pariser Büros »Architecture Studio« fertig gestellt. In Straßburg sind 71 diplomatische Vertretungen und Konsulate angesiedelt, außerdem ist es Sitz des Eurocorps, des Zentrums und des Fonds für die Jugend, des Internationalen Instituts für Menschenrechte, des Zentralausschusses für Rheinschifffahrt, der Europäischen Stiftung für Forschung, des Europäischen Ausschusses für die Pharmakopöe, des Ständigen Sekretariats des wissenschaftlichen Programms »Menschliche Grenze«, der Versammlung der Europäischen Regionen, des Europäischen Observatoriums für Rundfunk und Fernsehen sowie des Europäischen Kultur-Fernsehkanals Arte. Siehe auch →Straßburger Straße und →Straßburger Weg.

Straßburger Straße *(benannt 1934, Stadtteil Zuffenhausen)* Zu Ehren des »8. Württembergischen Infanterie Regiments Nr. 126 Großherzog Friedrich von Baden«, das seine Garnison ab 1871 in Straßburg hatte, wo es als württembergisches Kontingent dem XV. Preußischen Armeekorps zugeteilt war. Das Ersatzbataillon war in Zuffenhausen stationiert. Siehe auch →Straßburger Platz und →Straßburger Weg. –

Bis 1934 hieß die Straße Olgastraße nach Königin Olga von Württemberg.

Straßburger Weg *(benannt 1993, Stadtteil Stuttgart-Nord)* Stadt Straßburg (französisch: Strasbourg), Frankreich, Partnerstadt von Stuttgart. Der Ursprung Straßburgs geht auf ein Fischerdorf zurück. Das bauten die Römer vor rund 2000 Jahren zu dem befestigten Feldlager Argentoratum aus. Heute ist Straßburg mit seinen 270 000 Einwohnern die Hauptstadt des Elsass und des Départements 67 (Bas-Rhin). Straßburg ist Sitz zahlreicher europäischer Behörden und Institutionen sowie des Europäischen Parlaments. Zudem ist die Stadt ein internationaler Handelsplatz und bekanntes Bankenzentrum. Wichtige Industriezweige sind die Metallverarbeitung, Nahrungsgüter, chemische und parachemische Produktion sowie Hoch- und Tiefbau. Straßburg hat den bedeutendsten Hafen am Oberrhein. Zudem gibt es in der Stadt das berühmte eintürmige Münster und einige schöne alte Viertel zu sehen. Die Nachkriegs-Oberbürgermeister von Stuttgart und Straßburg, Arnulf Klett und Pierre Pflimlin (siehe →Arnulf-Klett-Platz und →Pierre-Pflimlin-Platz), waren beide Mitglieder der Internationalen Bürgermeister-Union westeuropäischer Städte und Gemeinden. Als Ergebnis der zwischen ihnen erwachsenen Freundschaft regten Klett und Pflimlin 1961 eine Partnerschaft ihrer Städte an. Die Verbindung sollte auch die damals zwischen Frankreich und Deutschland offiziell geknüpften Bande unterstützen. Im Rahmen einer »Französischen Woche« in Stuttgart wurden am 26. Mai 1962 die Partnerschaftsurkunden unterzeichnet. Siehe auch →Straßburger Platz und →Straßburger Straße.

Straßer-Weg, Wilhelm- siehe →Wilhelm-Straßer-Weg.

Strauß-Platz, Johann-Heinrich- siehe →Johann-Heinrich-Strauß-Platz.

Straußstaffel *(benannt 1925, Stadtteil Stuttgart-Ost)* David Friedrich Strauß (geboren am 27. Januar 1808 in Ludwigsburg, gestorben am 8. Februar 1874 in Ludwigsburg), Philosoph und Theologe. Sein großes Werk »Das Leben Jesu« (1835/36) stellte die Leben-Jesu-Forschung auf ein historisch-kritisches Fundament. Er verlor daraufhin seinen Tübinger Lehrstuhl und wurde als Gymnasialprofessor nach Ludwigsburg versetzt. 1848 war Strauß Abgeordneter der Liberalen in der Württembergischen Kammer.

Straußweg *(benannt 1929, Stadtteil Stuttgart-Ost)* Nach David Friedrich Strauß, siehe →Straußstaffel.

Strebelstraße *(benannt 1945, Stadtteil Steckfeld)* Ernst Valentin (von) Strebel (geboren 1846 in Roßwag bei Vaihingen an der Enz, gestorben 1927 in Stuttgart), wirkte über 40 Jahre, zuletzt als Direktor (1897 bis 1912), an der Landwirtschaftlichen Hochschule in Hohenheim, die ihn 1922 anlässlich ihres hundertjährigen Bestehens mit der erstmals vergebenen Würde eines Ehrendoktors auszeichnete. – In der NS-Zeit hieß die Straße Horst-Wessel-Straße (siehe →Karl-Weller-Straße und →Marstallstraße).

Streibgasse *(benannt 1957, Stadtteil Möhringen)* Alter Möhringer Familienname.

Stresemannstraße *(benannt 1946, Stadtteile Feuerbach und Nord)* Gustav Stresemann (geboren am 10. Mai 1878 in Berlin, gestorben am 3. Oktober 1929 in Berlin), Reichskanzler (1923), Reichsaußenminister und Vorsitzender der Deutschen Volkspartei, schuf die Grundlage für eine Verständigung mit Frankreich und legte mit dem französischen Außenminister Aristide Briand die ersten Fundamente für eine europäische Zusammenarbeit. Er erhielt 1926 zusammen mit Briand den Friedensnobelpreis. – Ursprünglich hieß die Straße »Im Götzen«, 1938 bis 1946 Sudetenstraße. Nach dem Ersten Weltkrieg musste Österreich-Ungarn im Friedensschluss von Saint-Germain das Sudetenland an die Tschechoslowakei abtreten; durch das Münchener Abkommen vom 29. September 1938 kam es zum Deutschen Reich, was den Anlass zu dieser Umbenennung bildete.

Strobel-Weg, Friedrich- siehe →Friedrich-Strobel-Weg.

Strohberg *(benannt 1867, Stadtteil Stuttgart-Süd)* Der Flurname, erstmals 1472 urkundlich genannt, geht auf Getreideäcker zurück, die sich früher dort befanden.

Strohgäustraße *(benannt 1920, Stadtteil Zuffenhausen)* Landschaft zwischen Korntal-Münchingen und Weil der Stadt.

Strombergstraße *(benannt 1911, Stadtteil Stuttgart-Ost)* Südlich des Zabertales verlaufenden Höhenzug, Teil des Naturparks Stromberg-Heuchelberg.

Strümpfelbacher Straße *(benannt 1936, Stadtteil Untertürkheim)* Stadtteil Strümpfelbach der Stadt Weinstadt, Rems-Murr-Kreis, 2500 Einwohner.

Stubaier Straße *(benannt 1936, Stadtteil Untertürkheim)* Nach den in Tirol gelegenen Stubaier Alpen.

Stubenweinbergen, In den siehe →In den Stubenweinbergen.

Stüble, Im siehe →Im Stüble.

Stuifenstraße *(benannt 1895, Stadtteil Stuttgart-Ost)* Berg (757 m) der Schwäbischen Alb bei Waldstetten, Ostalbkreis, einer der drei »Kaiserberge«, zu denen auch der Hohenstaufen und der Rechberg gehören (siehe →Hohenstaufenstraße und →Rechbergstraße).

Stumpstraße *(benannt 1933, Stadtteil Mühlhausen)* Balthasar Stump(f) (gestorben 1558), königlicher Rat und vorderösterreichischer Kanzler des Königs, ab 1558 des Kaisers Ferdinand I. Er stammte aus (Stuttgart-)Mühlhausen, amtierte im Oberelsass und war der Stifter des Mühlhäuser Pfarrwaldes.

Stuppacher Straße *(benannt 1937, Stadtteil Zuffenhausen)* Stadtteil Stuppach der Stadt Bad Mergentheim, Main-Tauber-Kreis, bekannt durch die »Stuppacher Madonna« von Matthias Grünewald (um 1480–1528). Als der damalige Pfarrer Balthasar Blumhofer 1812 das Gemälde vom wenige Jahre zuvor aufgelösten Deutschen Orden in Bad Mergentheim nach Stuppach holte, galt es als ein Werk des flämischen Malers Peter Paul Rubens (1577–1640). Stuppach hat zusammen mit den Ortsteilen Lillstadt und Lustbronn 670 Einwohner, Bad Mergentheim insgesamt 22 000.

Sturmfederstraße *(benannt 1933, Stadtteil Zazenhausen)* Nach der (erfundenen) Hauptgestalt Georg von Sturmfeder in Wilhelm Hauffs Roman »Lichtenstein«.

Sturmvogelweg *(benannt 1974, Stadtteil Neugereut)* Der Eissturmvogel, *Fulmarus glacialis*, brütet in Mitteleuropa auf Helgoland, wo er an steilen Felsklippen in Nischen nistet. Zur Ordnung der Sturmvögel gehören als größte Vögel die Albatrosse und als kleinste die Sturmschwalben.

Stuttgarter Straße *(benannt 1945, Stadtteil Feuerbach)* Führt nach Stuttgart. – 1933 bis 1945 hieß ein Teil der Straße Adolf-Hitler-Straße; dieser Teil hatte schon vor 1933 den Namen Stuttgarter Straße. Ein anderer Teil hieß ursprünglich Rosenstraße und ab 1933 Wilhelm-Murr-Straße nach dem damaligen Gauleiter der NSDAP und Reichsstatthalter in Württemberg, Wilhelm Murr (1888–1945). Als zu Murrs »zehnjährigem Gauleiterjubiläum« die →Dorotheenstraße nach ihm benannt wurde, ging zum 1. Februar 1938 die Feuerbacher Wilhelm-Murr-Straße in der Feuerbacher Adolf-Hitler-Straße auf, der heutigen Stuttgarter Straße.

Stuttgarter Straße, Alte siehe →Alte Stuttgarter Straße.

Südendstraße *(benannt 1946, Stadtteil Rohr)* Die Straße verläuft am südlichen Ende von Rohr.

Südheimer Platz *(benannt 1902, Stadtteil Stuttgart-Süd)* Vom Verein für das Wohl der arbeitenden Klassen (seit 1933: Gemeinnütziger Bau- und Wohlfahrtsverein) wurden um die Jahrhundertwende in verschiedenen Stadtteilen Familienwohnungen erstellt. So entstanden nacheinander Ostheim (1892), Westheim (1901 in Botnang), Südheim (1902) und Ostenau (um den Luisenplatz an der Landhausstraße, 1912). Die Namen dieser Wohnkolonien wurden dann im Laufe der Zeit in einzelnen Stadtteilen auf ganze Wohngebiete (zum Beispiel Ostheim, Südheim) ausgedehnt. Siehe auch → Eduard-Pfeiffer-Straße.

Süd-Straße, Nord- siehe →Nord-Süd-Straße.

Südweg *(benannt 1932, Stadtteil Hoffeld)* Lagebezogener Name am südlichen Ende des Stadtteils.

Sünderstaffel *(benannt 1893, Stadtteil Stuttgart-Mitte)* Der Flurname, 1466 urkundlich genannt, geht wahrscheinlich auf eine Kreuzigungsgruppe an dieser Stelle oder einen frühen Besitzer namens Sünder zurück. Um das Gewann rankt sich eine Sage: Im Streit um ein Mädchen soll 1339 der 22 Jahre alte Hans Bernhard Rugger seinen Nebenbuhler ermordet haben. Darauf stand die Todesstrafe. Für die Enthauptung soll Rugger sich diese Stelle auserbeten haben, weil hier sein Vater die ersten Reben gepflanzt hatte.

Süßener Straße *(benannt 1936, Stadtteil Wangen)* Stadt Süßen, Landkreis Göppingen, 10 400 Einwohner.

Süß-Oppenheimer-Platz, Joseph- siehe →Joseph-Süß-Oppenheimer-Platz.

Suevenstraße *(benannt 1933, Stadtteil Zuffenhausen)* Germanischer Volksstamm, aus dem die Schwaben hervorgingen.

Sulzauer Straße *(benannt 1957, Stadtteil Vaihingen)* Ortsteil Sulzau der Gemeinde Starzach, Landkreis Tübingen, 330 Einwohner.

Sulzbachgasse *(benannt 1855, Stadtteil Bad Cannstatt)* Nach dem ehemaligen Sulzbach, dem durch die Sulzbachgasse laufenden Abfluss der einstigen Rathaussulz (Mineralquelle hinter dem Rathaus).

Sulzerrainstraße *(benannt 1872, Stadtteil Bad Cannstatt)* Nach den Sulzerrain-Anlagen (heute Kurpark), die ihrerseits nach dem 1473 erstmals urkundlich erwähnten Flurnamen benannt sind. Am Fuß des Abhangs (Rains) traten Mineralquellen (Sulzen) aus.

Sulzgasse *(benannt 1908, Stadtteil Bad Cannstatt)* Nach der nahe gelegenen einstigen Rathaussulz oder Stadtsulz, siehe auch →Sulzbachgasse.

Sulzerrainstraße: »Der Sauerbrunnen am Fuße des Cannstatter Sulzerrains«, Stahlstich von August Seyffer aus dem Jahr 1790.

Sulzgrieser Straße *(benannt 1936, Stadtteil Obertürkheim)* Die Straße führt in Richtung Sulzgries. Das ehemalige Dorf wurde 1275 erstmals urkundlich erwähnt. Heute bilden Rüdern, Sulzgries, Krummenacker und Neckarhalde gemeinsam einen Stadtteil der Kreisstadt Esslingen am Neckar. »RSKN«, wie der Stadtteil der Einfachheit halber abgekürzt wird, hat 8539 Einwohner. – Bis 1936 hieß die Straße Kelterstraße.

Supperstraße *(benannt 1900, Stadtteil Rohr)* Alter Rohrer Familienname.

Suttnerstraße *(benannt 1964, Stadtteile Freiberg und Zazenhausen)* Bertha von Suttner, geb. Gräfin Kinsky (geboren am 9. Juni 1843 in Prag, gestorben am 21. Juni 1914 in Wien), Schriftstellerin, verfasste unter anderem 1889 den pazifistischen Roman »Die Waffen nieder!«. Bertha von Suttner gründete 1891 die Österreichische Gesellschaft der Friedensfreunde und war Vizepräsidentin des internationalen Friedensbüros in Bern. Für ihre Bemühungen um den Frieden erhielt sie 1905 den Friedensnobelpreis.

Sven-Hedin-Weg *(benannt 1957, Stadtteil Stammheim)* Sven Anders (von) Hedin (geboren am 29. Februar 1865 in Stockholm, gestorben am 26. November 1952 in Stockholm), schwedischer Asienforscher, unternahm zahlreiche Forschungsreisen nach Innerasien, besonders nach Tibet, und entdeckte den Transhimalaja.

Syltstraße *(benannt 1934, Stadtteil Neuwirtshaus)* Die größte der nordfriesischen Inseln.

Sylvanerweg *(benannt 1937, Straßenführung geändert 1975, Stadtteil Uhlbach)* Traubensorte.

Syringenweg *(benannt 1957, Stadtteil Vaihingen)* Die Syringe oder der Flieder, *Syringa vulgaris,* gehört zur Familie der Ölbaumgewächse. Herkunft: Südost-Europa. Seit dem 16. Jahrhundert in Kultur. War lange Zeit eines der beliebtesten und häufigsten Ziergehölze in den bäuerlichen Gärten Westdeutschlands.

Tachenbergstraße *(benannt 1922, Stadtteil Weilimdorf)* Flurname; Tachen ist ein altes Wort für Lehm.

Tafelweg *(benannt 1957, Stadtteil Stammheim)* Albert Tafel (geboren am 6. November 1876 in Stuttgart, gestorben am 19. April 1935 in Heidelberg), Arzt und Asienforscher, unternahm 1903 bis 1905 mit Wilhelm Filchner eine Expedition nach Osttibet und 1905 bis 1908 erneut nach Osttibet sowie nach Nordchina und in die Innere Mongolei. Seine Reisebeschreibung »Meine Tibetreise« fand in der wissenschaftlichen Welt große Beachtung.

Tagfalterweg *(benannt 1984, Stadtteil Stammheim)* Tagfalter sind eine Gruppe der Schmetterlinge, die bei Tag fliegen und durch große, flächige, meist bunte Flügel gekennzeichnet sind.

Tailfinger Straße *(benannt 1957, Stadtteil Möhringen)* Stadtteil Tailfingen der Stadt Albstadt (insgesamt 48 500 Einwohner), Zollernalbkreis, Zentrum der Trikotwarenindustrie. Schon um 1910 waren hier 1800 Rundwirkmaschinen, so genannte »Rundstühle«, aufgestellt.

Taläckerstraße *(benannt 1957, Stadtteile Zuffenhausen und Zazenhausen)* Nach der Lage der Flur im Feuerbachtal zwischen Zuffenhausen und Zazenhausen.

Taldorfer Straße *(benannt 1957, Stadtteil Schönberg)* Stadtteil Taldorf der Kreisstadt Ravensburg, 3800 Einwohner.

Talgrabenstraße *(benannt 1937, Stadtteil Weilimdorf)* Nach dem so genannten Talgraben, dem vertieften Bett des Lindenbachs, auf den die Straße zuführt. – Als »Weil im Dorf« noch eine selbständige Gemeinde war, hieß die Straße Ulrichstraße.

Talheimer Straße *(benannt 1945, Stadtteil Rot)* Gemeinde Talheim, Landkreis Heilbronn, 4700 Einwohner. – 1939 bis 1945 hieß die Straße Wilhelm-Neth-Weg nach dem oberschwäbischen HJ-Führer Wil-

Die Talstraße um 1920, im Hintergrund die Gaisburger Kirche

helm Neth (1909–1933), dem »ersten Hitlerjungen des Oberlands«. In Stuttgart war auch die »Gebietsführerschule« nach Neth benannt. In der Rotwegsiedlung, zu der diese Straße gehört, wohnten anfangs zu einem erheblichen Teil Angehörige der SS und andere NS-Parteigliederungen sowie der Gestapo.

Talstraße *(benannt 1902, Stadtteile Stuttgart-Ost und Bad Cannstatt)* Nach dem heute zugeschütteten Tal des Klingenbaches, an dessen nordwestlicher Seite die Straße entlangführt.

Tangegartstraße *(benannt 1967, Stadtteil Möhringen)* Nach der dortigen Flur, die in einer Urkunde aus dem Jahr 1701 »Dangegarten ob dem Steinenbronnen« und im Jahr 1827 »Tang-Egart« genannt wird. »Tang« leitet sich von »Deng« und dieses wiederum vom mittelhochdeutschen »dinc« (Thing) ab. Es bezeichnet eine Volks- und Gerichtsversammlung unter freiem Himmel, auf der unter Vorsitz des Orts- oder Gebietsherrn politische und juristische Entscheidungen beraten wurden. Das mittelhochdeutsche Wort »egart« bezeichnet ein ehemaliges Ackerland, das längere Zeit nicht bebaut wurde.

Tannen, Zu den siehe →Zu den Tannen.

Tannenäckerstraße *(benannt 1922, Stadtteil Feuerbach)* Der Flurname wurde 1572 erstmals urkundlich erwähnt und geht auf einen nahe gelegenen Tannenbestand zurück.

Tannenbergstraße *(benannt 1936, Stadtteil Bad Cannstatt)* Beim Dorf Tannenberg (polnisch: Stebark), Gemeinde Grünfelde (polnisch: Grunwald) in Masuren fand vom 26. bis 31. August 1914 eine blutige Schlacht statt. Weite Teile Ostpreußens waren schon in russischer Hand, als die deutsche 8. Armee unter General Paul von Hindenburg die 2. russische (Narew-)Armee einschloss und vernichtete. 12 600 Tote auf beiden Seiten kostete diese Schlacht, 90 000 Russen wurden gefangen genommen. Sowohl in Deutschland als auch in Polen wurde diese Schlacht später verklärt. 1927 wurde bei Hohenstein (polnisch: Olstynek) das Tannenberg-Nationaldenkmal errichtet, finanziert aus Spenden der Bevölkerung; 1934 wurde der verstorbene Generalfeldmarschall von Hindenburg, Ehrenbürger Stuttgarts, in einem der acht Ecktürme dieser Denkmalsanlage beigesetzt. Vor dem Anrücken der sowjetischen Armee im Zweiten Weltkrieg wurde Hindenburgs Sarg in die Marburger Elisabethkirche überführt und das Denkmal von deutschen Truppen gesprengt. Nach der Schlacht bei Tannenberg nannte sich auch der von Erich Ludendorff gegründete antisemitische Tannenbergbund. Siehe auch → Ortelsburger Straße.

Tannenstraße *(benannt 1870, Stadtteil Stuttgart-Süd)* Nach der 1393 bekannten Tannenmühle, die früher nahe der heutigen Straße stand.

Tapachstraße *(benannt 1951, Stadtteil Rot)* Der Flurname geht wohl auf Tape (Pfote) oder deren Abdruck zurück. Im übertragenen Sinn ist damit die Lage der Flur gemeint, eine tatzenförmig eingedrückte Vertiefung.

Tarnowitzer Straße *(benannt 1937, Stadtteil Bad Cannstatt)* Stadt Tarnowitz (polnisch: Tarnowskie Góry), am Nordrand des oberschlesischen Industriegebiets, Polen. Im 16. Jahrhundert bildete der Ort das Zentrum des Blei-Silber-Erzbergbaus; 1788 wurde zur Entwässerung in der Friedrichsgrube die erste Dampfmaschine des Kontinents eingesetzt. Sie war eine Sehenswürdigkeit, die 1790 auch von Goethe besichtigt wurde. Die Stadt gehörte nach dem Ersten Weltkrieg zum Abstimmungsgebiet in Oberschlesien und kam auf Grund eines Völkerbundgutachtens 1922 zu Polen (siehe auch →Annabergstraße, →Beuthener Straße, →Kattowitzer Straße, →Oberschlesische Straße, →Oppelner Straße und →Thorner Straße).

Tasmanweg *(benannt 1984, Stadtteil Stammheim)* Abel Janszoon Tasman (geboren 1603 in Lutjegast, Provinz Groningen, Niederlande, gestorben 1659 in Batavia [heute Djakarta, Indonesien]), Seefahrer, entdeckte 1642 den Süd- und Ostrand von Tasmanien und im Jahr darauf die Südinsel von Neuseeland, die Tonga- und die Fidschi-Inseln.

Tassiloweg *(benannt 1943, Stadtteil Untertürkheim)* Tassilo III. Herzog von Baiern (geboren um 740, gestorben zwischen 794 und 797). Tassilo war 748 bis 788 der letzte bayerische Herzog aus dem Hause der Agilolfinger. Seinem Onkel und ehemaligen Vormund Pippin dem Jüngeren und dessen Söhnen – darunter Karl der Große – schwor er 757 in Compiègne den Treueeid, den er später mehrfach brach. Die Reichsversammlung verurteilte ihn deshalb zum Tod; Karl der Große jedoch setzte ihn ab, begnadigte ihn und schickte ihn ins Kloster, wahrscheinlich nach Jumièges oder nach Lorsch an der Bergstraße. Tassilo hatte selbst mehrere Klöster gegründet, unter anderem Wessobrunn und Kremsmünster.

Tassilos gesamte Regierungszeit war geprägt durch den Kampf um Eigenständigkeit gegenüber dem Frankenreich und den Versuch, sein kleines Herzogtum gegenüber der fränkischen und langobardischen Übermacht zu behaupten. Die nationalsozialistische Ideologie konstruierte Parallelen zwischen dem Frankenreich und Frankreich und sah in Tassilo eine Art Märtyrer. Von daher erklärt sich die Benennung einer Straße in Untertürkheim mitten im Zweiten Weltkrieg nach dem Agilolfinger, der nie einen direkten Bezug zum Stuttgarter Raum hatte.

Taubenheimstraße *(benannt 1872, Stadtteil Bad Cannstatt)* Graf Wilhelm von Taubenheim (geboren 1805 in Stuttgart, gestorben 1894 in Stuttgart), Kammerherr und Oberst-Stallmeister der württembergischen Könige Wilhelm I. und Karl, später auch Oberhofratspräsident. Er war lange Jahre Vorsitzender, später Ehrenpräsident des Brunnenvereins Cannstatt, der ihm zu Ehren ein Denkmal hinter dem Kursaal an der Wilhelms- und Daimlerquelle errichten ließ. 1854 wurde Graf Taubenheim zum Ehrenbürger von Cannstatt ernannt. Vergleich auch →Hackländerstraße und →Zanthweg.

Wilhelm von Taubenheim

Taubenstaffel *(benannt 1972, Stadtteil Stuttgart-Süd)* Von der Felsentaube, *Columba livia*, stammen die Haustaubenrassen ab.

Taubenstraße *(benannt 1895, Stadtteil Stuttgart-Süd)* Nach dem Vogel, siehe →Taubenstaffel. – Bis 1895 hieß die Straße Pfarrstraße.

Tauberweg *(benannt 1967, Stadtteil Münster)* Linker Nebenfluss des Mains, entspringt am Fuß der Frankenhöhe und mündet nach 120 Kilometern in Wertheim. Das »Liebliche Taubertal« ist vor allem für Fahrradausflüge sehr beliebt.

Taunusstraße *(benannt 1933, Stadtteil Feuerbach)* Teil des Rheinischen Schiefergebirges zwischen Main, Rhein, Lahn und Wetterau.

Tazzelwurm, Am siehe →Am Tazzelwurm.

Teckplatz *(benannt 1989, Stadtteil Stuttgart-Ost)* Zeugenberg (774 m) am Nordrand der Schwäbischen Alb bei Owen. Die Burg der Herzöge von Teck, 1152 als »Castrum Thecce« erstmals urkundlich erwähnt, wurde im Bauernkrieg bis auf Teile der Umfassungsmauern zerstört. 1889 wurde ein Rondell zum Aussichtsturm erhöht. 1941 kaufte der Schwäbische Albverein die Burg; er erneuerte den Aussichtsturm und baute in den Jahren 1954/55 auf der Teck ein Wanderheim.

Teckstraße *(benannt 1892, Stadtteil Stuttgart-Ost)* Nach dem Berg, siehe →Teckplatz.

Tegernseestraße *(benannt 1938, Stadtteil Hofen)* See in Oberbayern.

Teichhuhnstraße *(benannt 1981, Stadtteil Neugereut)* Das Teichhuhn, *Gallinula chloropus,* gehört zur Familie der Rallen und lebt in pflanzenreichen Teichen und Seen.

Teichstraße *(benannt 1891, Stadtteil Stuttgart-Ost)* Nach dem 1508 urkundlich genannten »Teich« in der Flur Schwarenberg, einer wasserlosen Vertiefung.

Teinacher Straße *(benannt 1937, Stadtteil Bad Cannstatt)* Stadtteil Bad Teinach der Stadt Bad Teinach-Zavelstein (insgesamt 3000 Einwohner), Landkreis Calw. – 1872 bis 1937 hieß die Straße Ulrichstraße nach Herzog Ulrich von Württemberg.

Tell-Geck-Weg *(benannt 1989, Stadtteil Hoffeld)* Tell Geck (geboren am 6. September 1894 in Offenburg, gestorben am 10. März 1986 in Stuttgart), Maler. 1919 zog er als Student der Kunstakademie nach Stuttgart. Geck gehörte 1923 zu den Gründern der »Stuttgarter Sezession«, der auch sein Freund, der Maler Reinhold Nägele, angehörte. Durch seinen Vater, den Verleger und sozialdemokratischen Reichstagsabgeordneten Adolf Geck, galt Geck den Nazis als »politisch belastet«. Nach 1933 bekam er Berufs- und Ausstellungsverbot. Da er aber auch gelernter Musiker war, konnte er sich mit Cellounterricht finanziell über Wasser halten. 1943 verhaftete ihn die Gestapo, weil er einen Gesuchten versteckt hielt. Den zwangsweisen Fronteinsatz überlebte er. Geck galt als bescheidener, unbestechlicher Künstler. Anfangs ein überzeugter Jünger der Malerei Vincent van Goghs, kam er nach dem Zweiten Weltkrieg zu einer offeneren, fast impressionistischen Auffassung. Neben Porträts und Stilleben, neben südländischen, Alb- und Schwarzwaldlandschaften malte er gerne Städtebilder, vor allem Stuttgarter Szenerien.

Tellstraße *(benannt um 1922, Stadtteil Zuffenhausen)* Nach dem Freiheitshelden der Schweizer Sage Wilhelm Tell, der Hauptfigur eines Dramas von Schiller.

Terlanerstraße *(benannt 1937, Stadtteil Uhlbach)* Südtiroler Traubensorte.

Termitenweg *(benannt 1971, Stadtteil Stammheim)* Termiten erinnern in ihrem Aussehen an Ameisen, bilden aber eine eigene Ordnung, die mit letzteren wenig verwandt ist. Sie bilden Staaten mit einem ausgeprägten Kastenwesen. Als Holzfresser an Häusern, Möbeln und Bäumen richten sie teilweise erheblichen Schaden an.

Terrotstraße *(benannt 1927, Stadtteil Bad Cannstatt)* Charles Terrot (geboren 1831 in Kelleburg, Preußen, gestorben 1903 in Cannstatt [heute Stuttgart-Bad Cannstatt]), Fabrikant, gründete 1862 in Stuttgart zusammen mit dem Kaufmann Wilhelm Stücklen eine Fabrik für Wirkmaschinen und Rundstühle. Das heute noch bestehende Unternehmen, seit 1882 in Bad Cannstatt ansässig, erwarb sich in der Fachindustrie eine führende Stellung.

Teschenweg *(benannt um 1930, Stadtteil Uhlbach)* Der Flurname geht auf eine taschenartige Bodenvertiefung zurück.

Tettnanger Straße *(benannt 1936, Stadtteil Wangen)* Stadt Tettnang, Bodenseekreis, 17 900 Einwohner, bekannt durch den weltweit exportierten Hopfen, der hier angebaut wird, und durch sein prunkvolles Montfortschloss. Sein Bau führte dazu, dass sich die Grafen von Montfort völlig überschuldeten und 1780 die ganze Grafschaft an Österreich abtreten mussten. Von 1260 bis dahin war Tettnang ununterbrochen Residenz der Grafen von Montfort-Tettnang gewesen.

Teutoburger Straße *(benannt 1936, Stadtteil Feuerbach)* Teutoburger Wald, 110 Kilometer langes Gebirge in Nordwestdeutschland.

Texasstraße *(benannt 1957, Stadtteil Vaihingen)* Bundesstaat der USA. Die Straße erschließt die »Patch Barracks« der US-amerikanischen Streitkräfte mit dem »United States European Command« (EUCOM), der Kommandozentrale der US-Truppen für ganz Europa, die Türkei, Syrien, Libanon und Israel, einen großen Teil Afrikas sowie für Russland und die ehemaligen Sowjetrepubliken in Zentralasien, insgesamt für 93 Länder.

Thaddäus-Troll-Platz *(benannt 1984, Stadtteil Bad Cannstatt)* Thaddäus Troll, Pseudonym von Hans Bayer (geboren am 18. März 1914 in Stuttgart-Cannstatt [heute Stuttgart-Bad Cannstatt], gestorben am 5. Juli 1980 in Stuttgart), Schriftsteller. Der gelernte Journalist studierte Germanistik, vergleichende Literaturwissenschaft, Kunstgeschichte, Theaterwissenschaft sowie Zeitungswissenschaft und promovierte zum Dr. phil. Nach dem Zweiten Weltkrieg war er Redakteur der satirischen Zeitschrift »Das Wespennest«, Texter für das Düsseldorfer Kabarett »Kom(m)ödchen« sowie Korrespondent des »Spiegel«; er arbeitete als Hörspielautor und Bühnenbearbeiter sowie zunehmend als Buchautor. Seine Themen gab ihm das Leben vor: vom Kochen über die Kindererziehung bis zur Wahlpropaganda in schwäbischer Mundart für die SPD. Auch über Reisen, Burgen und schwäbische Städte – unter anderem über Stuttgart und Bad Cannstatt – sowie zu vielen anderen Themen entstanden Bücher. Große Auflage machte schließlich sein humoristischer Schwabenspiegel »Deutschland deine Schwaben«. Sehr erfolgreich war auch das Volksstück »Der Entaklemmer«, eine Übertragung von Molières »Der Geizige« ins Schwäbische (uraufgeführt 1976 am Stuttgarter Staatstheater; auch als Buch erschienen). Neben dem Schreiben widmete sich Troll engagiert der sozialen Lage der schreibenden Zunft; er gehörte dem Gründungsvorstand des Verbandes deutscher Schriftsteller (VS) an und war Vizepräsident des PEN-Zentrums der Bundesrepublik Deutschland.

Thaddäus Troll bei der Arbeit

Thaerstraße *(benannt 1937, Stadtteil Weilimdorf)* Albrecht Daniel Thaer (geboren am 14. Mai 1752 in Celle, gestorben am 26. Oktober 1828 auf Gut Möglin bei Wriezen), einer der Begründer der wissenschaftlichen Landwirtschaftslehre. Thaer studierte in Göttingen Medizin und praktizierte ab 1774 in Celle. Der Kurfürst von Hannover, König Georg III. von Großbritannien, ernannte ihn zu seinem Leibarzt. Nebenbei widmete sich Thaer zunächst der Blumenzucht, dann landwirtschaftlichen Versuchen. 1802 gründete er in Celle eine landwirtschaftliche Lehranstalt. 1804 berief ihn König Friedrich Wilhelm III. von Preußen als Professor und Staatsrat nach Berlin.

Thekla-Kauffmann-Weg *(benannt 1994, Stadtteil Bad Cannstatt)* Thekla Kauffmann (geboren am 18. Januar 1883 in Stuttgart, gestorben am 21. Dezember 1980 in New York, USA), Mitglied des württembergischen Landtags. Thekla Kaufmann war von Beruf Fabrikpflegerin in Stuttgart. Schon vor dem Ersten Weltkrieg engagierte sie sich in der bürgerlichen Frauenbewegung – als Mitglied des Vereins für Frauenstimmrecht und Vorstandsmitglied im Israelitischen Mädchenverein. Im November 1918 gehörte sie zu den Gründungsmitgliedern der württembergischen Deutschen Demokratischen Partei (DDP), im Dezember 1918 wurde sie in den Hauptausschuss, im Juli 1919 als stellvertretendes Mitglied in den geschäftsführenden Reichsparteiausschuss der DDP in Berlin gewählt. 1919 kandidierte sie erfolgreich für die Württembergische Landesversammlung. Sie war die einzige jüdische Parlamentarierin, die es im Landtag von Württemberg je gab. 1920 verfehlte sie allerdings den Wiedereinzug in den Landtag.

Im gleichen Jahr begann Thekla Kauffmann eine Tätigkeit bei der Stuttgarter Hilfsstelle für Frauenarbeit, 1922 übernahm sie die Leitung der neu geschaffenen Abteilung für Arbeitsberatung, -beschaffung und -vermittlung beim Stuttgarter Arbeitsamt. 1931 kandidierte sie auf der unabhängigen Frauenliste für den Stuttgarter Gemeinderat. Nach der nationalsozialistischen »Machtübernahme« wurde Thekla Kauffmann 1933 aus ihrer Stellung entlassen und engagierte sich in jüdischen Hilfsorganisationen besonders für Auswanderungswillige. Erst 1941 emigrierte sie selbst in die Vereinigten Staaten, wo sie zunächst ein großes Heim für berufstätige Mütter in Chicago leitete und ab 1948 in der Chicagoer Stadtbücherei arbeitete. 1960 zog sie zu ihrer Schwester Alice Uhlmann nach New York, wo sie 1980 hochbetagt und in Deutschland nie vergessen starb.

Theobald-Kerner-Straße *(benannt 1908, Stadtteil Bad Cannstatt)* Theobald Kerner (geboren am 14. Juni 1817 in Gaildorf, gestorben 1907 in Weinsberg), Arzt, Hofrat und Dichter, Sohn Justinus Kerners, siehe →Kernerstraße. In der Revolution 1848 engagierte er sich als demokratischer Volksredner und Hauptmann der Weinsberger Bürgerwehr. Er konnte rechtzeitig fliehen, kehrte aber bereits im Frühjahr 1849 aus Straßburg in die Heimat zurück und stellte sich den Gerichten. Er blieb politisch aktiv und kandidierte als Vertreter der Demokraten für den Landtag. Erst im Sommer 1850 erhielt er seinen Prozess, in dem er wegen Aufforderung zum Hochverrat zu zehn Monaten Festungshaft verurteilt wurde. Sechs Monate davon, vom November 1850 bis April 1851, saß er auf dem Hohenasperg ab. Dann wurde er nach mehreren Gnadengesuchen – vor allem seines Vaters – vorzeitig entlassen. Theobald Kerner gründete 1852 in Stuttgart eine galvano-magnetische Heilanstalt, die er 1856 bis 1863 in Cannstatt betrieb (vergleiche →Schönestraße). Wie sein Vater war er ein lyrischer Dichter und talentvoller Erzähler. Als der Schwäbische Albverein 1902 auf dem Gaildorfer Hausberg, dem Kirgel, einen Aussichtsturm errichtete, nannte er ihn zu Ehren von Theobald Kerner »Kerner-Turm«.

Theodor-Fischer-Platz *(benannt 1990, Stadtteil Stuttgart-Süd)* Theodor Fischer (geboren am 28. Mai 1862 in Schweinfurt, gestorben am 25. Dezember 1938 in München), Architekt und Baumeister. Fischer studierte ab 1880 an der TH München, verließ die Hochschule jedoch ohne Diplom, um ins Büro von Paul Wallot in Berlin einzutreten, wo er 1886 bis 1889 mit dem Bau des Reichstags beschäftigt war. Zusammen mit Richard Reuter machte er sich 1889 in Dresden selbständig; 1892 wechselte er zu Gabriel von Seidl nach München. Im Jahr darauf wurde er Leiter des Münchener Stadterweiterungsamts. 1901 nahm Fischer als Nachfolger von Christian Friedrich Leins und Skjöld Neckelmann einen Ruf auf den renommierten Lehrstuhl für Entwerfen an die Technische Hochschule Stuttgart an, wo er die so genannte »Stuttgarter Schule« etablierte. 1907 gehörte er zu den Gründern des Deutschen Werkbundes. 1908 übernahm Fischer den Lehrstuhl für Baukunst an der TH München; seine Stuttgarter Professur ging auf seinen Schüler Paul Bonatz über. In Stuttgart beschäftigte sich Fischer stark mit Städtebau; als Architekt pflegte er Neoklassizismus und Heimatstil, um 1905 auch den Jugendstil. 1905/06 baute Fischer in Stuttgart die Heusteigschule, wo sich jetzt auch der Theodor-Fischer-Platz befindet, 1906 bis 1910 die Erlöserkirche, 1907 bis 1912 das Gustav-Siegle-Haus und 1912/13 das Kunstgebäude. Gustav-Siegle-Haus und Kunstgebäude wurden im Zweiten Weltkrieg stark beschädigt und danach verändert und vereinfacht wieder aufgebaut. Auch in der weiteren Umgebung Stuttgarts stammten zahlreiche Bauten von Fischer, etwa das ehemalige Stadttheater Heilbronn, die Pfullinger Hallen, die Arbeitersiedlung Gmindersdorf in Reutlingen oder der Schönbergturm. Fischer zählt zu den bedeutendsten Baumeistern des frühen 20. Jahrhunderts.

Theodor-Heuss-Passage *(benannt 1978, Stadtteil Stuttgart-Mitte)* Theodor Heuss (geboren am 31. Januar 1884 in Brackenheim, gestorben am 12. Dezember 1963 in Stuttgart), 1949 bis 1959 erster Bundespräsident der Bundesrepublik Deutschland und seit 1954 Ehrenbürger der Stadt Stuttgart. Er zählte nach dem Studium der Kunstgeschichte und der Volkswirtschaft zum Kreis der Demokraten um Friedrich Naumann. Einige Zeit arbeitete Heuss als Chefredakteur der in Heilbronn erscheinenden »Neckar-Zeitung«. Im »Dritten Reich« schrieb er unter dem Pseudonym Thomas Brackheim für die Frankfurter Zeitung. Nach dem Ende des Zweiten Weltkriegs war Heuss Mitbegründer der Freien Demokratischen Partei (FDP). Er gehörte von September 1945 bis Dezember 1946 als Kultminister dem ersten Kabinett Reinhold Maier in Württemberg-Baden an. Am 13. August 1948 wurde Theodor Heuss in den Parlamentarischen Rat gewählt. Als Fraktionsvorsitzender der FDP war er maßgeblich an der Formulierung des Grundgesetzes beteiligt. Die Bundesversammlung wählte ihn am 12. September 1949 zum ersten Bundespräsidenten. 1954 erfolgte seine Wiederwahl für weitere fünf Jahre. Nach Ablauf seiner zweiten Amtsperiode 1959 kehrte Heuss nach Stuttgart zurück, um im Ruhestand seine literarische Arbeit fortzusetzen. Er wohnte im eigenen Haus im Feuerbacher Weg 46, wo sich heute eine Gedenkstätte für Heuss befindet. Von seinen zahlreichen Büchern wurde vor allem eine Biographie Robert Boschs bekannt.

Theodor Heuss

Theodor-Heuss-Straße *(benannt 1963, Stadtteil Stuttgart-Mitte)* Nach Theodor Heuss, siehe →Theodor-Heuss-Passage. – Von 1536 bis

1811 hieß die Straße Rote Gasse, dann Rote Straße, in ihrem südwestlichen Teil im 18. Jahrhundert Heylandin-Gaß.

Theodor-Schöpfer-Weg *(benannt 1999, Stadtteil Heumaden)* Theodor Schöpfer (geboren 1900 in Heumaden bei Stuttgart, gestorben 1996), verdienter Heumadener Bürger. In den Jahren 1918 bis 1933 war Schöpfer aus dem Heumadener Vereinsleben nicht wegzudenken; durch seinen frühen Umgang mit Fotoapparaten sind ihm viele Bilder aus dem damaligen Ort zu verdanken.

Ab 1949/50 war Schöpfer um das Wiedererstehen des Vereinslebens in Heumaden bemüht und auch in der evangelischen Kirchengemeinde engagiert. Nach seiner Pensionierung widmete er sich ganz dem Schwäbischen Albverein. So gehen die Rundwanderwege um Heumaden auf seine Mitarbeit zurück. Auch nach dem Tod seiner Frau 1983 ließen ihn seine Verpflichtungen als Wanderführer, Reiseleiter und engagierter Vereinssprecher nicht zur Ruhe kommen. Er schrieb in Festschriften und Erinnerungen an Alt-Heumaden, was er auch in gesundheitlich labilem Zustand bis zu seinem Tod im Alter von 96 Jahren fortführte.

Theodor-Storm-Straße *(benannt 1924, Stadtteil Stuttgart-West)* Theodor Storm (geboren am 14. September 1817 in Husum, gestorben am 4. Juli 1888 in Hademarschen, Schleswig-Holstein), Erzähler und Lyriker, schilderte in seinen Novellen das Leben in der Nordsee-Küstenlandschaft. Besonders bekannt ist seine Novelle »Der Schimmelreiter« (1888).

Theodorstraße *(benannt 1938, Stadtteil Feuerbach)* Männlicher Vorname, nach Theodor Kuhn, siehe →Siegelbergstraße.

Theodor-Veiel-Straße *(benannt 1927, Stadtteil Bad Cannstatt)* Theodor Veiel (geboren 1848 in Cannstatt [heute Stuttgart-Bad Cannstatt], gestorben 1923 in Stuttgart-Cannstatt [heute Stuttgart-Bad Cannstatt]), Geheimer Hofrat, wurde 1874 Chefarzt des späteren städtischen Krankenhauses in Cannstatt und Leiter der von seinem Vater Albert (von) Veiel gegründeten Heilanstalt für Hautkranke (siehe →Veielbrunnenweg).

Theophil-Wurm-Straße *(benannt 1960, Stadtteil Fasanenhof)* Theophil Wurm (geboren 1868 in Basel, gestorben 1953 in Stuttgart), 1933 bis 1949 Landesbischof der Evangelischen Kirche in Württemberg und 1945 Ratsvorsitzender der Evangelischen Kirche in Deutschland. Wurm wandte sich als einer der Wortführer der »Bekennenden Kirche« gegen die Totalitätsansprüche des Dritten Reiches und setzte sich mutig für die innere und äußere Freiheit des christlichen Bekenntnisses ein.

Landesbischof Theophil Wurm

Theurerstraße *(benannt 1955, Stadtteil Stuttgart-Ost)* Gustav Theurer (geboren 1865 in Hofen [heute Stuttgart-Hofen], gestorben 1937 in Stuttgart), Bäcker, Gastwirt und langjähriger Gemeinderat in Gaisburg und Stuttgart, war maßgeblich an der 1901 vollzogenen Eingemeindung Gaisburgs nach Stuttgart beteiligt.

Thingstraße *(benannt 1935, Stadtteil Rohr)* Nach dem in den dreißiger Jahren angelegten »Versammlungsplatz«, der zur Erinnerung an die frühgermanischen Volks- und Gerichtsversammlungen benannt wurde.

Thomas-Mann-Straße *(benannt 1971, Stadtteil Feuerbach)* Thomas Mann (geboren am 6. Juni 1875 in Lübeck, gestorben am 12. August 1955 in Kilchberg bei Zürich), Dichter und Schriftsteller, emigrierte 1933 in die Schweiz, später in die USA, kehrte als amerikanischer Staatsbürger 1952 in die Schweiz zurück. Als feinfühlig-nuancierender Romancier wurde er zum Meister des großen psychologischen Romans und erhielt 1929 den Nobelpreis für Literatur. Thomas Mann war ein entschiedener Gegner des Nationalsozialismus. Werke unter anderem: »Buddenbrooks« (1901), »Der Tod in Venedig« (1912), »Joseph und seine Brüder« (1933 bis 1943), »Doktor Faustus« (1947), »Bekenntnisse des Hochstaplers Felix Krull« (1954).

Thomas-Münzer-Weg *(benannt 1983, Straßenführung geändert 1990, Stadtteil Zazenhausen)* Thomas Mün(t)zer (geboren 1468 oder 1489/90 in Stolberg, Harz, hingerichtet am 27. Mai 1525 bei Mühlhausen, Thüringen), Theologe und Revolutionär. Organisierte als Führer den Aufstand der Bauern 1525 in Thüringen und wurde nach der Entscheidungsschlacht von Frankenhausen gefangen und enthauptet.

Thomastraße *(benannt 1935, Stadtteil Stuttgart-Nord)* Hans Thoma (geboren am 2. Oktober 1839 in Bernau, Hochschwarzwald, gestorben am 7. November 1924 in Karlsruhe), Maler und Zeichner, Direktor

Hans Thoma

der Kunsthalle und Lehrer an der Akademie in Karlsruhe, vor allem Landschaftsmaler.

Thorner Straße *(benannt 1928, Stadtteil Bad Cannstatt)* Stadt Thorn an der Weichsel (polnisch: Thorun), Oberschlesien, Polen. Die Stadt gehörte nach dem Ersten Weltkrieg zum Abstimmungsgebiet in Oberschlesien und kam auf Grund eines Völkerbundgutachtens 1922 zu Polen (siehe auch →Annabergstraße, →Beuthener Straße, →Kattowitzer Straße, →Oberschlesische Straße, →Oppelner Straße und →Tarnowitzer Straße).

Thouretstraße *(benannt 1925, Stadtteil Stuttgart-Mitte)* Nikolaus Friedrich (von) Thouret (geboren am 2. Juni 1767 in Ludwigsburg, gestorben am 17. Januar 1845 in Stuttgart), Baumeister, beendete als Hofbaumeister König Friedrichs I. von Württemberg den Bau des Neuen Schlosses, erbaute den Kursaal in Bad Cannstatt und das Katharinenhospital. Er entwarf den ersten Residenzbauplan (Stadtbauplan) für Stuttgart, entwarf wichtige Straßen, wie die untere Königstraße, die jetzige Konrad-Adenauer-Straße, die Charlottenstraße und die Christophstraße sowie viele Privathäuser, und ordnete die Schlossgartenanlagen neu.

Thüringer-Wald-Straße *(benannt 1936, Stadtteil Feuerbach)* Der Thüringer Wald ist ein etwa hundert Kilometer langes Mittelgebirge zwischen dem Frankenwald und der Werra.

Thurgau-Weg, Müller- siehe →Müller-Thurgau-Weg.

Thymianweg *(benannt 1959, Stadtteil Heumaden)* Der Thymian, *Thymus vulgaris,* ist eine alte Gewürz- und Heilpflanze aus dem Mittelmeerraum. Er gehört zu den Lippenblütengewächsen.

Tiefenbachstraße *(benannt um 1915, Stadtteil Rohracker)* Nach dem Tiefenbach, an dessen südlicher Seite die Straße verläuft.

Tiefer Weg *(benannt 1890, Stadtteil Birkach)* Nach dem vertieft eingeschnittenen Verlauf des Weges.

Tierbergstraße *(benannt 1937, Stadtteil Feuerbach)* Schloss Tierberg, Gemeinde Braunsbach, Landkreis Schwäbisch Hall. Die kleine Burg wurde um 1220 errichtet; Bergfried und Schildmauer stammen noch aus dieser Zeit, der äußere Mauerring aus dem 15. oder 16. Jahrhundert, die Innenausstattung aus der Zeit um 1880.

Werbung für den Nillschen Tiergarten, um 1900

Tiergartenweg *(benannt 1880, Stadtteil Stuttgart-Nord)* Am Ende des Weges befand sich 1871 bis 1906 der Nillsche Tiergarten. Der Gastwirt und ehemalige Zimmermeister Johannes Nill (geboren 1825 in Bodelshausen bei Hechingen, gestorben 1894 in Stuttgart) hatte dort neben seiner Gaststätte einen zoologischen Garten eröffnet, der ein beliebter Anziehungspunkt Stuttgarts war und Besucher aus dem ganzen Land anlockte.

Tigerstraße *(benannt 1928, Straßenführung geändert 1972, Stadtteil Vaihingen)* Der Tiger, *Panthera tigris*, ist eine große gestreifte Raubkatze, die ursprünglich vom Kaspischen Meer bis zum Iran verbreitet war. Die Gesamtzahl der Tiger weltweit liegt derzeit bei wenigen Tausend Tieren.

Tilsiter Straße *(benannt 1937, Stadtteil Bad Cannstatt)* Stadt Tilsit, heute Sowjetsk, Russland, 45 000 Einwohner. Tilsit war bis 1945 eine Kreisstadt in Ostpreußen; es entstand im 15. Jahrhundert um eine Burg des Deutschen Ordens. Den Tilsiter Käse haben holländische Einwanderer in der Gegend von Tilsit entwickelt. – Vor 1937 hieß die Straße Daimlerstraße (siehe →Daimlerplatz).

Tiroler Straße *(benannt 1937, Straßenführung geändert 1972, Stadtteil Uhlbach)* Österreichisches Bundesland Tirol.

Tizianweg *(benannt 1959, Stadtteil Feuerbach)* Tiziano Vecelli(o), genannt Tizian (geboren 1476/77 oder 1488/90 in Pieve di Cadore, Italien, gestorben am 27. August 1576 in Venedig), berühmter Maler der Hochrenaissance, Hofmaler Kaiser Karls V..

Todtnauer Straße *(benannt 1936, Stadtteil Kaltental)* Die Stadt Todtnau, Landkreis Lörrach, liegt im Naturpark Südschwarzwald und hat 5200 Einwohner.

Tölzer Straße *(benannt 1937, Stadtteil Bad Cannstatt)* Die Stadt Bad Tölz in Oberbayern verfügt über Jodquellen und hat 16 500 Einwohner.

Töpferstraße *(benannt 1957, Stadtteil Stuttgart-Mitte)* Gewerbebezeichnung.

Törlesäckerstraße *(benannt 1957, Stadtteil Birkach)* Flurname. Die Äcker lagen neben dem mit einem Wildzaun eingefriedeten Asemwald und Ohnhold(wald). Die Straßen durch den Wald waren mit Lattentoren (Törle) abgeschlossen.

Topasweg *(benannt 1951, Stadtteil Stuttgart-Nord)* Der Topas ist ein Mineral, das in der Natur in vielen verschiedenen Farben vorkommt. Die durchsichtigen Topase werden als Edelsteine verwendet.

Tor, Oberes siehe →Oberes Tor.

Torgauer Straße *(benannt 1937, Stadtteil Weilimdorf)* Die Stadt Torgau an der Elbe, Sachsen, war im Jahr 1760 Schlachtort des Siebenjährigen Krieges.

Torstraße *(benannt 1811, Stadtteil Stuttgart-Mitte)* Der Name geht auf das 1448 erstellte Hauptstätter Tor zurück, das einst am Ende der Straße, beim Wilhelmsplatz, stand. Im Jahr 1811 wurde das Tor in »Herrenberger Tor« umbenannt und 1817 auf Befehl von König Wilhelm I. abgebrochen. Vergleiche auch →Gerberstraße. – Bis 1811 hieß die Straße im südöstlichen Teil »Auf der Preß«, im mittleren Teil am Nesenbach »Beym Gatter« und im nordwestlichen »Hauptstätter-Thorgässlen« oder »Hauptstätter Thor-Gasse«, ein Teil hieß »Ducksteinisches Gäßlein« oder »Weißisches Gäßlein«.

Tränkestraße *(benannt 1982, Stadtteil Degerloch)* Der Flurname bezieht sich auf eine Viehtränke. Das Gewann diente jahrhundertelang als Weideland.

Traifelbergplatz *(benannt 1935, Stadtteil Degerloch)* Berg der Schwäbischen Alb bei Lichtenstein, Kreis Reutlingen.

Traubenstraße *(benannt 1862, Stadtteil Stuttgart-West)* Vermutlich nach den benachbarten Weinbergen.

Traubergstraße *(benannt 1927, Stadtteil Stuttgart-Ost)* Der im 14. Jahrhundert erstmals urkundlich erwähnte Flurname ist wohl von traut (lieb) abgeleitet und dürfte als Hinweis auf den guten Ertrag aus diesen Grundstücken zu verstehen sein (siehe auch →Trautäckerstraße).

Trautäckerstraße *(benannt 1995, Stadtteil Möhringen)* Der Flurname bedeutet »geliebte Äcker«, was wohl auf einen guten Boden hindeutet (siehe auch →Traubergstraße).

Treiberstraße *(benannt 1937, Stadtteil Sillenbuch)* Alter Sillenbucher Familienname. – Bis 1937 hieß die Straße Friedhofstraße.

Treitschkestraße *(benannt 1937, Stadtteil Sillenbuch)* Heinrich Gotthard von Treitschke (geboren am 15. September 1834 in Dresden, gestorben am 28. April 1896 in Berlin), Historiker und politischer Publizist, beschäftigte sich vor allem mit der Geschichte des 19. Jahrhunderts, wobei er die historische Arbeit in den Dienst seiner konservativen politischen Ziele stellte. Treitschke wirkte ab 1863 als Professor für Staatswissenschaften in Freiburg, 1866 als Professor für Geschichte in Kiel, 1867 in Heidelberg und ab 1874 in Berlin. Von 1871 bis 1884 gehörte er dem Reichstag an, bis 1879 als Abgeordneter der nationalliberalen Partei, dann parteilos. 1886 wurde er als Nachfolger Leopold von Rankes zum Historiographen des preußischen Staates ernannt. War Treitschke um 1860 noch liberal eingestellt, so bekämpfte er jetzt den Sozialismus, trat den Juden entgegen und entfachte den Berliner Antisemitismusstreit, forderte die Stärkung des obrigkeitsstaatlichen Regimes gegenüber dem Parlament und verfocht eine imperialistische Weltmachtpolitik. Sein unvollendetes Hauptwerk ist »Die Deutsche Geschichte im 19. Jahrhundert« (Leipzig 1879), in dem er seine literarischen und politischen Interessen verband. Treitschke prägte in tief greifender Weise das Geschichtsbild des deutschen Bürgertums in der wilhelminischen Ära.

Trettachstraße *(benannt 1936, Stadtteil Untertürkheim)* Nach der südlich von Oberstdorf in den Allgäuer Alpen gelegenen Trettachspitze (2595 m).

Triberger Straße *(benannt 1936, Stadtteil Kaltental)* Stadt Triberg im Schwarzwald, Schwarzwald-Baar-Kreis, 5500 Einwohner. Bekannt sind die Triberger Wasserfälle, Deutschlands höchste Wasserfälle. Hier stürzt das Wasser der Gutach in sieben Fallstufen 163 Meter zu Tal.

Triebschlag *(benannt 1957, Stadtteil Kaltental)* Bezeichnung für ein Waldstück (Schlag), zu dem das Vieh getrieben wurde.

Triebweg *(benannt um 1937, Stadtteil Feuerbach)* Nach dem früher vom Volksmund so bezeichneten Weg (im Jahr 1524 als »Viehtrieb« genannt), auf dem das Vieh zu den Weidebezirken getrieben wurde.

Triegeläckerstraße *(benannt 1925, Stadtteil Weilimdorf)* Der Flurname geht wohl auf den Namen eines um 1400 genannten Besitzers dieser Äcker zurück.

Triftweg *(benannt 1933, Stadtteil Wangen)* Der Name verweist auf einen Weg, auf dem das Vieh zur Weide getrieben wurde.

Trochtelfinger Straße *(benannt 1957, Stadtteil Möhringen)* Stadt Trochtelfingen, Landkreis Reutlingen, 6600 Einwohner. Mit dem Tod des letzten Grafen von Werdenberg-Trochtelfingen gelangte die Stadt 1534 an die Grafen und späteren Fürsten zu Fürstenberg. Sie ließen einen dreifachen Stadtmauer-Ring mit Bastionen anlegen. Von dieser Befestigung sind noch weite Teile erhalten, ebenso vom »Hohen Turm«, einem mächtigen Rundturm mit Schießscharten, und einem Backsteinturm am oberen Tor. 1806 wurde Trochtelfingen hohenzollerisch und 1850 preußisch. – Der Weg führte früher zu dem Ort Ittingshausen (heute Hoffeld, siehe →Ittinghäuser Straße und →Hoffeldstraße) und weiter ins Neckartal; er hieß deshalb im Volksmund Ittingshäuser Weg oder Esslinger Weg.

Trollingersteg *(benannt 1977, Stadtteil Stuttgart-Ost)* Traubensorte. Der Steg wurde zur Bundesgartenschau 1977 gebaut; er führte zu einer Weinbau-Sonderschau.

Trollingerstraße *(benannt 1937, Stadtteil Uhlbach)* Traubensorte.

Troll-Platz, Thaddäus- siehe →Thaddäus-Troll-Platz.

Trossinger Straße *(benannt 1957, Stadtteil Sillenbuch)* Stadt Trossingen, Landkreis Tuttlingen, 15 000 Einwohner. 1912 wurde hier der erste Trossinger Dinosaurier *(Plateosaurus trossingensis)* entdeckt und ausgegraben. Trossingen ist vor allem als Musikstadt bekannt. Bereits 1827 stellte Christian Meßner die erste Trossinger Mundharmonika her und wurde »Bläslemacher«. Dreißig Jahre später gründete Matthias Hohner in Trossingen die »Erste Harmonikafabrik Matth. Hohner«, die um 1930 die Weltmarktführerschaft erreicht hatte. Im Umfeld der Mund- und Handharmonikaproduktion etablieren sich die Staatliche Hochschule für Musik und das private Hohner-Konservatorium, der Deutsche Harmonika-Verband, das vielgelobte Dr.-Ernst-Hohner-Konzerthaus und das Deutsche Harmonikamuseum. (Siehe auch →Hohnerstraße.) – Bis 1957 hieß die Straße Degerlocher Straße.

Trüffelweg *(benannt 1957, Stadtteil Schönberg)* Der Sommertrüffel, *Tuber aestivum,* gehört zu den wertvollsten Speisepilzen. Er wächst unter der Erde und kann nur mit eigens dazu abgerichteten Schweinen oder Hunden gefunden werden.

Trümmlestraße *(benannt 1935, Stadtteil Degerloch)* Flurname. Das schwäbische Wort »Trümmle« bezeichnet ein schmales Endstück, einen Zipfel.

Tschorn-Straße, Sophie- siehe →Sophie-Tschorn-Straße.

Tuchbleiche *(benannt 1955, Stadtteil Stammheim)* Der Flurname verweist auf Wiesen, auf denen früher das von Hand gewobene Leinen der Sonne zum Bleichen ausgesetzt wurde.

Tuchmachergasse *(benannt 1937, Stadtteil Bad Cannstatt)* Gewerbebezeichnung (Leineweber). – Von 1885 bis 1937 hieß die Gasse Turmstraße, denn an der südöstlichen Ecke der Stadtmauer befand sich früher der Gefängnisturm (Spreuergasse 8).

Tucholskystraße *(benannt 1971, Stadtteil Feuerbach)* Kurt Tucholsky (geboren am 9. Januar 1890 in Berlin, gestorben am 21. Dezember 1935 in Hindås bei Göteborg, Schweden), Schriftsteller, Satiriker, Zeitkritiker und Lyriker. Tucholsky war ab 1913 Hauptmitarbeiter der Zeitschrift »Schaubühne« (später »Weltbühne«), wobei er sich auch der Pseudonyme Theobald Tiger, Peter Panter, Kaspar Hauser und Ignaz Wrobel bediente. Ab 1924 lebte er in Paris, ab 1929 in Schweden. Die Nationalsozialisten setzten seine Bücher auf den Index, verbrannten sie und bürgerten Tucholsky aus. Aus verzweifelter Enttäuschung darüber, dass er keine Möglichkeit mehr hatte, in Deutschland wahrgenommen zu werden, und über die politische Entwicklung in seiner Heimat nahm sich Tucholsky 1935 das Leben. Der linke Pazifist wurde vor allem durch seine satirischen, sarkastischen, scharfen, ironischen und frechen Essays und Gedichte (auch in Berliner Mundart) bekannt. Seine zärtlich-heiteren Liebesromane »Rheinsberg« (1912) und »Schloß Gripsholm« (1931) hatten allerdings den dauerhafteren Erfolg.

Tübinger Straße *(benannt 1811, Stadtteile Stuttgart-Mitte und Stuttgart-Süd)* Stadt Tübingen. An der Ecke Tübinger Straße/Großer Graben (Königstraße)/Kleiner Graben (Eberhardstraße) stand früher ein Stadttor, das Seeltor, das ab 1811 Tübinger Tor hieß. König Friedrich hatte 1810 angeordnet, vor dem Tor eine neue Vorstadt anzulegen, die Herrenberger oder Tübinger Vorstadt, wo sich vor allem belästigende und gefährliche Gewerbe niederlassen sollten. So entstand das Gerberviertel. 1817 ließ König Wilhelm I. dann das Tübinger Tor zum »Lindle« an die Hauptstätter Straße versetzen (ungefähr beim heutigen Österreichischen Platz) und sein Hofbaumeister Nikolaus von Thouret entwarf einen städtebaulichen Plan, der vor allem die

Tübinger Straße, →Sophienstraße, →Christophstraße und die →Gerberstraße umfasste. Die Tübinger Straße knickte im 19. Jahrhundert bei der Paulinenstraße nach Süden ab und führte zum »Lindle« an der Hauptstätter Straße. Der untere Teil der Tübinger Straße (von der Paulinenstraße bis zum Marienplatz) hieß damals Böblinger Straße, denn sie führte ja auch nach Böblingen und ins Gäu.

Türkenstraße *(benannt 1933, Stadtteil Untertürkheim)* Nach der Brunnenfigur eines Türken, die lange Zeit den »Türkenbrunnen« in der Großglocknerstraße zierte. Man vermutete früher fälschlich, daß Unter- und Obertürkheim aus einer Ansiedlung von Türken entstanden sei. Tatsächlich leitet sich der Name jedoch davon ab, dass die Franken Thüringer hierher umgesiedelt haben. Unter- und Obertürkheim müsste also eigentlich Unter- und Oberthüringerheim heißen. (Dasselbe gilt für Geislingen an der Steige-Türkheim und Türkheim an der Wertach sowie für Bad Dürkheim. Übrigens rührt auch der Name der Stadt Sachsenheim, Kreis Ludwigsburg, davon her, dass sich auf Druck der Franken Menschen aus Sachsen hier angesiedelt haben.)

Türlenstraße *(benannt 1887, Stadtteil Stuttgart-Nord)* Nach dem erstmals 1350 urkundlich erwähnten Flurnamen Türlin, der das Tor eines Flurzaunes bezeichnet.

Tulpenstraße *(benannt 1894, Stadtteil Stuttgart-Süd)* Die Tulpe, lateinisch *Tulipa*, gehört zu den Liliengewächsen und kommt in Deutschland fast nur als Zier- und Gartenblume vor.

Tunnelstraße *(benannt 1900, Stadtteil Feuerbach)* Nach dem nahe gelegenen Eisenbahntunnel, dem 1843 bis 1849 erbauten Pragtunnel.

Tunzhofer Platz *(benannt 1901, Stadtteil Stuttgart-Nord)* Nach der 1220 erstmals urkundlich genannten Siedlung Tunzhofen, die sich etwa beim heutigen Tunzhofer Platz befunden hat und seit 1393 als Wohnort nicht mehr erwähnt wurde. Man nimmt an, dass Tunzhofen im Städtekrieg 1378 zerstört wurde oder dass die letzten Bewohner damals nach Stuttgart gezogen sind.

Tunzhofer Straße *(benannt 1886, Stadtteil Stuttgart-Nord)* Nach der abgegangenen Siedlung Tunzhofen, siehe →Tunzhofer Platz.

Turbinenstraße *(benannt 1953, Stadtteil Weilimdorf)* Strömungsmaschine mit rotierendem Laufrad zur Kraftgewinnung.

Turmalinweg *(benannt 1978, Stadtteil Heumaden)* Mineral und Schmuckstein.

Turmhahnweg *(benannt 1957, Stadtteil Sonnenberg)* Nach dem Gedicht »Der alte Turmhahn« von Eduard Mörike, der einige Jahre als

Vikar in Möhringen tätig war. Im Gedicht ist allerdings nicht der Abschluss des Möhringer Kirchturms, sondern der Turmhahn von Cleversulzbach gemeint. Siehe auch →Mörikestraße.

Turmstraße *(benannt 1811, Stadtteil Stuttgart-Mitte)* Die Straße erhielt ihren Namen nach dem Willermannsturm, einem neben dem ehemaligen Schultor gelegenen viereckigen Gefängnisturm, der 1831 abgebrochen wurde. – Bis 1811 hieß die Straße Alte Münzgasse (erstmals 1413 urkundlich genannt) nach der Münze, die sich bis 1735 in der Turmstraße 1 befand. 1736 wurde sie in die Dorotheenstraße 4 neben die Stiftskirche verlegt (vergleiche →Münzstraße und →Joseph-Süß-Oppenheimer-Platz). Manchmal wurde die Straße auch Vogteigasse genannt.

Turnhallestraße *(benannt 1957, Stadtteil Rohr)* Nach der am Ende der Straße gelegenen Turnhalle.

Turnierstraße *(benannt 1957, Stadtteil Plieningen)* Nach der Flur »Turnieracker«, die 1524 Thurnacker hieß. Der Name der Flur (Thurn bedeutet Turm) hängt vielleicht mit der Unterhaltung des Kirchturms zusammen.

Tuttlinger Straße *(benannt 1957, Stadtteil Sillenbuch)* Kreisstadt Tuttlingen, 35 000 Einwohner. – Der untere Teil der Tuttlinger Straße hieß früher Hauptstraße. Sie stellt den alten Kern Sillenbuchs dar. Hier findet man Bauernhäuser aus dem 18. Jahrhundert, das Rathaus von 1821 mit seinem Glockentürmle (Tuttlinger Straße 80), die alte Schule (Tuttlinger Straße 90), gleich dahinter das Lagerhaus und die Verkaufsstelle der Raiffeisengenossenschaft, schräg gegenüber das neue Rathaus von 1907 mit seinem Fachwerk-Erker (Tuttlinger Straße 99). Vor dem Gebäude Tuttlinger Straße 102 entdeckte man bei Kanalbauarbeiten im Jahr 2002 Reste eines alten, vier bis fünf Meter tiefen Sandsteinbrunnens (siehe →Bußbachstraße, die früher Brunnengasse hieß). Wie vor hundert Jahren hat die Straße stellenweise keinen Gehweg, und die Häuser drängen sich, vor allem auf der Bergseite, dicht aneinander. – Zwischen der Madenstraße und der Kirchheimer Straße hieß der Straßenzug früher Riedenberger Straße.

Udamstraße *(benannt 1906, Stadtteil Möhringen)* Eine Udamsgasse in Möhringen wird schon anno 1604 urkundlich erwähnt. Der Flurnamenforscher Lothar Reinhard interpretiert den Namen »Udam« als eine Ableitung von »unterm Damm«. Am heutigen Vikarweg befand sich früher ein Damm, mit dem der Sindelbach zum Möhringer Feuersee aufgestaut wurde.

Überkinger Straße *(benannt 1937, Straßenführung geändert 1976, Stadtteil Bad Cannstatt)* Die Gemeinde Bad Überkingen, Landkreis Göppingen, liegt im oberen Filstal und hat 4000 Einwohner. – Von 1883 bis 1937 hieß die Straße Kanalstraße, denn sie führte entlang dem vom Wehr abgeleiteten Mühlkanal. Vor 1883 hieß sie Kra(h)nenstraße nach einem Kran zur Schiffsbe- und -entladung, der bei Einführung der Neckarschifffahrt unter König Wilhelm I. hier am Neckar errichtet wurde. 1885 ging dieser Namen auf die Verbindung zwischen dem Gittersteg (an der Stelle des heutigen Mühlstegs) und der Schmidener Straße über. Siehe auch →Mühlsteg.

Uferstraße *(benannt 1933, Straßenführung geändert 1978, Stadtteil Stuttgart-Ost)* Nach ihrer Lage längs des Neckars.

Uhlandshöhe, Zur siehe →Zur Uhlandshöhe.

Uhlandstraße *(benannt 1863, Stadtteil Stuttgart-Mitte)* Ludwig Uhland (geboren am 26. April 1787 in Tübingen, gestorben am 13. November 1862 in Tübingen), Rechtsanwalt, Politiker und Dichter. Uhland war 1810 bis 1814 Sekretär im Justizministerium, dann Rechtsanwalt in Stuttgart. Staatsbeamter konnte er nicht werden, da er es ablehnte, dem König, der 1805 widerrechtlich den Landtag aufgelöst hatte, den Eid zu schwören. 1831 wurde er Landtagsabgeordneter, 1829 Professor für deutschen Sprache und Literatur in Tübingen. Als ihm die Regierung den Urlaub zur Ausübung seines Mandats verweigerte, legte er seine Professur nieder. Er zog sich 1838 bis 1848 aus der Politik zurück und wurde dann als Vertreter der Liberalen Mitglied der Frankfurter Nationalversammlung. Seine Gedichte, vorwiegend Balladen und Romanzen, sind teilweise als Volkslieder bekannt. Von Uhland stammen etwa »Schwäbische Kunde«, »Des Sängers Fluch«, »Ich hatt' einen Kameraden« und »Der Wirtin Töchterlein«. Ludwig Uhland gehörte zum Schwäbischen Dichterkreis um Justinus Kerner und Gustav Schwab.

Ludwig Uhland

Uhlbacher Platz *(benannt 1937, Stadtteil Uhlbach)* Ortsbezogener Name.

Uhlbacher Straße *(benannt 1937, Stadtteile Obertürkheim, Uhlbach)*

Führt nach Uhlbach. – Bis 1937 hieß die Straße in Obertürkheim Hauptstraße.

Uhlbergstraße *(benannt 1912, Stadtteil Stuttgart-Ost)* Berg (469 m) am Rande des Schönbuchs, zwischen Filderstadt-Plattenhardt, Filderstadt-Bonlanden und Aichtal-Neuenhaus gelegen. Bereits 1890 errichtete der Schwäbische Albverein auf dem Gipfel ein Aussichtsgerüst. 1903 wurde es durch einen Turm ersetzt. 1963 wurde der 25 Meter hohe Aussichtsturm erneuert.

Uhlmann-Straße, Fred- siehe →Fred-Uhlmann-Straße.

Uhuweg *(benannt 1952, Stadtteil Wolfbusch)* Der Uhu, *Bubo bubo,* gehört zur Familie der Eulen und ist deren größter einheimischer Vertreter.

Ukrainestraße *(benannt 1937, Stadtteil Bad Cannstatt)* Benannt in Erinnerung an die »Befreiung der Ukraine von den Bolschewisten durch deutsche Truppen 1918«, so die offizielle Erläuterung der Namensgebung in der NS-Zeit. Nach der Oktoberrevolution in Russland rief am 17. Dezember 1917 eine bolschewistische Schattenregierung in der Ukraine diese als sowjetische Republik aus und bat die Regierung in Moskau um Hilfe. Am 9. Februar 1918 schlossen Deutschland und Österreich-Ungarn mit der Ukraine einen in Brest-Litowsk ausgehandelten Separatfrieden, nach dem die Mittelmächte die Unabhängigkeit der Ukraine anerkannten und die Ukraine im Gegenzug Getreide lieferte. Noch am selben Tag besetzten deutsche und österreichische Truppen die Ukraine. Der Sonderfrieden wurden durch den Versailler Vertrag gegenstandslos. 1919 begann der drei Jahre dauernde ukrainische Bürgerkrieg, aus dem die Bolschewiki als Sieger hervorgingen; nach Gründung der UdSSR im Dezember 1922 wurde die Ukraine Teil der Sowjetunion. Seit 1991 ist die Ukraine (wieder) ein unabhängiger Staat.

Ulmenstraße *(benannt 1895, Stadtteil Stuttgart-Süd)* Die Ulme, *Ulmus glabra,* ist ein vom Aussterben bedrohter Laubbaum. Schuld am Ulmensterben ist ein Schlauchpilz, den ein Käfer überträgt. Dieser Pilz wurde Anfang des 20. Jahrhunderts aus Asien nach Europa eingeschleppt. Siehe auch →Rüsternweg. – Bis 1895 hieß die Straße Querstraße.

Ulmer Straße *(benannt 1906, Stadtteile Stuttgart-Ost und Wangen)* Die kreisfreie Stadt Ulm liegt an der Donau und hat 118 000 Einwohner. Als Königspfalz wurde Ulm im Jahr 854 zum ersten Mal urkundlich erwähnt. Unter den Staufern entwickelte sich die Stadt zur Handelsmetropole, nach dem Untergang dieses Geschlechts wurde sie Reichsstadt. Weil die aus dem 7. Jahrhundert stammende Pfarrkirche außerhalb der Mauern stand, legten die Ulmer Bürger am 30. Juni 1377 den Grundstein zum Ulmer Münster. Der Bau wurde durch Spenden der Bürger finanziert. Die Stadt hatte damals 10 000 Einwohner; die gigantische Kathedrale sollte 20 000 Menschen Platz bieten. Im Rahmen der territorialen Neuordnung des deutschen Südwestens kam Ulm 1802 zu Bayern und 1810 zu Württemberg.

1842 bis 1859 wurde die gewaltige Bundesfestung mit 41 Festungswerken und einem neun Kilometer langen Mauergürtel errichtet; 1844 bis 1890 wurde zudem das Münster vollendet und der Hauptturm zum höchsten Kirchturm der Welt (161,53 Meter hoch) ausgebaut. In der zweiten Hälfte des 19. Jahrhunderts entstanden in Ulm auch weltbekannte Firmen wie Magirus oder Kässbohrer. Seit 1967 ist Ulm Universitätsstadt. Neben dem Münster sind vor allem das 1993 auf dem Münsterplatz gebaute Stadthaus des New Yorker Architekten Richard Meier, die historischen Stadtviertel (Fischer- und Gerberviertel, Auf dem Kreuz), das reich bemalte Rathaus, das Schwörhaus, das Schuh-, Korn- und Zeughaus sowie im Außenbereich der Söflinger Klosterhof und das barocke Kloster Wiblingen sehenswert.

Ulrichstraße *(benannt 1858, Stadtteil Stuttgart-Mitte)* Herzog Ulrich von Württemberg (geboren am 8. Februar 1487 auf Schloss Reichenweiher/Riquevihr, Elsass, gestorben am 6. November 1550 in Tübingen), übernahm als Sechzehnjähriger die herzoglichen Regierungsgeschäfte. Herzog Ulrich warf 1514 den Bauernaufstand des »Armen Konrad« nieder. Der jähzornige, prunk- und luxusliebende Herrscher stellte der Frau seines Stallmeisters Hans von Hutten nach, den er im Mai 1515 im Vaihinger Wald erschlug. Als der Mord bekannt wurde, verhängte der Kaiser über Ulrich die Reichsacht. Außerdem wurde er aufgefordert, sein Amt zur Verfügung zu stellen. Als er sich weigerte und drei hohe Beamte des Kaisers foltern und schließlich hinrichten ließ, griffen die im Schwäbischen Bund vereinten Reichsstände ein und besetzten das Herzogtum. Der Herzog floh und verbrachte die nächsten Jahre in der Schweiz und in der ihm

Herzog Ulrich

verbliebenen Grafschaft Mömpelgard. Württemberg war habsburgisch geworden. Durch geschicktes Taktieren und die Hinwendung zum evangelischen Glauben gelang es dem Herzog, Verbündete zu gewinnen. Der Sieg des hessischen Landgrafen Philipp 1534 bei Lauffen am Neckar ermöglichte ihm die Rückkehr in sein Herzogtum, wo Ulrich in altgewohnter Strenge die Reformation einführte.

Ulrich-Weg, Fritz- siehe →Fritz-Ulrich-Weg.

Umfrid-Straße, Otto- siehe →Otto-Umfrid-Straße.

Umgelterweg *(benannt 1964, Stadtteil Botnang)* Hermann Umgelter (geboren 1891, gestorben 1962), Botnanger Maler. Umgelter, der 1908 bis 1911 in München studiert hatte, malte vor allem stimmungsvolle Landschaften aus dem näheren Umkreis um Stuttgart.

Ungsteiner Straße *(benannt 1977, Stadtteil Weilimdorf)* Stadtteil Ungstein der Stadt Bad Dürkheim (insgesamt 18 500 Einwohner), Rheinland-Pfalz.

Universitätsstraße *(benannt 1969, Straßenführung geändert 1976, 1986 und 1990, Stadtteil Vaihingen)* Führt zur Universität.

Unkenweg *(benannt 1953, Stadtteil Bergheim)* Die Gelbbauchunke, *Bombina variegata*, ist ein Froschlurch gehört zur Familie der Scheibenzüngler. Sie lebt in Teichen und Tümpeln. Fühlt sie sich bedroht, stellt sie sich tot und zeigt ihren leuchtend gelben Bauch.

Unteraicher Straße *(benannt 1961, Stadtteil Möhringen)* Stadtteil Unteraichen der Stadt Leinfelden-Echterdingen (insgesamt 36 000 Einwohner), Landkreis Esslingen.

Unter dem Birkenkopf *(benannt 1982, Stadtteil Stuttgart-West)* Der Hügel Birkenkopf, zu dessen Fuß die Straße verläuft, diente schon mittelsteinzeitlichen Jägern und Sammlern als Rastplatz. Nach dem Zweiten Weltkrieg diente er als Auffüllberg für Ruinenschutt. Vom Gipfel des »Monte Scherbelino« – zuvor 471 Meter, danach 511 Meter über Normalnull – hat man eine prächtige Aussicht auf Stuttgart.

Unter den Birken *(benannt 1929, Stadtteil Lederberg)* Nach hier angepflanzten Birkenbäumen.

Unter der Mauer *(benannt 1957, Stadtteil Stuttgart-Mitte)* Die Straße erhielt ihren Namen nach der bereits 1715 urkundlich genannten Straße »Unter der Mauer«, die sich als überbauter Gang an der inneren Stadtmauer vom Schillerplatz zur heutigen Schmalen Straße hinzog.

Untere Brandstraße *(benannt 1897, Stadtteil Möhringen)* nach dem Flurnamen »Zu dem Brand«, siehe →Obere Brandstraße.

Untere Hagstraße *(benannt um 1920, Stadtteil Rohr)* Der Flurname weist auf ein früher mit einem Zaun (Hag) eingefriedetes Gelände hin. Die Fortsetzung der Straße jenseits der Krehlstraße heißt →Obere Hagstraße.

Untere Heckenstraße *(benannt um 1910, Straßenführung geändert 1986, Stadtteil Hedelfingen)* Der Flurname geht auf die Lage der Flur an Hecken am Hang oder auf die bis ins 18. Jahrhundert übliche Umfriedung der Dorfmarkung durch Hecken oder auf einen Besitzer zurück und wurde 1456 als Heckacker erwähnt. Die südlich gelegene Parallelstraße heißt →Obere Heckenstraße.

Unteren Kienle, Im siehe →Im Unteren Kienle.

Untere Querstraße *(benannt um 1897, Stadtteil Feuerbach)* Lagebezogener Name.

Untere Waldplätze *(benannt 1985, Stadtteil Vaihingen)* Lagebezogener Name. Die westliche Fortsetzung der Straße heißt →Obere Waldplätze.

Unterer Brühl *(benannt 1929, Stadtteil Kaltental)* Der Flurname bezeichnet ein wasserreiches, in der Niederung (am Nesenbach) gelegenes Wiesenland, das in herrschaftlichem Besitz war.

Unterer Dornbusch *(benannt 1974, Stadtteil Stuttgart-Nord)* Der Flurname leitet sich von Gebüsch ab.

Unterer Grund *(benannt 1904, Stadtteil Vaihingen)* Der Flurname bezeichnet wohl die örtliche Lage in einem Tälchen. Siehe auch →Oberer Grundweg.

Unterer Hurtweg *(benannt 1934, Straßenführung geändert 2002, Stadtteil Zuffenhausen)* Der Flurname lässt auf eingezäunte Äcker oder Wiesen schließen. Hurde bedeutet Flechtwerk oder Gatter aus Ruten.

Unterer Schloßgarten, ab 1. August 2005: **Unterer Schlossgarten** *(benannt 1963, Stadtteil Stuttgart-Ost)* In Fortsetzung der 1806 bis 1808 entstandenen Anlagen im Nesenbachtal wurde 1813 die Platanenallee gepflanzt. Die Bäume mussten in den beiden nächsten Jahren und 1826 häufig nachgepflanzt werden. 1817 bis 1818 wurde das angrenzende Wiesental als Park angelegt. Dieser hieß bis 1912 Äußerer (Unterer) Schloßgarten, bis 1963 Untere Anlagen. Siehe auch →Am Schloßgarten, →Mittlerer Schloßgarten sowie →Oberer Schloßgarten.

Untere Schießäckerstraße *(benannt um 1930, Stadtteil Rohr)* Flurname, ehemaliger Schießplatz.

Untere Straße *(benannt vor 1863, Stadtteil Stuttgart-Süd)* Lagebezogener Name.

Unterhäuser Straße *(benannt 1935, Stadtteil Degerloch)* Ortsteil Unterhausen der Gemeinde Lichtenstein (insgesamt 9500 Einwohner), Landkreis Reutlingen.

Unterländer Straße *(benannt 1938, Stadtteil Zuffenhausen)* Volkstümlicher Ausdruck für das ehemalige württembergische Neckarland im Gegensatz zum Oberland, der Schwäbischen Alb und Oberschwaben. Die Alte Weinsteige in Stuttgart bildete die Grenze zwischen Ober- und Unterland. – Bis 1938 hieß die Straße Bahnhofstraße, im alten Dorf Zuffenhausen Bühlgasse.

Untertürkheimer Kelterplatz *(benannt 1936, Stadtteil Untertürkheim)* Nach der benachbarten Untertürkheimer Kelter.

Untertürkheimer Straße, Alte siehe →Alte Untertürkheimer Straße.

Urachplatz *(benannt vor 1993, Stadtteil Stuttgart-Ost)* Nach den Herzögen von Urach, Grafen von Württemberg, einer Seitenlinie des Hauses Württemberg.

Urachstraße *(benannt 1893, Stadtteil Stuttgart-Ost)* Nach den Herzögen von Urach, siehe →Urachplatz.

Uranusweg *(benannt 1957, Stadtteil Dürrlewang)* Friedrich Wilhelm Herschel entdeckte 1781 den Planeten Uranus. 1986 flog die Sonde Voyager 2 am Uranus vorbei und funkte Bilder von 20 Uranusmonden zur Erde.

Urbacher Straße *(benannt 1993, Stadtteil Bad Cannstatt)* Nach der idyllisch gelegenen Industriegemeinde Urbach (8400 Einwohner), Rems-Murr-Kreis.

Urbansplatz *(benannt 1892, Stadtteil Stuttgart-Mitte)* Heiliger Urban, Papst Urban I. (gestorben 230), Schutzpatron der Weingärtner.

Urbanstraße *(benannt 1851, Stadtteil Stuttgart-Mitte)* Nach dem heiligen Urban, siehe →Urbansplatz.

Ursulastraße *(benannt 1957, Stadtteil Stammheim)* Ursula Schertel von Burtenbach, die Tochter des berühmten Landsknechtführers Sebastian Schertel von Burtenbach (siehe →Schertelstraße), heiratete 1541 Hans von Stammheim. Sebastian Schertel von Burtenbach kam mit seinem Schwiegersohn vertraglich überein, dass bei einem Aussterben der Familie von Stammheim deren Güterkomplexe, zu denen auch Zazenhausen und Neuwirtshaus gehörte, an dic Schertel fallen sollten. Er sicherte sich auch die Zustimmung des Lehensherrn Herzog Christoph von Württemberg zu. Der Erbfall trat bereits 1588 mit dem Tod des in einem unguten Ruf stehenden Hans Wolf von Stammheim ein. Vergleiche auch →Burtenbachstraße.

Usedomstraße *(benannt 1957, Stadtteil Zuffenhausen)* Ostseeinsel.

Vaihinger Landstraße *(benannt 1957, Stadtteil Botnang)* Führt nach Stuttgart-Vaihingen.

Vaihinger Markt *(benannt 1979, Straßenführung geändert 1980, Stadtteil Vaihingen)* Lagebezogener Name. Die Straße hieß seit 1957 Brauereistraße nach der benachbarten Brauerei, siehe →Robert-Leicht-Straße.

Vaihinger Straße *(benannt 1895, Stadtteil Möhringen)* Früher »Vaihinger Weg« genannt, bildet diese Straße seit Jahrhunderten die Verbindung zwischen Möhringen und Vaihingen.

Vaihinger-Weg, Anna siehe →Anna-Vaihinger-Weg.

Vandalenstraße *(benannt 1933, Stadtteil Zuffenhausen)* Germanischer Volksstamm.

Varnbülerstraße *(benannt 1897, Stadtteil Stuttgart-Nord)* Karl Friedrich Gottlob Freiherr Varnbüler von und zu Hemmingen (geboren 1809 in Hemmingen bei Leonberg, gestorben 1889 in Berlin), 1864 bis 1870 württembergischer Minister des Auswärtigen und Leiter des Verkehrswesens, 1873 bis 1881 Mitglied des Reichstages.

Vaut-Straße, Hans- siehe →Hans-Vaut-Straße.

Veielbrunnenweg *(benannt 1937, Stadtteil Bad Cannstatt)* Die Veielsche Mineralquelle, früher als »Brunnen in den Trommelwiesen« bekannt, spendet staatlich anerkanntes Heilwasser. Sie ist nach dem Cannstatter Oberamtsarzt und Geheimen Hofrat Dr. Albert (von) Veiel (geboren 1806 in Ludwigsburg, gestorben 1874 in Cannstatt [heute Stuttgart-Bad Cannstatt]) benannt, der 1837 am Wilhelmsplatz die Veielsche Hautklinik gründete, die erste Hautklinik Deutschlands. Er wurde 1856 Ehrenbürger von Cannstatt. Vergleiche auch → Pfarrer-Georgii-Straße und →Theodor-Veiel-Straße. – Von 1869 bis 1937 hieß die Straße Fabrikstraße, denn sie führte zur »Central Wagenwerkstätte«, also der Eisenbahn-Reparaturwerkstätte, wie auch zur Gasfabrik (Ecke Daimlerstraße/Veielbrunnenstraße).

Veiel-Straße, Theodor- siehe →Theodor-Veiel-Straße.

Veilchenweg *(benannt 1939, Stadtteil Vaihingen)* Von den etwa 25 einheimischen Veilchenarten ist das Wohlriechende Veilchen, *Viola odorata,* am bekanntesten.

Veitstraße *(benannt 1933, Stadtteil Mühlhausen)* Nach der an der Straße gelegenen, 1380 bis 1385 erbauten und den drei Heiligen Veit,

Sigismund und Wenzeslaus geweihten Veitskapelle.

Vellmenstraße *(benannt 1895, Stadtteil Stuttgart-Süd)* Nach dem 1350 urkundlich genannten Flurnamen Felman, der auf den Namen eines früheren Besitzers zurückgeht. – Bis 1895 hieß die Straße Grabenstraße.

Blick in die Mühlhausener Veitskapelle

Vera-Vollmer-Straße *(benannt 1999, Stadtteil Feuerbach)* Vera Vollmer (geboren am 9. Mai 1874 in Stuttgart, gestorben am 3. April 1953 in Stuttgart), Vorkämpferin einer breiten Bildung für Mädchen und Frauen. Vera Vollmer besuchte in Stuttgart das Katharinenstift und das höhere Lehrerinnenseminar und unterrichtete 1899 bis 1905 an verschiedenen Stuttgarter Volksschulen. Als an den Universitäten auch weibliche Studenten zugelassen wurden, schrieb sie sich in Tübingen für die Fächer Germanistik, Anglistik, Romanistik, Geschichte, Geographie, Psychologie und Pädagogik ein; 1910 legte sie das Staatsexamen ab und begann ihr Referendariat am Stuttgarter Katharinenstift. Nebenher arbeitete sie an ihrer Dissertation im Bereich mittelalterlicher Literatur, die sie 1914 abschloss. Dann wechselte sie an die Königin-Charlotten-Realschule, unterrichtete aber auch in der Oberstufe des Karlsgymnasiums. Nach der Revolution 1918 wurde sie Mitglied der bürgerlich-liberalen Deutschen Demokratischen Partei (DDP), die sie 1925 wieder verließ. 1921 trat sie als Regierungsrätin ins Kultusministerium ein. Sie war damals die erste und einzige Frau in einem deutschen Kultusministerium überhaupt. Als Grundsatzreferentin war Vera Vollmer für alle Fragen der Mädchenbildung verantwortlich, etwa die Entwicklung von Lehrplänen und Prüfungsordnungen. Eines ihrer liebsten Projekte war die Gründung des Hauswirtschaftlichen Seminars in Kirchheim unter Teck 1921. Stets setzte sie sich für eine breite Bildung für Mädchen und Frauen aller Schichten ein. Noch 1938 führte sie die Berufsschul-

Vera Vollmer

pflicht auch für Mädchen ein. Auf Druck ihrer Vorgesetzten war sie 1933 der NSDAP beigetreten. Vera Vollmer blieb bis 1945 im Amt; 1947 wurde sie entnazifiziert, danach war sie noch beratend im Ministerium und bis zu ihrem Tod publizistisch und wissenschaftlich tätig.

Verdistraße *(benannt 1961, Straßenführung geändert 2002, Stadtteil Botnang)* Giuseppe Fortunino Francesco Verdi (geboren am 10. Oktober 1813 in Le Roncole bei Parma, Italien, gestorben am 27. Januar 1901 in Mailand), einer der bedeutendsten Opernkomponisten. Bekannt sind etwa »Nabucco«, »Aida«, »Rigoletto«, »Falstaff« und »La Traviata«. Verdi arbeitete mit »I Masnadieri« (1847, nach »Die Räuber), »Luisa Miller« (1849, nach »Kabale und Liebe«) und »Don Carlos« (1867, Neufassung 1884) auch drei Stücke von Friedrich Schiller zu Opern um.

Verdunstraße *(benannt 1936, Stadtteil Bad Cannstatt)* Stadt Verdun, Frankreich, in Erinnerung an die schweren Kämpfe im Ersten Weltkrieg, die dort stattfanden. Verdun liegtan der Maas und wurde 1871 zur Festung ausgebaut.

Verlobungswegle *(benannt 2002, Stadtteil Weilimdorf)* Die Verbindung zwischen der Glemsgau- und der Ditzinger Straße trug im Volksmund schon lange vor der offiziellen Benennung diese Bezeichnung. Wahrscheinlich sind sich früher Liebespaare beim Spazierengehen auf diesem schmalen, romantischen Weg näher gekommen.

Vermontstraße *(benannt 1983, Stadtteil Vaihingen)* Bundesstaat der USA. Zuvor hieß die Straße Atlantastraße nach der Hauptstadt von Georgia, USA. Die Straße erschließt die »Patch Barracks« der US-amerikanischen Streitkräfte mit dem »United States European Command« (EUCOM), der Kommandozentrale der US-Truppen für ganz Europa, die Türkei, Syrien, Libanon und Israel, einen großen Teil Afrikas sowie für Russland und die ehemaligen Sowjetrepubliken in Zentralasien, insgesamt für 93 Länder.

Vestastraße *(benannt 1957, Stadtteil Möhringen)* Römische Göttin des Herdfeuers. Auf dem Gebiet des heutigen Möhringen standen in römischer Zeit wahrscheinlich vier Gutshöfe.

Veteranenstraße *(benannt 1957, Stadtteil Rohr)* Volksmundbezeichnung. Einige Veteranen des Krieges 1870/71 wohnten in dieser Straße.

Vetter-Straße, Leo- siehe →Leo-Vetter-Straße.

Viaduktstraße *(benannt 1903, Stadtteil Bad Cannstatt)* Entlang der Straße verläuft der König-Wilhelm-Viadukt der Eisenbahn-Umgehungsstrecke Untertürkheim–Kornwestheim, der 1896 fertig gestellt und 1989/90 erneuert wurde.

Viehhofstraße *(benannt 1914, Stadtteil Stuttgart-Ost)* Nach dem nahe gelegenen Vieh- und Schlachthof.

Viehwasen *(benannt 1952, Stadtteil Wangen)* Der Flurname bezeichnet eine Fläche, die mit Gras bewachsen und für den Anbau wenig geeignet war. Auf ihre weidete Vieh.

Viereichenweg *(benannt 1932, Straßenführung geändert 1993, Stadtteil Vaihingen)* Nach den »Vier Eichen« im nahen Pfaffenwald.

Viergiebelweg *(benannt 1922, Stadtteil Stuttgart-Nord)* Nach der Dachform der Gebäude in dieser Straße.

Vikarweg *(benannt 1957, Stadtteil Möhringen)* Erinnert an Eduard Mörike, der 1826 bis 1827 Vikar in Möhringen war, siehe →Mörikestraße. – Bis 1957 hieß der Weg Lindenstraße.

Viktor-Köchl-Weg *(benannt 1928, Stadtteil Stuttgart-Nord)* Benannt nach Viktor Köchl (geboren 1851, gestorben 1920). Seine Ehefrau Ida Köchl stellte 1920 zum Andenken an ihren verstorbenen Mann dem Verein für Kinderheime die Mittel für die dort gelegene Kinderklinik Viktor-Köchl-Haus in Form einer Stiftung zur Verfügung.

Villa Berg *(benannt 1915, Stadtteil Stuttgart-Ost)* Erbaut 1846 bis 1853 im Auftrag des Kronprinzen und späteren Königs Karl von Württemberg durch den späteren Oberbaurat Christian (von) Leins. Vorausgegangen war eine Italienreise, die Karl zusammen mit dem Architekten unternommen hatte.

Villacher Straße *(benannt 1938, Stadtteil Feuerbach)* Die Stadt Villach in Kärnten, Österreich, liegt an der Mündung der Gail in die Drau und hat 55 000 Einwohner. Sie wurde von Römern unter dem Namen Bilachinium gegründet, wovon sich auch der heutige Name der Stadt ableitet. – Bis 1938 hieß die Straße Jahnstraße.

Villastraße *(benannt 1873, Stadtteil Stuttgart-Ost)* Nach der nahe gelegenen →Villa Berg.

Virginiaweg *(benannt 1982, Stadtteil Vaihingen)* Bundesstaat der USA. 1955 bis 1982 hieß der Weg Kasinoweg nach dem ehemaligen Kasino der dortigen Kaserne. Die Straße erschließt die »Patch Barracks« der US-amerikanischen Streitkräfte mit dem »United States European Command« (EUCOM), der Kommandozentrale der US-Truppen für ganz Europa, die Türkei, Syrien, Libanon und Israel, einen großen Teil Afrikas sowie für Russland und die ehemaligen Sowjetrepubliken in Zentralasien, insgesamt für 93 Länder.

Vischerstraße *(benannt 1920, Stadtteil Vaihingen)* Friedrich Theodor (von) Vischer (geboren am 30. Juni 1807 in Ludwigsburg, gestorben am 14. September 1887 in Gmunden, Österreich), Ästhetiker. 1844 wurde Vischer als Professor für Ästhetik und deutsche Literatur nach Tübingen berufen. Wegen seiner freimütigen Antrittsrede und einiger Stellen in seinem Werk »Kritische Gesänge« (1844) suspendierte man ihn für zwei Jahre vom Dienst. 1848 wurde Vischer Abgeordneter der Frankfurter Nationalversammlung, 1855 Professor am Eidgenössischen Polytechnikum und der Kantonalen Hochschule in Zürich. Er kehrte 1866 als Professor nach Tübingen zurück und lehrte zugleich am Stuttgarter Polytechnikum. Seit 1869 war Vischer ausschließlich an seinem Stuttgarter Lehrstuhl tätig und forderte die Verlegung der Universität von Tübingen nach Stuttgart. Damals schrieb er: »Oft, wenn ich über die Seewiese gehe, sehe ich als Traumbild ein stattliches Universitätsgebäude vor mir, das mit dem Polytechnikum, der Baugewerkschule, den weiteren akademischen Bauten, zu welchen der schöne Raum noch Platz genug bietet, eine stolze Gruppe bildet und dem Beschauer zuruft: Hier hat Württemberg und mit ihm Süddeutschland seine geistigen Kräfte zu einem Mittelpunkt gesammelt, der in unberechenbaren Strahlen auf ganz Deutschland, in die weite Welt sein Licht ergießt.« Vischers streitbare Publizistik, seine antiklerikale und pantheistische Weltanschauung und die Kraft seines Wortes waren von großer Wirkung auf seine Zeit. Seine »Ästhetik oder Wissenschaft des Schönen« (1846 bis 1857) baut auf der hegelschen Philosophie auf.

Vivaldiweg *(benannt 2002, Stadtteil Botnang)* Antonio Vivaldi (geboren am 4. März 1678 in Venedig, Italien, gestorben am 28. Juli 1741 in Wien, Österreich), Komponist. Vivaldi war der Sohn eines Geigers an der Markuskirche in Venedig und begann seine Geigerlaufbahn am gleichen Ort. 1703 wurde er zum Priester geweiht. Von 1703 bis 1740 war er – unterbrochen von vielen Reisen – Dirigent, Violinlehrer und Hauskomponist am Mädchenkonservatorium Ospedale della Pietà. Vivaldi schuf den Typ des dreisätzigen Violinkonzertes. Er arbeitete als Komponist sehr schnell: Für ein Konzert brauchte er einen Tag, eine Oper schaffte er in einer Woche. Auf diese Weise hinterließ Vivaldi nach seinem Tod über 450 Konzerte (von denen Johann Sebastian

Bach einige für Klavier umarbeitete, um die musikalische Form näher kennen zu lernen) und 45 Opern. Nach seinem Tod gerieten seine Werke bald in Vergessenheit und wurden erst 1925 wieder entdeckt.

Völterweg *(benannt 1945, Stadtteil Rot)* Johann Ludwig Völter (geboren 1809, gestorben 1888), von 1852 bis 1880 Pfarrer in Zuffenhausen. Als korrespondierendes Mitglied des Vereins für Württembergische Landeskunde und Herausgeber der Zeitschrift »Der Süddeutsche Schulbote« war Völter auch literarisch tätig. – 1939 bis 1945 hieß die Straße Franz-Holzweber-Weg nach dem österreichischen Nationalsozialisten Franz Holzweber (1904–1934). Als einer der Hauptverantwortlichen für den Mord an dem österreichischen Bundeskanzler Engelbert Dollfuß während des nationalsozialistischen Putschversuches vom 25. Juli 1934 wurde Holzweber standrechtlich zum Tode verurteilt und im Wiener Zentralgefängnis gehenkt. An dem Mord war auch Otto Planetta beteiligt, siehe →Gemmrigheimer Straße. In der Rotwegsiedlung, zu der diese Straße gehört, wohnten anfangs zu einem erheblichen Teil Angehörige der SS und anderer NS-Parteigliederungen sowie der Gestapo.

Vogelherd, Am siehe →Am Vogelherd.

Vogelrainstraße *(benannt 1926, Stadtteil Stuttgart-Süd)* Nach dem oberhalb der Straße gelegenen, zum Nesenbachtal abfallenden, bewaldeten Hang.

Vogelsangstraße *(benannt 1873, Stadtteil Stuttgart-West)* Der seit 1393 bekannte Flurname könnte mit dem Vogelreichtum des Gebietes, zu dem auch die Quelle des Vogelsangbachs gehört, zusammenhängen.

Vogteiweg *(benannt 1933, Straßenführung geändert 1990, Stadtteil Zazenhausen)* Erinnert an die frühere herrschaftliche Oberverwaltung.

Vogt-Stäffele, Friedrich-E.- siehe →Friedrich-E.-Vogt-Stäffele.

Volkerstraße *(benannt 1936, Stadtteil Stuttgart-Nord)* Spielmann Volker von Alzey, Gestalt aus der Nibelungensage, siehe auch →Nibelungenstraße.

Vollandstraße *(benannt 1946, Stadtteil Sonnenberg)* Ambrosius Volland (geboren 1472 in Markgröningen, gestorben 1551 in Stuttgart), Kanzler Herzog Ulrichs (siehe →Ulrichstraße).

Vollmer-Straße, Vera- siehe →Vera-Vollmer-Straße.

Vollmoeller, Emilie siehe →Emilienstraße.

Vollmoellerstraße *(benannt 1957, Stadtteil Vaihingen)* Robert Vollmoeller (geboren 1849 in Ilsfeld, gestorben 1911 in Stuttgart), Kommerzienrat, Fabrikant, übernahm 1881 die von Theodor Maier 1879 errichtete Trikotfabrik und baute sie in den folgenden Jahren zu einem der bedeutendsten Vaihinger Wirtschaftsunternehmen aus. Wurde 1910 Ehrenbürger von Vaihingen. Siehe auch →Emilienstraße.

Voltasteg *(benannt 1959, Stadtteil Bad Cannstatt)* Alessandro Graf Volta (geboren am 18. Februar 1745 in Como, gestorben am 5. März 1827 in Como), italienischer Physiker, Forscher auf dem Gebiet der Elektrizitätslehre, erfand das Elektrophor, den Kondensator und die voltasche Säule. Nach ihm wurde auch die Maßeinheit der elektrischen Spannung (Volt) benannt.

Voltastraße *(benannt 1932, Stadtteil Bad Cannstatt)* Nach Alessandro Graf Volta, siehe →Voltasteg.

Von-Ditterich-Weg *(benannt 1998, Stadtteil Möhringen)* Wilhelm von Ditterich (geboren 1852, gestorben 1926), Apotheker in Möhringen. Von 1884 bis zu seinem Tod 1926 war von Ditterich Inhaber der Möhringer Apotheke, die für diesen Teil der Filder lange Zeit die einzige Apotheke darstellte. Außerdem war er an der Einrichtung von Apotheken in Degerloch und Waldenbuch beteiligt und hat auch maßgebend an der Fort- und Ausbildung von Apothekern mitgewirkt.

Von-Pistorius-Straße *(benannt 1997, Stadtteil Stuttgart-Ost)* Eleonore Ernestine Auguste Wilhelmine von Pistorius, geb. Feuerlein (geboren 1790, gestorben 1870 in Stuttgart), Gründerin der Industrieschule und der Kleinkinderschule in Gaisburg. Eleonore von Pistorius hatte 1819 den Königlichen Geheimen Legationsrat August Ferdinand von Pistorius (1767–1841) geehelicht, der zuvor mit ihrer Schwester Emilie, geb. Feuerlein, verw. Vischer, verheiratet gewesen war, der Schwiegermutter von Ludwig Uhland. (Uhlands Frau Emilie geb. Vischer war eine Tochter aus der ersten Ehe von Emilie Pistorius.) Emilie Pistorius war 1816 verstorben. Im Jahr 1828 kaufte August Ferdinand von Pistorus das Gaisburger Schlössle. Dabei handelte es sich um ein geräumiges, aber marodes Steinhaus, das der Stuttgarter Burgvogt Lutz von Menlishoven in den Jahren 1600 bis 1618 anstelle des alten Wohnhauses des Gaisburger Schultheißen Jacob Melber im Stil der Renaissance hatte errichten lassen; seit 1743 befand sich im Park um das Haus eine Gartenwirtschaft. August Ferdinand von Pistorius ließ das Gebäude kurz nach dem Kauf abreißen und 1830 bis 1832 einen dreistöckigen klassizistischen Neubau errichten. Hier gründete Eleonore Ernestine von Pistorius 1835 ihre Industrie- und Kinderschule, die später als »Pistorius-Pflege« bekannt wurde. Beiden Einrichtungen lag der Gedanke zugrunde, die verwahrlosende Jugend der Industriearbeiterinnen und -arbeiter zu »erretten«, sprich: von der Straße zu holen. In der Industrieschule lernten Mädchen Handarbeit, die Kleinkinderschule hat man sich als eine Art Vorläufer von Hort und Kindergarten vorzustellen. 1843 wurde für die Kleinkinderschule in der Hauptstraße, der heutigen Hornbergstraße, ein eigenes Haus gekauft. 1876 besuchten 100 Kinder die Kleinkinderschule und 60 Mädchen die Industrieschule. Das Gaisburger Schlössle fiel am 12. Oktober 1944 einem Bombenangriff zum Opfer.

Vor dem Lauch *(benannt 1974, Stadtteil Möhringen)* Flurname, siehe →Im Lauch.

Vordere Schafstraße *(benannt 1889, Stadtteil Plieningen)* Nach dem ehemaligen Schafstall.

Vordernbergstraße *(benannt 1886, Stadtteil Stuttgart-Nord)* Flurname. »Vorderer Berg« bezieht sich auf die ehemalige Siedlung Tunzhofen.

Vorsteigstraße *(benannt 1906, Stadtteil Stuttgart-West)* 1579 genannter Flurname, der ursprünglich wohl »Forststeig« hieß und den Zugang zum Forst meinte.

Voß-Weg, Werner- siehe →Werner-Voß-Weg.

Wachaustraße *(benannt 1938, Stadtteil Feuerbach)* Niederösterreichische Weinlandschaft an der Donau zwischen Melk und Krems.

Wachenheimer Straße *(benannt 1937, Stadtteil Weilimdorf)* Die Wein- und Obstbaustadt Wachenheim an der Weinstraße, Rheinland-Pfalz, hat knapp 5000 Einwohner. – Als »Weil im Dorf« noch eine selbständige Gemeinde war, hieß die Straße Charlottenstraße.

Wacholderweg *(benannt 1935, Stadtteil Degerloch)* Der Gewöhnliche Wacholder, *Juniperus communis,* ist ein Strauch, der für die so genannten Wacholderheiden auf der Schwäbischen Alb charakteristisch ist. Er zählt zur Familie der Zypressengewächse. Wacholderbeeren finden in der Küche und bei der Herstellung von ätherischen Ölen Verwendung.

Wachtelweg *(benannt um 1932, Stadtteil Vaihingen)* Die Wachtel, *Coturnix coturnix,* ist der kleinste einheimische Hühnervogel. Inzwischen ist sie selten geworden, weil ihre Nahrungsgrundlage, Unkräuter in Feldern und Wiesen, immer mehr verschwindet. Sie ist der einzige europäische Zugvogel unter den Hühnervögeln.

Wachter-Straße, Franz- siehe →Franz-Wachter-Straße.

Wächterstaffel *(benannt 1902, Stadtteil Stuttgart-Mitte)* Eberhard (von) Wächter (geboren am 28. Februar 1762 in Balingen, gestorben

Eberhard Wächter, zeitgenössischer Stich

am 14. August 1852 in Stuttgart), Maler. Er studierte 1781 bis 1784 an der Hohen Karlsschule unter Harper und Guibal, 1784 in Mannheim, 1785 bis 1793 in Paris bei David und Regnault. Vor der Revolution floh Wächter nach Rom, wo er sich an Koch, Carstens, Fernow und Weinbrenner anschloss. 1798 bis 1808 lebte er in Wien und kehrte 1809 nach Stuttgart zurück. Wächter vertrat das Ideal seiner Zeit, die »Idee des Ganzen«. Seit 1809 war er Inspektor der Kupferstichsammlung in Stuttgart. Von ihm stammt der Entwurf für das Wächtersche Relief am Museum der bildenden Künste.

Wächterstraße *(benannt 1873, Stadtteil Stuttgart-Mitte)* Nach Eberhard (von) Wächter, siehe →Wächterstaffel.

Wacker-Brücke, Friedrich- siehe →Friedrich-Wacker-Brücke.

Wagenburgplatz *(benannt 1914, Stadtteil Stuttgart-Ost)* Der Flurname wurde erstmals um 1530 urkundlich genannt und geht angeblich auf das Heerlager König Rudolf von Habsburgs zurück, das sich bei der Belagerung Stuttgarts 1286 hier hinter Wagen verschanzt haben soll. Siehe auch →Wagenburgstraße.

Wagenburgstraße *(benannt 1857, Stadtteile Stuttgart-Mitte und Stuttgart-Ost)* Nach der bei der Belagerung Stuttgarts im Jahr 1286 angeblich gebildeten Wagenburg, siehe →Wagenburgplatz. – Die Wagenburgstraße bildete früher zusammen mit der →Schurwaldstraße die Esslinger Steige, über die jahrhundertelang der gesamte Verkehr von und nach den Reichsstädten Esslingen und Ulm rollte.

Wagnerstraße *(benannt 1811, Stadtteil Stuttgart-Mitte)* Nach dem früher in dieser Straße ansässigen Gewerbe. – Vor 1811 hieß die Straße Wagnergasse, ein Teil von ihr Metzgergasse (1594 erstmals urkundlich erwähnt).

Wagner-Straße, Richard- siehe →Richard-Wagner-Straße.

Wagrainstraße *(benannt 1957, Stadtteil Hofen)* Zum Neckar abfallende Flur. Der Name setzt sich aus Wag (Gewässer) und Rain (Grenzstreifen, lang gestreckter Abfall) zusammen.

Waibel-Weg, Josef- siehe →Josef-Waibel-Weg.

Waiblinger Straße *(benannt 1846, Straßenführung geändert 1976, Stadtteil Bad Cannstatt)* Kreisstadt Waiblingen, Rems-Murr-Kreis, 52 500 Einwohner. Die salischen Kaiser, die »Heinriche von Waiblingen«, besaßen ererbtes Land im Remstal und in Waiblingen, das sich bis auf die Karolinger zurückführen lässt. Der salische König und Kaiser Konrad II. (990–1039) wurde in Waiblingen geboren. Durch die Heirat des staufischen Herzogs Friedrich I. mit der salischen Kaiser-Tochter Agnes kamen die Staufer in den Besitz des karolingisch-salischen Erbes, das auch die Waiblinger Gegend einschloss. Der einstige Schlachtruf »Hie Welf!« – »Hie Waibling!« bezieht sich auf die Konkurrenz zwischen Welfen und Staufern. Spätestens seit Mitte des 13. Jahrhunderts befand sich Waiblingen dann im Besitz der Grafen von Wirtemberg. Die weitgehend erhaltene Altstadt Waiblingens stammt aus den Jahren 1640 bis 1700 und gehört zu den denkmalgeschützten, historisch wertvollen Gesamt-Ensembles in der Region. Siehe auch →Obere Waiblinger Straße.

Waiblinger Straße, Obere siehe →Obere Waiblinger Straße.

Waid-Weg, Stephan- siehe →Stephan-Waid-Weg.

Wais-Platz, Alfred- siehe →Alfred-Wais-Platz.

Walbrunnenstraße *(benannt 1957, Stadtteil Plieningen)* Nach dem früheren Walbrunnen, dessen Name vielleicht wallende Quelle bedeutet.

Walchenseestraße *(benannt 1971, Stadtteil Hofen)* See in den oberbayerischen Alpen, bis zu 192 Meter tief.

Walckerstraße *(benannt 1927, Stadtteil Bad Cannstatt)* Eberhard Friedrich Walcker (geboren 1794 in Cannstatt [heute Stuttgart-Bad Cannstatt], gestorben 1872 in Ludwigsburg), Begründer der Orgelbauanstalt E. F. Walcker & Cie. in Ludwigsburg.

Waldäckerstraße *(benannt 1957, Stadtteil Zuffenhausen)* Flurname, nach der Lage der Äcker beim Wald.

Waldburgstraße *(benannt 1957, Stadtteile Rohr und Vaihingen)* Nach der seit 1832 bestehenden Ausflugsstätte Waldburg im Böblinger Stadtwald.

Waldebene Ost *(benannt 1972, Stadtteile Stuttgart-Ost, Wangen)* Lagebezogener Name.

Waldenbucher Platz *(benannt 1933, Stadtteil Degerloch)* Stadt Wal-

»Mutter Heimat« heißt die Plastik von Fritz von Graevenitz im Ehrenhain für die Gefallenen des Zweiten Weltkriegs auf dem Waldfriedhof.

denbuch, Landkreis Böblingen, 8800 Einwohner, bekannt als Sitz der (in Cannstatt gegründeten) Schokoladefabrik Alfred Ritter GmbH & Co. KG.

Waldfriedhof *(benannt 1914, Stadtteil Degerloch)* Fünf Jahre nach der 1908 erfolgten Eingemeindung Degerlochs erfolgte der erste Spatenstich für den im Degerlocher Wald liegenden Friedhof. Im Süden der Stadt ist er auf einer Hangterrasse zum Nesenbach hin in einem Mischwaldbestand angeordnet. Eine Seilbahn aus dem Jahr 1929 verbindet die Stadtbahnhaltestelle Südheimer Platz mit dem Friedhof. Auf dem Waldfriedhof haben unter anderem Paul Bonatz, Robert Bosch, Theodor Heuss, Elly Heuss-Knapp, Adolf Hölzel, Arnulf Klett, Karl Lautenschlager, Walter Hallstein, Erich Ponto, Oskar Schlemmer, Gottlob Widmann und Wolfgang Windgassen die letzte Ruhe gefunden.

Waldheimstraße *(benannt um 1921, Stadtteil Zuffenhausen)* Nach einem früheren Waldheim.

Waldhornweg *(benannt 1935, Stadtteil Wolfbusch)* Musikinstrument, in Anlehnung an die umliegenden Straßennamen (Tier- und Jagdnamen).

Waldmeisterweg *(benannt 1936, Stadtteil Stuttgart-Ost)* Der Waldmeister, *Galium odoratum*, ist seit dem Mittelalter als Heil- und Küchenkraut in Gebrauch. Gehört zur Familie der Rötegewächse.

Waldoff-Weg, Claire- siehe →Claire-Waldoff-Weg.

Waldplätze, Obere siehe →Obere Waldplätze.

Waldplätze, Untere siehe →Untere Waldplätze.

Waldrain, Am siehe →Am Waldrain..

Waldrand, Am siehe →Am Waldrand.

Waldstraße *(benannt um 1900, Stadtteil Degerloch)* Lagebezogener Name.

Wald-Straße, Thüringer- siehe →Thüringer-Wald-Straße.

Waldwiesstraße *(benannt 1930, Stadtteil Lederberg)* Flurname.

Walheimer Straße *(benannt 1938, Stadtteil Zuffenhausen)* Gemeinde Walheim, Landkreis Ludwigsburg, 2900 Einwohner.

Wallensteinstraße *(benannt 1964, Stadtteil Freiberg)* Albrecht Wenzel Eusebius von Wallenstein (geboren 1583 in Hermanic, Nordböhmen, ermordet 1634 in Eger), Herzog von Friedland, Feldherr im Dreißigjährigen Krieg. Sein Leben verarbeitete Friedrich Schiller in seinem Drama »Wallenstein« (1800).

Wallgraben, Am siehe →Am Wallgraben.

Wallmerstraße *(benannt 1929, Straßenführung geändert 1990, Stadtteil Untertürkheim)* Der Flurname wird von Walm (Abschrägung des Daches am Giebel) abgeleitet und ist im übertragenen Sinn auf die Geländeform bezogen.

Walpenreute *(benannt 1953, Stadtteil Feuerbach)* Der Flurname deutet auf ein Gebiet mit gewölbter Geländeform (Walm, mittelhochdeutsch »walbe«), das einst bewaldet war und dann gerodet wurde (Reute), damit man es landwirtschaftlich nutzen konnte.

Walpurgisstraße *(benannt 1933, Stadtteil Mühlhausen)* Nach der an der Straße gelegenen, um 1185 erbauten Walpurgiskirche, die nach der 779 in Heidenheim, Bayern, verstorbenen heiligen Walpurgis benannt ist.

Walter-Erich-Schäfer-Weg *(benannt 1982, Stadtteil Stuttgart-Mitte)* Walter Erich Schäfer (geboren am 16. März 1901 in Hemmingen bei Leonberg, gestorben am 28. Dezember 1981 in Stuttgart), leitete von 1949 bis 1972 als Generalintendant die Württembergischen Staatstheater, mit Unterbrechung 1964/65, wo er neben Herbert von Karajan Direktor der Staatsoper Wien war. Träger der Bürgermedaille der Stadt Stuttgart.

Walter-Flex-Straße *(benannt 1937, Stadtteil Sillenbuch)* Walter Flex (geboren am 6. Juli 1887 in Eisenach, gefallen am 16. Oktober 1917 bei Peudehof, Insel Ösel [estnisch: Saaremaa], Russland [heute Estland]), idealistisch-nationaler Lyriker und Erzähler. Flex studierte Geschichte und Germanistik in Erlangen und Straßburg und promovierte 1910 in Erlangen. Anschließend war er als Hauslehrer unter anderem bei der Familie Bismarck tätig. Bei Ausbruch des Ersten Weltkriegs meldete sich Flex als Freiwilliger. Er veröffentlicht nationalistische Gedichte (»Das Volk in Eisen«) und die Erzählungen »Vom großen Abendmahl – Verse und Gedanken aus dem Feld« (1915) sowie »Wallensteins Antlitz – Gesichte und Geschichten aus dem Dreißigjährigen Krieg« (1916). Starke Führerpersönlichkeiten und jugendlicher Kampfgeist standen bei Flex im Mittelpunkt; er übersteigerte den idealistischen Patriotismus bis hin zur Befürwortung des Opfertods. 1916 lehnte Walter Flex eine Berufung ins Kriegspresseamt ab und meldete sich zur Westfront. 1917 erschien seine autobiographische Kriegserzählung »Wanderer zwischen beiden Welten«. Flex idealisierte darin die Frontkameradschaft und verknüpfte sie mit der Lebensanschauung der Jugendbewegung. Das Buch erreichte eine Millionenauflage, doch den Erfolg erlebte Flex nicht mehr – er fiel bei der Eroberung von Ösel. Das NS-Regime nutzte Flex' Werk für seine jugendpolitischen Ziele.

Walter-Heller-Straße *(benannt 1980, Stadtteil Vaihingen)* Walter Heller (geboren am 14. September 1900 in Vaihingen auf den Fildern [heute Stuttgart-Vaihingen], gestorben am 31. März 1978 in Stuttgart), promovierter Jurist, letzter Bürgermeister von Vaihingen 1929 bis 1941.

Walter-Sigel-Straße *(benannt 1925, Stadtteil Stammheim)* Walter Sigel (geboren 1871, gestorben 1953), letzter Präsident der Generaldirektion der württembergischen Staatseisenbahnen, hatte nach der Überführung in Reichsbesitz (1920) als erster Präsident der Reichsbahndirektion Stuttgart an der Gestaltung der Verkehrsbeziehungen zwischen dem Deutschen Reich und den Ländern wesentlichen Anteil.

Walterstraße *(benannt 1938, Stadtteil Feuerbach)* Nach dem ersten urkundlich nachweisbaren Feuerbacher Pfarrer namens Walter, 1281 als Kirchherr in Feuerbach tätig. – Bis 1938 hieß die Straße Kirchstraße.

Walter-Weg, Fritz- siehe →Fritz-Walter-Weg.

Wammesknopf, Am siehe →Am Wammesknopf.

Wand, Heslacher siehe →Heslacher Wand.

Wangener Kelterplatz *(benannt 1957, Stadtteil Wangen)* Ortsbezogener Name.

Wangener Marktplatz *(benannt 1957, Stadtteil Wangen)* Ortsbezogener Name.

Wangener Straße *(benannt 1902, Stadtteil Stuttgart-Ost)* Führt in den Stadtteil Wangen.

Wankelstraße *(benannt 1999, Straßenführung geändert 2001, Stadtteil Vaihingen)* Felix Wankel (geboren am 13. August 1902 in Lahr, gestorben am 9. Oktober 1988 in Lindau), Maschinenbauer. Ab 1926 beschäftigte sich der gelernte Verlagskaufmann mit der Konstruktion eines Verbrennungsmotors mit Drehkolben statt Hubkolben, ab 1936 in den Wankel-Versuchswerkstätten in Lindau. Als erstes Auto mit Wankelmotor ging 1964 der NSU-»Spider« in Serie. Der Wankelmotor benötigt keine Ventile und Pleuel und hat eine deutlich höhere spezifische Leistung als der Hubkolbenmotor.

Wannenäckern, In den siehe →In den Wannenäckern.

Wannenstraße *(benannt 1890, Stadtteil Stuttgart-Süd)* Der Name der 1286 erwähnten Flur ist im bildhaften Sinn auf die Geländeform bezogen. – Von 1865 bis 1888 hieß die Straße Hohenstaufenstraße.

Warschauer Straße *(benannt 1998, Stadtteil Stuttgart-Mitte)* Warschau (polnisch: Warszawa) ist die Hauptstadt Polens, Regierungssitz und mit 1,6 Millionen Einwohnern auch die größte Stadt des Landes. In der Region Warschau leben etwa 2,9 Millionen Menschen. Die im Zweiten Weltkrieg stark zerstörte und anschließend modern wieder aufgebaute Metropole ist das Verkehrs-, Kultur- und Bildungszentrum Polens.

Wartbergstraße *(benannt 1936, Straßenführung geändert 1996, Stadtteil Stuttgart-Nord)* Flurname, 1473 erstmals urkundlich erwähnt. Hier befand sich wahrscheinlich die Burg Wartenberg, die den Grafen von Calw gehörte und 1133 zerstört wurde. Der Name der Burg ging auf die Flur über.

Warthäuser Straße *(benannt 1936, Stadtteil Wangen)* Gemeinde Warthausen, Landkreis Biberach, 4600 Einwohner. Im Warthäuser Schloss residierten 1696 bis 1826 die Reichsgrafen von Stadion. Der kunstsinnige Graf Friedrich von Stadion quittierte 1761 den kurmainzischen Dienst, in dem er seit 1718 als Oberamtmann in Tauberbischofsheim gestanden hatte, und lebte bis 1766 in Warthausen, um dann in sein

Schloss nach Bönnigheim umzuziehen. In diesen fünf Jahren etablierte der weltmännische Graf in Warthausen einen »Musenhof«. Er lud den Maler Johann Heinrich Tischbein d. Ä., den jungen Biberacher Pfarrersohn, Kanzleiverwalter, Dichter und Shakespeare-Übersetzer Christoph Martin Wieland (siehe →Wielandstraße), den der kirchlichen und klösterlichen Tradition verbundenen Prämonstratenserpater und ersten bedeutenden schwäbischen Mundartdichter Sebastian Sailer aus Obermarchtal sowie Reichsäbte der Klöster aus der Umgebung an seinen Hof. Zur Familie Friedrichs von Stadion gehörten neben seiner quirligen Tochter Maximiliane, der späteren letzten Äbtissin des Buchauer Damenstifts, sein vorehelicher Sohn Georg Michael Franck, genannt Georg Michael von La Roche (1720–1789), und dessen gebildete Frau Sophie von La Roche, geb. Gutermann (1730–1807). Sophie von La Roche war auf Schloss Warthausen als Hofdame beschäftigt und wurde später mit der Veröffentlichung der »Geschichte des Fräuleins von Sternheim« und 27 anderen Büchern eine sehr erfolgreiche Schriftstellerin. Sie war die erste Frau, die einen deutschen Roman verfasste (so weit dies bekannt ist – Frauen veröffentlichten früher oft unter männlichem Pseudonym), sie schrieb den ersten deutschen Briefroman und den ersten deutschen sentimentalen Roman. Vor der Heirat mit La Roche war sie zweimal verlobt gewesen, einer ihrer Bräutigame war ihr Cousin Christoph Martin Wieland. Georg Michael und Sophie von La Roche wurden später die Großeltern des Dichters Clemens Brentano und der Dichterin Bettina von Arnim, geb. Brentano.

Warthstraße *(benannt 1916, Stadtteil Untertürkheim)* Jakob Friedrich Warth (geboren 1814, gestorben 1909), königlicher Weingärtnermeister und Verwalter der Weinberge der Hofkammer, war lange Jahre Gemeinderat und Gemeindepfleger in Untertürkheim.

Wasenstraße *(benannt 1936, Stadtteil Wangen)* Der Flurname bezeichnet die grasbewachsenen, für den Anbau wenig geeigneten Flächen im Überschwemmungsgebiet längs des Neckars, die meist als Weide genutzt wurden.

Wasserbergweg *(benannt 1936, Stadtteil Stuttgart-Ost)* Voralb-Berg (751 m) bei Schlat im Landkreis Göppingen.

Wattstraße *(benannt 1938, Stadtteil Zuffenhausen)* James Watt (geboren am 19. Januar 1736 in Greenock-on-Clyde, England, gestorben am 19. August 1819 in Heathfield bei Birmingham), Erfinder, entwickelte die erste brauchbare Dampfmaschine. – Bis 1938 hieß die Straße Landhausstraße.

Weberstraße *(benannt 1811, Stadtteil Stuttgart-Mitte)* Wird auf dem Stadtplan von 1764 als Brühlgasse bezeichnet und wurde bei der 1811 erfolgten Straßenumbenennung als »äußerste Gasse vom Hauptstätter Tor an, wo die neuen Häuser stehen, bis an die Kanalstraße« beschrieben. Der Name geht auf das Gewerbe zurück, das früher in dieser Gegend (Esslinger Vorstadt) ansässig war.

Georg Fr. Weckherlin

Weckherlinstraße *(benannt 1909, Stadtteil Bad Cannstatt)* Georg Friedrich Weckherlin (geboren 1778 in Cannstatt [heute Stuttgart-Bad Cannstatt], gestorben 1843 ebenda), Cannstatter Stadtpfleger, Bürgermeister und Landtagsabgeordneter, Mitglied der Ständeversammlung und des Landtags (1815 bis 1824). Bemühte sich vor allem um die Entwicklung Cannstatts als Badestadt. Die Familie Weckherlin ist in Cannstatt mindestens seit 1635 ansässig.

Wegaweg *(benannt 1957, Stadtteil Dürrlewang)* Größter Stern des Sternbildes Leier.

Wegenerstraße *(benannt 1957, Stadtteil Stammheim)* Alfred Wegener (geboren am 1. November 1880 in Berlin, gestorben Ende November 1930 in Grönland), Geophysiker und Meteorologe, wurde 1919 Abteilungsleiter an der Deutschen Seewarte und Professor in Hamburg, 1924 Professor in Graz. Wegener nahm 1906 bis 1908, 1912/1913 und 1929/1930 an Expeditionen zum Inlandeis Grönlands teil; 1930 fand er beim Rückmarsch den Tod. Seine Hauptarbeiten befassen sich mit Thermodynamik und Wolkenphysik, mit der Mechanik der Tromben, mit der Deutung der Haloerscheinungen sowie mit der Erklärung der Vorzeitklimate durch die Verschiebung der Kontinente.

Wegländerstraße *(benannt 1927, Stadtteil Vaihingen)* Der Flurname weist auf Länder (kleine Ackerstücke) hin, die am Vaihinger Weg lagen, wie die Straße vorher hieß.

Wehinger Weg *(benannt 1971, Stadtteil Sillenbuch)* Gemeinde Wehingen, Landkreis Tuttlingen, 3700 Einwohner.

Weidachstraße *(benannt 1935, Stadtteil Degerloch)* Nach dem Wohngebiet Weidach und dem Bergrücken Weidacher Höhe im Stadtteil Stetten der Stadt Leinfelden-Echterdingen, Landkreis Esslingen. Der Flurname Weidach, nach dem das Wohngebiet benannt ist, bezeichnet ein fließendes Gewässer, das von viel Gehölz (meist Weiden) gesäumt wird.

Weidenbrunnen *(benannt 1957, Stadtteil Mühlhausen)* Quelltopf an der Straße, der in früherer Zeit offenbar von Weiden umsäumt war.

Weidenröschenweg *(benannt 1983, Stadtteil Plieningen)* Das Schmalblättrige Weidenröschen, *Epilobium angustifolium*, wächst auf Kahlschlägen und Waldlichtungen. Es kann bis zu 120 Zentimeter hoch werden und gehört zur Familie der Nachtkerzengewächse.

Weidenweg *(benannt 1929, Stadtteil Stuttgart-Süd)* Die Weide, lateinisch *Salix*, ist eine artenreiche Strauch- und Baumgattung. Ihre Blüten erscheinen als Kätzchen oder Ähren meist vor dem Laub.

Weikersheimer Straße *(benannt um 1937, Stadtteil Zuffenhausen)* Stadt Weikersheim, Main-Tauber-Kreis, 7500 Einwohner. Weikersheim ist der Stammsitz des Hauses Hohenlohe. Das Residenzschloss stammt aus der Renaissancezeit; die vollständige Inneneinrichtung ist bis heute erhalten geblieben. Besonders beeindruckend ist der Rittersaal mit seiner kunstvollen Kassettendecke, Gemälden mit Jagdszenen und lebensgroßen Tierplastiken. Zum großen barocken Schlosspark im Stil von Versailles, in dem über 50 Figuren aufgestellt sind – Gnome, Gottheiten und Zwerge, Sinnbilder der Winde und der Elemente –, gehört auch eine Orangerie, von der aus man einen herrlichen Blick ins Taubertal hat.

Weilemer Pfad *(benannt 1996, Stadtteil Hausen)* Die kleine Sackgasse in Hausen sollte ursprünglich eine Verlängerung nach Weilimdorf, den Weilimdorfer Pfad (in Stuttgarter Schwäbisch: Weilemer Pfad) erhalten.

Weilimdorfer Straße *(benannt 1946, Stadtteil Feuerbach)* Führt nach Weilimdorf. – 1933 bis 1946 hieß die Straße Hindenburgstraße nach dem Stuttgarter Ehrenbürger Reichspräsident und Generalfeldmarschall Paul von Beneckendorff und von Hindenburg (1847–1934), zuvor auch schon »Weil im Dorfer Straße«.

Weilstetter Weg *(benannt 1971, Stadtteil Möhringen)* Stadtteil Weilstetten der Stadt Balingen, Zollernalbkreis, 3650 Einwohner.

Weimarstraße *(benannt 1886, Stadtteile Stuttgart-Mitte und Stuttgart-West)* Nach Hermann Prinz von Sachsen-Weimar-Eisenach, siehe →Hermannstraße. Die Straße zählte vor 1886 zur Paulinenstraße.

Weinbergen, In den siehe →In den Weinbergen.

Weinbergstaffel *(benannt 1975, Stadtteil Vaihingen)* Lagebezogener Name, siehe →Weinbergweg.

Weinbergweg *(benannt 1930, Stadtteil Vaihingen)* Am Südhang durch ehemalige Weinberge führender Wirtschaftsweg.

Weingarten, Im siehe →Im Weingarten.

Weingartenbergle *(benannt 1996, Stadtteil Hausen)* Nach dem örtlichen Gewann jenseits der Gerlinger Straße.

Weingartenstraße *(benannt um 1930, Stadtteil Weilimdorf)* Der Straßenname geht auf den noch bis zum Anfang dieses Jahrhunderts in Weilimdorf betriebenen Weinbau zurück.

Weinklinge *(benannt 1971, Stadtteil Rohracker)* Nach der dortigen Flur, einem engen Taleinschnitt in der Nähe von Weinbergen.

Weinsteige, Alte siehe →Alte Weinsteige.

Weinsteige, Neue siehe →Neue Weinsteige.

Weinsteige, Obere siehe →Obere Weinsteige.

Weissacher Straße *(benannt 1989, Straßenführung geändert 1993, Stadtteil Weilimdorf)* Gemeinde Weissach, Landkreis Böblingen, 7700 Einwohner. In Weissach befindet sich seit 1962 das Prüfgelände von Porsche. Zur Teststrecke kamen 1971 das Entwicklungszentrum hinzu, 1982 das »Messzentrum für Umweltschutz« mit Klima- und Druckkammer für Versuche unter einem breiten Klima- und Höhenspektrum sowie 1996 das von Audi, Mercedes-Benz, Volkswagen und Porsche gemeinsam gegründete »Abgaszentrum der Automobilindustrie«.

Weißdornweg *(benannt 1983, Stadtteil Plieningen)* Nach dem Weißdorn, siehe →Hagdornweg.

Weißen, Am siehe →Am Weißen.

Weißenburgstraße *(benannt 1868, Stadtteile Stuttgart-Mitte und Stuttgart-Süd)* Nach der 1263 zum ersten Mal urkundlich erwähnten, am Bopserhang gelegenen Weißenburg, die 1312 von den Esslingern zerstört wurde.

Weißenhof, Am siehe →Am Weißenhof.

Weißenseeweg *(benannt 1977, Stadtteil Hofen)* See bei Füssen im bayerischen Allgäu.

Weißensteiner Straße *(benannt 1936, Stadtteil Wangen)* Stadtteil Weißenstein der Stadt Lauterstein (insgesamt 2800 Einwohner), Landkreis Göppingen.

Weisser-Weg, Rudolf- siehe →Rudolf-Weisser-Weg.

Weißtannen *(benannt 1906, Stadtteil Stuttgart-Süd)* Nach dem ehemals oberhalb der Straße gelegenen, im Jahr 1600 angelegten Weißtannenwald, dem ersten Nadelwald in der Gegend.

Weizenstraße *(benannt 1957, Stadtteil Plieningen)* Der Weizen, *Triticum aestivum*, ist ein Getreide, aus dem hauptsächlich Backwaren, in gewissem Umfang auch Bier hergestellt wird. Der älteste archäologische Nachweis von Weizenanbau in Reinkultur in Deutschland datiert auf etwa 3600 v. Chr.

Welfenstraße *(benannt 1957, Stadtteile Birkach und Hohenheim)* Herzog Welf VI., später Herzog von Spoleto (geboren 1116, gestorben 1191). Er war ein Sohn von Herzog Heinrich dem Schwarzen von Baiern und Herzogin Wulfhild von Sachsen; seine Ehe mit Uta, einer Tochter oder Enkelin des Grafen Gottfried von Calw, war unglücklich, zumindest lebten die beiden schon bald getrennt. Uta brachte jedoch Güter am mittleren und unteren Neckar, an der Enz, im Schwarzwald, im Glemsgau und auf den Fildern mit in die Ehe, die nun in den Besitz der Welfen übergingen. Dazu gehörten auch Besitzungen in Cannstatt, Fellbach, Ober- und Untertürkheim, Möhringen, Plieningen und im Feuerbachtal.

Weller-Straße, Karl- siehe →Karl-Weller-Straße.

Wellingstraße *(benannt 1936, Stadtteil Sillenbuch)* Nach dem Stuttgarter Geschlecht der Welling, das Bürgermeister, Richter und Ratsherren stellte und zu den namhaften Grundbesitzern der Stadt zählte. Der einstige Wald hier gehörte teilweise um 1500 zum Familienbesitz.

Welsweg *(benannt 1957, Stadtteil Mönchfeld)* Der Wels, *Silurus glanis,* kann bis zu drei Meter lang und 150 Kilogramm schwer werden. Er bewohnt bevorzugt große, warme Seen und tiefe, langsam fließende Flüsse mit weichem Bodensubstrat.

Welzheimer Straße *(benannt 1936, Stadtteil Stuttgart-Ost)* Stadt Welzheim im Naturpark Schwäbisch-Fränkischer Wald, Rems-Murr-Kreis, 11 200 Einwohner.

Wendelin-Hippler-Straße *(benannt 1934, Stadtteil Weilimdorf)* Wendelin Hippler oder Wendel Hipler (geboren um 1460, gestorben 1526 in Heidelberg), Bauernführer. Studierte in Leipzig, war im Bauernkrieg Kanzler der Odenwälder Bauern. Er suchte Ritterschaft und Städte für die Bauern zu gewinnen und bewirkte Götz von Berlichingens Wahl zum Bauernhauptmann. Er starb in pfälzischer Haft.

Wendelinstraße *(benannt 1911, Stadtteil Untertürkheim)* Nach der Kapelle des heiligen Wendel, die sich früher hier befand.

Wengertstraße *(benannt 1928, Stadtteil Botnang)* Nach Julius Wengert, siehe →Julius-Wengert-Straße.

Wenzelstraße *(benannt 1933, Stadtteil Mühlhausen)* Nach dem in der

Herzogin Wera von Württemberg, um 1900

Mühlhäuser Veitskapelle einst verehrten heiligen Wenzel, 921 bis 929 Herzog von Böhmen.

Werastraße *(benannt 1881, Stadtteile Stuttgart-Mitte und Stuttgart-Ost)* Herzogin Wera von Württemberg, geb. Großfürstin von Rußland (geboren 1854 in St. Petersburg, gestorben 1912 in Stuttgart), heiratete 1874 Herzog Eugen von Württemberg (1846–1877), der bereits drei Jahre darauf starb. Nach seinem Tod widmete sich Herzogin Wera neben der Erziehung ihrer Kinder in umfassender Weise der Wohltätigkeitsarbeit. Ihr Andenken lebt in karitativen und kirchlichen Einrichtungen, wie dem Weraheim, der Heilandskirche und der Russischen Kirche, fort.

Werderstraße *(benannt 1871, Stadtteil Stuttgart-Ost)* August Graf von Werder (geboren 1808 in Schloßberg, Ostpreußen, gestorben 1887 in Grüssow, Pommern), preußischer General.

Werenwagstraße *(benannt 1937, Stadtteil Feuerbach)* Schloss Werenwag im oberen Donautal zwischen Sigmaringen und Beuron ist das Wahrzeichen des Donaudurchbruchs. Die Burg wurde um 1100 errichtet, seit dem 13. Jahrhundert saß hier das Rittergeschlecht von Werenwag. Ihm gehörte der Minnesänger Hugo von Werenwag an, von dem in der Manessischen Liederhandschrift sechs Lieder überliefert sind. Seit 1830 befindet sich das Schloss im Besitz des Hauses Fürstenberg; es ist bewohnt und nicht öffentlich zugänglich.

Werfelweg *(benannt 1964, Stadtteil Freiberg)* Franz Werfel (geboren am 10. September 1890 in Prag, gestorben am 26. August 1945 in Beverly Hills, Kalifornien, USA), Schriftsteller. Werfel arbeitete ab 1912 beim Leipziger Kurt Wolff Verlag als Lektor und veröffentlichte in dieser Zeit vor allem hymnisch-pathetische expressionistische Gedichte. Ab 1920 wandte er sich – auch unter dem Einfluss seiner späteren Frau Alma Mahler-Gropius – verstärkt dem Katholizismus zu. In den Zwanziger-/Dreißigerjahren gehörte er zu den meistgelesenen deutschen Autoren. Nach dem »Anschluss« Österreichs 1938 floh Werfel wegen seiner jüdischen Abstammung nach Frankreich und 1940 in die Vereinigten Staaten. Werfel schrieb Gedichte, Erzählungen, Essays, Romane, Theaterstücke und trat auch als Übersetzer hervor. Sein Bibelspiel »Weg der Verheißung« (1937), seine »Komödie einer Tragödie« »Jakobowsky und der Oberst« (1944) und sein utopischer Reiseroman »Stern der Ungeborenen« (1946) fanden auch international Beachtung. Werfel wurde unter anderem 1926 mit dem Grillparzer-Preis sowie 1927 mit dem Tschechoslowakischen Staatspreis und dem Schiller-Preis ausgezeichnet.

Werfmershalde *(benannt 1902, Stadtteile Stuttgart-Mitte und Stuttgart-Ost)* Der Flurname ist seit 1304 bekannt. Das Wort wurde sprachlich stark verändert und geht auf den Personennamen Werkman zurück (Werkmannshalde). »Halde« bezeichnet einen Abhang.

Werner-Haas-Weg *(benannt 1998, Stadtteil Feuerbach)* Werner Haas (geboren 1931 in Stuttgart, gestorben am 11. Oktober 1976 in bei Nancy), Feuerbacher Pianist. Bereits im Alter von vier Jahren erhielt Werner Haas den ersten Klavierunterricht. Zunächst aber war er ein Sport-As, vor allem der Hürdenlauf über hundert Meter hatte es ihm angetan. 1946 wurde er erster Sieger im Dreikampf in Württemberg-Baden. 1947 bis 1954 studierte Haas an der Stuttgarter Musikhochschule bei Lili Kroeber-Asche; nach dem Abschluss holte er sich bei Walter Gieseking den letzten Schliff. Einen Tag nach einem Konzert in Paris 1958 wurde Haas von Philips langfristig unter Exklusivvertrag genommen und spielte in der Folge das gesamte Klavierwerk von Claude Debussy und Maurice Ravel sowie die Etuden und Walzer von Chopin, ferner Beethoven-Sonaten, Tschaikowsky, Rachmaninoff, Mendelssohn, Brahms, Prokofiev, Skrjabin, Kabalewsky, Stravinsky, Gershwin und Werke vieler anderer Komponisten ein. Für seine Debussy-Aufnahmen erhielt er 1961 den vielbegehrten Grand Prix du Disque, für die Einspielung des Klavierwerkes von Ravel 1970 den Amsterdamer Edison-Preis. Sein Haupttätigkeitsfeld als konzertierender Künstler fand er in Frankreich; dort war er berühmt, in Deutschland allenfalls beachtet. Stuttgart hielt er dennoch mit vielen Konzerten die Treue. Als Solist hörte man Haas mit zahlreichen Spitzenorchestern, darunter den Berliner Philharmonikern, dem Stuttgarter Kammerorchester unter Karl Münchinger, den Rotterdammer Philharmonikern unter Franz-Paul Decker, mit Milan Horvats Zagreber Philharmonie, dem Philharmonischen Orchester von ORTF Paris und Willem van Otterloos Residenz-Orchester Den Haag sowie dem Orchester der Tonhalle Zürich. Mit dem Frankfurter Radioorchester unter Elialu Inbal spielte er Rachmaninoff auf Schallplatte ein. Im Gegensatz zu vielen anderen Konzertpianisten stellte Haas nie sich selbst in den Vordergrund, sondern blieb mit seiner bravourösen Technik ein Diener der Werke, die er interpretierte. Haas starb im Alter von 45 Jahren bei einem Autounfall in Ostfrankreich ohne eigenes Verschulden.

Wernerstraße *(benannt 1905, Stadtteile Feuerbach und Zuffenhausen)* Hermann Werner (geboren 1848 in Weddern, Westfalen, gestorben 1906 in Untermais bei Meran), Kommerzienrat und Fabrikant, gründete 1879 in Gemeinschaft mit seinem Studienfreund Paul Pfleiderer die Firma Werner & Pfleiderer, eine Maschinenfabrik zur Herstellung von Knetmaschinen und Dampfbacköfen.

Werner-Voß-Weg *(benannt 1939, Stadtteil Sillenbuch)* Werner Voß (geboren am 13. April 1897 in Krefeld, gestorben am 23. September 1917 in Frezenberg, Flandern, Belgien), Militärpilot. Voß legte im Mai 1916 seine Pilotenprüfung ab. Ein halbes Jahr später wurde er erstmals als Kampfflieger eingesetzt, bald war er Staffelführer. Innerhalb eines Jahres brachte er es auf 48 Abschüsse, 22 davon allein in den letzten drei Wochen seines Lebens, als er einen Fokker-Dreidecker flog. Voß erhielt mehrere Orden, darunter den höchsten preußischen Orden Pour le Mérite. Im Alter von 20 Jahren wurde er selbst am 23. September 1917 von britischen Flugzeugen abgeschossen.

Wernhaldenstraße *(benannt 1903, Stadtteil Stuttgart-Süd)* Nach dem 1286 urkundlich erwähnten Flurnamen, der von Wuol-, Wüelhalde abgeleitet wurde. Für den Namen der Flur, die sich einst bis zum Fangelsbach hinzog, sind zwei Deutungen möglich: wuol, wüel bedeutet Wehr oder Damm an einem Gewässer oder eine Stelle mit Wasser und Schlamm, in dem sich Tiere (Schweine) wälzen. »Halde« bezeichnet einen Abhang.

Wernlinstraße *(benannt 1937, Stadtteil Stuttgart-West)* Eberhard Wernlin (geboren 1564, gestorben 1635), 1611 bis 1635 Richter und 1629 bis 1630 Bürgermeister in Stuttgart, amtierte zur Zeit des Dreißigjährigen Krieges. Als nach der Schlacht bei Nördlingen (1634) mit dem kaiserlichen Heer die Pest nach Stuttgart kam, flüchtete er nicht mit Herzog Eberhard III. und seinen Räten nach Straßburg, sondern blieb in dieser schweren Zeit bis zu seinem Tod im Dienste der Stadt Stuttgart.

Werre, In der siehe →In der Werre.

Wertweg *(benannt 1990, Stadtteil Hofen)* Flurname. »Wert« bedeutet im Mittelhochdeutschen Ufer, aber auch Insel.

Weserstraße *(benannt 1934, Stadtteil Münster)* Norddeutscher Fluss.

Wespenweg *(benannt 1935, Stadtteil Stammheim)* Die Gemeine Wespe, *Vespa vulgaris,* ist die häufigste einheimische Wespe.

Westerwaldstraße *(benannt 1936, Stadtteil Feuerbach)* Teil des Rheinischen Schiefergebirges zwischen Lahn, Dill und Sieg.

Westkai, Am siehe →Am Westkai.

Wette, Bei der siehe →Bei der Wette.

Wetteweg *(benannt 1936, Stadtteil Sillenbuch)* Der Flurname weist auf ein stehendes, zumeist als Pferdeschwemme und Viehtränke genutztes Gewässer hin. In Sillenbuch sollen sich in der Wette auch Wildschweine gesuhlt haben, weshalb man sie »Sauwette« nannte. Im Zweiten Weltkrieg wurde die Wette zum Feuerlöschteich ausgebaut, später dann zum Freibad.

Wetzlarer Straße *(benannt 1939, Stadtteil Bad Cannstatt)* Stadt Wetzlar in Hessen, liegt an der Lahn und hat 54 000 Einwohner.

Wichernweg *(benannt 1934, Stadtteil Steinhaldenfeld)* Johann Hinrich Wichern (geboren am 21. April 1808 in Hamburg, gestorben am 7. April 1881 in Hamburg), evangelischer Theologe, gründete 1833 in Hamburg das »Rauhe Haus«, ein Erziehungsheim für verwahrloste Kinder. Auf seine Anregung hin wurde 1848 der Zentralausschuss für die Innere Mission der deutschen evangelischen Kirche gebildet.

Widdersteinstraße *(benannt 1936, Stadtteil Untertürkheim)* Berg (2533 m) in den Allgäuer Alpen, im Kleinen Walsertal.

Widdumhof *(benannt um 1926, Stadtteil Weilimdorf)* Der Name (auch Widem, Wittum) bezieht sich auf das im Mittelalter der Kirche zur Nutznießung gewidmete (gestiftete) Gut (Pfarrhaus, Äcker, Wiesen und so weiter).

Widdumhofstraße *(benannt um 1928, Stadtteil Weilimdorf)* siehe →Widdumhof.

Widmaierstraße *(benannt 1957, Stadtteil Möhringen)* Johann Karl Widmaier (geboren 1819, gestorben 1901), Brauereibesitzer und Möhringer Gemeinderat, Vater des Möhringer Ehrenbürgers Karl Widmaier (geboren 1859 in Möhringen auf den Fildern [heute Stuttgart-Möhringen], gestorben 1938 in Stuttgart), Brauereibesitzer.

Widmannweg *(benannt 1907, Stadtteil Stuttgart-West)* Gottlob Widmann (geboren am 19. Januar 1852 in Stuttgart, gestorben am 4. April

1931 in Stuttgart), Baumeister. Widmann war Steinhauer, Hofpolier und Bauführer, bevor er 1881 eine Bauunternehmung gründete. Bis 1912 erstellte er auf eigene Rechnung weit über hundert Häuser, vor allem im Stuttgarter Westen. Zwischen 1892 und 1911 betrieb er zudem auf dem Gelände der heutigen →Ludwig-Pfau-Straße eine eigene Ziegelei. Seine 1934 gedruckte Autobiographie »Aus meinem Leben« enthält stadtgeschichtlich interessante Aufzeichnungen und Erinnerungen.

Gottlob Widmann

Widmann-Weg, Pfarrer- siehe →Pfarrer-Widmann-Weg.

Widukindstraße *(benannt 1937, Stadtteil Untertürkheim)* Widukind (gestorben um 810), Sachsenherzog.

Wiederholdstraße *(benannt 1891, Stadtteil Stuttgart-Nord)* Konrad Wiederhold (geboren 1598 in Ziegenhain, Hessen, gestorben 1667 in Kirchheim unter Teck), Oberst im Dienst Herzog Eberhards III. von Württemberg, wurde im Dreißigjährigen Krieg 1634 zum Kommandanten der Festung Hohentwiel ernannt und verteidigte diese bis zum Ende des Krieges gegen alle Anstürme des kaiserlichen Heeres.

Wielandstraße *(benannt 1916, Stadtteil Stuttgart-West)* Christoph Martin Wieland (geboren am 5. September 1733 in Oberholzheim bei Biberach, gestorben am 20. Januar 1813 in Weimar), Dichter, Übersetzer und Journalist. Wieland studierte in Tübingen Theologie, lebte dann in Zürich, als Hauslehrer in Bern und als Ratsherr und Kanzleileiter in Biberach. 1769 ging er als Professor für Philosophie nach Erfurt, 1772 holte ihn Herzogin Anna Amalie als Erzieher ihrer Söhne nach Weimar. Wieland war der bedeutendste Dichter des deutschen Rokoko und als Erzähler neben Klopstock (Lyrik) und Lessing (Drama) einer der drei großen Autoren der deutschen Aufklärung. Wieland war sehr produktiv – und wurde bis ins 19. Jahrhundert auch viel gelesen. Als Romancier hatte er großen Einfluss auf die Fortentwicklung der literarischen Stilmittel. Er erzählte komplex und verwandte zum ersten Mal ästhetische Mittel wie die Vielfalt der Erzählperspektiven, die Brechung der chronologischen Handlungsabfolge, Illusionsdurchbrechung, ironischen Kommentar, direkte Wendung an den Leser und erlebte Rede. Bei Wieland wurde der Roman, der bis dahin den Charakter des erzählenden Berichts hatte, zum Kunstprodukt. Seine »Geschichte des Agathon« (1766/67) ist der erste deutsche Bildungsroman, seine »Geschichte der Abderiten« (1774), in der er über die Spießbürger spottete, der erste wichtige deutsche bürgerliche Roman überhaupt. Damit nicht genug: 1773 bis 1789 gab Wieland den »Teutschen Merkur« heraus, die erste bedeutende literarische Zeitschrift Deutschlands. Als Übersetzer von Horaz und Lukian war er maßgeblich an der Wiederentdeckung der klassischen Antike beteiligt. Seine Prosaübersetzungen von 22 Shakespeare-Stücken machten Deutschland erstmals mit dem großen englischen Dichter bekannt. Wielands Aufführung des »Sturm« 1761 in Biberach war die erste Aufführung eines Stücks von William Shakespeare in Deutschland überhaupt.

Wiener Platz *(benannt 1938, Stadtteil Feuerbach)* Wien ist die Hauptstadt und mit 1,6 Millionen Einwohnern die größte Stadt Österreichs, das politische, administrative, kulturelle und wirtschaftliche Zentrum des Landes.

Wiener Straße *(benannt 1938, Straßenführung geändert 1989, Stadtteil Feuerbach)* Nach der Stadt Wien, siehe →Wiener Platz. – Bis 1938 hieß die Straße Bismarckstraße.

Wiesbadener Straße *(benannt 1937, Stadtteil Bad Cannstatt)* Hauptstadt des Bundeslandes Hessen, 268 000 Einwohner. – 1880 bis 1937 hieß die Straße Schillerstraße nach dem Dichter Friedrich Schiller (siehe →Schillerpassage).

Wieselweg *(benannt 1933, Stadtteil Steinhaldenfeld)* Die Wiesel, *Mustela*, sind die kleinsten einheimischen Marder und sehr gewandte Jäger. Siehe auch →Marderweg.

Wiesenäckerstraße *(benannt 1981, Straßenführung geändert 1991, Stadtteil Riedenberg)* Flurname.

Wiesengrund, Im siehe →Im Wiesengrund.

Wiesentalstraße *(benannt 1930, Stadtteil Degerloch)* Nach dem nahe gelegenen Wiesental des Ramsbaches.

Wiesert, Im siehe →Im Wiesert.

Wigandstraße *(benannt 1957, Stadtteil Stammheim)* Nach dem Grundherrn Wigand von Stammheim, der 1292 urkundlich genannt wurde.

Wikingerweg *(benannt 1984, Stadtteil Stammheim)* Normannen, aus Skandinavien stammende Seefahrer, Eroberer und Staatengründer, 8. bis 11. Jahrhundert.

Wildbader Straße *(benannt 1937, Stadtteil Bad Cannstatt)* Stadt Bad

Wildbad im Schwarzwald, Landkreis Calw, 11 200 Einwohner, Badeort seit dem 15. Jahrhundert mit berühmtem Thermalwasser. – 1872 bis 1937 hieß die Straße Uhlandstraße nach dem Dichter Ludwig Uhland (siehe →Uhlandstraße).

Wildbädle, Am siehe →Am Wildbädle.

Wildeckstraße *(benannt 1952, Stadtteil Feuerbach)* Das Schloss Wildeck bei Löwenstein, Landkreis Heilbronn, sicherte und überwachte im Mittelalter den Anstieg des Fernwegs von Lauffen am Neckar nach (Schwäbisch) Hall in die Löwensteiner Berge. Heute sind nur noch Reste des quadratischen Wohnturms erhalten.

Wildensteinstraße *(benannt 1937, Stadtteil Feuerbach)* Burg Wildenstein bei Beuron hoch über dem Donautal wurde im 11. Jahrhundert errichtet und erlebte seine Glanzzeit im 15. und 16. Jahrhundert als Sitz der Grafen von Zimmern. Graf Froben Christoph von Zimmern verfasste hier um 1560 seine anekdotengespickte »Zimmerische Chronik«. Seit 1971 befindet sich die Burg im Besitz des Deutschen Jugendherbergswerks.

Wildermuth, Adelheid siehe →Adelheidweg.

Wildermuthweg *(benannt 1927, Stadtteil Stuttgart-West)* Ottilie Wildermuth (geboren 1817 in Rottenburg am Neckar, gestorben 1877 in Tübingen), Schriftstellerin, wurde vor allem durch ihre Jugendschriften und den Sammelband »Bilder und Geschichten aus Schwaben« bekannt. Ihre Tochter Adelheid Wildermuth war Jugendschriftstellerin (siehe →Adelheidweg).

Wildgansweg *(benannt 1976, Stadtteil Neugereut)* Die Graugans, *Anser anser*, ist die einzige einheimische Wildgans. Sie ist die Vorfahrin der Hausgans, die im Altertum gezüchtet wurde. Siehe auch →Graugansstraße.

Wildparkstraße *(benannt 1963, Stadtteile Stuttgart-Süd und Stuttgart-West)* Nach dem 1815 von König Friedrich angelegten Rot- und Schwarzwildpark.

Wildpfad *(benannt 1938, Stadtteil Büsnau)* Lagebezogener Name.

Wildrosenweg *(benannt 1986, Stadtteil Lederberg, Heumaden)* Nach der Hundsrose, siehe →Heckenrosenweg.

Wildseestraße *(benannt 1946, Stadtteil Obertürkheim)* See im Schwarzwald beim Ruhestein. – In der NS-Zeit hieß die Straße Lettow-Vorbeck-Straße nach dem preußischen General Paul von Lettow-Vorbeck (1870–1964), der 1913 bis 1918 die koloniale Schutztruppe in Deutsch-Ostafrika kommandierte.

Der maurische Garten der Wilhelma um 1925. Die Wilhelma diente ursprünglich als königliche Sommerresidenz und Kulisse für prunkvolle Feste des Hofes. 1918 wurde sie zum botanischen Garten umgestaltet, 1959 wurde der Tierpark integriert.

Wildunger Straße *(benannt 1937, Stadtteil Bad Cannstatt)* Stadt Bad Wildungen, hessisches Staatsbad, 18 000 Einwohner. – 1886 bis 1937 hieß die Straße Bismarckstraße nach Reichskanzler Otto von Bismarck (siehe →Bismarckstraße).

Wildwechsel, Am siehe →Am Wildwechsel.

Wilhelma *(benannt 1846, Stadtteil Bad Cannstatt)* Maurische Villa mit Säulengängen, Terrassen, Blumenbeeten, Wasserwerken, Gewächs- und Palmenhäusern, im Auftrag König Wilhelms I. (siehe →Wilhelmsplatz in Stuttgart-Mitte) 1842 bis 1853 durch Hofbaumeister Karl Ludwig Zanth erbaut (siehe →Zanthweg). Heute ist die Wilhelma der einzige zoologisch-botanischer Garten Deutschlands und einer der schönsten Europas; mit 1,5 Millionen Gästen ist sie Stuttgarts meistbesuchte Sehenswürdigkeit.

Wilhelmaplatz *(benannt 1911, Stadtteil Bad Cannstatt)* Früher befand sich hier der Haupteingang der Wilhelma (siehe →Wilhelma).

Wilhelmastraße *(benannt 1880, Stadtteil Bad Cannstatt)* Führte früher zum Haupteingang der Wilhelma (siehe →Wilhelma). – 1846 bis 1880 hieß die Straße Ochsengasse, vermutlich nach einem Gasthaus zum Ochsen.

Wilhelm-Blos-Straße *(benannt 1925, Stadtteil Stuttgart-Nord)* Wilhelm Blos (geboren 1849 in Wertheim am Main, gestorben 1927 in

Stuttgart), 1919 bis 1920 erster württembergischer Staatspräsident, war von 1872 an Mitglied der Sozialdemokratischen Partei, redigierte eine Reihe sozialistischer Blätter, verfasste historische Werke über die deutsche und die Französische Revolution. 1877 bis 1918 war er nahezu ununterbrochen Mitglied des Reichstages, wurde im November 1918 Vorsitzender der provisorischen württembergischen Regierung (Ministerpräsident) und am 7. März 1919 Staatspräsident des damaligen Freistaates Württemberg. Siehe auch →Anna-Blos-Weg.

Wilhelm-Busch-Weg *(benannt 1939, Stadtteil Stuttgart-West)* Wilhelm Busch (geboren am 15. April 1832 in Wiedensahl, Niedersachsen, gestorben am 9. Januar 1908 in Mechtshausen, Harz), Dichter, Zeichner und Verfasser humorvoller Erzählungen, unter anderem »Max und Moritz«. Busch studierte an den Kunstakademien Düsseldorf, Antwerpen und München und wurde zum volkstümlichsten Humoristen Deutschlands.

Wilhelm-Camerer-Straße *(benannt 1978, Stadtteil Stuttgart-Ost)* Wilhelm Camerer (geboren 1873 in Langenau bei Ulm, gestorben 1942 in Friedrichshafen), Arzt, Begründer der Säuglingsheilstätte Berg.

Wilhelm-Geiger-Platz *(benannt 1940, Stadtteil Feuerbach)* Wilhelm Friedrich Geiger (geboren 1869, gestorben 1940), 1901 Schultheiß, 1907 Stadtschultheiß von Feuerbach, stand 42 Jahre im Dienste der bis 1933 selbständigen Gemeinde. 1923 wurde ihm vom württembergischen Staatsministerium der Titel Oberbürgermeister verliehen. – Bis 1940 hieß der Platz Karlsplatz.

Wilhelm-Geyer-Weg *(benannt 1991, Stadtteil Riedenberg)* Wilhelm Geyer (geboren am 24. Juni 1900 in Stuttgart, gestorben am 5. Oktober 1968 in Ulm), sakraler Maler, Verfolgter des Naziregimes. Geyer studierte 1919 bis 1926 an der Stuttgarter Kunstakademie Malerei, zuletzt als Meisterschüler von Christian Landenberger, und beschäftigte sich anschließend in Berlin mit dem Werk von Lovis Corinth, was ihn zur religiösen Malerei führte. Er befasste sich intensiv mit dem Neuen Testament in der griechischen Ursprache und mit Werken der Bibelwissenschaft. 1924 entwarf er ohne Auftrag einige mehrteilige Altäre. Für kurze Zeit arbeitete er als Zeichenlehrer in Rottweil, dann ließ er sich in Ulm als freier Maler nieder. 1929 gehörte Geyer zu den Gründern der Stuttgarter Neuen Sezession und übernahm deren Vorsitz. Schon 1928 malte er sein erstes Fresko in der Ulmer Suso-Kirche (im Zweiten Weltkrieg zerstört), 1935 schuf er für die Kirche in Magolsheim bei Münsingen sein erstes Glasfenster. Die Nationalsozialisten verfemten sein Werk als »entartet«. Wegen seiner Verbindung zur Widerstandsgruppe »Weiße Rose« kam Geyer 1943 in Gestapohaft. 1945 erblindete er auf dem linken Auge. Dennoch arbeitete er noch mehr als zwanzig Jahre in und für katholische Kirchen. In dieser Zeit hat Geyer zahlreiche Würdigungen erfahren, so erhielt er 1954 den Oberschwäbischen Kunstpreis, 1957 die Goldmedaille der internationalen Biennale für christliche Kunst in Salzburg, 1960 verlieh ihm die Landesregierung den Professorentitel. Geyer hat in rund 200 Kapellen, Kirchen, Münstern und Domen – so in Aachen, Köln, München, Rottenburg am Neckar und Xanten – über 900 Kirchenfenster gestaltet und damit wohl das umfangreichste glasmalerische Werk im 20. Jahrhundert hinterlassen. Allein in der Diözese Rottenburg-Stuttgart verdanken ihm 152 Gotteshäuser ihre künstlerische Ausstattung, so in Bad Buchau, Böblingen, Ellwangen, Friedrichshafen, Heilbronn, Ravensburg, Reutlingen, Rottenburg am Neckar, Schwäbisch Gmünd, Schramberg, Schwenningen, Spaichingen, Tübingen und Tuttlingen. In Stuttgart war er an der Innenausstattung der Kirchen Sankt Ottilia im Stadtteil Münster (1949), Sankt Michael in Sillenbuch (1952/53) und Herz Jesu in Gablenberg (1955/56, 1958) beteiligt.

Wilhelm-Hertz-Straße *(benannt 1908, Stadtteil Stuttgart-Nord)* Wilhelm Hertz (geboren am 24. September 1835 in Stuttgart, gestorben am 7. Januar 1902 in München), Dichter und Professor der Literaturgeschichte, wirkte vor allem als Lyriker und Neuschöpfer mittelalterlicher Dichtungen. Hertz gehörte zum Münchener Dichterkreis um Emanuel Geibel.

Wilhelm-Hoffmann-Steg *(benannt 1989, Stadtteil Stuttgart-Mitte)* Wilhelm Hoffmann (geboren 1901, gestorben 1986), Direktor der Württembergischen Landesbibliothek.

Wilhelm Keil

Wilhelm-Keil-Weg *(benannt 1984, Stadtteil Stuttgart-Mitte)* Wilhelm Keil (geboren am 24. Juli 1870 in Helsa bei Kassel, gestorben am 4. April 1968 in Ludwigsburg), Politiker. Er kam aus einfachen Verhältnissen, lernte Drechsler und trat mit 17 Jahren der SPD bei, die damals verboten war. 1890 ging er nach Mannheim und begann, für die »Volksstimme« zu schreiben. 1896 wurde er Redakteur der SPD-Zeitung »Schwäbische Tagwacht«, was er bis 1930 blieb. Bei der Landtagswahl im Jahr 1900 wurde Keil als Abgeordneter für Ludwigsburg gewählt. Obwohl jüngster Parlamentarier, gewann er rasch Respekt. 1910 errang er das Mandat für den Reichstag. 1921 bis 1923 war er württembergischer Minister für Wirtschaft, Arbeit und Ernährung. Bis 1932 gehörte er dem Reichstag, bis 1933 dem Landtag an. Das NS-Regime verwies ihn in die innere Emigration. 1947 bis 1952 war Keil der erste Präsident des Landtags von Württemberg-Baden.

Wilhelm-Raabe-Straße *(benannt 1909, Stadtteil Stuttgart-Süd)* Wilhelm Raabe (geboren am 8. September 1831 in Eschershausen bei Holzminden, gestorben am 15. November 1910 in Braunschweig), Dichter, lebte von 1862 bis 1870 in Stuttgart, wo unter anderem seine Romane »Der Hungerpsstor« (1864), »Drei Federn« (1865), »Abu Telfan oder die Heimkehr vom Mondgebirge« (1868) und »Der Schüdderump« (1870) entstanden. Auch in seinem historischen Roman »Die Akten des Vogelsangs« (1896) nahm er Stuttgarter Motive auf.

Wilhelmsplatz *(benannt 1832, Stadtteil Stuttgart-Mitte)* König Wilhelm I. von Württemberg (geboren am 27. September 1781 in Lüben, Schlesien, gestorben am 25. Juni 1864 auf Schloss Rosenstein in Cannstatt [heute Stuttgart-Bad Cannstatt]), 1816 bis 1864 König von Württemberg. In seiner Regierungszeit wurde das Selbstverwaltungsrecht der Gemeinden gesetzlich festgelegt, erhielt Württemberg eine Verfassung und wurde 1843 der Bau einer Staatseisenbahn beschlossen. Das von ihm gestiftete Cannstatter Volksfest und zahlreiche Bauwerke (die Grabkapelle auf dem Württemberg, Schloss Rosenstein, die Wilhelma, die Staatsgalerie, der Königsbau und die Jubiläumssäule und andere) erinnern an seine für Land und Stadt fruchtbare Regierungszeit. Wilhelm kümmerte sich sehr um den Ausbau Stuttgarts und Cannstatts. Siehe auch →Königsplatz, →Wilhelmsplatz [Bad Cannstatt] und →Wilhelmstraße.

Wilhelmsplatz *(benannt 1850, Stadtteil Bad Cannstatt)* Benannt nach dem König-Wilhelm-Denkmal für König Wilhelm I. von Württemberg, das sich bis 1883 auf dem Platz befand. Siehe auch →Wilhelmsplatz in Stuttgart-Mitte.

Wilhelmstraße *(benannt 1832, Stadtteil Stuttgart-Mitte)* Nach König Wilhelm I. von Württemberg, siehe →Wilhelmsplatz in Stuttgart-Mitte, vergleiche auch →Wilhelmstraße in Bad Cannstatt und →Wilhelmsplatz in Bad Cannstatt.

Der Cannstatter Wilhelmsplatz auf einem Foto aus dem Jahr 1909

Wilhelmstraße *(benannt 1831, Stadtteil Bad Cannstatt)* Nach König Wilhelm I. von Württemberg, siehe →Wilhelmsplatz in Stuttgart-Mitte, vergleiche auch →Wilhelmstraße in Stuttgart-Mitte und →Wilhelmsplatz in Bad Cannstatt. – Bis 1831 hieß die Straße »Auf dem Hummelsgraben«.

Wilhelm-Straßer-Weg *(benannt 1990, Stadtteil Rohracker)* Wilhelm Strasser (geboren 1904, gestorben 1970), Wohltäter. Wilhelm Strasser war 1926 zusammen mit seiner Frau Frieda nach Amerika ausgewandert, wo er zu Reichtum gekommen war (und seinen Namen von »Straßer« in »Strasser« änderte). In der Notzeit nach dem Zweiten Weltkrieg spendete er für die Rohracker Bürger einen Eisenbahnwaggon voll Weizen, der allerdings erst nach langen Irrwegen und intensiven Bemühungen durch das Evangelische Hilfswerk 1948 in Stuttgart ankam. Jeder Einwohner von Rohracker erhielt kostenlos drei Kilo Mehl und die Schulkinder bekamen in den Unterrichtspausen mehrmals Brezeln.

Wilhelm-Wunder-Steg *(benannt 1996, Stadtteil Untertürkheim)* Wilhelm Wunder (geboren 1874, gestorben 1926), städtischer Baudirektor, leitete von 1913 bis zu seinem Tod das städtische Elektrizitätswerk und verbesserte die damals unzulänglich gewordene Stromversorgung durch den Bau von Wasser- und Dampfkraftwerken. – Von

1926 bis 1996 hieß ein Teil des angrenzenden Karl-Benz-Platzes in Erinnerung an Wilhelm Wunder Wunderstraße.

Willi-Bleicher-Straße *(benannt 1982, Stadtteil Stuttgart-Mitte)* Willi Bleicher (geboren am 27. Oktober 1907 in Stuttgart-Bad Cannstatt, gestorben am 23. Juni 1981 in Stuttgart), Bezirksleiter der Industriegewerkschaft Metall in Baden-Württemberg. Der gelernte Bäcker trat schon früh der Gewerkschaft bei. Nach Hitlers Machtantritt emigrierte er, als aktiver Gewerkschafter von Verfolgung durch die Nazis bedroht, in die Schweiz und nach Frankreich. Von dort aus unterstützte er den Widerstand gegen die Nationalsozialisten.

Während eines illegalen Aufenthaltes in Deutschland wurde er verhaftet und ins Konzentrationslager verbracht. Als Häftling im KZ Buchenwald, so wurde später bekannt, setzte er sein Leben aufs Spiel, um ein jüdisches Kind über ein Jahr lang zu verbergen, durchzufüttern und ihm damit das Leben zu retten. Bleicher war einer der legendärsten Arbeiterführer der Nachkriegszeit. 1959 bis 1972 führte er den südwestdeutschen Metalltarifbezirk und ging, wie er einmal sagte, keiner Auseinandersetzung aus dem Weg, »wenn es um eine bessere und gerechtere Welt für die Arbeiter ging«. Aus zwölfjähriger KZ-Haft trug er gesundheitliche Schäden davon. Dennoch war er später ein vitaler und kompromissloser Kämpfer für die Gewerkschaft. Oberbürgermeister Manfred Rommel würdigte ihn 1979, als er Bleicher die Bürgermedaille der Stadt überreichte, mit den Worten: »In Ihnen verbindet sich das Charisma des Arbeiterführers, dem Autorität nicht kraft Satzung zukommt, sondern aus seiner Persönlichkeit wächst. Sie wurden nicht umsonst beim DGB ›Marschall Vorwärts‹ genannt. In Ihnen vereinen sich die Ver-

Willi Bleicher

nunft des Sachkundigen und die Menschlichkeit dessen, der mehr Unmenschlichkeit ertragen musste als die meisten anderen.« – Die Straße hieß vor ihrer Umbenennung Kanzleistraße und ging 1811 aus der 1764 erstmals genannten »Canzleygasse« hervor, deren Namen auf das Kanzleigebäude zurückzuführen ist, das später Teil des Ständehauses wurde.

Willi-Daume-Steg *(benannt 1997, Stadtteil Bad Cannstatt)* Willi Daume (geboren am 24. Mai 1913, gestorben am 20. Mai 1996), Unternehmer und Sportfunktionär. Daume war 40 Jahre lang die graue Eminenz des deutschen Sports: 1950 bis 1970 Präsident des Deutschen Sportbunds, 1956 bis 1991 Mitglied des Internationalen Olympischen Komitees, 1961 bis 1992 Präsident des Nationalen Olympischen Komitees für Deutschland, 1966 bis 1972 Präsident des Organisationskomitees für die Olympischen Spiele in München, 1972 bis 1976 Vizepräsident des Internationalen Olympischen Komitees. Im Alter war ihm die Fairness im Spiel ein wichtiges Anliegen, so war er 1977 bis 1988 Vizepräsident, anschließend bis zu seinem Tod Präsident des Internationalen Fair-Play-Komitees. 1981 stiftete er die Fair-Play-Trophy. In Erinnerung an ihn wurde 1998 die Willi-Daume-Stiftung gegründet, die in Kooperation mit der Wirtschaft, den Sportorganisationen und der Bundesregierung Sportprojekte in Afrika, Asien und Lateinamerika fördern, die Entwicklung des Sports in den ost- und südosteuropäischen Ländern unterstützen und die kulturellen Aspekte des Sports unterstreichen soll.

Willy-Brandt-Straße *(benannt 1993, Stadtteil Stuttgart-Mitte)* Willy Brandt, ursprünglich Herbert Ernst Karl Frahm (geboren am 18. Dezember 1913 in Lübeck, gestorben am 8. Oktober 1992 in Unkel am Rhein), Widerstandskämpfer gegen den Nationalsozialismus, Bundeskanzler, Friedensnobelpreisträger. Durch seine Erziehung tief in der Arbeiterbewegung verwurzelt, war Willy Brandt ein politisches Naturtalent. Mit 17 Jahren trat er, der damals noch Herbert Frahm hieß, der SPD bei; zwei Jahre später wechselte er zur neu gegründeten Sozialistischen Arbeiterpartei (SAP), die ihn in den Lübecker Parteivorstand wählte und ihm den Vorsitz der Partei-Jugendorganisation, des Sozialistischen Jugendverbands, in Lübeck übertrug.

Nach der »Machtübernahme« der Nationalsozialisten rief er die Jungarbeiter der Stadt in Flugschriften zum »antifaschistischen Kampf« auf. Unter großer Gefahr warf er die Flugblätter nachts in Hausbriefkästen ein. Nach Absprache mit seinen engsten Parteifreunden nahm der Neunzehnjährige für seine konspirative Arbeit den Decknamen Willy Brandt an.

Auf Beschluss seiner Partei emigrierte er am 2. April 1933 nach Norwegen und übernahm das Büro der SAP in Oslo. An der Osloer Universität studierte er Geschichte und Philosophie, um Geld zu verdienen arbeitete er als freier Journalist für die skandinavische Arbeiterpresse. Von September bis Dezember 1936 hielt er sich – als norwegischer Student Gunnar Gaasland getarnt – illegal in Berlin auf, um die Berliner SAP-Untergrundorganisation »Metro« zu leiten und sich selbst einen Eindruck vom Alltag im nationalsozialistischen Deutschland verschaffen. 1937 schickte ihn die SAP-Leitung nach Barcelona, um dort eine internationale sozialistische Jugendkonferenz vorzubereiten; gleichzeitig berichtete Brandt für skandinavische Zeitungen vom Spanischen Bürgerkrieg. 1938 wurde ihm, wie Tausenden anderer Emigranten, die deutsche Staatsbürgerschaft aberkannt.

1940 geriet Brandt in Norwegen in deutsche Kriegsgefangenschaft, blieb jedoch unerkannt und konnte nach seiner Entlassung nach Schweden flüchten. Doch dort wurde er zunächst interniert. Im August 1940 erhielt er, der seit September 1938 staatenlos war, die norwegische Staatsbürgerschaft. Im Winter 1940/41 kehrte Brandt noch einmal illegal nach Norwegen zurück und nahm Verbindung zum norwegischen Widerstand auf. In Stockholm schließlich leitete er ab 1942 das schwedisch-norwegische Pressebüro; hier trat er auch wieder der SPD bei. Nach dem Zweiten Weltkrieg berichtete er für verschiedene skandinavische Zeitungen vom Nürnberger Hauptkriegsverbrecherprozess. Dann nahm er das Angebot der norwegischen Regierung an, ab Januar 1947 für die Dauer eines Jahres als Presseattaché an der norwegischen Vertretung beim Alliierten Kontrollrat in Berlin tätig zu sein. In vielen hundert Berichten an die Regierung in Oslo hielt Brandt seine Eindrücke über die Entwicklungen im Nachkriegsdeutschland fest.

Im Oktober 1947 bat ihn Erich Brost, der »Beauftragte des SPD-Parteivorstandes in Berlin und bei den alliierten Kontrollbehörden«, seine Nachfolge anzutreten. Brandt entschied sich, das Angebot anzunehmen und wieder in die deutsche Politik zurückzukehren. Im Juli 1948 verlieh ihm die Landesregierung von Schleswig-Holstein wieder die deutsche Staatsbürgerschaft unter dem Namen »Herbert Ernst Karl Frahm, genannt Willy Brandt«; im August 1949 genehmigte der Polizeipräsident von Berlin die endgültige Namensänderung. 1949 bis 1957 war er Abgeordneter des Deutschen Bundestages (und 1965 bis 1992 erneut). 1950 wurde Willy Brandt zudem ins Abgeordnetenhaus von Berlin gewählt, dem er bis 1969 angehörte. Anfang der Fünfzigerjahre war er auch noch Chefredakteur des sozialdemokratischen Berliner Stadtblatts, mit dem er Diskussionen innerhalb der SPD anregte. Von 1955 bis 1957 stand er dem Berliner Abgeordnetenhaus als Präsident vor. 1957 wurde er als Nachfolger von Otto Suhr Regierender Bürgermeister von Berlin-West; 1957/58 hatte er den Vorsitz des Bundesrates inne.

1958 wurde Brandt zum Vorsitzenden der Berliner SPD und auf dem Stuttgarter Parteitag im selben Jahr in den Parteivorstand der SPD gewählt. In Stuttgart fasste die Partei auch den Beschluss, ein zeitgemäßes Grundsatzprogramm zu entwickeln, das spätere »Godesberger Programm«. 1961 trat Brandt gegen Konrad Adenauer als Kanzlerkandidat an. Am 26. Juni 1963 besuchte US-Präsident John F. Kennedy Berlin, um seine Solidarität mit der geteilten Stadt zu demonstrieren; vor dem Schöneberger Rathaus sagte er an der Seite des Regierenden Bürgermeisters Willy Brandt: »Heute ist der stolzeste Satz, den jemand in der freien Welt sagen kann: Ich bin ein Berliner.« 1964 übernahm Brandt in der Nachfolge Erich Ollenhauers das Amt des Bundesvorsitzenden der SPD.

1965 kandidierte Brandt gegen Ludwig Erhard um die Kanzlerschaft. Als es nach dem Rücktritt Erhards zu einer großen Koalition unter Bundeskanzler Kurt Georg Kiesinger (CDU) kam, gab Brandt sein Amt als Regierender Bürgermeister von Berlin auf und wurde Vizekanzler und Bundesaußenminister. Seine mit Egon Bahr und anderen Sozialdemokraten entwickelte politische Konzeption der Wandlung durch Annäherung brachte ihm international Anerkennung, weckte aber im eigenen Land bei seinen politischen Gegnern Misstrauen. Dennoch: Bei den Bundestagswahlen 1969 erreichte die SPD erstmals über 40 Prozent der Wählerstimmen; sie koalierte mit der FDP und Brandt wurde der erste sozialdemokratische Bundeskanzler. In seiner Regierungserklärung forderte er die Bürger auf, »mehr Demokratie zu wagen«. Die Regierung führte in den folgenden Jahren ein umfassendes Reformprogramm durch. In der Außenpolitik war Brandt die Aussöhnung und Verständigung mit den östlichen Nachbarstaaten besonders wichtig; das setzte die Anerkennung des territorialen und politischen Status quo voraus. In der Deutschlandpolitik knüpfte Brandt offizielle Kontakte zur DDR und erreichte ein geregeltes Nebeneinander der beiden deutschen Staaten. 1970 kam es zu den ersten deutsch-deutschen Gipfeltreffen mit Willi Stoph in Erfurt und Kassel, ebenfalls 1970 wurde der »Moskauer Vertrag über Gewaltverzicht und Unverletzlichkeit der bestehenden Grenzen« abgeschlossen, noch im gleichen Jahr der Warschauer Vertrag. Am Tag der Vertragsunterzeichnung kniete Willy Brandt bei der Kranzniederlegung am Mahnmal für die im Warschauer Ghetto von SS-Einheiten im Jahre 1943 ermordeten Juden spontan nieder; das Foto dieser Geste ging um die Welt.

Willy Brandt

Das amerikanische Nachrichtenmagazin »Time« wählte Willy Brandt 1970 zum Menschen des Jahres. Ebenfalls 1970 nahm Brandt am Schriftstellerkongress in Stuttgart teil. 1971 erhielt er – als vierter Deutscher nach Gustav Stresemann (1926), Ludwig Quidde (1927) und Carl von Ossietzky (1935) – den Friedensnobelpreis. In der Begründung des Nobel-Komitees hieß es: »Bundeskanzler Willy Brandt hat als Chef der westdeutschen Regierung und im Namen des deutschen Volkes die Hand zu einer Versöhnungspolitik zwischen alten Feindländern ausgestreckt. Er hat im Geiste des guten Willens einen hervorragenden Einsatz geleistet, um Voraussetzungen für den Frieden in Europa zu schaffen.«
Brandt verstand dies als Ermutigung. Doch seine Ost- und Deutschlandpolitik war weiterhin heftig umstritten; einige Koalitions-Abgeordnete traten zur Opposition über. Ein konstruktives Misstrauensvotum gegen Willy Brandt scheiterte jedoch. 1972 wurden die Ostverträge, das Vier-Mächte-Abkommen über Berlin und der Grundlagenvertrag zwischen der Bundesrepublik Deutschland und der DDR unterzeichnet. Im Bundestag bestand zwischenzeitlich ein Patt zwischen den Regierungsparteien und der Opposition; Brandt stellte deshalb am 20. September 1972 die Vertrauensfrage, um Neuwahlen zu ermöglichen. Mit 45,8 Prozent der Wählerstimmen erzielte die SPD das beste Ergebnis ihrer Geschichte; erstmals war sie stärkste Partei im Bundestag. Im folgenden Jahr wurden die beiden deutschen Staaten in die Vereinten Nationen aufgenommen und in Prag wurde der Deutsch-Tschechoslowakische Vertrag unterzeichnet, der das Münchner Abkommen von 1938 für nichtig erklärte. Im Juni 1973

reiste Brandt als erster deutscher Kanzler nach Israel; im September sprach er vor der Generalversammlung der Vereinten Nationen in New York.

Auch innenpolitisch konnte Brandt eine gute Bilanz vorweisen; sie wurde jedoch weit weniger wahrgenommen als die außenpolitischen Erfolge. Die Mindestrente und die flexible Altersgrenze wurden eingeführt, die Rentenversicherung für Hausfrauen und Selbständige geöffnet, die betriebliche Mitbestimmung der Arbeitnehmer erweitert, das Straf-, Ehe- und Familienrecht reformiert, das Bundesumweltamt gegründet. Doch die Herausforderungen durch die schlechte Konjunktur konnte Brandt nicht meistern. Streiks, eine Inflationsrate von 15 Prozent und zweistellige Lohnerhöhungen im öffentlichen Bereich bei gleichzeitig leeren Kassen schwächten das Ansehen der Regierung.

Im Mai 1974 wurde der Persönliche Referent Willy Brandts, Günter Guillaume, und dessen Ehefrau als DDR-Spione enttarnt und verhaftet. Ermüdet und deprimiert trat Brandt am 6. Mai von seinem Amt als Bundeskanzler zurück, blieb jedoch Parteivorsitzender der SPD. 1976 wurde er zum Präsidenten der Sozialistischen Internationale gewählt, was er bis September 1992, wenige Wochen vor seinem Tod, blieb. Auf einer Wahlkampfreise machte er 1976 zusammen mit dem damaligen österreichischen Regierungschef Bruno Kreisky im Waldheim Heslach in Stuttgart Station. 1977 übernahm Brandt zusätzlich den Vorsitz einer »Unabhängigen Kommission für Internationale Entwicklungsfragen«, der neu gegründeten Nord-Süd-Kommission, und legte 1980 den »Brandt-Bericht« über »Gemeinsame Interessen der Industrie- und Entwicklungsländer« vor. 1979 bis 1983 war Brandt Mitglied des Europäischen Parlaments. 1984 wurde er in New York mit dem Dritte-Welt-Preis ausgezeichnet, im Jahr darauf in Washington mit dem Albert-Einstein-Friedenspreis. 1986 gründete Brandt die »Stiftung Entwicklung und Frieden«. Nach parteiinternen Querelen um die von ihm vorgeschlagene Pressesprecherin Margarita Mathiopoulos gab Brandt 1987 seinen Rücktritt als SPD-Parteivorsitzender bekannt, woraufhin er zum Ehrenvorsitzenden gewählt wurde.

Nach dem Fall der Mauer erklärte Brandt am 10. November 1989 auf einer Freudenkundgebung vor dem Schöneberger Rathaus in West-Berlin: »Jetzt wächst zusammen, was zusammen gehört.« 1990 eröffnete Brandt als Alterspräsident die Sitzung des ersten gesamt-

deutschen Bundestages im Berliner Reichstagsgebäude. Im Jahr darauf sprach sich der Bundestag auf Antrag Willy Brandts für Berlin als neuen Regierungssitz aus. Am 8. Oktober 1992 starb Willy Brandt in seinem Haus in Unkel an einem Krebsleiden.
Bei der Enthüllung des ersten Straßenschilds der Willy-Brandt-Straße sagte der damalige Stuttgarter Oberbürgermeister Manfred Rommel: »Willy Brandt wird nicht nur in der deutschen Geschichte, sondern, man kann es ohne zu übertreiben sagen, auch in der Weltgeschichte als eine Persönlichkeit verbleiben, die man auch noch nach 100, 150 oder 200 Jahren kennt. Er ist einer der großen deutschen Politiker der Nachkriegszeit, aber er ist auch ein Politiker, der Weltgeschichte gemacht hat. Ohne Willy Brandt wäre es gewiss nicht denkbar gewesen, dass doch innerhalb verhältnismäßig kurzer Zeit das abgrundtiefe Misstrauen zwischen der kommunistischen und der westlichen Welt so überwunden werden konnte, dass ein politischer Wandel wie in der Sowjetunion und in vielen anderen kommunistischen Staaten hat eintreten können. Wir sollten diesen Beitrag der Vertrauensbildung, der Politik der kleinen Schritte in die richtige Richung nicht für gering einschätzen. Und wir brauchen vielleicht erst einigen Abstand, um das ganze Gewicht der Persönlichkeit Willy Brandts einschätzen und einordnen zu können.« – Vor ihrer Neubenennung bildete die Willy-Brandt-Straße einen Teil der Neckarstraße.

Willy-Reichert-Staffel *(benannt 1976, Stadtteil Stuttgart-Süd)* Rudolf Wilhelm (Willy) Reichert (geboren am 30. August 1896 in Stuttgart, gestorben am 8. Dezember 1973 in Grassau im Chiemgau), Schauspieler und Humorist. Reichert war Sohn eines Maschinenmeisters und lernte den Beruf des Zuckertechnikers. Dann wandte er sich der Bühne, später dem Film und dem Fernsehen zu. 1920 nahm er bei Max Bing Schauspielunterricht am Stuttgarter Staatstheater, stand auf Opern- und Operettenbühnen, spielte den »Mackie Mes-

Als »Pfleiderer« unvergessen: Willy Reichert

ser« in Brechts »Dreigroschenoper«. Berühmt wurde er mit der im schwäbischen Dialekt gehaltenen Kleinkunst. Von 1933 bis zu seinem Tod mimte er in mehr als hundert Häberle-und-Pfleiderer-Sketchen den Pfleiderer; sein Partner Oscar Heiler (siehe →Oscar-Heiler-Staffel) verkörperte den Häberle. Spätestens damit und mit der Fernsehsendung »Deutschland deine Schwaben« wurde er weit über Württemberg hinaus bekannt. Zunächst kauzig und grob, wurde Reichert immer hintergründiger und »knitzer«. Er wurde der Schelm, der Ästhet, bei dem niemand mehr fragte, ob er Humorist, Komiker oder Schauspieler sei. Er war Willy Reichert und als solcher »der Schwabe«.

Wilnaer Straße *(benannt 1967, Stadtteil Mühlhausen)* Stadt Wilna (litauisch: Vilnius), Hauptstadt von Litauen, 590 000 Einwohner.

Wimpfener Straße *(benannt 1937, Stadtteil Zuffenhausen)* Stadt Bad Wimpfen, Landkreis Heilbronn, 6900 Einwohner.

Windgassen-Weg, Wolfgang- siehe →Wolfgang-Windgassen-Weg.

Windhalmweg *(benannt 1954, Stadtteil Plieningen)* Von der drei Arten der Grasgattung Windhalm, lateinisch *Apera*, ist die häufigste der Gemeine Windhalm *(Apera spica-venti)*. Er kommt als Unkraut besonders auf Getreidefeldern und sandigem Brachland vor.

Windröschenweg *(benannt 1936, Stadtteil Sommerrain)* Deutsches Wort für Anemone, siehe →Anemonenweg.

Winkel, Im Sonnigen siehe →Im Sonnigen Winkel.

Winkel, Stiller siehe →Stiller Winkel.

Winkelriedstraße *(benannt 1935, Stadtteil Zuffenhausen)* Arnold Winkelried, Volksheld aus den schweizerischen Befreiungskriegen gegen Österreich, 14. Jahrhundert.

Winkler-Weg, Gerhard- siehe →Gerhard-Winkler-Weg.

Winterbacher Straße *(benannt 1959, Stadtteil Bad Cannstatt)* Gemeinde Winterbach, Rems-Murr-Kreis, 7700 Einwohner.

Winterhaldenstraße *(benannt 1896, Stadtteil Bad Cannstatt)* Der Flurname weist auf einen sonnenarmen Nordhang hin.

Winterlinger Weg *(benannt 1971, Stadtteil Möhringen)* Gemeinde Winterlingen, Zollernalbkreis, 6700 Einwohner.

Wisentweg *(benannt 1951, Stadtteil Wolfbusch)* Die letzten frei lebenden europäischen Wisente *(Bison bonasus)* gibt es nur noch in Polen und Russland. Sie gehören zu Familie der Rinder.

Wissmannstraße *(benannt 1957, Stadtteil Stammheim)* Hermann (von) Wissmann (geboren 1853 in Frankfurt/Oder, gestorben 1905 in

Weißenbach/Steiermark), Afrikaforscher, 1895/96 Gouverneur von Deutsch-Ostafrika.

Withauweg *(benannt 1970, Stadtteil Stammheim)* Der Flurname bezeichnet einen Gemeindewald, in dem jährlich das Bürgerholz geschlagen wurde.

Witikoweg *(benannt 1964, Stadtteil Freiberg)* Historischer Roman von Adalbert Stifter, siehe →Adalbert-Stifter-Straße.

Wittenbergstraße *(benannt 1946, Stadtteil Obertürkheim)* Kreisstadt Wittenberg an der Elbe, Sachsen-Anhalt, 61 000 Einwohner, bekannt als Wirkungsstätte des Reformators Martin Luther. – Als Obertürkheim noch eine selbständige Gemeinde war, hieß die Straße Brückenstraße, ab 1937 Petersstraße nach dem Afrikaforscher und Gründer der Kolonie Deutsch-Ostafrika Carl Peters (1856–1918).

Witthohstaffel *(benannt 1930, Stadtteil Stuttgart-Süd)* Berg (855 m) bei Tuttlingen. Der 70 Meter hohe Sendeturm des Südwestrundfunks auf dem Witthoh versorgt das Gebiet von der südwestlichen Schwäbischen Alb bis zum Bodensee mit Hörfunkprogrammen; er war 1951 der erste unbemannt betriebene Sender des Südwestfunks.

Wittlinger Straße *(benannt 1937, Stadtteil Feuerbach)* Burgruine Hohenwittlingen auf der Schwäbischen Alb bei Urach. Die Burg war bis zum 15. Jahrhundert ein wichtiger militärischer Stützpunkt Württembergs. 1548 fand hier der Reformator Johannes Brenz Zuflucht, nachdem der spanische Kanzler Granvella seine Auslieferung verlangt hatte (siehe →Brenzstraße).

Wörishofener Straße *(benannt 1937, Stadtteil Bad Cannstatt)* Die Stadt Bad Wörishofen liegt im Unterallgäu, Bayern, hat 13 500 Einwohner und ist als Geburtsort der Kneipp-Kur bekannt (siehe →Kneippweg). – 1895 bis 1937 hieß die Straße Hohenstaufenstraße nach der ehemaligen Burg Hohenstaufen bei Göppingen.

Wörthstraße *(benannt 1927, Stadtteil Vaihingen)* Der Flurname Wörth (auch Wörd oder Wert) weist auf erhöhtes, wasserfreies Land in sumpfigem Gelände hin.

Wolfbusch, Im siehe →Im Wolfbusch.

Wolfeggstraße *(benannt 1936, Stadtteil Wangen)* Gemeinde Wolfegg, Kreis Ravensburg, 3300 Einwohner.

Wolfer, Im siehe →Im Wolfer.

Wolfersberg, Am siehe →Am Wolfersberg.

Wolffstraße *(benannt 1888, Stadtteil Stuttgart-Süd)* Adolf Wolff (geboren 1832 in Esslingen-Wäldenbronn, gestorben 1885 in Stuttgart), wirkte viele Jahre als Stadtbaurat in Stuttgart. Er erbaute die Stöckach- und Johannesschule, war 1866/67 am Umbau des alten Bahnhofs beteiligt und erbaute die am Ende der Straße gelegene Matthäuskirche.

Wolff-Straße, Emil- siehe →Emil-Wolff-Straße.

Wolfgangstraße *(benannt 1929, Stadtteil Hofen)* Bischof Wolfgang von Regensburg (geboren 924 wahrscheinlich in Pfullingen, gestorben 994 in Popping, Oberösterreich), zweiter Schutzheiliger der Hofener Kirche.

Wolfgang-Windgassen-Weg *(benannt um 1980, Stadtteil Stuttgart-Mitte)* Wolfgang Windgassen (geboren am 26. Juni 1914 in Annemasse, Haute-Savoie, Frankreich, gestorben am 8. September 1974 in Stuttgart), Operndirektor, Opernregisseur und Kammersänger, war ab 1945 an den Württembergischen Staatstheatern Stuttgart tätig.

Wolfmahdenstraße *(benannt 1957, Stadtteil Vaihingen)* Der Flurname könnte entweder auf das Raubtier oder den Personennamen Wolf zurückgehen. »Mahd« war eine Wiese, die nur einmal jährlich gemäht wurde.

Wolframstraße *(benannt 1936, Stadtteile Stuttgart-Mitte und Stuttgart-Nord)* Der Flurnamen Wolframshalde, 1351 erstmals urkundlich genannt, geht auf den Personennamen Wolfram zurück. Vergleiche →Am Wolfsberg.

Wolfsberg, Am siehe →Am Wolfsberg.

Wolfschlugener Straße *(benannt 1939, Stadtteil Degerloch)* Gemeinde Wolfschlugen, Kreis Esslingen, 6100 Einwohner.

Wolf-Staffel, Friedrich- siehe →Friedrich-Wolf-Staffel.

Wolf-Straße, Abraham- siehe →Abraham-Wolf-Straße.

Wollerweg *(benannt um 1937, Stadtteil Rohracker)* Herkunft unklar, vermutlich nach einem Personennamen benannt, möglicherweise nach dem Schwäbisch Gmünder Renaissance-Bildhauer Jakob Woller.

Wollgrasweg *(benannt 1967, Stadtteil Plieningen)* Das Schmalblättrige Wollgras, *Eriophorum angustifolium,* wächst in vielen Mooren und Sümpfen. Seine Blütenähren sehen aus wie kleine, weiße Wollknäuel.

Wollinstraße *(benannt 1957, Stadtteil Zuffenhausen)* Wollin (polnisch: Wolin), polnische Ostseeinsel.

Wolzogenstraße *(benannt 1938, Stadtteil Weilimdorf)* Nach der mit Schiller befreundeten Familie Wolzogen.

Wormser Platz *(benannt 1938, Straßenführung geändert 1957, Stadt-*

teil Weilimdorf) Stadt Worms, Rheinland-Pfalz, 80 500 Einwohner, bekannt durch seinen Dom.

Wormser Straße *(benannt 1938, Stadtteil Weilimdorf)* Nach der Stadt Worms, siehe →Wormser Platz.

Wrangellstraße *(benannt 1945, Stadtteil Steckfeld)* Margarete »Daisy« Fürstin Andronikow, geb. Freiin von Wrangell (geboren 1877 in Moskau, gestorben 1932 in Stuttgart), Professorin für Pflanzenphysiologie. Sie stammte aus einer in Estland ansässigen deutschen Familie. Ihr Vater, Baron Karl Fabian von Wrangell (1839–1889), war russischer Offizier, ihre Mutter, Julia Ida Marie (1843–1927), hatte das Gouvernantenexamen abgelegt, übte jedoch ihren Beruf nach ihrer Heirat nicht aus. Die Tochter, die sich Daisy nannte, legte nach ihrem Schulabschluss 1894 das Lehrerinnenexamen ab, das als Studienvoraussetzung galt. Nach einem Semester in Leipzig zog sie mit ihrer Revaler Freundin Ebba Husen nach Tübingen. Sie war dort zwar nicht die erste Studentin, doch leitete ihr Studium, das sie mit drei Abiturientinnen des Stuttgarter Mädchengymnasiums 1904 begann, offiziell das Frauenstudium in Tübingen ein.

»Daisy« studierte Chemie, absolvierte 1909 ihre Doktorarbeit »summa cum laude«, war anschließend Assistentin an der landwirtschaftlichen Versuchsanstalt in Dorpat, 1910 bis 1912 Assistentin am Chemischen Institut in Straßburg, dann wissenschaftliche Assistentin bei Sir William Ramsay in London und bei Marie Curie in Paris, 1912 bis 1918 Leiterin der Versuchsstaion des estnischen landwirtschaftlichen Vereins in Reval. Als sie sich während der kommunistischen Herrschaft in Estland 1917 bis 1918 weigerte, ihr Labor einer Regierungskommission zu übergeben, wurde sie verhaftet und mit anderen Frauen des baltischen Adels interniert. Nach dem Einmarsch deutscher Truppen in Estland setzte Margarete von Wrangell ihre wissenschaftliche Tätigkeit über den estländischen Phosphorit in Hohenheim fort. Über diese Zeit schrieb sie: »Inzwischen hatte ich zwei außerordentlich glückliche und fruchtbare Arbeitsjahre in Hohenheim verbracht. Die Erlebnisse des Krieges und der Revolution hatten meine Stellung zum Leben verändert; ich empfand das Leben nicht mehr als eine Selbstverständlichkeit, ich empfand es als ein seltenes Geschenk, das man auszunutzen verpflichtet ist. Ich genoß die Möglichkeit, still und ohne viel Berührung mit der Außenwelt wissenschaftlich arbeiten zu können; ich wollte so wenig wie möglich mit Menschen zu tun haben, die sich mißverstehen und verfolgen; ich legte das

Ohr an den Boden, und es schien mir, als seien die Pflanzen froh, etwas über die Geheimnisse ihre Wachstums erzählen zu können.« Ihre Arbeiten über Phosphorsäure und die Ernährung der Pflanzen hatten in Wissenschaftskreisen Aufmerksamkeit erregt. 1920 verfasste Margarete von Wrangell die erste Habilitation in der Geschichte der Landwirtschaftlichen Hochschule in Hohenheim und wurde schließlich als Professorin nach Hohenheim berufen. »Im Herbst 1923«, berichtete sie, »war das Pflanzenernährungs-Institut in Hohenheim nach meinen Plänen fertig gestellt; ich bezog es als erste weibliche Ordinaria Deutschlands.« 1928 heiratete sie Wladimir Fürst Andronikow, einen Jugendfreund. Sie war eine strenge Institutsdirektorin und arbeitete oft über ihre Kräfte. Ihr menschliches Verständnis für ihre Mitarbeiter und Not leidende Studenten war sprichwörtlich.

Württembergstraße *(benannt 1931, Stadtteile Untertürkheim und Rotenberg)* Nach der ehemaligen, 1081 urkundlich genannten Stammburg des württembergischen Herrscherhauses, erbaut von Conrad von Wirdeberch (erwähnt um 1080 bis 1100). Nur ein Stein blieb von dieser Burg erhalten: Eine Inschrift, die in die heutige Grabkapelle eingemauert ist, weist auf die Weihe der Burgkapelle (7. Februar 1083) hin. Der Name des Berges lautete bis etwa 1450 vorzugsweise Wirtenberg. Die Bergkuppe, lange Zeit nach dem Dorf Rotenberg genannt, heißt seit 1907 wieder Württemberg. König Wilhelm I. ließ die Stammburg seiner Vorfahren abreißen und 1820 bis 1824 von Hofbaumeister Salucci für seine 1819 verstorbene Frau Katharina eine Grabkapelle errichten, eines der bedeutendsten Bauwerke des schwäbischen Klassizismus. Als König Wilhelm I. 1864 starb, fand auch er in diesem Mausoleum seine letzte Ruhestätte. (Vergleiche auch siehe →Katharinenplatz, →Paulinenstraße, →Salucciallee und →Wilhelmsplatz in Stuttgart-Mitte.)

Wüstenroter Weg *(benannt 1981, Stadtteil Rot)* Gemeinde Wüstenrot, Landkreis Heilbronn, 6800 Einwohner.

Wulfilastraße *(benannt 1936, Stadtteil Bad Cannstatt)* Wulfila (geboren 310, gestorben 383 in Konstantinopel), Gotenbischof, dessen Bibelübersetzung ins Gotische als ältestes germanisches Sprachdenkmal gilt.

Wullestaffel *(benannt 1988, Stadtteil Stuttgart-Mitte)* Wo heute das Hotel Intercontinental in der Neckarstraße steht, befand sich zuvor die älteste Stuttgarter Großbrauerei: Wulle. 1861 erwarb der Kaufmann Ernst Wulle zusammen mit dem Braumeister Maier das Grundstück. Als sich die geplanten Anlagen schon während der Bauzeit als unzureichend erwiesen, trennten sich die Partner. Ernst Wulle baute die Brauerei auf und aus und wandelte sie 1896 in eine Aktiengesellschaft um, die »Aktienbrauerei Wulle«. Das Unternehmen expandierte, und ein Tochterunternehmen ließ um die Jahrhundertwende den im Zweiten Weltkrieg zerstörten Friedrichsbau errichten, mit seinem Restaurant, Café und Varieté bald beliebter Treffpunkt der Stuttgarter. Auch ein großer Teil der Brauerei und die daran angebaute »Stuttgarter Bürgerhalle« wurden im Krieg zerstört. 1950 waren die Betriebsanlagen an der Neckarstraße wieder aufgebaut. 1971 kaufte die Brauerei Dinkelacker Wulle auf. Bald darauf schloss die Brauerei Wulle ihre Pforten. Das Wulle-Gelände wurde 1973 an eine englische Immobilienfirma verkauft.

Wunderlichstraße *(benannt 1926, Stadtteil Stuttgart-Ost)* Karl Reinhold August Wunderlich (geboren am 4. August 1815 in Sulz am Neckar, gestorben am 25. September 1877 in Leipzig), Internist, Professor für innere Medizin in Tübingen und Leipzig, gilt als der Begründer der exakten physiologischen Forschung in der Medizin, ja als Begründer der naturwissenschaftlich orientierten Medizin überhaupt.

Wunnensteinstraße *(benannt 1902, Stadtteil Stuttgart-Ost)* Aussichtsberg (394 m) bei Oberstenfeld im Kreis Ludwigsburg.

Wupperstraße *(benannt 1935, Stadtteil Münster)* Rechter Nebenfluss des Rheins, entspringt als Wipper bei Meinerzhagen und mündet nach 105 Kilometern bei Leverkusen.

Wurmlinger Straße *(benannt 1938, Stadtteil Degerloch)* Stadtteil Wurmlingen der Stadt Rottenburg am Neckar, Landkreis Tübingen, 2500 Einwohner, bekannt durch die weithin sichtbare Wurmlinger Kapelle, die Ludwig Uhland 1805 besungen hat (»Droben stehet die Kapelle / schauet still ins Tal hinab ...«). – Bis 1938 hieß die Straße Römerstraße.

Wurm-Straße, Theophil- siehe →Theophil-Wurm-Straße.

Wurzacher Straße *(benannt 1971, Stadtteil Plieningen)* Stadt Bad Wurzach, Landkreis Ravensburg, 14 200 Einwohner, bekannt als Thermalbad und durch das Wurzacher Ried, eines der größten noch intakten Hochmoorgebiete Europas.

Yitzhak-Rabin-Straße *(benannt 1997, Stadtteil Burgholzhof)* Yitzhak Rabin (geboren am 1. März 1922 in Jerusalem, ermordet am 4. November 1995 in Tel Aviv), General und Ministerpräsident, Friedensnobelpreisträger. 1940 trat Rabin der jüdischen Selbstschutz-Organisation Palmach bei und kämpfte gegen die britische Verwaltung Palästinas. 1946 wurde er zu einer Gefängnisstrafe verurteilt, 1947 kam er jedoch wieder frei. 1947 bis 1949 war er Brigadekommandeur im Unabhängigkeitskrieg, 1964 bis 1968 schließlich Generalstabschef. 1967 befehligte er die israelische Armee im Sechstagekrieg. 1968 wagte er sich aufs diplomatische Parkett und ging als Botschafter Israels nach Washington. Nach seiner Rückkehr 1973 wurde Rabin für die Arbeitspartei in die Knesseth gewählt. Im März 1974 übernahm er das Arbeitsministerium, nach dem Sturz der Regierung Golda Meïr im Mai 1974 wurde Rabin israelischer Ministerpräsident. Nach einem Devisenvergehen seiner Frau Lea trat er im April 1977 zurück. 1984 bis 1990 hatte Rabin das Amt des Verteidigungsministers inne und befehligte den Einsatz israelischer Truppen gegen Palästinenseraufstände (Intifada). In diese Zeit fiel auch der Abzug der israelischen Truppen aus dem Libanon. Mit seiner erneuten Wahl zum Ministerpräsidenten 1992 setzte sich Rabin verstärkt für den Frieden ein. »Land gegen Frieden«, hieß seine einfache Formel. In Oslo schlossen Israel und die Palästinenser 1993 einen Vertrag über die gegenseitige Anerkennung und die palästinensische Selbstverwaltung; zwei Wochen später unterzeichneten Rabin und PLO-Chef Jassir Arafat in Washington das Gaza-Jericho-Abkommen. Es sah den Abzug der israelischen Truppen aus dem Gazastreifen und aus Jericho vor, die Wahl eines palästinensischen Rats mit exekutiven und legislativen Vollmachten sowie die graduelle Übergabe der Verantwortung über zivile Bereiche im Westjordanland und im Gazastreifen an palästinensische Amtsstellen innerhalb von fünf Jahren. Die (erste) Intifada wurde für beendet erklärt. Im Jahr darauf schloss Israel einen Friedensvertrag mit Jordanien, Rabin knüpfte Kontakte zu anderen arabischen Ländern. Am 10. Dezember 1994 erhielten Yitzhak Rabin, Jassir Arafat und der israelische Außenminister Shimon Peres für ihre Bemühungen um Frieden im Nahen Osten den Friedensnobelpreis. Rabin wurde am 4. November 1995 von einem Mitglied einer rechtsradikalen jüdischen Gruppe erschossen.

Ypernstraße *(benannt 1936, Stadtteil Bad Cannstatt)* Die belgische Stadt Ypern (flämisch: Ieper, französisch: Ypres) wurde in den Flandernschlachten des Ersten Weltkriegs nahezu völlig zerstört. Sie wurde im alten Stil wieder aufgebaut und hat heute 35 000 Einwohner.

Zabergäustraße *(benannt 1938, Stadtteil Zuffenhausen)* Landschaft des württembergischen Unterlandes entlang des Flüsschens Zaber.

Zahn-Nopper-Straße *(benannt 1933, Stadtteil Zuffenhausen)* Nach den an der Straße ansässigen Firmen Vereinigte Eisenhandlungen Zahn und Cie. (gegründet um 1721) und Friedrich Nopper GmbH (gegründet 1816), die sich 1900 zusammenschlossen.

Zainerweg *(benannt 1957, Stadtteil Rotenberg)* Nach dem 1559 genannten Burgvogt Zainer der Burg Württemberg.

Zaisgasse *(benannt 1957, Stadtteil Bad Cannstatt)* Alter Cannstatter Familienname. – Ab 1885 hieß die Gasse Mühlgasse, denn sie bildete den hinteren Zugang zur früheren Stadtmühle an der Wilhelmsbrücke.

Zamenhofstraße *(benannt 1960, Stadtteil Stuttgart-West)* Ludwig Lazarus Zamenhof (geboren 1859 in Białystok, gestorben 1917 in Warschau), polnischer Augenarzt, veröffentlichte 1887 in Warschau sein erstes Lehrbuch über die von ihm geschaffene internationale Sprache Esperanto. Ihr Wortschatz umfasst rund 80 000 Wörter, die aus 7866 Wurzeln gebildet werden können. Sie stammen im Wesentlichen aus dem Englischen und Lateinischen. Die Grammatik beruht auf 16 ausnahmslosen Grundregeln. Siehe auch →Esperantostraße.

Zanderweg *(benannt 1957, Stadtteil Mönchfeld)* Der Zander, *Lucioperca lucioperca,* gehört zur Familie der Echten Barsche und ist ein geschätzter Speisefisch.

Zanthweg *(benannt 1997, Stadtteil Bad Cannstatt)* Karl Ludwig Wilhelm (von) Zanth, ursprünglich Zadig (geboren am 6. August 1796 in Breslau [heute Wroclaw, Polen], gestorben am 7. Oktober 1857 in Stuttgart), Hofbaumeister. Zanths Vater, der jüdische Arzt Abraham Zadig, stand in Breslau in Diensten des Fürsten von Hohenlohe-Ingelfingen und konvertierte 1820 zum Christentum; damals nahm die Familie den Namen Zanth an. Der Sohn besuchte in Breslau die Kunst- und Bauschule, gefolgt von Schulen in Kassel, Ilsfeld, Paris und Stuttgart. Es schloss sich eine Lehrzeit im Büro von Oberbaurat Ferdinand Fischer (1784–1860) an, zunächst in Stuttgart, dann in Schwäbisch Hall und Ellwangen. 1820 ging Zanth erneut nach Paris, wo er die Kunstschule besuchte, als Bauaufseher die Aufstellung von Festdekorationen überwachte und von wo aus er 1822 bis 1824 eine große Reise nach Sizilien sowie in der Folgezeit Bildungsreisen durch Deutschland und Belgien unternahm. Zanth hatte sich mittlerweile auch als Aquarellmaler Anerkennung erworben, was ihm die goldene Medaille der Pariser Kunstausstellung von 1831 einbrachte; auch als Zeichner und Architekturtheoretiker trat er hervor. Bereits 1829 war Zanth eine Professorenstelle an der neu gegründeten Stuttgarter Kunst- und Gewerbeschule angeboten worden war, die er jedoch abgelehnt hatte. Nun übersiedelte er 1831 in die württembergische Residenzstadt, wo er sich als freier Architekt niederließ. 1832 promovierte er in Tübingen »Über die Wohnhäuser von Pompeji«. Nach mehreren kleineren Aufträgen war 1833 sein erstes selbständig geplantes und ausgeführtes Bauvorhaben der Landsitz eines ungarischen Barons in Tordats. 1836 baute er für Friedrich Notter den »Bergheimer Hof« in Weilimdorf, 1836/37 eine Villa für den königlichen Oberstallmeister Wilhelm von Taubenheim in Degerloch. 1835 legte Zanth einen Entwurf für ein neues Hoftheater vor, mit dem er sich zwar gegen Thouret und Salucci durchsetzen konnte, er kam jedoch wegen finanzieller Schwierigkeiten ebenso wenig zur Ausführung wie seine Entwürfe für ein Kunstschulgebäude mit Akademie- und Sammlungsräumen, die spätere Staatsgalerie. Ab 1837 war Zanth mit den Plänen für sein Hauptwerk, die Wilhelma, beschäftigt, beginnend mit dem Wilhelma-Theater. In Frankreich, England und Holland informierte sich Zanth über neue Konstruktions- und Betriebstechniken für Gewächshausanlagen. 1844 ernannte ihn der König zum Ritter des Kronordens von Württemberg, womit der Personaladel verbunden war, und 1845 zum Hofbaumeister »mit definitiver Anstellung«. Seine beiden letzten Lebensjahre verbrachte er wegen des milderen Klimas in Rom; im Juni 1857 kehrte er nach Stuttgart zurück, wo er vier Monate darauf starb. – Die Zanthstraße in Stuttgart-Nord wurde 1938 in →Sarweystraße umbenannt, da Zanth jüdischer Abstammung war.

Zaunwiesen *(benannt 1950, Stadtteil Hoffeld)* Nahegelegene Flur, früher eingezäunte Weidewiesen (siehe →Ittinghäuser Straße).

Zavelsteinstraße *(benannt 1937, Straßenführung geändert 1972, Stadtteil Feuerbach)* Burgruine in Bad Teinach-Zavelstein, Landkreis Calw. Die ursprüngliche Residenz der Herren von Zavelstein, 1284 erstmals urkundlich genannt, ließ der württembergische Geheimrat Benjamin Buwinghausen von Wallmerode nach 1612 abbrechen und durch ein Schlösschen ersetzen, für das Heinrich Schickhardt (siehe →Schickhardtstraße) die Pläne zeichnete. 1692 wurde es von den Truppen des französischen Generals Mélac zerstört. Die romantische Burgruine mit ihrem 28 Meter hohen Burgfried ist heute ein beliebtes Ausflugsziel.

Zazenhäuser Straße *(benannt 1933, Stadtteil Zuffenhausen)* Führt nach Zazenhausen.

Zechweg *(benannt 1957, Stadtteil Stuttgart-Süd)* Julius Zech (geboren 1821 in Stuttgart, gestorben 1864 in Stuttgart), Professor für Mathematik und Astronomie an der Universität Tübingen. – Von 1926 bis 1957 hieß der Weg Wachtelweg.

Zedernweg *(benannt 1957, Stadtteil Degerloch)* Die Zeder, lateinisch *Cedrus*, ist eine Gattung der Nadelholzfamilie Kieferngewächse.

Zehnthof *(benannt um 1892, Stadtteil Zuffenhausen)* An der Straße befindet sich die heute noch benützte Zehntscheuer (Zehnthof), in der bis 1851 der ursprünglich für die geistliche, später für die weltliche Obrigkeit bestimmte zehnte Teil des von den Lehensbauern erwirtschafteten Ertrages gelagert wurde.

Zeisigweg *(benannt 1933, Stadtteil Vaihingen)* Der Zeisig, *Carduelis spinus*, gehört zur Familie der Finken. Der gelb-schwarz gemusterte Vogel baut meist in höheren Gebirgslagen auf den Zweigen hoher Nadelbäume sein Nest.

Zelgmadenstraße *(benannt 1953, Stadtteil Sillenbuch)* Flurname. In der früher üblichen Dreifelderwirtschaft wurde jeweils ein Drittel der Markung als Zelge bezeichnet; sie musste von den Dorfgenossen gleichzeitig und gleichartig genutzt werden. Mahd war eine Wiese, die nur einmal jährlich gemäht wurde und auf der sonst das Vieh weidete.

Zellerstraße *(benannt 1909, Stadtteil Stuttgart-Süd)* Eduard Zeller (geboren am 22. Januar 1814 in Kleinbottwar, gestorben am 9. März 1908 in Stuttgart), Geheimer Rat, Professor der Philosophie und Theologie. Zeller war zunächst Professor für Theologie in Bern (ab 1847) und Marburg (ab 1849), dann Professor für Philosophie in Heidelberg (ab 1862) und Berlin (ab 1872). Als Theologe war er Vertreter der Jüngeren Evangelischen Tübinger Schule, als Philosoph Vertreter des Neukantianismus und Neokritizismus. Seine Hauptwerke: »Die Philosophie der Griechen in ihrer geschichtlichen Entwicklung« und »Grundriß der Geschichte der griechischen Philosophie«. Er lebte von 1894 an in Stuttgart und erhielt 1906 das Ehrenbürgerrecht.

Zeppelinstraße *(benannt 1909, Stadtteil Stuttgart-West)* Ferdinand Graf von Zeppelin (geboren 1838 in Konstanz, gestorben 1917 in Berlin-Charlottenburg), General der Kavallerie, Erfinder des lenkbaren Luftschiffes, Unternehmer. Graf Zeppelin wohnte mehr als dreißig Jahre in Stuttgart. Als Zeppelins Luftschiff am 5. August 1908 bei Echterdingen durch einen Brand zerstört wurde, eröffnete die Stadtverwaltung mit einer Summe von 20 000 Mark die Zeppelin-Volks-

Ferdinand Graf von Zeppelin

spende, die schließlich auf rund 6,5 Millionen Mark anwuchs. Damit konnte Zeppelin sein Werk fortführen. Graf Zeppelin wurde anlässlich seines 70. Geburtstages 1908 zum Stuttgarter Ehrenbürger ernannt. Siehe auch →Manzeller Weg.

Zetkin-Straße, Clara- siehe →Clara-Zetkin-Straße.

Zettachring *(benannt 1974, Stadtteil Möhringen)* Flurname, Herkunft unklar.

Zeuglesweberweg *(benannt 1997, Stadtteil Plieningen)* Nach den Handwerkern. Unter »Zeugle« versteht man im Schwäbischen einen gestreiften oder karierten Stoff aus Baumwolle mit einem gewissen Leinenanteil, der vor allem für Schürzen und leichte Kleider verwendet wird. Um 1850 waren in Plieningen 160 bis 170 Zeuglesweber tätig.

Ziegelbrennerstraße *(benannt 1958, Stadtteil Bad Cannstatt)* Nach der nahe gelegenen Oberen Ziegelei.

Ziegelklinge, In der siehe →In der Ziegelklinge.

Zieglergasse *(benannt 1937, Stadtteil Bad Cannstatt)* Gewerbebezeichnung. – Von 1846 bis 1937 hieß die Gasse Schulgasse. Auf dem Gelände der Kelter im Hagelschieß war an dieser Gasse 1842 ein Schulhaus errichtet worden.

Zikadenweg *(benannt 1957, Stadtteil Stammheim)* Die in ganz Europa verbreiteten Zikaden oder Zirpen gehören zur artenreichen Insektengruppe der Pflanzensauger (Homoptera). Ihren oft lauten Gesang erzeugen sie mit einem aus Membranen bestehenden Trommelorgan.

Zilleweg *(benannt 1932, Stadtteil Vaihingen)* Heinrich Zille (geboren am 10. Januar 1858 in Radeburg bei Dresden, gestorben am 9. August 1929 in Berlin), Zeichner und humorvoller Darsteller des Berliner »Milieus«.

Zimmermannstraße *(benannt 1907, Stadtteil Stuttgart-Mitte)* Friedrich Wilhelm Zimmermann (geboren 1807 in Stuttgart, gestorben 1878 in Mergentheim), Dichter und Historiker. 1847 Professor der Geschichte und der deutschen Literatur an der Polytechnischen Schule in Stuttgart. Als Abgeordneter der Deutschen Nationalversammlung (1848) verlor er seine Stellung.

Zimmerstraße *(benannt 1934, Stadtteil Feuerbach)* Nach der 1886 bis 1927 dort ansässigen Firma Vereinigte Chininfabrikation Zimmer & Co., zu der sich 1886 die Chininfabriken Conrad Zimmer in Frankfurt am Main und Friedrich Jobst in Feuerbach zusammengeschlossen hatten. Siehe auch →Jobstweg.

Zimtweg *(benannt 1957, Stadtteil Heumaden)* Als Zimt wird die getrocknete Innenrinde verschiedener tropischer Bäume bezeichnet, die seit der Antike als Gewürz verwendet wird.

Zinkbrunnenstraße *(benannt um 1905, Stadtteil Wangen)* Nach dem früher an der Straße gelegenen so genannten »Zinkbrunnen«.

Zinsholzstraße *(benannt 1936, Stadtteil Sillenbuch)* Nördlich der Straße gelegene Waldflur. Die Nutzung des Waldes war mit finanziellen Verpflichtungen verbunden.

Zirpenweg *(benannt 1937, Stadtteil Stammheim)* Nach den Zikaden oder Zirpen, siehe →Zikadenweg.

Zorndorfer Straße *(benannt 1937, Stadtteil Weilimdorf)* Durch den Sieg Friedrichs des Großen 1758 über die russischen Truppen im Siebenjährigen Krieg bekannt gewordene Ortschaft bei Küstrin, liegt heute in Polen (polnisch: Sarbinowo).

Zuckerbergstraße *(benannt 1933, Stadtteil Steinhaldenfeld)* Flurname, grenzt an den Südhang der Zuckerle-Weinberge, siehe →Zuckerleweg.

Zuckerfabrik *(benannt 1993, Stadtteil Bad Cannstatt)* Auf dem Gelände befand sich früher eine Rübenzuckerfabrik. W. H. Reihlen hatte sie 1852 im Gebiet des Stuttgarter Bahnhofs gegründet; 1868 war der Besitz an eine Aktiengesellschaft übergegangen. 1904 verlegte man den Betrieb nach Cannstatt an die Markungsgrenze zu Münster; das Werk war durch eine Stichbahn mit dem Bahnhof Münster verbunden. 1907 erwarb das Unternehmen die in Konkurs gegangene Zuckerfabrik Böblingen, legte diese still und konzentrierte die Produktion im Cann-

Beim Zuckerleweg beginnt die bekannteste Cannstatter Weinlage (Foto von 1957).

statter Werk. Großbrände am 15. August 1906 und am 27. September 1967 vernichteten Teile der Fabrik. Der Brand 1967 war der größte in Stuttgart seit Kriegsende; 30 000 Tonnen Zucker gingen in Flammen auf. Das waren drei Viertel der Jahresproduktion von 40 000 Tonnen, für die als Ausgangsmaterial 250 000 Tonnen Rüben verarbeitet wurden. Je nach Saison waren 200 bis 400 Arbeiter in der Zuckerfabrik beschäftigt. Am 1. Juli 1971 legte die Südzucker AG das Werk still und konzentrierte die Produktion in Offenau bei Bad Wimpfen. Das Gelände und die Gebäude gingen 1972 in den Besitz der Stadt Stuttgart über; sie wurden zunächst von Kleinunternehmern wie Autoverwertern und Schrotthändlern genutzt, aber auch von einem Tonstudio und der Freien Kunstschule. 1988 entwickelte die Stadt dann ein Sanierungsprogramm, erschloss das Gelände neu und sah es für gewerbliche Nutzung vor, die 1993 begann. Die »Alte Villa« wurde 1998 für soziale Zwecke saniert. Siehe auch →Zuckerrübenweg.

Zuckerleweg *(benannt 1928, Stadtteil Bad Cannstatt)* Flurname und volkstümliche Bezeichnung für den bekanntesten Cannstatter Wein. Sein Name ist im 19. Jahrhundert entstanden, vergleiche auch →Zuckerbergstraße.

Zuckerrübenweg *(benannt 1993, Stadtteil Plieningen)* Die Zuckerrübe *(Beta vulgaris var. altissima)* ist die leistungsfähigste Kulturpflanze

Mitteleuropas. Wie die Futterrübe und Rote Bete gehört sie zu den Betarüben, die Gänsefußgewächse sind – im Gegensatz zu den Brassicarüben (Kohl, Weiße Rüben, Saatrüben und andere), die Kreuzblüter sind. Bei den Zuckerrüben gibt es mehrere Sorten mit unterschiedlichem Zuckergehalt. Zur Zuckerherstellung werden die im September geernteten Rüben gewaschen, geschnetzelt und in 70 Grad heißes Wasser gelegt, in dem sich der Zucker aus den Rübenzellen löst; es entsteht der Rohsaft. Er wird mit Kalk und Kohlensäure gereinigt, in mehreren Stufen eingedickt und schließlich gekocht, bis sich goldgelb leuchtende Kristalle bilden, die mit Sirup überzogen sind. Dieser wird durch Zentrifugieren und Spülen mit Wasser und Dampf von den Kristallen getrennt. Durch mehrfache Wiederholung dieser Vorgänge entsteht der weiße Kristallzucker, die so genannte Raffinade. Alle Nebenprodukte werden als Viehfutter oder Dünger verwertet. Siehe auch →Zuckerfabrik.

Zu den Tannen *(benannt 1939, Stadtteil Vaihingen)* Lagebezogener Name.

Züricher Straße *(benannt 1925, Straßenführung geändert 1986, Stadtteil Bad Cannstatt)* Zur Erinnerung an die Hilfe, die Zürich in den Notjahren nach 1918 Stuttgart erwiesen hat. – Vor 1925 hieß die Straße Landhausstraße.

Zürnstraße *(benannt 1957, Stadtteil Vaihingen)* Alter Vaihinger Familienname.

Züttlinger Straße *(benannt 1951, Stadtteil Rot)* Ortsteil Züttlingen der Gemeinde Möckmühl (insgesamt 8400 Einwohner), Landkreis Heilbronn.

Zuffenhäuser Kelterplatz *(benannt 1967, Stadtteil Zuffenhausen)* Nach der dortigen Kelter.

Zuflucht *(benannt 1957, Stadtteil Kaltental)* Beim Kniebis gelegene Schwarzwaldhöhe (957 m).

Zum Lauchwald *(benannt 1939, Stadtteil Vaihingen)* Früher führte diese Straße zum nahegelegenen Wald. Lauch (auch Lau, Loh) bezeichnet ein kleines Gehölz, das sich meistens in Privatbesitz befand.

Zum Ölhafen *(benannt 1958, Stadtteil Untertürkheim)* Führt zum Ölhafen.

Zumsteegstraße *(benannt 1932, Stadtteil Botnang)* Johann Rudolf Zumsteeg (geboren 1760 in Sachsenflur, gestorben 1802 in Stuttgart), Komponist und Hofkapellmeister Herzog Karl Eugens, wurde 1793 herzoglicher Konzertmeister und verantwortlicher Leiter der Oper.

Seine kammermusikalischen Werke, Solokonzerte, Opern und vor allem die von Zumsteeg vertonten Lieder und Balladen werden auch heute noch geschätzt.

Zundel-Straße, Friedrich- siehe →Friedrich-Zundel-Straße.

Zur Anhöhe *(benannt 1932, Stadtteil Hoffeld)* Lagebezogener Name.

Zur Schillereiche *(benannt 1929, Stadtteil Stuttgart-Süd)* Führt zur Schillereiche, die 1865 gepflanzt wurde. Sie erinnert daran, daß Schiller seinen Freunden von der Hohen Karlsschule im Bopserwald sein Erstlingswerk »Die Räuber« vorlas.

Zur Staibhöhe *(benannt 1927, Stadtteil Stuttgart-Ost)* Karl Otto Staib (geboren 1845, gestorben 1904), Kaufmann; nach ihm wurde die 1926 gestaltete Aussichtsplatte »Staibhöhe« genannt. Er stiftete dem Stuttgarter Verschönerungsverein 25 000 Mark zum Ankauf des Geländes.

Zur Uhlandshöhe *(benannt 1927, Stadtteil Stuttgart-Ost)* Führt zur Uhlandshöhe. Die Höhe selbst wurde nach Ludwig Uhland benannt, siehe →Uhlandstraße.

Zusestraße *(benannt 1999, Stadtteil Vaihingen)* Konrad Zuse (geboren am 22. Juni 1910 in Berlin, gestorben am 18. Dezember 1995 in Hünfeld), Ingenieur und Industrieller, Erfinder des Computers. Nach seinem Maschinenbaustudium an der Technischen Hochschule Berlin-Charlottenburg (heute: Technische Universität Berlin) baute Zuse bei den Henschel Flugzeugwerken in Dessau Maschinen zur Lösung spezieller Rechenprobleme. 1936 entwickelte er die Vision frei programmierbarer Maschinen, die den Ingenieuren Rechenarbeit abnehmen könnten. Um seine Ideen umsetzen zu können, gab er seine Stelle auf. Zwei Jahre später war die erste Rechenmaschine, »Z1«, fertiggestellt, doch sie arbeitete nicht einwandfrei. 1941 entstand »Z3«, die ein Rechenwerk und einen Speicher aus 2000 Telefonrelais besaß. Sie war die erste frei programmierbare, auf dem binären Zahlensystem basierende Rechenmaschine der Welt und wird heute allgemein als erster funktionsfähiger Computer anerkannt. Sie wurde 1945 bei einem Bombenangriff zerstört, ebenso wie die 1940 gegründete Firma »Zuse Apparatebau«. Die bereits begonnene Z4 konnte Zuse rechtzeitig ins Allgäu auslagern. 1945/46 entwickelte Zuse die Programmiersprache »Plankalkül«, einen Vorläufer der modernen algorithmischen Programmiersprachen. 1949 gründete er die Zuse KG in Neukirchen (später Bad Hersfeld). »Z4« wurde wieder instandgesetzt und an die Eidgenössische Technische Hochschule in Zürich ausgeliefert. Zu diesem Zeitpunkt war sie der einzige funktionsfähige Computer in Europa. 1955 begann die Zuse KG mit der »Z11« die Serienfertigung; das Modell wurde vor allem an Unternehmen der optischen Industrie und an Universitäten verkauft. 1957 entwickelte Zuse den ersten elektronischen Rechner mit einem magnetischen Speicher (»Z22«). 1967 geriet sein Unternehmen in wirtschaftliche Schwierigkeiten und Zuse verkaufte es an Siemens. Die Zuse KG hatte bis dahin 251 Computer hergestellt. In der Folgezeit wurde Zuse vielfach geehrt und ausgezeichnet. 1981 war er der erste Preisträger des nach ihm benannten Konrad-Zuse-Preises.

Zweibrückener Straße *(benannt 1937, Stadtteil Weilimdorf)* Stadt Zweibrücken, Rheinland-Pfalz, 36 000 Einwohner. – Als »Weil im Dorf« noch eine selbständige Gemeinde war, hieß die Straße Wilhelmstraße.

Zweig-Straße, Stefan- siehe →Stefan-Zweig-Straße.

Zwergenweg *(benannt 1954, Stadtteil Möhringen)* Mensch von sehr kleinem Wuchs und Märchengestalt.

Zwinglistraße *(benannt 1937, Stadtteil Bad Cannstatt)* Ulrich (Huldrych) Zwingli (geboren am 1. Januar 1484 in Wildhaus bei Sankt Gallen, Schweiz, gefallen am 11. Oktober 1531 bei Kappel), Züricher Reformator, Humanist und Politiker, leitete 1522 die Reformation in der Schweiz ein.